电 动 车

日产 Leaf

Plug-in Hybrid (Extended Range EV) GM Volt

出自：日产汽车公司/GM

Subaru Plug-in Stella

三菱 i-MiEV

出自：富士重工/三菱汽车公司

Daimler Smart fortwo

BMW Mini-E

出自：戴姆勒/BMW

Tesla Roadster

庆应大学 Eliica

出自：Tesla/庆应义塾大学

混合动力车

插电式混合动力车

混合动力车　丰田·普锐斯（Prius）（第3代）

混合动力车　本田 Insight

出自：丰田汽车公司/本田技研工业

燃料电池车

本田 FCX Clarity（第二代太阳能氢气服务站）

丰田 FCHV-adv

出自：本田技研工业/丰田汽车公司

电 动 客 车

混合动力车　日野　混合动力线路公交车

电动车　上海电池－电容无轨电车

出自：日野汽车/Motivate

单人移动工具

丰田 i-unit，i-REAL

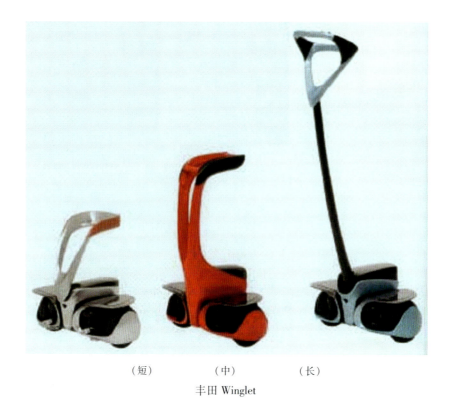

（短）　　（中）　　（长）

丰田 Winglet

Segway® PTi2　　　Segway® PTx2
　　　　　　　　　（越野式）

出自：丰田汽车公司/Segway Japan

汽车工程手册 10

新能源车辆设计篇

日本自动车技术会 编
中国汽车工程学会 组译

北京理工大学出版社
BEIJING INSTITUTE OF TECHNOLOGY PRESS

版权专有　侵权必究

图书在版编目（CIP）数据

汽车工程手册. 10，新能源车辆设计篇／日本自动车技术会编；中国汽车工程学会组译. —北京：北京理工大学出版社，2014.7（2019.7 重印）

ISBN 978-7-5640-8546-9

Ⅰ.①汽…　Ⅱ.①日…②中…　Ⅲ.①汽车工程-技术手册②新能源-汽车-技术手册　Ⅳ.①U46-62

中国版本图书馆 CIP 数据核字（2014）第 158186 号

北京市版权局著作权合同登记号　图字：01-2012-2084 号
Automotive Technology Handbook by Society of Automotive Engineering of Japan, Inc.
Copyright © 2011 by Society of Automotive Engineering of Japan, Inc.
Transaction right arranged with Beijing Institute of Technology Press.

出版发行／北京理工大学出版社有限责任公司	
社　　址／北京市海淀区中关村南大街 5 号	
邮　　编／100081	
电　　话／（010）68914775（总编室）	
82562903（教材售后服务热线）	
68948351（其他图书服务热线）	
网　　址／http：//www.bitpress.com.cn	
经　　销／全国各地新华书店	
印　　刷／北京地大彩印有限公司	
开　　本／889 毫米×1194 毫米　1/16	
印　　张／32	
插　　页／1	
彩　　插／2	责任编辑／陈莉华
字　　数／806 千字	文案编辑／陈莉华
版　　次／2014 年 7 月第 1 版　2019 年 7 月第 3 次印刷	责任校对／周瑞红
定　　价／276.00 元	责任印制／王美丽

图书出现印装质量问题，请拨打售后服务热线，本社负责调换

汽车工程手册

译审委员会

主　　任　付于武
副 主 任　李　骏
委　　员　高　波　于秀敏　张晓艳　杨志坚　樊红亮　李　研

翻译委员会

主　　任　高　波
副 主 任　黄永和　谢　飞
委　　员　（按姓氏笔画排序）
　　　　　马　宁　王珍英　任世宏　刘璟慧　孙万臣　孙　丽
　　　　　李云清　李兴虎　郑　芬　赵　和　岳振东　范营营
　　　　　姚为民　殷　悦　曹　洋　彭大庆　程光明

审校委员会

主　　任　金东瀛
副 主 任　毛　明　孟嗣宗
委　　员　（按姓氏笔画排序）
　　　　　王国力　冯　宇　冯慧华　吕建国　朱　平　朱问锋
　　　　　刘　忠　安相璧　许　敏　李尔康　李　杰　李彦龙
　　　　　李炳泉　李晓雷　李淑慧　杨　林　张方瑞　张立军
　　　　　张建武　陈关龙　罗　勇　殷承良　黄　华　喻　凡
　　　　　魏春源

汽车工程手册 中文版序

汽车产业作为我国的支柱产业，在国民经济中发挥着越来越重要的作用。进入 21 世纪后，中国汽车产业进入了快速发展阶段，现已成为世界第一产销国。中国正在经历从世界汽车生产大国向汽车强国的转变。经过数十年的发展，我国汽车工业的综合技术水平有了很大的提高，但与国际先进水平相比，尚有一定差距。为满足我国汽车工业对国外先进科技信息的需求，缩短与发达国家的差距，中国汽车工程学会与北京理工大学出版社合作，引进了日本《汽车工程手册》的版权，并组织行业专家翻译出版。

《汽车工程手册》是由日本自动车技术会（JSAE）组织专家编写而成。该手册来自 1957 年出版的《自动车工学手册》和《自动车工学概览》，经过 4 次改版，并于 1990 年将两书整理修订并更名为《汽车工程手册》进行出版。为适应世界汽车技术的快速发展，在 2006 年再次重新整理编排，由 4 分册细分为 9 分册。2011 年又增加了第 10 分册《新能源车辆设计篇》，同时在各分册中增加了"汽车诸多形势"和用作参考的"法规、标准"等章节，并将当前最新的汽车技术信息编入手册，使其成为日本汽车工程技术人员的必备工具书。

《汽车工程手册》涵盖了汽车制造的各方面，10 个分册包括《基础理论篇》《环境与安全篇》《造型与车身设计篇》《动力传动系统设计篇》《底盘设计篇》《动力传动系统试验评价篇》《整车试验评价篇》《生产质量篇》《维修保养·再利用·生命周期评价篇》《新能源车辆设计篇》。中文版手册配有丰富的原版插图、表格及大量的图片资料，最大程度地保留了原版手册的编写风格。相信本套手册的出版对我国汽车工程技术人员了解世界汽车最新的发展将有极大的帮助，并为行业技术人员、科研人员提供了一套不可多得的工具书。

中国第一汽车集团公司技术中心、吉林大学、北京航空航天大学、中国汽车技术研究中心、中国北方车辆研究所、中国汽车工程研究院、北京理工大学、军事交通学院等单位为手册的出版给予了鼎力支持。

在此谨向以上单位和个人表示感谢，并向他们表示衷心的谢意！同时，感谢北京理工大学出版社对手册的出版给予的大力支持，特在本书出版之际向他们表示深深的谢意！

中 国 汽 车 工 程 学 会
汽车工程图书出版专家委员会

付于武

译者序

增强自主创新能力，是提升中国汽车工业水平的关键。学习和吸收国外的先进技术经验无疑可以加快我们的自主研发进程。中国汽车工业虽然比国外落后，但后发优势明显，古人云："吾尝终日而思矣，不如须臾之所学也"。只要我们认真地向汽车技术更先进的国家学习，一定能在学习中求进步，在进步中求提高，在提高中求创新，变"中国制造"为"中国创造"。

我们深知，科技进步靠的是合力，一万人前进一步的合力，远远大于一个人前进一万步的力量。引领并推动中国汽车工业科技进步，中国第一汽车集团公司有着义不容辞的责任。从知识分享的角度，中国第一汽车集团公司近两年向汽车行业推荐了几本有价值的资料，并受到行业图书出版专家委员会的普遍认可。中国第一汽车集团公司技术中心在组织人员对日文版全套《汽车工程手册》的章节标题及主要内容进行翻译后，发现该书内容翔实、图文并茂、深浅结合，并涵盖了最新技术，内容全面而系统，是一套对中国汽车工业有较强学习与借鉴作用的汽车工程和技术专著。因此我们向中国汽车工程学会推荐引进出版这套手册的中文版，让国内汽车行业的从业人员能够从中受益。

《汽车工程手册》是由日本自动车技术会（JSAE）组织出版。自1957年首次出版后，至20世纪90年代初，历经几次修订，由1册发展为4分册。伴随世界汽车技术的长足发展及环境的变化，2003年开始，日本自动车技术会又对《汽车工程手册》进行了全新改版，历经4年时间完成了9个分册的出版。2011年日本自动车技术会又完成了第10分册的出版。新版手册不仅囊括了混合动力汽车的产业化、燃料电池车的发展、控制技术的高端化、再利用技术的发展等最新技术信息，每一分册还增加了能够反映汽车发展趋势的法规、标准等相关章节。各分册均由活跃在日本汽车各专业领域研发一线的专家执笔，不仅质量高，而且非常系统。该手册对于国内工作在一线的研究和技术人员，以及承担着未来汽车技术开发的年轻人和学生来说都无疑是一本非常好的参考资料。相信该手册必然会成为了解和掌握日本汽车技术，以及审视未来技术发展所不可缺少的工具书。

2008年，由中国汽车工程学会牵头，组织行业各单位和专家陆续对《汽车工程手册》的10个分册进行翻译。其中，《造型与车身设计篇》《动力传动系统设计篇》《底盘设计篇》《动力传动系统试验评价篇》《新能源车辆设计篇》5个分册由中国第一汽车集团公司技术中心翻译完成，《基础理论篇》由北京航空航天大学翻译完成，《维修保养·再利用·生命周期评价篇》由中国汽车技术研究中心翻译完成，《环境与安全篇》《整车试验评价篇》《生产质量篇》3个分册由吉林大学和中国汽车工程研究院翻译完成。

本套手册由日本自动车技术会从2004年9月至2011年间陆续出版的《汽车工程手册》10个分册的日文修订版直接译成，也是国内首次出版该书的中文版。本分册由刘璟慧、范营营、马宁、曹洋、岳振东、彭大庆、赵和翻译。在此感谢北京理工大学出版社给予机会翻译这套工具书，更感谢付于武理事长对此书出版的大力支持。译、校者虽在译文、专业内容、名词术语等方面进行了反复斟酌，并向有关专业人员请教，但限于译、校者的水平与对新知识的理解程度，谬误和不当之处恳请读者批评、指正。

中国第一汽车集团公司技术中心主任 李骏

序言

进入汽车普及高速发展的时代以来，众多汽车行业的前辈凭借自己的劳动和努力，攻克了汽车的可靠耐久性、降低排放、安全性等许多难题，追赶和超越汽车发达国家，造就了日本的汽车工程技术，并于1990年出版了第一版《汽车工程手册》。在泡沫经济和经济危机之际，国际性的大厂商进行强强联合，这一时期确立了日本汽车产业在世界的领先地位。《汽车工程手册》在任何时候都以非常重要的基本原理和基础技术为基础，挑战应对安全、环境、信息智能化以及全球化等各种领域，为开发出世界先进水平的汽车技术而服务。

此次，面对未来汽车技术的进一步发展，收集和整理了所有最新的汽车技术，时隔14年出版了修订版。这本书凝聚了众多前辈的劳动结晶。希望汽车相关的技术人员，抱着"技术以人为本、技术能解决难题"的信念，依据本书，构筑新技术，创造下一代汽车。

如果本书能够为追求汽车便利性和乐趣的人们提供梦想，则会感到荣幸。

最后，对于各位执笔者、编写委员和事务局的诸位所付出的努力，再次深表谢意和敬意，感谢大家在百忙之中抽出宝贵时间，为出版本书给予大力支持和帮助。同时，祝愿汽车技术更进一步发展。

社团法人　自动车技术会

会长　荻野道义

前言(1)

日本自动车技术会以汇齐汽车技术为目的，出版本手册。1957年，经过反复修改首次出版了《汽车工学手册》。1990年对其进行大幅度修改，出版了《汽车工程手册》。该手册由《基础理论篇》《设计篇》《试验和评价篇》和《生产、质量、维修和保养篇》等4个分册构成，总页数达到1 758页。

以后的14年里，汽车技术不断地发展，汽车工业发生了很大变化。因此，必须出版一本符合时代要求的手册。2003年，成立了手册编写准备委员会和手册编写委员会，对手册的编写内容和分册结构进行了分析与研究。根据分析研究结果，把手册划分为10个分册，成立了相关的编写委员会，并开始进行修订版的编写工作。

本《汽车工程手册修订版》有如下4个特点：

（1）包括混合动力车的实用技术、燃料电池车的相关技术、高度控制技术、再生利用技术等最新技术。

（2）由活跃在各个领域中从事开发、设计的一线专家执笔，系统而全面地介绍多个领域的前沿技术。

（3）在各个分册中增加了汽车相关的发展趋势和相关的法律、法规篇章。

（4）增加了摩托车技术等内容。

另外，为方便读者购买，共分成10个分册出版，可以按分册销售。

我们相信本手册能使活跃在一线的研究人员、技术人员更加受益，使肩负着下一代汽车技术重任的年轻技术人员和大专院校的学生对目前的汽车技术有所了解。

最后，在本手册出版之际，对各委员会委员、各执笔专家的大力支持深表谢意！

《汽车工程手册》编委会
主任委员　小林敏雄

人们为了有效保护环境及降低 CO_2 排放量，愈来愈多地寄希望于 EV、混合动力技术。因此，原本争取在两年内出版的写作计划被大幅缩短，《新能源车辆设计篇》作为《汽车工程手册》的第 10 分册，以史无前例的速度进入出版阶段。

本手册由一流的写作阵营一气呵成，并配以彩色的插图开篇，辞藻华丽。本手册在电动驱动系统逐渐趋于明朗的历史时刻横空问世，作为里程碑，一定能名垂青史。而如此重要的一册书，委托我来做它的组委会主任委员，我感到无比喜悦。

本手册的编辑方针仍沿袭前面的系列丛书。为了有助于 EV、混合动力相关的研发人员，本手册对构成零部件的基础理论、设计条件、车辆控制以及性能设计等内容进行了专业的讲解，涵盖了最新技术内容。同时，考虑到发动机专业的设计人员会涉及 EV、混合动力技术，所以尽量选取有利于机械专业技术人员理解的内容。

例如，本手册在章节过渡方面，强调了为什么不使用常规的"车辆→电机→逆变器→电池"顺序，而最先从电池、从使用性能未必优良的电池讲起。控制技术方面叙述了在汽油机上无法实现的、电动车特有的新型控制技术。还有一大特点就是用大幅篇章提到了与稀有金属相关的资源问题及刚刚诞生的无线供电技术。

另外，关于"电动力"虽然已经在第 4 册《（动力传动系）设计篇》的第 3 章中记述过了，在此重新编辑而非重复，敬请见谅。

最后，在本手册出版之际，再次向在百忙之中执笔的诸位专家和对各章节进行汇总的编委会委员表示衷心的感谢。

《新能源车辆设计篇》编委会
主任委员　堀洋一

目　录

第1章　汽车面临的各种形势／1

总论／1

1.1　地球环保问题／4
- 1.1.1　地球环保问题的定义／4
- 1.1.2　全球气候变暖／4
- 1.1.3　小结／12

1.2　能源问题／12
- 1.2.1　近年来汽车周边状况／12
- 1.2.2　关于汽车方面的"节省石油""摆脱石油"／13
- 1.2.3　运输用能源的前景／14
- 1.2.4　小结／16

1.3　汽车的历史／17
- 1.3.1　概述／17
- 1.3.2　黎明期的汽车／17
- 1.3.3　汽油机车的兴起／19
- 1.3.4　20世纪初期的混合动力车／19
- 1.3.5　第二次世界大战前后的电动车／19
- 1.3.6　1960—1970年的电动车开发／19
- 1.3.7　ZEV规定、对节能政策的应对／20
- 1.3.8　混合动力车的研究开发／21
- 1.3.9　氢燃料电池／22
- 1.3.10　插电式混合动力车／23
- 1.3.11　世界各地的电动车战略／23

1.4　汽车的电动化／24
- 1.4.1　电动车辆的历史／24
- 1.4.2　电动汽车的分类／24
- 1.4.3　电动汽车技术／26
- 1.4.4　电动汽车的特点／28
- 1.4.5　电动车辆的未来／29

1.5　由汽车电子到动力电子／31
- 1.5.1　汽车电子的历史／31
- 1.5.2　汽车电子扩展带来的冲击／31
- 1.5.3　汽车电动机的历史／33
- 1.5.4　系统整合／33
- 1.5.5　电子、电动化、综合控制的课题／36

1.6　汽车稀有金属和回收利用／37
- 1.6.1　概述／37
- 1.6.2　稀有金属的现状／37
- 1.6.3　稀有金属本身的问题点／40

  1.6.4 稀有金属的供需平衡和价格变动／41
  1.6.5 稀有金属的供需和资源环境问题／43
  1.6.6 稀有金属的枯竭性／49
  1.6.7 汽车用稀有金属的原始使用单位／50
  1.6.8 稀有金属的回收利用／52
  1.6.9 降低稀有金属的使用量及替代技术的开发／54
  1.6.10 小结／55
参考文献／57

第2章 电池和电容器／61
总论／61
2.1 铅酸蓄电池（36 V、12 V）／66
  2.1.1 汽车用铅酸蓄电池的概况／66
  2.1.2 铅酸蓄电池的原理／67
  2.1.3 汽车用铅酸蓄电池的结构、制造方法及其类别／68
  2.1.4 汽车用铅酸蓄电池的基本特性／70
  2.1.5 汽车用铅酸蓄电池的劣化形式及其抑制对策／71
  2.1.6 关于在汽车中的应用现状／74
  2.1.7 关于汽车用铅酸蓄电池的安全性／77
  2.1.8 课题和今后的实施／77
2.2 镍氢蓄电池／77
  2.2.1 镍氢蓄电池的概要／77
  2.2.2 镍氢蓄电池的原理／78
  2.2.3 电动汽车用镍氢蓄电池／79
  2.2.4 混合动力车用镍氢电池／81
2.3 锂电池／84
  2.3.1 锂电池的历史／84
  2.3.2 基本工作原理与结构／85
  2.3.3 锂离子电池的组成材料／86
  2.3.4 锂离子电池的基本特性／88
  2.3.5 汽车用电池／89
  2.3.6 安全性／93
  2.3.7 今后的课题／93
2.4 双电层电容器／95
  2.4.1 概述／95
  2.4.2 双电层电容器的历史／95
  2.4.3 双电层电容器的基本工作原理／96
  2.4.4 双电层电容器的组成材料／97
  2.4.5 双电层电容器的基本性能／98

         2.4.6 双电层电容器的安全性／100
         2.4.7 对今后的展望／103
    2.5 燃料电池／104
         2.5.1 燃料电池的历史／104
         2.5.2 燃料电池的种类／105
         2.5.3 基本工作原理／106
         2.5.4 燃料电池的特性／107
         2.5.5 在汽车用途方面的现状／109
         2.5.6 课题及今后的实施／110
    2.6 下一代电池／112
         2.6.1 下一代电池的路线图／112
         2.6.2 第二代锂离子电池／115
         2.6.3 革新型锂离子蓄电池——革新型电池的可能性／118
    参考文献／121

第3章 电动机／126
    总论／126
    3.1 电动机基础／128
         3.1.1 电动机相关的电磁学／128
         3.1.2 磁化／132
         3.1.3 转矩及功率／133
         3.1.4 电动机工作点／134
         3.1.5 旋转磁场及电动机绕组／135
    3.2 各种电动机／136
         3.2.1 直流电动机／137
         3.2.2 感应电动机／140
         3.2.3 永磁同步电动机／142
         3.2.4 磁阻电动机／143
    3.3 电动机设计／144
         3.3.1 电动机设计（HEV THS）／144
         3.3.2 电动机设计（HEV 并联）／148
         3.3.3 电动机设计（EV）／150
    3.4 汽车搭载电动机实例／154
         3.4.1 丰田（Prius·雷克萨斯）／154
         3.4.2 本田（Insight）／155
         3.4.3 三菱（i-MiEV）／156
         3.4.4 富士重工（Plug-in Stella）／157
         3.4.5 日产（聆风）／158
         3.4.6 日野（客车）／159

3.4.7 东洋电动机（轮毂电动机）/161
参考文献/162

第4章 电力电子学/164
总论/164
4.1 电力电子学/164
    4.1.1 电力电子学的定义/164
    4.1.2 电力转换的种类/165
    4.1.3 电力电子学的进化/165
    4.1.4 交流电动机驱动实用化/166
    4.1.5 其他电力电子学/166
4.2 电力转换器/166
    4.2.1 斩波器/167
    4.2.2 逆变器/168
    4.2.3 DC-DC转换器/171
4.3 电动装置/172
    4.3.1 IGBT的特点及开发动向/172
    4.3.2 总成、安装技术的开发动向/174
    4.3.3 车载动力装置的可靠性/175
    4.3.4 耐热性能的改善及高温化/176
    4.3.5 SiC、GaN的可行性与今后的发展/177
4.4 控制/177
    4.4.1 电动机控制/177
    4.4.2 转速传感器/184
4.5 电力电子学设计/187
    4.5.1 逆变器/187
    4.5.2 DC-DC转换器/190
    4.5.3 车载充电器及AC 100V用逆变器/192
4.6 汽车搭载电力电子学/198
    4.6.1 丰田（普锐斯）/198
    4.6.2 本田（Insight）/199
    4.6.3 三菱（i-MiEV）/199
    4.6.4 富士重工（Plug-in Stella）/202
    4.6.5 日产（聆风）/203
    4.6.6 日野（载货车）/204
参考文献/205

第5章 系统集成/207
总论/207

5.1 丰田混合动力系统（THS）/ 211
　　5.1.1 第一代普锐斯（THS）(1997—2003) / 211
　　5.1.2 第二代普锐斯（THS Ⅱ）(2003—2009) / 214
　　5.1.3 RX 400h（THS Ⅱ）(2005—2009) / 216
　　5.1.4 GS 450h（THS Ⅱ）(2006—) / 217
　　5.1.5 第三代普锐斯（THS Ⅲ）(2009—) / 218
　　5.1.6 减振控制 / 219
　　5.1.7 其他混联式混合动力系统 / 221
5.2 IMA 系统 / 222
　　5.2.1 系统目的与目标 / 222
　　5.2.2 系统构成 / 223
　　5.2.3 IMA 系统工作模式概要 / 229
　　5.2.4 系统发展前景 / 230
5.3 e-4WD 四驱 / 230
　　5.3.1 开发背景 / 230
　　5.3.2 系统构成 / 230
　　5.3.3 后轮驱动电动机的驱动扭矩控制 / 231
　　5.3.4 4WD 性能设计概念 / 232
　　5.3.5 4WD 控制 / 232
　　5.3.6 低油耗设计概念 / 232
　　5.3.7 主要组成部件 / 233
　　5.3.8 e-4WD 系统成效 / 235
　　5.3.9 今后发展前景 / 235
5.4 怠速停机系统 / 235
　　5.4.1 怠速停机系统定位 / 235
　　5.4.2 怠速停机系统开发背景 / 235
　　5.4.3 怠速停机系统的历史和特点 / 237
　　5.4.4 怠速停机的技术课题和对策 / 243
　　5.4.5 怠速停止的普及和扩大 / 245
5.5 电池系统 / 246
　　5.5.1 系统构成 / 246
　　5.5.2 电池组 / 246
　　5.5.3 电池管理系统 / 247
　　5.5.4 电池冷却系统 / 249
　　5.5.5 动力电池系统搭载设计 / 250
5.6 电源系统 / 250
　　5.6.1 汽车用电源系统特点 / 250
　　5.6.2 汽车电源的变迁和动向 / 251
　　5.6.3 汽车电力管理 / 255

5.6.4　高电压电源系统设计注意事项 / 258
　5.7　冷却系统 / 264
　　　5.7.1　THS 电池冷却系统 / 264
　　　5.7.2　THS 逆变器的冷却系统 / 266
　5.8　空调系统 / 268
　　　5.8.1　概述 / 268
　　　5.8.2　降低热负荷技术 / 268
　　　5.8.3　热源创新技术 / 270
　　　5.8.4　电动压缩机、逆变器 / 271
　参考文献 / 274

第6章　性能（设计方法．评价方法．试验方法）/ 276
　总论 / 276
　6.1　电驱动系统的设计 / 278
　　　6.1.1　电动车的特点及高电压系统的构成 / 278
　　　6.1.2　驱动用电动机的输入/输出功率特性 / 278
　　　6.1.3　附件类高电压设备 / 279
　　　6.1.4　驱动电池 / 280
　6.2　EV、HEV 的评价 / 283
　　　6.2.1　前言 / 283
　　　6.2.2　EV 试验方法 / 283
　　　6.2.3　HEV 试验方法 / 283
　　　6.2.4　PHEV 的试验方法 / 284
　　　6.2.5　关于 EV 等评价的其他课题 / 287
　6.3　尾气排放、油耗、电能消耗率及动力性能试验方法 / 288
　　　6.3.1　EV 试验方法 / 288
　　　6.3.2　HEV 试验方法 / 289
　　　6.3.3　大型 HEV 的排放气体及油耗试验方法 / 291
　6.4　基于 Well to Wheel 分析的 CO_2 换算法 / 293
　　　6.4.1　WtW 分析与汽车 LCA / 293
　　　6.4.2　WtT 分析 / 295
　　　6.4.3　TtW 分析 / 298
　　　6.4.4　WtW 分析 / 298
　　　6.4.5　小结 / 298
　6.5　车载电力电子学装置的 EMC / 298
　　　6.5.1　序言 / 298
　　　6.5.2　EMC 标准与试验方法 / 299
　　　6.5.3　电动机、逆变器系统的 EMC 理论 / 300
　　　6.5.4　EMC 车载电动机、逆变器系统的设计实例 / 302

6.5.5 小结／305

6.6 LCA（生命周期评估法）／305

6.6.1 LCA／305

6.6.2 汽车的 LCA 评估方法／306

6.6.3 HEV、EV 等的评估／309

参考文献／312

第7章 车辆运动控制／314

总论／314

7.1 运动控制（机理）／316

7.1.1 左右驱动力分配／317

7.1.2 俯仰／318

7.1.3 驱动／318

7.1.4 乘坐舒适性／319

7.2 运动管理（控制）／320

7.2.1 前言／320

7.2.2 基于检测器的并行防侧滑控制／320

7.2.3 利用横摆力矩监测器进行行驶稳定性控制／321

7.2.4 利用转向系统刚度推算值进行行驶稳定性控制／322

7.2.5 车辆控制仿真结果／323

7.2.6 车辆控制的试验结果／324

7.2.7 小结／326

7.3 线控系统（By Wire System）／326

7.3.1 线控的优点／326

7.3.2 系统的种类／326

7.3.3 关于系统的可靠性／331

7.3.4 关于线控车辆／331

7.3.5 线控技术的未来／333

7.4 群行车控制／333

7.4.1 概述／333

7.4.2 基于自动驾驶的群行车优点／333

7.4.3 实现群行车的技术课题／334

7.4.4 队列行驶／334

7.4.5 鱼群行驶／336

参考文献／339

第8章 充电设备（基础设施）／340

总论／340

8.1 电动汽车充电（快速充电）／344

8.1.1 快速充电方式的概要 / 344

8.1.2 安全性的确保 / 345

8.1.3 充电方式的标准化动向 / 345

8.2 插电式混合动力车的充电（普通充电）/ 347

8.2.1 何谓插电式混合动力车 / 347

8.2.2 丰田插电式混合动力系统概要 / 348

8.2.3 插电式混合动力车的充电系统 / 348

8.2.4 普通充电系统的注意要点 / 350

8.2.5 公共充电 / 351

8.3 充电插接器、通信 / 351

8.3.1 充电系统概论 / 351

8.3.2 车辆连接器 / 352

8.3.3 通信 / 354

8.4 非接触式供电（电磁感应）/ 355

8.4.1 前言 / 355

8.4.2 电磁感应式非接触供电技术的基本原理 / 355

8.4.3 EV 的非接触式电力传输技术的开发动向 / 358

8.4.4 行驶中充电 / 360

8.4.5 电磁感应方式的课题 / 361

8.5 非接触式供电（电磁共鸣）/ 361

8.5.1 前言 / 361

8.5.2 磁场共鸣的特征 / 362

8.5.3 磁场共鸣的基本特性 / 362

8.5.4 近场电磁场状态 / 365

8.5.5 磁场共鸣的等效电路 / 365

8.5.6 kHz ~ MHz ~ GHz 的扩展 / 366

8.5.7 中继线圈的可行性 / 368

8.5.8 小结 / 369

8.6 非接触式供电（微波）/ 369

8.6.1 开发背景、目的 / 369

8.6.2 无线充电系统原理 / 369

8.6.3 本系统的设备概要 / 370

8.6.4 本系统的特征及优点 / 372

8.6.5 目前的开发状况 / 372

8.6.6 课题及今后的展望 / 373

8.7 电池更换系统 / 374

8.7.1 概述 / 374

8.7.2 应用实例 / 374

8.7.3 优点及技术课题 / 375

8.8 家与汽车 / 376
8.8.1 前言 / 376
8.8.2 房地产开发商在环保方面的努力 / 376
8.8.3 带有蓄电池的 HEMS / 377
8.8.4 小结 / 378

8.9 智能电网与微电网 / 378
8.9.1 前言 / 378
8.9.2 智能电网 / 378
8.9.3 智能电网的技术内容 / 379
8.9.4 配电系统的电压控制概要 / 381
8.9.5 微电网 / 381
8.9.6 基于微电网的监控控制技术 / 382
8.9.7 电动汽车与电力系统的联动 / 383
8.9.8 与电动汽车联动时对主干系统的影响 / 383
8.9.9 小结 / 384

参考文献 / 385

第9章 车辆介绍（小型车、客车、个人移动工具）/ 388
总论 / 388

9.1 三菱 i-MiEV / 389
9.1.1 概述 / 389
9.1.2 目标 / 389
9.1.3 特点 / 389
9.1.4 主要组件 / 390
9.1.5 显示系统 / 390
9.1.6 操作系统 / 390
9.1.7 安全性 / 390

9.2 斯巴鲁（Subaru）插电式 Stella / 391
9.2.1 开发目标 / 391
9.2.2 车辆概要 / 391
9.2.3 动力装置 / 393
9.2.4 电池组 / 393
9.2.5 电池管理系统 / 393
9.2.6 充电系统 / 394
9.2.7 车辆应用技术 / 394
9.2.8 空调系统 / 395
9.2.9 组合仪表 / 395
9.2.10 动力、驾驶性能 / 395
9.2.11 振动噪声性能 / 395

9.3 日产聆风／396
 9.3.1 前言／396
 9.3.2 日产聆风 EV 系统／396
 9.3.3 日产聆风的车辆性能／400
 9.3.4 小结／401
9.4 丰田插电式普锐斯／401
 9.4.1 PHEV 的目标／402
 9.4.2 PHEV 的有效性／402
 9.4.3 PHEV 方式比较／403
 9.4.4 插电式普锐斯车辆概要／403
9.5 本田 Insight／405
 9.5.1 第一代 Insight／405
 9.5.2 第二代 Insight／407
9.6 丰田第三代普锐斯／412
 9.6.1 第三代普锐斯的开发／412
 9.6.2 先进的混合动力性能／412
 9.6.3 功能模式化的"先进车型"／413
 9.6.4 领先时代的"先进装备"／413
9.7 日野混合动力客车／414
 9.7.1 前言／414
 9.7.2 开发过程／414
 9.7.3 混合动力系统／415
 9.7.4 第四代混合动力客车（最新车型）／416
 9.7.5 小结及今后的课题／417
9.8 丰田 FCHV – adv／417
 9.8.1 丰田 FCHV – adv 概要／417
 9.8.2 车辆系统／417
 9.8.3 主要性能改进／418
 9.8.4 普及工作／420
 9.8.5 小结／420
9.9 本田 FCX Clarity／420
 9.9.1 概要／420
 9.9.2 开发目标／421
 9.9.3 车辆造型及装备／421
 9.9.4 动力传动系统搭载技术／422
9.10 Eliica（Electric Lithium – Ion Car）／424
 9.10.1 高性能电动汽车 Eliica 的开发目标／424
 9.10.2 主要技术／424
 9.10.3 集成底盘／425

9.10.4　车身设计／425

　　9.10.5　性能试验／426

　　9.10.6　小结／426

9.11　Personal Mobility（个人移动器）／426

　　9.11.1　概述／426

　　9.11.2　技术概要／427

　　9.11.3　面向实用化的努力／428

　　9.11.4　Personal Mobility（个人移动器）「i‐unit」「i‐REAL」／429

9.12　Segway／432

　　9.12.1　概要／432

　　9.12.2　技术构成／434

　　9.12.3　Segway 的环境性能／434

9.13　上海电容器无轨电车／435

　　9.13.1　前言／435

　　9.13.2　上海市的无轨电车／435

　　9.13.3　无架线·无轨电车的登场／435

　　9.13.4　超级电容器／436

　　9.13.5　公车站的充电台／436

　　9.13.6　系统特征／436

　　9.13.7　营业运行的经过／436

　　9.13.8　小结／437

参考文献／438

第10章　法规·标准／440

总论／440

10.1　电动汽车的安全标准及标准动向／445

　　10.1.1　概要／445

　　10.1.2　ECE R100／446

　　10.1.3　ECE R12、ECE R94、ECE R95（R12、R94、R95）的修订方案／447

　　10.1.4　联邦机动车辆安全标准305（FMVSS305）／449

　　10.1.5　其他标准、规范的动向／449

10.2　电动车的燃料消耗率、电耗的试验方法与相关标准／449

　　10.2.1　概述／449

　　10.2.2　燃料消耗率及电量消耗率试验方法／450

10.3　电池的运输规定／455

　　10.3.1　概述／455

　　10.3.2　危险品运输规则体系／455

　　10.3.3　危险货物的分类及概要／457

10.3.4　锂离子电池的运输规则 / 457

10.3.5　对其他电池的运输规定 / 459

10.3.6　汽车的运输规则 / 459

10.4　关于充电系统的法规、标准 / 459

10.4.1　标准 / 459

10.4.2　法规 / 463

10.5　电磁兼容性（EMC）、低频磁场的法规、标准动向 / 463

10.5.1　概述 / 463

10.5.2　国际协调标准 ECE R10 - 03 上的 EV、HEV / 464

10.5.3　充电系统中普通 EMC 指令的应用 / 465

10.5.4　ICNIRP 指导方针与低频电磁场限制的动向 / 466

10.6　与电动车辆的静音性相关的问题和对策 / 468

10.6.1　前言 / 468

10.6.2　经过 / 468

10.6.3　关于对策 / 469

10.6.4　指导方针 / 470

10.6.5　车辆接近警报装置的实际情况 / 471

10.6.6　日本以外动向 / 471

10.6.7　今后的课题 / 472

10.7　氢燃料电池车的法规、标准 / 472

10.7.1　概述 / 472

10.7.2　填充插接器 / 472

10.7.3　氢气填充协议 / 473

10.7.4　氢气燃料标准 / 474

参考文献 / 476

国际单位制（SI）/ 478

第 1 章

汽车面临的各种形势

总 论

在汽车发展的 120 多年里,现代汽车所处的环境正在发生着翻天覆地的变化。以往的汽车开发一直以"环境"、"安全"、"舒适和方便性"为中心,而最近的汽车开发,由于美国金融危机以及新兴"金砖四国"(巴西、俄罗斯、印度和中国)等新兴市场的骤变,小型车、混合动力车及电动车越来越引人注目。年轻人和用户的价值观也呈现出多样化,生活方式也发生了很大的变化。

我们的汽车开发也置身于应对全球变暖所带来的"环保问题",原油价格高涨引发的"能源问题",以及稀有金属、水和粮食等世界性的"资源问题"等"五大潮流"之中(图 1-1)。因此,今后的汽车开发必须从这 5 个角度来考虑[1]。汽车将以"电子化"、"电动化"和"系统集成化"为关键,不断向前发展。

怎样应对汽车的环保、能源问题是关乎汽车行业生死存亡的重大课题。在可持续发展的社会中,汽车所面临的最大环保问题是如何降低 CO_2(节能)排放以缓解全球变暖,最大能源问题是怎样摆脱依赖石油。之所以这样,是因为有可能在 21 世纪中期石油资源枯竭,所以要竭尽全力摆脱石油资源问题。在图 1-2 中按国家、以扇形图分别表示了全世界的 CO_2 排放量。其中,以中国为首,新兴国家的 CO_2 排放量显著增加。在扇形分布中,发电部门的排放量最多,运输部门的排放量也占到整体的 1/4 左右。由此可见,降低 CO_2 排放需要各行各业的共同努力。

图 1-1 围绕汽车的五大潮流[1]

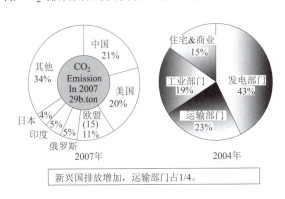

新兴国排放增加,运输部门占 1/4。

图 1-2 全世界 CO_2 排放量

在汽车发展的历史长河中,石油危机以后,原油价格的动向给汽车发展带来了巨大影响。

图1-3显示了过去40年原油价格的变迁。其中,有两个大幅暴涨时期。第一次是在1979年的第二次石油危机,当时在美国掀起了由大型车向微小型车转变的潮流。第二次是在2005年原油价格暴涨,缘于新兴国家(中国、印度等)的经济发展和未来能源安全问题。这时,燃油经济性较高的混合动力车一时备受瞩目,混合动力车的生产要求日益扩大。

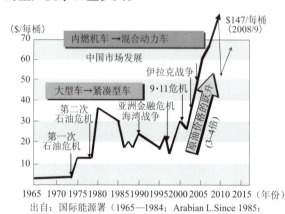

图1-3 原油价格的变迁

2009年日本开始向市场投放插电式混合动力车和电动车,并向2012年美国加利福尼亚州ZEV(Zero Emission Vehicle)法规挑战,世界各国汽车厂家计划正式向市场投放电动汽车和插电式混合动力车。

在传统车上,驱动车辆行驶的有效功只占汽油发动机或柴油发动机燃烧能量的30%,绝大部分燃烧能量以热的形式损失掉。在热损失中,排气损失和冷却损失占大部分,其余的还有机械损失和辐射损失。因此,今后期待有效提高废热的利用率以及更高的发动机燃烧效率[2](图1-4)。

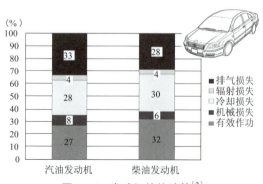

图1-4 发动机的热计算[2]

所谓的"汽车节能",从汽车本身来说就是"怎样节约矿物燃料,使汽车行驶",简而言之就是"提高燃油经济性",统称"汽车能量管理"。在图1-5中表示出了提高燃油经济性的基本设计思路,主要从以下4项基本条件出发,谋求提高燃油经济性:

① 降低行驶阻力。
② 提高传动效率。
③ 减少能源浪费。
④ 回收废能。

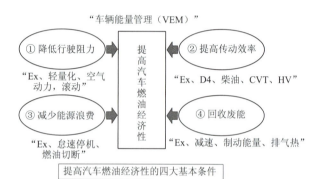

图1-5 提高燃油经济性的基本设计思路[3]

上述基本条件主要通过以下4种方法实现"汽车能量管理":

① 轻量化、降低空气动力阻力及滚动阻力等机械方法。
② 直喷式、柴油、无级变速、混合动力等机械和电子方法。
③ 怠速停机、燃油切断等电子方法。
④ 减速、回收制动能量及废热回收等电子方法。

在近来全新系统中,电子技术在支撑电子化、电动化方面发挥着越发重要的作用。

现在,混合动力车(Prius)因为能量效率较高,在量产车中备受瞩目,它的基本能量管理如图1-6所示。它所表示的是从停车、加速、匀速行驶、减速制动、直到停车这一过程中,车辆行驶所需的能量与发动机输出能量多与少的关系。一般在低速行驶时,发动机效率较差,但在高速、匀速行驶时能量效率较高,并且产生剩余能量。然而,电动机在低转速区域有较大优势,在低速行驶或起步时，可以利用存储在蓄电池中的电能驱动电动机，进行加速。另外，还有一大特点就是利用电动机的制动能量回收功能，可有效地回收车辆减速或制动时的制动能量。

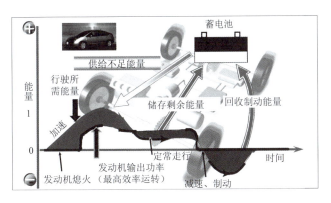

图1-6 混合动力车（Prius）的能量管理[4]

因此，可以将匀速行驶时的剩余能量或减速、制动时的制动能量进行回收并储存到电池中，在起步或低速行驶时，通过电动机驱动，使用这些能量弥补整车驱动能量的不足部分。同时，还能大幅提高燃油经济性。混合动力车正是集发动机和电动机的"二者之所长"于一身。

迄今为止的"节能汽车"，均像混合动力车一样，一直通过汽车自身（自控系统）来彻底追求高效化。也就是说主体一直是以"提高燃油经济性"为目标的"汽车能量管理"，然而插电式混合动力车的出现，意味着利用家庭电源（电力基础设施类）补充能源的新观点，同时昭示着即将步入考虑"能源安全"的"整体能源管理"新时代。

如图1-7所示，我们可以知道，目前我们所使用的能源大多数都来自地球46亿年历史中的太阳辐射。考虑到未来矿物燃料的枯竭，我们必须再一次回到原点，考虑循环型社会的能源利用。其中一个具有现实意义的有力答案就是使用电能的插电式混合动力车或电动车。因为电能为二次能源，是通过电力发电获得的，产生的 CO_2 也较少。今后"整体能源管理"的普及不仅与基础设施类的配备有关，还与高容量蓄电池的开发以及能否实现低成本密切相关。

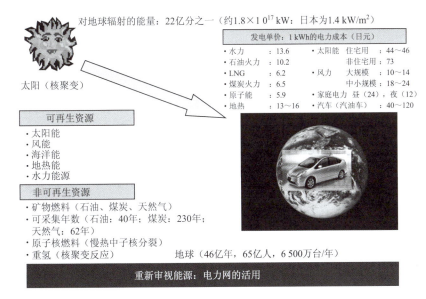

图1-7 "循环性社会"和整体能源管理

关于电动汽车（混合动力车、插电式混合动力车、电动车、燃料电池车）的普及与发展，要是没有构成汽车的技术开发和零部件的发展，则无法实现。例如，混合动力车是在传统车中增加新电动零部件，要实现轻量化，并要在有限的搭载空间内实现小型化，还要降低成本。

图1-8中显示了混合动力车的主要构成零件：电动机、逆变器、蓄电池。这些动力电子零部件为电动车的主要通用零部件。

电动车及插电式混合动力车，必须要和全新

图1-8 混合动力车的主要构成零件

的系统电网（Grid）连接的电力基础设施相协调。图1-9所示的就是在传统的"车辆能源管理"（Energy Management）中全新加入了"供电"（Energy Supply）和"蓄电"（Energy Storage）的基础设施协调型"整体能源管理"（Total Energy Management）技术开发[5]。

图1-9 基础设施协调型整体能源管理[5]

目前，世界各国都针对全球变暖和确保能源安全而进行着各种努力。在美国，作为"绿色新政策"的一个环节，在致力于开发稳定供电的第二代电网（智能电网），同时还涉足开发电动车和插电式混合动力车。另外，在欧洲努力通过太阳能发电和风力发电的电力逆潮流来稳定电压及频率。在中国，被称为"small hundreds"的无数小型电动车公司也非常风靡。

日本凭借电动车开发及相关技术开发，奠定了其世界领头人的地位。今后电动车及其相关技术的普及和发展中的技术革新（Innovation）及与其他行业、团体（家电、电动机、电力、政府、自治团体等）的合作一定会为国际标准化、规范化做出卓越贡献。

本章，将从社会的变化和历史的角度解读汽车的变迁与发展，并对汽车的电子化、电动化以及涵盖资源问题在内的现在、过去和未来作进一步地说明。

1.1 地球环保问题

1.1.1 地球环保问题的定义

所谓的地球环保问题就是指不仅局限在发生国，还跨越国境，产生具有全球性影响和危害的环保问题（图1-10）。工业革命以后，伴随大规模的工业、经济活动，耗费了大量资源和能源，大量排出并废弃废物，以及人口增加，这些都对环保问题产生了深远影响。在环保问题日益突出的今天，具有全球性影响的环保问题不胜枚举。因此，在这里集中论述其中最引人瞩目的全球气候变暖问题。

- 全球气候变暖
- 沙漠化
- 臭氧层破坏
- 海洋污染
- 酸雨
- 有害化学物质的越境移动
- 野生物种减少
- 发展中国家的环保问题
- 森林减少

图1-10 九大地球环保问题[6]

1.1.2 全球气候变暖

（一）全球气候变暖的定义

1. 全球气候变暖

早在19世纪末瑞典人Arrhenius就曾指出，大量焚烧煤炭会使大气中的CO_2含量增加并带来温室效应，导致全球气候变暖。1972年，罗马俱乐部发表了研究报告《增长的极限》，并以这些为契机掀起了关于可持续性发展的讨论。人们开始认识到全球气候变暖是一个国际性问题，但是CO_2与全球气候变暖的因果关系在学术上尚不明确。

世界气象组织（WMO）与联合国环境规划署（UNEP）成立的政府间气候变化专门委员会

IPCC（Intergovernmental Panel on Climate Change）于1990年发表了《第一次评估报告》。并在全球峰会上，以《联合国气候变化框架公约》为前提，确定了以联合国为中心，应对全球气候变暖问题的流程。其后，IPCC反复修改评估报告，于1995年发表了《第二次评估报告》，2001年发表了《第三次评估报告》（TAR）。直到本书执笔，最新发表的报告为2011年所发布的《第四次评估报告》（AR4）。全球气候变暖的原理如图1-11所示。

所谓的全球气候变暖是指大气中除水蒸气以外的CO_2、甲烷、氟利昂、N_2O等吸收红外线的温室气体浓度增高，导致地表释放的红外线量、

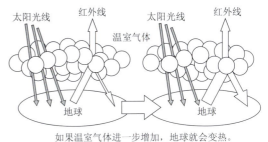

图1-11 全球气候变暖的原理[25]

地表温度以及海水的CO_2溶解度等状态发生变化，从而形成一种大气温度升高的全新稳态。

IPCC在TAR中总结了气候变暖可能会带来的影响，具体内容如图1-12所示。

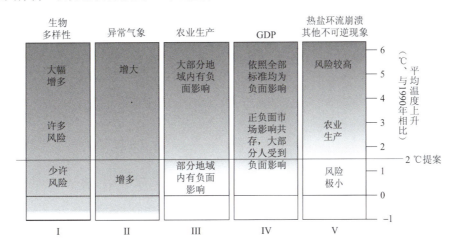

图1-12 平均温度上升及其影响[9]

在与全球气候变暖相关的《气候变化框架公约》中，相关的法律文书规定终极目标为"稳定大气中温室气体的浓度到一定水平，以防止气候系统受到危险的人为干扰"。关于温室气体浓度的稳定，虽然提到应在一定时间内要实现"使生态系统自然地适应气候变化，确保粮食生产免受威胁，并可持续发展经济"[7]，但并没有提出具体的期望水平。关于终极目标，虽然还未在国际上达成一致，但是EU（欧洲联盟，简称欧盟）提出建议"相比工业革命以前的自然水平，控制大气温度上升在2℃以内"。而且，主要发达国家在2008年的日本北海道洞爷湖峰会上表示，将寻求与《联合国气候变化框架公约》全部缔约国达成共识，通过联合国交涉并进行采纳，达成到2050年将全球温室气体排放降低至50%的长期目标。

图1-12中温度上升基准为1990年，从工业革命以前到1990年，估计地球大气温度上升了0.5℃。因此，EU提出的2℃终极目标，在本图中就相当于比1990年上升1.5℃。目前，还未明确它是否是一个"无风险水平"，但根据图1-12，当采取2℃终极目标时，无论在任何形式的影响下，风险都会相对较小。另外，AR4中列出了更加详细的影响评价，如图1-13所示。记述的左侧表示了开始出现影响的大体位置。希望今后进一步发展影响气温上升方面的研究。

在IPCC的AR4中，查阅了迄今为止各国研究气候变化情景的相关文献，将其分为6类。表1-1中，表示了各情景的浓度稳定值、平衡时

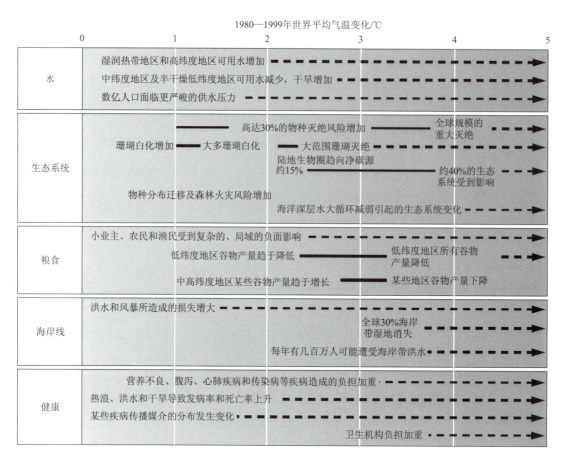

图 1-13 世界平均气温上升所带来的主要影响[26]

表 1-1 IPCC 第四次报告中的评估情景[9]

	CO_2 浓度 /ppm	GHG 浓度 /ppm	相对工业革命以前上升温度 /℃	CO_2 峰值年份	2050 年 CO_2 预测排放量（占 2000 年的百分比）	评估情景的数量
Ⅰ	350~400	445~490	2.0~2.4	2000—2015	-85~-50	6
Ⅱ	400~440	490~535	2.4~2.8	2000—2020	-60~-30	18
Ⅲ	440~485	535~590	2.8~3.2	2010—2030	-30~+5	21
Ⅳ	485~570	590~710	3.2~4.0	2020—2060	+10~+60	118
Ⅴ	570~660	710~855	4.0~4.9	2050—2080	+25~+85	9
Ⅵ	660~790	855~1 130	4.9~6.1	2060—2090	+90~+140	5

（EU 2℃ 提案 指向范畴 Ⅰ）

的世界平均气温上升值以及 2050 年 CO_2 预测排放值，与此同时，还表示出了各情景范畴的研究值。在稳定浓度和平衡时的世界平均气温上升二者的关系中，还包含着科学上的不确定性，所以按照平衡气温，超出 3℃ 的可能性分别如下，范畴 Ⅰ 为 25%，范畴 Ⅱ 为 40%[8]。

图 1-14 为各情景的排放曲线。各情景的排放路径之所以有幅度，是因为各情景范畴中又包含几个情景，而它们各自的排放路径均不一样。在各范畴中，范畴 Ⅰ 和范畴 Ⅱ 中的 CO_2 排放将在 21 世纪后半期变为负值，这代表着大部分消耗能源都将转化为生物能，并且在这一时期耗能所产生的 CO_2 都会被处理贮存到地下[9]。

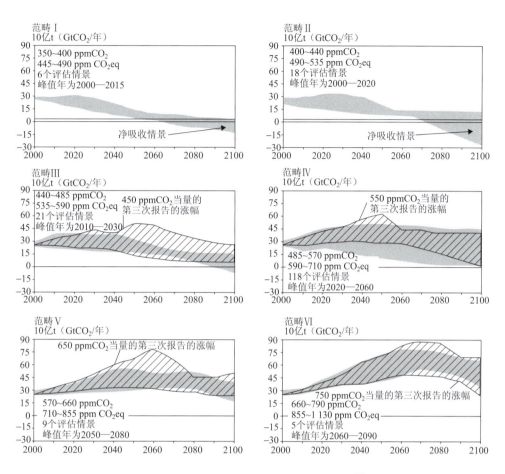

图 1-14 IPCC AR4 六种情景的排放曲线[9]

2. 汽车与全球气候变暖

全球 CO_2 排放量日益增加,其中运输领域的 CO_2 排放量按照 2007 年的实际情况看占 23%。而这 23% 中的 73% 又是道路交通排放量(图 1-15)。

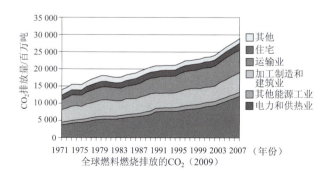

图 1-15 世界各行业的 CO_2 排放量[27]

一般,人为 CO_2 排放量通常用公式(1-1)来表示。

$$CO_2 \text{ 排放量} = \frac{CO_2 \text{ 排放量}}{\text{消耗能源}} \times \frac{\text{消耗能源}}{GDP} \times GDP \quad (1-1)$$

从这个公式中可以看出 CO_2 排放量为消耗单位和活动量的积。汽车的消耗单位为油耗或燃料的碳强度,活动量相当于总行驶量,所以 CO_2 排放量可以用图 1-16 来表示。

迄今为止,针对降低 CO_2 排放,主要致力于改善燃油经济性和降低 CO_2 排放系数。接下来进一步介绍这些内容的过去、现状和未来展望。

(二)汽车的发展历史

经过 1973 年与 1979 年两次石油危机后,发达国家尤其是石油资源匮乏的日本,一直致力于降低石油依存度。在第一次石油危机发生不久的 1974 年,日本就开始将新能源开发项目——阳光计划和节能技术开发项目——月光计划作为国家项目实施。随着对世界环保问题关注度的日益高

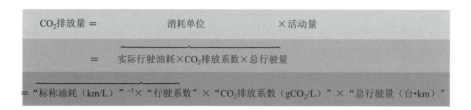

图1-16 道路交通部门的CO_2排放量[10]

行驶系数：实际行驶油耗与标称油耗之比（全部保有车辆的标称油耗平均）

涨，日本在1993年开始综合发展上述两个计划，实施新阳光计划，并将在汽车上的运用也纳入视野，开始进行固体高分子燃料电池和充电电池的研究开发。

在第二次石油危机以后，作为汽车环境对策，美国以防止由NO_x及SO_x所引起的酸雨、光化学烟雾等大气污染为主题，于1990年在加利福尼亚州制定了ZEV法。ZEV法中规定必须销售一定比例的零排放车，因此许多企业开始开发电动车，并面向政府、企业、汽车租赁公司及普通用户销售。但是，电动车除了续驶里程不足以外，还存在充电时间较长、充电站不足和价格高昂等问题，因此销售数量未能增加。

另一方面，以当时的戴姆勒奔驰为首，各公司也都纷纷开始进行同为ZEV的燃料电池车的试制工作。2002年12月，本田和丰田在世界上领先销售燃料电池车并向日本政府纳税，但是由于成本较高，氢的制造、配送以及储藏等相关基础设施的配备较迟缓，技术开发上也存在难题，直到今日也未能实现大量销售。

人们越来越清楚，仅限于电动车、燃料电池车等纯粹的ZEV很难满足法规要求。因而后来ZEV法规又广义地定义了ZEV形式，并决定将这些车型的销售数量归到其中，具体包括EnhancedAT-PZEV（插电式混合动力车等）、AT-PZEV（混合动力车和天然气车等）和PZEV（满足SULEV标准、排放气体极其洁净的车）等。

日本从1997年开始普及混合动力车，实实在在地提高了混合动力车的分量。图1-17为混合动力车在日本市场中普及量的变化过程。依据2010年日本经济产业省发表的《新一代汽车战略2010》，所谓的新一代汽车是指混合动力车、电动车、插电式混合动力车、燃料电池车、清洁柴油机车等，在日本普及最成功的还要数混合动力车。但下一代汽车在全部保有量中仅占不到2%，今后它的普及有待进一步发展。

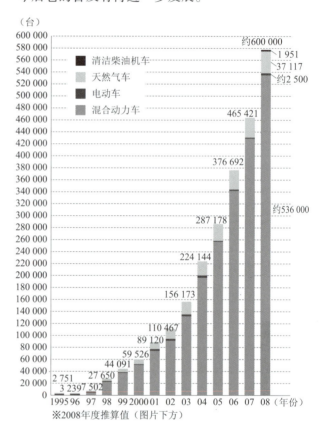

图1-17 下一代汽车在日本市场中普及量的变化过程[28]

（三）各地区进展现状

在这里将根据图1-16的分类来看各个项目的进展状况。

导入燃油经济性法规和标准的国家及地区的轿车燃油经济性法规动向如图1-18所示。虽然由于各个国家的油耗试验法和柴油发动机的普及情况不一样，而无法进行单纯比较，但是若将各地区的油耗标准换算为 CO_2 排放的话，那么整体是以 2.3% 的年平均率降低。

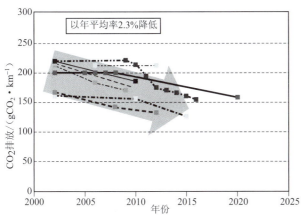

图 1-18 乘用车燃油经济性法规/标准的 CO_2 排放[10]

日本和欧洲首先提高了油耗标准。在欧洲，虽然对 2012 年的 130 g/km 油耗目标进行了研讨，但是由于德国厂家（重型车）与法国意大利厂家（微型车）对立，所以举步维艰。因此，面向 2015 年采取了分阶段导入法规的措施，并计划在 2013 年以前，重新考虑 2020 年 95 g/km 这一目标。

自 1990 年以后，美国联邦乘用车企业平均燃油经济性法规（CAFE 法规）一直规定乘用车油耗为 27.5 mpg（相当于 198 g/km），但是在 2007 年 12 月总统签署了美国能源自给及安全保障法后，开始要求整个汽车行业在 2020 年实现油耗 35 mpg①。另外，奥巴马政府又在 2010 年 4 月宣布，要提前 4 年实现这一目标。因此，各地区对燃油经济性法规的强化也呈现出了更加清晰的趋势。

接下来将介绍与降低行驶系数相关的节能驾驶等方面的内容。所谓的节能驾驶，指通过柔和起车、避免怠速空转以及经常检查轮胎气压等人人都力所能及的手段，来提高燃油经济性的措施。由于它不需要高新技术及巨额的费用，所以从综合社会成本和效果来看，在降低汽车 CO_2 排

① 1 mpg = 0.425 km/L。

放的措施中较有优势。纵观世界，在节能驾驶方面，欧洲比较突出，除了举办节能驾驶的讲座以外，还将节能驾驶的训练融入到了驾驶执照的考取中。日本也一直以卡车运输业的从业人员为对象，举办节能驾驶方面的讲座，并在近些年将对象逐渐扩展到普通司机[11]。

此外，在节能驾驶的辅助装置上配备了车载油耗表，能够显示瞬间油耗及平均油耗等内容，并且可显示节能驾驶程度，以及通过网络连接，可显示油耗排行榜，等等。据说最近销售的车辆中有 3/4 左右都装有节能驾驶辅助装置[12]，并且估计在商用卡车中有一成以上也都普及了数字表化。这不仅有利于提高燃油经济性，还有利于降低事故数量[13]。

解决城市的交通拥堵，也能有效地改善行驶系数。其中造成交通拥堵的一个原因就是违章停车。尽管在日本，对违章停车的监管已经民营化，但是在东京为了配合这一工作还进一步采取了被称为 "smooth 东京 21" 的综合性路面停车对策。这种对策是一种具有社会性的节能驾驶，能消除交通拥堵。

另外，近年通过结合导航和通信功能的动态车载导航系统，规避交通堵塞的技术得到了显著发展。但是在过去 20 年间，日本工况油耗与实际行驶油耗间的比例关系并没有发生变化，由此可见在改善行驶系数方面仍有较大的发展空间（图 1-19）。

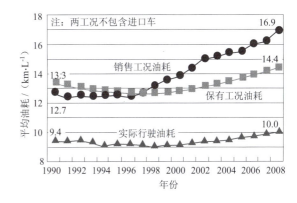

图 1-19 日本市场汽油轿车的油耗[12]

2003 年，欧盟通过了一项生物燃料的指令。按照这项指令，到 2005 年年底，欧盟境内生物

燃料的使用率应达到燃油市场的2%，到2010年年底达到5.75%，但是这些数值仅为"参考目标"，并不具有法律效力[14]。之后的第二年，以可持续发展为目标，世界可持续发展工商理事会（WBCSD）发表了一份报告。在报告中[15]也提到了希望在2050年大幅增加生物燃料利用的技术组合事例，可以说对生物燃料所寄予的期望日益提高。美国认为，与其降低CO_2排放，不如提高能源自给，在这种观点的指导下，导入生物能源的势头日趋高涨。2007年1月，当时的美国总统在年初国情咨文中提出建议，强制使用可再生燃料及代替燃料，但是由于后来甘蔗和玉米等原料价格攀升以及所掀起的关于"要燃料还是要粮食"的争论等，导入生物燃料的势头渐渐消退。欧洲也出现了关于生物燃料"可持续发展"的问题，在研讨《2009年的可再生能源促进指令》的过程中，虽然增加了生物燃料的"可持续性标准"，但是在设定2015年的中期目标时遭到了加盟国的反对而受阻，加盟国阻碍了EU走向生物燃料的脚步[14]。由于受到这些动向的影响，最近人们开始将目光集中在用食品废弃物（木质纤维素）和藻类制成的第二代生物燃料的生产上，并对今后的技术开发寄予厚望。目前，氢燃料电池车的实际验证试验中所使用的大部分氢，都是通过天然气转化制造出来的，或者说副产出来的。因此，按照WtW（Well to Wheel）来看，CO_2的排放水平大致与汽油发动机混合动力车相同。为了实现氢能源的大规模应用，世界各国都在积极研讨低CO_2排放的氢制造以及相关的技术开发。

2003年2月，当时的美国总统宣布，开始实施"FutureGen"计划，预计10年耗资10亿美元。美国的主要能源为煤炭，而该项计划试图开发一项低CO_2排放利用煤炭的技术，它利用纯氧使煤炭汽化燃烧，并将得到的氢用于发电，同时把CO_2进行回收和封存于地下。与此同时，本项目也成为了实现未来氢能社会的推动力[16]。原本美国能源部和民间企业联盟的目标是建设一所发电厂的试验性设备，但是2008年1月美国宣布改变计划，确定目标不是一所，而是要通过多所发电厂，来验证CO_2的回收和封存，并明确了最初包含在计划内的制氢不再属于本计划[17]。

在日本，原子能研究所正在研发原子能制氢法[18]，它主要利用高温气体炉和快速增殖反应堆的高温。与此同时也在研讨利用可再生能源大量制氢和供氢[19]。

目前，虽然这些低CO_2排放的制氢尚处在理论研讨和技术开发阶段，但是由于今后原油价格的波动，有可能会变得非常具有竞争力，并在未来进一步长足发展。

现代一般都由大型发电厂集中供电，并且主要为煤炭火力发电。从地球丰富的煤炭资源及其分布的均衡性，还有成熟的发电技术方面来考虑，这种倾向恐怕不会在短时间内产生什么大变化。因此，正如前面叙述的那样，美国正在推进回收和封存由煤炭火力发电所产生的CO_2实际验证试验，可见人们对于发电所产生的CO_2封存技术抱有很高的期待。

继煤炭之后使用最多的发电燃料就要数天然气。近年来，美国通过技术革新，显著提高了一种叫作页岩气的非常规天然气资源的产量。今后要是能用这种高效的天然气发电代替老式的煤炭火力发电，那么一定会为降低CO_2排放做出杰出贡献，也正因如此，它今后的发展也备受大家瞩目。

在发达国家，核能发电的发电率相对高，当与电动车和插电式混合动力车的夜间充电相结合时，可降低CO_2排放。为了提高核能发电在社会上的接受性，包括完善核物质管理体制等内容在内，将会需要耗费大量时间。后面，我们将在"未来展望"方面展开相关介绍。

虽然控制汽车总行驶里程这种想法比较特殊，但是欧洲存在一种想法，除地球环保问题以外，要将氮氧化合物及浮游颗粒导致的大气污染、噪声、交通拥堵等汽车交通所带来的外部成本内部化。基于这种想法，欧洲已经开始研讨按照行驶里程对车主征税。欧洲委员会能源及运输总局已经开始启动交通外部成本内部化调查项目（IMPACT：Internalizing Measures and Policies for All external Cost of Transport），并在验算全部交通手段的外部费用的同时，还在研讨将这些外部费用分摊给使用者的政策框架[20]。目前，征税系统的设想是利用 GPS（Global Positioning System）或是被称为 DSRC 的无线结账系统。

欧洲环境厅（EEA）在 2008 年发表的报告书中称，为了降低温室气体排放，不仅需要技术开发，还需要控制运输需求。假如把运输部门目标设定得现实并积极主动，那么就能促进政策法规的制定和实施。

可是，直接控制总行驶里程不仅有技术难题，还限制自由移动及制约经济活动。因此，并不能作为今后的主要策略，但是通过按行驶里程缴税等间接手法，减少总行驶里程的压力一定会越来越大。

（四）未来展望

2007 年日本汽车技术会为应对能源、环保、安全等汽车所处环境的变化，面向专家展开了大规模的问卷调查，并尝试制定了 2030 年的技术战略[22]。其中，在地球环保问题方面，对超低油耗以及零排放的实现进行了总结，并表示出了各自的路线图（road map）。根据这些路线图能够看出在主要技术中，HEV（Hybrid Electric Vehicle）和 EV（Electric Vehicle）将会优先于其他技术开始进行普及（图 1-20）。

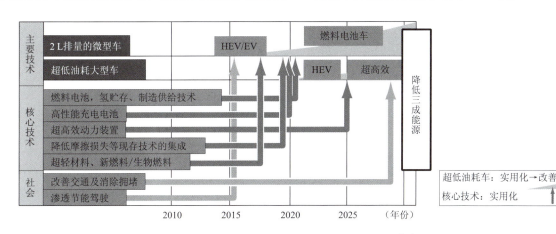

图 1-20　实现减少三成能源消耗的路线图[29]

另外，国际能源署（IEA）发表了《550 情景》[23]和《450 情景》[24]，把温室气体稳定化浓度转换成二氧化碳后控制在 550 ppm①和 450 ppm。但需要注意的是，即使在 IEA 的《450 情景》中，一旦温室气体浓度上升到 510 ppm，就要耗费将近 100 年把它控制在 450 ppm 之内（图 1-21）。

在这些情景中，都希望能在 2030 年，通过降低 CO_2 的排放，实现节能。另外，也对导入可再生资源实现能源的低碳化寄予了厚望（图 1-22）。

在《550 情景》下，降低汽车的 CO_2 排放具有相当的潜力，它可以通过各种方法来实现减排目标。比如，将内燃机改成混合动力，采用生物燃料，均衡目前有国别或地域性差异的燃油经济性法规，等等。

另外，在《450 情景》中，除了以普及 HEV 的节能作为 CO_2 减排的中心以外，还在推进电力

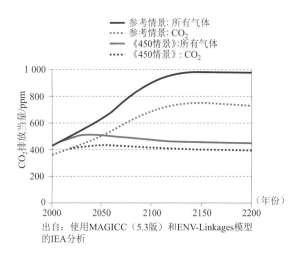

图 1-21　各情景的温室气体浓度预测[24]

① $1\ ppm = 10^{-6}$。

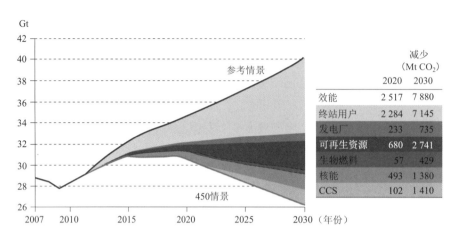

图1-22 在《450情景》中各方法下能源原本的CO_2减排量[24]

低碳化,描绘出了在PHEV(Plug-in Hy-brid Electric Vehicle)和EV等电动车上积极应用电力的情景,指出应大胆提高新型汽车的市场占有率(图1-23)。

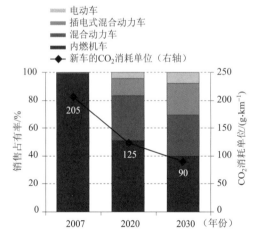

图1-23 在《450情景》中世界乘用车销售构成和新车的平均CO_2消耗单位[30]

1.1.3 小结

目前,传统内燃机仍占据新车销售的大部分份额,也未看出市场占有率有改变的兆头,而且燃油经济性法规在各国各地区也不尽相同。鉴于这种状况,可以说汽车领域对解决地球环保问题的贡献才刚刚开始。

作为汽车研发人员,为了更好地应对未来电力低碳化的进程,需要致力于提高燃油经济性和普及节能驾驶技术,同时也需要致力于研发充电电池技术。

虽然在科学上还没明确温室气体稳定浓度和温度上升之间的关系,但从防微杜渐的角度来看,关于前面图1-14举出的负排放技术的必要性,要将其完全从选项中排除并不明智。不难猜测这种充满雄心的做法实现起来相当困难,从现有技术范畴考虑,要想通过生物发电、生物制氢或是通过CO_2封存进行能源供给,那么汽车也要相应出现电动车、氢能源电动车或是其结合体。但是考虑到供给新能源的社会基础设施建设及市场车辆库存的置换需要花上数十年,因此有必要及早合理推动负排放技术的研发工作。

1.2 能源问题

1.2.1 近年来汽车周边状况

近年来石油消费发生了巨大变革,原油价格自2008年中旬开始攀升,又在下半年开始迅速下跌(图1-24)[31]。另外,2009年经济上又受到了百年一遇的经济危机,直到现在也未能从其后遗症中摆脱出来。在这种状况下,我们清醒地认识到显著地控制油价攀升对稳定经济增长来说是非常重要的,而且作为控制油价的一个策略,有必要降低一次能源原油的依存度。另外,为了降低一次能源所导入的代替燃料,与各国固有的国情有很大关系,所以需要在此基础上研讨具体的应对方案。

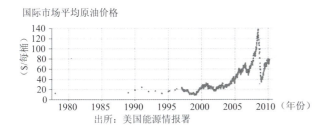

图1-24 油价暴涨暴跌[31]

1.2.2 关于汽车方面的"节省石油""摆脱石油"

为了降低汽车领域里的原油依存度，需要促进"节省石油：通过提高燃油经济性等降低石油消费"和"摆脱石油：使用石油以外的燃料"。

关于"节省石油"，为了应对燃油经济性法规和提高商品竞争性，在发达国家、发展中国家逐年稳步提高燃油经济性。混合动力技术也是一项跨越性提高燃油经济性的手段，因此正在致力于普及课题的同时降低成本。

关于"摆脱石油"，为了在汽车上使用石油以外的能源，正在研讨使用生物燃料、天然气、电力和氢，但现状是优先普及和扩大能量密度高、易于汽车使用的生物燃料（图1-25）[32]。此外，后面会讲到，资源蕴藏量丰富的天然气也有望在将来得到普及和扩大。最近大家广泛讨论的电动车就是摆脱石油的一种有效手段，但是也必须解决以何种能源发电，应对 CO_2 增加（图1-26）[33]、大气污染方面的课题。

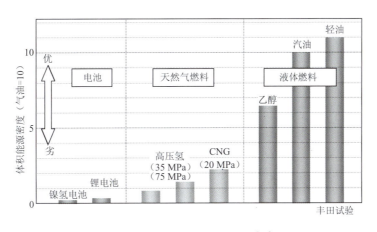

图1-25 体积能量密度对比[32]

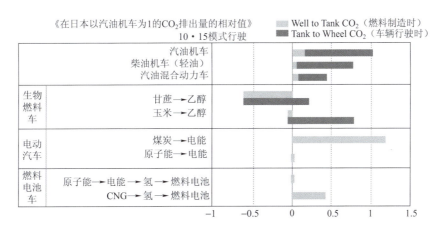

图1-26 WtW中的 CO_2 排放量[33]

1.2.3 运输用能源的前景

（一）能源资源的现状

世界能源资源埋藏情况（表1-2）并没有发生大的变化，但是在天然气资源方面由于资源开采技术的进步，已经能够使用非传统天然气资源（图1-27）[35]。也有人认为将煤层气、页岩气、甲烷水合物包括在内，如果实际应用能够进一步发展，那么可采年数也将大幅增加[35]。

表1-2 传统资源量与可采年数[34]

	石油/桶	煤炭/t	天然气/m³	铀/t
确认埋藏量	1兆2 580亿	8 260亿	185兆	459万
年产量	299亿	6 781.2百万	3.1兆	4万
可采年数	42	122	60	85

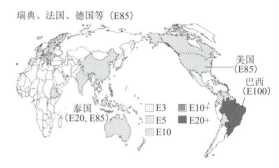

图1-28 各国导入乙醇情况[36]

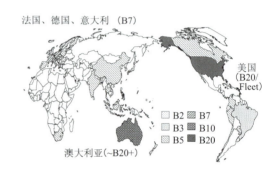

图1-29 各国导入生物汽油情况[36]

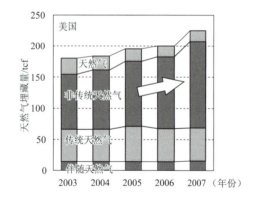

图1-27 美国非传统天然气埋藏量的变迁[35]

（二）生物

生物燃料从其能量密度高（液体燃料）、可使用原有基础设施及原有内燃机的角度，以及CO_2减排效果和时效性、成本以及供给潜力等角度来看，它都是一种适用于汽车的能源。目前已有许多国家导入了生物燃料（图1-28、图1-29）[36]，已把E10、B5作为普通的汽油普及使用。主要国家或地区的生物燃料等替代燃料的导入目标如表1-3[36]所示。

促进生物燃料，并不仅仅是因为要降低GHG（Greenhouse Gas）、振兴本国农业、确保就业率，更是想要摆脱石油，抑制油价高涨。

表1-3 主要国家或地区导入生物燃料等替代燃料的目标[36]

国家或地区	政　策
美国	• 可再生燃料标准（RFS2） 在2022年，360亿加仑①生物燃料 • 奥巴马总统（竞选诺言） 在2030年，600亿加仑生物燃料
欧盟	• 可再生能源指令（RED） 在2020年，可再生能源占总能源的20%，并且10%在交通运输领域
中国	• 十一五规划 在2020年，10吨乙醇和30吨生物柴油
泰国	• 15年能源计划 在2022年，20%可再生能源（和天然气）
日本	• 新国家能源战略 2030年交通运输领域20%替代燃料

欧洲强制要求，在2020年之前向运输燃料中导入10%（热量基础）的生物燃料，并预计今后也将向E20、B10转移。日本也为实现运输中的CO_2减排目标，推行了一系列强化燃油经济

---

① 1加仑（美）=3.785升；1加仑（英）=4.546 09升。

性法规及改善交通拥挤的政策,但是为了实现25%的CO_2减排目标,估计日本也不可避免地导入低碳燃料法规,汽车厂家也需要积极地不断推进E10应对车型等的技术应对。

另一方面,这还引出了关于生物燃料与粮食竞争等课题,在各个国家进行了持续性讨论。但是,如果仅对CO_2标准进行量化的话(图1-30)[37],那么即使是同样的甘蔗乙醇在加利福尼亚州与欧洲对CO_2减排效果的评价也大不相同。这涉及是否考虑伴随土地利用变更(Land Use Change:LUC)产生的CO_2,但是LUC的定义并不统一。今后,必须正确把握LUC的实况,研讨可持续性的标准。

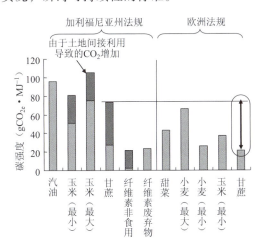

图1-30 加利福尼亚州及欧洲法规下生物燃料的CO_2减排效果[37]

(三) 天然气

天然气的CO_2排放量低于煤炭和石油,以发达国家为中心,天然气发电需求在不断增加。2009年美国开发出新抽采技术(图1-31),以

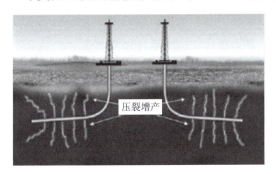

图1-31 非传统天然气资源的新抽采技术[38]

降低非传统天然气抽采成本,增加了非传统天然气的供给,有效抑制了天然气价格的上升(图1-32)[39]。新抽采技术的应用也不断扩大到欧洲、中国等地区。

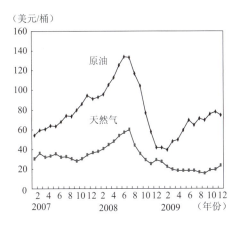

图1-32 天然气及原油价格的变迁[39]

由于受到石油涨价的影响,连运输行业都开始注意价格低廉的天然气。尤其是拥有天然气资源的发展中国家,CNG(Compressed Natural Gas)车(双燃料系统)迅速增加,今后天然气也能作为汽车燃料而被扩大使用。

(四) 电力与氢气

电力及氢气均是可通过各种一级燃料制造出的能源载体,是利用可再生能源,或冻结CO_2而制造出的。当使用这些能源时,在Well-to-Wheel过程中,可大幅减少来自汽车的CO_2排放量。

当利用家用插座给电动汽车供电时,那么无须设置新的汽车电力基础设施。但是为了普及电动车,需要解决电池及车辆的高成本以及一次充电续驶里程短等问题,目前仍在继续开发。与此同时,快速充电站的技术开发及其运用等社会体制的研讨以及与智能电网之间的合作都要在不断摸索中前进。

迄今,氢燃料电池车在实际应用过程中,遇到了几个较大课题,现已解决了冰点下的启动以及续驶里程等问题[40]。

目前还存在两大主要课题,其中之一为降低成本。目前,通过燃料电池组/系统设计和降低催化剂白金量等方法,以及进一步开发低成本制造流程等方法,在切实地推进着[40]材料低成本化。另一个为氢气的基础设施问题,日本燃料电池实用化推进协议会(FCCJ)制定了正式普及燃料电池车及配备氢气供给站的计划(图1-33)。目前基于此计划,面向2015年开始普及的目标而努力[41]。

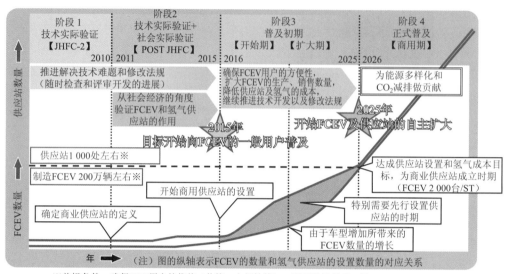

图1-33 面向FCEV和氢气供给站普及的计划(FCCJ资料)

在日本以外的国家和地区,将2015年作为商业转折点,官民共同推进着普及FCEV(Fuel Cell Electric Vehicle)及构建氢气基础设施的项目。在德国,汽车、气体燃料供给以及燃油的主要企业也一起开始了配备氢气基础设施的工程[42],正推进着基础设施的配备工作。

1.2.4 小结

如上所述,今后汽车能源将呈现多样化的趋势,图1-34[43]中利用三角形图表示出了矿物燃料、可再生燃料、非碳基燃料被如何使用。根据IEA的猜测,到2030年将步入实线所示的道路。认为在2030年以后,根据图1-35[43]所示的汽车能源课题的解决进程,确定前进的方向。在图1-35中,可以假想为各种各样的汽车能源,但无论是哪种资源,都在供给及汽车技术方面仍留有许多亟待解决的问题,要毫不松懈地推进技术开发。

最后,混合动力系统同时拥有电动机和内燃

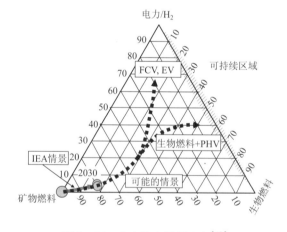

图1-34 未来汽车燃料方向[43]

机两个动力源,可以根据行驶工况发挥双方的长处,是追求最优效率的能源管理系统。这种技术不仅包括插电式混合动力技术,还包括EV和FCHV(Fuel Cell Hybrid Vehicle)等各种各样对节能环保来说重要的核心技术,都可以应用到它的开发当中。

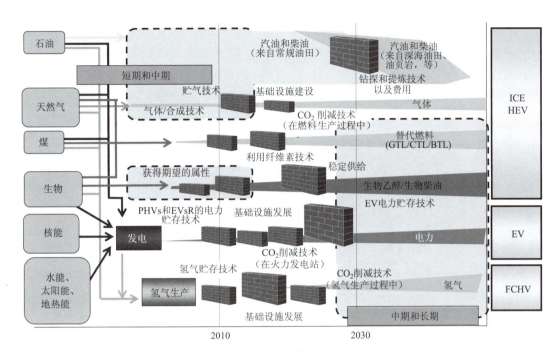

图1-35 将来汽车能源的课题[43]

1.3 汽车的历史

1.3.1 概述

在20世纪初，经过优胜劣汰，汽油机和柴油机等动力系统才得以生存下来。从19世纪后半期到现代，可以说是发展内燃机汽车的同时建立了全世界石油能源供应体系。现在为了应对全球变暖及石油资源枯竭等问题，要大幅改变21世纪的能源供应体系，汽车也将步入应用电力动力的汽车转变时期。关于内燃机车的历史，已在第4册第1章中进行了详细地叙述。因此，在本节以电动车为中心，概述从汽车的黎明期到现在的变迁。

1.3.2 黎明期的汽车

（一）蒸汽汽车

直到19世纪的前半期，在此前漫长的世纪里主要的交通工具为马车（Horse Carriage）。伴随工业革命中蒸汽机的发明和实际应用，首先出现了蒸汽机车。在英国发明了蒸汽机原理后不久的1769年，法国人尼古拉·居纽（Nicolas Joseph Cugnot）为了牵引大炮制造出了一辆巨大的蒸汽三轮车。这辆车被称为是世界上第一辆搭载动力装置的汽车[44]。

英国的特里维西克（Richard Trevithick）研制了小型高压锅炉，并将蒸汽机的用途由工厂的固定型扩展到移动的动力源。特里维西克所开发的小型蒸汽机实际应用后，作为"公共汽车"，变成蒸汽汽车。从1820年到1830年间它的人气高涨，但是由于发生了锅炉爆炸导致死亡事故，施行了被称为"红旗法"的"蒸汽机车条例"，对蒸汽汽车行驶加以各种限制，所以蒸汽汽车没有得到发展。这一法律从1861年到1888年经历4次制定实施，到1896年被废止。

1897年美国的斯坦利兄弟制造出了一辆蒸汽汽车，它搭载了小型轻量的蒸汽发动机。于1906年制造出斯坦利蒸汽机（steamer）（图1-36），它搭载了150马力①、2缸的蒸汽发动机，当时

---

① 1马力=735瓦。

创下世界最高车速的纪录（205.3 km/h）。在1900年美国汽车登记数量中，蒸汽汽车大约占了半数左右。其后由于汽油机的普及而衰退，并于1927年被迫停产。1904年，日本冈山的山羽虎夫制造出了山羽式蒸汽汽车，它被称为日本第一辆国产车。

图1-36　斯坦利（丰田博物馆所藏）[45]

（二）电动汽车

1834年达文波特（Thomas Davenport）发明了可实际应用的直流电动机，并于1835年在直流电动机基础上搭载伏打电池，公开进行了电力机车模型轨道行车试验。

在蓄电池的实际应用过程中，首先是英国的丹尼尔（John F. Daniell）在1836年发明了铅电池，接下来在1859年法国人普兰特（Gaston Plante）进一步开发出了可实用的铅电池。1881年法国人福莱（Camille Faure）又发明出了在铅板表面涂铅化合物的膏状极板。在日本，岛津源藏也在1895年研制成功了可实用的铅电池[46]。

在1881年法国巴黎的国际电力博览会上展出第一辆可在马路行驶的电动车，它是由法国工程师古斯塔夫土维（Gustave Trouve）装配的三轮电动车。1897年美国的毛里斯（Henry G. Morris）和萨鲁姆（Pedro G. Salom）开创了纽约电动汽车租赁事业[47]。

在当时普及蒸汽汽车及电动车的背景中，由于大城市人口过密，导致主要的交通工具——马车在市内激增，随之引发了粪便公害问题。当时汽车被称为无马汽车，可以说当时是电动车、蒸汽汽车、汽油车相互竞争普及的时代。

电动车启动简单，无振动噪声和排气异味，也不需要齿轮换挡机构，受到女性的青睐，从而在美国迅速流行起来。1899年5月，比利时人热纳茨（Camille Jenatzy）驾驶电动车"Jamais Contente"创下世界最高车速（105.85 km/h）的纪录，而被广泛熟知（图1-37）。

Jamais Contente
Jamais Contente号
1899年（明治32年）
最高时速60 mile/h（96.56 km/h）
制作者：Camille Jenatzy

Jenatzy, Camille：电动车，摄于1899年，《大英百科全书》网络版。

图1-37　Jenatzy[48]

（三）当时的电力供给

1840年Armstrong发明了发电机，1866年西门子（Werner von Siemens）在直流发电机上进行了划时代的改良，1870年Gram成功将其实际应用。1879年美国的爱迪生（Thomas A. Edison）发明了白炽电灯，1881年在纽约市创立了世界上第一个电灯企业（直流发电）[47]。1886 年成功地采用变压器进行交流供电，建立了交流发电站并发展成为现代的电力事业。1886 年在日本成立了东京电灯公司（现东京电力），开始面向大众供电[49]。

1.3.3 汽油机车的兴起

1908 年，在美国和欧洲汽油机的开发竞争不断发展的过程中，福特（Henry Ford）生产了 T 型福特车并宣布销售。1911 年 Charles F. Kettering 开发了电动起动机，汽油机的弱点——启动性得到改善，从而汽油机迅速被扩大普及。

在石油资源供给体制完备的背景下，开始推动了汽油机的普及。虽然这个时代所使用的能源主要为煤炭，但是由于用于照明灯的鲸油价格高涨，使得对石油（煤油）的需求不断提高，而石油资源的探索和开采技术也得到了发展。1901 年美国的得克萨斯州发现油田，1908 年英国的达斯卿等发现了中东油田。确立石油产业的同时，作为石油副产物的汽油价格变得很便宜，并且作为汽车燃料建立了供应体系。汽油机在能源供给方面奠定了优势基础，因而汽油机迅速开始普及，与此同时蒸汽机车及电动车走向衰退。

1.3.4 20 世纪初期的混合动力车

19 世纪末至 20 世纪初美国、欧洲开始致力于混合动力车的开发，它同时搭载了汽油发动机和利用蓄电池的电动机驱动系统。当时这些混合动力车在欧洲被称为 Mixte System，在美国被称为 Petro Electric Vehicle，并未开始使用"混合动力车"这一词。大家所熟知的研发车辆有 1903 年奥地利罗纳保时捷公司的串联式混合动力车[47]和美国电动车公司 Woods 公司的"Dual Powered"。但是由于动力系统的重量、成本的增加以及整备的复杂程度等理由未能进行正式生产[47]。

1.3.5 第二次世界大战前后的电动车

日本第一辆进口的电动车是 1900 年（明治三十三年）旧金山的日本人协会为皇太子殿下大婚所贡献的电动车[50]。1923 年又引入了 300 台德国产的小型电动车 SB 号。日本也开始了电动车的试制，比如 1924 年在神户高等工业学校利用汽油车改造的小型电动车以及 1929 年（昭和四年）由汤浅电池、中岛制造所、东邦电力 3 家公司联合试制的电动公交车。1932 年（昭和七年）试制出了额定载人 30 人的电动公交车并在名古屋、大阪等地进行了营业行驶。创立于 1934 年的日本电动车制造所还制造出了小型电动货车[51]。

在战后 GHQ（General Headquarters）的经济统治下，由于不仅要确保汽车生产所需要的材料，还受到燃料供给的制约，因而开始致力于电动车的开发和制造。1947 年，虽然以立川飞机为前身的"TAMA 电动汽车"开始生产电动车，但是因为 1950 年爆发了朝鲜战争导致材料价格暴涨和电池价格的攀升，使电动车失去了优势，并于 1951 年停止了生产。

根据 1948 年的电动车振兴会的资料，1946—1948 年 3 年间累积生产 4 749 台。另外，虽然在当时的 5 年计划中计划要在 1953 年（昭和二十八年）前生产 35 400 台并建立 982 所充电站等，但电动车的普及工作未能实现[51]。

1.3.6 1960—1970 年的电动车开发

第二次世界大战结束后，随着以美国为中心的汽车大众化的扩大，大城市中交通拥堵所导致的大气环境问题已成为社会问题。在美国，1965 年制定了《机动车辆空气污染防治法》（Motor Vehicle Air Pollution Control ACT），1967 年制定了《空气质量法》（Air Quality ACT）、1970 年又对《清洁空气法》（Clean Air ACT）进行了修订和强化。

与这些排放法规并行，从 20 世纪 60 年代后期到 20 世纪 70 年代初期美国环境保护局（EPA）开始了电动车研究开发项目。1976 年为了应对能源问题制定了《电力、混合动力车研究开发及示范法》，美国能源部（DOE）也开始致力于动力总成和电池的开发研究等电动车相关的项目。

1970年在日本大阪举办的世界博览会会场里公开了276台电动车,博得了人气[52]。1972年关于汽车排放法规的强化得到了答复,使得排放气体更加清洁成为社会要求。另外,自1973年第一次石油危机以来,由于未来能源供给问题更加显著等对电动车应用普及的期待更加高涨。

日本通商产业省(现经济产业省)针对由排放气体所导致的大城市大气污染及未来石油资源的枯竭判断代替能源汽车的研发很有必要,所以从1971年开始的5年间对工业技术院(现产业技术综合研究所)的一个大型项目"电动车及其充电电池的研究开发"采取了预算总额达50亿日元的措施。根据1976年的综合报告,将电动车正式普及的最大难题归结为电动车成本的降低,电池、电动机、控制装置等的量产技术和适应量产的轻量化车身的开发等,以及生产技术方面的改良、开拓电动车的需求领域创造大量需求等。受此影响,1976年为发展电动汽车的普及事业成立了日本电动车辆协会,其除了负责电动车购入补贴的申请手续,还开展了普及工作的推进。

1.3.7 ZEV规定、对节能政策的应对

1990年美国加利福尼亚州制定了包含零排放车辆(Zero Emission Vehicle)销售义务的低排放车辆引入法。这项ZEV法促进了向电动车的转变,并确立了2003年加利福尼亚州的零排放车的销售数量必须占到新车比例的10%的目标。为了应对此项法规,美国、日本的汽车制造公司掀起了一场电动车的竞争热潮。在ZEV法中,为了促进与汽油机车具有相同行驶性能的先进纯电动车的引入,根据一次充电的行驶里程和搭载电池的能量密度提高了ZEV导入台数(credit)。因此,相对传统的铅电池要求装配能量密度更高的镍氢电池、锂离子电池等。1996年依据CARB(California Air Resouce Board)与大型汽车生产公司之间缔结的MOA(Memorandum of Agreement),开始了从1998年到2000年3年间引入3 750台ZEV的示范项目,引入美国市场的除了GM公司的EV1(图1-38),还有日本生产的采用镍氢电池的丰田RAV4 EV(图1-39)、本田EV Plus(图1-40),以及采用锂离子电池的日产Altra EV[56]。

图1-38　GM EV1[48]

图1-39　丰田汽车 RAV4 EV[48]

图1-40　本田技研工业 EV Plus[48]

1992年的《能源政策法》(Energy Policy Act, EPAct)从美国的能源安全角度出发,明确了引入并促进代用燃料车(Alternative Fuel Vehicles, AFV)的方针,规定了联邦州政府及代用燃料供给者一定比例的AFV购入义务。1993年PNGV项目(Partner for a New Generation of Vehicles, PNGV)依靠美国政府和美国3家生产公司结成了第一个共同项目开展混合动力车和燃料电池车的开发。

日本也引入ZEV法规的先进电动车的国产车,主要对自治团体、电力公司等车队运输用户

扩展销售。另一方面，作为微型汽车的小型电动车有丰田开发的 e-com（图 1-41）、日产开发的 Hypermini EV（图 1-42）。1999—2003 年，虽然运用这些小型电动车的共同利用系统的社会试验作为国家项目，但是由于电动车的价格及电池的保养费用等核算难以估计，所以此时未能实现企业化[54-55]。连使用电池拆卸式电动车的汽车共享系统到平成十三年（2001 年）才着手于研究事业[59]。

图 1-41　丰田汽车 e-com[48]

图 1-42　日产汽车 Hypermini EV[48]

2004 年搭载锂离子电池的试制车 ELIICA 达到了最高速度 370 km/h，使高性能电动车备受国内外关注，并刺激了电动车锂离子电池的应用开发。

除了 2009 年三菱汽车的 i-MiEV、富士重工的斯巴鲁插电式 STELLA 以及 2010 年日产汽车聆风开始销售外，日本国外的电动车也开始投入到日本市场。

1.3.8　混合动力车的研究开发

混合动力车的研究开发再次活跃起来是 20 世纪 60 年代。1967 年、1968 年的美国汽车工程协会（SAE）的年度大会中发表了很多相关信息[57]。另外，1969 年设立了与电动车相关的国际活动、以电动车的研究开发和普及为目的的国际电动车研讨会（The International Electric Vehicle Symposium，EVS）。在 1971 年的第 2 次 EVS 中，不仅是电动车，混合动力系统（复合动力系统）也成为热门话题[58]。另外，在当时（20 世纪 60 年代后期）混合动力系统、混合动力车等"混合动力"一词也成为汽车技术用语。

日本也受到来自美国等国外动向的刺激，致力于混合动力技术的研究[52,58]。在混合动力系统的开发中，与燃气轮机发动机组合的混合动力系统是由丰田汽车在 1970 年的东京车展上展出的[59]（图 1-43）。根据 19 世纪 70 年代的技术水平能够看出充电电池的能量密度、输出功率密度以及耐久性能上仍有限制，要想实现电动机系统、电力电子控制要素技术等系统的实际应用还存在比如需要划时代地降低成本等诸多的课题，因而向乘用车的实际应用就搁浅了[60]。

图 1-43　燃气轮机发动机混合动力
（丰田汽车提供）[45]

20 世纪 80 年代日本为了大城市的大气保护，开始致力于用甲醇汽车、电动车代替柴油车的研发。1990 年用于大型公共汽车的混合动力系统对柴油发动机进行转矩助力的柴油、电力混合动力系统（HIMR）登场了[61]。

在混合动力轿车方面，1997 年 10 月发布了批量生产的混合动力轿车普锐斯,并开始在日本国内销售(图1-44)。这款混合动力系统(Toyota Hybrid System)的特点是采用行星齿轮的动力分配机构和拥有发电电动机和驱动电动机两个电动机。一般的混合动力系统可分为串联式混合动力和并联式混合动力,而普锐斯的混合动力系统由于兼具两者的特点,因而被称为串/并联式混合动力或者是混联式混合动力(torque split)[62]。这种方式的混合动力系统与大排量发动机的组合,使发动机纵置式驱动系统的采用得到扩大。

图1-44 丰田·普锐斯(第一代模型)

1999年本田insight采用并联式混合动力系统,这种混合动力系统(Integrated Motor Assist,IMA)是通过在发动机和变速箱之间设置一个电动机,进行减速时的能量回收和加速时发动机输出功率的助力。后来这种混合动力系统在思域(CIVIC)和雅阁上扩大了使用[63]。2000年日产汽车限额销售搭载了锂离子电池的"TINO"混合动力车,它与传统的汽油车相比具有明显降低油耗的优点。日本的汽车生产公司积极地向世界各国市场投入混合动力轿车。2009年累积销售数量超过了200万台,混合动力车的普及也得以扩大。

欧美汽车生产公司的混合动力轿车的开发主要通过美国GM公司、戴姆勒克莱斯勒公司(当时)和BMW公司三家的联盟开发拥有2个行星齿轮结构的2模式混合动力系统,并依次采用[64]。

这些混合动力轿车的普及不仅促进了电池产品技术的研发,还扩大了驱动电动机的硅钢片、永久磁铁和电流换向器的功率晶体管IGBT(Insulated Gate Bipolar Transistor)及用于附件电力的DC-DC转换器等电动车构成单元的必要素材及构成机构的产业基础。

1.3.9 氢燃料电池

以氢气为燃料的充电燃料电池的实际应用在从20世纪50年代开始的美国国家航空航天局(NASA)Gemini计划、Apollo计划中就得到了发展[65-66]。日本也在从1978年开始的阳光计划和1981年以后的月光计划中着手燃料电池的研究与开发。加拿大的Ballard Power Systems公司通过使用美国Dow Chemical Company开发的离子交换树脂膜的燃料电池得到了能够作为汽车驱动电池的输出功率密度,因此开始向车用电池的实际应用开发转移。1994年戴姆勒公司研发了世界上第一辆氢燃料电池车,受其影响,美国、日本也开始面向实际应用而努力。

日本方面,1996年在大阪举办的EVS-13的检阅式上,采用贮氢合金罐的燃料电池车在公路上进行了行驶。2001年3月成立了燃料电池实用化推进协议会,将下一代低污染汽车的实际应用作为国家项目着手进行研究。2002年12月取得了燃料电池混合动力乘用车的国土交通大臣的认定并开始限定销售。由于氢燃料电池车的缺点,即冰点下启动性和每次充满电的续驶里程得到了跨越式提高,因此低成本和氢能量的供给设施整备则成为走向普及道路上的难题。

2001年5月,美国为了解决面临的能源安保问题,发表了"国家能源政策(National Energy Policy)",谋求具体化的行动。2005年《能源政策法》中又增加了"促进清洁汽车的开发和汽车油耗的改善""支持氢能源等新技术的研究开发""提高电力供给的可靠性"等内容。人们对电动车、氢燃料电池车的期待并不仅仅在于作为ZEV的清洁汽车方面,还在于节能汽车方面。2007年1月出台了《2007年能源自给和安全保障法》(Energy Independence and Security Act of 2007),其中规定了降低石油依存度和减少温室气体排放相关的工作,2008年奥巴马政府更加重视清洁能源,不断确保包括绿色新政的世界环境问题的能源安全保障,而在包含美国经济振兴的综合政策中，电动车、插电式混合动力车、氢燃料电池车非常引人瞩目。

1.3.10 插电式混合动力车

为了提高电动车的行驶距离而在车上搭载汽油发动机的方式被称为增程式电动汽车，这是1960年以后混合动力车的一个概念。与此相对，在以汽油燃料行驶为前提的混合动力车上扩大蓄电池的容量，这种方式被称为插电式混合动力汽车，2000年以后开始在美国加利福尼亚大学进行实用性研究。为了与此相呼应，美国市场开始宣传插电式混合动力车的优点，对其迈向普及的期待进一步高涨。2007年7月，丰田汽车以普锐斯为基础的插电式混合动力车得到了国土交通大臣的认可，并开始在国内开展实际验证。2009年12月采用锂离子电池的插电式混合动力车也引入到日、欧、美各地。美国的GM公司方面，推进了行驶距离更长的增程式电动汽车的开发，并将开始普及采用汽油燃料和充电电力多个汽车行驶能源的插电式混合动力车。

1.3.11 世界各地的电动车战略

美国方面，在能源部的提倡下，与电动车及插电式混合动力车相关的项目得到了发展[67]。2009年8月奥巴马总统提出2.4亿美元的研究开发预算，插电式混合动力车、电动车的开发开始作为国家产业政策着手推进。

日本方面，2006年8月汇总了"对新一代汽车基础——下一代电池技术的建议"，并为了面向电动车、混合动力车的正式普及进行实际验证开始了从2008—2013年的五年计划国家项目[68]。

欧洲方面，由于市场统一的深化及加盟国的增加，在市场不断扩展中，为了在EU领域内创造具有魅力的投资、就业环境，包括通过降低CO_2排放量等手段完善环境对策，2000年3月通过了"里斯本战略"[69]。作为里斯本战略之后至2020年的新战略"EU 2020"的一个环节，表示要官民一体在EU层面上推进电动车开发的方针，而且不仅局限于法规的框架及技术规格的制定，还要将投资奖励政策的引入也纳入到研讨课题中[70]。2008年9月所发表的德国e-mobility Berlin，就是以电动车的普及和充电基础设施的标准化为目标。

中国通过第10个五年计划（2001—2005）、国家863计划，赋予了电动车实际应用在中国电动车发展中的重大战略意义，并开始了电动车计划。政府的目标是通过将电动车的产业化定位于汽车产业飞跃发展的战略政策以提高中国汽车工业的国际竞争力。2009年7月工业和信息化部下发了"新能源车生产企业及产品准入管理规则"，规定了具备混合动力车、电动车、燃料电池车生产资质的中国汽车企业应具备的开发能力。如此这般，电动车成为各国的能源产业政策中的核心项目。

正如本小节概述的那样，在电动的历史中迎来了3次普及。最初的机会是在20世纪初蒸汽汽车、电动车、内燃机车的市场淘汰期。内燃机车存留下来，直至现在一直支撑整个汽车产业的发展。

第二次机会是在20世纪70年代。20世纪70年代以后由于汽车大众化的发展，人们开始要求应对大城市的汽车排放，并开始期待作为清洁汽车的电动车的普及。但是，由于当时电池性能不够成熟，未达到应用汽车上的要求，因而并未正式普及。

第三次是从20世纪90年代后期至今。因为以乘用车为中心的混合动力车的正式普及、电动车的主要技术日趋成熟的今天，越来越要求正式普及充电电力来行驶的电动车以及插电式混合动力车。另外，在作为未来能源的氢能源方面，也期待氢燃料电池车的正式普及。

1.4 汽车的电动化

1.4.1 电动车辆的历史

纯电动车、混合动力车和燃料电池车是电动车辆的典型实例，这里对其2010年之前的历史进行简要的叙述（图1-45）。

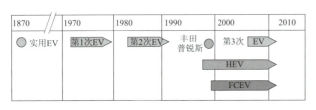

图1-45 电动车辆的历史

纯电动车比汽油机历史悠久，实用纯电动车于1873年在英国上市，在汽车的黎明期中，同蒸汽机、内燃机一起竞争过性能。蒸汽机暖机需要时间，同时很难获得锅炉用水，系统大而厚重，从而失去竞争力。随着1881年铅电池的实际应用，扩大普及了纯电动车。但铅电池充电时间过长，续驶里程短，由于这些瓶颈，未能在竞争中获胜。由于可容易获得汽油，且通过量产T型福特，所以汽车市场被汽油机支配了。

日本从明治三十二年（1899年）进口美国产纯电动车开始，把汽油机利用于微型卡车和电动客车中。但由于汽油供给不足，从第二次世界大战后到1949年共普及了3 300辆纯电动车。

由于燃油危机引发了石油资源为基础的能源安全问题，排放又引起了部分地区的公害问题，所以从1970年开始关注了纯电动车。但搭载铅电池后，在未提高性能的前提下，提高了汽油机的尾气净化性能，纯电动车就此失去了风采。

为了符合1980年后期美国加州大气资源局（CARB）提出的零污染排放法规要求，汽车厂家不得不规定销售超过一定数量、零排放有害物质的汽车。也许只有纯电动车，才符合此法规。纯电动车的电池进化到镍氢电池，各家开始限定销售和租赁，但在未充分实现续驶里程、充电时间、耐久性、重量和成本等性能前提下，无法进行普及。

和纯电动车一样，20世纪初也开始开发了混合动力车。考虑过很多种混合搭载发动机和电动机的混合动力车形式，也竞争过性能，但由于电动技术条件未成熟，从而无法取代内燃机车的性能。

之后也继续进行了电动机、电池和电动装置的开发，在1990年以后电动车辆的技术条件得到飞跃性进化发展。结果，在1997年末丰田开始销售了量产型混合动力车——普锐斯，从此正式拉开电动车辆的序幕。

在2000年以后，为了解决纯电动车的续驶里程问题，也盛行了燃料电池车的开发。替代电池搭载能量，利用燃料电池发电，其发电反应的生成物只排出水。为此，和大气环境可持续的氢能源引起广泛关注。但目前在燃料电池系统成本和氢供给基础设施等方面存在较大问题，因此它的普及还需要时间。

因普及燃料电池车尚需时间，并根据下述理由，这几年对纯电动车的关注更多。

① 针对地球温室效应，意识到削减CO_2排放的重要性。

② 针对矿物燃料的供给不稳，意识到摆脱矿物燃料依赖的重要性。

③ 开发出高性能电池，例如像锂电池一样的电池。

锂电池能量高且输出功率密度高。随着锂电池可靠性的提升、能量的增加，可延长续驶里程，依据大功率可快速充电，从而提高了充电方便性。在2009年有两个日本汽车厂家开始销售了纯电动车。除了上述汽车厂家发布这一两年内开始销售汽车之外，也有很多冒险企业发布了利用扭矩特性的运动型纯电动车和1~2人乘坐的超小型功能纯电动车。

1.4.2 电动汽车的分类

这里介绍以电动机为动力源的电动汽车，因分类方法的不同，其分类有很多种。这里根据电能供给源，分成纯电动车、混合动力车、电驱动车（图1-46）。

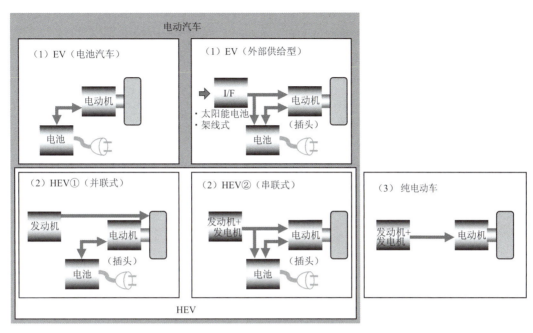

图1-46 电动车辆的分类

（一）纯电动车

1. 电池车

泛指纯电动车，无须从外部供给能量，还不用搭载电能发生器，仅靠车载电池供给电能。

从送电网接收电能，储存到二次电池（蓄电池）中，行驶时给电动机供电，这是一般二次电池车的设计理念。

有些在行驶时需更换一次电池，而有些二次电池也不需要在车载状态下进行充电，和已充电完的电池进行更换后行驶。

电池车构成因素较少，结构简单，常用于游乐场的电玩车、叉车、高尔夫小推车，等等。但相对二次电池的单位输出功率和能量，以及质重、成本高、寿命低和充电时间长，由于这些瓶颈，未能成为交通系统的主流。

2. 外部供给型

泛指纯电动车，其搭载的能量有限，行驶时基本上靠外部的能量供给。包括架电式纯电动车、架线式纯电动车和所有太阳能电池车，分别如下：

（1）利用像导电弓、触轮杆等一样的集电装置，直接从架线接收电能。

（2）把架线埋到地底下，利用感应电流，可在行驶过程中进行充电。

（3）搭载太阳能电池，行驶过程中光能转换成电能。

（二）Hybrid Electric Vehicle（HEV）

狭义称呼混合动力车时，指内燃机和电动机作为动力源来装备的混合动力电动车。按电动机输出功率的大小和混合动力拥有功能进行分类，有时把只具备怠速停车功能（在停车时，使发动机熄火）的车辆也叫作HEV。但只靠这功能，还不能叫作电动车辆。所谓电动车辆需具备如下功能，即通过电动机辅助驱动、回收制动能量、仅靠电动机行驶，等等。

最近，混合动力车包括插电式充电汽车（Plug-in Hybrid Electric Vehicle，PHEV），即利用系统电能，可直接充电。通过加大所搭载的电池容量，由系统电能进行充电，可延长只靠电能行驶的距离，控制HEV的燃油消耗量。这时，行驶工况和电池车一样。因此，可以说混合动力车是纯电动车的一部分。

根据结构形式，HEV可分成并联式和串联式。

1. 并联式HEV

并联式HEV拥有发动机直接传递驱动力的

路径和电动机传递驱动力的路径。根据行驶状况，行驶时由电动机驱动或发动机驱动。发动机效率低的低负载行驶时由电动机驱动，高负载行驶时由发动机驱动。通过分别驱动，试图提高效率。

2. 串联式 HEV

其发动机动力不直接传递到轮胎，而是通过发电机，全部转换为电能，供给电动机，成为驱动力。在低负荷时，发动机停止发电，靠电池产生的电能行驶；在发动机高效运转领域中，把剩余电能储存到蓄电池中，试图提高效率。

在串联式 HEV 中，把发动机和发电机置换成燃料电池时，则变成燃料电池车。因此，燃料电池车也可叫作广义的串联式 HEV。

（三）电驱动车

电驱动车很容易和混合动力车进行混淆，是直接电驱动的概念。从发动机和发电机获得电能后驱动电动机，使用发电机和电动机代替变速装置，只把动力传动机构进行电气化。为此，这样的系统不包括在纯电动车中。

日产 MARCH 中搭载的 4 轮驱动系统（e - 4WD）属于电驱动车。

该型车不搭载电池，仅靠发动机发电而驱动电动机。为此，发动机熄火时，无法行驶，动力源单一，也不归类于混合动力车。若搭载电池，存取能量时，则成为名义上的串联混合动力车。

1.4.3 电动汽车技术

考虑电动车辆的系统构成，则可分为：

① 电能存储部分，例如电池；

② 电能生成及供给部分，例如发动机和发电机，还包括 FC 和太阳能电池；

③ 电驱动部分，例如电动机和逆变器（图 1 - 47）。

（一）电能存储器

在电动车中电池不仅用作行驶能源，制动时还用作回收车辆运动能量的装置。与现行的标准低压铅电池比较，镍镉、镍氢和锂电池等能量密度和功率密度均有所提高，可以说这些电池性能

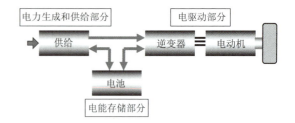

图 1 - 47 电动车辆的构成

的提高，直接影响电动车辆的进程。尤其，锂电池因能量密度非常优异，从 1990 年开始被利用在计算机和手机中，从而扩大了普及范围（图 1 - 48）。

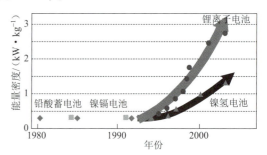

图 1 - 48 电池性能的进化

电动车辆系统的不同，电池性能要求也不尽相同。在汽车驱动时，要求在所需时间内输出所需电动机动力，在制动时要求回收制动能量。在行驶之外，从外部充电时，只要求满足充电电能的特性。尤其，电池特性受温度和老化的影响较大，从而特别要求可靠性和安全性，可在苛刻的环境和使用条件下稳定使用。

在纯电动车中，所有行驶所需的能量由电池供给，根据能量的可搭载量，决定续驶里程。这十年来电池能量密度显著提高，确实对汽车的电动化做出了很大贡献，但相比汽油等液体燃料，电池能量密度（Wh/L）尚小。当搭载和油箱一样体积的电池时，和传统车相比，续驶里程只有传统车的1/5。

为了延长电池车的续驶里程，不得不增加搭载电池，但会牺牲车内乘坐空间、增加重量和降低效率。为此，较小型车辆尽可能搭载性能好的电池。

（二）电能生成部分和供给部分

在这里把电动车辆生成或供给电能装置分 3

部分进行说明,即给蓄电装置送电的充电装置、从外部接收能量的供电装置和由车载燃油生成电能的发电装置。

1. 充电装置

由车辆外部电源,给车载蓄电装置送电。为给电池充电,需转换成直流电压。根据装置的安装位置,分成车载型和安置型,又根据和车辆的连接方法,分成接触式和非接触式。

车载型在车辆上进行所有的电能转换和充电控制,只要连接外部的系统电源,在哪里都能充电,行驶时就不需要搭载,否则会影响车内空间和重量。安置型因外部设施具有电能转换功能,所以车辆上减少了车载零部件,但只能在既定充电站进行充电。就近年来被关注的 EV 充电方法而言,认为在自宅等停车场时,可利用车载充电器进行昼夜充电,而在外出和沿途可利用安置型充电站进行充电(图 1-49)。

电感方式是利用电磁感应原理进行送电的技术,电极不直接接触,为此安全性和耐久性优异,在 2002 年讨论分析充电方式的统一化时,曾议论过利用电感方式,对轮叶规格进行标准化。

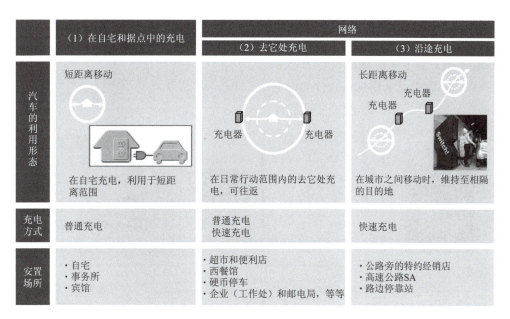

图 1-49 给纯电动车充电

开发非接触供电的技术,利用电感方式,即使在大间隙线圈中,也能传输很大电能。这有很大优势,即不必为充电而做连接处理,还可提高充电的方便性。最近盛行磁力共鸣式技术试验,可在更大的线圈距离中送电,充电方式往往会发生很大变化。

2. 供电装置

和上述导电充电装置一样,集电装置(如架线式纯电动车的供电装置——导电弓和集电杆)也通过架线,直接接收电能。也有一种纯电动车把架线埋到地底下,利用感应电流,可在行驶过程中进行供电。这些在行驶过程中也能进行供电,不需搭载较大蓄电装置,但配备架线设备需要投入成本,且只能行驶在配备架线的场所,从而行驶范围受限制。

可以说太阳能电池也是从外部能源进行供电的装置,即把光能转换成电能。目前,太阳能电池利用在像太阳能电池赛车一样的特殊车辆中,或用作辅助车载弱电系统。近年来太阳能电池的技术革新非常显著,陆续开发了高效、低成本的电池单体。虽然太阳能电池车使用受限制,只能在日照量多而稳定的地区使用,但不需要大量搭载蓄电池,在无供电条件下也能行驶,从而也能实现太阳能电池车。

3. 发电装置

也有一些装置作为串联式 HEV 的一般系统,

通过发动机驱动发电机产生电能。通过和蓄电装置进行搭配，可经常保持最佳的驾驶点而高效驾驶。通过氢燃料和生物燃料的利用，虽然可对应 CO_2 问题和能源问题，但系统构成变大，重量也变大。

在发电装置中，燃料电池的环保性、效率性和安静性优异，但系统复杂，成本高，很难于普及。

（三）电驱动部分

通常，根据电动机输入端子附加电压的种类、励磁方式和磁场方式，进行电动机分类。用在 EV/HEV 中的典型电动机有 DC 电动机、永磁同步电动机、感应电动机、SR（Switched Reluctance）电动机，其中感应电动机作为产业电动机广泛被利用。因感应电动机耐久性和可靠性很高，从而广泛被利用于 20 世纪 90 年代的纯电动车中。

近年来磁铁材料和电磁钢板的技术得到发展，电动车辆要求更高效、更小型的电动机，因而采用 PM 永磁（Permanent Magnet）电动机趋势很显著，各厂家在磁铁的配置和电动机控制方法方面进行着激烈的技术竞争。

在电动车辆中，为了提高电动机的驱动效率和控制性能，一般采用交流电动机，通过逆变器进行变频。

1.4.4 电动汽车的特点

电动汽车种类不同，其特点也不同。在这里介绍结构最简单的纯电动车特点。

根据电动机输出特性，和内燃机车不一样，纯电动车不需搭载变速箱（图 1-50）。

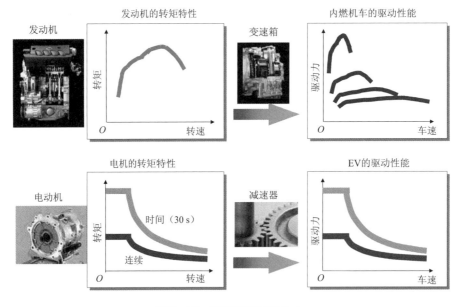

图 1-50 电动车辆的驱动力

另外，纯电动车机动性好，从而不需外部动力和维持怠速的装置，结构较简单。相反，电池重、成本高、寿命短和充电时间长等是目前的研究重点。

该系统虽然在行驶时不排放有害物质和 CO_2，属零排放汽车，但生成电能时产生 CO_2，从 Well to Wheel 观点来看时，并非零 CO_2 排量。一般将发电时的 CO_2 排量换算成行驶排量。因发电方法不同，发电时 CO_2 的排量也在发生变化。一般在火力发电比例较大的国家和地区中，单位发电量的 CO_2 排量增多。在日本国内，包括制造电能时产生的 CO_2 在内，行驶每一千米时产生的 CO_2 量是传统汽油机的 20%~30%。

由于没有发动机，其燃烧引起的噪声和振动就会消失，从而获得高安静性，然而接着出现了新课题。例如，传统发动机车声音较明显，不用担心低速时不容易引起行人的注意，而后者则需要加装通知提醒装备，以便通知行人车辆在接近。

能源成本由汽油价和电价的差异来确定，以现在的各自价格进行比较，几乎在所有的国家和地区中，电池车的电价比传统车的燃油价格便宜。例如，在日本国内，利用廉价夜电进行充电时，每一千米行驶能源成本是汽油机的10%。

对于纯电动车来说，充电基础设施成为难题。在电力系统充电的所有普通充电，只要有插座（电力Outlet），在哪里都可进行充电，没必要像传统汽油机一样专门到指定加油站进行加油，每天回到家后就可以进行充电。

电动机除了有上述的环保性能、效率性、经济性之外，还有行驶魅力。一般，和发动机相比时，电动机转矩的响应性和控制性非常优异，可用于提高加速感和控制振动（图1-51）。

图1-51 纯电动车的优点

纯电动车结构简单且零部件数量少，相比传统车，动力总成的总布置自由，可实现和过去完全不同的汽车造型设计。

然而，虽说电池得到进化了，但过重、过大和价格过高，可蓄电的能量较少，从而依然留有续驶里程过短的问题。

对此也采取了一些技术措施，比如像燃料电池车和插电式混合动力车一样，搭载发电系统，或像快速充电和非接触充电一样，提高电能供应的方便性，使人感觉不到充电烦恼。

1.4.5 电动车辆的未来

自1997年量产混合动力车以来，汽车的电动化技术得到飞跃性发展。环保性能、能源问题的社会优势自然不用说，也实现了和传统车不同的造型设计和行驶的汽车固有魅力，将会越来越得到进一步发展。

除了电动技术条件的高效率、小型轻量、低成本等基础技术开发之外，将会推进开发全新的电驱动系统和电能供应技术。

前者利用轮毂电动机一样的技术，独立驱动各轮，实现全新行驶和移动，实现了和传统车截然不同的布置方案和汽车造型设计（图1-52）。

后者利用无线送电技术，可简单接受原本局部分布的电能系统，消除了纯电动车充电的麻烦性。如果在哪里都能随便充电，也许就没有每加一次油（充电）增加续驶里程的概念了（图1-53）。

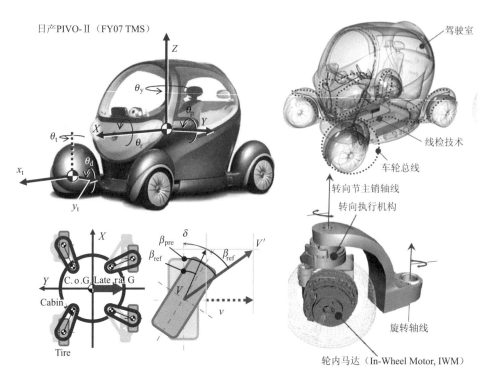

图 1-52 纯电动车的未来形象

图 1-53 供电情形

发动机和变速箱的生产需要大规模的生产设备,而纯电动车和这些系统比较时,构成较为简单,只要把各系统单元备好,就很容易装配。

纯电动车具备高效率性、轻便性和机动性,在与人、社会之间的协调性和亲和性上优异,不受过去内燃机车的框架约束(图 1-54)。

图 1-54 有纯电动车的社会

1.5 由汽车电子到动力电子

1.5.1 汽车电子的历史

搭载于汽车的整体电子系统统称为"汽车电子",如图 1-55 所示为它的历史演变情况。在 120 年的汽车历史中,汽车电子的历史较新。这 30 年来的戏剧性变化,首先针对 1970 年美国马斯基法——《防止大气污染法》的典型排放措施中,使用微机(μ-Computer)的电控燃油喷射装置(EFI)作为强有力的手段隆重上市,完全替代了机械零部件的化油器,厂家开始改舵至电子化。1980 年决定汽车电子化以微机控制为中心,这就是 Phase Ⅰ。进入 90 年代,碰撞安全问题越来越受到关注,安全气囊和 ABS(Anti-lock Brake System)作为解决方案浮现,而它只有靠汽车电子,才能实现功能。这些安全系统作为标配装置得到广泛普及。进入 20 世纪以来,信息得到发展,为实现舒适性和便利性,以导航系统为首的很多汽车电子系统逐渐引入市场,这就是 Phase Ⅱ。之后步入 21 世纪以来,汽车为对应电子系统的增加和复杂化,以提高性能和简约化为目标,正向车辆整合系统进化,这就是 Phase Ⅲ。

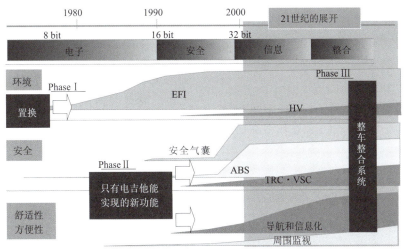

通过急剧扩大对象系统和整合功能,提高全新性

图 1-55 汽车电子系统的演变[71]

图 1-56 按各领域分别表示了具体汽车电子系统的市场引进情况,可解读出汽车电子的快速化发展状况。

1.5.2 汽车电子扩展带来的冲击

随着汽车电子系统搭载量的增加,出现了众多和以往不同的设计障碍。首先,占汽车价格主导地位的汽车电子相关零部件的成本比例增加了。如图 1-57 所示,汽车电子的比例在中级轿车、高级轿车和混合动力轿车中分别占 15%、28%、47%,今后将会逐渐增加。

另外,就拿圆面积来估算汽车的半导体使用

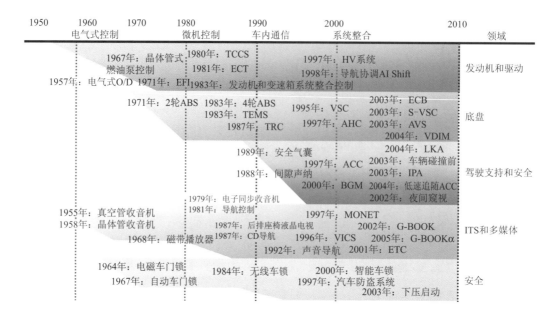

图 1-56 汽车电子的历史和进化[71]

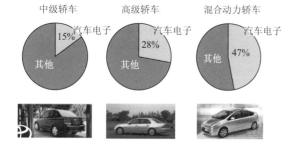

图 1-57 汽车电子成本比例[71]

量,在混合动力车(普锐斯)中搭载导航系统时,约占 1 个大饼的 96% 面积,这相当于 8 倍的标准电脑半导体使用量(图 1-58)。

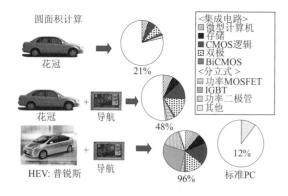

图 1-58 车载半导体的增加[71]

电脑(ECU)、传感器、执行器(电动机)和线束类的增加也不可避免。尤其,控制电子系统的软件范围显著扩大,立足于现在软件平台和全球采购观点,正推进着标准化(JasPar、AUTOSAR、FlexRay)工作的进程。

另外,伴随电动车辆的引进,执行器(电动机)正处在由汽车电子向汽车动力电子进化过程中。和产业动力电子(工厂和新干线等)不同,如图 1-59 所示为汽车动力电子的主要特点。首先,要求小型轻量化、高效率、高可靠性、低成本,而且对使用环境(温度、湿度、工作频次、大载荷变化、一般用户使用,等等)要求更加苛刻。汽车动力电子必须从全新视角去推广使用。

图 1-59 汽车动力电子的优点[71]

1.5.3 汽车电动机的历史

汽车电动机可分成两类，即小型电动机（辅助电动机）和驱动电动机（主电动机）。如图1-60所示，多数小型电动机被使用在汽车中。目前在高级车中大小电动机使用超过100个。

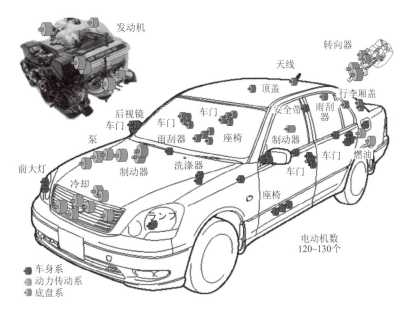

图1-60　车载电动机的增加[71]

自19世纪末汽车诞生以来，以内燃机为中心，为提高基本性能"行驶、转向、停止"和"环保、安全、舒适性"，搭载各式各样的电气设备，从使用方便性和成本考虑，作为汽车电动机，使用了很多小型直流电动机。从20世纪50年代的启动电动机和刮水器电动机开始，60年代、70年代晶体管和IC（Integrated Circuit）技术带来点火系统和充电系统（发电机）的IC化，提高了方便性和舒适性。除了电动车窗电动机、电动可调座椅和空调送风电动机之外，很多车身装备的电动化也在不断发展。在小型电动机中，可低价获得直流带刷铁素体电动机，通过微机控制的发动机、底盘和车身领域中加大了使用小型电动机（图1-61）。

另一方面，电动车用驱动电动机一直在进行研究开发、试验运行和限定区域使用。自1997年量产混合动力车（普锐斯）并投放市场以来，一直是人们关注的焦点。另外，2002年日本率先把燃料电池车投放市场。未来驱动电动机领域作为汽车电动机会越来越受到关注。现在驱动电动机正朝向高性能、可靠性、耐久性、小型轻量和低成本方向发展。

未来伴随汽车的电动化，小型电动机的数量会越来越多。出于重量和搭载空间问题的考虑，电动机小型轻量化和提高电动机效率就显得尤为重要。例如，在车辆行驶过程中，使用频次较少的电动机（电动车窗电动机和电动可调座椅电动机等）应优先轻量化，使用频次较多的电动机（发电机和送风电动机）应优先考虑效率。目前在电动机轻量化和提高效率方面，正在尝试着替代铁素体磁铁，改用钕磁铁和黏结磁铁等材料，通过高电压化（650 V、288 V、42 V等），减少低电流的损失等。另外，如图1-62所示，混合动力车等的主电动机输出比过去电气负荷高出2位数（10～100 kW），必须提高蓄电池和电源电压。在21世纪汽车中，汽车电动机技术肯定会成为关键核心技术之一。

1.5.4 系统整合

通过汽车电子化，将各个复杂的系统结合在一起，车辆控制越发趋于高精度和复杂化。"众多的控制系统交错在一起，彼此之间很可能会发

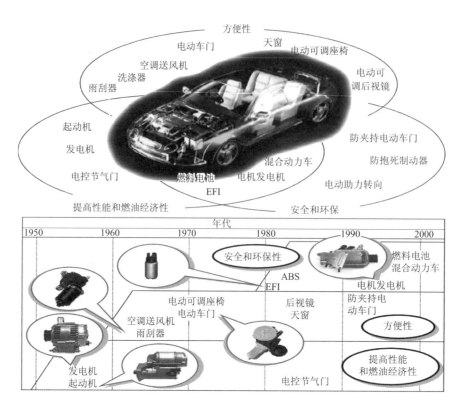

图1-61 汽车电动机的历史[72]

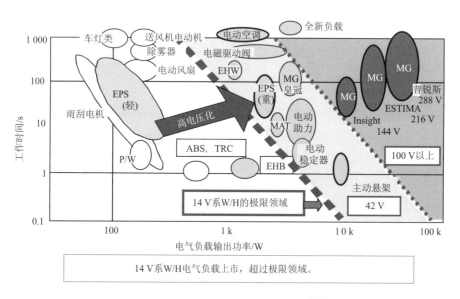

14V系W/H电气负载上市,超过极限领域。

图1-62 电气负载输出和工作时间[73]

生干涉。另外,各系统独立开发也会产生很多问题,会增加无谓的工时和成本。因此,需要准确把握未来汽车的发展方向,同时对管理整体控制系统的开发进行整体的把握控制",这是整合控制的基本设计思路,图1-63是整合系统控制领域的整体示意图。

推进系统整合控制时,不是单纯地把原来的系统简单地组装在一起,而是要寻求创造出"1+1=2+α"的汽车价值,实现从个别到整体的优化。如图1-64所示,车辆动态智能模块(Vehicle Dynamic Intelligent Module,VDIM)是整合控制的具体实例。

第1章 汽车面临的各种形势

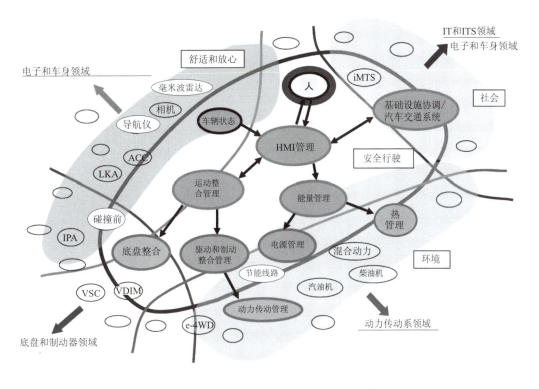

图 1-63 整合系统控制领域（示意图）[74]

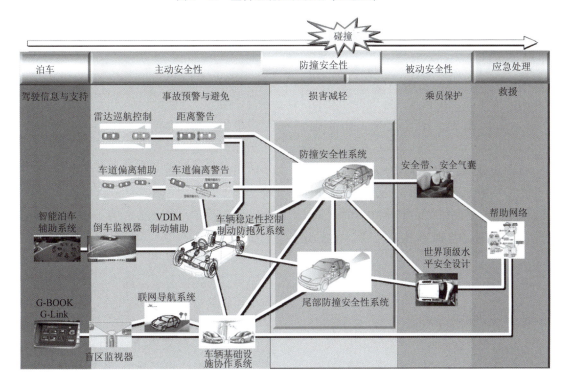

图 1-64 车辆动态智能模块[75]

该系统属主动安全系统，对 ABS、TRC（Traction Control，防止急起步时的轮胎空转）、VSC（Vehi-cle Stability Control，防止车辆侧滑）及 EPS（Electric Power Steering，电动助力转向）等系统进行整合。在车辆达到极限之前，对制动系统、发动机和转向系统进行控制，实现高度安全性。混合动力车是整合系统的典型实例，它同时使用了发动机和电动机。如图1-65所示。最近的高级车以安全性和舒适性为目的，进行如下整合控制，即在发动机、制动系统和转向系统的整合控制中，增加基础设备协调支持系统，以便充分利用信息系统IT（Information Technology）和ITS（Intelligent Transport Systems）。

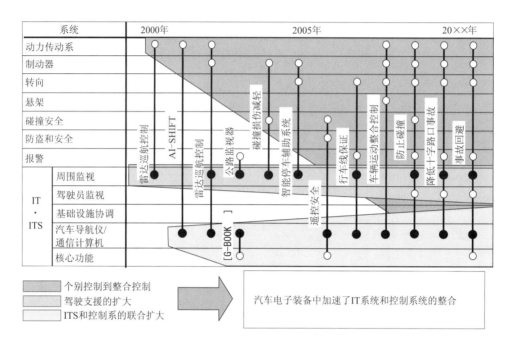

图1-65 系统间协调的相关图[71]

1.5.5 电子、电动化、综合控制的课题

未来汽车谋求大电力、高电压、高性能和高可靠性，为了实现这一目标，需解决两个课题（图1-66）。一是"技术课题"，即各大学和研究机关进行的技术条件开发（半导体、电池、电极及其他材料开发、电源、通信网络、控制开发，等等）。由于下一代功率半导体SiC（碳化硅）和GaN（氮化镓）拥有耐压、耐热、小型和重量轻的特点，因此它的实用化在汽车电力电子领域中备受瞩目和期待。二是"普及课题"，即产品开发以成功搭载在汽车上为目的，把主要技术应用在车载零部件上，从而实现最终的车载系统（小型、轻量和成本目标）。

现在汽车厂家都在寻求解决"普及课题"。电动机和逆变器等主系统及电池、DC-DC转换器、发电机和动力网（Power Network）等辅助系统（电源）对于汽车来说体积大、质量重（包括大小和成本），需更加努力使其达到普及的水平。另外，未来含故障诊断在内，制动系统和转向系统等行走系统的综合控制（full By-Wire system）会进一步发展（电子化），实现更高性能和高可靠性。在过去开发车辆时，只把个别主系统的最佳方案应用于车辆，这种开发手段存在弊端。随着硬件性能的提升和综合控制的发展，需要综合考虑整个车辆的条件进行优化。图1-67是未来汽车的目标方向。

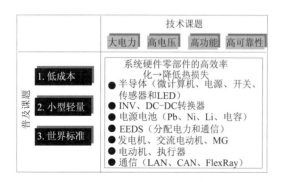

图1-66 电子、电动化、整合控制的课题[74]

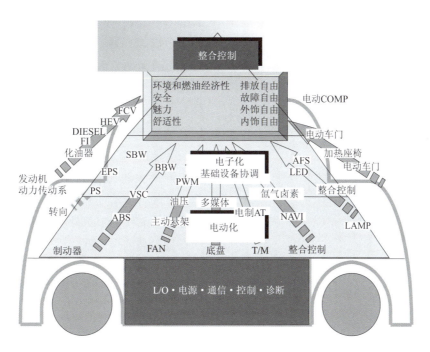

图1-67 未来汽车的目标方向[74]

1.6 汽车稀有金属和回收利用

1.6.1 概述

在我们享受高科技产品的生活中,使用了各种各样的稀有金属。尤其,手机、电视机等高新技术设备的核心电子零部件、各种传感器和高性能电动机类都是稀有金属模块。

稀有金属对高新技术产业是必不可少的,专家们很早就认识到它的重要性和未来性。然而,实际在数年前一般认为稀有金属是不太重要的"超一般金属",或主干材料外的(产业上属误差范围)"其他金属"。事实上,一般社会人士几乎未认识到稀有金属的重要性和未来性。

步入21世纪的今天,围绕着稀有金属,环境发生了很大变化。也许受中东高油价(Oil Money)的影响和汽车产业的兴起,在雷曼兄弟破产的金融危机之前,很多稀有金属价格就开始飞涨。在此背景下,电视和报纸等媒体频繁进行报道,说部分稀有金属会引起供应紧张和枯竭。近年来,混合动力车、电动车等下一代汽车和太阳能电池等大量使用稀有金属的多种节能型工业产品的需求在快速增加。为此,唯恐担心与这些产业相关的稀有金属发生资源的供应紧张问题。结果,社会也开始普遍认识到稀有金属的重要性。

稀有金属的重要性终于被社会广泛地认识,但是同时对稀有金属的误解和错误认识也越来越多。大多报道以稀有金属的"枯竭"为前提高谈阔论,强调"应全部回收利用工业产品的稀有金属"。这样违背事实的认识大大歪曲了稀有金属的未来形象,必须引起重视。

下面对稀有金属近年的状况,并以汽车用稀有金属为例对其现状、未来及存在课题进行说明。

1.6.2 稀有金属的现状

稀有金属顾名思义,即有"特殊金属"和"稀少金属"之意义,但绝不属于资源"稀有"的金属。如图1-68所示,所谓稀有金属是指除了铁(Fe)、铝(Al)、铜(Cu)、铅(Pb)、锌(Zn)等普通金属(通用金属、基础金属)以外金属的统称[76-77]。"稀有金属"这一术语,未经学会认可,未形成严密的术语定义,随着时代的变迁其解释方法和分类也不尽相同,从而无法对对象元素进行根本性定义。

① 金属资源稀少（元素贮存量少）
→白金族金属（Pt、Rh、Pd）、铟（In）、镓（Ga）、钽（Ta）、镝（Dy）等
② 金属资源丰富，但很难获得
→钛（Ti）、硅（Si）、镁（Mg）等
③ 金属资源丰富，但矿石品位低
→钒（V）、钪（Sc）等
除上述之外，有时也给予如下定义：
④ 元素纯度高，形态特异，发挥优异功能
→超高纯度铁（Fe）、高纯度非铁金属等
⑤ 元素量少，甚至微量，发挥特异功能
（可实现高附加值）
⑥ 迄今为止用途少，尚未工业开发
→锇（Os）、铜系金属、超高纯度金属等

图1-68 稀有金属定义

稀有金属种类复杂，从资源稀缺的铟（In），到资源丰富的钛（Ti）和硅（Si）等，种类范围非常广泛。一般只要符合图1-68的①~③中任何一种，就属稀有金属。另外，如图1-68的④所示，根据纯度和用途，有时定义为稀有金属，有时也不划分在该范围内。

稀有金属有各种用途，其分类方法因人而异，千差万别[76-80]。图1-69是稀有金属的分类法实例之一，有助于平常不了解元素周期表的一般人士。此分类法虽然不太科学，存在很多问题，但有助于理解稀有金属的历史和未来动向。

到目前为止，稀有金属主要用作电子材料、磁性材料和产品中零部件的原材料。因此，在日常生活中不能直接看到稀有金属，不被人们熟知。但伴随着数码设备的高性能化和普及，稀有金属用途逐渐扩大。如图1-69所示，"①电子材料稀有金属"中越来越多的材料价格飞涨，最近成为媒体家常话题。一般民众也都认识到了稀有金属的重要性，稀有金属在电子设备中是必不可少的"产业维生素"。

另一方面，和电子材料稀有金属一样，"②合金稀有金属"从古代开始一直被使用。其代表性元素有钨（W）、钴（Co）和铬（Cr）等，作为工具材料和特种钢基本原材料必不可少。另外，有像钒（V）和铌（Nb）一样需求很大的元素，作为汽车外板、高级钢板等钢铁材料的合金添加元素，可提高钢铁和铝合金的性能。这些稀有金属自然不能和钢铁材料、铝合金材料的用量相比，即便是和用量较少的铜、镍进行比较，其使用量也是微乎其微的。然而，因钢铁和铝合金的产业本身就相差非常悬殊，利用在钢铁相关产业的"②合金稀有金属"在稀有金属中也占据很大的比例，这是它的特点之一。例如，像汽车动力传动轴和底盘零部件一样，要求高强度和高可靠性的零部件中也大量使用了稀有金属含有量很高的合金钢。

① 电子材料稀有金属（数码材料稀有金属）
→半导体（Si、Ge、GaAs）
→磁性材料（Nd、Dy、Sm、Co、…）
→各种电子材料（In、Ta、Li、Ba、Sr、…）
② 合金稀有金属
→特殊合金工具（W、Co、Ta、…）
→用于添加钢铁（V、Cr、Mo、Nb、…）
③ 航空、宇宙材料稀有金属（空中飞行稀有金属）
→航空机械材料（Ti、Ni超合金、Re、PGMs、Al-Sc合金等）
④ 汽车稀有金属（行驶稀有金属）
→合金添加元素（Mo、V、Nb、Ti、…）
→磁铁材料（Nd、Dy、Sm、Co）
→催化剂（Pt、Pd、Rh、…）
→电池（Li、Ni、Co、Mn、…）
⑤ 能源相关稀有金属
→太阳能发电（Si、Cd、Te、In、Ga、Ru、Ag、…）
→电池材料（Li、Co、Ni、Pt、…）
→电极和送电材料（Ag、Nb、Sn、Bi、…）
⑥ 原子能稀有金属
→原子炉材料（Zr、Hf、特殊合金等）
→放射性排泄物（PGMs、…）
⑦ 医疗和生物稀有金属及其他
→生物材料（Ti、Nb、Ta、…）
→药品和健康食品

图1-69 稀有金属用途

迄今为止，主要在电子材料、合金、航空机械材料等方面需求稀有金属，今后将大幅增加"行驶稀有金属"及"能源相关稀有金属"的需求。

如图1-69所示，在这20年间，伴随电子设备和汽车等高附加值工业产品的高性能化，"①电子材料稀有金属"和"②合金稀有金属"

的需求飞跃性增长。估计未来这些稀有金属的重要性也会进一步加强，稀有金属的用途及产量会越发扩大。尤其，今后 BRICs（金砖四国）各个国家的经济发展将进一步扩大这些稀有金属的需求。

最近，伴随航空关联产业的发展，"③ 空中飞行稀有金属"的需求也在骤增，一般用作航空机械等结构材质。这些"空中飞行稀有金属"的典型元素有用于钛合金和镍基超合金的稀有金属。钛又轻又超高强度，在雷曼兄弟破产之前，受航空机械需求扩大的影响，生产供不应求，持续进行满负荷生产和增产。现在，伴随航空机械产业的低迷，需求递减，但"空中飞行稀有金属"仍有一定的未来市场。喷气式发动机涡轮片使用铼（Re）和微量白金族金属，但这些稀有金属资源稀少，很难大幅度增产。因此，笔者担心它的供应趋势。

随着汽车产业的发展，用于电子材料和合金"④ 行驶稀有金属"的需求也加大了，估计今后会加速这些趋势（图 1 - 70）。理由是，未来 BRICs（金砖四国）各国的经济发展将促使需求加大，为提高燃油经济性，将会促进使用重量轻、高强度、高性能的材料，汽车控制设备、传感器和通信设备所使用的稀有金属的量将会增加，会超出空前。即使是同样功能，相比手机和电脑的电子零部件，汽车电子零部件就要求更高的可靠性，相对热、振动和温度等环境变化，追求稳定性，会比一般家电产品需求更多的稀有金属。从而，汽车越是高性能化，就越需求更多的"行驶稀有金属"。

钢铁材料（特殊钢和高强度钢等）
→合金添加元素（Cr、Mn、Mo、V、Nb、Ti、…）
电动机类
→磁铁材料（Nd、Dy、Sm、Co、Tb、…）
现在一台汽车中使用 100 个以上的电动机，而混合动力车和电动车则需要更大量的 Nd 和 Dy。

制造汽车时，也使用很多稀有金属
→特殊合金工具（W、Co、Ta、…）
→动作机器人的电动机（Nd、Dy、Sm、…）
未来汽车将使用更多的稀有金属

→超长寿命和重量轻的材料（Ti、Sc、…）
尾气净化催化剂
→白金族金属（Pt、Pd、Rh、…）
电池
→镍氢电池（Ni、Co、…）
→锂电池（Li、Co、Mn、…）
→燃料电池的催化剂和电极（Pt、…）
照明
→LED 灯（Ga、In、…）
→卤素灯（Sc、…）
液晶屏
→透明电极（In、…）
电路板和传感器等
→晶体管（Si、Ge、Ga、In、…）
→电容（Ta、Ag、Pd、…）
→电阻（Ru、Pd、…）
→电极（Au、Ag、Pt、Pd、…）
→焊料（In、Ga、Bi、…）

图 1 - 70　稀有金属在汽车中的使用范例（行驶稀有金属）

未来，混合动力车和燃料电池车被增产时，大功率电动机和催化剂材料的需求将会大幅增加。尤其，钕（Nd）和镝（Dy）等稀有金属（稀土金属，Rare Earth Metals，REMs）作为高性能磁铁的原材料必不可少，铂（Pt）等白金族金属（Platinum Group Metals，PGMs）作为燃料电池的催化剂必不可少。为此，这些稀有金属的必要性会进一步增加，伴随汽车产业的发展，这些"行驶稀有金属"的需求很可能会急剧增加。

最近，以太阳能电池和风力发电为首，与能源相关的稀有金属（图 1 - 71）越来越受到关注。多结晶太阳能电池以高纯度硅为主原料，普及这种太阳能电池，需要大量的高纯度硅。另外，备受期待的下一代太阳能电池也使用很多稀有金属。太阳能发电离不开蓄电、转换（逆变器）和送电等设备，而这些设备的主要零部件都使用大量的稀有金属及其化合物。从成本考虑，相比太阳能电池，更期待全球化风力发电的普及，而交流发电机使用的高性能磁铁需要钕和镝等稀有金属。下一代电动车和混合动力车利用太阳能发电和风力发电，进行插电式充电。未来普及这些节能型车时，将需求更大量的稀有金属。

未来普及利用太阳能发电的插电式下一代节能型汽车时，将会使用更多的稀有金属
→发电、蓄电、送电、逆变器⋯
结晶硅系太阳能电池
→硅（Si）
→电极材料（Ag、In、⋯）
Cd、Te 太阳能电池
→镉、碲（Cd、Te、⋯）
色素敏感型太阳能电池
→钌（Ru）
CIS/CGIS 太阳能电池
→镓、铟（Ga、In、⋯）
电极、导线、接点
→电极材料（Ag、Au、⋯）
→透明电极（In、Zn、⋯）
控制和转换（逆变器）
→透明电极（Si、Ga、As、⋯）
电池和蓄电
→镍氢电池（Vi、Co、⋯）
→锂电池（Li、Co、⋯）
→燃料电池的催化剂和电极（Pt、⋯）
送电
→导电材料（Cu、Ag、Al、⋯）
→超传导材料（Nb、Ti、Sn、Bi、Sr、⋯）
未来太阳能发电系统将会使用更多的稀有金属
→发电、蓄电、送电、逆变器⋯

图 1-71　稀有金属在太阳能发电中的使用范例（能源相关稀有金属）

1.6.3　稀有金属本身的问题点

伴随世界各国的经济发展，未来也肯定会增加高质量生活所必需的"电子材料稀有金属"和"合金稀有金属"的需求。同时，考虑到现在技术革新的空间，有可能快速扩大"空中飞行稀有金属"、"行驶稀有金属"和"能源相关稀有金属"的需求。未来"原子能稀有金属"和"医疗及生物稀有金属"的消费量也会增长。另外，不仅在汽车尾气净化方面，而且还在各种化学反应方面，贵金属催化剂都必不可少。未来，这些催化剂——"化学工业稀有金属"也显得尤为重要。如图 1-69、图 1-70、图 1-71 所示，今后只要人们追求富裕而舒适的生活，也就持续需要扩大稀有金属的用途及需求。为此，期待稀有金属相关产业大大发展。与此同时，也存在很多不稳定因素。

如图 1-72、图 1-73 所示，稀有金属的矿石产出国多半集中在特定国家和地域，很多时候生产国和消费国不同[81]。在矿石产出国中，有一些国家经济落后、国家政治不稳定。目前，之所以矿石产出国主张资源国家化，是因为先进国家所必需的稀有金属资源极其不均衡。另外，产业基础设施的不齐全、矿山事故、罢工和环境污染等，很可能会引发一部分稀有金属的供应紧张。因为大多稀有金属供应量较少，不存在大而稳定的市场，所以随政治和经济意图的变化，供应需求和价格会发生很大变化。

例如，白金族金属铑（Rh）、钌（Ru）是催化剂、电子设备及电动机材料所必需的稀有金属，这些稀有金属即使需求增长，但也只能年产数十吨，资源供应受制约。另外，白金产出国中南非和俄罗斯占 90% 以上的生产份额，对于白金族金属的副产物稀有金属（Ir、Os）而言，存在供应量紧张和资源安全上的隐患。

磁铁材料所必需的稀有金属（稀土金属）和

第1章 汽车面临的各种形势

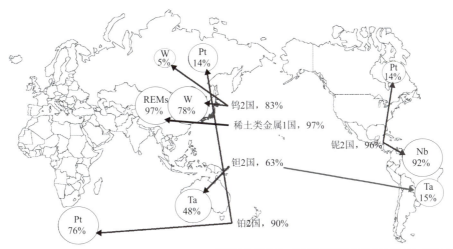

美国地质调查局：美国地质调查局矿业年报2008（2010）
D. Jollie：铂2009，庄信万丰公司（2009）

图1-72 稀有金属产量的地域性不均衡（2008年）

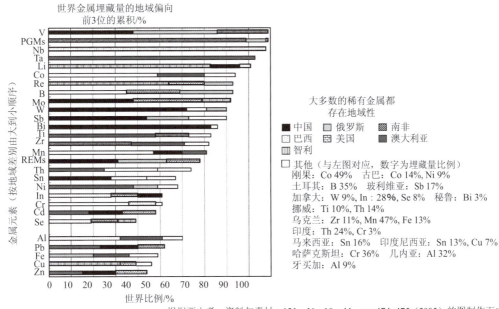

根据西山孝：资料与素材，121，No.10，11，pp.474-475（2005）的图制作而成

图1-73 稀有金属埋藏量的地域性不均衡

重要合金元素钨、铌等的矿石产出国也极其不均衡。对于像日本一样几乎进口所有稀有金属资源的资源短缺国家而言，关键在于确保供应长期稳定的、高新技术产业所必需的稀有金属。

1.6.4 稀有金属的供需平衡和价格变动

考虑到稀有金属的供需平衡和价格变化，重点要理解稀有金属是"主产物"还是"副产物"。如图1-74所示，在这里以白金族金属为例，简单说明一下"主产物"和"副产物"的关系及供应限制和价格变动情况。

铑作为汽车尾气净化催化剂，钌作为硬盘材料和化学工业催化剂，是催化剂必需的稀有金属，但其一年供应量只有数十吨。铱同样作为白金族金属，一年最大供应量只有数吨。由于这些金属作为铂和钯的副产物来生产，所以限制供应这些白金族金属。

- 铂（白金）【年产量：240 t（含回收利用部分）】
  →汽车尾气净化催化剂（55%）、珠宝饰品、电极材料、…
- 钯【年产量：275 t（含回收利用部分）】
  →汽车尾气净化催化剂（54%）、电子材料、牙科材料、…
- 铑【年产量：31 t（含回收利用部分）】
  →汽车尾气净化催化剂（86%）、玻璃铸造合金材料、…
- 钌【年产量：39 t（推测值）】
  →电子材料（68%）、催化剂、电镀材料、…
- 铱【年产量：5 t（推测值）】
  →电极材料（26%）、玻璃铸造合金材料、…
- 锇【年产量：4 t（推测值）】
  →合金元素（有毒，挥发性高，用途较少）

汽车离不开白金族金属　　　最近，钌利用在电脑等硬盘中

图1-74　白金族金属的产量和用途

图1-75为开采铂矿石现场和矿脉的模式图。Bushveld复合岩体存在于南非共和国的北部，其中高大铂矿脉水平宽超过100 km，拥有巨大量的铂矿石。如图所示，这个矿脉由两层很薄的矿脉组成，分别叫作Merensky和UG2（Upper Group 2）。每个白金矿脉垂直高度约1 m左右，薄而平且。另外，矿石的铂品位只有数百万分之几，很难进行开采和冶炼。然而，数百万分之几的铂品位也已经超过地球地壳含量的1 000倍，所以属巨大矿脉，拥有世界最高的品位。如图所示，大多铂矿脉是从地表开始小斜率斜向潜入地底深处。为此，从地底开采矿石时，需要巨大的设备投资、劳动力和时间。目前即使满负荷运转设备，铂的年产量也只有200 t左右[81-82]。

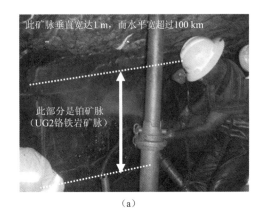
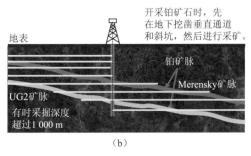

(a)　　　(b)

图1-75　铂矿石开采现场和矿脉的剖面模式图
（a）为了开采矿石，在装炸药；（b）PGM矿脉（麦伦斯基与UG2矿脉）的垂直剖面模式图

图1-76表示代表性铂矿石中白金族金属含有比例的概况。铂矿石的品位和含有比例因实际开采的地方不同而发生大变化。图中所示的元素比例是典型矿石的平均值（概数）。由图可知，铂矿石含的白金族金属几乎都是铂或钯，在这里不进行详细说明。它的特点是，南亚矿石（麦伦斯基与UG2）中铂的品位高，而俄罗斯矿石中（图（c））钯比铂的比例大很多。由图可知，铑、钌作为铂和钯的副产物生产，其产量只能达到铂和钯产量的1/10左右。另外，铱的每年最高产能是5 t。假设，要增产10倍的铱，那么必须开采2 000 t的铂，是目前开采量的10倍。

目前，受矿山设备和投资上的限制，只能年产200 t的铂和钯[81-82]。为此，各个白金族金属的产量比不是由需求决定（图1-77），而是由矿石中的含有比例决定（图1-76）。

换而言之，作为副产物生产的铑、钌和铱，即使一点也没有需求时，只要生产主产物铂，也能随同继续生产。另外，南非和俄罗斯占铂产出国90%以上的份额（图1-77），白金族金属副

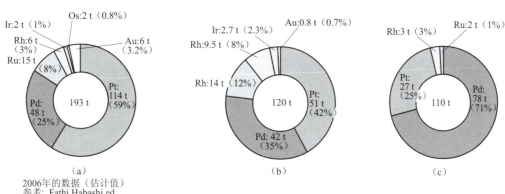

2006年的数据（估计值）
参考：Fathi Habashi ed.,
'Handbook of Extractive Metallurgy', WILEY-VCH, Vol. 3（1997）
庄信万丰公司.：铂2007（2007）

图1-76 典型铂矿石的白金族元素的含有比（代表值和概数）
(a) Merensky 矿（南非）；(b) UG2（南非）；(c) Norilsk（俄罗斯）

产物的稀有金属不但受供应量限制，还存在资源安全上的隐患。

图1-78表示白金族金属的价格变化情况。白金和铑之所以在2008年价格暴涨后又迅速回落，是为了对应雷曼破产金融危机前后汽车产业的变化。由图1-77右列的需求可知，铂、钯、铑的价格受汽车产业状况和排放法规影响很大。之所以钯的价格未随铂和铑发生变化，是因为产出国俄罗斯的政策和钯的输出动向大大影响了钯市场。另外，之所以2007年钌价格暴涨，原因是开发了新技术，利用钌可提高硬盘性能，钌在短期内产生了很大需求。

这样，随矿石生产同时产出白金族金属，它不仅产量相对稳定，价格也不随其他发生变化，针对各自需求，独立运作。由于产量和供应受限，每个金属的用途和需求量大不相同，所以价格不发生连锁性变化。另外，即使没有需求，副产物钌和锇（Os）也能和主产物一起持续生产，所以很多时候价格低迷。

1.6.5 稀有金属的供需和资源环境问题

在这里以稀土金属（Rare Earth Metals, REM）为例，说明一下稀有金属的供需和资源环境问题。

如图1-79，稀土是化学元素周期表中（Rare Earth Elements, REE）第3副族的钪（Sc）、钇（Y）和镧系（Lanthanoids）[57号镧（La）到71号镥（Lu）]的总称，共17个元素。这些稀土元素在水溶液中呈离子状态时，性质非常相近。自发现矿石元素以来，把镧系分成两组：轻稀土组（Light Rare Earth Elements、铈族）[镧~钆（Gd）+钪]和重稀土组（Heavy Rare Earth Elements、钇族）[78][铽（Tb）~镥+钇]。其中，把钐（Sm）、铕（Eu）和钆特殊地叫作中稀土，但定义不严谨。

稀土元素化学性质活泼，而且彼此非常相近，所以很难彼此分离。为此，在发现之初，把稀土混合物用作打火石和研磨粉，几乎不作为独立元素来使用[83]。随着稀土元素分离和提炼技术的发展，明确了稀土金属单体和化合物的特殊化学、光学及磁力特性等物理性质，现在用作各种各样功能性材料的组成元素。如今，稀土元素利用在荧光材料、激光器、永久磁铁、储氢合金和燃料电池等，被称作"产业的维生素"或"高科技产业必备的稀有金属"，成为工业的重要存在。尤其，伴随着混合动力车（HEV）、纯电动车（EV）和高性能空调的产量增加，高性能磁铁（大量使用钕和镝）的需求骤增。

自1984年佐川真人发明钕磁铁[84-85]以来，深受业界的欢迎。钕磁铁以轻稀土钕、铁（Fe）及硼（B）的金属之间化合物 Nd_2Fe_{14} 为主，其磁能积很高。在当时主流的铁素体磁铁和钐钴磁铁（Sm-Co，属同类稀土永磁铁）都未能实现

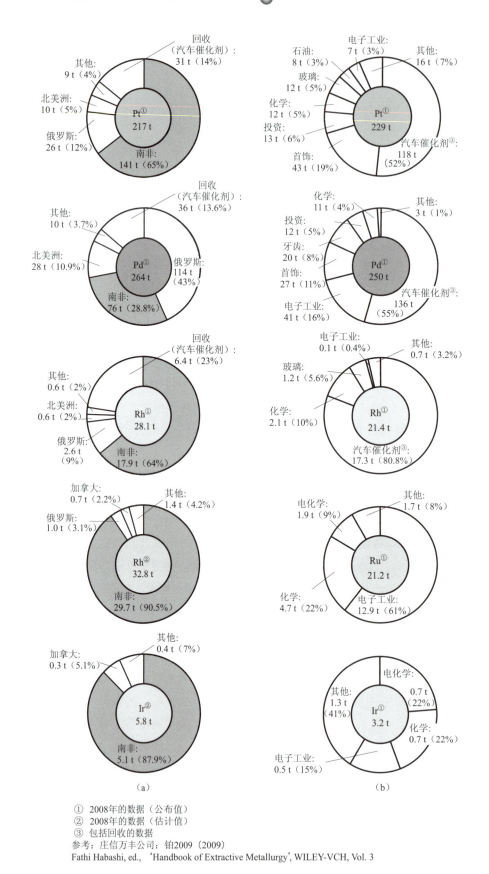

① 2008年的数据（公布值）
② 2008年的数据（估计值）
③ 包括回收的数据
参考：庄信万丰公司：铂2009（2009）
Fathi Habashi, ed., 'Handbook of Extractive Metallurgy', WILEY-VCH, Vol. 3

图 1-77　部分国家或地区白金族金属（PGMs）的供应比例和不同用途时的需求比例（2008年）
(a) 供给；(b) 需求

第1章 汽车面临的各种形势

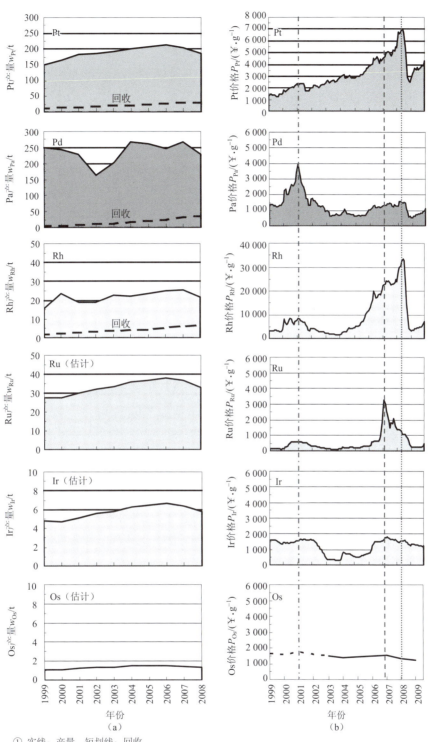

① 实线：产量，短划线：回收
② 虚线：估计数据

参考：
庄信万丰公司：铂2009（2009）
Fathi Habashi, ed., 'Handbook of Extractive Metallurgy', WILEY-VCH, Vol. 3
http://www.platinum.matthey.com/prices/price_charts.html
美国地质调查，'美国的金属价格'
http://www.catalysts.basf.com/apps/eibprices/mp/DPCharts.aspx?MetalName=Osmium

图 1-78 白金族金属的供应量和价格变化
（a）产量；（b）价格

元素周期表

	1	2	3	4	5	6	7	8	9	10	11	12	13	14	15	16	17	18
1	氢 1 H 1.008																	氦 2 He 4.003
2	锂 3 Li 6.941	铍 4 Be 9.012											硼 5 B 10.81	碳 6 C 12.01	氮 7 N 14.01	氧 8 O 16.00	氟 9 F 19.00	氖 10 Ne 20.18
3	钠 11 Na 22.99	镁 12 Mg 24.31	稀土类元素（Rare Earth Elements, REE）										铝 13 Al 26.98	硅 14 Si 28.09	磷 15 P 30.97	硫 16 S 32.07	氯 17 Cl 35.45	氩 18 Ar 39.95
4	钾 19 K 39.10	钙 20 Ca 40.08	钪 21 Sc 44.96	钛 22 Ti 47.87	钒 23 V 50.94	铬 24 Cr 52.00	锰 25 Mn 54.94	铁 26 Fe 55.85	钴 27 Co 58.93	镍 28 Ni 58.69	铜 29 Cu 63.54	锌 30 Zn 65.39	镓 31 Ga 69.72	锗 32 Ge 72.61	砷 33 As 74.92	硒 34 Se 78.96	溴 35 Br 79.90	氪 36 Kr 83.80
5	铷 37 Rb 85.47	锶 38 Sr 87.62	钇 39 Y 88.91	锆 40 Zr 91.22	铌 41 Nb 92.91	钼 42 Mo 95.94	锝 43 Tc (99)	钌 44 Ru 101.1	铑 45 Rh 102.9	钯 46 Pd 106.4	银 47 Ag 107.9	镉 48 Cd 112.4	铟 49 In 114.8	锡 50 Sn 118.7	锑 51 Sb 121.8	碲 52 Te 127.6	碘 53 I 126.9	氙 54 Xe 131.3
6	铯 55 Cs 132.9	钡 56 Ba 137.3	镧系 57~71 La-Lu	铪 72 Hf 178.5	钽 73 Ta 180.9	钨 74 W 183.8	铼 75 Re 186.2	锇 76 Os 190.2	铱 77 Ir 192.2	铂 78 Pt 195.1	金 79 Au 197.0	汞 80 Hg 200.6	铊 81 Tl 204.4	铅 82 Pb 207.2	铋 83 Bi 209.0	钋 84 Po (210)	砹 85 At (210)	氡 86 Rn (222)
7	钫 87 Fr (223)	镭 88 Ra (226)	锕系 89~103 Ac-Lr	𬬻* 104 Rf (261)	𬭊* 105 Db (262)	𬭳* 106 Sg (263)	𬭛* 107 Bh (262)	𬭶* 108 Hs (265)	鿏* 109 Mt (266)									

	轻稀土类					中稀土类			重稀土类					
镧系	镧 57 La 138.9	铈 58 Ce 140.1	镨 59 Pr 140.9	钕 60 Nd 144.2	钷* 61 Pm (145)	钐 62 Sm 150.4	铕 63 Eu 152.0	钆 64 Gd 157.3	铽 65 Tb 158.9	镝 66 Dy 162.5	钬 67 Ho 164.9	铒 68 Er 167.3	铥 69 Tm 168.9	镱 70 Yb 173.0	镥 71 Lu 175
锕系	锕 89 Ac (227)	钍 90 Th 232.0	镤 91 Pa 231.0	铀 92 U 238.0	镎 93 Np (237)	钚 94 Pu (239)	镅* 95 Am (243)	锔* 96 Cm (247)	锫* 97 Bk (247)	锎* 98 Cf (252)	锿* 99 Es (252)	镄* 100 Fm (257)	钔* 101 Md (258)	锘* 102 No (259)	铹* 103 Lr (262)

图 1-79 元素周期表中稀土元素的位置

高磁能积，从而钕磁铁的发明给工业界带来很大影响。硬盘（HDD）是钕磁铁的典型用途。如果没有钕磁铁的发明，就没有今天硬盘的普及使用[86]。钕磁铁的发明使永磁铁性能飞跃性提高，经后来坚持不懈的研发，永磁体性能进一步提高，应用范围变得更加宽广，钕磁铁的需求戏剧性地增加了。

自发明钕磁铁以来，其产量在不断增加。即使现在以重量为单位的生产中，仍然是以生产铁素体磁铁为主。在日本国内，1993年钕磁铁价格超过了铁素体磁铁。钕磁铁主要用于硬盘内置的音圈电动机（VCM）和空调压缩机的高性能电动机中。最近，汽车电动助力转向磁铁和纯电动车驱动电动机的需求显著增加，预计未来会逐渐增加在这些大型高性能电动机方面的应用。

工业方面对钕磁铁的应用，重要技术课题是提高钕磁铁的耐热性（矫顽力）。因为钕磁铁有缺点，热性能不稳定，随温度上升，矫顽力急剧下降。目前为了在高温中保持高磁性，作为其解决方案，在钕磁铁内添加重稀土镝和铽。通过这种方法，把一部分钕置换成重稀土元素，大幅提高钕合金磁铁在居里温度中的矫顽力，在高温中也能保持所需的磁性[87]。通过添加铽，可非常有效地增强矫顽力。但由于铽资源稀少，且价格贵，是镝的2~3倍，所以后来添加镝成为主流。

在要求耐热性的高性能磁铁中，过去大多利用了钐磁铁。但随着钕磁铁中添加镝和铽的技术开发，可在高温中使用钕磁铁，从而逐渐应用于驱动电动机中。一般，纯电动车驱动电动机的工作温度达200℃。在这种使用条件下，钕磁铁最多添加质量百分数为10%的镝。

预计未来随着纯电动车的普及和节能需求，钕磁铁的需求也会增加。把纯电动车的驱动电动机、高性能空调压缩机电动机和风力发电机称作 IPM（Interior Permanent Magnet）电动机，和过去的感应电动机相比，可提高近10%的效率。由于未来会增加大型电动机和发电机的需求,所以高性能电动机钕磁铁的产量也将会急剧增加。尤其,面向环境和谐型工业产品(节能型高性能电动机和风力发电机等),其应用将会飞跃性发展。

为了提高磁铁的耐热性,在这些钕磁铁中添加大量的镝。随着未来需求的急剧增加,也很可能陷入镝和铽等原料的供应短缺。在地壳中,镝的储量只有钕的1/6,然而目前镝的消费量高出钕的1/6。需求日益高涨的永磁材料和矿石生产原料产生很大的供需缺口,引起特定材料的供应过剩和不足,这是大家都不愿见到的结果。

随着钕磁铁需求的增大,近年中国政府订立方针,限制出口稀土原料,在中国生产钕磁铁,出口附加值高的产品。因此,日本需要开发高性能磁铁,长期不使用镝和铽,或摸索全新的供应系统,即使不从中国进口镝和铽,也能生产高性能磁铁。

稀土元素顾名思义,从名字容易联想到稀少,但实际储量比较多。如表1-4所示,从克拉克数(ClazkNumber,各元素在地壳中的储率)[89]可知,镧(La)和铈(Ce)的储量要比基础金属铅(Pb)更多。其他稀土元素方面,除了钷(Pm,属放射性物质,不存在稳定核类)以外,即使储量极少的镥,和碘(I)及铋(Bi)的储量也差不多,相比黄金(Au)和白金等贵金属,稀土元素在地壳中的储量多2~4位数。因此,稀土元素的资源也算不上稀少。然而,大多稀土、品位高的矿石存在于特定的区域,由少数国家生产。另外,化学性极其活跃,冶炼并提炼金属时,需要庞大的能源。因此都划归到稀有金属分类中。

表1-4 地壳中元素贮存度(克拉克数)[88]

存在顺位	元素	质量组成/%	存在顺位	元素	质量组成/%	存在顺位	元素	质量组成/%	存在顺位	元素	质量组成/%
1	O	46.60	21	Cr	0.010 0	40	Dy	0.000 48	51	Tl	0.000 05
2	Si	27.72	22	Rb	0.009 0	41	Cs	0.000 30	52	Cd	0.000 02
3	Al	8.13	24	Zn	0.007 0	41	Yb	0.000 30	52	Sb	0.000 02
4	Fe	5.00	25	Ce	0.006 0	41	Hf	0.000 30	52	Bi	0.000 02
5	Ca	3.63	26	Cu	0.005 5	42	Be	0.000 28	53	In	0.000 01
6	Na	2.83	27	Y	0.003 3	42	Er	0.000 28	54	Hg	0.000 008
7	K	2.59	28	La	0.003 0	45	Br	0.000 25	55	Ag	0.000 007
8	Mg	2.09	29	Nd	0.002 8	46	Sn	0.000 2	56	Se	0.000 005
9	Ti	0.440	30	Co	0.002 5	46	Ta	0.000 2	57	Ru	0.000 001
10	H	0.14	31	Sc	0.002 2	47	As	0.000 18	57	Pb	0.000 001
11	P	0.105	32	Li	0.002 0	47	U	0.000 18	57	Te	0.000 001
12	Mn	0.095 0	32	N	0.002 0	48	W	0.000 15	57	Pt	0.000 001
13	Fe	0.062 5	32	Nb	0.002 0	48	Ge	0.000 15	58	Rh	0.000 000 5
14	Ba	0.042 5	33	Ga	0.001 5	48	Mo	0.000 15	59	Au	0.000 000 4
15	Sr	0.037 5	34	Pb	0.001 3	49	Eu	0.000 12	60	Re	0.000 000 1
16	S	0.026	35	B	0.001	49	Ho	0.000 12	60	Os	0.000 000 1
17	C	0.02	36	Pr	0.000 82	50	Tb	0.000 08	60	Ir	0.000 000 1
18	Zr	0.016 5	37	Th	0.000 72	51	I	0.000 05			
19	V	0.013 5	38	Sm	0.000 60	51	Tm	0.000 05			
20	Cl	0.013	39	Gd	0.000 54	51	Lu	0.000 05			

表1-5表示稀土元素的典型矿物和各矿物中的稀土氧化物比例[78,81,90]。另外,图1-80表示典型的矿物组成及其特点。轻稀土主要从氟碳铈矿、磷酸盐矿、磷钇矿等矿物金属中生产。含有这些矿物的稀土矿床地理分布广,可以说轻稀土资源很丰富。但这些稀土矿石大多包含接近稀土元素及离子半径的放射性元素铀(U)和钍(Th)[91-92]。从而,从矿物生产稀土元素时,随着选矿和冶炼,处理浓缩的放射性元素成为课题。另外,这些矿物包含的重稀土比例非常少,

不适于重稀土的开采。

表1-5 典型稀土矿中稀土氧化物的含有比例

	具有代表性的稀土矿石中各稀土元素的比重（质量百分数）			
	氟碳铈矿[①]	磷酸盐矿[②]	磷钇矿[③]	离子附吸矿[④]
La_2O_3	33.2	21.5	1.24	1.82
CeO_2	49.1	45.8	3.13	0.37
Pr_6O_{11}	4.34	5.3	0.49	0.74
Nd_2O_3	12.0	18.6	1.59	3.00
Sm_2O_3	0.789	3.1	1.14	2.82
Eu_2O_3	0.118	0.8	0.01	0.12
Gd_2O_3	0.166	1.8	3.47	6.85
Tb_2O_3	0.015 9	0.29	0.91	1.29
Dy_2O_3	0.031 2	0.64	8.32	6.67
Ho_2O_3	0.005 1	0.12	1.98	1.64
Er_2O_3	0.003 5	0.18	6.43	4.85
Tm_2O_3	0.000 9	0.03	1.12	0.70
Yb_2O_3	0.000 6	0.11	6.77	2.46
Lu_2O_3	0.000 1	0.01	0.99	0.36
Y_2O_3	0.091 3	2.5	61.0	65.00

① 美国 Mountain Pass 生产的氟碳铈矿
② 澳大利亚 North Stradbroke Island 生产的磷酸盐矿
③ 马来西亚 Lahat Perak 生产的磷钇矿
④ 中国陇南生产的离子吸附矿

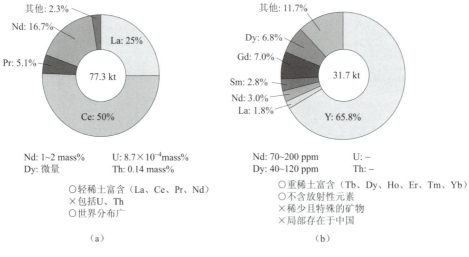

图1-80 典型稀土矿组成和中国的生产量（2007年）

如表1-5所示，相比轻稀土，重稀土资源量较少，以轻稀土为主体的矿物中重稀土含量极少，镝和铽等重稀土从资源上看就很稀少。现在重稀土利用中国南部的极其特殊的风化矿床（又名离子吸附型矿床）进行生产。离子吸附矿在高温潮湿的气候下，花岗岩等长年累月被风化时，放射性元素经过风吹雨淋，只有重稀土被吸附到黏土层后留在地表中[91-92]。这类矿床不含放射性元素，经过酸和电解质的溶解，易于提取矿石中的稀土元素，是稀土资源非常丰富的矿床。但该矿床只在特定的气候条件和地理条件下形成，属非常稀少的特殊矿床，只局部存在于中国南部和东南亚的部分地区。另外，离子吸附型矿床中稀土元素的准确埋藏量尚未公告，因而不确定未来到底能供应多久。

图1-81表示各国稀土金属及稀土化合物（氧化物换算）的生产量推移。随着时间的变化，由中国垄断生产稀土[90]。截至1998年，由美国加利福尼亚州Mountain Pass矿山开采了氟碳铈矿。由于开采成本提高，放射性物质破坏环境，导致矿山被关闭，之后持续由中国垄断生产。中国之所以能成为稀土元素的生产大国，有很多原因影响。比如，中国普遍存在庞大的稀土矿床，加上有离子吸附矿等优秀的重稀土矿床，和环境污染物处理相关的环境标准也推行的缓慢、劳动力廉价等。

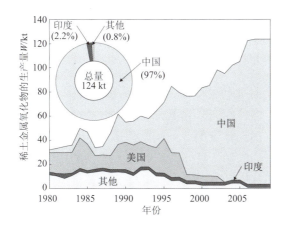

图1-81 各国稀土金属生产量的变化（氧化物换算）

2004年以后，中国政府开始加强了稀土金属和稀土化合物的出口法规，从而引起以稀土产品为中心的稀土价格的暴涨（图1-82），逐渐激化了资源稳定供应的问题[93-95]。最近，为了打破依赖于中国的现状，澳大利亚和越南等国家开始进行全新稀土矿床的勘查和开发。例如，在澳大利亚开始开发了叫Mount Weld的新矿山。但这些矿山的开发计划不仅需要长期的开发时间，而且还受世界经济状况和中国趋势的影响，短期内很难解决只依赖于中国的状况。换句话说，确保资源必须有中长期的规划。

未来，永久磁铁需求将会大幅增加。在资源保护方面，也离不开钕和镝等永磁铁原料的回收利用技术。预计整个21世纪，稀土元素及其化合物的用途和需求将不断扩大，其回收利用的重要性也显得更加突出。只要用途和需求增加，就得针对多种废料，进行新回收利用技术的开发。必须注意到稀土矿山集中于中国的事实，从资源保护和稳定供应方面，开发高度回收利用的技术，作为都市矿山，利用蓄积在日本国内的产品和废料[80]。

随着节能设备的普及，高性能电动机和荧光体的需求将会长期大幅增加，稀土元素作为主要材料，需求必然会增加。为此，对于生产高科技产品的发达国家来说，从资源保护意义上，关键在于推进全新矿山的开发，确保长期稳定供应稀土元素。同时，通过回收利用，推进资源的有效利用。

对力争成为循环资源独立国的日本来说，关键在于促进回收利用技术和社会系统发展，建造可靠性高的资源缓冲区（缓冲功能），建立稳定的资源路线来稳定供应和循环利用稀有金属。利用新回收利用技术，从废料中提取稀有金属，不但能保护有限且贵重的矿物资源，而且对构筑环保的循环型社会，还能做出巨大贡献。

1.6.6 稀有金属的枯竭性

稀有金属在价格暴涨的大环境下，"枯竭"成为媒体的家常话题。通常，大多媒体中也宣称，所谓稀有金属，即"稀有金属→稀少金属→枯竭"。

实际上这些报道几乎都有偏见或误解和信息炒作。最近，铂等白金族金属和铟（In）的价格暴涨，媒体也频繁报道这些稀有金属的"枯竭

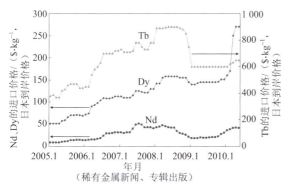

图1-82 日本钕、镝、铽的进口价格变化

性"。但事实上，目前不必担心其枯竭性。反之，需注意产量相差非常悬殊的、一般熟知的铜和铅等基础金属的枯竭性，也许可以等普通金属（Cu、Pb、Zn）中的一种枯竭后，再考虑稀有金属的枯竭性。

根据现在需求（Pt 200 t）和南非数万吨的埋藏量来计算，上述白金未来 100 年供应没问题。但就贵金属而言，应尽力控制消费，并对高价贵金属产品，延长生命周期，彻底实现回收利用。其原因是矿石中白金族金属的浓度非常低，品位只有数百万分之几，极其稀薄，提炼纯粹的金属需要庞大的能源和很长时间。即使只有 1 t 的黄金和白金等贵金属的生产量，其背后也需数百万吨原材料，需庞大的能源冶炼。这样贵金属的生产制造给地球环境带来极大的负荷，从而必须开发回收利用技术，从使用完的产品中回收稀有金属，并筹划建设社会性机构[79,81,82]。

就有关铟的枯竭性问题，经常被热议。在笔者看来，这大多缘于一部分人的信息炒作和错误认识。有关铟的枯竭性和最终产品回收利用的必要性，请参见文献［79］、［80］、［96］。

新一代汽车将大量消耗锂（Li）和稀土元素，但还未对这些稀有金属枯竭产生威胁。但开发矿石和完善冶炼工艺规程需要时间，无法及时应对急剧增加的需求。另外，开发和冶炼矿石，大多破坏环境，容易和当地人引起纠纷。为此，很可能引起供应紧张和价格的暴涨。

1.6.7 汽车用稀有金属的原始使用单位

表 1-6 为一台混合动力车（HEV）和纯电动车（EV）所需的稀土磁铁和电子设备的原始使用单位[97]。在分别使用大功率和小功率混合动力电动机时，稀土合金矿石原始使用单位分别为 1.25 kg/台和 0.25 kg/台，电动车稀土合金矿石原始使用单位为 1.3 kg/台，和其他主要工业产品相比较，可知稀有金属使用量格外多。

假设 2020 年汽车销售总数达 5.46×10^6 台[97]，其中 HEV 车占 50%，EV 车占 7%（"中长期路线图，影响地球温暖化措施"环境大臣试行方案），那么 2020 年的汽车销售中混合动力车为 2.73×10^6 台，电动车为 3.82×10^5 台。从而，以大功率混合动力电动机换算时，2020 年新车销售所使用的稀土矿石量分别为 HEV 3 413 t，EV 497 t，合计 3 910 t[97]。

表 1-6 典型稀土磁铁产品的原始使用单位（大致数）

制　品	稀土类磁铁原始使用单位 /（kg·台$^{-1}$）
HEV	0.25 ~ 1.25
EV	1.3
电动助力转向	0.09
空调	0.12
HDD	0.01
手机	0.000 5
MRI	1 500

注：HV 时，随着电动机的输出功率不同，稀土磁铁的使用量也不同。小功率 HV 电动机稀土使用量是 0.25 kg/台，大功率 HV 电动机稀土使用量是 1.25 kg/台。

通过上述可知，稀土元素并非资源稀缺元素，即使欧洲、北美和中国在内的全世界总需求是上述计算量的 3~4 倍，所需稀土元素也不会有资源问题。另外，扩大稀土磁铁的产业规模和制造能力，通过增产，可毫无问题供应上述量的资源。但如图 1-81 所示，目前超过 97% 的稀土元素由中国确保供应，因而受中国政策的影响，可能会引起供应紧张。

开采稀土矿石时，大多同时产出铀和钍等放射性物质，这些有害废物处理成为难点。另外，在利用离子吸附矿等不含铀和钍的特殊矿物（图 1-80）时，大多会破坏自然环境。如表 1-7 所示，尤其从离子吸附矿提取镝时，矿石品位极低，一台汽车需要 1~4 t 的矿石。目前在中国仍继续极低成本开采，没有考虑到环境问题，从极贵重的矿体提取镝。对错的判断，需从经济原则以外的角度重新考虑一下。未来重要的技术课题之一是，开发不使用镝的高性能电动机，或开发高效回收利用技术。

表 1-8 为一台 HEV 和 EV 所需的锂和电子设备的原始使用单位[97]。HEV 的锂原始使用单位是 0.225 kg Li/台（1.2 kg Li_2CO_3/台），EV 的

第1章 汽车面临的各种形势

表1-7 一台电动车所需稀土矿石的原始使用单位（大致数）

稀土矿石中的含有量/质量百分数	矿石品位/(kg·台$^{-1}$)	EV使用的稀土类金属原单位/质量百分数	EV所需要的矿石原单位[①]/(kg·台$^{-1}$)
Nd	21	0.27	1[②]	31[②]
Dy	10	0.13	0.01~0.003[③]	1 000~4 000[③]

注：① 一台EV大致使用1.3 kg的稀土磁铁。
1.3 kg稀土合金磁铁中含21%~26%的Nd和5%~10%的Dy（质量百分数），其他是铁和硼。
有耐热要求的电动机中，需要使用更多的镝（Dy）。
② 氟碳铈矿。
③ 离子吸附矿。制造一台电动机，至少需要1 t以上的矿石。另外，开采过程中大多伴随环境破坏。

表1-8 典型锂电池产品的锂原始使用单位（大致数）

产品	锂原始使用单位/(kg·台$^{-1}$)	碳酸锂原始使用单位/(kg·台$^{-1}$)
HEV	0.225	1.2
EV	4.5	24
手机	0.000 75	0.004
电脑	0.013 5	0.070

锂原始使用单位是4.5 kg Li/台（24 kg Li$_2$CO$_3$/台）。

如上述计算，假设2020年的销售量中HEV为$2.73×10^6$台，EV为$3.82×10^5$台。那么2020年新车销售使用的锂量分别为HEV 614 t Li（3 276 t Li$_2$CO$_3$），EV 1 722 t Li（9 168 t Li$_2$CO$_3$），合计2 336 t Li（12 444 t Li$_2$CO$_3$）[97]。

锂元素并非稀缺资源，从上面的统计可以看出锂资源不成问题。然而，生产锂的过程中，利用冶炼成本很低的碱水（积存于地下深处的盐水）时，从开采碱水到生产碳酸锂需要花近1年时间。因而在锂需求短期激增时，可能会引起价格暴涨和供应紧张。

表1-9为汽车和手机中贵金属及铜原始使用单位。手机是集成度非常高的电子设备，贵金属的品位比汽车还要高。但一台汽车搭载的电路板数量较多，从而黄金和银的使用量也多。在高级车中，电子控制部分较多，搭载了很多的电子设备。而在HEV和EV中有更多的电子控制部分，一台车所使用的电路板数量会增加，贵金属使用量也会增加。

表1-9 汽车和手机中贵金属及铜的原始使用单位（大致数）

元素	汽车			手机	
	电路板的品位/ppm	普通车的电路板原始使用单位[①]/(g·台$^{-1}$)	高级车的电路板原始使用单位[①]/(g·台$^{-1}$)	电路板的原始使用单位[④](ppm)	原始使用单位/(g·台$^{-1}$)
金（Au）	120~150	0.22~0.27	0.36~0.45	340~1 400	0.027~0.112
银（Ag）	1 500	2.7	4.5	1 400~7 900	0.112~0.632
铜（Cu）	138 600	250 （汽油机车：20~30 kg Cu/台，HV：50 kg Cu/台，EV：60 kg Cu/台）[②]	420	170 000~380 000 100~860	13.6~30.4 0.008~0.068 8
钯（Pd）	95~105	0.17~0.19	0.29~0.32		
		(1.4~5.0 g Pd/台)[③]			
铂（Pt）		(0.5~2.4 g Pt/台)[③]		3~30	0.000 24~0.002 4
铑（Rh）		(0.2~0.6 g Rh/台)[③]			

注：① 汽车实际搭载的电路板的贵金属单位。普通车搭载1.8 kg、高级车搭载3.0 kg的电路板。
② 同时记载了汽油机、HEV及EV车的铜原始使用单位。在HEV和EV的电动机和动力电线中等使用大量的铜。
③ 同时记载了汽油机尾气净化催化剂的白金族金属原始使用单位。应排放法规的严格和白金族金属的行情，根据地区和年份发生变化。
④ 手机的产品寿命短，但开发速度很快。随着产品和制造年份的不同，电路板的贵金属品位将产生很大变化。

汽车大量搭载电子设备，不仅年年增加稀有金属的使用量，为了确保通电性，还增加使用了导体铜。现在一台汽车大概使用 20～30 kg 铜，而在 HEV 和 EV 中，除了电动机和动力电线等电子基础元件以外，还需大量的铜。一台 HEV 大概使用铜 50 kg，一台 EV 使用铜 60 kg。未来，EV 向大型化发展时，需使用更多的铜。从表 1-4（各元素的克拉克数）可知，基础金属铜和锂、钕一样资源稀少。因此，需考虑降低使用铜的方法，或力图实现稳定的铜资源供应，就显得极为重要。

1.6.8 稀有金属的回收利用

在生产稀有金属时耗费大量能源，由于采掘和冶炼，大多破坏了地球环境。为此，不应该只追求经济合理性、按需开发矿山和持续增产。从这个观点出发，有效利用稀有金属并回收利用的重要性就无须论证了。

以白金族金属为例，其矿石含金量低至数百万分之几，为了获得 1 g 铂，需要挖出其 100 万倍左右重量即约 1 t 的矿石和脉石。为获得白金族金属，需耗费大量的能源和时间，挖掘过程中往往伴随环境破坏，因此回收利用白金族金属就显得极其重要。另外，白金族金属需求的变化会引起较大的价格变动，由于产出国的政治动荡、劳动者的罢工和电力设备维修不合格等原因，引起供给紧张的风险极高。从资源安全角度出发，其回收利用也显得非常重要。

根据已公开的统计数据，2008 年的汽车排放净化催化剂的需求量分别是铂 118 t、钯 136 t、铑 17.3 t，具体见图 1-77[98]。今后，根据 BRICs 各国的经济发展情况，汽车需求将进一步扩大，环境法规进一步严格，汽车用白金族金属的需求会大幅增加。

实际上，白金族金属作为贵金属，交易价格昂贵。为此，早已建立了从废物中回收白金族金属的较完备的回收系统，树立了基于经济原理的商业楷模。尤其在汽车排放催化剂中的铂、钯和铑多半被回收，回收利用系统在发挥着作用。利用在石油提纯等过程中的白金族金属催化剂，已被厂家和回收企业定期回收，90% 以上被回收利用。

使用完的汽车排放净化催化单元大多被回收企业收集，流入到非金属冶炼企业。图 1-83[98] 表示在全世界范围内，从汽车排放催化剂中回收的白金族金属预估量的变迁。在美国自 1970 年开始执行排放法规后，很快就诞生了再回收商业，建立了物流网络。为此，美国占据全世界回收量的 60%。紧接着欧洲和日本也开始跟进。20 世纪 90 年代后期生产大部分催化剂都含有钯，今后大量使用钯的催化剂将报废以废料的形式流通，预计在 2010 年以后，钯的回收量将会大大增加。

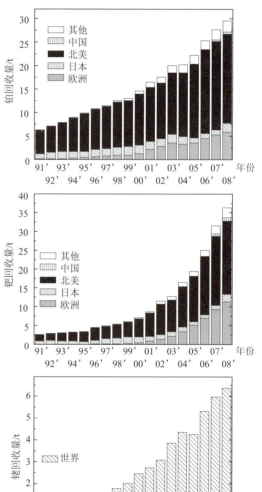

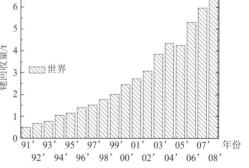

图 1-83 汽车排放净化催化剂中
白金族金属回收量的变迁[98]

白金族金属的回收利用方法大体分湿式法和干式法。湿式法利用王水等具有强酸性的溶液，将白金族金属溶入溶液后，分离提纯单体金属。在分离提纯时，根据溶液中所含的白金族金属浓度，采用各种各样的方法，如离子交换树脂、活性炭吸附、电解提取、渗碳、沉淀晶体解析法、溶剂提取法等。通过湿式法回收利用白金族金属时，产生大量的废水，增加后处理成本。对于石油提纯所使用的催化剂等金属含量较高的废料，在废水量可控制情况下，限定使用。

有关湿式法白金族金属的回收利用，有几个很好的解释，请参考文献［79］、［99］。

用于汽车排放净化的催化剂，多数以叫堇青石的镁铝系盐酸组成的陶瓷结晶为基体，铂、钯和铑作为催化剂。每一台汽车排放净化催化剂单元使用2~5 g的白金族金属。催化剂的大部分由陶瓷组成，相对焊枪电极材质和化工用催化剂，汽车排放净化催化剂废料的白金族金属的含量较低。湿式法产生大量的重金属废水（包括强酸剂在内），其后处理很难。因此，湿式回收利用的工艺流程是不切实际的。回收利用汽车排放净化催化剂中的白金族金属时，利用干式法，即主要采用高温的方法。一般通过引进干式非金属冶炼方法，提高白金族金属的含金量。之后，通过湿式工序，处理贵金属提纯。

日本利用各地普遍存在的铜和铅等非金属冶炼所，把电路板等贵金属废料和汽车排放净化催化剂一同混入到原料中，然后流入到冶炼工序中进行处理。另外，也可利用干式法进行回收利用，即把汽车排放净化催化剂进行特殊处理，缩短提纯时间，以追求经济性。举一个典型实例，图1-84表示美国Multimetco公司及日本PGM采用的白金族金属的回收利用流程[100-105]。Multimetco公司是在北美少数进行汽车排放净化催化剂回收利用的企业之一。通过干式冶炼法，把铁用作白金族金属的提取剂。先把排放净化催化剂废料进行粉碎，然后和提取剂铁及溶剂一同倒入等离子电弧炉内。为了溶化铁，电气炉的温度高达1 500 ℃~1 600 ℃。把得到的铁-白金族金属合金用酸进行溶解，通过贵金属提纯工序，来回收白金。即通过湿式，抽取溶剂等。

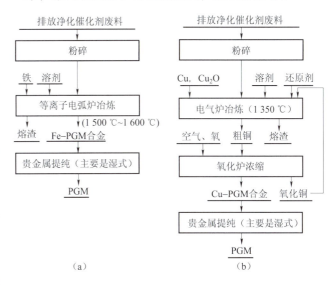

图1-84　汽车排放净化催化剂特殊处理的干式法回收利用工艺流程

（a）铁提取剂的工艺流程（Multimetco公司）；
（b）铜提取剂的工艺流程（日本PGM公司）

日本PGM运行的干式法工艺流程被称作ROSE流程，相比美国Multimetco公司所使用的铁提取剂，日本采用了铜提取剂。将粉碎的排放净化催化剂废料、铜、氧化铜、还原剂及溶剂一同倒入到电气炉中。使用氧化铜时，电气炉温度在1 350 ℃左右，相比用铁时稍低一些。将白金族金属吸收到铜中后，通过氧化炉，氧化成钢铁，白金族金属进而融入金属铜中。通过湿式处理工序，得到的白金族金属-铜合金被分离和提纯，作为单体白金及其化合物被回收。在整个流程中，对排放净化催化剂废料中的白金族金属回收进行特殊处理，与手机、电脑中较为典型的电气、电子机械废料不同，投入的废料成分和含金量纯度较高，因此可通过简单的工艺流程，把白金族金属作为主产物来回收，缩短工序时间，同时提高回收率。

同样在有关回收利用汽车排放净化催化剂的白金族金属方面，在公共设施完善的发达国家早已构筑并运用了符合经济合理性的回收系统。白金族金属作为贵金属其价格昂贵，1 g交易价格达数千日元。为此，虽然这些工序要投入一定成本，但从经济合理可行性的观点来看，与钕和镝等稀土类金属不同,可进行回收再利用。

以从液晶面板回收铟为例,现有回收技术大大偏离了经济合理性,还给环境带来负面影响[79-80]。谈及稀有金属,普遍都误认为数量稀少并且昂贵,希望能全部回收,但现实并非如此。

日本是稀有金属的生产大国,同时又是消费大国。如今,在日本国内以产品和废料等形式蓄积了庞大的稀有金属。从另一个角度来看,包括稀有金属在内的废物都是很贵重的资源[79-83]。有效地回收废物中的稀有金属技术,称为"现代化炼金术"。每当开发出高科技机械和新材质,稀有金属也会在其新的领域发挥全新的用途。同时,也需要开发新的流程和回收技术。

表1-9中表示了汽车和手机主板中所含的贵金属量。汽车和手机主板中所含贵金属的含金量远远超出矿石中的含量。另外,贵金属和其他稀有金属不同,其价格很贵,单位重量价格差异也非常大。因此,应注意到从手机等主板中回收贵金属的重要性,但事实却存在很多问题。

通常,天然矿石金属含量一定,杂质浓度变化不大。因此,可以低成本进行高效冶炼,提炼出所需要的金属。

另一方面,手机主板的贵金属浓度虽然比矿石高出10倍以上,但共存的杂质有很多种。同时,依据手机的制造年代和机型的不同,产品包含的金属浓度也有很大变化,并且很难长时间持续稳定地批量收集废料。手机及电脑等和以往电子机械不同,产品生命周期非常短,多半在5年之内即更新换代。按理说应从旧的手机和电脑中回收金和银等稀有金属,但事实上并不能从这些电子机械的废料中高效回收利用有价值的稀有金属。尤其,手机被淘汰不使用时,多半被个人私藏,而不进行报废处理。研发冶炼和回收利用技术固然很重要,但更重要的是构筑社会系统,以顺利推进稀有金属的回收利用。

以手机和电脑为首,一般电子机械中稀有金属的使用量,可从稀有金属产业发展史上考察。今后伴随汽车产业的成长,"行驶稀有金属"和"能源相关稀有金属"的需求将大幅增加,围绕

稀有金属的产业,可能面临前所未有的全新挑战。

尤其在未来,汽车将会承载着高度机械化和多样化的稀有金属而行驶。因此,更重要的是研发回收利用技术,从这些稀有金属中高效地回收利用金、铂和铑等贵金属及镝等稀少且高价的稀有金属。

笔者担心,如果未来的汽车都变成电动形式,接近地表可采掘的稀有金属矿山将会供不应求。我们必须努力接近以非物质化、节能为主体的高度循环型社会。

现代所有高科技技术都离不开稀有金属,日本就是利用稀有金属的高科技技术,向全世界提供了顶尖的工业产品。然而,日本国内稀有金属的矿物资源匮乏,大多重要稀有金属资源存在于中国等少数国家。对日本产业竞争力和安全保障来说,关键在于可持续获得稀有金属。为此,很重要的课题就是构筑高度循环型社会,通过物质和资源的循环,保护环境。同时,通过不依赖于海外资源的工业流程,带来产业结构的改革,力争成为循环资源独立王国。

日本在高科技产业必不可少的稀有金属方面,至今还是全世界首屈一指的生产大国和技术"超大国"。尽管有人工成本高、能源成本高和环境法规苛刻等几个不利因素,但依然在进口大量矿物资源,生产大量的稀有金属。尤其在冶炼困难、需高度制造技术领域,在高科技机械电子材料用的高纯度和高性能稀有金属及其化合物方面,日本的生产比例非常大,有着非一般的国际竞争力。在稀有金属生产方面,日本为了将来能够继续领先于全世界,并保护资源,也必须研发包括回收利用在内的全新工艺流程技术,以充分利用蓄积在日本国内的废料(都市矿山)。

1.6.9 降低稀有金属的使用量及替代技术的开发

根本摆脱稀有金属的资源性制约,关键在于开发回收利用的技术,同时开发降低稀有金属使用量的全新技术和替代材料。尤其在资源的绝对量较少的铂和镝等稀有金属方面,降低使用量及

替代技术的开发非常关键。

由于贵金属价格昂贵,所以在排放法规不断严格之初就开始进行了技术开发,以便降低汽车排放净化催化剂中的铂、钯、铑等白金族金属的使用量。汽车排放法规净化催化剂是对陶瓷和不锈钢蜂窝涂上氧化铝和铈,在其表面散布粒子直径 10 nm 左右的铂、钯和铑等白金族金属粒子。发动机减速时排放温度高达 1 000 ℃,在高温环境下白金族金属粒子随使用期限逐渐凝聚在一起,催化剂的反应表面积渐渐减小。白金族金属在环境变恶劣时,性能会降低,因此,在新催化产品中都搭载过量的白金族金属。

作为白金族金属的使用量的降低方法[106],以控制白金族金属粒子凝聚的技术为中心,各催化剂厂家和汽车厂家纷纷进行了研发。例如,通过纳米技术在底漆基材中导入起分割作用的陶瓷,通过物理手段大大降低了白金族金属粒子的凝聚[107]。另外,使用钙钛矿型氧化物通过化学方法使白金族金属达到稳定状态[108],这些新技术能够大幅度降低金属的使用量。

然而,上述仅限于降低白金族金属的使用量,材料开发水平还不能完全替代白金族金属特有的高催化性能。目前不用白金族金属的技术还没有新的进展,就白金族金属而言,必须彻底回收利用和降低使用量。

伴随中国限制出口稀土类金属的法规,日本便开始关注研发永久磁铁,以控制稀土类元素中资源量较少的镝的使用量,研发高性能磁铁,以不再使用镝。

众所周知,微分结晶粒子和磁铁粒子表面的界面控制[80]可有效降低镝的使用量。通过沿着结晶界面导入镝,只把粒子分界部分的钕置换成镝,可大幅降低镝的使用量。这已得到实际验证和实际应用[109-110]。另外,不使用镝而获得高矫顽力的新技术开发[111]正在兴起,但目前还很难应用在 HEV 等高性能稀土类磁铁中。今后还寄希望于技术革新上,以开发不使用稀缺资源的高性能磁铁和催化剂等。

1.6.10 小结

稀有金属的特点之一就是依据新发现、新发明和技术改革的新需求,20 年前几乎无需求的稀有金属及其化合物,其需求量会在短期内急剧增加,并形成庞大的需求市场。换一个角度,通过替代材料的研发,也许 20 年后多种材料逐渐被替代。另外,大量的"空中飞行稀有金属"和"行驶稀有金属",经过 10 年的时间,很可能重新作为废料回收利用。

迄今为止,日本以低成本制造高品质稀有金属的技术开发能力来引领着全世界。今后在这些尖端技术基础上,还需要研发环保技术,以便进一步降低采掘和冶炼带来的地球环境问题。同时,还需要研发降低使用量及替代材料的技术,实现全新的回收利用。

高效回收废料中有价值的稀有金属技术非常重要,但其用途和需求量会随时变化。因此,不存在根本意义上的解决方案。今后稀有金属回收利用技术,不仅要在环保方面,还要在资源保护方面,作为重要战略技术来开发。

日本资源匮乏,更需要充分利用高质量的"人力资源",提高稀有金属的工艺流程技术,制造财富,贡献于全世界。为此,重要的课题之一是培养这些产业的优秀人才。业内、行政、大学等需要联合起来培养优秀人才,持续进行稀有金属的回收利用为首的环境技术的开发。

日本几乎所有的稀有金属均依靠进口,并克服高昂的人工费、能源成本和苛刻的环保法规,大量生产昂贵的稀有金属,确保全球性市场份额,向全世界出口。今后也期待日本,持续夺魁全世界,作为稀有金属的生产大国、回收利用技术和环境技术的"超大国",驾驭全世界[112-113]。

相关外文缩略语一览表

ABS	Anti-lock Brake System		防抱死制动系统
AFV	Alternative Fuel Vehicle		代用燃料车辆
AR4	Fourth Assessment Report		第4次评价报告书
AT–PZEV	Advanced Technology Partial–Credit Zero Emission Vehicle		先进技术部分信度零排放车
BTL	Biomass to Liquids		生物制油
BRICs	Brazil, Russia, India, China		金砖四国（巴西、俄罗斯、印度、中国）
CARB	California Air Resource Board		美国加利福尼亚州空气资源委员会
CNG	Compressed Natural Gas		压缩天然气
CTL	Coal to Liquids		煤制油
DOE	Department of Energy		美国能源部
DSRC	Dedicated Short Range Communications		专用短程通信技术
ECU	Electronic Control Unit		电子控制单元
EEA	European Environmental Agency		欧洲环境局
EFI	Electronic Fuel Injection		电子燃油喷射装置
EHB	Electro Hydraulic Brake		电子液压制动
EHW	Electric Heated Windshield		电热玻璃
EPAct	Energy Policy Act		美国能源政策法
EPS	Electric Power Steering		电动助力转向
EV	Electric Vehicle		电动车
EVS	The International Electric Vehicle Symposium		国际电动车研讨会
FCCJ	Fuel Cell Commercialization Conference of Japan		燃料电池实用化推进协议会
FCEV	Fuel Cell Electric Vehicle		燃料电池电动车
FCHV	Fuel Cell Hybrid Vehicle		燃料电池混合动力车
GHG	Greenhouse Gas		温室气体
GHQ	General Headquarters		总司令部
GPS	Global Positioning System		全球定位系统
GTL	Gas to Liquids		气制油
HEV	Hybrid Electric Vehicle		混合动力车、混合动力电动车
HIMR	Hybrid Inverter Controlled Motor & Retarder System		混合变频器控制电动机和缓建器系统
IC	Integrated Circuit		集成电路
IEA	International Energy Agency		国际能源机构
IGBT	Insulated Gate Bipolar Transistor		绝缘栅双极晶体管
IMA	Integrated Motor Assist System		IMA系统
IMPACT	Internalizing Measures and Policies for All External Cost of Transport		所有运输外部成本的内化措施和政策
IPCC	Intergovernmental Panel on Climate Change		联合国政府间气候变化专门委员会
IPM	Interior Permanent Magnet		内部磁铁
IT	Information Technology		信息技术
ITS	Intelligent Transport Systems		智能交通系统
LUC	Land Use Change		土地利用变更
AMT	Motor Assist Turbo		电动机辅助涡轮

续表

MOA	Memorandum of Agreement	协议备忘录
NASA	National Aeronautics and Space Administration	美国国家航空航天局
PGMs	Platinum Group Metals	白金族金属
PHEV	Plug-in Hybrid Electric Vehicle	插电式混合动力车
PMM	Permanent Magnet Motor	永磁电动机
PNGV	Partnership far a New Generation of Vehicles	新一代汽车合作计划
PZEV	Partial-Credit Zero Emission Vehicle	部分信度零排放汽车
REE	Rare Earth Elements	稀土元素
REMs	Rare Earth Metals	稀土金属
SRM	Switched Reluctance Motor	开关磁阻电动机
TAR	Third Ascessmeut Report	第3次评价报告书
TRC	Traction Control System	牵引力控制系统
UG2	Upper Group 2	含有白金族金属的矿层
UNEP	United Nations Environment Programme	联合国环境规划署
VCM	Voice Coil Motor	音圈马达
VDIM	Vehicle Dynamics Integrated Management	车辆动态综合管理系统
VSC	Vehicle Stability Control	车辆稳定性控制系统
WBCSD	The World Business Council for Sustainable Development	世界可持续发展工商理事会
WMO	World Meteorological Organization	世界气象组织
WtW	Well to Wheel	一次能源开采到车辆
ZEV	Zero Emission Vehicle	零排放车

参 考 文 献

[1] 寺谷達夫：自動車を取り巻く環境変化と将来展望、平成19年度電気学会産業応用部門大会、Vol.2、No.S5-1、p.22-26（2007）.

[2] 電気学会自動車用次世代電源システム調査専門委員会：自動車用次世代電源システムのロードマップ、電気学会技術報告書、1049号、p.13（2006）.

[3] 電気学会42V電源化調査専門委員会：自動車電源の42V化技術、p.6、オーム社（2003）.

[4] 電気学会移動体エネルギーストレージ技術調査専門委員会：移動体用エネルギーストレージ技術の現状と展望、電気学会技術報告書、1161号、p.19-21（2009）.

[5] 寺谷遠夫：クルマの電動化とトータルエネルギーマネージメント、平成22年度電気学会全国大会、Vol.6、No.S24-4（2010）.

[6] 東京商工会議所：eco検定公式テキスト、日本能率協会マネジメントセンター（2006）.

[7] GISPRI：気候変動に関する国際連合枠組条約和訳、GISPRI、http://www.gispri.or.jp/kankyo/unfccc/ccintl.html.

[8] 江守：温暖化対策目標は「科学的に」決まるか?、日経エコロミー（2009）、http://eco.nikkei.co.jp/column/emori_seita/article.aspx?id=MMECza000016032009&page=l.

[9] 茅：低炭素エコノミー、日本経済新聞出版社、p.42（2008）出所：IPCC第3次評価報告書第2作業部会、p.5、Fig.SPM-2より 出所：IPCC第4次評価報告書第3作業部会、p.15、TableSPM.5より 出所：IPCC第4次評価報告書第3作業部会、p.16、Fig.SPM.7より.

[10] 日本自動車工業会：世界の道路交通セクターにおけるCO_2削減取り組みの提言、p.4（2008）出所：Feng Anほか「乗用車における温室効果ガス排出および燃費規制に関する各国概要」（2007）などに基づき作成.

[11] 井山：エコドライブの普及報告書、交通エコロジ

[12] 大野：燃費、2020年には3割強改善、日本経済研究センターセミナー講演録（2010）出所：日本自動車工業会.
[13] 伊東："数字"でみるエコドライブ、JAMAGAZINE（2006）、http：//www.jama.or.jp/lib/jamagazine/200608/01.html.
[14] EBS（UK）Limited：これだけは知っておきたいEU環境規制2009/10年版、NNA（2009）.
[15] WBCSD：Mobility2030：持続可能な社会を目指すモビリテイの挑戦、WBCSD（2004）.
[16] RITE：FutureGenプロジェクト—石炭から水素を製造、CO_2は地中貯留で、クリーンなゼロエミッション発電をめざす、RITE World. 1（2003）.
[17] NEDO：炭素隔離式の石炭火力プロジェクトFutureGenの最新状況、NEDO海外レポート、No. 1018（2008）.
[18] 日本原子力研究開発機構：大洗研究開発センターパンフレット（2007）.
[19] 村田：風のアルゼンチン・パタゴニア—風力エネルギー資源の現地調査を行なって—、季報エネルギー総合工学、Vol. 29、No. 2（2006）.
[20] 根本：道路政策の質の向上に資する技術研究開発成果報告レポート、No. 18 – 1（2008）.
[21] EEA：Climate for a transport change、EEA Report、No. 1（2008）.
[22] 2030年自動車はこうなる第1部有識者の意見に基づく「自動車産業技術戦略」（2007）.
[23] IEA：World Energy Outlook 2008（2008）.
[24] IEA：World Energy Outlook 2009（2009）.
[25] 小島紀徳：21世紀が危ない—環境問題とエネルギー、コロナ社（2001）.
[26] 環境省：気候変動に関する政府間パネル第4次評価報告書に対する第2作業部会の報告政府決定者向け要約環境省確定訳（2007）.
[27] IEA：CO_2 Emissions from Fuel Combustion 2009 HIGH – LIGHTS（2009）.
[28] 日本自動車工業会：環境レポート2009自動車の環境負荷低減に向けた取り組み（2009）出所：日本自動車工業会.
[29] 樋口世喜夫：自動車産業技術戦略と技術発展・燃料シナリオ2030年自動車はこうなる、（社）日本自動車部品工業会関西支部講演、自動車技術会.
[30] 田中伸男：世界エネルギー展望2009気候変動特集。lEA（2009）.
[31] US Energy Information Administration（2010）.
[32] TOYOTA Technical Review 2008，etc.
[33] Mizuho Intelligence General Research Report.
出所：Mizuho Intelligence General Research Report.
[34] BP Statistical review of World Energy2009.
出所：BP Statistical review of World Energy 2009、Uranium2005.
[35] EIA AEO 2005 – 2009.
出所：EIA AEO 2005 – 2009.
[36] APAC15 – 314：Perspective of Future Energy Mix in Transport Sector.
出所：APAC15 – 314：Perspective of Future Energy Mix in Transport Sector.
[37] 欧洲再生エネルギー指令、カリフォルニア州低炭素燃料規制より作成.
[38] JOGMEC調査レポート、http：//oilgas – jogmec.go.jp/report_ pdf.pl？pdf = 1002_ bO3_ ihara_ ShaleGas。pdfd&id = 3513.
出所：JOGMEC調査レポート.
[39] IEA情報をもとに作成、http：//www.OECD.org/.
[40] FCExpo2010専門技術セミナー講演.
[41] FCCJウェブサイト、産業競争力懇談会報告書.
[42] Daimlerウェブサイトほか.
[43] APAC15 – 314：Perspective of Future Energy Mix in Transport Sector.
出所：APAC15 – 314：Perspective of Future Energy.
出所：APAC15 – 314：Perspective of Future Energy Mix in Transport Sector.
[44] トヨタ博物館：自動車の誕生—パイオニアの時代—、p. 17.
[45] トヨタ博物館所蔵.
[46] 電池工業会：電池の知識—電池年表—.
[47] E. H. Wakefield：History of the Electric Automobile — Hybrid Electric Vehicles —. p. 6. 24（1998）.
[48] 財団法人日本自動車研究所電動車両普及センター、電気自動車について（2005.12）画像cBettman/CORBIS.
[49] 電力事業連合会：電気の歴史年表（明治時代）.
[50] トヨタ博物館：100年前の自動車、p. 21.
[51] 宮田慮義：我国の電気自動車とその将来性、自動

車技術会報、Vol. 2. No. 4、p. 44 – 45（1941）.
[52] 塚野裕通：ハイブリッドシステムについて、自動車技術、Vol. 26. No. 2、p. 140 – 145（1972）.
[53] CARB STAFF REPORT 2000 ZERO EMISSION VEHICLE PROGRAM BIENNIAL REVIEW. August 8. 2007.
[54] 日本自動車研究所：EV・pHVタウン構想の実施に向けた提言、経済産業省資料（2009）.
[55] 増永邦彦ほか：電気自動車普及の最近の動向、JSAEシンポジウムテキスト、JSAE20044178（2004）.
[56] 財団法人機械システム振興協会報告書：平成14年度電池着脱式電気自動車を用いたカーシェアリングシステムに関する調査研究.
[57] 真木伸：電気自動車について、自動車技術。Vol. 23、No. 1、p. 67 – 72（1969）.
[58] 由本一郎：第2回世界電気自動車シンポジウムより、自動車技術、Vol. 26、No. 4、p. 490 – 493（1972）.
[59] 佐藤晃：ガスタービンハイブリッド自動車、自動車技術、Vol. 31、No. 11、p. 1111 – 1116（1977）.
[60] トヨタ自動車株式会社：主査 中村健也（1999）.
[61] 鈴木孝幸ほか：HIMR採用ディーゼル—電気ハイブリッドエンジン搭載の大型路線バスについて、自動車技術、Vol. 44、No. 8（1990）.
[62] 阿部眞一ほか：乗用車用量産型ハイブリッドシステムの開発、自動車技術会学術講演会前刷集、No. 975（1997）.
[63] 三浦啓二ほか：モータアシスト式ハイブリッド車用リーンバーンエンジンの開発、自動車技術、Vol. 54、No. 9（2000）.
[64] N. Larry：GENERAL MOTORS'INNOVATIVE HY – BRID AND "TWO – MODE HYBRID" SYSTEMS. FISITA、F2006P396（2006）.
[65] E. M. Cohn：Fuel Cells – 1963、SAE Automotive Engineering Congress、SAE 640084（1964）.
[66] 日本機械学会：機械工学便覧 応用システム編4、内燃機関、第6章（2006）.
[67] 新世代自動車の基礎となる次世代電池技術に関する研究会：次世代自動車用電池の将来に向けた提言、経済産業省Web資料（2006）.
[68] 経済産業省製造産業局自動車課：今後のEV・PHVタウンの進め方について、経済産業省Web資料（2010）.
[69] 経済産業省：2008年度通商白書、第4章（2009）.
[70] 経済産業省：平成21年度経済産業省委託調査報告書、p. 187（2010）.
[71] 寺谷達夫：自動車における省エネ技術の最新動向、フロンティア21エレクトロニクスショー2008基調講演用資料、トヨタ自動車（2008）.
[72] 堀洋一ほか：自動車用モータ技術、p. 17 – 19. 日刊工業新聞（2003）.
[73] 電気学会42V電源化調査専門委員会：自動車電源の42V化技術、p. 5、オーム社（2003）.
[74] 電気学会自動車用次世代電源システム調査専門委員会：自動車用次世代電源システムのロードマップ、電気学会技術報告書、1049号（2006）.
[75] トヨタ自動車㈱プレス資料：「VDIM」（2004）.
[76] 堂山昌男監修：レアメタル辞典、フジ・テクノシステム/日本工業技術振興協会編集（1991）.
[77] レアメタルとは何か?、ニュートン、2008年3月号（第28巻3号）、p. 86 – 91（2008）.
[78] 足立吟也編著：希土類の科学、化学同人（1999）.
[79] 貴金属・レアメタルのリサイクル技術集成~材料別技術事例、安定供給に向けた取り組み、代替材料開発~、株式会社エヌ・ティー・エス（2007）.
[80] 原川幸明ほか監修：レアメタルの代替材料技術とリサイクル技術、シーエムシー出版（2008）.
[81] 資源・素材学会資源経済部門委員会、東京大学生産技術研究所共編：世界鉱物資源データブック第2版、オーム社（2007）.
[82] 岡部徹：白金族金属の現状とリサイクル技術、まてりあ（日本金属学会会報）。Vol. 46、No. 8、p. 522 – 529（2007）.
[83] C. A. Hampel著、小川芳樹監修：レアメタルハンドブック、㈱紀伊国屋書店、p. 389 – 408（1957）.
[84] M. Sagawa, et al. Permanent Magnet Materials based on the Rare Earth – Iron – Boron Tetragonal Compounds（Invited）、IEEE Transactions on Magnetics. Vol. MAG – 20. No. 5. p. 1584 – 1589（1984）.
[85] 佐川眞人ほか編：永久磁石—材料科学と応用、㈱アグネ技術センター（2007）.
[86] 磁石の小部屋、http：//homepage3. nifty. com/bs3/Magnet/index. html.

[87] S. Hirosawa, et al. Magnetization and Magnetic Anisotropy of R2Fe14B Measured on Single Crystals、J. Appl. Phys. Vol. 59. Issue3. p. 873 - 879（1986）.

[88] 日本化学学会編：化学便覧基礎編改訂 4 版、p. 51、丸善（2002）.

[89] 日本化学会編：化学便覧基礎編改訂 4 版、丸善㈱、p. 51（2002）.

[90] U. S. Geological Survey：Mineral Commodity Summaries. http://minerals. usgs. gov/minerals/pubs/commodity/rare_earths/.

[91] （独）産業技術総合研究所レアメタルタスクフォース編：レアメタル技術開発で供給不安に備える、㈱工業調査会、p. 65 - 88（2007）.

[92] 足立吟也監修：希土類の材料技術ハンドブック基礎技術・合成・デバイス製作・評価から資源まで、㈱エヌ・ティー・エス（2008）.

[93] （独）石油天然ガス・金属鉱物資源機構：レアメタルハンドブック2008、㈱金属時評、p. 236 - 243（2008）.

[94] 南博志：レアメタル2007（2）レアアース（希土類）の需要・供給・価格動向等、金属資源レポート、(ill 石油天然ガス・金属鉱物資源機構、Vol. 37、No. 2、p. 127 - 133（2007）.

[95] 財務省：貿易統計（2008）.

[96] 岡部徹ほか：レアメタルを巡る誤解を解く、OHM、Vol. 97. No. 9、p. 44 - 47（2010）.

[97] （財）クリーン・ジャパン・センター：循環型社会における3Rに関する研究調査（産業機械分野の3Rに係るレアメタル対策推進に関する調査）、平成 21 年度財団法人 JKA 補助事業、平成 22 年 3 月（2010）と独自調査に基づく.

[98] D. Jollie：Platinum2009、UK、Johnson Matthey Plc.（2009）.

[99] 芝田準次ほか：貴金属のリサイクル技術、資源と素材、118、p. 1 - 8（2002）.

[100] 日本メタル経済研究所、新日鉱テクノリサーチ、住鉱コンサルタント：燃料電池用白金族金属需給動向調査、平成 16 年度調査研究報告書（経済産業省・資源エネルギー庁、資源・燃料部、鉱物資源課、受託調査）（2005）.

[101] J. Saville：Process for the Extraction of Platinum Group Metals、U. S. Patent 4，685，963（1987）.

[102] Multimetco Inc. http：//www. multimeteo. com/.

[103] ㈱日本ピージーエム：廃触媒からの白金族金属の回収、資源と素材、ll3. p. 1196 - 1147（1997）.

[104] 鈴木茂樹ほか：㈱日本ピージーエムにおける白金族金属の回収、J. MMIJ、123、p. 734 - 736（2007）.

[105] 江澤信泰ほか：白金族金属回収方法、特開平4 - 317423（2002）.

[106] 羽田政明ほか：排ガス浄化触媒の白金族金属使用量低減及び代替技術、自動車技術、Vol. 63、No. 11、p. 42 - 47（2009）.

[107] 中村雅紀ほか：貴金属使用量低減を可能とする超微細貴金属触媒技術の開発、自動準技術、Vol. 63、No. 11. p. 48 - 53（2009）.

[108] Y. Nishihaha, et al. Self - regeneration of a Pd - perovskite catalyst for automotive emissions control、Nature、418、p. 164 - 167（2002）.

[109] K. Hirota, et al. Coercivity Enhancement by the Grain Boundary Diffurion Process to Nd - Fe - B Sintered Magnets、IEEE Transactions on Magnetics、Vol. 42、No. 10、p. 2909 - 2912（2006）.

[110] 光里真人：自動車モータ用磁石におけるレアアース低減、自動車技術、Vol. 63、No. 11、p. 67 - 73（2009）.

[111] （独）物質・材料研究機構ホームページ、http：//www. nims. go. jp/news/press/.

[112] 岡部徹：レアメタルの実情と日本の課題、工業材料、Vol. 55、No. 8、p. 18 - 25（2007）.

[113] 岡部徹：レアメタルにまつわる誤解、現代化学、No. 448（7月号）、p. 16 - 21（2008）.

第 2 章

电池和电容器

总　论

绪言

资源、能源问题及环境问题绝不是新诞生的问题，但是自产业革命以来，随着其规模及影响的日益扩大，需要地球上所有国家的共同配合，日本也为此做出了积极的应对[1-3]。

作为解决环境问题和能源问题的手段，下一代汽车，特别是混合动力汽车（HEV）、电动汽车（EV）[或称之为纯电动汽车（BEV）]和插电式混合动力汽车（PHEV）等电动汽车颇受关注，国家也以积极的姿态给予了援助[2-3]。

例如，日本在"创建低碳社会的行动计划"（2008 年）中提出了要在 2020 年之前实现每两台新车销售中就有一台是下一代汽车的宏伟目标。2010 年度提出的下一代汽车战略的要点包括以下 6 个方面：

① 整体战略。
② 电池战略。
③ 资源战略。
④ 基础设施发展战略。
⑤ 系统战略。
⑥ 国际标准化战略。

在上述战略中，电池和电容器等蓄电设备涉及所有战略领域。

因此，对于直接涉及汽车的性能、成本等主宰着普及能否取得成功的设备而言，电池、电容器等蓄电设备已作为能源储存的关键设备在国内外受到了广泛的关注。在此期间，政府机关与民间企业通过采取充分协作的方式进行了紧密的配合，迄今为止已根据各类电动汽车在系统方面的要求，对各种车型的能量贮存设备进行了开发与改进，至今仍在继续深化[4-8]。

本章节首先介绍了蓄电设备的历史性资料，在全面概览了蓄电设备后，从第 2 节开始将针对汽车用蓄电设备介绍已投入应用或者不久即将投入应用的蓄电设备以及下一代汽车用的蓄电设备。

与电动汽车相关的电池发明和开发年表如表 2-1 所述。回顾一下历史，我们便可知道 19 世纪初叶由伏特发明的电池促进了电磁学的发展，混合动力汽车、插电式混合动力汽车、纯电动汽车等当今电动汽车领域中的卓越技术就是以此作为契机应运而生并奠定基础的。今天，电动汽车促进电池发展的格局绝不是偶然的，它说明了两者之间的深刻关系。尽管迄今为止已生产出种类繁多的电池，但是在本章节中，我们将从实际应用的观点出发，重点从目前受到广泛关注的蓄电设备，即铅酸蓄电池、镍金属氢化物蓄电池（下文称之为镍氢电池）、锂离子电池、电容器和燃料电池着手，分别以它们各自的原理和基本特性为中心，详细地介绍蓄电设备在汽车上的应用实例及其应用技术等内容，同时还对期待引领该领域未来的下一代电池进行了描述。此外，在本章节的末尾列出了相关的技术标准及专业术语，以供参考。

表 2-1 电池的发明和开发年表

年份	内容
1800 年	Alessandro Volta 发明了伏特电池
1836 年	John Frederic Daniell 发明了丹尼尔电池（正极：铜（Cu）+ 硫酸铜（$CuSO_4$）；电解液：稀硫酸；负极：锌），同时对伏特电池的性能进行了改进
1839 年	Grobe 发明了燃料电池，完成了燃料电池的基本概念
1860 年	Plante 发明了铅酸蓄电池。至今，铅酸蓄电池仍是在全世界产量最多的二次电池
1868 年	George Leclanche 发明了干电池的元祖，即勒克朗谢电池
1888 年	Gassner 设计出了电解液无流动性，且与当今使用的干电池十分接近的电池
1901 年	Waldemar Jungner 发明了镍镉电池。这是当代与铅酸蓄电池齐驱并进的碱性电池中的典型代表。当前镍镉电池因涉及环境问题正在退出历史舞台，取而代之的是镍氢电池及锂离子电池
1940 年	H. G. Andre 发明了氧化银碱性蓄电池。这是一种性能优良的碱性二次电池，其能量密度较高，且具有寿命短、成本高的特点，适用于特殊用途
1951 年	Newman 发明了镍镉电池的密封技术。该项技术的开发使电池从此能被放置在设备中的任何位置，同时作为碱性二次电池的镍氢电池也易用于手机、个人电脑等便携式设备，它已成为电池市场发展的基础
20 世纪 60 年代	对锂电池和非水电池的研究从这时起正式启动
1965 年	燃料电池被用于 Gemini 5 号（注：指美利坚合众国 5 号载人宇宙飞船）的电源
1969 年	燃料电池（FC）被搭载在阿波罗宇宙飞船上
20 世纪 70 年代	对储氢合金材料是否适合于制造电池展开了研讨
20 世纪 70 年代后期	开发了阀控式（VRLA）密封铅酸蓄电池，使用方便且用途广泛。对双电层电容器进行了实际应用
1987 年	MOLi Energy 株式会社开始采用锂金属生产电池。该电池在当时用锂金属做负极，是一种能量密度很高的划时代电池，但是在安全性方面还有待进一步改进。同时再次对"安全性是锂电池有待解决的课题"达成了一致性认识
1990 年	镍氢电池开始投入量产。它以高能量密度的优势问世，其能量密度远远超过了当时具有卓越性能的碱性电池——镍镉电池的能量密度。在当时被便携式设备广泛采用
1991 年	索尼能源技术公司开始对 $LiCoO_2$/碳性电池进行量产。在被小型便携式设备采用的同时，它的问世首次向世界宣告锂离子二次电池已能正式量产。该电池的特点是能够从原理上抑制锂枝晶的生长
1997 年	丰田普锐斯混合动力车（HEV）以量产化规模问世
1998 年	美国加利福尼亚州正式公布 ZEV（Zero Emission Vehicle），即零排放车辆法规
2000 年	使用镍氢电池的混合动力汽车（HEV）正式进入普及时代，采用铅酸蓄电池的怠速停止车实现了量产
2009 年	富士重工和三菱汽车工业开始销售搭载锂电池的纯电动汽车（BEV）的量产车

电池的历史

据推测，或许在距今 2 000 多年以前就已经诞生了巴格达电池，但是按照正规的说法，则认为 1800 年由 Alessandro Volta 发明的伏特电池是电池的元祖。伏特电池是将一个用锡（Sn）或锌（Zn）制成的电极和另一个用银（Ag）、黄铜、铜（Cu）制成的电极放入添加了食盐水的碱的水溶液内形成的。当时已经知道存在着静电，但是这种静电不稳定，伏特电池的诞生使静电趋于稳定状态并对其加以利用。不难看出，电池的发明与当时的奥斯特电磁效应（1820年）、欧姆定律（1827年）、法拉第电磁感应定律（1831年）等19世纪一系列重要原理、法则的发现有着不可分割的关系。继该发明之后，电磁铁及电动机的发明也与其紧密相关，同时也为今天在汽车发展史上开创电气应用这项技术奠定了基础。

在之后的发展过程中，为了超越伏特电池，新型电池层出不穷。

对电池和电容器等蓄电设备的比较

我们把放电后不能再充电使其复原的电池称为一次电池，而把放电后可通过充电的方式使活性物质激活而继续使用的电池称为二次电池。与以狭义上的电化学反应（法拉第反应）为工作原理的化学电池（或单纯的电池）不同，电容器是通过对电化学界面进行电化学吸附等来进行工作的。然而两者也有相似之处，即电池和电容器中均具有电极，在其电极与电解液之间存在着电化学界面，通过使电解液中的离子在这些电化学界面上发生反应来完成充电和放电等过程。从燃料电池利用电化学反应产生电荷这一点可知，它也是电池的一种，且是一种不能充电只能放电的设备，就这一点而言，它与一次电池较为相似。不过，它可以从外部连续给电池供应燃料，只要燃料供应持续不断，从原理上说就能连续进行放电，即具有类似于某些类型发电机的功能，因此就这一点来看，它又与一次电池存在着差异。

为便于比较，以下就电池和电容器的特点予以说明。

首先是电池，所谓"电池"，顾名思义就是存储电荷的池子或者是盛装电荷的罐子之类的意思，如果再稍微说得具体些，则可以将它称为将电能转换成化学能，即使之产生电化学反应并将能量储存在其内部的装置。

我们把利用电力（电位和能量）使之发生化学反应，或者与其相反，使化学物质发生变化来产生电荷的反应称为电化学反应。所谓电化学，顾名思义，与一般的化学反应不同，是利用电荷进行化学反应或控制反应。对于电化学反应与化学反应的差异点，我们在此以氢气与氧气的反应为例予以说明。普通的化学反应放出的是热能。

从氢/氧系统来看，在氧气与氢气发生反应并产生燃烧的燃烧反应中，直接生成的不是电荷而仅仅是热能。为了获取电荷，则需要一定的程序，例如利用该热能使水蒸发产生蒸汽，再借助汽轮发电机来发电。我们知道在这种情况下，其能量状态已经发生了下述变化：

化学能→热能→机械能→电能

为了从化学能中获取电能，需要对能量进行许多次中间转换，受能效低下及辅助设备增加等因素的牵制，无疑会因能量密度的下降和成本上升等影响给我们带来困惑，因此化学能和电能直接进行转换是以电化学反应作为基本原理的电池及部分电容器等设备的特点。

在描述电化学反应之前，我们先对化学反应中的细节进行研究。上文中所提到的氢气与氧气发生反应生成水的示例如下：

（氢气与氧气的整体反应）

$$H_2 + \frac{1}{2}O_2 \longrightarrow H_2O$$

氢气的反应：氢气被氧气氧化而生成水，我们将其称为氧化反应（氢气的氧化反应）。

氧气的反应：氧气被氢气还原而生成水，我们将其称为还原反应（氧气的还原反应）。

例如，如果我们将气体状态的氢与氧装入一个容器内，在将其混合均匀后使之接近火源并产生反应时，会通过爆炸式反应直接生成水（水蒸气）。这是作为反应原料的氢气和氧气以整体气相状态均匀产生的反应（称为均匀反应），如果光是取出氧气或光是取出氢气，就会无法观察到该反应的进行。但是，如果按照各自的材料分类更详细地说，即从分子和原子的层面上看，在整体的燃烧反应中，发生的是一种氢气被氧化、氧气被还原的独立的、无法分割的氧化还原反应。

化学物种的氧化还原在反应进行过程中还伴随着电子的得失。本章节中，我们将上述反应称为狭义的电化学反应（法拉第反应）。

以下为酸类系统中的氧化还原反应示例。

（氢气）：$H_2 \longrightarrow 2H^+ + 2e^-$

氢气的电化学氧化反应

（氧气）：$\frac{1}{2}O_2 + 2H^+ + 2e^- \longrightarrow H_2O$

氧气的电化学还原反应

从上述反应中我们可以明白，如果能从该电化学反应中捕获到反应电子，便可以通过使化学物种发生改变的反应（化学反应）来直接获取电子。对于电池等蓄电设备而言，它把原来分开取出会非常困难的均匀化学反应分为氧化反应和还原反应后，再分别使其产生反应，从而可以从系统中取出或向系统附加电子（电荷）。进行该独立反应的场所正是电极，而同时使之发生氧化、还原的系统即是电池，分别利用正极、负极上的电力（电位和能量）进行化学反应（电化学反应）或对前述反应进行控制。因此对于电池而言，为了进行氧化还原反应，它将具有两个以上的电极，在电极表面上有一个由电解质（电解液）与电极材料（活性物质）形成的电化学界面，各个电极被分别装入一个容器（单体电池）内，在注满通用的电解质（电解液）后即形成了一个电化学系统（电池）。当两个以上的电极共享通用的电解液时，离子即会在正、负电极之间发生移动，从而成为具有离子电流的电池系统。在自然界的单一系统中，其氧化电位和还原电位之间存在着临界值，从物质学角度考虑，其最大量不过为 6 V 左右。如果将电池以串联方式连接，则可能会产生几百伏的高压。由于是将电解液注入箱子等容器内并使容器成为独立体（不要使与之相匹配的单体电池内的电解液互相产生离子传导），因此即使存在数量较多的电池和电极，也不会在系统之间发生相互干扰，在与外部端子连接后即能实现高电压。反之，如果电解液只是在一个容器箱（一个系统）内通用，那么无论注入再多的活性物质，电池的电动势也不会增加（尽管电池的容量会随着反应量的增加而增加）。对于密封系统来说，则与材料的数量无关，只要在电化学材料系统（指电池系统）中确定了正极、负极的材料，电压也必然会被确定。这时的电压被称为标准电动势，它将符合下列关系式：

$$nFE = -\Delta G \qquad (2-1)$$

式中，F 为法拉第常数（96 485 C·mol^{-1}）；n 为参与反应的电子数；ΔG 为吉布斯自由能的变化量。

该公式被称为能斯特方程，它表明了电池的电动势取决于电池系统的正极反应和负极反应中自由能的变化量。

下面对电容器予以说明。

电容器，准确地说应该是双电层电容器（也称之为电化学电容器），是一种将电荷储存在电极表面的双电层内的装置，它并不能实现向化学能的转换。从这一点来看，其工作原理和电池存在着区别。由于电荷集聚在电极表面且呈偏置状态分布，因此电极内部的电位形成了电化学性分布并将电能存储在双电层内。电容器和电池均拥有电极和电解液，并存在着电化学界面，这是它们的共同特点。所不同的只是电容器能借助外部的电能在内部进行任意方向的连续扫描，因此可以任意确定电极的电位；电容器的电压与材料之间不存在依赖关系，电容器中也不存在电池中所谓的理论电动势。

假设有一个在两块金属板（电极）之间插入了电介质且静电容量为 C 的电容器，当在该电极之间施加了电压 V 时，下列公式中的关系即会成立：

$$Q = CV \qquad (2-2)$$
$$C = (\varepsilon_\gamma \varepsilon_0 A)/(4\pi d)$$

式中，Q 为电容器内所能储存的电荷；C 为静电容量；V 为外加电压；ε_0 为真空中的介电常数；ε_γ 为相对介电常数；A 为电极面积；d 为电极间距离。

此外，电容器内所能储存的能量采用下列公式表示：

$$W = \frac{1}{2}CV^2 \qquad (2-3)$$

电池和电容器的基本结构与功能

本章节中所涉及的蓄电设备均属于电化学技术领域，图 2-1 为采用示意图进行表述的情况。

其共同之处为电池和电容器均拥有电极，且均能使能量以电流、电压等电荷（电流、电子）的形式从该外部端子处输入或输出（放电或充电）。外部端子有正极和负极，它们分别与蓄

第2章 电池和电容器

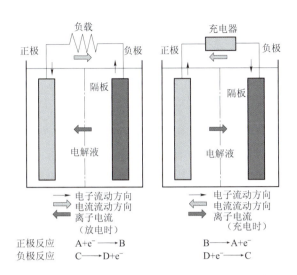

图2-1 电化学（电池、电容器）单体电池（单电池）

设备内部的正极和负极相通，为了防止在内部发生短路，还分别配置了隔板等部件，以便从结构上保证其电气上的绝缘性能。设备内部有电解质（多为液态，被称之为电解液），由于具备上文中所述的电气绝缘（隔板）结构，对由电子移动而产生的电流进行了抑制，取而代之的是通过电解液中的离子运动而形成离子电流。另外，与电解液相接触的电极表面存在着电化学界面，这将会对电极特性和电池特性带来极大的影响。

电压采用由正极和负极所形成的电极界面上的电化学电位差来表示。正极电位和负极电位是使该设备产生电动势的根源。详情可参阅下一章节以后的内容。粗略地说，关于电压，电池的电位取决于用来制作正极负极的、且能实现电化学反应的材料（称之为活性物质）系列，而电容器的电动势并不取决于材料，由于界面的状态及电位每时每刻都在随外部能量的供应情况而发生着变化，因此电压是任意可变的。

对于电池而言，可以取出的容量取决于电池内部所存在的活性物质的量和它的利用率；对于电容器而言，可以取出的容量则取决于电极表面已经带电的电荷量。

电池和电容器的电极界面的活性状态（指活性物质及电极材料的内在活性、表面积等形状因子）均会对输出特性产生重要的影响，但是当输出特性极好或处于低温环境等情况时，电解液中的离子移动速度也有可能成为要因。

化学电池与电容器的比较

包括燃料电池在内，铅酸蓄电池、镍氢电池、锂离子电池等化学电池均是在电极界面上，以外部电荷中的电子形式在化学材料（指电极活性物质）的电化学界面上失去和获取电子，从而产生化学反应（法拉第反应）。

另一方面，电容器，准确地说应该是双电层电容器（或者称之为电化学电容器），是这样一种机构，它在形成电极界面时，电解液中电解质或已被溶解的电解质盐通常会在电极界面上产生电化学吸附等情况，从而使电极界面发生变化，同时使其电位改变并将电荷存储在表面。因此，它不具有失去和获取电子（法拉第反应）的过程，如像碳和铂等电极材料本身并不会产生化学性变化。

快捷的反应速度及电极自身无化学变化使电容器具有使用寿命长久的特点，但是由于无法对非电极活性物质（化学材料）的表面，即结晶内部加以利用，因此也成为其可存储容量（电荷量）较少等先天性能欠缺的主要原因。

各类电容器

对电池和电容器难以理解的主要原因可能是因为在电容器中存在着假容量电容器和混合式电容器。以下，我们来与上文中所述的双电层电容器做个比较。

假双电层电容器

采用电化学假容量（氧化还原容量）的电容器被称为假双电层电容器，也称之为氧化还原容器或赝电容器。虽然它取的名字是电容器，但是它在充电和放电时所发生的电化学变化中也同样伴随着如上文中所述的电池的特点，即电子的失去和获取过程使活性物质产生变化（法拉第反应）。如果从反应的类别来看，它与电池中的反应相同。尽管如此，采用假容量的蓄电设备的反应速度非常迅速，设备特性中的重要特点即充电、放电的外形要比普通电池更接近于电容器。因为其输出特性及寿命特性均较为理想，故认为根据这些特性足以能显现出电容器的实用功能。我们把采用电化学假容量的蓄电设备称为"假容量电容器"，它是电容器众多类别中的一种。

混合式电容器

最近，有关混合式电容器的报道很多，有的蓄电设备是采用电容器所使用的电极（界面吸附反应）作为电极正极或负极中的任何一个极，而与之相匹配的另一个极则采用了电池的电极（电化学反应）。其实从较早以前就已经展开了对混合式电容器的研讨，近年来因电动汽车的需求，更是全力以赴地投入到研究与开发之中。

本章最后对电池的技术术语和标准予以了介绍，请您参阅文献［9－41］、［84］、［85］。

关于充电及放电等专业术语的定义在国际标准（IEC：International Electrotechnical Commission）和日本国内标准（JIS：Japanese Industrial Standard）中均有规定，请您参阅。

2.1 铅酸蓄电池（36 V、12 V）

2.1.1 汽车用铅酸蓄电池的概况

铅酸蓄电池是由普兰特于1859年发明的。由于其卓越的实用性，在150年后的今天仍保持着优势，汽车行业自不必说，在产业上也被广泛应用于紧急用电源、电动铲车等电动车辆领域，同时我们还有望将其用于太阳能发电等可再生能源微电网的负载均衡化和系统协作时的电能储备，以及为防止全球气候变暖所做的努力中。尤其是在汽车用电池中，它在发动机室内高温环境下的耐久性、低温启动性能以及低成本等优势使它始终立于不败之地。

对于采用内燃机作为发动机的汽车而言，开始使用铅酸蓄电池是在1920年左右，它比电动汽车的问世还要晚20年左右。由于当时汽车上的电气设备很少，电力负载大致只有启动装置（Starting System）、照明装置（Lighting System）和点火装置（Ignition System），因此电池电压仅为6 V，是现在的一半，并且汽车用铅酸蓄电池就是以上述负载名称的首位字母的组合来命名的，被称之为SLI电池。到20世纪50年代时，随着电力负荷的增大，电池的电压才升至目前的12 V[42]。其后，日本因受到1964年东京奥运会后电动化浪潮的冲击，汽车用铅酸蓄电池的生产量才开始迅速扩大。另一方面，随着对汽车的安全性、舒适性、便利性、经济性的追求，电气设备的数量以及由此产生的电力负荷迅猛增长，不但包括车窗的开启关闭、后视镜的调节、滑动车门的开启关闭等100多项各类电动机、视听设备、导航系统等车身系统的电气设备，而且还扩大到了电动助力转向系统、电子液压制动系统及怠速停止系统等底盘和动力总成装备。在电力负荷如此快速增加的潮流中，以欧洲豪华车为中心，电池电力供应不足日趋明显，将汽车电源增加至42 V①（电池电压为36 V②）的要求已越来越强烈。另外，1996年由美国麻省理工学院（MIT）主持的MIT财团正式展开了活动，在削减尺寸臃肿的线束重量的同时，开始竭尽全力向42 V的目标推进。2001年，丰田公司在世界市场上推出了首台42 V汽车，即丰田皇冠轻度混合动力车，在该汽车上采用了12 V和36 V的阀控式密封铅酸蓄电池。其中12 V的铅酸蓄电池被用于启动用电源，36 V的铅酸蓄电池则被用于汽车发电机的重新启动、制动能量再生以及怠速停止中的辅助电源[42]。然而，在这50年一次大变革的车辆电源42 V化的过程中却在确保零件、系统的可靠性以及成本方面出现了问题，加之交流发电机新技术的不断涌现使发电能力大幅度提高[43]，致使以电力供应不足为起因的42 V化的要求暂时被搁置。但是，利用原有14 V的DC－DC转换器进行部分增压却被标准型汽车的电动助力转向系统所采纳，因此在一部分汽车中，汽车电源已开始同时使用14 V和42 V两种规格。尽管汽车用铅酸蓄电池的规格仍以12 V为主，但是已经可以看出，12 V和36 V的双电源化或36 V单电源化时代迟早会来临[42]。

另一方面，虽然以低燃料消费率而颇受关注的丰田普锐斯和本田Insight等混合动力车，其高电压的主电源采用的是高性能镍氢电池，但是可以推测，在今后几年中即将会开始采用性能卓越

---

① 车辆电源电压。

② 电池开路电压。

且重量较轻的锂离子电池。然而，混合动力车的附件用电源必须采用12 V的铅酸蓄电池，而且该铅酸蓄电池除了为种类繁多的电子控制设备、导航系统、视听设备等车身系统中的电气设备供电以外，还需承担由暗电流产生的电力负荷。

对于传统车辆当然不言而喻，就连先进汽车的代表车辆混合动力汽车，被称为下一代汽车的插电式混合动力汽车和电动汽车，甚至燃料电池汽车也均在附件用电源中采用了铅酸蓄电池。到目前为止，尚未发现不搭载铅酸蓄电池的车辆。

2.1.2 铅酸蓄电池的原理

以下简明扼要地对铅酸蓄电池的原理予以说明，详细内容请您参阅参考文献［44］、［45］。

（一）铅酸蓄电池的放电反应

铅酸蓄电池的正极活性物质采用二氧化铅（PbO_2）、负极活性物质采用海绵状铅（Pb），电解液为稀硫酸（H_2SO_4）。铅酸蓄电池的放电反应如下所示：

$$PbO_2 + Pb + 2H_2SO_4 \longrightarrow 2PbSO_4 + 2H_2O$$

在放电反应过程中，正极上的二氧化铅将变成硫酸铅和水；负极上的铅将变成硫酸铅，并且活性物质在此反应中均与电解液即硫酸起反应生成硫酸铅。也就是说随着放电反应的进行，电解液中硫酸的浓度会逐渐减少。利用这一性质即可通过测定电解液相对密度来了解铅酸蓄电池的荷电状态（SOC）（图2-2）。

另一方面，因放电生成物硫酸铅几乎不具有导电性，因此在放电过程中正极和负极上生成的硫酸铅的结晶形态将对随后的充电反应和电池特性带来很大的影响。特别是铅酸蓄电池中的硫酸铅会以粗大的结晶蓄积在电极上而导致电极钝化，我们把这种使充电发生困难的状态称为硫酸盐化，这是铅酸蓄电池典型的劣化形式之一。

（二）铅酸蓄电池的充电反应

铅酸蓄电池的充电反应过程如下列化学方程式所示，放电产物硫酸铅在正极上被氧化成二氧化铅，在负极上则被还原成铅。

$$2PbSO_4 + 2H_2O \longrightarrow Pb + PbO_2 + 2H_2SO_4$$

电池在到达完全充电状态后，如果再继续进行充电将会导致电解液中的水发生电解，从而从正极上产生氧气，从负极上产生氢气。因此，处于过充电状态的电池严禁接近火源。

（三）铅酸蓄电池的电动势

铅酸蓄电池的电动势约为2 V，作为采用水溶液系统电解液的电池，具有很高的电动势值。这是由其性质所决定的，因为正极二氧化铅的氧过电位及负极铅的氢过电位都很大，因此与其他金属或化合物相比较，更难以使水发生电解反应。

铅酸蓄电池的电动势与硫酸电解液的相对密度具有良好的相关性。电解液相对密度与电动势的关系如图2-3所示。为了简单地求得电动势，只要把电解液相对密度加上0.84，就基本一致了。

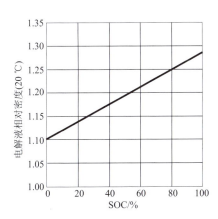

图2-2 SOC与电解液相对密度之间的关系

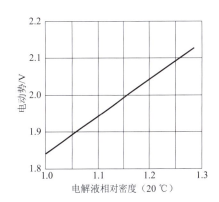

图2-3 电解液相对密度与电动势的关系

2.1.3 汽车用铅酸蓄电池的结构、制造方法及其类别

(一) 汽车用铅酸蓄电池的结构

搭载于汽车上的普通铅酸蓄电池的结构及部件构成情况如图 2-4 所示。

汽车用铅酸蓄电池的正极、负极是采用聚乙烯等合成树脂制成的隔板以层压方法加工而成的，正极、负极的集电体分别采用一种被称为同极连接片（Strap）的铅制品焊接而成。我们将这种焊接件称为极板群，组成铅酸蓄电池的最小单位为 2 V 的单体电池。将极板群插入到用注塑成型方法制成的且带有 6 个聚丙烯电解槽的单体电池内，单体电池彼此间的连接是通过电阻焊方式将同极连接片上所带的连接部件相互焊接成整体来实现的。另外，在注塑成型时埋入了铅合金端子部件的聚丙烯外盖，通过热焊方式与电解槽接合为整体。被设置在第一个单体电池和第 6 个单体电池的极板群上的正极和负极的极柱也是采用焊接方式与外盖上的端子部件相连接的。每个单体电池内注入的电解液是相对密度约为 1.28 的硫酸水溶液。

(二) 汽车用铅酸蓄电池的制造方法

以下将简要地叙述汽车用铅酸蓄电池的制造方法，详细内容请参阅相关的参考文献 [46]。

虽然汽车用铅酸蓄电池的正极和负极的添加剂种类及制造条件各不相同，但是大体上的制造步骤如下所述。首先利用球磨机法或巴顿法制作原料即氧化铅粉末，再在氧化铅的粉末中加入水、硫酸水溶液和添加剂，使之混合均匀并调配成膏状物，随后将膏状物填充到由添加了微量元素后的铅合金制成的、如日本式拉窗上的横木般形状的基板内，然后再使表面干燥。尽管添加在铅合金内的微量元素在正、负极中的添加量有所不同，但是主要使用的是钙（Ca）和锡（Sn）。此外，如果是被用于卡车、客车、出租车及工程车辆等要求结实耐用的场合，则一般来说，铅酸蓄电池的正极使用的是添加了锑（Sb）的铅合金，随后在被称之为"熟化"的高温高湿环境气氛下通过化学反应来提高活性物质的电化学反应性和机械强度，未化成（未充电）极板就这样制成了。

使用未化成极板进行的装配工序按如下顺序进行：

① 正极、负极板的层压。
② 同极连接片的焊接。
③ 插入至电解槽。
④ 单体电池间的焊接。
⑤ 外盖的熔化固定。
⑥ 端子焊接。

电池结构与组成部件

电池的主要组成部件如表 2-2 所示。

表 2-2 电池的主要组成部件

部件名称	主要材质
正极板	铅、铅合金（活性物质为二氧化铅）
负极板	铅、铅合金（活性物质为海绵状铅）
隔板	合成树脂
电解槽与外盖	聚丙烯
电解液	稀硫酸

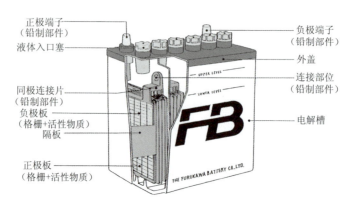

图 2-4 汽车用铅酸蓄电池的结构与组成部件

将电解液注入按上述方式装配而成的 12 V 未化成电池内，利用被称为化成的活化性工序进行反复充电和放电，在完成充电后，汽车用铅酸蓄电池的制作即告完成。

正如上文中所述，不仅铅酸蓄电池的正极活性物质由二氧化铅制成、负极由铅制成，而且正负极集电体、连接部件及被称为端子的金属导体部件也均采用铅合金制成，因此使再利用变得简单易行。此外，由于电解液硫酸、电解槽和外盖所采用的聚丙烯材料也能进行再利用，因此从重量比来看，在组成汽车用铅酸蓄电池的部件材料中，可再利用的材料达到 90% 以上，因此汽车用铅酸蓄电池可以说是一种环保产品。

（三）免维护电池（Maintenance Free Battery，MF Battery，无须补水电池）

铅酸蓄电池的基板合金采用的是机械强度良好的铅-锑合金。但是，因锑元素会显著降低铅的氢过电位，因此如果将它用来制作负极，充电时产生的氢气会使电解液量减少，需要频繁地进行补水，而且自放电量也很大。20 世纪 70 年代开发出了有效降低锑浓度的低锑合金，使电池的免维护化向前迈进了一大步。在此期间，具有较大氢过电位特性的铅-钙合金的开发更是促进了电池免维护化的飞速发展，达到当前的状态。免维护电池有两种类型：一种是正、负两极的基板均采用铅-钙合金制作的钙型电池；另一种是正极采用铅-低锑合金、负极采用铅-钙合金制作的混合型电池。混合型电池在使用过程中，其正极上的锑电荷将向负极端移动，导致产生的氢气量增加，因此它的免维护性能稍逊于钙型电池。然而，如果正极基板采用的是铅-锑合金，则锑元素将对正极活性物质发生作用，从而提高了正极对深度放电的耐久性并延长了其使用寿命，因此适合用于卡车、客车、出租车及工程车辆等需要反复进行深度放电和充电，即要求结实耐用的场合。另一方面，如果在这类用途下采用铅-钙合金基板制作正极则会缩短寿命，这种现象被称为无锑效应，当前正在采取各种手段力求改进。因此，钙型电池和混合型电池是按照用途来划分类别的。上述特点如表 2-3 所述。

表 2-3　与免维护电池的比较

项目	类型	混合型电池	钙型电池
基板合金	正极基板	铅-低锑	铅-钙
	负极基板	铅-钙	铅-钙
寿命性能	轻负载寿命	优	优
	重负载寿命	优	劣
免维护性	自放电性能	劣	优
	无补水性	劣	优
适用		商用车	私家车

（四）阀控式密封铅酸蓄电池（Valve Regulated Lead Acid Battery，VRLA Battery）

在上述（一）~（三）的内容中对具有充足电解液的液体式（开放型、通风型）铅酸蓄电池予以了详细说明。近年来，阀控式密封铅酸蓄电池被广泛地用于欧洲的豪华车市场。如果与小型的镍镉电池或镍氢电池等密封型电池比较，这里所说的阀控式密封铅酸蓄电池则是一种阀门开启压力相当低的电池，在充电过程中利用负极吸收反应消耗正极上所产生的氧气并使之处于密封状态，未能吸收完的剩余氧气将通过控制阀向外界排出。负极吸收反应是指充电过程中正极所产生的氧气与负极的铅发生反应生成氧化铅，氧化铅又与电解液中的硫酸起反应生成硫酸铅，硫酸铅通过再次充电又被还原为铅的一整套循环。由于在整个充电过程中将持续进行这样的循环，因此能始终保持密封的状态。但是，液体式铅酸蓄电池中充足的电解液会阻碍氧气的移动，因此在阀控式密封铅酸蓄电池中采用了一种被称为 AGM（Absorbed Glass Matt）隔板的超细玻璃纤维隔板，电解液将限制该隔板所能吸收的氧气量并使氧气平稳地向负极移动。另外，因电解液的量受到了限制，因此即使电池发生翻倒，电解液也不会泄漏；而且由于极板群是被栅网状的隔板牢固压紧的，因此它还具有因正极难以老化而延长寿命的特点。但是另一方面，因为电解液的量受到限制，它比相同尺寸下的液体式铅酸蓄电池的容量小、热容量小，所以电池温度容易上升。如果在高温下长时间使用，会因负极吸收反应引起热量散失，从而暴露出电池发热的弱点。因此，当在发动机室内搭载阀控式密封铅酸蓄电池时，有时需要采取将其放置在电池箱内等隔热措施。

2.1.4　汽车用铅酸蓄电池的基本特性

（一）充放电特性[44~46]

汽车用铅酸蓄电池的充放电曲线如图 2-5 所示。在该示例中，电流的放电和充电速率分别以 5 小时率和 10 小时率进行。

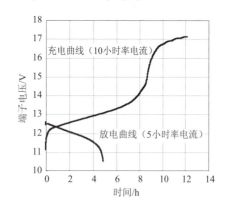

图 2-5　铅酸蓄电池的充放电曲线

放电开始之前的端子电压约为 12.8 V，但在放电开始的同时，因受到导体电阻的影响，电压将急剧下降，其后电压将缓慢下降，到放电后期时，由于反应物质枯竭等原因，电压将再次急剧下降。充电过程中，在充电刚开始的瞬间由于受到导体电阻和极化的影响，电压将急剧上升，随后上升的速度逐渐放慢，但是在充电即将完成的后期，电压又会急剧上升并进入产生氧气和氢气的过充电领域。

其次，图 2-6 表明了放电电流与放电持续时间的关系。从图中得知，在放电电流增加的同时，放电持续时间（容量）将随之减少。放电电流（或放电率）与放电持续时间的关系可以采用普克特（Peukert）方程来表示。

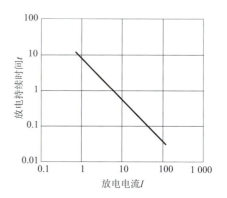

图 2-6　放电电流与放电持续时间的关系

$$t = C \times I^n \quad (2-4)$$

式中，I 为放电电流；t 为放电持续时间；C 和 n 为从图 2-6 曲线中求解 I 和 t 时的系数。

（二）汽车用铅酸蓄电池的规格[47-48]

在 JIS-D 5301 启动用铅酸蓄电池的标准中详细规定了汽车用铅酸蓄电池的类型、外形尺寸、性能和试验方法。在性能方面被规定的项目有容量（储备能力、5 小时率容量）、启动性能（冷启动电流、高倍率放电特性（-15 ℃））、寿命（轻负载、重负载）和充电恢复特性，等等。另外，由日本汽车工程师学会 42 V 分科会和电池工业协会共同承担怠速停止车用铅酸蓄电池标准化的推进工作，并于 2006 年颁布了 SBA（Standard of Battery Association）S 0101 标准，在该标准中对怠速停止寿命试验做出了规定，关于其性能项目和试验方法的概要如下所述。

1. 储备能力

指 25 ℃下完全充电的蓄电池以 25 A 电流进行放电，在终止电压到达 10.5 V 时能够连续放电的持续时间。

2. 5 小时率容量

指 25 ℃ 下完全充电的蓄电池以 5 小时率电流进行放电，在终止电压到达 10.5 V 时能够供应的电荷量。

3. 冷启动电流

这是用来衡量蓄电池的发动机启动性能高低的尺度。它表示在规定条件下，即在 -18 ℃ 开始放电，且在第 30 s 时电压要达到 7.2 V 以上时的放电电流。

4. 高倍率放电特性

指采用接近于启动电流值的电流进行放电时的特性。在 -15 ℃ 下采用由电池类型确定的电流（150 A、300 A 或 500 A）开始放电，直至终止电压到达 6 V 时结束，然后测量第 5 s、第 30 s 时的电压以及电压下降至 6 V 时的放电持续时间。

5. 轻负载寿命

适用于搭载在轿车等车辆上的蓄电池，在 41 ℃ 的水槽中每次以 5 小时率的放电容量在 10% 以下的轻负载区域内进行充放电循环，并测定其寿命。此外，有时也可假设是在发动机室内使用，从而采用 75 ℃ 的水槽进行试验。

6. 重负载寿命

适用于卡车、客车、出租车和工程车辆等使用。在 41 ℃ 的水槽内每次以 5 小时率的放电容量在 20% 以上的重负荷区域内进行充放电循环，并测定其寿命。

7. 充电恢复特性

表示经过放电的蓄电池在再次充电时的难易程度的特性。将放电量为 5 小时率的容量且放电到 50% 电量后的蓄电池、在 0 ℃ ±2 ℃ 下进行 14.4 V ±0.1 V 的恒压充电，并测第 10 s 时的电流。此外，最近还假设了被用于充电（发电）控制车辆及怠速停止车辆时的情况，即在蓄电池的放电量达到约 10% 的状态时测定其在从数秒到数十秒的短暂时间内所能接收的充电电荷量。

8. 怠速停止寿命

采用与发动机处于停止状态时的电力负荷相当的 45 A 电流持续放电 59 s、与重新启动相当的 300 A 电流放电 1 s 以及 14.0 V（极限电流 100 A）的电压进行恒压充电，即以上述 3 个阶段组合而成的周期进行反复循环，并测定其寿命。此外，试验是在环境温度为 25 ℃、电池附近的风速为 2.0 m/s 以下的气槽内进行。该试验的特点是充电电压由传统的 14.8 V 下降到了 14.0 V，充电恢复特性低劣的蓄电池由于充电不足而导致负极硫酸盐化，过早到达了寿命。

以上介绍了日本国内标准的概要，在参考文献中还列举了日本以外相关标准的部分内容，敬请参阅文献 [67]、[70]。

2.1.5 汽车用铅酸蓄电池的劣化形式及其抑制对策

蓄电池的劣化形式随使用条件的不同会出现种种变化，我们在此叙述的是汽车用铅酸蓄电池的代表性的劣化形式及其抑制对策。

（一）正极活性物质和基板界面的钝化（早期容量下降 - 1、PCL - 1：Premature Capacity Loss - 1）

自 20 世纪 70 年代，采用铅 - 钙基板代替铅 - 锑合金基板以后，在活性物质与基板界面之间的腐蚀层上就形成了导电性低劣的钝化层，致使容量低下的情况频发。但是，由于在铅 - 钙合金中添加了锡（Sn），使活性物质与基板的界面上形成了导电性能良好的二氧化锡（SnO_2）层，因此钝化现象得到了有效的改善。然而另一方面，下述观点也颇有说服力，即如果活性物质与基板的界面之间的附着性不充分，则电解质会乘虚而入，形成硫酸铅层而导致钝化或者使界面的腐蚀层发生破坏。因此，在提高基板合金的抗腐蚀能力及重新调整制造工序方面做出了改进。图 2-7 表明了采用传统合金和新型合金的正极在进行寿命试验后，对其活性物质与基板的界面进行 SEM（Scanning Electron Micro scope）观察后的结果[49-50]。在由新型合金制成的正极中，腐蚀层受到破坏的状况得到了抑制。

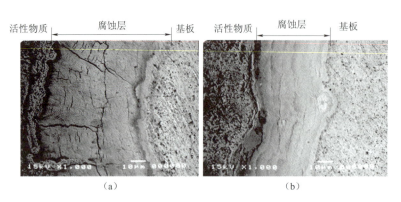

图 2-7 对寿命试验后正极活性物质与基板界面上 SEM 的观察结果[49-50]

(a) 传统合金；(b) 新型合金

（二）正极活性物质的软化与脱落（早期容量下降-2、PCL-2：Premature Capacity Loss-2）

在铅酸蓄电池的充放电反应中，正极和负极的活性物质即 Pb^{2+} 离子将发生溶解。由于它是以硫酸铅、铅或二氧化铅的形式析出，因此充放电的反复循环会对活性物质的形态变化产生直接的影响。正极活性物质的软化是指一种因上述溶解析出反应及固体物质的移动，致使初始状态下的二氧化铅由微细晶粒集合体逐渐向粗晶粒集合体转化、晶粒彼此间连接点减少且结合力下降的状态。当在正极材料中添加了某种金属离子后软化即可受到抑制。图 2-8 表明了采用扫描电子显微镜（SEM）对寿命试验前后二氧化铅晶粒尺寸的变化及添加剂效果的观察结果[51]。由此可以证实，添加剂抑制了晶粒的粗化。

此外下述观点也颇具说服力，即二氧化铅的晶体在初始状态下存在着许多由羟基和水等物质组成的凝胶区，它如同糨糊一样使彼此晶粒相互连接，但是由于这些凝胶区在反复进行充放电的过程中转变成了普通晶体，使其糨糊般的功能下降而出现软化。

图 2-8 寿命试验前后二氧化铅的晶粒尺寸[51]

(三) 新型的负极硫酸盐化 （早期容量下降 -3、PCL -3：Premature Capacity Loss -3）

现已获悉，如果将铅酸蓄电池在放电状态下长时间放置，则放电生成物即硫酸铅的晶粒将会发生粗化，从而引起硫酸盐化而造成充电困难。这是因为硫酸铅（尽管其数量甚微）溶入了电解液后，使原先能够进行充电的微细晶粒因受到奥斯特瓦尔德生长效应的影响而逐渐相互连接，最后转变为粗大晶粒而造成充电困难所致。另一方面，如果在一种被称为 HR - PSOC（High Rate-Partial State of Charge，意为高倍率部分充电状态）即半充电状态下反复进行快速充放电操作，那么负极在较短的时间内便会出现这种新型的负极硫酸盐化现象。HR - PSOC 是指混合动力车中蓄电池的充放电行为，从目前情况推测，作为怠速停止车的下一代车而颇受关注的且制动能量再生得到强化的微型混合动力车，以及在该微型混合动力车的基础上又增设了启动辅助功能的轻度混合动力车今后也会采用类似的使用条件，因此改进铅酸蓄电池的性能已成为当前亟待解决的问题。在这种硫酸盐化过程中，硫酸盐仅在负极表面层上以石壁状形态生长，并阻断电解液向负极内部移动，从而阻碍负极充放电反应的进行。在 HR - PSOC 寿命试验的中途和试验完毕后采用 EPMA（Electron Probe Micro Analyzer，意为电子探针显微分析仪）对负极断面进行观察的结果如图 2 -9 所示[52]。图片上见到的明亮部分是硫酸铅中硫元素（S）浓度较高的区域，它表明负极表面分布着高浓度的硫酸铅。

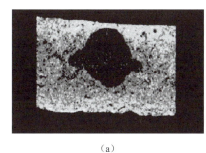 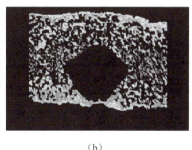

(a) (b)

图 2 - 9 借助电子探针显微分析（EPMA）对负极断面硫酸铅分布的测定状况[52]
(a) PSOC 循环途中；(b) PSOC 循环后

要想抑制这种硫酸盐化的发生，增加负极中导电碳的添加量和添加新型的碳素材料是行之有效的方法，目前正在进行颇受关注的碳素材料的开发。

(四) 正极基板的腐蚀与伸长（Growth）

正极基板的腐蚀与伸长是在发动机室内的高温环境下处于过充电状态的汽车用铅酸蓄电池中经常观察到的最为劣化的形式。为此，已经开发出了许多对其耐腐蚀性能和耐伸长性能做出了改进的铅 - 钙系合金。其中具有代表性的材料是在铅 - 钙 - 锡合金中添加了微量钡（Ba）元素的合金，它具有极为优良的耐腐蚀性能和耐伸长性能。此外，在铅 - 钙 - 锡合金中添加了微量银（Ag）的合金也在以美国为中心获得了广泛的应用。基板合金的腐蚀速率与伸长率的关系如图 2 -10 所示[49-50]。

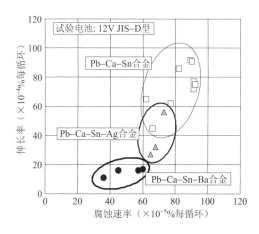

图 2 - 10 基板合金的腐蚀速率与伸长率的关系[49-50]

2.1.6 关于在汽车中的应用现状

(一) 电动汽车用铅酸蓄电池

日本关于电动汽车用铅酸蓄电池的正式开发始于 1971 年由通产省确立的大型项目，直到 2000 年，镍氢电池及锂离子电池的实用性获得广泛认知，铅酸蓄电池才以电动汽车用蓄电池的主角地位受到诸多关注。然而，如今它已将宝座让给了锂离子电池。不过，在新兴国家仍然毫不动摇地使用着廉价的铅酸蓄电池，特别是在中国，近几年来一种被叫作电动摩托车，即带电动机的自行车，其年产量爆发性地猛增到了 2 000 多万辆。电动摩托车上所采用的铅酸蓄电池是在因 UPS (Uninterruptible Power Supply，意为不间断电源)用途得到普及而被采用的 12 V – 20 Ah 等级的阀控式密封铅酸蓄电池的基础上对其充放电循环使用的功能进行了改进，它把 4 个这样的电池以串联方式连接，并在 48 V 的电压下进行使用。电动摩托车在东南亚和印度等地也已开始普及，被称为高端的电动小型摩托车的大型两轮电动汽车也已投放市场。

(二) 怠速停止车和微型混合动力车用铅酸蓄电池

我们把既具备怠速停止功能，又具备利用制动能量再生进行充电的这种功能的汽车称作微型混合动力车。怠速停止车和微型混合动力车这两者的汽车电源均为 14 V (电池为 12 V)。自 2007 年以后，这两类汽车在欧洲的生产量逐年扩大，在 2009 年欧洲 1 500 万台新车中的占有率已达到 20% 以上，有人预测到 2013 年时这一比率将会上升到 80% 以上[53]，预计其销售量在日本也会逐年扩大，但是在目前尚处于被限定的状态。

由于怠速停止期间的电力负荷是由电池提供，因此要求怠速停止车所使用的铅酸蓄电池具有深放电耐久性。另外，发动机在重新启动时需要采用大电流进行放电，为了确保发动机重新启动的可靠性，应该力求使内电阻维持在低而稳定的状态。此外，为了使已放出的电量迅速恢复，还将力求提高充电恢复特性。对于深放电和内电阻，已通过增加正极活性物质的密度，即利用 2.1.5 章节 (二) 项中所述的添加剂的效果来改善充放电循环的耐久性，并利用 CAE (计算机辅助工程设计) 技术使基板电位分布达到了最佳化状态。由于铅酸蓄电池的充电恢复特性会受到负极性能的牵制，因此如 2.1.5 章节的 (三) 项所述，还实施了诸如增加负极中导电碳素含量等改进方案。结果显示，怠速停止车所使用的铅酸蓄电池在怠速停止寿命试验中已达到了相当于试验目标值 3 万周次的两倍，即 6 万周次的循环次数[51,54,55]。

其次，微型混合动力车所使用的铅酸蓄电池为了有效地接受由制动能量再生系统进行的充电，将 SOC 降低到 80% 左右，即在 PSOC (部分充电状态) 下进行运行。为此，2.1.5 章节 (三) 项中所述的，对负极硫酸盐化采取的抑制对策至关重要。此外，有一种添加剂具有抑制负极硫酸铅生长的效果，目前正在推进其实用化的进程。图 2 – 11 是在观察了添加剂对硫酸盐结晶形态产生的影响后拍摄的 SEM 照片[51,55]。

 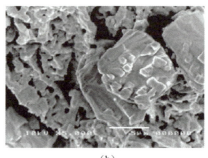

(a)　　　　　　　　　(b)

图 2 – 11　添加剂对硫酸盐结晶形态产生的影响[51,55]

(a) 无添加剂；(b) 有添加剂

由此得知,由于受到添加剂的作用,硫酸铅的晶体变得不规则化,而且可以维持易充电的状态。

另外,使用的铅酸蓄电池的类型根据汽车的种类而有所不同,小型汽车及普通汽车倾向于使用成本低廉的液体式铅酸蓄电池,而对于高端的豪华车而言,则倾向于使用成本昂贵、具有良好耐久性的阀控式密封铅酸蓄电池。此外,为了提高燃油利用率的改善效果,当需要对系统实施更为严格的控制时,也倾向于使用阀控式密封铅酸蓄电池。

(三) 轻度混合动力车用铅酸蓄电池

2001年,世界上首次销售的丰田皇冠轻度混合动力车不但具有怠速停止功能和利用制动能量再生系统进行充电的功能,而且还具有启动辅助功能。由于该汽车的驱动电动机的输出功率较大,为2～10 kW,因此采用的是36 V阀控式密封铅酸蓄电池。表2-4中列出了36 V阀控式密封铅酸蓄电池的各参数[42]。

该蓄电池的特点如下所示:

① 电池尺寸符合JIS标准的D26中的规定。

② 最大输出功率为350 W/kg(SOC 50%),比电动汽车用铅酸蓄电池还高。

表2-4 36 V阀控式密封铅酸蓄电池的性能要素[42]

类 型	阀控式密封铅酸蓄电池
容量	20 Ah
质量	27 kg
尺寸($L \times W \times H$)	173 mm × 260 mm × 200 mm
容积	9.2 L
发动机启动时的输出特性	6.1 kW × 1 s
辅机驱动时的输出功率	2.1 kW
再生时的恢复特性	3.5 kW × 5 s

③ 在PSOC状态下使用时的寿命性能也非常理想。

④ 由于安装了热敏电阻温度传感器,因此可以实施与电池温度相匹配的控制。

⑤ 通过采用双头螺栓型端子能防止在与汽车用12 V铅酸蓄电池接线时出错[42]。

36 V阀控式密封铅酸蓄电池的结构为:在D26规定的尺寸中装入了相当于3个12 V铅酸蓄电池的18个单体电池,这18个单体电池以9个单体电池×2列的方式排列。因此导致蓄电池内部的温度容易上升,从而成为其寿命缩短的原因。为此提出了通过安装散热装置来进行热管理的主张[56-57](图2-12)。

在配置了9个单体电池×2列的蓄电池的中心区域设置了自然对流风道,并在其相同位置上插入平板热管,同时在其外部安装了散热翅片。通过采用9个单体电池18 V这种二分割的排列方式,可降低蓄电池内部的温度,延长蓄电池的使用寿命。

(四) 混合电容器型铅酸蓄电池[58-66]

混合电容器型铅酸蓄电池中的"超薄电池"是一种按照极板等级将铅酸蓄电池与超级电容器混合搭配而成的电池。因此,期待它能适用于传统铅酸蓄电池难以胜任的,在怠速停止车、微型混合动力车及轻度混合动力车等车辆中由PSOC与大电流脉冲充放电相互叠加而形成的苛刻的使用条件。

超薄电池的结构如图2-13所示,超薄电池是将铅酸蓄电池和非对称电容器安装在同一个单体电池内而制成的。非对称电容器的正极材料与铅酸蓄电池的正极相同,即为二氧化铅,负极则采用了碳素电极。由于铅酸蓄电池的负极与碳素电极以并联方式连接,与正极一起被装入同一个单体电池内,因此碳素电极能够和铅酸蓄电池的负极共同承担负载。图2-14表示了阀控式超薄电池中适用于两轮汽车用蓄电池规格(5小时率容量8.5 Ah)的原型产品。

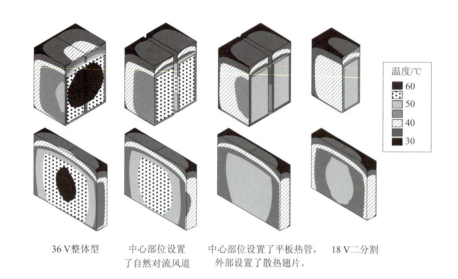

| 36 V整体型 | 中心部位设置了自然对流风道 | 中心部位设置了平板热管，外部设置了散热翅片。 | 18 V二分割 |

图 2-12　热量管理及温度分布[56-57]

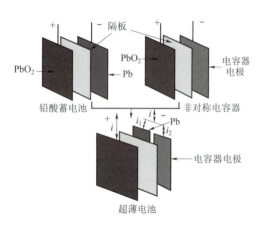

图 2-13　超薄电池的结构[64]

图 2-14　阀控式超薄电池的原型产品[65]

将由 12 个原型超薄电池串联而成的 144 V 模块搭载在高电压混合动力车即本田 Insight 上，以取代原有的镍氢电池模块，随后在英国 Millblock 的 GM 公司试验道路上进行了实车搭载试验，图 2-15 为实车行驶时的风貌。

在实车搭载试验中，搭载铅酸蓄电池来进行行驶试验在世界上可能尚属首例，它无须进行传统铅酸蓄电池所必需的恢复充电过程即可完成 10 万英里（16 万千米）的行驶，而且行驶感觉、燃油利用率、二氧化碳生成量均取得了与搭载镍氢电池模块相同的结果。如上文所述，超薄电池完全有希望适用于以往的铅酸蓄电池所难以适应的高电压混合动力车等下一代汽车并得到推广。

（五）铅酸蓄电池的状态检测

对于怠速停止车而言，从确保发动机在停止后能重新启动的观点出发，目前正在力求实施对铅酸蓄电池的充电状态和劣化状态的检测。另外，对再生制动所产生的能量进行回收，需要在充电效率与放电特性达到平衡状态时对蓄电池的 SOC（荷电状态）进行控制。因此，从新型汽车的用途考虑，对荷电状态和健康状态进行检测是必不可少的程序[43]。

关于在汽车系统方面应用的实例，在此列举丰田皇冠轻度混合动力车的示例。为了利用怠速停止功能和制动能量再生功能对该车辆进行充电，分别将OCV（开路电压）和内电阻的关系进行了图形化，然后对36 V阀控式密封铅酸蓄电池的SOC和SOH（健康状态）进行了推断。图2-16中表明了OCV、内电阻与SOH的关系[42]。

图2-15　本田Insight汽车在实车搭载试验中完成了10万英里（16万千米）行驶[66]

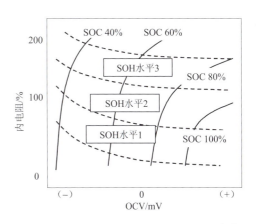

图2-16　OCV、内电阻与SOH的关系[42]

另外，最近还通过将启动前的OCV、发动机停止后的OCV、直流内阻或交流内阻、电流累计、数字式过滤器理论等技术参数相互组合后对SOC、SOH及SOF（功能性状态）做出了综合性的判断[43]。

2.1.7　关于汽车用铅酸蓄电池的安全性

如2.1.2章节（二）项的铅酸蓄电池的充电反应中所述，在充电后的瞬间，蓄电池的内部空间中尚滞留有氧气和氢气，因此一旦接近火源，蓄电池可能会因着火而引起破裂。在进行清扫等作业时，若采用干布擦拭蓄电池将会产生静电，同样也会因着火而发生破裂。另外，如果将液体式铅酸蓄电池卧倒放置，还会有硫酸水溶液即电解液向外泄漏的危险。只要对上述事项引起重视并谨慎操作，可以说铅酸蓄电池的使用是具有很高安全性的。

2.1.8　课题和今后的实施

随着汽车技术的进步，对汽车用蓄电池设备的要求日益提高，镍氢电池和锂离子电池正在受到密切的关注。此外，汽车市场正从发达国家向发展中国家转移，特别是在日本，国内汽车的生产台数一直呈现逐年递减的趋势。在这样的情况下，铅酸蓄电池必须要有效地利用其低成本、使用环境温度下性能的稳健性、易购买性及良好的可再利用性等诸多优势来摆脱被淘汰的厄运而继续生存下去。尤其是对于欧洲销量正在日益扩大的怠速停止车和紧随其后的微型混合动力车以及采用42 V电源的轻度混合动力车，根据它们对使用的蓄电池设备的性能和成本方面的需求情况来看，当前的工作重点仍是要在这类车辆的下一代汽车市场中继续广泛采用铅酸蓄电池。

2.2　镍氢蓄电池

镍氢蓄电池除了具有卓越的能量密度、输出功率特性、再生恢复特性、寿命等基本特性之外，还具有卓越的安全性能和回收性能，是功能均衡的电池系统，所以被用于电动汽车，特别是用于混合动力车驱动的动力、能量源，得以开发并普及。

2.2.1　镍氢蓄电池的概要

镍氢蓄电池是正极使用与镍镉蓄电池相同的镍的氧化物，负极使用可以进行电化学反应并能吸收、释放活性物质氢的贮氢合金，电解液使用高浓度的氢氧化钾水溶液的蓄电池。如以下公式所示，贮氢合金是通过热量、氢压、电位来吸收和释放氢的合金，因此被应用于以能量的贮藏和输送为主的种种研究中。

$$合金 + 氢 \xrightleftharpoons[\text{减压(放电)}]{\text{加压(充电)}} 金属氢化物 + (热量)$$

对贮氢合金电极的应用研究是从对 TiNi 合金电极的研究开始的，即始于开始关注贮氢合金的 1970 年。1984 年，由于使用将 $LaNi_5$ 合金多元素化的 $La_{0.8}Nd_{0.2}Ni_{2.5}Co_{2.4}Si_{0.1}$ 合金，使得充放电循环寿命得到显著提高，明确了实用的可能性。可是，这些合金在实际的密闭型蓄电池中寿命很短，所以在日本国内进行了种种改良。1986 年，由于使用将 $MmNi_5$ 合金（Mm：铈镧合金，稀土类元素的混合物）多元化的 $Mm(NiCoMnAl)_5$ 合金，密闭型蓄电池的循环寿命得到显著提高，从而预见了它的实用化。随后，充电特性及自放电特性等实际应用上的许多课题得到解决，1990 年后期才开始用于民生方面。之后，作为电动汽车和混合动力车用电池，其输出功率、再生恢复、寿命等基本特性和搭载多电池的技术开发得以推进，1998 年年末混合动力车用镍氢蓄电池开始投入应用。

2.2.2 镍氢蓄电池的原理

镍氢蓄电池的充放电反应一般如下式所示：

正极：$NiOOH + H_2O + e^- \xrightleftharpoons[\text{充电}]{\text{放电}} Ni(OH)_2 + OH^-$

$E_0 = +0.52 \text{ V}$

负极：$MH_{ab} + OH^- \xrightleftharpoons[\text{充电}]{\text{放电}} M + H_2O + e^-$

$E_0 = -0.82 \text{ V}$

电池：$NiOOH + MH_{ab} \xrightleftharpoons[\text{充电}]{\text{放电}} Ni(OH)_2 + M$

$E_0 = 1.34 \text{ V}$

在这里，M 表示贮氢合金，H_{ab} 表示合金中储藏的氢。

与镍镉蓄电池的电池反应不同，在镍氢蓄电池中，充电时氢从正极向负极移动，放电时向反方向移动，其间并不伴随着电解液总量和浓度的增减。电解液中的 OH^- 虽然参与正极和负极的反应，但在电池反应中 OH^- 并没有增减。

在实际电池中，正极和负极的反应生成物并不像上述反应式中那么简单，充电时，在正极氢氧化镍 $Ni(OH)_2$ 被氧化生成羟基氧化镍 NiOOH 和水。另一方面，水在负极被还原，在贮氢合金的表面生成氢原子，此氢原子被贮氢合金吸收发生反应，生成金属氢化物。放电反应则与之相反。

其次，介绍一下镍氢蓄电池的密闭化原理。正极和负极的容量平衡模式如图 2-17 所示。密闭化原理基本上与镍镉蓄电池相同。由于电极的构成为贮氢合金的负极容量比正极容量大很多（称负极的过剩容量为充电预留），过充电时正极所生成的氧气，根据以下的化学和电化学反应方程式，在贮氢合金负极被还原成水，保持一定的电池内部压力，从而可实现电池的密闭化。

$MH_x + O_2 \longrightarrow MH_{x-4} + 2H_2O$（化学反应）

$O_2 + 2H_2O + 4e^- \longrightarrow 4OH^-$（电化学反应）

化学反应和电化学反应发生的比率虽然没有被明确，但是它因负极的材料构成、结构、负极制法、电池设计等条件的不同而不同。

为了让负极迅速吸收在正极生成的氧气，与镍镉电池相同，需要使用气体穿透性优良的隔板。另外，为了让气体穿透性和负极表面的反应性能保持良好，有必要限制密闭电池内的电解液容量。

与镍镉蓄电池不同，在接近常温、常压时，由于贮氢合金负极的氢吸收电位接近氢生成电位，快速充电时即使设置了充电预留，在负极也会产生氢气。因此，正在设法对负极表面做各种处理，让负极直接吸收生成的氢。

另外，如图 2-17 所示，负极一般采用部分处于预先充电状态（称为放电预留）的电池构成法。设定放电预留，放电时可以限制正极容量，防止构成贮氢合金负极的元素析出和氧化。

图 2-17 镍氢蓄电池的正极及负极的容量平衡模式图

2.2.3 电动汽车用镍氢蓄电池

(一) 电动汽车用镍氢蓄电池的结构

电动汽车上所搭载的镍氢蓄电池，为了满足能量及输出特性等性能，需要将 100~300 个容量为 25~120 Ah 的单体电池串联使用。另外，还需要确保在广泛的环境下具有可靠性。因此，正在对单体电池（单电池）及模块（将多个电池串联连接形成的电池组）做各种不同的技术性研究。

图 2-18 所示为方形的密封型镍氢蓄电池的单体电池中的一例。该电池的结构为：分别将多个镍正极板和贮氢合金负极板通过隔板交叉重合形成电极群，插入树脂制成的电解槽内。由于正极需要较高的能量密度，因此采用容量密度高的泡沫金属式镍正极和糊状贮氢合金负极。封口的密封结构是将可复原的安全阀用树脂盖子上端和电解槽上端通过热熔接形成的。由于正负极端子和树脂盖通过 O 形圈密封，因此可以确保气密性。除树脂电解槽以外，也有使用金属电解槽的情况。

将 10 个如图 2-18 所示的单体电池串联连接即可形成模块（12 V 系统），如图 2-19 所示。该模块中，将在单体电池的电解槽表面设置的多根凸肋对齐并用端盖固定。由于方形电池与圆柱形电池不同，内压及电极膨胀的强度相对较低，所以正在悉心对电解槽和端盖的结构和材料做各种不同的技术性研究。对齐单体电池的凸肋时，会在单体电池间形成间隙。镍氢蓄电池因环境温度不同，电池性能也不同，尤其是在高温环境下，充电效率变化也非常大，因此在不同的电池温度下对多个电池进行充电时，每个单体电池的放电容量是各不相同的。为了防止这种容量的不平衡，在模块内采用了通过让风在单体电池间流动来使多个单体电池形成均衡温度的设计。另外，电池的冷却分为风冷和水冷等方式，在采用水冷系统的电动汽车中，正在开发可进行间接或直接水冷的模块。

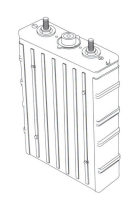

图 2-18 电动汽车用镍氢蓄电池的单体电池的概览图

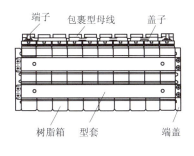
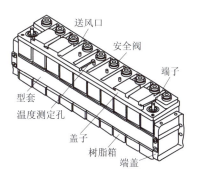

图 2-19 电动汽车用镍氢蓄电池模块的外观

在电动汽车上搭载多个模块时，由于受到车辆行驶时所进入水分，包括含有盐分及融雪剂等水分的影响，可能会导致正、负极端子及单体电池间通过串联方式连接的母线（端子间的连接板）发生腐蚀。因此，如图 2-19 所示，采用了端子部件和母线被包裹在一起的成型母线。该成型母线由母线和端子间的连接面使用残留的橡胶一体成型的部件和盖帽组成。将其与端子进行连接，将母线成型后的橡胶部件与各单体电池的树脂电解槽进行密封，可防止水滴等的侵入。另外，由于连接螺栓部分被盖帽包裹，可以将母线完全密封起来。

（二）电动汽车用镍氢蓄电池的特性

迄今为止市场上以该用途为目的开发出的电池的各项参数如表2-5所示。搭载在电动汽车上时，经常由24个表中所示的模块进行串联连接的电池组构成。

表2-5 电动汽车用镍氢蓄电池模块的各项参数

项　　目	EV-95	EV-28
尺寸（W×H×L）	116 mm×175 mm×388 mm	75mm×110 mm×388 mm
电压	12 V	12 V
容量	95 Ah	28 Ah
质量	18.7 kg	6.0 kg
能量密度	65 Wh/kg	58 Wh/kg
输出功率密度（DOD=80%）	200 W/kg	300 W/kg
自放电（45℃，1个月时间）	25%	25%
循环寿命（25℃，DOD=80%）	>1 000次循环	>1 000次循环

图2-20所示为使用EV-95模块的电池组中的一例。该电池组具备冷却风扇，可以均匀地在各电池模块的单体电池间吹出冷却风。另外，目前也开发出了可进行水冷的电池组。搭载24个EV-95模块时，模块质量为449 kg，总能量为28.5 kWh，输出功率为90 kW；搭载24个EV-28模块时，模块质量为144 kg，总能量为8.4 kWh，输出功率为43 kW。另外，具有1 000次以上的循环寿命性能。以下对电动汽车用电池组的基本性能予以描述。

图2-20 电动汽车用镍氢蓄电池的电池组

1. 充电特性

随着电池体积的增大，电池温度的上升比预计的更为显著。如果持续进行过充电，即使是0.1 C的电流值，在100 Ah的大型电池上也会造成20℃的温升。这是由单位容量的表面积和电阻抗的差异所产生的。因此，与以往便携式设备用的镍氢电池相比，大型电动汽车用的电池更要做出针对高温充电效率的对策，并设法进行以下各种技术性试验。

图2-21表示充电温度特性的实例。

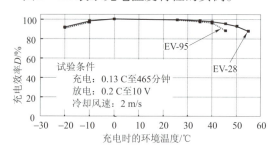

图2-21 电动汽车用镍氢蓄电池模块的充电温度特性

（1）正极高温充电效率的提高。大型电池，特别是在高温情况下，以往的正极材料的氧生成电位与原本的充电反应接近，在SOC值低的一方一边生成氧气一边充电。需要设法让正极的氧生成过电位升高，从而抑制在高温下SOC接近于100%时氧的生成。因此，正在探讨向正极活性物质$Ni(OH)_2$主体粉末中加入能提高氧生成过电位的各种添加剂的方案，并且为了改善高温环境下的充电效率，也在悉心研究电解液的组成。

（2）均匀冷却电池。如上所述，在充电过程中，设法向各单体电池间均匀吹冷却风，让电池内部产生的焦耳热和反应热扩散。

（3）检查充电状态，避免过充电。虽然进行了步骤（1）和（2）的改良，但一旦过充电，正极生成的氧气与负极生成的氢气在反应时放热，电池温度会迅速升高。过度的过充电不仅使电池温度上升，放电容量减少，也会引起寿命老化。因此，计算电池的温度和电压并检测SOC，采取措施尽可能避免进入过充电状态。

2. 放电特性

在实际行驶中，加速、减速和匀速行驶以及再生充电过程复杂交织着。图2-22表示在25 ℃下的输出功率密度和DOD（Depth of Discharge，放电深度）的关系。在DOD达到20%左右时，均为稳定的输出功率密度。

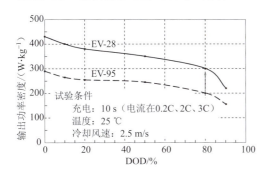

图2-22 电动汽车用镍氢蓄电池输出功率密度与放电深度的关系

3. 寿命特性

在考虑车辆的寿命时，当然希望所搭载的电池是免维护电池，另外还希望能实现电池的零更换。因此，如果假设一次充电后的行驶距离为实用区域的80%，即能行驶160 km，那么循环寿命将有望达到1 000次以上。

图2-23中表明了在25 ℃下完全充电后，对SOC到达20%之前进行反复放电循环的寿命试验的结果。从图中可以看出，随着充放电循环周次的增加，放电容量只是出现轻微的下降，虽然电池的内压有所升高，但是在充放电重复

次数达到1 000周次之后也不会在实际应用上出现问题。

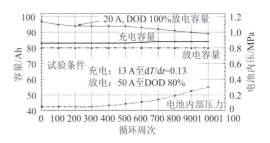

图2-23 电动汽车用镍氢电池的模块电池的寿命特性曲线

2.2.4 混合动力车用镍氢电池

（一）混合动力车用镍氢电池的结构

为了能满足输出功率特性和再生恢复特性等性能，搭载在混合动力车上的镍氢电池是将84～240个容量为6～6.5 Ah的单体电池以串联方式连接后使用的。迄今为止已开发出了圆柱形和方形的混合动力车用的镍氢电池，如图2-24所示，近年来其输出功率密度正在逐年上升。尽管混合动力车用镍氢电池的电能量（等于容量）还不到电动汽车用镍氢电池的1/10，但是要求其具有与电动汽车相同的输出功率和再生恢复性能。因此，正在通过多种技术领域致力于对单体电池或电池模块（由多个单体电池以串联方式连接而成的电池组）的研究开发工作。

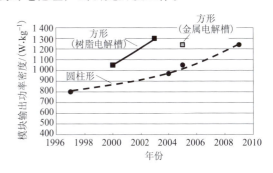

图2-24 迄今为止已开发的混合动力车用镍氢电池的输出功率密度的变化

图2-25表示的是圆柱形密封型镍氢电池的单体电池结构（单一规格）及模块结构的示例。这种电池的结构是将以隔板作为间隔层的镍正极

板和贮氢合金负极板卷成涡旋形后插入用金属制成的外壳内，正极和负极分别采用烧结式（或非烧结式）的镍正极和膏状的贮氢合金负极。封口的固定方法是把以绝缘垫圈作为间隔的且具有再恢复功能的安全阀的封口板预先固定在电解槽的外壳上。为了在即使有大电流流过的瞬间也能阻止电池电压的下降或发热，正极和负极的集电体采用了尽可能降低连接电阻值的设计方法。由于单体电池连接成的模块将搭载在车辆上，因此模块必须具有承受剧烈振动的能力，并且须以很低的连接电阻来承担单体电池之间的电气连接。另外，能牢固支承模块的结构体也很重要。

图 2-25 中的模块是采用碟形的连接环对单体电池之间进行电气连接，因为这种连接环能够以最短距离和最大宽度的方式来完成单体电池之间的电气连接，因此才使单体电池之间采用低电阻接线的设想成为可能。另外，经过精心研制，这种连接环不仅具有电气性连接的功能，而且其结构体以强度和柔软性兼备的特点发挥出了重要的支承作用。为了防止在单体电池之间发生短路，专门嵌入了用树脂制作的绝缘环，从而保证了模块强度的强化和安全性。位于模块的两端且能够采用螺钉被固定在模块之间的连接母线上的端子是通过焊接方式被固定的。

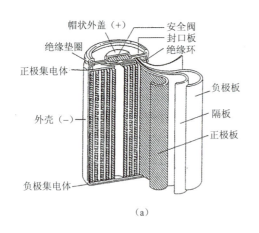
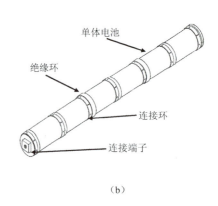

图 2-25　混合动力车用圆柱形镍氢电池的单体电池和模块的结构
(a) 单体电池；(b) 模块

图 2-26 是一种采用树脂电解槽的方形镍氢电池用的模块。该模块是一种具有 6 个电极群结构的电池，其电极群的结构是在由 6 个单体电池组成的整体式树脂型电解槽内，分别将多块镍正极板和贮氢合金负极板以隔板作为间隔层互相重叠而成，封口采用的是一种对配备了可再恢复安全阀的树脂型外盖下端部与电解槽的上端部之间采用热焊进行密封焊接的结构。通过将设置在模块的电解槽表面的凸筋相互对接，便能在模块之间形成间隙，这样就可以使冷却气流从该间隙中穿过，从而获得更为均匀的冷却效果。对于这种方形的电池模块，当以串联方式连接 20~40 个模块时，由于它比圆柱形模块更节省空间且减轻了重量，因此具有良好的搭载性。

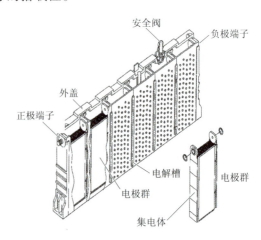

图 2-26　用于混合动力车的、采用由 6 个单体电池组成的整体式电解槽的方形镍氢电池模块的结构

图2-27为搭载了采用树脂型电解槽的方形镍氢电池模块的电池封装体系统的示例。随着各种车型的混合动力车投放市场,还开发出了如图2-28中所示的、采用体积更小且冷却性能更理想、搭载自由度更高的金属电解槽的方形镍氢电池。

图2-27 混合动力车用方形镍氢电池的封装体系统

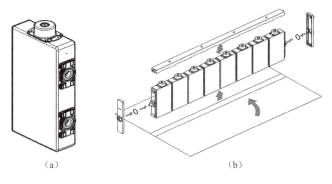

图2-28 用于混合动力车的、采用金属电解槽的方形镍氢电池的单体电池及其模块的结构
(a) 单体电池;(b) 模块结构

(二) 混合动力车用镍氢电池的特性

当搭载了28个目前已投入量产的混合动力车用的、采用由6个单体电池组成的整体式树脂型电解槽的镍氢电池模块而构成了如图2-27中所示的电池封装体时,输出功率约为21 kW,总能量为1.3 kWh。为了将这种电池封装体搭载在车辆上,不但要求它具有良好的耐振动性和耐冲击性,而且在结构上应保证能把因大电流充放电时产生的电池热量迅速发散而使其冷却。此外,因电池的特性随着温度不同会有较大的变化,因此最好能够尽量减小封装体内电池温度的分散度。为了满足使上述因素受到局限的空间因素的要求,我们曾对混合动力车所使用的电池封装体从各种技术性角度出发,在模块的保存方法、冷却气流的方向整流等方面进行了很多探索。下面对混合动力车用电池的基本性能予以说明。

1. *输出功率特性*

图2-29和图2-30表明了目前正在量产的方形电池模块的输出功率特性。当SOC到达60%左右时,其输出功率密度在10 s输出下具有优良的特性,即为1 300 W/kg,而且在宽阔的SOC区域内几乎能获得相同的输出功率。尽管低温侧的输出功率密度有所下降,但是在0 ℃时,其输出功率密度仍能大致维持在25 ℃时的数值的一半。

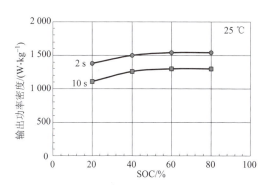

图2-29 用于混合动力车的方形镍氢电池的充电状态与模块输出功率密度之间的关系

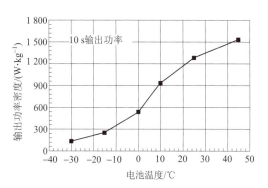

图2-30 用于混合动力车的方形镍氢电池模块的输出功率密度的温度特性曲线

2. *充电恢复特性*

混合动力车用电池的使用方法与民用电池、电动汽车用电池的使用方法存在着很大的差异,

即混合动力车用电池不进行完全充电和完全放电。车辆行驶时已被输出的电能始终以再生电能被回收,以形成电能在收支上的平衡。为此,对混合动力车用镍氢电池的充电恢复能力具有很高的期望值。从已投入量产的镍氢电池来看,如图2-31所示,再生恢复特性大致可以达到与输出功率密度相等的数值。此外,它在高温下的脉冲充电恢复能力也很高,能确保90%以上的效率(图2-32)。利用再生制动能够将车辆在减速时的能量进行高效回收。

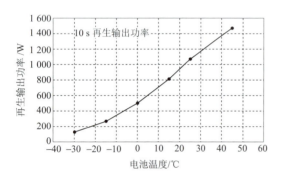

图2-31 用于混合动力车的方形镍氢电池模块的再生输出功率密度的温度特性曲线

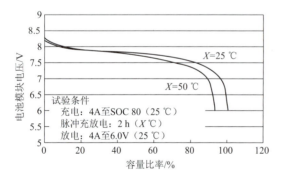

图2-32 用于混合动力车的方形镍氢电池的充放电效率曲线

3. 寿命特性

如上文中所述,对于用于混合动力车的电池需要采用控制方式使它不进行完全充电和完全放电,并维持在一个电能可以随时进出的状态。根据这样的使用方式在各种不同的条件下对电池的寿命特性进行了评价,其评价参数也同样表明完全能够使混合动力车用电池大致达到与车辆相同的寿命。图2-33表明了该结果中的一个示例。

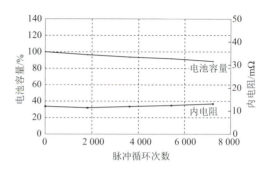

图2-33 用于混合动力车的方形镍氢电池的寿命特性曲线

在目前混合动力车已经从发展初期正式进入普及时期的过程中,对所搭载的镍氢电池的要求除了上文中所述的对能量密度、输出功率、再生恢复、寿命等特性的要求外,对降低成本的要求也变得越来越强烈,因此降低材料、部件成本及生产成本将是今后一段时间内的当务之急。

2.3 锂 电 池

2.3.1 锂电池的历史

锂离子二次电池(下文中称之为锂离子电池)在种类繁多的二次电池的广阔领域中具有最高的能量密度、较高的电池电压和良好的长期容量保持性等特点,应有效利用这一长处。另外,具有重量轻、容量高的特点的小型电源已经被用于民生用途而进入手机用电源和笔记本电脑用电源的市场。在向普遍存在的网络社会发展的同时在努力追求电子仪器的更高性能化、更多性能化的今天,能量密度超过镍氢电池等其他水溶液体系二次电池的电池也正在不断取得新的进展。

锂元素的标准电极电位(-3.040 V)其实是最低的,而且单位容量的重量也很轻(0.259 g/Ah)。利用这一特点,20世纪60年代时对采用有机电解液的高电压且体积小、重量轻的一次锂电池进行了广泛的研究开发,从此锂离子电池进入了商品化时代。

于是,从20世纪70年代中期开始,在继承一次锂电池特点的同时,从电能储备的观点出发,转入了将锂电池作为二次电池使用的新的研究开发里程。最初是以正极可以选用各种材料、而负极则是使用金属锂这样一种思维方式对实用化展开研讨的。然而，要想获得足够的循环寿命，金属锂的剩余量会比正极容量多出 3~5 倍，这样使不可逆的金属锂成为电池安全性的隐患，因此作为民生用途的锂电池未能继续拓宽市场。

但是，1979 年 J. B. Goodenough 及水岛公一等人发明了一种采用 4 V 级（对锂电位基准）过渡金属氧化物制作的正极材料，打开了锂电池开发的新局面。随后在 1980 年，Samar Basu 发表了石墨中存储着锂的学说，1981 年三洋电动机发表了能够将锂存储在负极内的锂离子电池的基本理论，从而将锂离子电池的开发研制推向了新的高潮。

就在同一时间即 1981 年，将导电性高分子材料——聚乙炔（2000 年时由获得诺贝尔化学奖的白川英树博士发现的一种能通电的塑料）作为负极，将含锂的层状结构的复合氧化物用作正极，将有机溶剂用作电解液的锂离子电池的基本概念由旭化成株式会社的吉野彰先生等人正式确立。

其后，又发现了采用石墨做负极、碳酸乙烯酯做电解质溶剂能获得安全性更高、电压更接近于金属锂电池的电池。这些材料的发现基本上已完整显露出如今锂离子电池的形态。1991 年时，索尼能源技术株式会社首次在世界上成功地实现了锂离子电池的量产化。

虽然该电池是一种具有约为 3.7 V 的高放电电压的锂电池体系的充电式电池，但是并不伴随锂的溶解和析出反应，而是由能够存储或放出锂离子的正极和负极组合而成，因此具有能承受 500 周次以上充放电的良好循环特性。在过去，锂离子电池的电极所采用的实际材料是：正极的活性物质为钴酸锂（$LiCoO_2$），负极的活性物质为石墨等碳素材料。但是，最近含镍、含锰的正极材料及含锡的负极材料等也开始被实际应用，并且还在继续发展。

为了适应移动设备在发展过程中对高性能、高功能化的需求，通过对电极的材料及其结构的改进，锂离子电池从投放市场后，十多年来其能量密度达到了原有数值的 2 倍以上，电池外壳材料由铁制外壳改进为铝制外壳，聚合物电池等层压技术的实际应用等各种技术革新更加速了电池轻量化和薄型化的进程。

最近在电动工具、电动辅助自行车等设备上的搭载，以及迄今为止镍镉电池、镍氢电池最擅长的，即在高输出型应用程序中的搭载也都在不断向前推进，因此对锂离子电池的需求正在进一步扩大。

2.3.2 基本工作原理与结构

锂离子电池是依靠锂离子在电极之间移动而产生电能的，这种电能的存储和放出是通过正极活性物质中放出的锂离子向负极活性物质中插入（Intercalation）及脱嵌（Deintercalation）来完成的，并不伴随化学反应，这是锂离子电池的最大特点。其电池反应的这种特点决定了它将比传统的二次电池具有更长的寿命。此外，电极材料种类较大的选择空间也是它的一大特点，再加上锂离子电池本身就具有小型化、轻量化和高电压化的特点，通过材料的选择和结构设计即能实现高输出功率和高容量，因此可以设计出与实际用途完全相符的结构及特性，这也是锂离子电池的优势之一。

锂离子电池的示意图如图 2-34 所示。它由作为氧化剂的正极活性物质、作为还原剂的负极活性物质、作为锂离子导电相的电解液以及防止两个电极产生短路的隔板组成，利用正极及负极之间锂离子的移动来进行充电和放电。一般的圆柱形锂离子电池的结构示意图如图 2-35 所示。正极和负极的活性物质是利用一种被称为 Binder 的树脂胶粘剂被固定在金属箔上，然后在其中间

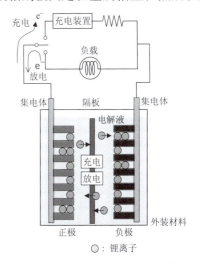

图 2-34 锂离子二次电池的示意图

夹入隔板后收卷而成。

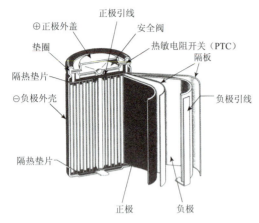

图 2-35 圆柱形锂离子二次电池的结构图[78]

由至少含有一种过渡金属 M 的含锂氧化物的正极活性物质及碳素体系负极活性物质组成的锂离子电池的化学反应式如下所示：

正极：$Li_{1-x}M_yO_z + xLi^+ + xe^- \Longleftrightarrow LiM_yO_z$

负极：$Li_x(C) \Longleftrightarrow C + xLi^+ + xe^-$

完全反应：$Li_{1-x}M_yO_z + Li_x(C) \Longleftrightarrow LiM_yO_z$

上述反应式中，向左的反应表示充电，向右的反应表示放电，$Li_x(C)$ 为被插入到碳素内的锂，它表示锂离子电池是通过使锂离子在正极和负极之间移动来完成放电和充电的。下文将对电池的组成材料予以说明。

2.3.3 锂离子电池的组成材料[71-72]

（一）正极活性物质

对于正极活性物质提出的功能要求是应具有恒定的锂含量，且不会使材料的基本结构发生变化，而且在电荷发生移动的同时将能可逆地放出和接收锂离子。这种能够稳定地进行放出和接收的锂含量相当于活性物质的容量，而放出和接收的电势则相当于电位。因为电池的能量密度是容量与平均电位的乘积，因此最好具有较高数值的容量和电位。通常情况下，作为能够满足上述要求的正极活性物质使用的是含锂的过渡金属氧化物。从当初开发锂离子电池时便开始使用层状岩盐型结构的钴酸锂（$LiCoO_2$），即使在今天，它也仍是便携式设备用电池的主流电极材料[73]。然而，由于钴的蕴藏量很少，因此面临着成本及供应方面的课题。近年来，具有同类结构的镍酸锂（$LiNiO_2$）及尖晶石结构的锰酸锂（$LiMn_2O_4$）已开发成功。$LiNiO_2$ 尚存在热稳定性的课题，$LiMn_2O_4$ 则存在耐久性的课题，需要通过固溶体化及金属置换等方式进行扎实的改进，目前正在部分民生领域内推进实用化[74-76]。另外，将具有优良耐久性和热稳定性的橄榄石型磷酸铁锂（$LiFePO_4$）用作正极的开发研制工作也正在向前推进，因其导电性较低，已确立了快速充放电等课题，正在通过微粉化及表面包覆等途径力求改进[71]。图 2-36 列出了正极活性物质的容量比较图表，从图中可以看出，无论是哪一种正极活性物质，其容量均比后述的负极材料的容量低，这又成为新的课题。因此，各种高容量正极材料的开发研制工作正在着手进行中[71,77]。

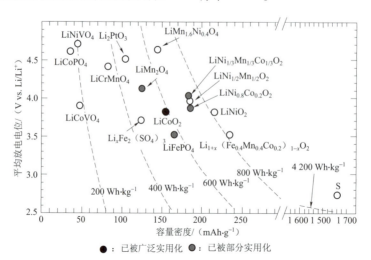

图 2-36 具有代表性的正极活性物质的容量与电位的关系[71]

（二）负极活性物质

负极活性物质通常采用石墨体系的碳素材料。这是因为它具有由六角网格状石墨片（碳素六角网）层压而成的结构，而且在其层压叠层之间插入锂离子后，会显现出高容量及高放电电位。负极用碳素材料根据其结晶性可分类为石墨（Graphite）、易石墨化碳素（软质碳素）和接近于非晶体的难石墨化碳素（硬质碳素）。它们的结构示意图如图2-37所示[78]。

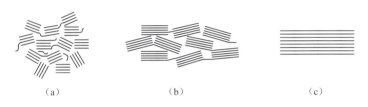

图2-37 负极用碳素材料的结构示意图
(a) 硬质碳素；(b) 软质碳素；(c) Graphite（石墨）

由于上述碳素材料的容量和电位特性随不同的先导物种和烧结温度会有所变化，因此需要根据用途来选择材料，然而对于民用的小型电池而言，使用最多的还是耐久性优良的石墨。上述这类碳素材料内被插入锂金属后，其反应是在很低的电位（$0.07 \sim 0.23$ V vs Li^+/Li）下进行的，因此电解液将发生还原分解反应[71]，然而碳素材料表面的锂离子具有导电性，且形成了带绝缘性的钝化膜（Solid-Electrolyte Interface，SEI），因此阻止了其发生分解。对于除了碳素材料外的其他负极材料，目前正在积极展开研制的有：通过与锂金属进行合金化而产生高容量的硅、锡以及具有尖晶石型结构且具有极高耐久性的锂钛复合氧化物（$Li_{4/3}Ti_{5/3}O_4$），等等。从课题内容来看，合金体系存在的问题是耐久性差，氧化物体系存在的问题是不能获得足够的容量[79]。为了有效利用其优势的一面，目前正在展开部分实际应用工作[79]。

（三）黏结剂

上文中所述的正负极活性物质为颗粒状，为了使这些颗粒彼此间互相结合且保持与之相适应的多孔性和导电通道，并被固定在集电箔上，一般是使用一种被称为Binder的黏结剂。该黏结剂的必备条件是需要具有电解液耐受性，已被使用的代表性黏结剂有以N-甲基-2-吡咯烷酮（NMP）作为溶剂的偏二氟乙烯（PVdF）和以水作为溶剂的丁基橡胶（SBR）。除此以外，液体硅橡胶（LSR）、聚酰亚胺（PI）、氟化橡胶、丙烯酸树脂等材料的适用性也正处于研讨之中。先将溶剂、活性物质与黏结剂相互混合后制成泥浆，然后将其涂布在集电箔上，电极便制成了。

（四）电解液

因为电子并不在正、负极之间发生移动，因此电解液担负的只是交换锂离子的功能。要求电解液具备的特性可列举为：应具有良好的离子导电性、较低的电子传导性、对氧化还原的耐受性（电位窗宽）、良好的热稳定性和化学稳定性，等等。通常情况下采用的是将支持电解质放入高介电常数溶剂内进行溶解后的电解液。由于高介电常数溶剂中锂离子的分离度及溶剂化力较大，因此能够使相同的离子处于稳定状态。对于高介电常数溶剂而言，一般采用的是碳酸乙烯酯（EC）、碳酸丙烯酯（PC）等环状碳酸酯，但是因为这些溶剂的黏度较高，导致离子的移动阻力增大，因此较多情况是将它们与低黏度溶剂，即碳酸二乙酯（DEC）、碳酸二甲酯（DMC）等链状碳酸盐混合后使用。支持电解质与上述溶剂混合后的溶液即可被作为电解液来使用，考虑到支持电解质的溶解度、氧化还原耐受性、热态稳定性及成本等因素，大多采用六氟磷酸锂（$LiPF_6$）。图2-38表明了混合比和支持电解质的浓度对混合溶剂体系电解液的离子电导率的依赖关系。电解液的电导率将随其成分不同而发生变化[80]。

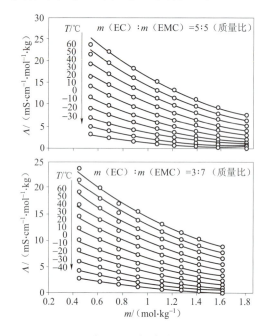

图2-38 混合比及六氟磷酸锂（$LiPF_6$）的质量摩尔浓度对碳酸乙烯酯（EC）与碳酸甲乙酯（EMC）的混合溶剂体系电解液离子电导率的依赖性[80]

上述电解液随电极活性物质电位的变化将会发生分解，视不同的场合，有时会在电池内产生二氧化碳或还原性的甲烷、乙烷等气体，这些气体将引起内电阻增加或使单体电池发生膨胀等情况，从而使电池性能下降。另外，当负极使用的是石墨体系的活性物质时，生成稳定的SEI膜也是电解液应该发挥的作用，为了能在少量的电荷下有效地生成钝化膜，有时需要在化学物质中掺入碳酸亚乙烯酯（VC）、氟碳酸盐（FEC）、环己苯（CHB）及硅氧烷等添加剂。

（五）隔板

隔板的基本功能是防止正负极之间发生短路以及能使锂离子穿过。对于小型民用电池而言，多数情况下采用聚烯烃树脂的双轴发生伸长后的微细多孔膜，为了使锂离子电池既具有上述基本功能，又能确保其安全性，市场中销售的锂离子电池均附带了关闭功能[81]。该功能的机理是在聚乙烯（PE）和聚丙烯（PP）之间形成层状结构，在电池温度上升时因PE层发生熔化而使锂离子的穿越路径被切断，从而断开了电极间的电流。

2.3.4 锂离子电池的基本特性

（一）电池的电能

电池所能输出的电能 E 等于从电池中所能取出的电量（电流×时间）Q 与电池电压 V 的乘积，即：

$$E[Wh] = Q[Ah] \times V[V]$$

在充电上限电压到放电下限电压的范围内所放出的电量即为电池的容量。尽管提高上限电压将增加电池的容量，但是随着活性物质和电解液氧化还原反应的进行，一般会出现耐久性下降的倾向。多数情况下电池电压是用平均电压值来代替的，平均电压（额定电压）的定义是达到总电能1/2放电量时的电压值。例如，额定电压为3.7 V、公称容量为2.4 Ah的18650规格（ϕ18.3 mm×65 mm）的锂离子电池的总能量为8.9 Wh，体积能量密度为520 Wh/L，质量为44 g时的质量能量密度为201 Wh/kg。

（二）剩余电量的估算

关于电池的充电状态，多数以SOC形式来表示。SOC采用剩余容量与设计容量的比率表示，充电时电量达到充满状态时即为SOC 100%。放电容量与设计容量的比率采用放电深度（DOD）表示，DOD和SOC的关系为：

$$DOD = 1 - SOC$$

对于一般电池的SOC和DOD，多根据电压值进行估算，但是对于锂离子电池而言，电压平坦区域的具体观察将视不同的电极材料而定，有时难以根据电压来估算SOC。当遇到这种情况时，可通过对等效电路的参数识别和状态变量的模拟对SOC进行推导[82]。

（三）小时率

一般情况下，充电时和放电时的电流值采用小时率（充/放电倍率）表示。假设某种电池在1 h内以标称容量进行充电或放电时的电流值为1 C，那么第10 h的电流值将为0.1 C。因此，电流值1 C将随电池容量的改变而发生变化，在表示电池的充放电性能时会被频繁地使用，而电池的标称容量并不包括内电阻所产生的影响，因此，采用以 0.1 C 以下的低倍率充电到上限电压并以同一倍率放电到终止电压时的容量表示。

（四）充放电性能

由于对锂离子电池进行过度充电和过度放电会对其安全性和循环寿命的保持带来不良的影响，因此附带了保护电路。当从 SOC 0% 起开始充电时，一般采用先按恒定电流模式充电到上限电压，其后再在该模式下边降低电流边充电来防止发生过度充电的情况。为了缩短在恒定电流模式下的充电时间，有的情况下可以允许恒定电压在瞬间状态超过上限电压，并采用以矩形电流模式流动的脉冲充电方式进行充电。另外，通常放电是以恒定电流模式进行至到达下限电压时为止。由于电池的内电阻会使电压以与电流成正比的速率下降，因此如图 2-39 所示，当采用较高的倍率进行放电时，电压和容量均会下降，而且电解液中离子的导电性在低温时会发生下降，以致引起内电阻增加，从而使电压和容量下降[73]，如图 2-40 所示。

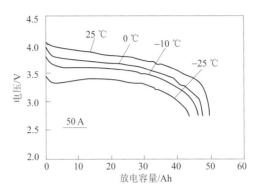

图 2-40　大型锂离子电池的放电容量与温度的依赖关系[73]

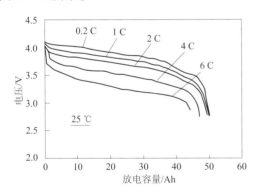

图 2-39　大型锂离子电池的放电容量与放电倍率的依赖关系[73]

（五）耐久性

通常情况下，锂离子电池的耐久性采用电池容量的保持率来表示，电池容量降低是由内电阻增加和库仑效率下降等原因所致。耐久性的评价方法主要采用充放电循环试验及保存试验两种。充放电循环试验是在恒定的条件下反复进行充放电循环，在绘制出电池容量与循环次数的关系曲线后进行评价；保存试验是在充电结束后，按规定的条件进行保存，并绘制出时间与容量（电压）的关系曲线后进行评价。上述特性将随温度、电压等因素不同而发生变化，而且实际的使用环境均是以充放电循环与保存相结合的情况占多数，因此最好先设置好与电池的使用环境和使用条件相吻合的模式或参数后再进行试验。

2.3.5　汽车用电池

这里，我们将从采用电池技术以来的历史、当前汽车用锂离子电池存在的课题以及将来的前景对汽车用电池予以说明。

（一）汽车用电池的历史

汽车用锂离子电池的历史如图 2-41 所示。

日本在对强化排气法规的应对过程中，曾有过两次掀起电动汽车开发热潮的时期：在 20 世纪 70 年代前半期，曾出现以应对所引进的美国清洁空气法案为契机的热潮，在那一段时间里，铅酸蓄电池和镍镉电池成为电池的主流；20 世纪 90 年代前半期，又出现了以应对所引进的美国加利福尼亚州零排放（Zero Emission Vehicle）法规为契机的热潮，在此期间，使用镍氢电池的电动汽车和混合动力汽车也开始投放市场。此外，也是在这同一时期，世界上率先搭载了锂离子电池的汽车问世了。在上述两个动向中，电动汽车和混合动力车作为提高排气性能的主要有效手段而成为被关注的焦点，从而使汽车用电池的开发取得了进展。

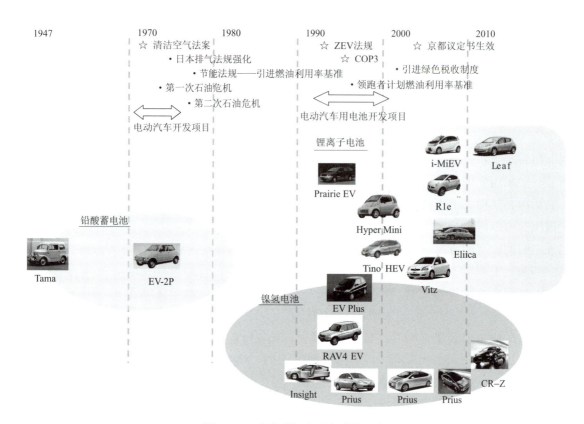

图 2-41　汽车用锂离子电池的历史

另外，近年来对全球变暖、原油价格快速增长等环境、能量问题所采取的制约措施及思想意识在不断发生巨大变革。在这样的背景下，掀起了电动汽车投产的第三次热潮，不断在技术上取得进展的锂离子电池成为被关注的焦点。现在，汽车用电池的主要开发目标已转向提高电池的电能特性方面，并不只局限于电动汽车（EV），还要对混合动力汽车（HEV）、插电式混合动力汽车（PHEV）和燃料电池电动汽车（FCEV）等基础技术进行开发，以便将之应用到更为广阔的领域中。

下面再详述一下电动汽车的三次开发热潮。在20世纪70年代前半期，因大气污染问题日趋严重而引进了气体排放法规，同时为了开发出完全无气体排放的清洁型轿车即电动汽车，在日本以国家为主体来实施了这一项目。该项目中使用铅酸蓄电池等零部件的电动汽车曾以当时的日本通产省等部门为中心进行了开发，例如开发出了小型轿车用的EV–2P等电池。然而，随着三元催化剂等的开发，汽车气体排放的清洁化程度提高了，所以在这一时期内，电动汽车并未得到大范围普及。在1990年以前，铅酸蓄电池和镍镉电池曾是二次电池中的典型代表。

进入20世纪90年代以后，为大气污染日趋严重化而烦恼的加利福尼亚州明确表示一定要引进零排放（ZEV）法规，即要求每个汽车制造商均须履行义务，使电动汽车的销售达到规定的台数。为此，各家汽车制造商同时开始了电动汽车的研发工作，日本的汽车制造商也采取了同样的行动，当时主流的电池是镍氢电池。1995年，使用镍氢电池的电动汽车丰田汽车公司的RAV4 EV及本田技研工业公司的EV Plus等上市进行销售。从1992年起，日本再次掀起了锂电池的电能存储技术研发（LiBES）的热潮，开始对锂离子电池进行开发，以此作为取代镍氢电池的下一代电池。日产汽车公司开发了大型电动汽车用的圆柱形锂离子电池，在20世纪90年代后半期，搭载这种电池的Prairie EV在日本国内投产；搭载这种电池的 Altra EV 在美国投产。此外，从 2000 年起，斜背式双人乘坐的轻型汽车规格的超级迷你车开始销售。然而，虽然搭载大型锂离子电池的电动汽车与使用传统铅酸蓄电池的电动汽车相比较，在性能提高方面取得了压倒性的优势，但是如果和汽油汽车相比较，则存在着价格大幅度上升以及续驶里程、最高速度和电池寿命等性能方面的劣势，因此普及未能获得太大的进展；而搭载镍氢电池的混合动力车却因为有一大批具有较高环境意识的消费者的捧场而在全世界得到了迅速普及。

近年来，随着在民生用途中占有主流地位的锂离子电池的不断升级及性能的不断提高，其发展趋势颇受关注，从而再次掀起了将电动汽车投放市场的热潮。在搭载电池的汽车中，除了电动汽车外，电池的应用还逐渐扩大到了混合动力车（HEV）和插电式混合动力汽车（PHEV）领域，出现了迄今为止从未有过的空前状况。三菱汽车、富士重工已于 2009 年将轻型汽车车型中的电动汽车投放到市场，东京电力也计划在从 2007 年起的 6 年时间内引进公务用电动汽车 3 000 辆。不但汽车生产商采取了行动，而且庆应义塾大学也正在开发名为埃里卡的电动汽车，该车拥有 8 个安装轮毂电动机的轮胎，记录下了时速达 370 km 的好成绩，在很大程度上改变了公众对电动汽车速度性能低劣的印象。此外，美国特斯拉汽车公司已将豪华型高性能电动汽车推向了市场，因此普及电动汽车的势头正在日益高涨。日产汽车公司还发布决定，要在 2010 年向全球销售普及型轿车规格的电动汽车 Leaf。

因此，从 2010 年开始，电动汽车和混合动力车已正式采用锂离子电池，预计今后锂离子电池的市场还将不断扩大。

（二）汽车用电池的特性

一般情况下，电池的性能是采用平均的质量能量密度（影响行驶距离的性能指标）和输出功率密度（影响混合动力车充放电难易程度的性能指标）来表示的（图 2 - 42），以质量能量密度作为横坐标，以输出功率密度作为纵坐标，并把对电动汽车、混合动力车和插电式混合动力车所要求的特性绘制成曲线进行表示。

图 2 - 42 锂离子电池的特性分类

由于电动汽车的行驶距离取决于电池中所能储备的电能，因此对电动汽车用电池来说，最受关注的问题是能量密度。为了使汽车能在很宽的温度区间内使用，能够保证在全部温度区间内，包括低温输出功率特性在内保持均衡的性能设计就变得至关重要。混合动力车用的电池输出功率密度高，属于动力型电池。助力加速及再生电能的恢复特性均要求具备在瞬间能通过大电流的特性，因此它与电动汽车用电池相同，重要的是可以在性能设计上取得在整个温度区间内性能保持均衡的效果。插电式混合动力车所搭载的电池数量多于电动汽车，从而使其所能行驶的距离比电动汽车长，因此要求插电式混合动力车用电池的特性位于混合动力车用电池与电动汽车用电池之间。汽车用电池的质量能量密度的发展历史如图 2 - 43 所示。

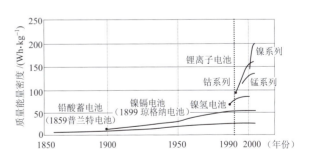

图 2 - 43 电池质量能量密度提高的历史

铅酸蓄电池和镍镉电池的质量能量密度一直长期停滞在约 50 Wh/kg 的程度，1990 年后因镍氢电池和锂离子电池的问世，电池的质量能量密度才取得了飞速发展。与镍氢电池相比，锂离子电池的质量能量密度又在其基础上成倍增长，将它搭载在汽车上时，要想获得相同的电能大约只需要一半的重量。

（三）汽车用电池的形状

对搭载在汽车上的锂离子电池的形状问题，各种形式的探讨正在开展。其中，将多个在民生设备用途中取得实际业绩的 18 650（直径约 18 mm×全长约 65 mm）、26 650（直径约 26 mm×全长约 65 mm）圆柱形电池等以串联和并联的方式进行接线后用于汽车的提案，对汽车用电池而言是一个对成本具有冲击性的方案。对于专门用于汽车用途的电池设计，正在积极致力于开发重量轻、体积小且散热性能优良的层压形单体电池，此外还提出了封装在罐体内的方形电池（图2-44）方案。

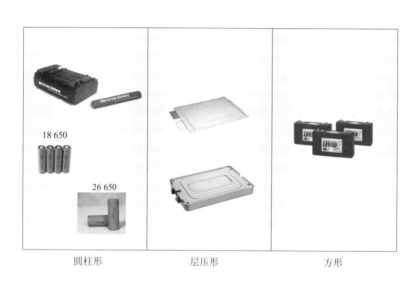

图 2-44　汽车用锂离子电池的形状

（四）汽车用电池的电极设计

关于专门用于汽车用途的电池电极的设计说明，已在参考文献中予以了详细叙述。为了使电动汽车、混合动力车和插电式混合动力车用电池达到最佳的性能，资料中分别汇总了上述三种车辆的电池电极的设计说明[83]。在计算和试验过程中，通过将电池结构中的电子流和离子流模型化对优化设计进行了尝试，分别以电极层厚度、活性物质的晶粒直径和电极层的空隙率作为主要参数进行了论证。

（五）汽车用电池的系统设计

因为汽车是以系统为单位来发挥功能的，因此对于搭载电池的车辆而言，系统设计相当重要。特别是当输出功率大，即获取的电流较大时，电池的发热便会增大，因此必须使产生的热量得到有效的释放，以免引起电池寿命缩短。通常情况下会采用冷却系统以及能实时掌握电池的状态并实施合理控制的系统（图2-45）。

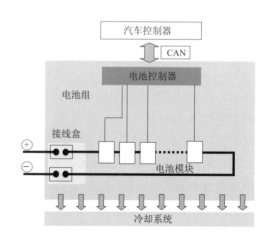

图 2-45　用于汽车的锂离子电池系统

（六）对汽车用电池的期待

正如上文中所述，随着近年来锂离子电池技术的不断发展,将其应用于电动汽车的可能性正在日益增大,如果今后电池的新技术能使其性能进一步显著提高,且使成本大幅下降,那么以这样的电池技术作为基础,将有望实现从微型公务用电动车发展到私家用的小型电动汽车,再进一步过渡到真正的电动汽车并直至普及。此外,还期待着从混合动力车向插电式混合动力车的发展,然后再进一步发展到最终的清洁能源汽车,即在性能上会有显著突破的燃料电池电动汽车(FCEV),以获得更多样化的效果。此外,尽管电池技术被期望用于汽车,但是利用这项技术的进一步发展还有望使风力发电和太阳能发电趋于稳定化,从而有助于能源的多样化发展;同时,还可以将这两类发电站设立在需要电能的地点,以达到均衡负载的目的。如果这类固定用的电池能够得到有效的利用,电池的市场将会快速扩大,相应地,这将有望取得降低成本的叠加效应。

2.3.6 安全性

(一) 锂离子电池的操作

锂离子电池的操作中有关适合于民用设备(便携式设备)部分的内容已由电池工业协会编制了指南[84]。该指南从让电池的使用人能正确、安全使用锂离子电池的目的出发,对电池进行了解释说明,并讲述了建议使用的操作方法、操作时的禁止事项及注意事项。为了避免出现操作方法出错的情况,例如不能拆解电池、不能对电池进行加工和改装、不能直接使端子发生短路、不能将电池扔入火中、不能对电池加热、不能在高温环境下使用电池、不能与不同种类的电池混用等,电池工业协会已经将指南刊登在了网站的主页上。

(二) 汽车用电池的安全性评价试验

锂离子电池在民用领域内已经得到了广泛的普及,基本性的国际标准也均已颁布,但是在汽车领域中的标准化审议工作才刚刚开始。汽车用锂离子电池的国际标准试验方法在2010年6月采用联合工作方式进行审议的有 ISO(International Standardization Organization)TC22/SC21(汽车用锂离子电池系统)标准和 IEC TC69、IEC TC21/SC21A(汽车用锂离子单体电池)标准。关于2009年6月有关国际标准化动向的状况已在参考文献中进行了详细的报告[85]。

另外,对锂离子电池的实际使用状态(运输、保管及行驶时等)进行设想后的安全性评价试验已由 JARI(财团法人日本汽车研究所)提出提案[86]。根据这一提案,安全性评价试验大致可分为电气试验、机械性试验、环境试验及着火试验,而机械性试验中的代表性试验有穿透试验、压碎试验、振动试验、冲击试验及落锤试验。

(三) 锂离子电池在异常时的可靠性设计

手机和笔记本电脑等所使用的锂离子电池因异常发热或起火而导致火灾的事故时有报道[87]。

使用的电解液是可燃性液体的电池只有锂离子电池。为了确保发生异常情况时的可靠性,必须要充分考虑电解液再进行电池系统的设计。

2.3.7 今后的课题

锂离子电池应用于汽车领域才刚刚开始。因为从它问世到现在所经过的时间还非常短暂,因此表示电池耐久性能(寿命特性)的实测数据很少,需要在今后进行数据积累。

汽车用锂离子电池今后的路线图已由 NEDO(新能源・产业技术综合开发机构)提出方案[88](图2-46)。

在上述路线图中,根据各个目标领域所要求的性能要求列出了每项电池性能目标值,并设定了目标时间轴。据此,为了真正实现电动汽车的普及,必须要进一步延长续驶里程,这样一来,性能要求的第一要素就是提高能量密度。另外,要想使电动汽车取代现有的汽油汽车而达到普及,必须使包括电池在内的车身价格与传统车辆的价格大致相同,为了达到这一目标,应力求使成本下降。对于质量能量密度而言,尽管目前约为 100 Wh/kg,但是预计2015年时将达到 150 Wh/kg,到2020年时将达到 250 Wh/kg。如果想不断地超越上述数值,那么只有再次对二次电池进行创新才会有新的突破。

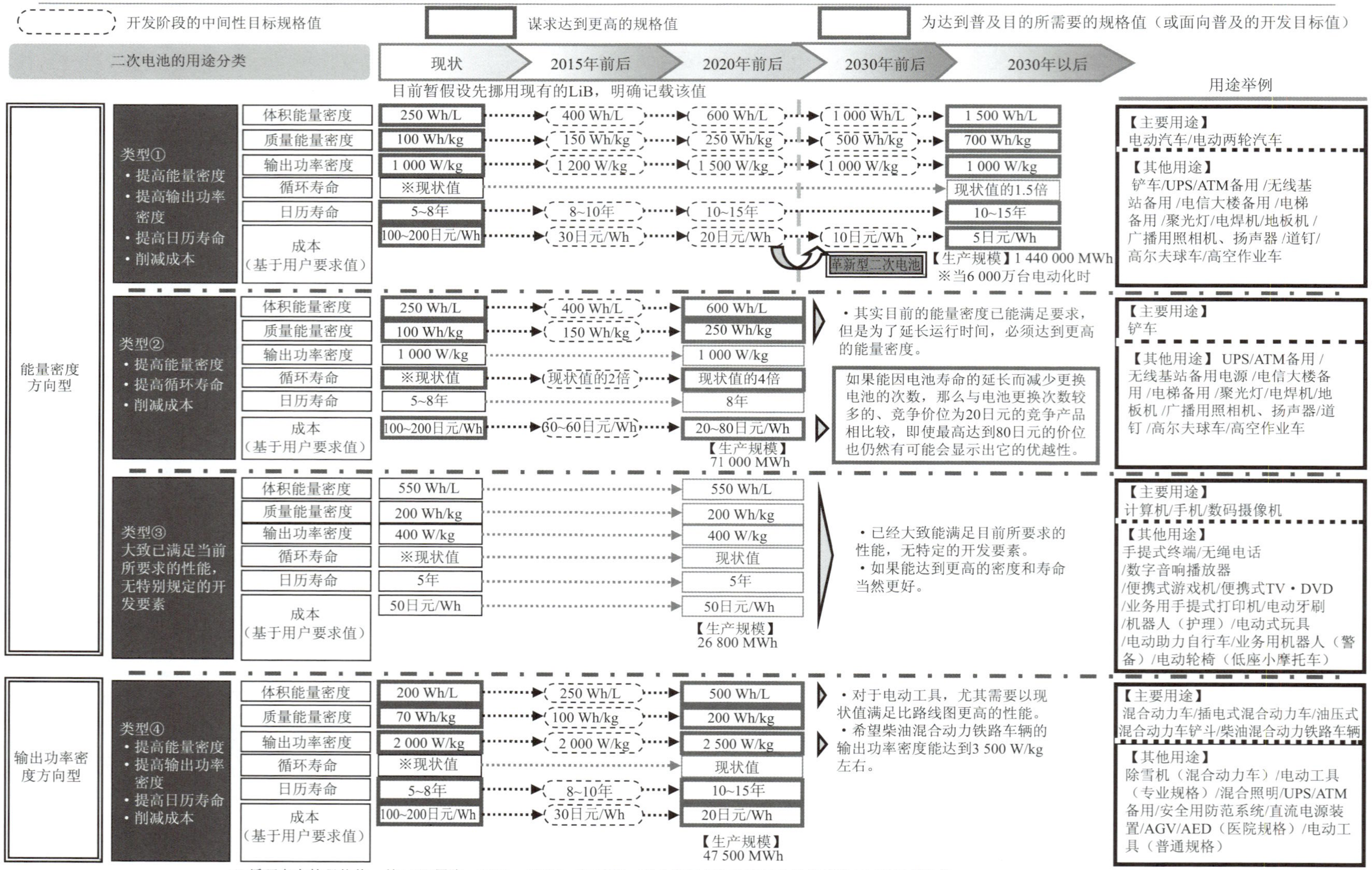

※ 循环寿命的现状值 = 约1 000周次：DOD = 100%，1C放电，剩余容量与初始容量的比值到达85%时的周次数。
※ 所谓的日历寿命是指对电池要求的寿命。

图2–46　NEDO二次电池技术开发路线图

当在混合动力车和插电式混合动力车上采用锂离子电池时,为了能将其应用于汽车的驱动辅助装置中,必须在瞬间状态下具有很大的能量,因此提高输出功率密度是主要的目标。我们认为,如果混合动力车在车辆起步时和停车时采用反复充放电的操作方法,则电池承受的负载就会较小,因此循环寿命就不会成为太大的问题。关于日历寿命也与用于电动汽车上的情况相同,因为电池寿命起码应维持到与汽车相同的使用寿命,所以仍需要进一步改进。在输出功率密度方面,目前的规格值为 2 000 W/kg 左右,但是预计到 2020 年时将会上升到 2 500 W/kg。

对于期待有新突破的革新型二次电池而言,高能量密度的电池有多元阳离子蓄电池等,但是它们的循环特性和低温特性等性能存在着尚未解决的课题。此外,作为高耐久性(长寿命)的电池有全固体锂离子电池等。对于全固体锂离子电池而言,由于它能阻止电极成分溶入电解液内,并能阻止负极上锂金属的析出(枝晶生长),因此有望成为安全性高且寿命长的电池。如果是全固体化,有可能要对生产方法进行创新,低成本化仍是期待的目标。另外,除了固体电解质与电极界面的接合这一大课题外,低温特性也是需要做出改进的项目[89]。目前,上述几种革新型二次电池尚处于研究阶段,我们期待着通过积极的研究开发,使这些电池早日进入实用阶段。

2.4 双电层电容器

2.4.1 概述

近年来,由全球变暖引起的环境问题日趋严重,受到对温室效应气体的排放限制等影响,在全球范围内都要求人们改变原来依赖化石燃料的能源进行生存的方式,其中特别是作为汽车用途的新能源颇受瞩目,如何才能开发出燃料消费率较低且能削减 CO_2 排放量的车辆成为关注的焦点。尤其是具有高效的再生制动回收特性并能进行反复充放电的二次电池和双电层电容器格外引人注目。

本章节以用于汽车的双电层电容器的开发为主,对双电层电容器的基本工作原理、构成材料、基本性能、安全性及具有高性能的下一代电容器进行了论述。

2.4.2 双电层电容器的历史

双电层电容器是一种将电荷存储在正负极的碳素电极与电解液界面所形成的双电层内的蓄电设备。

如果根据历史学的观点追溯一下双电层电容器的发展历程,早在 19 世纪 90 年代 Helmholtz、Gouy-chapman、Stern 等人就提出了各种双电层的结构及模型,1945 年 GE(General Electric,通用电气)公司的 Becker 以采用焦油煤黑(Tarlamp black)制作极化电极为基本内容申请了世界上首个专利(图 2-47)。

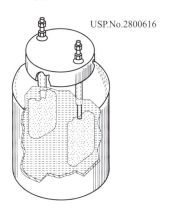

图 2-47 世界上首份专利内记载的双电层电容器的示意图[93]

20 世纪 60 年代至 20 世纪 70 年代时,晶体管、集成电路(Integrated Circuit)、大规模集成电路的(Large Scale Integration)实际应用,加速了电子电路中的低电压、小电流化。特别是 C-MOSIC 的实际应用对双电层电容器的实际应用做出了很大的贡献。

在这样的时代背景下,美国 SOHIO 公司于 1962 年对采用活性炭和硫酸电解液的体系申请了专利,1979 年由日本 NEC 公司完成了水相体系双电层电容器的产品化。1978 年松下电器公司对采用活性炭粉末和有机电解液的体系申请了专利,并开始销售非水相体系双电层电容器。1980

年在为采用活性炭纤维布（ACF）的硬币形双电层电容器申请了世界上首例专利，同时开始制作并销售，在大规模集成电路和超大规模集成电路（Very Large Scale Integration）的存储器中采用这种硬币形双电层电容器作为备用电源吸引了全世界的目光。

进入20世纪90年代后，美国、韩国也相继开始投产，到2000年后已能生产大容量（1 000～3 000 F）的双电层电容器，以此作为瞬间停电用电源和建筑设备用电源（图2-48）。

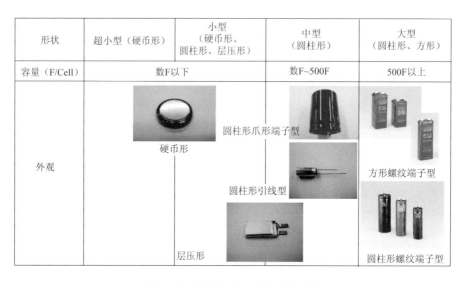

图2-48 双电层电容器产品的形状

2.4.3 双电层电容器的基本工作原理

正如上一节中所述，双电层电容器是一种将电荷存储在正负极的碳素电极与电解液的界面上所形成的双电层内的蓄电设备。当进行充放电时，正极上将发生负离子的物理吸附和脱离过程，而负极上将发生正离子的物理吸附和脱离过程（图2-49）。由于在充放电时并不伴随化学反应（非法拉第反应），因此其充放电速度非常迅速，低温特性也良好。此外，它在理论上不存在因反复充放电而发生劣化的问题，故具有长寿命的特点。

另一方面，锂离子电池在充放电过程中其正负极上的锂离子将会发生插入和脱离（图2-50）。此时因伴随着电化学反应（法拉第反应），所以充放电的速度较缓慢，且低温（0℃以下）下的充放电过程十分困难。虽然因反复充放电使电极活性物质的晶体结构遭到破坏而导致寿命受限，但是锂离子电池具有能存储大量电能的优点。

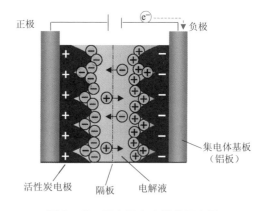

图2-49 双电层电容器的示意图

因为双电层电容器和锂离子电池在蓄电原理上存在着如此的差异，因此充放电的曲线也有较大的区别。当双电层电容器在恒定的电流下进行充放电时，其电压将如图2-51所示，呈现出直线性的波动，因此对剩余电能量的预测较为容易，但是不易于存储能量。而如果锂离子电池在恒定的电流下进行充放电，则由于电压的下降非常平缓，所以对剩余电能的预测较为困难，然而却能存储大量的电能。

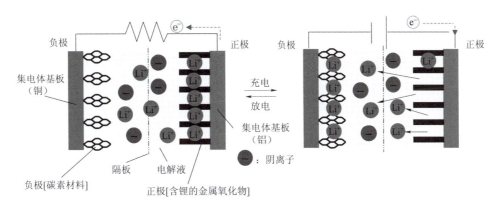

图 2-50 锂离子电池的基本结构

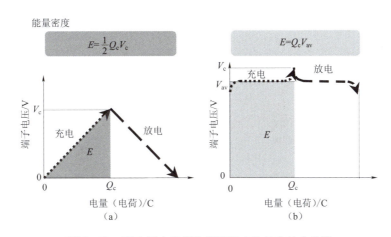

图 2-51 双电层电容器和锂离子电池的充放电曲线
(a) 双电层电容器；(b) 锂离子电池

当对采用有机体系电解液的双电层电容器进行耐电压试验时，据说试验结果为 2.5~3.0 V，这一数值比电解液自身的分解电压还低，其原因是因为活性炭表面的官能团以及残留或渗入单体电容内的微量水分等杂质与电解液发生反应使电解液发生分解的缘故。双电层电容器的电压与锂离子电池的电压 3.0~4.0 V 相比较，整整低了 1~1.5 V，因此双电层电容器的耐电压性能尚有待提高（图 2-52）。

2.4.4 双电层电容器的组成材料

双电层电容器的基本结构是将正、负电极面对面放置，隔板介于正、负电极之间，电极和隔板均浸渍在电解液内，与锂离子电池的结构基本相同。

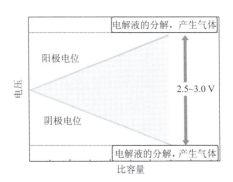

图 2-52 双电层电容器的极化电位

（一）电极材料

双电层电容器的电极材料主要采用的是活性炭，而活性炭的原材料采用了将椰子壳、酚醛树脂、石油和煤炭等进行碳化后的物质。通过在高温下使这些材料和水蒸气或碱发生反应而生成微细孔来形成非常大的比表面积（数百~数千 m^2/g）。在微细孔中存在着被称为由 2 nm 以下的微孔（Micropore）、2~50 nm 的细孔（Mesoporous）和 50 nm 以上的粗孔（Macropore）组成的直径各不相同的孔穴，据说细孔对电容器的容量做出了贡献，细孔越多，电容器容量就越大。另外，活性炭的细孔容积与电容器的电阻及低温特性有关，细孔容积越大，电容器的电阻就越低，且低温特性就越好。但是当细孔容积过大时，单位体积的容量会因活性炭填充密度的下降而发生下降。因此，必须根据双电层电容器的用途对上述这些数值进行设计（图 2-53）。

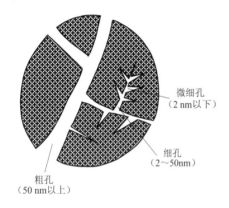

图 2-53 活性炭的细孔模型

（二）隔板

双电层电容器使用的隔板采用树脂体系或纸体系的材料制成，在一般情况下，出于对制造过程中干燥条件的考虑，采用的是纤维素之类的纸体系隔板。但是，对锂离子电池而言，为了抑制其因异常发热而出现单体电池热失控的现象，有必要使隔板的细孔处于关闭状态，以便中止电池的功能，因此在大多数情况下采用由树脂体系制成的隔板[91]。对双电层电容器而言，即使内部暂时发生短路也不用担心会发生起火等情况，对隔板的选择有较高的自由度。

（三）电解液

电解液采用的是将电解质盐溶解于有机溶剂后的溶液。电解质盐通常是采用由四乙基铵（TEA）、四乙基甲基氯化铵（TEMA）等阳离子和四氟硼酸（BF4）、六氟硼酸（PF6）等阴离子组合而成的盐类。有机溶剂是采用碳酸丙烯酯（PC）、碳酸乙烯酯（EC）等环酯或碳酸二甲酯（DMC）、碳酸二乙酯（DEC）等直链碳酸酯的电解液溶剂。对于电容器而言，一般采用碳酸丙烯酯（PC）的情况占多数。这是因为采用碳酸丙烯酯作为电解液溶剂能在低熔点、高沸点和高相对介电常数方面取得平衡的缘故。但是尚存在有待于解决的高温稳定性和耐电压等难题。另外，国外的部分制造厂商也有把乙腈用作（AN）电解液溶剂的实例。采用乙腈的双电层电容器比采用碳酸丙烯酯的双电层电容器具有更低的电阻及更良好的低温特性，然而由于它的燃点较低，燃烧时所产生的氰气将会在安全方面埋下隐患，因此日本的制造厂商未予使用。

锂离子电池在大多数情况下是将碳酸乙烯酯（EC）与碳酸二乙酯（DEC）、碳酸二甲酯（DMC）混合后再使用的。这是因为如果只使用碳酸丙烯酯（PC），那么将会在电解液中生成锂离子和溶剂化离子，这些离子将共同插入负极的碳素层之间破坏碳素层的结构，从而导致电池特性劣化[92]。由于碳酸乙烯酯（EC）的熔点较高，不能单独使用，因此必须与碳酸二甲酯（DMC）、碳酸二乙酯（DEC）等低黏度的溶剂混合使用，所以这也成为锂离子电池低温特性恶化的原因之一。

2.4.5 双电层电容器的基本性能

双电层电容器的充放电机理并不伴随化学反应，它只是在电极表面和电解质离子之间产生物理性的吸附和脱离过程，因此双电层电容器具有充放电循环寿命长的特点。

（一）双电层电容器的低温特性

双电层电容器其低温（0℃以下）下的特性变化将对该温度环境下电解液的黏度和电导率产生有益的影响。为了能继续保持室温下的性能，必须要考虑电解液的熔点。图 2-54 表明了以室温下的容量和内阻作为基准低温侧的特性变化情况。从图中可以看出，当使用熔点较低的溶剂（Electrolyte A）时，低温侧的特性变化很小。按照这一思路如果能使所采用的电解液实现最佳化，那么就能设计出使用温度范围很宽的双电层电容器。因此，双电层电容器是一种在使用温度方面具有非常大优势的蓄电设备。

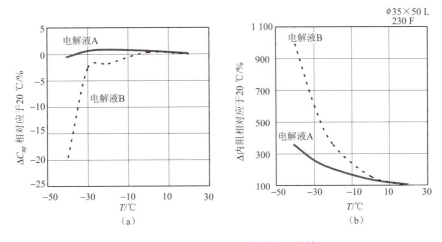

图 2-54 双电层电容器的低温特性

(a) 电容量变化；(b) 内阻变化

（二）充放电循环特性

双电层电容器富有魅力的特点是其充放电循环寿命很长。在上一节中已提到过，由于双电层电容器利用电解液中的离子在电极表面发生吸附和脱离的物理性现象（非法拉第反应）进行反复充电、放电，因此在进行充放电时其电极材料和电解液的劣化均非常小。双电层电容器还能借助这种简单的充放电机构在大电流情况下进行充放电，而且电容的内阻较低，因此单体电容由大电流所产生的发热量也较小。图 2-55 显示了双电层电容器的充放电循环试验结果，试验中使用的单体电容为方形，额定电压规格为 2.3 V、3 000 F，电压范围为 2.3~1.15 V，充放电电流为 250 A，中止时间为 30 s。在空冷状态下进行了充电和放电，所获得的试验结果是，单体电容因大电流引起的发热量很小，即使进行了约为 250 万周次的循环，其容量及内阻的劣化均非常小。

（三）双电层电容器的寿命性能与寿命加速因子

在对双电层电容器的寿命进行讨论时，因充放电循环时间过长，为了加快寿命试验进程，

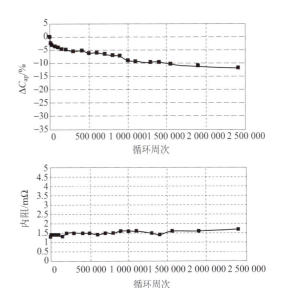

图 2-55 双电层电容器的充放电循环特性

大多数情况下采用浮动试验（在连续施加充电电压的状态下）进行评价。图 2-56 表明了在 60 ℃下附加了各种电压后所进行的浮动试验中以容量减少率为着眼点的寿命试验的数据。如图中所示，如果将最初的阶段忽略不计，那么在试验时间的平方根（$\sqrt{t}$）和容量减少率之间存在着线性关系，可以将其表示为式（2-5）的形式。

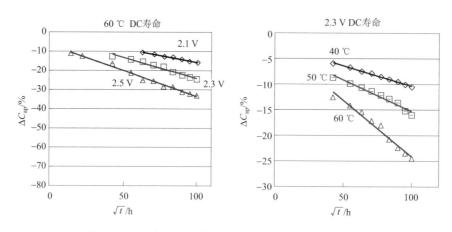

图 2-56 双电层电容器随电压和温度而变化的寿命特性

$$\Delta C = k\sqrt{t} + \alpha \quad (2-5)$$

已经证实,当将上述公式中的斜率 k 设定为温度加速系数时,该线性关系将在环境温度为 30 ℃ ~ 85 ℃、外加电压为 2.0 ~ 3.0 V 的范围内成立。另外,如果将温度加速系数的自然对数 $\ln k$ 与环境温度的对应关系以及将外加电压与参数的对应关系绘制成曲线(图 2-57),那么线性关系将在环境温度为 70 ℃、电压为 2.5 V 的范围内成立。如果将温度加速系数 k 设定为阿列纽斯方程式中的反应速率常数,那么可以表示为方程式(2-6)的形式。由于它与图 2-57 中的数据变化趋势相一致,因此我们认为,由环境温度、外加电压因子所产生的法拉第式反应量(通过电荷量:以泄漏电流的形式体现出来)将有助于容量的减少,它们之间得到的比例关系是成立的。

$$k = A\exp\left(-\frac{\Delta G}{RT}\right) \times \exp\left(\frac{anFE}{RT}\right) \quad (2-6)$$

$$\ln k = \frac{anF}{RT}E - \frac{\Delta G}{RT} + \ln A \quad (2-7)$$

$$\ln k = -\frac{(\Delta G - anFE)}{R} \times \frac{1}{T} + \ln A \quad (2-8)$$

式中,E 为电极电位(V);T 为绝对温度(K);A 为频率系数;ΔG 为 $E = 0$ 时的活化能;R 为气体常数。

然而,如果超出了 70 ℃、2.5 V 的条件,上述线性关系就不复存在了。其原因是因为受到了因环境温度和外加电压因子而发生的电化学反应的影响,导致组成单体电容的材料(电极、电解液)性能产生劣化的缘故。具体地说,例如电化学反应会使电极产生裂纹或因电解液的分解而产生气体,等等。

2.4.6 双电层电容器的安全性

对于车载电池而言,安全性极为重要,要求无论在任何情况下都不允许发生着火乃至爆炸的情况。

正如上文中所述,因为双电层电容器的蓄电机理是不同时发生化学反应,因此它是一种安全性很高的蓄电设备,这里以对安全性进行的确认试验为例进行说明。

(一)钉刺试验/抗压试验

该试验是在设想了当发生碰撞等异常情况时,双电层电容器因受到外部压力将产生变形或

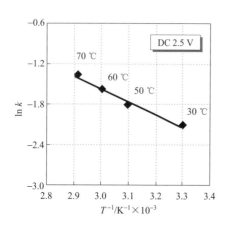

图 2-57 阿列纽斯曲线

损坏或者遇到被异物刺穿的情况而设定的。钉刺试验是在双电层电容器处于完全充电状态下采用钉子将其刺穿。抗压试验也是同样在完全充电状态下对其施加压力直至发生变形为止，随后对上述两项试验是否引起着火或爆炸等情况做出确认。

钉刺试验是将 1 400 F 的单体电容按照 25 个单体直接并联（2.5 V、35 000 F）的方式连接，外加额定电压为 2.5 V，在完全充电的状态下将其中一个电容用钉子刺穿。试验状态如图 2-58 所示。如图 2-59 所示，当一个电容被钉子刺穿后，其内部即处于近似短路的状态，因而使其他处于并联连接状态的电容中的充电电能均集中到被刺穿的电容内，并产生发热，这种状态将持续发生到充电电能开始被消耗为止。

热而使电解液产生蒸腾从而放出气体的状况进行了观察。

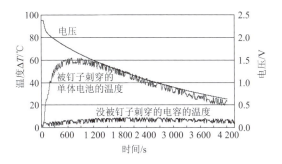

图 2-60　被钉子刺穿的单体电容的温度及电压

图 2-61 为单体电容进行钉刺试验后的状态。虽然套管的局部因受热而发生了开裂，但是未引起着火或爆炸等情况。

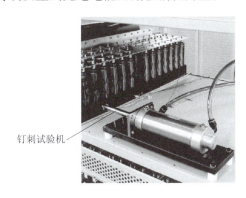

图 2-58　钉刺试验的试验状态

图 2-61　单体电容进行钉刺试验后的状态

图 2-62 为 1 400 F 的电容在 2.5 V 完全充电状态下采用压力机压坏时的情况。

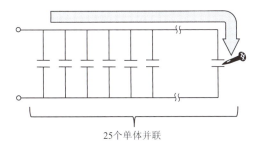

图 2-59　25 个单体直接并联
模式的钉刺试验示意图

图 2-60 表明了被钉子刺穿后的电容的表面温度以及其他并联的电容的表面温度和电压的变化状况。单体电容在被钉子刺穿约 10 min 时，其表面温度 ΔT 最高能到达 60 ℃ 左右，随后才出现缓慢下降的趋势。在此期间，对钉刺部位因发

图 2-62　抗压试验的试验状态

图 2-63 为单体电容抗压试验后的状态。虽然由加压引起的变形导致内部压力上升，致使安全阀因出于功能驱使而进入了工作状态，但是未

引起着火、爆炸等情况。

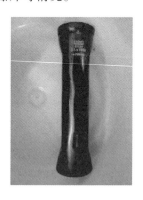

图2-63 电容在抗压试验后的状态

（二）过电位试验

该试验是在设想了如果控制系统发生异常将会导致双电层电容器承受过高的电压而设定的。

试验时并未对1 400 F电容设置上限电压，而是以100 A的恒定电流连续进行了充电。电压如图2-64所示，在以通常的恒定电流进行充电的情况下，在充电开始后的1 min左右时，电压即不断升高且达到了4 V左右。

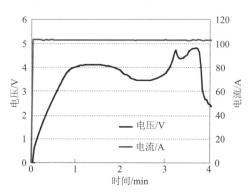

图2-64 电容进行过电位试验时的电压和电流

已经确认，在充电开始约3 min后，安全阀受功能驱使进入了工作状态，并开始排出蒸腾的电解液。图2-65为电容过电位试验后的状态，尽管套管的局部因受热而发生了开裂，其后尽管仍保持着充电状态，但是未引起着火或爆炸等情况。

（三）短路试验

该试验是在设想了当金属片掉入双电层电容器的端子之间、模块因受到外力而发生变形或母线出现短路等异常情况而设定的。

进行短路试验的目的是为了在双电层电容器

图2-65 电容过电位试验后的状态

处于完全充电的状态下使铜板与外部端子间相接触，以发生类似于外部短路的情况，从而对有无着火或爆炸等进行确认。

图2-66为1 400 F的电容在2.5 V完全充电的状态下其铜板与端子间相接触时的试验状态，我们认为此时流过的短路电流已接近于1 000 A。

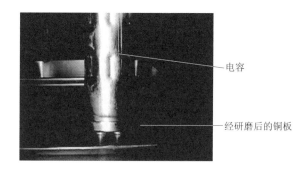

图2-66 短路试验时的状态

如图2-67所示，由于短路导致电容表面的温度升高了5 ℃左右，但是并未出现着火或爆炸等情况。

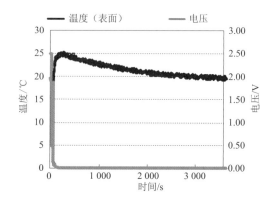

图2-67 电容在外部短路试验时的温度和电压

对外观的确认结果如图2-68所示，只是部分端子存在着熔化的痕迹。

第2章 电池和电容器

图2-68 电容端子部位短路试验后的状态

端子部位出现部分熔化的痕迹

此外，如图2-69所示，并未发现存在电气特性方面的变化。

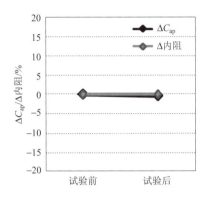

图2-69 外部短路试验前后的特性

从上述结果中获知，电容几乎不存在因短路而引起的损坏，即使在发生短路后仍能正常地使用。

尽管以上只是安全性试验中的一个示例，但是由此可以看出，双电层电容器在任何试验中均未发生着火或爆炸等情况，它是一种安全性很高的蓄电设备。

2.4.7 对今后的展望

下面介绍日本 Chemicon 株式会社在下一代电容器的开发研制中所推出的，能确保 -40 ℃ ~ 85 ℃温度区间范围内性能的双电层电容器及纳米混合型电容器的开发情况。

（一）高耐热双电层电容器（保证在 -40 ℃ ~ 85 ℃温度范围内的性能）

如上一节中所述，迄今为止双电层电容器能够确保性能的温度范围仅为 -25 ℃ ~ 60 ℃，通过对双电层电容器在高温下劣化机理的研究以及对引起劣化的组成材料、电池结构的开发，实现了将双电层电容器用于高温范围的目标。同时对双电层电容器在低温环境下的工作机理也进行了分析，开发出了即使在较低的温度下其特性变化也很小的材料，从而实现了双电层电容器的低温化。本次开发出的双电层电容器的使用温度范围为 -40 ℃ ~ 85 ℃（图2-70）。

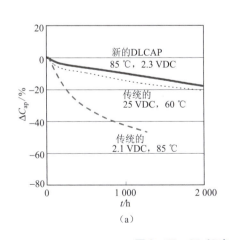
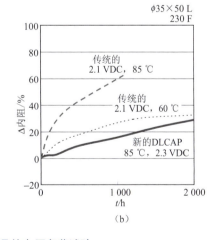

图2-70 85 ℃产品的电压负荷试验
(a) 电容量变化；(b) 内阻变化

（二）纳米混合型电容器的开发

日本 Chemicon 株式会社与东京农工大学共同开发研制而成了由纳米钛酸锂/碳纳米纤维复合材料（nc-$Li_4Ti_5O_{12}$/CNF）负极和活性炭正极组成的混合型电容器系统（纳米混合型电容器）。钛酸锂是一种具有 175 mAh/g 的高理论功率密度,且是循环稳定性、安全性很高的氧化还原材料[93-97]。因此,采用钛酸锂做负极的混合型电容器是下一代高能量电容器当之无愧的材料,从很久以前就已开始研讨这种方案了[98-99]。但是,对于采用传统 $Li_4Ti_5O_{12}$ 的混合型电容器而言,其 $Li_4Ti_5O_{12}$ 的 Li^+ 扩散系数($<10^{-6}$ cm^2s^{-1})[100]较低,且导电性($<10^{-13}$ $S·cm^{-1}$)[101]也欠佳,因此一直存在着输出功率特性低的问题。为了解决这一问题,即为了研制出高能量、高输出功率的混合型电容器,确立了使 $Li_4Ti_5O_{12}$ 粒子细化到 5~50 nm 的纳米尺寸,并将其搭载在高导电性碳纳米纤维(CNF)载体上的技术。由于 $Li_4Ti_5O_{12}$ 粒子内 Li^+ 的扩散距离及电子的移动距离被缩小到 1/1000 以下,而且碳纳米纤维(CNF)变成了电极内部的电子通道,因此使由该技术制作的复合材料显示出了卓越的输出性能。将负极用该复合材料制作的混合型电容器(纳米混合型电容器)的单位电极体积的能量密度与正负极用活性炭制作的标准型双电层电容器的能量密度相比较,在 0.1~1 kW/L 的低输出功率密度区域内,混合型电容器的能量密度约为双电层电容器的 3 倍,达到 40 Wh/L。此外,即使在 6 kW/L 这样的高输出功率密度区域中,能量密度仍能保持在 20 Wh/L 的数值,该能量密度相当于双电层电容器在相同输出功率区域中的 1.5~2 倍。该结果说明了采用复合材料的混合型电容器不仅在输出功率密度较低的区域中,而且在输出功率密度较高的区域中也能够进行高能量存储。在含有集电体和隔板的实际设备中,即使我们假设电极的体积占有率为 50%~70%,那么预计蓄电设备的能量密度也仍能超过 20 Wh/L,因此它正是我们所期待的下一代高能量电容器。

2.5 燃料电池

2.5.1 燃料电池的历史

燃料电池的基本原理源自距今 170 多年前的 1839 年,由英国的物理学者 Grove 爵士(Sir William Grove)进行的试验(图 2-71)。

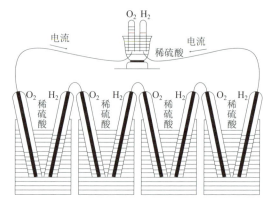

图 2-71 Grove 爵士进行的利用燃料电池发电的试验[103]

Grove 爵士进行了如下的试验[102],他在烧杯容器内注满了用来作为电解质的稀硫酸,并将铂电极放置在两根试管中,然后分别在试管内通入氢气和氧气,形成能够利用电化学反应进行发电的结构。将 4 个这样的烧杯容器以串联方式连接,再利用所产生的电流使放置在上部的烧杯容器内的稀硫酸产生电解。被放置在下部的烧杯容器则分别为燃料电池。

Grove 爵士使用的实验装置与当前在市面上销售的燃料电池的科学实验套件(图 2-72)的基本结构完全相同,这就是他理所当然地被誉为燃料电池之父的缘故。

图 2-72 燃料电池实验套件(太阳能科学)[104]

虽然在 Grove 爵士发明之后的 100 多年里,燃料电池并未被实际应用,但是进入 20 世纪 60 年代后,美国的宇宙开发计划将聚合物电解质燃料电池（PEFC）搭载在了双子座5号载人飞船上，又在其后的阿波罗计划中搭载了碱性燃料电池（AFC）。然而，由于这些装置体积大，又笨重，因此人们依然未将它作为汽车用能源来予以关注。

20世纪80年代后半期，加拿大巴拉德公司将Dow公司生产的高性能电解质膜应用于聚合物电解质燃料电池（PEFC）中，使燃料电池实现了体积小、重量轻且能量效率高的飞跃。当时虽然只是被搭载在大型客车上，但是在80℃左右的工作温度下仍获得了高达50%～60%的能量转换效率，因此人们逐渐看到了将燃料电池搭载于车辆上的发展前景，从而加速了汽车用燃料电池的开发工作。

2002年，丰田、本田在美国和日本开始了少量的租赁销售业务。2008年，不是以现有的销售车辆作为设计基础，而是由本田公司专门设计的FCX Clarity燃料电池车开始面向个人展开租赁销售业务（图2-73）。

图2-73 燃料电池（搭载于本田FCX Clarity车）[105]

2.5.2 燃料电池的种类

燃料电池是一种将含有氢和氧的化学能直接转换成电能的装置。如表2-6所示，燃料电池根据所使用的电解质和燃料种类的不同可以分为好几种类型。

表2-6 燃料电池的分类[107]

	碱性 （AFC）	聚合物电解质型 （PEFC）	磷酸型 （PAFC）	熔融碳酸盐型 （MCFC）	固体氧化物型 （SOFC）
电解质	KOH	氟类	H_3PO_4	$Li_2CO_3 + K_2CO_3$	ZrO_2
离子导电物质	OH^-	H^+	H^+	CO_3^{2-}	C^{2-}
气体燃料	氢气/氧气	改质气体/空气	改质气体/空气	改质气体/空气	改质气体/空气
运行温度/℃	常温	80	200	650	1 000
主要用途	宇航	汽车、便携式设备	热电联产、分散电源	电力事业	热电联产、分散电源

用于汽车的燃料电池主要采用的是常温下启动较为容易且运行温度也在100℃以下的聚合物电解质燃料电池（PEFC）[106]。

除聚合物电解质燃料电池（PEFC）以外，按照电解质的种类可分为磷酸型（PAFC）、熔融碳酸盐型（MCFC）和固体氧化物型（SOFC）等燃料电池。但是，由于这些燃料电池的工作温度均在200℃以上的高温范围，因此不适合用作启动停止较为频繁的汽车的动力源。

除汽车用途以外的定置型燃料电池以外，还对1 kW级的聚合物电解质燃料电池用于家庭的热电联产系统进入商品化进行了研讨，并于2009年以家用燃料电池（图2-74）的统一名称开始了一般销售[108]。

此外，随着笔记本电脑、PDA（Personal Digital Assistance，个人数字助理）及手机等便携式电子设备的多功能化，使所消耗的电能不断呈现上升的态势，为了应对此问题，目前正在对属于聚合物电解质燃料电池之一的直接甲醇型燃料电池（DMFC）等进行开发研制[112]。虽然2009年度其数量尚有限制，但是东芝公司已实现了直接甲醇型燃料电池移动电源的商品化（图2-75）。

图 2-74 家用燃料电池

(a) 松下[109]；(b) 东芝[110]；(c) ENEOS[111]

图 2-75 东芝移动电源 Dynario™[113]

2.5.3 基本工作原理

燃料电池和铅酸蓄电池、锂电池等二次电池不同，它的特点是只要供应燃料就能够通过电化学反应来取出电能。如上文中所述，根据燃料和电解质的不同，燃料电池可分为好几种类型，在此我们主要对汽车用的聚合物电解质燃料电池（PEFC）予以说明。

（一）基本结构

燃料电池的单体电池结构如图 2-76 所示。在质子交换膜（电解质膜）的两个表面上配置了弥散分布着铂金等贵重金属催化剂颗粒的电极催化剂层和气体扩散层，从而形成了电解质膜-电极接合体（MEA）。在带有气体通道的隔板上将电解质膜-电极接合体（MEA）从两侧插入，形成一组单体电池（Cell）。我们把供应氢气燃料的一端称为氢电极，而把供应氧气（空气）的一端称为氧电极，也可以分别称之为阳极和阴极。

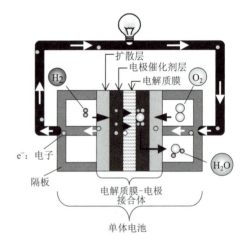

图 2-76 燃料电池中单体电池的基本结构[114]

由于电极催化剂层在使氢气和氧气通过的同时还必须取出电能，因此它采用的是能发挥电极催化剂载体作用的碳素等多孔性材料。

扩散层利用隔板的流体通道将气体均匀地供应给电极层，并使反应生成的水从流体通道中排出，同时使产生的电能传输给隔板，因此扩散层适合采用既是导电体又具有多孔性的材料，目前主要使用的是碳素材料中的纸和布。

隔板（也被称为双极板（Bipolar Plate））上带有流体通道，用于在隔板与电解质膜-电极接合体（MEA）之间进行气体的供应以及对生成的水进行排出或接收。隔板的作用是将氢电极和氧电极隔开，以避免氢气和氧气混合，所以称之为隔板。另外，燃料电池中发生的反应是放热反应，因此隔板上还带有供冷却水流动的通道。隔板材料除了应具有导电性和导热性以外，由于它在反应过程中处于酸性环境，因此还要求具有耐腐蚀性。主要使用的是碳素材料或金属材料，当前为了适应大量普及的需要，正在致力于对低成本成型技术的开发。

（二）反应方程式

如果分别向燃料电池的两极供应氢气和氧气（空气），那么因为受到催化反应的影响，氢电极上的部分氢分子将变成质子（H^+）并放出电子（e^-），而且穿过电解质膜到达氧电极的只是质子，而电子则经过外部电路到达氧电极，并产生直流电流。

在氧电极上，以外部电路为通道的电子与由催化反应所产生的氧气以及穿过电解质膜的质子相互结合生成水，大量的生成水变成水蒸气或结露水并向燃料电池外部排出，其中一部分水供电解质膜自加湿时使用。

如果使用离子方程式来表示上述反应，则如下式所示：

氢电极：$H_2 \longrightarrow 2H^+ + 2e^-$

氧电极：$\frac{1}{2}O_2 + 2H^+ + 2e^- \longrightarrow H_2O$

上述反应将在催化剂与电解质及气体燃料相邻接的三相界面上发生。为了提高发电效率，如何才能使这样的三相界面增多呢？这是我们必须面对的问题。

氢电极和氧电极之间产生的电位差被称为电动势，1个单体电池在标准状态气体中的理论电动势为1.23 V。

当想要获得像汽车用燃料电池一样高的输出功率时，可如图2-77所示的那样，通过采用对单体电池进行层压的方式使其产生较高的电压，我们把这种由单体电池层压后组成的物体称为电池堆（层压体），燃料电池堆的输出功率取决于与单体电池叠层数量相关联的电压以及与单体电池电极面积相关联的电流。

2.5.4　燃料电池的特性 [115-117]

（一）I-V 特性

实际的燃料电池在未施加负荷的状态下，即在不输出电流的开路电压（OCV）状态下，每个

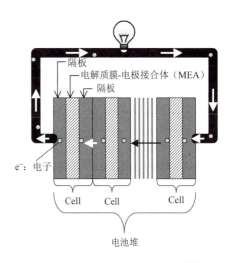

图2-77　燃料电池堆的结构[114]

单体电池的电压仅为1.0 V左右，据说这是因为反应活性低以及反应物质穿过电解质膜，即所谓的穿越现象所致。如果再不断地输出电流，那么电压将会受电池内阻的影响而下降。电流密度（电流）与电压的关系如图2-78所示，我们称之为电流电压特性（$I-V$特性），可采用它对燃料电池的基本性能进行评价。

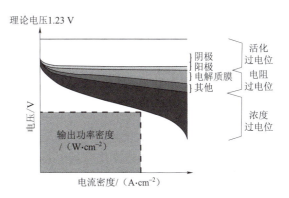

图2-78　燃料电池的电流-电压特性[118]

关于电压下降的原因可按照被称为过电位（极化）的物理化学现象进行分类，主要分为活化过电位、电阻过电位和浓度过电位3类。

（二）活化过电位

由于氢电极和氧电极上所进行的反应需要活化能，因此电压会因消耗自身的电动势而发生下降，要想有效地降低活化过电位，可采取提高反应的温度、催化剂的活性化程度以及增加电极的有效面积等对策来降低活化能。

(三) 电阻过电位

当电流发生流动时,质子在电解质膜内移动时产生的电阻是引起电压下降的主要原因。电极、导线和隔板等电阻要比质子在电解质膜内移动时产生的电阻小。使电阻过电位下降的有效对策是降低电解质膜的厚度以及为降低电流密度而增加电极的面积。除此以外,使用高导电率的电极或尽可能减小电极间的距离等也是行之有效的方法。电阻过电位也被称为 IR 压降。

(四) 浓度过电位

如果电极在进行反应的过程中其物质浓度发生了变化,那么所存在的浓度差就会驱使物质发生扩散并移动,从而维持浓度的均衡状态,也就是说,当电极中反应气体的供应与生成水的去除之间所存在的速度差使电极的反应受到阻碍时,物质移动所造成的损失以及各个部位上的移动速度与反应速度的不平衡状态均会使电压发生下降。随着电流密度逐渐增大,反应量也会随之增多,因此浓度过电位有升高的倾向。同时,当生成水变成液态水时将会成为阻碍气体扩散的主要原因,从而使电压进一步下降。如果使用了多孔性电极,那么因为从结构上采取了措施,因此不但使气体的扩散性能得到了改善,而且生成水的排出也会变得顺畅,这对降低浓度过电位是很有必要的。此外,也可以通过增加电极的不透水性或者设法对隔板上的流体通道结构进行改进以提高水的排出性能来做出对应。浓度过电位也被称为扩散过电位。

(五) 燃料电池 (FC) 堆输出功率

燃料电池的输出功率为电流与电压的乘积。虽然随着电流的增加,输出功率会不断升高,但是随着过电位的增加,其增长率在到达某个数值时即会被封顶,因此要想提高功率输出就必须降低各种过电位。

(六) 工作条件特性

燃料电池的工作条件特性包括湿度、温度、压力和气体利用率,等等。

1. 湿度特性

如果被用于电解质膜-电极接合体 (MEA) 中的电解质膜不含水分,则会对质子的移动造成困难,而且在质子发生移动的同时,水分也会具备移动特性。因此,如果不持续对水分进行某种程度的补充,燃料电池就会无法保持稳定的工作状态,从而导致性能下降。然而,随着对氢气侧供水还是对空气侧供水或者是对两侧同时供水等供水方式的不同,所获得的特性和最佳的工作条件也将发生变化。

由于水会对气体向电极的扩散产生阻碍作用,因此为了避免水在电极上发生滞留,必须要使它通畅地向外部排出。入口侧的相对湿度下降,电流密度也较低,因此电解质易发生劣化。随着流体通道逐渐向出口侧靠近,由于生成水产生聚集使相对湿度不断上升,一旦相对湿度超过了饱和水蒸气,就会变成冷凝水而使电极多孔体发生闭塞,即所谓的溢流 (Flooding) 现象。为了防止发生溢流,必须使水顺畅地排向外部。与之相反,当湿度不够时,会因供应给电解质膜的水分不足而造成质子的导电性下降,从而使燃料电池性能下降,即所谓的变干现象。

如果当燃料电池温度处于恒定状态时,随着湿度不断升高,由此引起的膜电阻的下降将使燃料电池的电压升高,当升高到某个程度以上时,因发生溢流情况而导致燃料电池电压下降。

2. 温度特性

当加湿温度到达某一恒定状态时,伴随着燃料电池温度的上升,其电压将发生变化,但是电压变化的状况随电流密度而异。

如果电流密度较低,则由于燃料电池内的相对湿度降低及电阻增大,电压将发生下降。

当电流密度较高时,因生成水过多而引起的溢流情况将会被消除,从而使电压上升。但是,如果电流密度高到一定程度时,因受到相对湿度偏低的影响,电压仍会发生下降。

为了促进活性化以及避免生成水发生凝结等情况,尽可能在高温下发电将更为有利,但是高温将使电解质膜的机械强度下降,因此温度的上限将受到限制。

通过使氢气及空气在电极部位均衡流动能使所获得的发电性能达到最佳状态,但是如果此时用于控制温度的冷却水的流量不均匀，那么电解质膜－电极接合体（MEA）将会在局部产生高温，从而导致该部位的电解质膜的强度下降。

3. 压力特性

为了不使燃料电池的电压发生下降，必须使气体的分压保持不变。因为气体压力升高后，氧气分压将会上升且活化过电位发生下降，从而使燃料电池的电压升高。

另外，通过排出生成水来降低水蒸气的分压对提高气体的分压也是有利的。

4. 利用率特性

我们把单体电池中因发生反应而实际消耗的燃料量与所供应的总燃料量的比值称为利用率，分别表示为氢气利用率和空气利用率，等等。

如果利用率过高，即气体的供应量处于消耗量以下的状态，那么单体电池内的气体分压将会极度降低而导致电压下降，而且还会引起电极等部件产生腐蚀情况。这是因为电荷从电极构成材料上发生移动以弥补燃料不足所致。为了防止发生这类情况，使单体电池内部始终保持一定的分压至关重要。降低利用率（即使所供应的气体量要达到消耗量以上）是行之有效的方法。由于不参与反应气体的作用，因此通过保持足够的分压将能促进反应，同时通过使气体在流体通道内顺畅流动也将使生成水取得良好的排水效果，但是流量增加后又会导致压力损失增加、加湿量增加及发电效率下降。

5. 低温启动特性

在以产生水作为原理的燃料电池中，对冰点温度以下的运行需要多加注意。特别是在运行后，当单体电池在内部残留生成水的情况下暴露在冰点温度以下时，因生成水发生冻结将使流体通道及扩散层内的多孔体发生堵塞，在下次启动时气体就会无法进入到反应表面。如果只是局部的生成水发生冻结，那么还能利用周围的反应热来进行启动，但是如果冻结的部位较多，则会因反应面积大幅度降低而无法启动了。为了防止出现这类情况，有效的对策是在结束工作状态时，通过利用气体进行扫气等手段来避免单体电池内发生水分滞留的情况。

（七）性能低下的主要原因

为了让燃料电池产生电流，有必要在产生电流的电池表面连续供给氢气和空气。可是，氢气和氧气反应生成的水会滞留在气体流路中，阻碍气体的流动，对产生电流的电池表面就不能均匀地供给水和空气，所产生的电流也就不稳定。另外，在启动等情况下也会由于氢气不足导致出现高电位状态。像这样由于氢极的燃料不足引起的高电位、氧极的空气供给不足引起的反电势等情况最终会导致催化剂劣化。

如果长时间发电，就会使催化剂的铂微粒凝结（烧结），粒子直径变大，催化剂表面积减少，导致电池电压下降。此外，载体碳受到腐蚀后也会出现铂微粒脱落等情况，导致电池性能下降。电池的温度或电极的电位越高，催化剂的劣化速度就越快。

2.5.5 在汽车用途方面的现状

据说 FCEV（燃料电池电动汽车）与 EV（电动汽车）都是应对温室效应和石油能源枯竭问题的终极汽车（图 2-79）。

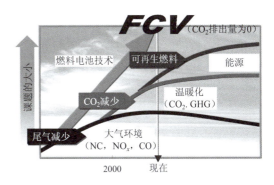

图 2-79 汽车所肩负的环境、能源课题[118]

如上所述，燃料电池是以氢气为燃料，并使其与空气中的氧气结合，从而产生提供车辆动力源泉的电能，而生成物仅为水的绿色装置。此外，利用太阳能电池和水能、风能等自然能源生成的电能电解水并生成氢气，如果该氢气可以驱动 FCEV 行驶，即可期望实现制造完全不依赖石油等有限能源的循环型绿色移动交通工具（图 2-80）。

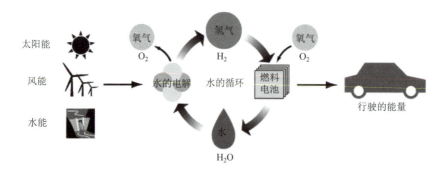

图 2-80 循环型能量[119]

此外，FCEV 的特点是能源利用效率高。当同时使用电池和电容器等能量存储器时，可以得到约为内燃机汽车 3 倍或者内燃机混合动力车 2 倍的车辆效率。

从氢气箱的氢气填充量的平衡来看，虽然目前情况 FCEV 可以达到和内燃机汽车大致相同的行驶距离，但仍然可以期待通过氢气箱的高压化和其他氢存储技术的进步来实现更远的行驶距离。

氢气填充时间根据储氢箱压力和填充容量的不同而有所不同，假如和内燃机汽车行驶相同的距离，氢气填充时间大致和补给内燃机汽车燃料箱的时间相同，所以 FCEV 与电池电动汽车相比在长途行驶方面更具有优势。

像这样，FCEV 在确保和现在主流的内燃机汽车相同的燃料供应时间和行驶距离的同时，还作为不影响地球环境的终极环保型汽车被大众寄予厚望（图 2-81）。

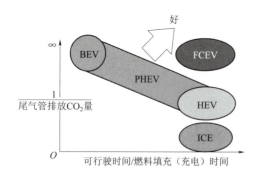

图 2-81 环保汽车的行驶便利性和环保性能的关系

现在来自于各个汽车公司的 FCEV 实验车或租赁销售车正在美国和日本的公路上行驶着。例如，在日本，作为由经济产业省实施的 JHFC（Japan Hydrogen & Fuel Cell Demonstration Project，日本氢燃料电池实证项目）的实证项目，日本的汽车公司正在一边使用各公司的 FCEV 和氢站，一边进行易用性的总结和问题点的查找（图 2-82，图 2-83）。

海外的实证实验有美国加利福尼亚州的 CaFCP（California Fuel Cell Partnership，加州燃料电池合作组织）和以德国的柏林市为中心的 CEP（Clean Energy Partnership，清洁能源合作组织）、EU（欧盟）第 6 次框架工作计划（FP6）所实施的各种演示程序（HyFLEET：CUTE，ZERO REZIO，HyCHAIN）等[121]。

FCEV 除了用于政府和民间共同实验项目外，还可向政府机关租赁，用于政要人物的出行和对普通人的启蒙活动。另外，它不仅可以在民间企业租赁销售，还可以作为一般公司用车用于企业的宣传活动和公司职员的出行等。在美国，一般个人用户都可以租赁销售。像这样，可以说燃料电池车从单纯的新技术实验车辆的范围，到达了实际验证汽车商品价值的阶段。

2.5.6 课题及今后的实施

近年来燃料电池及其系统的发展十分惊人，最新的 FCEV 中也有利用电动机驱动来确保实现强有力的行驶和一次填充确保 500 km 以上续驶里程的汽车。另外，还出现了确保 -30 ℃时的低温启动性等具有与现在主流的内燃机汽车同等性能的汽车[122]。

随着这些实证实验和各个汽车公司开发进程的发展，FCEV 未来发展的可能性得以扩大，但对于普及来说，仍存在必须要克服的难题。

图 2-82　JHFC 中的实证试验 FCEV[120]

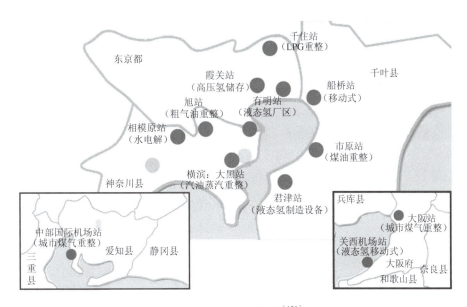

图 2-83　JHFC 氢站[120]

其一就是燃料电池的耐久可靠性,它要达到内燃机汽车的水平还需要克服一些问题。各公司为了提高其耐久可靠性,正致力于燃料电池材料和排除燃料电池老化原因的系统等方面的开发。

其二是成本问题。燃料电池本身多使用昂贵的贵金属材料,薄膜发电膜为多层重叠的结构等问题都导致材料和零部件加工、组装的成本很高,因此有必要大力推进通过使用低价材料替代和减少贵金属使用量等方式削减材料费,并大力推进采用能降低加工成本的工厂生产线等的生产开发等。此外,也正在考虑氢站等基础设施的普及。需要将基础设施设置为政府和民间一体的形式。在日本国内,为了未来的普及,正在采取积极的措施,如推动上述 JHFC 中氢站的实际验证实验等项目。

FCCJ（Fuel cell Commercialization Conference of Japan,日本燃料电池商业化协会）正在制定普及如图 2-84 所示的燃料电池汽车和氢站的构想。

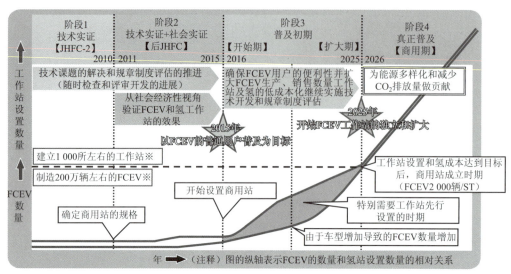

图 2-84 普及 FCEV 和氢站的构想[123]

该计划分为 4 个阶段,到 2010 年为止为实证试验的阶段 1,是查找和解决技术课题的时期。从 2011 年到 2015 年的 5 年时间为社会实证的阶段 2,是考虑经济效益的社会实证时期。并且将 2015 年定为普及到普通用户的第一年,之后(阶段 3)计划加快准批量生产线的 FCEV 生产和销售。另外,还将 2025 年定为 FCEV 和氢供给站独立和扩大的开始时期(阶段 4),在确保 FCEV 用户的优势(价格、便利性等)并顺利推广普及的情况下,计划设置工作站 1 000 所,普及 FCEV 200 万台。

像这样,对于 FCEV 真正的普及来说,还有很多必须解决的课题。可是 FCEV 作为汽车尾气排放影响地球环境的根本解决对策之一,与其他环保车辆一样今后有必要更加坚实有力地推进技术开发和社会应用。

2.6 下一代电池

2.6.1 下一代电池的路线图

(一)电动汽车用蓄电池要求特性的路线图

电动汽车用蓄电池必须能实现长续驶里程,现在实际应用的电池已经从铅酸蓄电池发展到镍氢电池、锂离子电池以及能量密度更高的电池。可是,为了让使用蓄电池的电动汽车实现和汽油汽车同等的续驶里程,依靠目前的锂离子电池的能量密度(高功率型 70~100 W/kg,高能量型 100~150 Wh/kg)还不够,因此对超越现有锂离子电池的第二代电池的期待日益迫切。

将电池的除电极活性物质以外的构成零部件(集电体和隔板、电池外壳等)视为没有重量和体积,即单纯地通过电极活性物质的电化学计算可知,如下文所述,锂硫电池和金属空气电池具有与内燃机汽车匹敌的续驶里程和实现真正电动汽车的能量密度的电位。然而,过去也研讨过这些电池体系,如在 20 世纪 70 年代作为由当时的日本通商产业省工业技术院举办的大型项目之一进行了研究开发,但由于有关充电反应的课题特别多,最终没有作为蓄电池实际应用。也就是说,要使这些体系电池迅速发展到能应用于电动汽车,至今仍是难度十分大的研究开发课题。

因此,在 2006 年日本经济产业省的研究会上,提出了为实现真正电动车的路线图[124],明确了今后电动汽车应努力的方向和实现它所需要的下一代电池的性能及成本的目标值(表 2-7)。

表 2-7 日本经济产业省在《关于新一代汽车的基础——下一代电池技术的研究会（2006年）》上制定的行动计划中的电池要求特性[124]

		现状	改良型电池（2010年）	先进型电池（2015年）	（2020年?）	革新型电池（2030年）
		小型 BEV	用途限定通勤车 BEV 高性能 HEV	普通通勤车 BEV 燃料电池车 PHEV	高性能 PHEV	真正的 BEV
		1 倍	1 倍	1.5 倍	3 倍	7 倍
BEV 用	能量密度/(Wh·kg^{-1}) 功率密度/(W·kg^{-1})	100 400	100 1 000	150 1 200		700 1 000
HEV 用	能量密度/(Wh·kg^{-1}) 功率密度/(W·kg^{-1})	70 1 900	70 2 000	100 2 000	200 2 500	
成本		1 20万日元/kWh	1/2 倍 10万日元/kWh	1/7 倍 3万日元/kWh	1/10 倍 2万日元/kWh	1/40 倍 0.5万日元/kWh

上述数值不是单体电池，而是电池组级的值。

在这个路线图中，关于代替现有汽油汽车的真正电动汽车的实际应用和推广路径，设想了两个方案。方案之一是以普及小型电动汽车为出发点，其特点为具有和汽油汽车几乎同等的、一次充电后的续驶里程为 200 km 左右的加速等运动性能，小型电动汽车普及之后再通过增大电池的能量密度，朝着长续驶里程目标的方向前进。

方案之二是通过提高电池能量密度来增大进入市场的混合动力汽车所搭载电池的容量，并且关注通过外部充电同样可作为电动汽车行驶的插电式混合动力汽车。首先，通过现在的锂离子电池的高性能化，如果可以使一次充电行驶距离提高至 20~60 km，由于可以在平日主要使用的短距离行驶中使用 EV，除此之外的中长途中使用 HEV，从而在不降低用户便利性的情况下，使实际行驶的绝大部分实现 EV 行驶。

（二）电池要求特性的路线图和下一代电池

如上节所述，现在，正在开发的车载用锂离子电池使用碳材料（石墨和硬碳）作为负极活性物质，使用含有锂的过渡金属氧化物（Li(NiCo)O_2 和 LiMn$_2$O$_4$ 等）和过渡金属磷氧化物（LiFePO$_4$）作为正极活性物质。在这种电池中，由多个单电池组成的电池组件实现了高功率型为 70 W/kg、高能量型为 100 Wh/kg 的能量密度（图 2-85）。

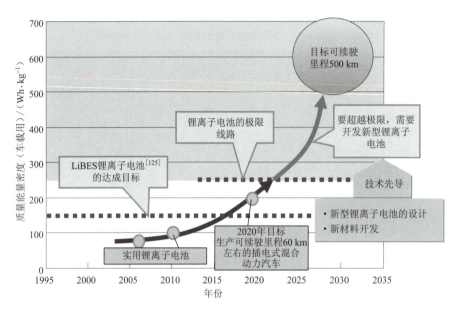

图 2-85　车载用电池的技术路线图

利用这些正极材料和负极材料的锂离子电池实现大型化后的电池组（由多个单电池和电池控制电路组成，将多个电池组件组合形成电池组）级所能实现的能量密度。在作为 1992—2001 年度的通商产业省工业技术院——新能源产业技术综合开发机构（NEDO）新阳光项目的一个环节投入研究的分散型电池电力储藏技术开发（LiBES）[125] 中，以电动汽车为出发点，开发的移动体用锂离子电池组件（3 kWh 级）达到的能量密度（表 2-8）为 150 Wh/kg，这也是一个对标基准。在世界上至今还尚未开发出超越这个值的电池组件。

表 2-8　通产省工业技术院——NEDO《LiBES 工程（1992—2001）》的开发目标和成果[125]

项　　目	定　置　用		移动体用	
	目标	成果	目标	成果
模块能量/kWh	2	2.32~2.49	3	3.75~4.13
能量密度/(Wh·kg^{-1})	120	122~128	150	150~155
(Wh·L^{-1})	240	197~255	300	252~244
功率密度/(W·kg^{-1})	—	—	400	489~438
循环寿命	3 500	3 000 多①	1 000	1 000 多②
能源效率/%	90	96.1~97.9	85	95.7~96.6

注：① 在小型单电池中的实证值。
　　② 在小型模块或小型单电池中的实证值。

另外，在 LiBES 项目中由于重视能源密度，功率密度为 400 W/kg，在混合动力汽车用途方面还很不充分。因此，2002—2006 年度进行了混合动力系统用的大功率锂离子电池的技术开发项目，可以实现能量密度为 70 Wh/kg，是 LiBES 项目的大约一半，功率密度远远超越已应用于混合动力汽车的镍氢电池，达到 1.8 kW/kg 以上的锂离子电池（表 2-9）。[126]

因此，目前将正在推进实用化的碳材料（石墨和硬碳）作为负极，通过在含锂的过渡金属氧化物中具有相对高容量的锂镍钴氧化物（Li(NiCo)O$_2$）和三元氧化物（Li(NiMnCo)O$_2$）也有可能实现电池组件或电池组级所要求的能量密度 150 Wh/kg。

表2-9 NEDO《燃料电池汽车等用锂离子电池技术开发（2002—2006）》的开发目标和成果[126]

项目	目标	各正极材料系的成果①		
		镍系	复合系	锰系
能量密度/(Wh·kg^{-1})	70	70.7	72	75
功率密度/(kW·kg^{-1})	1.8	1.9~2.1	2.2~2.5	2.3
能源效率②/%	96	93.4	91.4	—
耐用年数/年	15	16	>15	>15
成本/[千日元·(kWh)$^{-1}$]	50	44.0	39.8	38.0

① 3 kWh 组级换算值。
② 在定流法中为96%~97%。

然而，要实现一次充电可行驶约60 km的插电式混合动力汽车所需的200 Wh/kg，必须使用与现在的锂离子电池不同的负极和正极，即所谓的第二代锂离子电池。再有，能实现真正的电动汽车所需的500~700 Wh/kg，已经不是锂离子电池的范畴，需要寻求后锂离子电池。

2.6.2 第二代锂离子电池

2015—2020年要实现设想的一次充电行驶距离60 km左右的、真正的插电式混合动力汽车电池（电池组级为200 Wh/kg、2 500 W/kg），有必要将与现在的锂离子电池不同的负极材料、正极材料投入实际应用。下面将介绍可能具有如此高能量密度的第二代负极材料和正极材料。

（一）高容量负极材料

首先在负极方面，具有明显超越石墨、碳类比容量的锂组成的金属间化合物，即合金系相关的研究开发再次活跃起来（图2-86）。

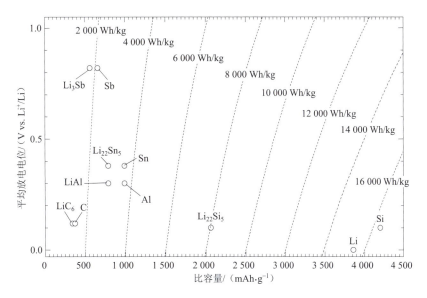

图2-86 石墨和金属系负极的比容量和平均放电电位

最初，为了解决锂金属负极在充电时析出树枝状锂的问题，从20世纪80年代就开始了金属氧化物和合金类负极的研究，比石墨、碳材料更早。

然而，合金类负极存在锂的插入和放出过程中体积变化非常大（图2-87）、细粉化进行时循环寿命极短等问题。最新的认识是，要开发出先进型电池，需要着手研究锡类和硅类合金负极材料。另外，最近由于纳米材料技术的导入，在延长寿命方面陆续取得了一些颇有意义的成果[127]。在锡类材料中，正在进行钴、铁、银合金的开发；在硅类材料中，正在进行Si/C复合材料和薄膜化等的开发。

决了电极化课题。同时，也有需要防止随着体积变化而产生的体相结构的衰变等方面的报告。硅类是这些年研究开发的例子最多的材料。

另外，由于硅和石墨、碳类负极的电极电位大体相等，因此并不是迅速替换为硅类负极，而是通过和石墨、碳类负极的复合化，来推进硅负极的实用化，这一途径也在发展之中。

（二）高容量正极材料的开发状况

虽然在负极的循环寿命和不可逆容量（充电而不放电的容量）这点上还存在着一些问题，但仍存在潜在比容量相当大的材料。然而，在正极材料中，目前这样的替代材料极其贫乏。特别是，为了能与石墨、碳类材料和硅类材料等不含有锂的负极相对应，以含有锂的化合物（图2-88）为中心展开探讨，但目前还没有找到与$LiCoO_2$相比比容量能有相当大程度提高的类别。在这里，由于$LiNiO_2$的可逆锂插入、放出量较多，因此被定位为高能量密度型正极，如表2-10所示，解决其实用化的课题至今仍很有难度。

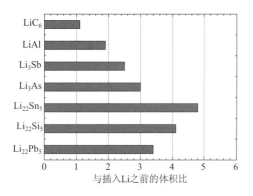

图2-87 石墨和金属系负极中各种插入Li的组成结构与插入Li之前的体积比

特别是，硅类不仅是合金类负极中比容量最大的材料，在电极电位方面与石墨、碳类负极的兼容性也很高，所以十分引人瞩目。使用溅射法在集电体上直接形成多孔质的薄膜电极，从而解

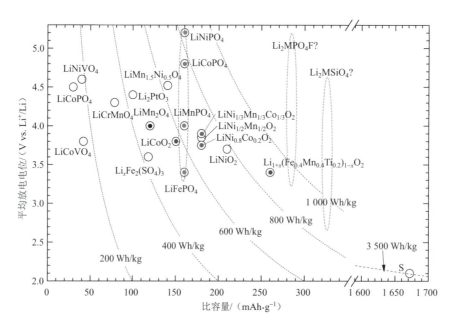

图2-88 各类正极材料的比容量和平均放电电位

图中的能量密度等高线为假定与Li金属负极组合的正极单体的能量密度。
Li_2MPO_4F和Li_2MSiO_4为理论性潜在值。

表2-10 具有代表性的投入使用的正极材料和新一代正极材料特征

民用小型电池领域的概况	正极材料	面向车载用领域的开发概况	
		概况	特长/课题
已投入使用	$LiCoO_2$	非开发对象	（成本、资源的制约）
未投入使用	$LiNiO_2$	基本性课题较多	在成本优势、高容量/水分带来的特性变化、高SOC上的安全性方面的课题
已投入使用	$LiNi_{0.8}Co_{0.2}O_2$	已投入使用	最接近于改良型蓄电池实际应用型号的候补/电解液的反应性进一步降低
已投入使用	$LiMn_2O_4$	已投入使用	成本优势、安全性/能量密度下降、高温（高SOC）时容量降低
已投入使用	$LiNi_{1/3}Mn_{1/3}Co_{1/3}O_2$	已投入使用	因高容量/高电压型正极，使其与电解液的反应性得到抑制
已投入使用	$LiFePO_4$	尤其是在美国、中国，应用于车载	成本优势、寿命长、安全性/能量密度小
新一代型	$Li_2MnO_3 - LiMO_2$系	被认为是有可能的替代材料	成本优势、高容量/循环寿命、低温时容量下降
新一代型	S	到电池系统需要回到基础研究	成本优势、高容量/向电解液中的溶出：电子传导性

因此，目前已开始尝试使用比容量较高的化合物——具有层状结晶结构的锰氧化物Li_2MnO_3[128-129]。但是，由于Li_2MnO_3是不能单独进行锂释放、插入反应的惰性化合物，因此需要和具有锂释放、插入反应活性的$LiMO_2$（M=Ni，Co，Mn）[128]及惰性$LiFeO_2$[129]一起，形成固溶体，使固溶体整体具有锂插入释放反应活性，其显示出的250～300 mAh/g的高容量，使它备受关注。

图中的能量密度等高线表示假定的与平均放电电位为4 V的正极组合的负极单体的能量密度。

（三）聚阴离子系正极材料

另外，近年来除氧化物以外，也在进行着磷酸盐及硅酸盐等高能量密度型正极材料开发的尝试，它们亦被称为聚阴离子系正极材料。在磷酸盐中，橄榄石结构的$LiFePO_4$已进入了实际应用阶段，但$LiFePO_4$的放电电位较低，约为3.4 V，其容量已接近于理论容量（170 mAh/g），已没有希望继续提高能量密度。因此，如图2-88所示，在相同的橄榄石结构形的正极材料中，将铁置换为锰和镍之后的$LiMnPO_4$、$LiNiPO_4$虽然理论容量没有变化，而平均放电电压却分别提高到了4.0 V、4.8 V，与$LiFePO_4$相比，有望分别提高约20%、50%的能量密度。因此，目前正在投入众多力量进行研究。但是，要实现在车载电池方面的实际应用，还有很多课题需要研究，如$LiMnPO_4$的电子传导性非常低，$LiNiPO_4$没有在那样高的电极电位实现稳定操作的有机电解液，等等。

除此之外，和Li_2MnO_3相同，相对于金属元素，如果能将化学组成中具有2个锂离子的硅酸盐系列（Li_2MSiO_4）[130-131]及（$LiMPO_4F$）[132]系列等所含有的锂离子全部脱离或插入，则期望分别可达到330 mAh/g、290 mAh/g的理论容量，因此，目前正在进行着各种各样的讨论。但是，目前的情况是相对于金属元素可进行几乎1个锂离子的可逆脱离或插入，使其成为期待之后有所进展的材料系列。

（四）先进型锂离子电池的课题

正如上文所述，如果能开发由新的材料系组成的锂离子电池，该新材料系在负极、正极的容量均超越目前的锂离子电池所用材料系的容量，则可能实现200 Wh/kg的能量密度。但是，由于这些材料系都有循环寿命短的缺点，同样也是在小型民用领域中未采用的电池系列。在车载用类型中，需要比小型民用领域高3～5倍以上，也就是10年以上的耐用年限，因此其开发难度可见一斑。

2.6.3 革新型锂离子蓄电池——革新型电池的可能性

能够替代现有汽车的、真正意义上的电动汽车所需的电源能量密度为 500～700 Wh/kg，实现这一能量密度的革新型电池已经不属于锂离子电池的范畴了。特别是如图2-86及图2-88所示，目前的状况是负极处于潜在阶段，预计比容量能够得到非常大的飞跃，而与此相对，正极除硫以外其他材料不可能大幅提高比容量。然而，由于电池至少包含正极和负极，因此仅仅单方面提高负极的容量，电池整体的能量密度也不会提高。例如，在现有的锂离子电池中，正极和负极的重量比在2:1到1.5:1之间，如果开发出了无限大比容量的负极，则即使负极重量为0，也只能将能量密度提高到目前的3/2倍到5/3倍。

因此，在材料开发中，不仅是负极材料，正极材料的开发也极为重要。下面我们将对期待能够大幅提高比容量的、与硫正极相组合的锂硫电池及与空气极相组合的金属空气电池的开发课题进行讨论。

（一）锂硫电池

作为面向革新型锂离子电池高容量正极的替代材料，虽然硫（S）的电极电位较低，约为 2.5 V（vs. Li^+/Li），但却具有非常大的理论容量（约 1 670 mAh/g），通过与锂金属负极相组合可实现表2-7所述的革新型电池，锂硫电池因此成为备受关注的一种电池体系。只是，由于硫的电子传导性较差，再加上与锂发生反应所生成的多硫化锂会溶于有机电解液等原因，造成循环劣化的问题，成为硫系列正极需要解决的一大课题。

关于硫系列正极的放电生成物在有机电解液中溶解问题，目前正在尝试通过利用无机固体电解质等使其不发生溶解[133]。在电子传导性方面，从很久以前就开始尝试使用金属硫化物增加传导性，使用锂合金/FeS_2的高温（375 ℃～500 ℃）工作电池已投入了实际应用。最近正在尝试使用 CuS[134] 及 NiS[135]。作为固体电解质显示出卓越特性的硫化锂系列化合物，由于可能会与水发生反应生成硫化氢等导致发生车辆火灾，因此在实际使用时还需要解决这些课题，但是由于实现革新型电池所要求的高能量密度的替代材料有限，因此需要继续加强有关利用硫系列正极的研究开发。

（二）金属空气电池

金属空气电池比锂硫电池具有更高的能量密度，因此它作为锂硫电池的替代品备受期待。由于以无须内置于电池的空气（氧气）作为正极活性物质，在有望具有非常高能量密度的电池系列（表2-11）中，它从20世纪60年代开始就已经开始进行面向电动汽车用途的研究开发了。目前，正在研究的金属空气电池有以下两种形式：一种是使用水溶液系列电解质；另一种是像锂空气电池那样为了充分诱发出锂的电位而使用无水电解质。这两种情况在空气极侧的反应各不相同。但是，无论是哪种形式，空气极除了有一般的燃料电池共通的课题之外，还有在用于二次电池的电极时，燃料电池也必须解决无须充电过程，也就是在空气极生成氧的反应问题，空气极需要解决的课题无疑是更多了。

表2-11 金属空气电池的特性

金属负极及其电极反应*	理论单体电池电压	比容量		理论能量密度（单位金属）	
	V	Ah/kg	Ah/dm³	Wh/kg	Wh/dm³
$Fe + 2OH^- \Leftrightarrow Fe(OH)_2 + 2e^-$	1.28	960	7 540	1 230	9 650
$Zn + 4OH^- \Leftrightarrow Zn(OH)_4^{2-} + 2e^-$	1.62	820	5 850	1 330	9 460
（或 $Zn + 2OH^- \Leftrightarrow ZnO + H_2O + 2e^-$）	1.65			1 350	9 640
［无水电解质的全电池反应化学方程式］					
$2Li + O_2 \Leftrightarrow Li_2O_2$	3.10	3 860	2 060	12 000	6 390
$4Li + O_2 \Leftrightarrow 2Li_2O$	2.91			11 200	5 990
*：Fe、Zn 及 Al 为以碱性水溶液电解质作为前提时负极的半电池反应化学方程式。Li 为使用无水电解质的情况。					

下面，以在质量能量密度方面具有非常高电位的锂空气电池和使用空气中无处不在的水分的碱性水溶液电解质驱动，体积能量密度可能高于锂空气电池的锌空气电池为例，来描述电池系统的特征和研究课题。

1. 锂空气电池

由于锂会与水直接发生反应，需要使用无水电解质。因此，在空气极侧的反应与将水溶液作为电解质时的情况不同。如后文所述，在碱性水溶液电解质中，空气极的放电反应会因氧的还原而生成氢氧化物离子（OH^-），无水电解质中则因氧的还原生成锂氧化物，尤其是在碳极上会如化学方程式（2-9）所示，因2个电子的还原反应而生成过氧化物[136-138]。

正极：$2Li^+ + O_2 + 2e^- \longrightarrow Li_2O_2$ （2-9）

（$4Li^+ + O_2 + 4e^- \longrightarrow 2Li_2O$） （2-10）

负极：$Li \longrightarrow Li^+ + e^-$ （2-11）

全电池：$2Li + O_2 \longrightarrow Li_2O_2$ （2-12）

（$4Li + O_2 \longrightarrow 2Li_2O$） （2-13）

首先，作为电池系统整体的课题，需要努力使从空气极侵入的氧气和水不会浸透到锂极一侧。其次，在空气极侧，由于放电生成物固体 Li_2O_2（或 Li_2O）会覆盖空气极表面，因此提高该固体保有容量极为重要。另外，抑制充电过程中 Li_2O_2 的还原反应时的过电位非常重要，使用 $\alpha-MnO_2$ 纳米线作为实现这一效果的催化剂被报告是有效的，然而虽然其平均放电电压约为2.7 V，但在充电时却需要加上4 V 的电压，因此过电位较大。这意味着充放电能量效率降到不足70%，效率降低成为需要解决的一大课题。

另外，最近通过在锂金属负极和空气极之间夹入使水和氧气无法通过的无机固体电解质，将接触空气极侧的电解质做成水溶液的系统也正在规划中[139]。在该系统中，为了抑制空气极侧 LiOH 的析出而使用醋酸和醋酸锂的混合水溶液作为电解液的有效性受到质疑。

然而，无论是哪种电解质系统，在负极，即锂金属极上，无法解决抑制充电时的树枝状锂的析出这一问题再次阻碍了电解质系统的发展，也需要继续展开关于锂金属极的研究。

2. 锌空气电池[140]

可使用碱性水溶液电解质驱动的锌空气电池是仅可进行一次放电的一次电池，是已经商品化的电池系统，尤其是在空气极侧的水分侵入已不成太大问题，单位体积的理论能量密度超越了锂空气电池（表2-11），目前正在继续研究将该系统应用于二次电池中。

正极：$O_2 + 2H_2O + 4e^- \longrightarrow 4OH^-$ （2-14）

电极反应：$O_2 + H_2O + 2e^- \longrightarrow O_2H^- + OH^-$ （2-15）

后续化学反应：$2O_2H^- \longrightarrow O_2 + 2OH^-$ （2-16）

负极：$Zn + 2OH^- \longrightarrow ZnO + H_2O + 2e^-$ （2-17）

电极反应：$2Zn + 4OH^- \longrightarrow Zn(OH)_4^{2-} + 2e^-$ （2-18）

后续化学反应：$Zn(OH)_4^{2-} \longrightarrow ZnO + H_2O + 2OH^-$ （2-19）

全电池：$2Zn + O_2 \longrightarrow 2ZnO$ （2-20）

首先，作为空气极的一大课题，将碳作为空气极材料时，碳一侧2个电子的还原方程式（2-15）成为电池电压降低的主要原因。使用贵金属催化剂可有效提高电池电压（8电子还原），但这样将与固体高分子形式的燃料电池一样，产生成本增高的问题。使用二氧化锰也可有效促进化学方程式（2-16）的反应，但是由于充电反应时在空气极侧会产生氧气，需要通过使用耐酸性能较高的零部件材料等来提高耐久性。

另一方面，在锌极，化学方程式（2-18）所示的放电生成物 $Zn(OH)_4^{2-}$ 在水溶液中的可溶性很高，成为锌极充电时产生形态变化和析出树枝状锌的原因，需要寻求彻底解决这些问题的方法。

相关外文缩略语一览表

ACF	Activated Carbon Fiber	活性炭纤维
AFC	Alkaline Fuel Cell	碱性燃料电池
AGM	Absorbed Glass Mat	吸收型玻璃纤维隔板
BEV	Battery Electric Vehicle	纯电动汽车
CEP	Clean Energy Partnership	清洁能源合作组织
CaFCP	California Fuel Cell Partnership	加利福尼亚州燃料电池合作组织
DMFC	Direct Methanol Fuel Cell	直接甲醇燃料电池
DOD	Depth of Discharge	放电深度
EPMA	Electron Probe Micro Analyzer	电子探针显微分析仪
EU	European Union	欧盟
EV	Electric Vehicle	电动汽车
FCCJ	Fuel Cell Commercialization Conference of Japan	日本燃料电池商业化协会
FCEV	Fuel Cell Electric Vehicle	燃料电池电动汽车
GE	General Electric	通用电气
HEV	Hybrid Electric Vehicle	混合动力电动汽车
HR – PSOC	High Rate – Partial State of Charge	高倍率部分充电状态
IC	Integrated Circuit	集成电路
IEC	International Electrotechnical Commission	国际电工委员会
ISO	International Organization for Standardization	国际标准化组织
JARI	Japan Automobile Research Institute	财团法人日本汽车研究所
JHFC	Japan Hydrogen & Fuel Cell Demonstration Project	氢燃料电池实证项目
JIS	Japanese Industrial Standard	日本工业标准
LSI	Large Scale Integration	大规模集成电路
LiBES	Lithium Secondary Battery Energy Storage	分散型电池电力贮能技术开发
MCFC	Molten Carbonate Fuel Cell	熔融碳酸盐燃料电池
MEA	Membrane Electrode Assembly	膜/电极复合体
MIT	Massachusetts Institute of Technology	麻省理工学院
NEDO	New Energy and Industrial Technology Development Organization	新能源产业技术综合开发机构
OCV	Open Circuit Voltage	开路电压
PAFC	Phosphoric Acid Fuel Cell	磷酸燃料电池
PCL	Premature Capacity Loss	早期容量损失
PDA	Personal Digital Assistance	个人数码助理/掌上电脑
PEFC	Polymer Electrolyte Fuel Cell	聚合物电解质燃料电池
PHEV	Plug – in Hybrid Electric Vehicle	插电式混合动力汽车
PSOC	Partial State of Charge	部分电荷状态
SBA	Standard of Battery Association	蓄电池工业协会标准
SEI	Solid Electrolyte Interface	固体电解质界面膜
SEM	Scanning Electron Microscope	扫描型电子显微镜
SOC	State of Charge	充电状态
SOF	State of Functionality	功能状态

续表

SOFC	Solid Oxide Fuel Cell	固体氧化物燃料电池
SOH	State of Health	劣化程度
UPS	Uninterruptible Power Supply	无间断供电
VLSI	Very Large Scale Integration	超大规模集成电路
ZEV	Zero Emission Vehicle	零排放汽车

参 考 文 献

[1] 経済産業省、資源エネルギー庁；エネルギー白書 2010、http：//www.enecho.meti.go.jp/topics/hakusho/2010/index.htm.

[2] 経済産業省 2010 技術戦略マップ、http//wwwmetLgαjp/policy/economy/gijutsu_kakushin/kenkyu_kaihatu/str2010download.html#6 エネルギー分野、http//www.metigo.jp/policy/economy/gijutsu_kakushin/kenkyu_kaihatu/str2010/a6_1.pdf 二次電池分野、http//www.meti.go.jp/policy/economy/gijutsu_kakushin/kenkyu_kaihatu/str2010/a6_3.pdf 持続可能なものづくり技術分野、http：//www.meti.go.jp/policy/economy/gijutsu_kakushin/kenkyu_kaihatu/str2010/a8_1.pdf.

[3] 経済産業省次世代自動車戦略 2010（平成 22 年 4 月）、http//www.meti.go.jp/press/20100412002/20100412002.html.

[4] 松田好晴ほか編；霞池便覧、丸善（1990）．

[5] 松田好晴ほか縮：電池便覧（増補版）、丸善（1995）．

[6] 電気化学会電池技術委員編：電池ハンドブック、オーム社（2010）．

[7] 松田好晴ほか：電子とイオンの機能化学シリーズ、Vol.2 大容量電気二重層キャパシタの最前線、NTS（2002）．

[8] 西野敦ほか：冠気化学キャパシタの開発と応用、CMC（1998）．

[9] IEC 60050：the International Electrotechnical VocabLary.

[10] ノート型 PC におけるリチウムイオンニ次電池の安全利用に関する手引書。社団法人電子情報技術産業協会（JEITA）および電池工業会（BAJ）（2007）．

[11] リチウム金属電池およびリチウムイオン電池の輸送に関する手引書、社団法人電池工業会（2009.4）．

[12] UN（United Nations）：Recommendations on the Transport of Dangerous Gaps.

[13] ICAO：Technical Instructions for Safety Transport of Dangerous Goods by Air 2009 – 2010 Edition.

[14] IATA：DangerousGoodsRegulaUolls50thEdition、Effective 1 January 2009.

[15] IMO：International Maritime Dangerous Goods（IMDG）Code 2008 Edition.

[16] ADR：Concerning the Intemadonal Carriage of Dangerous Goods by road applicable as from 1 January 2009.

[17] UL 1642 Underwriters Laboratories，Standard for Lithium Batteries.

[18] JIS C 8701 可搬鉛蓄電池．

[19] JIS C 8702 小形制御弁式鉛蓄電池．
1 部：一般要求事項、機能特性及び試験方法．
2 部：寸法。端子及び表示．
3 部：電気機器への使用に際しての安全性．

[20] JIS C 8704 据置鉛蓄電池．
1 部：ペント形．
2 – 1 部：制御弁式一試験方法．
2 – 2 部：制御弁式一要求事項．

[21] JIS D 5301 始動用鉛蓄電池．

[22] JIS D 5302 二輪自動車用鉛蓄電池．

[23] JIS D 5303 電気車鉛蓄電池．
1 部：一般要求事項及び試験方法．
2 部：種類及び表示．

[24] IEC 60896 Stationary lead-acid batteries.

[25] IEC 60095 Lead-acid starter batteries.

[26] IEC 60254 Lead-acid traction batteries.

[27] IEC 62257 Recommendations for small renewable energy and hybrid systems for rural electrification.

[28] IEC 61427 Secondary cells and batteries for photovoltaic energy systems（PVES）-General requirements and method of test.

[29] IEC 61982 Secondary batteries for the propulsion of electric road vehicles.

[30] JIS C 8708 密閉形ニッケル・水素蓄電池.

[31] JIS C 8711 ポータブル機器用リチウム二次電池.

[32] JIS C 8712 密閉形小形二次電池の安全性.

[33] JIS C 8713 密閉形小形二次電池の機械的試験.

[34] JIS C 8714 携帯電子機器用リチウムイオン蓄電池の単電池及び組電池の安全性試験.

[35] IEC 61951 - 2 Secondary cells and batteries containing alkaline or other non-acid electrolyte-Portable sealed rechargeable single cells-Part2: Nickel-metal hydride.

[36] IEC 61960 Secondary cells and batteries containing alkaline or other non-acid electrolyte-Secondazy lithium cells and batteries for portable applications.

[37] IEC 61959 Secondary cells and batteries containing alkaline or other non-acid electrolyte-Mechanical tests for sealed portable secondary cells and batteries.

[38] IEC 61809 Secondary cells and batteries containing alkaline or other non-acid electrolyte-Safety requirement for portable sealed alkaline secondary cells and batteries.

[39] IEC 62133 Secondary cells and batteries containing alkaline or other non-acid electrolyte-Safety requirements for portable sealed secondary cells, and for batteies made from them、for use in pαrtable applications.

[40] IEC 62188 Secondary cells and batteries containing alrkaline or other non-acid electrolyte-Design an manufacturing recommendations for portable batteries made from sealed secondary cells.

[41] IEC 61434 Secondary cells and batteries containing alkaline or other non-acide electrolyte-Guide to designation of current in alkaline secondary cell and battery system.

[42] 電気学会・42V電源化調査専門委員会編：自動車電源の42V化技術、オーム社（2003）.

[43] 電気学会・自動車用電源システムマネジメント調査専門委員会編：自動車用電源システムマネジメント技術（2008）.

[44] 電池便覧編集委員会編 = 電池便覧、丸善（20肌）.

[45] 電気化学会・電池技術委員会編 = 電池ハンドブック、オーム社（2010）.

[46] 日本電池株式会社編：最新実用二次電池、日刊工業新聞社（1995）.

[47] 日本工業規格：JIS D 5301、始動用鉛蓄電池（2006）.

[48] 電池工業会規惰；SBA S 0101、アイドリングストップ車用鉛蓄電池（2006）.

[49] J. Furukawa, et al. Development of New Positive Grid Alloy and its Application to Long-Life Batteries for Automotive Industry, J. Power Sources. Vol. 133. p. 25 (2004).

[50] 根兵靖之ほか：C-21合金を用いたGOLDシリーズの開発、FBテクニカルニュース、No. 59、p. 8 (2003).

[51] J. Furukawa, et al. Development of the Lead-Acid Battery for Idling-StopVehicle Applications、12th Asian Battery Conference, Shanghai (2007).

[52] 竹島修平ほか = ハイブリッド軽乗用車用VRLA電池の開発、FBテクニカルニュース、No. 60、p. 13 (2004).

[53] G. Fraser-Bell, et al. The European Automotive SLI Battery Market、Past. Presenち and Future、9th Advanced Automotive Battery and EC Capacitor Conference. Long Beach (2009).

[54] 高田利通ほか：アイドリングストップ車用鉛蓄電池の開発、FBテクニカルニュース、No. 62、p. 15 (2006).

[55] 高田利通ほか：アイドリングストップ車用鉛蓄電池の開発（第2報）、FBテクニカルニュース、No. 64、p. 43 (2008).

[56] 古川淳ほか：42Vシステム用36V・VRLA電池とサーマルマネジメントの開発、FBテクニカルニ昇ース、No. 58、p. 3 (2002).

[57] J. Furukawa, et al. Development of 36 V Battery and Thermal Management, 2th Advanced Automotive Battery Conference. Las Vegas (2002).

[58] L. T. Lam, et al. Development of ultra-battery for hybrid-electric vehicle application, J. Power Sources, Vol. 158. p. 1140 (2006).

[59] L. T. Lam, et al. VRLA Ultrabattery for high-rate partial-state of-charge operation. J. Power Sources, Vol. 174, p. 16 (2007).

[60] J. Furukawa, et al. Further demonstration of the VRLA type UltraBattery under medium-HEV duty and development of the flooded-type UltraBattery for micro-HEV applications. J. Power Sources, Vol. 195. p.

1241 (2010).

[61] J. Furukawa, et al. Development of the flooded-type UltraBattery for micro-HEV applications. ECS Transactions, Vol. 16. No. 34, p. 27 (2009).

[62] 古川淳ほか：キャパシタハイブリッド型鉛蓄電池「ウルトラバッテリー」の開発、電気化学会第74回大会、Abstr.、p. 332 (2007).

[63] 古川淳ほか：キャパシタハイブリッド型鉛蓄電池「ウルトラバッテリー」の開発、Electrochemistry、Vol. 77、No. 6、p. 481 (2009).

[64] 古川淳ほか：ウルトラバッテリーの開発、FBテクニカルニュース、No. 62、p. 10 (2006).

[65] 門馬大輔ほか：ウルトラバッテリーの開発 第2報、FBテクニカルニュース、No. 63、p. 7 (2007).

[66] 赤阪有一ほか：ウルトラバッテリーの開発 第3報、FBテクニカルニュース、No. 64、p. 38 (2008).

[67] International standard：IEC 60095 – 1, Lead-acid starter batteries-Part 1：General requirements and methods of test.

[68] International standard：IEC 60095 – 2, Lead-acid starter batteries-Part 2：Dimensions of batteries and dimensions and mazking of terminals.

[69] DOE/ID-11069. October 2003. FreedomCAR Battery Test Manual For Power-Assist Hybrid Electric Vehicles.

[70] DOE/ID-11070, April 2003. FreedomCAR 42V Battery Test Mauual.

[71] 小久見善八：リチウムニ次電池、オーム社 (2008).

[72] 芳尾真幸：リチウムイオンニ次電池第二版、日刊工業新聞社 (2000).

[73] 西山浩一：大型リチウムイオン電池の開発と自動車用途への展開。自動車技術、Vol. 63、No. 9、p. 86 – 91 (2009).

[74] ソニー：プレスリリース (1999年6月14日).

[75] パナソニック＝プレスリリース (2009年12月25日).

[76] オートモーティブエナジーサプライ：プレスリリース (2009年7月16日).

[77] 新エネルギー・産業技術総合開発機構成果報告書：リチウムイオン蓄電池等の技術マップ作成に関する調査、p. 1 – 24 (2009).

[78] 逢坂哲彌：キーテクノロジー電池、p. 62、丸善 (1998).

[79] 高見則雄：東芝レビュー、Vol. 63，No. 12，p. 54 (2008).

[80] M. S. Ding, et al. J. Electrochem. Soc.、148、A1196 (2001).

[81] D. Zuckerbrod, et al. Proc. of the 34th Int. Power Sources Symp. , p. 72 (1990).

[82] 廣田幸嗣：日経エレクトロニクス、2007年6月4日号、p. 134 – 140 (2007).

[83] K. Miyatake, et al. Research on Large capacity, High power Lithium-ion Batteries SAE (2009).

[84] htlp: //www. baj. or. jp/safety/safetyl6. html.

[85] 高橋雅子：自動車用リチウムイオン電池に関する国際標準化動向、自動車研究、Vol. 31、No. 7、p. 301 – 304 (2009).

[86] 高橋昌志：自動車用リチウムイオン電池の安全性評価試験、自動車研究.

[87] 日経エレクトロニクス：次世代電池 2007/2008. p. 52 – 75 (2009).

[88] 新エネルギー・産菜技術総合開発機構成果報告書：二次電池技術開発ロードマップ (Battery RM2010) (2010).

[89] 新エネルギー・産業技術総合開発機構成果報告書：次世代自動車用蓄電池技術開発ロードマップ 2008 (2009).

[90] 西野敦、直井勝彦：大容量キャパシタ技術と材料、p. 67 – 79。シーエムシー出版 (2003).

[91] 小山昇ほか：リチウムイオン避池の技術革新と将来展望、p. 13 – 14. エヌ・ティー・エス (2001).

[92] 田村英雄；電子とイオンの機能化学シリーズVol. 3 次世代型リチウムニ次電池。p. 131 – 134、エヌ・ティー・エス (2003).

[93] T. Ohzuku, et al. J. Electrochem. Soc. 142. p. 1431 (1995).

[94] M. M. Thackeray：J. Electrochem. Soc. 142. p. 2558 (1995).

[95] A. N. Jansen, et al. J. Power Sources, 81 – 82. p. 902 (1999).

[96] S. Scharner, et al. J. Eiectrochem. Soc. 、146. p. 857 (1999).

[97] J. Shu：Electrochemical and Solid-State Letters. 11. A238 (2008).

[98] A. D. Pasquier, et al. J. Power Sources、113、p. 62 – 71 (2003).

[99] I. Plitz, et al. Appl. Phys. A. A82, p. 615 – 626 (2006).

[100] L. Kavan, et al. Electrochem. Soc. 150, A1000 (2003).

[101] C. H. Chen, et al. J. Electrochcm. Soc. 148、Al02 (2001).

[102] 広瀬研吉：燃料電池のおはなし改訂版、（財）日本規格協会、p. 47 – 49 (2002).

[103] 広瀬研吉：燃料電池のおはなし改訂版、（財）日本規格協会、p. 49、図2.1 (2002).

[104] 太陽科学 HP、http://www.ge-t.co.jp/taiyo/.

[105] ㈱本田技研工業 HP、FCX.

[106] 自動車技術ハンドブック第2分冊環境・安全、p. 49、自動車技術会 (2005).

[107] 河津成之：燃料電池、自動車技術。Vol. 56、No. 9、p. 112 (2002).

[108] 定置用燃料電池大規模実証事業報告書、（財）新エネルギー財団 (2010).

[109] パナソニック㈱ HP.

[110] 東芝燃料電池システム㈱ HP.

[111] ㈱ENEOSセルテック HP.

[112] PEFC 技術開発の現状と課題、独立行政法人新エネルギー・産業技術総合開発機構燃料・水素技術開発部、p. 15 – 16 (2009).

[113] 東芝 HP.

[114] 自動車技術会：自動車の百科事典、p. 524、図6.44、図6.45、丸善 (2010).

[115] 高橋武彦：化学 OnePoint8 燃料電池、共立出版 (1992).

[116] 水素・燃料電池ハンドブック編集委員会：水素・燃料電池ハンドブック編集委員会、オーム社 (2006).

[117] 上松宏吉：燃料電池発電システムと熱計算、オーム社 (2004).

[118] 岡本英夫：EVSフォーラム2009 前刷り集、p. 56、（財）日本自動車研究所 (2009).

[119] ㈱本田技研工業 HP、FACT BOOK、[FCX CLARITY].

[120] 水素・燃料電池実証プロジェクト（JHFC）HP.

[121] 水素・燃料電池実証プロジェクト（JHFC）：平成21年度欧米における燃料電池自動車動向調査報告書、（財）日本自動車研究所 (2010).

[122] 松永稔ほか：FCXクラリティ用パワートレイン、Honda R&D Technical Review, Vol. 21, No. 1, p. 7 – 14 (2009).

[123] 燃料電池実用化推進協議会（FCCJ）HP.

[124] 経済産業省 – 新世代自動車の基礎となる次世代電池技術に関する研究会（石谷久座長）、次世代自動車用電池の将来に向けた提言（2006年8月）.

[125] 『分散型電池電力貯蔵技術開発』事後評価報告書（平成15年2月）、新エネルギー・産業技術総合開発機構 (2003).

[126] 『燃料電池自動車等用リチウム電池技術開発』事後評価報告書（平成20年3月）、新エネルギー・産業技術総合開発機樽 (2007).

[127] 境哲男：ユビキタスエネルギーの最新技術、p. 24 – 38、シーエムシー出版 (2006).

[128] M. M. Thackeray, et al. Li_2MnO_3 – stabilized LiMO2 (M = Mn. Ni. Co) electrodes for lithium-ion batteries. J. Mater Chem., Vol. 17, No. 30, p. 3112 (2007)：A. Ito. et al.；J. Power Sources, Vol. 183. 344 (2008).

[129] M. Tabuchi, et al. Optimizing Chemical Composition and Preparation Conditions for Fe Substituted Li2MnO5 Positive Electrode Material、J. Electrochem. Soc.、Vol. 154. No. 7. p. A638 (2007).

[130] A. Nytén, et al. Electrochemical performance of Li2FeSiO4 as anewly-battery cathode materials, Electrochem. Commun. Vol. 7. p. 156 (2005).

[131] R. Cominko, et al. Structure and electrochemical performance of Li2MnSiO4 and Li2FeSiO4 as potential Li-battery cathode materials. Electrochem. Commun., Vol. 8. p. 217 (2006).

[132] B. L. Ellis, et al. A multifunctional 3.5 Viron-based phosphate cathode for rechargeable batteries, Nature Mater.. Vol. 6, p. 749 (2007).

[133] 辰巳砂昌弘ほか：ユビキタスエネルギーの最新技術、p. 55 – 61. シーエムシー出版 (2006).

[134] A. Hayashi, et al. Rechargeable lilhium batteries、using sulfur-based cathode materials and Li2S-P2S5 glassceramic electrolytes. Electmchim. Acta, Vol. 50. No. 2 – 3. p. 893 (2004).

[135] T. Takeuchi, et al. Preparation of NiS2 using

sparkplasma-sintering process and its electrochemical propertics. J. Electmchem. Soc.. Vol. 155, p. A679 (2008).

[136] K. M. Abraham, et al. Apolymer electrolyte-based rechargeahle Li/Oxygen battery, J. Electrochem. Soc., Vol. 143, p. 1 (1996).

[137] J. Read：Characterization of the Lithium/Oxygen organic electrolyte battery. J. Electrochem. Soc, Vol. 149, p. A1190 (2002).

[138] A. Débart, et al. α-MnO_2 Nanowires：A catalyst for the O2 electrode in rechargeable lithium batteries, Angew. Chem.. Vol. 120. p. 4597 (2008).

[139] T. Zhang, et al. Stability of a water-stable lithium metal anode for a lithium-air battery with acetic acid-water solutions. J. Electrochem. Soc., Vol. 157. p. A214 (2010).

[140] 荒井創：亜鉛-空気電池の開発動向、資源と素材、117、p. 177 (2001).

第3章

电动机

总　论

电动机的历史比较久远。1885年特斯拉(Tesla)申请了感应电动机专利。其他形式的电动机原型也几乎在此同一时期发明。当时的电动机与现在的电动机只是在大小尺寸上有所差异,但是其基本构成及结构上几乎没有变化。现在所使用的电动机原型虽然在120年以前就已经出现了,但是电动机技术却在稳步、扎实地向前发展。其示例见图3-1。这里展示的是明治以来同一功率电动机的变迁过程。右侧是1910年最早纯日本制造的电动机,左侧是现在市场销售的电动机。这是某一厂商商品陈列室陈列的实物[1]。

图3-1　电动机的历史（3.7 kW,4极电动机的进步）（日立产机（株）展厅,笔者摄像）

它所陈列的不是电动机进步的华丽和出众,而是仅仅100年的时间竟然变化得如此小型化,电动机技术正在稳步地发展进步才是它所要展示的。

现在,在工厂、家庭等无一例外地使用着电动机,但是,具体什么地方用多少台电动机？这很难说清楚。20世纪60年代,在日本家庭开始广泛采用电气产品,也就是被称之为"家庭电气化"的时代,家庭内有几台电动机,这也就可以说表示出该家的生活水平如何。现在正在汽车上积极地引用电动机,在一辆汽车上使用着几台电动机这就是显示该车等级的一个指标。也就是说如果标准车型配置50台电动机,那么豪华车型就会配置200台以上的电动机[2]。手机与电子手表也使用电动机。因此,电动机经常会出现在我们的身边。

电动机的大部分原理都是在19世纪发现的。此后,虽然在原理上没有太大变革,但是在不断稳步地进行着改进,在20世纪之后发明了超声波电动机。图3-2表示的是各种电动机的变迁过程。其中既有发明之后不久就达到应用阶段的,也有长期处于研究开发阶段的,在此之前各种电动机轮番登场,各自演绎着其荣衰过程,但是电动机基本技术已经得到了普及。一旦技术人员了解了电动机原理,就可以长期地运用其技术。

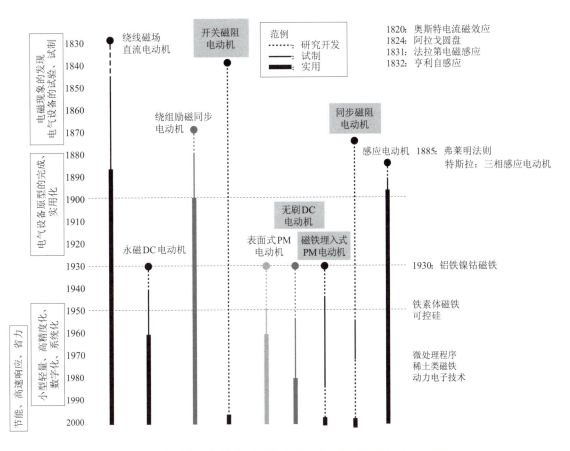

图3-2 各种电动机的变迁(名古屋工业大学松井信行学长提供)

驱动EV(Electric Vehicle)与HEV(Hybrid Electric Vehicle)等汽车的电动机需要在各个速度下均能够产生转矩。图3-3表示的是汽车驱动用电动机的转速与转矩之间的关系。这种曲线被称之为转速转矩曲线(n-T特性)。另外,由于在电动机领域,也有很多将转速称之为速度的情况,因此在此也称之为速度。即使速度发生了变化,而转矩一定的特性被称之为恒转矩特性,随着速度上升而转矩在降低的特性被称之为恒功率特性。汽车用电动机在中速以下时要求恒转矩特性,若是中速到高速领域时要求恒功率特性。如图3-3所示,转矩与速度组合决定电动机的运转情况,根据坡路起车、高速巡航等汽车行驶状态,会发生很大的变化。

图3-3所示的转矩曲线是在该转速下电动

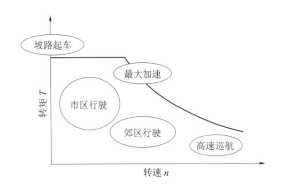

图3-3 汽车用电动机转速与转矩

机能够输出的最大转矩。并非是电动机在该线上工作。汽车用电动机在该曲线覆盖的整个区域内运转,图3-4是实际行驶状态的监测示例,此图是电动车i-MiEV在北美行驶试验结果的一部分。该结果显示,电动机在n-T曲线内的几乎整个范围内运转。

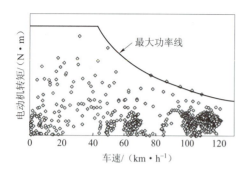

图3-4　汽车用电动机的工作点

车用电动机设计目标就是为了能够在广泛的区域内运转。因此,很难确定一个像普通电动机那样的常用工作点或额定值。汽车用电动机是没有额定这一概念的。

如下为表示汽车用电动机尺寸及功率的方法之一。恒转矩特性用"最大转矩与转速范围(或可实现恒转矩运转的最高转速即基本转速)"来表示,恒功率特性用"最大功率与转速范围(或最高转速)"来表示,详情参照图3-5。但是,例如转矩能够输出多长时间等这些条件还没有标准化。最大功率与最大转矩的输出时间与电动机及逆变器的冷却条件有关。尽管如此,该种表示方法也可以作为一个指标参考。表3-1表示的是最近市场销售的EV以及HEV用驱动电动机功率与转矩的示例[2-3]。

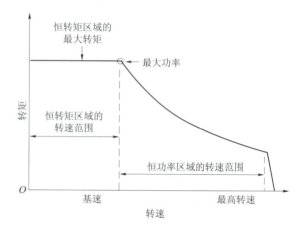

图3-5　汽车用电动机工作点

本章首先就有关电动机的电磁学基础知识进行叙述,其次对直流电动机、感应电动机、同步电动机等为主的各种电动机进行概要叙述,然后就汽车用电动机的特性要求及其设计进行叙述,最后对现在实际搭载在HEV以及EV上的电动机实例进行说明。

表3-1　汽车驱动用电动机示例

厂家	车辆名称	车辆种类	最大功率/转速 /(kW·min^{-1})	最大转矩/转速 /(N·m·min^{-1})
三菱	i-MiEV	EV	47 kW/3 000~6 000 min^{-1}	180 N·m/0~2 000 min^{-1}
富士重工	Plug-in Stella	EV	47 kW/6 000 min^{-1}	170 N·m/—
丰田	Prius 2009	HEV	60 kW/13 500 min^{-1}	207 N·m/2 500 min^{-1}
丰田	SAI	HEV	105 kW/—	270 N·m/—
本田	Insight 2009	HEV	10 kW/2 000 min^{-1}	78 N·m/500~1 000 min^{-1}

3.1　电动机基础

本节就有关电动机电磁学进行描述的同时,对有关电动机的基本事项进行说明。

3.1.1　电动机相关的电磁学

磁场会对存在于其中的载流导体产生电磁力的作用。该电磁力就是电动机的动力源。另外,导体在磁场中移动时在导体中产生电动势。这就是发电机的动力源。这里就电动机原理相关的电磁学进行说明。

（一）安培定则

电流通过导线后,在周围形成磁场。形成的磁场为同心圆状。电流方向与磁场的磁感线方向之间的关系用右手定则描述。即如图3-6所示,右手握住通电直导线,拇指指向电流方向,则四指指向为磁感线环绕方向。

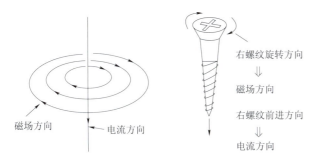

图 3-6　安培定则

如通电导体的等效磁路 $l(\mathrm{m})$ 环绕一周时，电流形成的磁场强度 $H(\mathrm{A/m})$ 与电流 $I(\mathrm{A})$ 之间形成被称之为环形电路的安培定则，其关系如下：

$$H = \frac{I}{l} \quad (3-1)$$

此时，距离直导线 γ 地方的磁场强度用以下的公式求得：

$$H = \frac{I}{l} = \frac{I}{2\pi\gamma} \quad (3-2)$$

当导体不是直导线，在如图 3-7 所示的环形线圈中通电时，在环形端面上产生磁极。这样的线圈可以看成是薄圆盘状的永久磁铁。

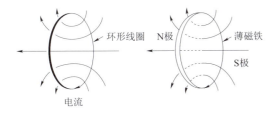

图 3-7　环形线圈与薄永久磁铁

将如图 3-7 所示的环形线圈连续连接组成的线圈被称为螺线管。螺线管产生的磁场如图 3-8 所示，也就是说可以将螺线管看成圆柱状的棒形磁铁。另外，流经螺线管的电流与磁场的方向可以用右手表示。沿着电流方向，用右手轻轻握住螺线管，拇指伸开所指的方向就是磁场方向。

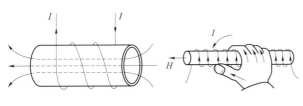

图 3-8　螺线管

线圈与螺线管磁场集中在内部，如图 3-9 所示，线圈内部磁场叠加，外部相互抵消。

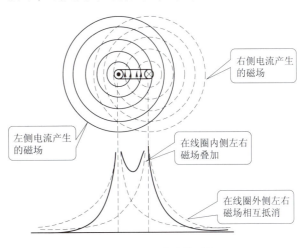

图 3-9　线圈产生的磁场

（二）电磁感应

当线圈（导体）与磁通量处于锁链一样相互交错的状态时，被称之为线圈与磁场成交链状态（图 3-10）。

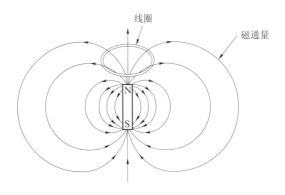

图 3-10　线圈与磁场的交链

当线圈与磁通量交错着的时候，磁通量大小发生变化时线圈产生电动势。如线圈发生运动，磁通量大小也发生变化，因此也会产生电动势。我们把这种现象被称为电磁感应。

电磁感应在线圈上产生的感应电动势大小与通过电路的磁通变化率成正比，这个被称为法拉第电磁感应定律。线圈匝数为 N，通电电路磁通量为 Φ，变化时间为 t 时，由电磁感应产生的感应电动势 e 表示如下：

$$e = -N\frac{\Delta \Phi}{\Delta t} \quad (3-3)$$

式中，$\Delta\Phi$ 的单位为 Wb；Δt 的单位为 s；负号表示感应电动势的方向，也表示反抗磁通量变化的方向。

感应电动势的方向用楞次定律（图 3-11）表示如下：当通电线圈发生磁通量变化时，感应电流的磁场总是阻碍引起感应电流的原磁通量的变化。如果用内部产生楞次定律现象的顺序，以时间来追述说明如下。

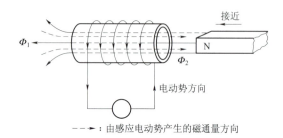

图 3-11　楞次定律

① 磁铁接近线圈之后，内部磁通量 Φ_1 增加。
② 由于 Φ_1 的变化（增加），线圈产生电动势。
③ 由电动势所产生的电流产生新的磁通量 Φ_2（右手定则）。
④ Φ_2 的方向为阻碍（延缓）Φ_1 变化（增加）的方向。
⑤ 在 Φ_2 产生的方向，产生电动势。

（三）电感

1. 互感

当一个线圈中的电流发生变化时，在临近的另一线圈中产生感应电动势，我们把这种现象称为互感现象（图 3-12）。这就是变压器（transformer）原理。

通过互感现象产生的电动势如下表示：

$$e_B = -M \frac{\Delta I_A}{\Delta t} \qquad (3-4)$$

$$e_A = -M \frac{\Delta I_B}{\Delta t} \qquad (3-5)$$

式（3-4）表示的是线圈 A 通电时间为 Δt，电流变化量为 ΔI_A 时，线圈 B 产生的感应电动势。同样，式（3-5）表示的是线圈 B 通电时间为 Δt，电流变化量为 ΔI_B 时，线圈 A 产生的感应电动势。此公式中的 M 被称为互感系数，单位为亨利，用 H 表示。互感电路 1 H 是当线圈 A 在通电 1 s 产生 1 A 的电流变化时在线圈 B 产生的感应电动势为 1 V 的电路。

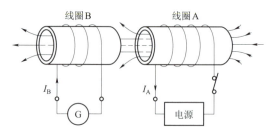

图 3-12　互感现象

2. 自感

当导体中的电流发生变化时，在导体中就产生感应电动势，这个电动势总是阻碍导体中原来电流的变化，这种现象就叫作自感现象，此电动势即自感电动势。自感电动势如下式表示：

$$e = -L \frac{\Delta I}{\Delta t} \qquad (3-6)$$

式中，L 为自感系数，单位为亨利，单位符号为 H。

在 1 s 产生 1 A 的电流变化时，产生 1 V 的自感电动势，则线圈导体的自感系数为 1 H。

铁芯环绕线圈的自感系数可以用下式求得：

$$L = \frac{N\Psi}{I} = \frac{\mu A N^2}{l} \qquad (3-7)$$

式中，N 为线圈的匝数；μ 为铁芯的磁导率；A 为铁芯截面面积；l 为磁路长度。

由式（3-7）可知，匝数越多，磁导率越高，自感系数越大。

两个线圈的自感系数 L_A、L_B 与互感系数 M 之间存在以下关系：

$$M = k\sqrt{L_A \cdot L_B} \qquad (3-8)$$

式中，k 被称为耦合系数，表示线圈 A 与线圈 B 之间的电磁耦合程度。

$k=1$ 时，线圈 A 与线圈 B 为理想紧密耦合状态。

（四）弗莱明右手法则

将垂直穿过单位面积的磁力线的多少称为磁通密度，符号为 B，单位为特斯拉，单位符号为 T。

$$B = \frac{\Phi}{A} \qquad (3-9)$$

磁通密度为 $B(\text{T})$ 的磁场中，长度为 $l(\text{m})$ 的导体在垂直磁力线的方向，以垂直于磁场的速度 $v(\text{m/s})$ 运动时，感应电动势 e 如下：

$$e = Blv \quad (3-10)$$

但是，当导体不垂直于磁力线时，按照垂直方向速度的分量进行计算，即：

$$e = Blv \sin \theta \quad (3-11)$$

此时，电动势方向用弗莱明右手定则可以判断（图3-13）。将右手的拇指、食指、中指相互成直角伸开，将拇指朝向导体运动的方向，食指朝向磁力线（磁场）的方向时，中指所指方向就是电动势的方向。

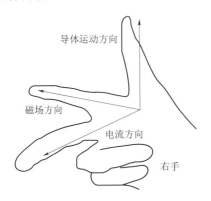

图3-13 弗莱明右手法则

（五）弗莱明左手法则

导体置于相同的磁场（均匀磁场）内通电时，导体受电磁力 F 的作用（图3-14），其公式为：

$$F = B \cdot I \cdot l \sin \theta \quad (3-12)$$

式中，B 为磁通密度（Wb/m^2）；I 为导体通电电流（A）；l 为导体有效长度（m）；θ 为导体与磁场的角度。

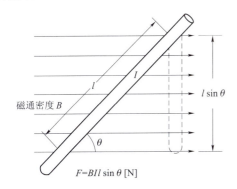

图3-14 电磁力

电磁力的方向通过弗莱明左手法则来表示（图3-15）。将左手的拇指、食指、中指相互成直角伸开时，食指朝向的就是磁场的方向，中指朝向电流的方向，则拇指的方向就表示产生的力的方向。

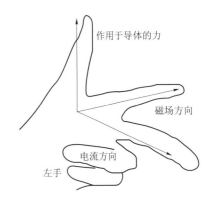

图3-15 弗莱明左手法则

（六）麦克斯韦应力

弗莱明法则描述的是被放置在真空中的导体的情况，而电动机线圈被放置在铁芯槽中，仅利用弗莱明法则无法全面说明电磁力的产生。也就是说，电磁力的产生与方向需要用图3-16所示的麦克斯韦应力来进行说明。如图3-16（a）所示，受到的外部磁力线用直线表示。电流所产生的磁力线呈同心圆状。两组磁力线在电流的左侧相互抵消、在右侧相互叠加增强。因此，合成之后，如图3-16（b）所示向右侧膨胀变密，可以将磁力线考虑为如橡胶一样的运动。也就是张力会产生一个直线方向的力（麦克斯韦应力），使得导线产生左倾力。铁芯环绕的导体，磁通量集中在磁阻较小的铁芯，几乎不与导体直接相互作用。

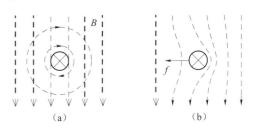

图3-16 麦克斯韦应力

磁阻转矩就是通过这样的磁通量偏移所产生

的转矩。

（七）电动机的四个基本法则

通过以上所描述的电磁学法则可以对电动机的工作原理进行说明。

电动机的感应电动势分为两种，首先是不管直流或交流，导体在磁场中运动所产生的即弗莱明右手法则判断所产生的电动势（在此被称为动生电动势）。当接通交流电时，由于电流随时间而变化，因此需要考虑到由磁通量时间变化所产生的电磁感应电动势（我们将它称为感生电动势）。

电磁力也需要考虑两种情况。由于磁场与电流相互作用，产生弗莱明左手法则所描述的电磁力。另外，铁芯中的磁通量分布产生的麦克斯韦应力也必须考虑。

直流电动机可以只用弗莱明法则来对电动机进行说明。但是，在交流电动机的情况下，由于有感生电动势和麦克斯韦应力所产生的磁阻转矩，因此需要时常将四个法则牢记在心。

3.1.2 磁化

电动机中通常使用铁芯。在此就有关铁被磁化的情况进行说明。铁等具有被磁化的特质，因此被称为磁性体。磁化现象需要用量子力学来进行说明，但是为了浅显易懂，可以利用磁畴学进行说明，如图 3 – 17（a）所示。不规则排列的磁畴，通过施加磁化力发生转动，依次沿同一方向规则排列形成强磁性磁体，这就是所谓的磁化。如图 3 – 17（c）所示，所有的磁畴沿同一方向排列之后，即使施加更大的磁化力，磁体磁性的强度也不再变化，这样的状态就是磁饱和。

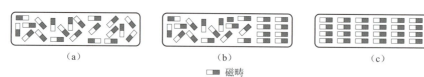

■□ 磁畴

图 3 – 17　磁畴

磁化一个物体的磁场强度称为磁化力。如图 3 – 18 所示，环状铁芯的一部分缠绕线圈 N 圈，接通电流 I 之后，铁芯被磁化，铁芯内部磁场（磁化力）H 均匀分布。

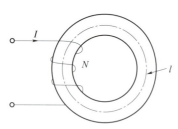

图 3 – 18　环状铁芯

铁芯平均长度设为 l，根据 3.1 节所介绍的安培定则，可导出下列公式：

$$Hl = N \cdot I \quad (3-13)$$

即磁化力 E（磁场强度）由下式表示：

$$H = \frac{N \cdot I}{l} \quad (3-14)$$

如图 3 – 18 所示，缠绕了线圈的环状铁芯，不断增加电流 I，则磁化力 H 增加。此时，铁芯内部的磁通密度 B 产生如图 3 – 19 所示的变化。

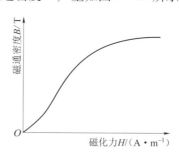

图 3 – 19　磁化曲线

在磁化力较小时，根据磁化力的变化，磁通密度增加，当磁化力增大到某种程度后，磁通密度 B 基本上不再增大，这就表示已经处于饱和状态。将图 3 – 19 表示这种状态的曲线称为磁化曲线、$B - H$ 曲线或者磁饱和曲线。

使磁化力 H 在正负间交变，就可以得到如图 3 – 20 所示的磁通密度 B 回线。该曲线被称为磁滞回线。被磁滞回线环绕部分的面积，相当于磁性损失。我们把它称为磁滞损耗。磁滞回线随磁化力变化的速度即频率而变化，在用逆变器驱动，包括高频电流的时候，要注意磁滞损耗的增加。

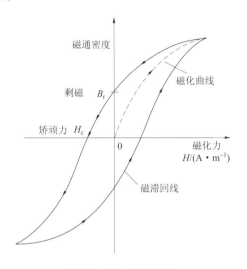

图 3-20 磁滞回线

图中，B_r 为剩余磁化强度（剩磁）、H_c 为矫顽力。永久磁铁多采用 B_r、H_c 较大的物质。在磁化力 H 与磁通密度 B 之间存在如下关系：

$$B = \mu H \tag{3-15}$$

式中，μ 为磁导率，表示磁力线通过的难易程度，磁导率的单位采用 H/m 或者 N/A^2。

介质的磁导率 μ 与真空的磁导率 μ_0 比较，二者倍数关系用计量单位符号 μ_s 来表示，我们把它称为相对磁导率，用以下表示方式：

$$\mu = \mu_0 * \mu_s \tag{3-16}$$

式中，μ 为某一介质（磁性体）的磁导率（H/m）；μ_0 为真空磁导率，$\mu_0 = 4\pi \times 10^{-7}$ H/m；μ_s 为相对磁导率。

磁通量 Φ 的难以通过程度用磁力阻力（磁阻）R_m（A/Wb）来表示。磁阻用磁导率的倒数表示，定义如下：

$$R_m = \frac{l}{\mu A} \tag{3-17}$$

式中，l 为磁路的长度（m）；A 为磁路的截面面积（m^2）；μ 为磁导率（H/m 或 Wb/Am）。

磁阻 R_m（A/Wb）与电路的电阻一样，可进行串联或者并联。

3.1.3 转矩及功率

（一）电磁力与转矩

电流与磁场产生的力，在旋转运动中可以作为转矩来考虑。如图 3-21 所示，矩形线圈通电后，作用于线圈的电磁力表示如下：

$$F_1 = F_2 = B \cdot I \cdot l \tag{3-18}$$

这时，转矩 T 如下表示：

$$T = F_1 \cdot \frac{a}{2} + F_2 \cdot \frac{a}{2} = B \cdot I \cdot l \cdot a = B \cdot I \cdot A \tag{3-19}$$

式中，A 为矩形线圈环绕面积。

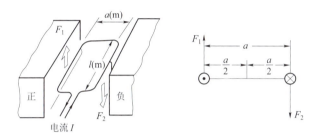

图 3-21 作用在矩形线圈上的力与转矩

线圈匝数为 N 的情况下，力、转矩都为 N 倍，表示如下：

$$F_1 = F_2 = N \cdot B \cdot I \cdot l \tag{3-20}$$
$$T = N \cdot B \cdot I \cdot l \cdot a = N \cdot B \cdot A \tag{3-21}$$

（二）转矩及功率

电动机通过旋转实现其功能。在旋转运动当中，相当于直线运动的力称为"转矩"。

如图 3-22 所示，将悬臂安装在电动机轴上，在其前端放置量秤，电动机旋转时会有力作用在量秤上。如果在此时，让电动机停止转动，

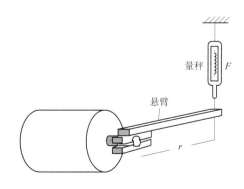

图 3-22 转矩的测量

电动机轴与悬臂固定连接，那么该力则成为启动电动机的力。另外，轴与悬臂间隙配合，如果轴与悬臂的固定部位边摩擦边转动，则该力也是旋转中产生的驱动力。

如果用量秤能够量出该力，那么就可以说力是能够测量的。但是，量秤的安装位置如果发生变化，也就是说悬臂长度发生变化，那么量秤的读数也就会有所不同。根据杠杆原理，悬臂的长度与量秤的读数成反比。将悬臂的长度 r 与量秤的读取值 F 相乘得到乘积 Fr。该乘积被称为转矩。转矩的单位为千克力米（kgf·m），SI 单位为牛·米（N·m）。

如图 3-22 所示，1 N·m 的转矩，就是 $r=1$ m 时，施加 1 N 的力（或者 $r=0.5$ m，2 N 的力）所产生的转矩。另外，1 kgf·m 的转矩就是 $r=1$ m，施加 1 kgf 的力产生的转矩。转矩非法定单位与 SI 单位存在以下关系：

$$1\ \text{kgf·m} = 9.8\ \text{N·m}$$

转矩值可以通过功率和转速求得。假设输出功率为 T 的转矩轴旋转一周：

- 此时，设悬臂长度为 1 m，就是 T（N）的力在半径为 1 m 的圆周上移动了 $2\pi \times 1$ m。
- 也就是说，如果 1 周的话，就是做了 $2\pi \times T$（J）的功。
- 假设电动机 1 min 转动了 n 圈。也就是说以 n（r/min）的速度继续旋转，则 1 s 旋转 $n/60$（圈）。

- 就是 1 s 运动 $\dfrac{n}{60} \times 2\pi$（m）。
- 此时每 1 s 的作功量 [J/s]，即输出功率 P_o 如下：

$$P_o = \frac{2\pi}{60} \cdot T \cdot n [\text{J/s}] = 0.104\ 7 T \cdot n\quad [\text{W}]$$
(3-22)

由此，电动机功率 P_o、转速 n 与电动机转矩 T 的关系如下：

$$T = \frac{P_o}{0.104\ 7n}\quad [\text{N·m}] \quad (3-23)$$

此外，用重力单位所表示的转矩 τ 如下：

$$\tau = \frac{P_o}{1.026\ 1} \quad (3-24)$$

通过 SI 单位按照 $\omega(\text{rad/s})$ 来表示电动机转速，则公式如下：

$$P_o = T \cdot \omega [\text{W}] = [\text{N·m}][\text{rad/s}] \quad (3-25)$$

3.1.4 电动机工作点

电动机的特性曲线，一般用转矩与速度（转速）的 $n-T$ 曲线描述。连接负载的电动机在与负载转矩相等的点运行。如果电动机转矩与负载转矩不相等，那么或者加速运转或者减速运转。也就是说，如果在同一坐标上绘制负载与电动机转矩特性，那么两条曲线的交点就是电动机的工作点。但是，并不是说存在交点就能够稳定运行。运行是否稳定，需要如图 3-23 所示，将电动机转矩 T_M 与负荷转矩 T_L 在一个图表中标出来加以判定。

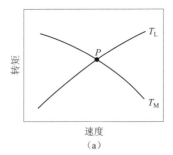 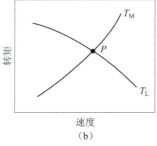 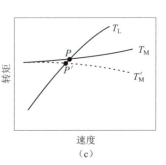

图 3-23 电动机的工作点
(a) 稳定运行；(b) 不稳定运行；(c) 上扬特性

在图 3-23（a）中，在工作点 P 运行。此时，若因某些原因速度增加，则由于负载转矩 T_L

比电动机转矩T_M大，电动机减速运转，返回到P点。相反，速度降低后，$T_L<T_M$，电动机加速运转返回P点。也就是说，在这种情况下，P点是稳定的工作点。

图3-23（b）中，如果速度增加，则$T_M>T_L$。因此，电动机速度逐渐增加，不能返回P点，这时的工作点就不稳定。

应予以注意的是，如图3-23（c）所示，电动机的速度随转矩的增加而增加。该状态从图可以看出是不稳定的，但是，如T'_M所示的虚线那样，相对于速度，转矩稍有下降，那就与图3-23（a）一样，在P点运行是稳定的。

如能对电动机实现转矩控制或者速度控制，那么即使是在不稳定工作点也能实现运转。但是，由于有外部干扰影响控制准确度，因此有必要考虑工作点。

3.1.5 旋转磁场及电动机绕组

交流电动机是指绕组接通三相交流电的电动机。此时，三相交流电形成旋转磁场。

现在，我们看一下图3-24所示的三相绕组。a、b、c相的绕组空间上处于$\pi/3$的位置。另外，绕组被布置在铁芯的槽内。

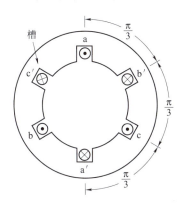

图3-24 三相绕组

如图3-25所示，三相绕组的一相通电之后，产生正负磁动势。若设线圈匝数为n，则磁动势为$i\cdot n$（AT）。由于它是空间分布，用傅里叶级数表示如下：

$$F = F_m\left(\cos\theta - \frac{1}{3}\cos 3\theta + \frac{1}{5}\cos 5\theta - \cdots\right)$$

这里$F_m = \frac{4}{\pi}i\cdot n$。

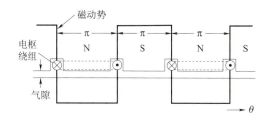

图3-25 电流产生的磁动势

现在，各相接通如下三相电流时，电流在时间上呈正弦变化。

$$\begin{cases} i_a = I_m\sin\omega t \\ i_b = I_m\sin\left(\omega t - \frac{2}{3}\pi\right) \\ i_c = I_m\sin\left(\omega t - \frac{4}{3}\pi\right) \end{cases}$$

此时，各相绕组产生的磁动势如下：

$$\begin{cases} F_a = F_m\sin\omega t\left(\cos\theta - \frac{1}{3}\cos 3\theta + \frac{1}{5}\cos 5\theta - \cdots\right) \\ F_b = F_m\sin\left(\omega t - \frac{2}{3}\pi\right)\Big\{\cos\left(\theta - \frac{2}{3}\pi\right) - \\ \qquad \frac{1}{3}\cos 3\left(\theta - \frac{2}{3}\pi\right) + \frac{1}{5}\cos 5\left(\theta - \frac{2}{3}\pi\right) - \cdots\Big\} \\ F_c = F_m\sin\left(\omega t - \frac{4}{3}\pi\right)\Big\{\cos\left(\theta - \frac{4}{3}\pi\right) - \\ \qquad \frac{1}{3}\cos 3\left(\theta - \frac{4}{3}\pi\right) + \frac{1}{5}\cos 5\left(\theta - \frac{4}{3}\pi\right) - \cdots\Big\} \end{cases}$$

由于各个绕组是空间分布，因此不仅随时间t变化，也会随空间位置变化而变化。

通过三相绕组产生的磁动势合计F为如下各相磁动势之和：

$$F = F_a + F_b + F_c$$

下面，假定磁动势为空间正弦分布。取绕组磁动势基本波形θ的分量计算即可，如下所示：

$$\begin{aligned}F_1 &= F_m\Big\{\sin\omega t\cos\theta + \sin\left(\omega t - \frac{2}{3}\pi\right)\cos\left(\theta - \frac{2}{3}\pi\right) + \\ &\quad \sin\left(\omega t - \frac{4}{3}\pi\right)\cos\left(\theta - \frac{4}{3}\pi\right)\Big\} \\ &= \frac{3}{2}F_m\sin(\omega t - \theta)\end{aligned}$$

此式表示，按120°间隔配置的三相绕组的合成磁动势大小为各相磁动势的3/2倍，空间上以角

速度 ω 转动。将 ω 称为同步（角）速度，由此形成旋转磁场。形成旋转磁场的三相绕组一般使用多个线槽，空间上形成连续的磁动势。并非图 3-24 所示的 6 槽结构，而是采用更多的槽数，在圆周上分布绕组。如何分布绕组，也就是说在绕组的卷绕方法上可大致分为分布绕组绕与集中绕组绕。

图 3-26 为分布绕组绕的示例。在该示例当中，在槽 5-6 之间、4-7 之间、3-8 之间卷绕线圈。如果各个槽之间的线圈匝数统一，那么 5-6 之间的磁动势为 3 组绕组的磁动势合成，因此为 3 倍。通过这样的绕组分布，磁动势空间上呈正弦波式分布。因此，通过分布绕组绕可以降低高次谐波。

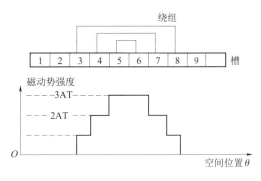

图 3-26 分布绕组绕形成的磁动势分布

图 3-27 所表示的是集中绕组的示例。集中绕组为在相邻的槽之间卷绕绕组，图中的箭头符号表示卷绕方向。实际的三相电流由于相位不同有正负极性之分。因此，合成磁动势每个槽会交变。集中绕组由于槽间距离可以缩短，因此绕组的长度变短，进而电动机绕组端部的尺寸也可以变小。

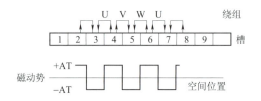

图 3-27 集中绕组形成的磁动势分布

3.2 各种电动机

电动机从很早以前就已经实用化，并且产品种类、形式也越来越丰富。表 3-2 表示按照电动机电源所进行的分类。汽车用电动机通过电力电子学来进行控制。因此，所谓的通过电源分类，在这里就是按照对电动机端子施加电力的形态分类的意思。

下面，对各种电动机的概要进行阐述[3]。

表 3-2 按电源分类的电动机[3]

电源分类	构成	磁力构成	名称	简称
直流电动机	绕组磁场	串联连接	直流串励电动机	
		并联或是另接电源	直流并励电动机	
	永磁磁场		永磁直流电动机	PMDCM
交流电动机（正弦波）	同步电动机	绕组磁极	同步电动机	
		永磁磁极	表面式同步电动机	SPMSM
			埋入磁铁式同步电动机	IPMSM
		无磁极	磁阻电动机	SynRM
	异步电动机	笼型绕组	感应电动机	IM
特殊波形电动机（交流或脉动电流）		无刷电动机	无刷电动机	BLM
		凸极	开关磁阻电动机	SRM
		PM, VR, HB	步进电动机	

资料来源：森本雅之，电动汽车 电动机与由电驱动汽车的结构，森北出版（2009）。

3.2.1 直流电动机

直流电动机作为控制用电动机从很早以前就开始被广泛使用。直流电动机具有可简单地通过电压控制转速、电流与转矩成比例、便于控制等优点。但是，它最大的缺点就是需要通过电刷与换向器的滑动来进行整流（通过电刷与换向器进行电流切换）。电刷、换向器滑动会产生摩擦粉末飞溅。电刷与换向器之间产生的电弧也是杂波干扰发生源。因此，电刷与换向器需要维护、更换。

直流电动机的原理如图 3-28 所示。磁极为直流电磁体，施加一定的电流。磁极被称为定子。磁极在气隙（定子与转子之间的空间）产生磁通量。转动的部分被称为转子，用来实现电能与机械能之间的相互转换，因此也被称为电枢。对电枢绕组施加如图所示方向的电流之后，根据弗莱明左手法则，绕组产生如图箭头符号方向的力，该力 F 表示如下：

$$F = B \times I \times l \quad (3-26)$$

式中，B 为磁通密度；I 为电枢电流；l 为电枢长度。

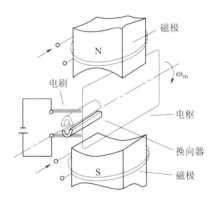

图 3-28 直流电动机的工作原理

产生的力乘以从电枢中心到绕组位置的半径就是转矩。因此，直流电动机产生的转矩与磁通密度 B 和电流 I 成正比。

外部带动直流电动机转子转动，磁场中的导体产生运动，因此根据弗莱明右手法则，导体产生电动势，该电动势 e 可表述为：

$$e = B \times l \times v \quad (3-27)$$

式中，v 为导体的移动速度，也就是转子的转速。

该电动势使电动机的端子产生电压，称之为感应电动势。这就是直流发电机的原理。

直流电动机断面结构如图 3-29 所示，电枢的右侧与左侧电流的方向不同。右侧的 N 极，电流是从纸面流出，左侧的 S 极是流入纸面。

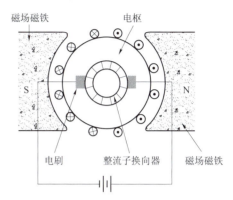

图 3-29 永磁电动机原理

电动机绕线如图 3-30 所示。图 3-30 是被称为迭式绕组的卷绕方法。图中，绕组全部由 9 个线圈构成。换向器按线圈的数量设置。绕组与换向器的连线如图 3-31（a）所示。各个线圈通过换向器片串联连接。电流从正极电刷流入，分为两路流入电枢，在负极电刷汇流。此时，电刷固定在定子一侧，保持静止状态。另外，换向器随线圈运动。电刷与换向器通过摩擦接触。

如图 3-31（b）所示，若如此连接，旋转过程中，换向器移动的话，绕组的电流方向随绕组的位置变化反转。其结果，电流分布如图 3-30 所示，N 极的所有绕组电流的方向相同。即使电枢转动，该电流的分布状态也保持常态不变。因此，各个绕组持续产生同方向转矩。

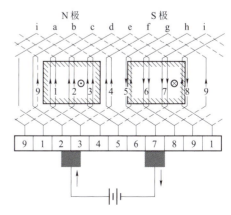

图 3-30 直流电动机电枢绕组与电刷之间的关系

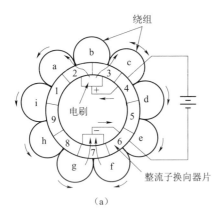
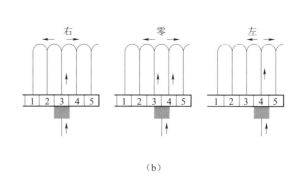

图 3-31 电刷与换向器之间的关系
(a) 绕组与换向器的连线；(b) 通过整流子换向器移动产生的换向

通过电刷与换向器的作用，切换电流极性，我们将其称为换向（Commutation）。但是，也将其习惯称为整流。这是因为直流发电机通过绕组旋转而产生的感应电动势为交流，需要通过换向器转换为直流。

图 3-32 所示的是电刷与换向器机械构造示例。由于电刷与换向器有摩擦接触，因此在实际应用时需要注意以下几点：

（1）电刷以及换向器的磨损。
（2）产生火花。
（3）电刷与换向器产生接触电位差。

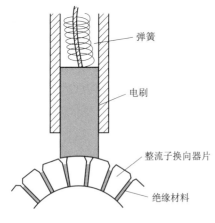

图 3-32 电刷的机械构成

（一）永磁电动机

我们将利用永磁体提供磁场的直流电动机称为永磁电动机。图 3-29 所示的就是永磁直流电动机。通过电刷与整流子换向器的作用，转子绕组的电流保持图中所示的方向，与永磁体之间产生力的作用。

在永磁磁场中，磁场产生的磁通量通常是一定的。因此，电动机产生的转矩 T 如下式所示，与电枢电流成正比。

$$T = K_T I \quad (3-28)$$

式中，K_T 为转矩常数。

因为磁场磁通量一定，因此感应电动势也如下表示：

$$E = K_E \omega \quad (3-29)$$

式中，ω 为转子的角速度；K_E 为反电势常数。

采用 SI 单位时，K_T（N·m/A）= K_E（V·s/rad），会得到一样的数值，因此，通常只用其中的一个来表示。转矩常数是显示直流电动机性能的重要参数。

永磁电动机的等效电路如图 3-33 所示，V 为端子电压、R 为电枢绕组电阻。从该等效电路可以获得下列的关系：

$$I = \frac{1}{R}(V - E) \quad (3-30)$$

代入转矩与转速的公式之后，可以获得下列的关系：

$$\omega = \frac{V}{K_E} - \frac{R \cdot T}{K_T \cdot K_E} \quad (3-31)$$

可以用图 3-34 对该公式进行图解说明。若保持电源电压 V 不变，转矩与转速之间的关系则为向右下降的直线。改变电源电压，则该直线上下移动。也就是说如果升高电源电压，则在高速、大转矩区域运行。

图3-34所示,转矩一定时电压与转速的关系,以及转速一定时电压与转矩的关系分别在虚线上移动。如此可以看出,如能控制电压,就可以控制转矩以及转速。这样的永磁直流电动机多用于汽车的刮水器、电动车窗、油泵等附件上。

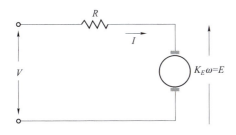

图3-33 永磁直流电动机的等效电路

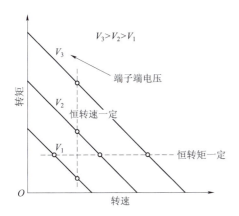

图3-34 永磁直流电动机的转矩特性

(二) 直流串励电动机

磁极由电磁体电励磁构成,因电枢绕组和励磁绕组串联在一起工作而得名。直流串励电动机的绕组连接如图3-35所示,两个绕组串联连接,磁场电流与电枢电流相等。

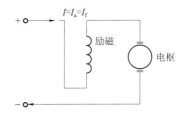

图3-35 串励电动机

串励型电动机磁场的磁通量随电流而变化。此时,磁场的磁通密度B与电流成正比,因此得出:

$$F = B \times I \times l \propto I^2 \quad (3-32)$$

转矩与电流的平方成正比。这样的特性称为串励特性,图3-36所示的就是串励电动机的转矩特性。

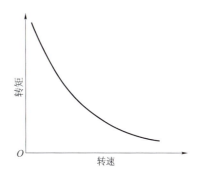

图3-36 直流串励电动机的转矩特性(串励特性)

该特性满足了车辆所需要的转矩特性。也就是说,低速区域转矩较大,并且呈现为恒定的功率特性。接通电流后,可以获得较大的启动转矩。以往的电车、电动汽车等电动车辆几乎都利用该特性,即利用串励电动机进行驱动。串励电动机连接电池之后,就能够简单地获得车辆所需要的特性,对直流电压进行控制就能够控制速度、转矩等,因此多为电动车辆所采用。现在的电池电压较低的工程车与轿车等小型电动车辆主要使用的就是直流串励型电动机。

(三) 其他的直流电动机

采用电磁体电励磁,利用励磁绕组与电枢绕组的连接,可以进行各种组合。下面,就其进行简单的介绍。

1. 他励电动机

指外接电源,由这个电源给电动机的绕组供电,以产生磁场(图3-37)。由于励磁电流可调,磁场的磁通量可以恒定不变,也可以根据负载进行调整。输出功率与速度控制范围较广泛的情况下可使用该电动机。

2. 并励电动机

指励磁绕组与电枢使用同一电源,并列连接(图3-38)。并励电动机除特殊情况下一般不太使用。

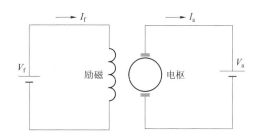

图3-37 他励电动机

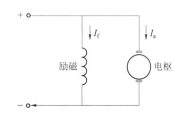

图3-38 并励电动机

3. 复励电动机

复激电动机是将励磁绕组分为两部分,一部分与电枢串联连接,而另一部分并联连接(图3-39)。它可以获得介于并励与串励之间的特性。由于两个励磁磁极的极性为同一方向与相反方向时,其特性不同。除了电车、吊车等之外,也用于电梯、作业设备,等等。

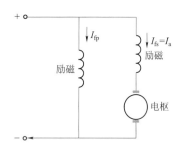

图3-39 复励电动机

3.2.2 感应电动机

感应电动机的转子如图3-40所示。照片左侧表示的是转子的外观。照片右侧表示的是组装到铁芯内部的笼型导体。笼型导体是将棒状的导体排布在圆周上,在端部通过圆环短路。这样的转子被称为笼型转子,通常为铝压铸成型。在图3-41所示内侧为线槽,在其内部缠绕绕组。绕组由U、V、W三组构成三相分布绕组。

图3-40 感应电动机的转子

(左:转子的外观,右:笼型导体)

图3-41 感应电动机定子

三相分布绕组接通三相交流电流之后产生旋转磁场。通过磁场旋转移动,转子导体棒横穿磁场,根据弗莱明右手法则,在转子内产生电动势。该电动势使电流在转子导体内流动。按照弗莱明左手法则,由转子导体的电流与定子的励磁产生力,产生转矩。

感应电动机的特性中,最大的特点就是转差的存在。感应电动机的转速用下式表示:

$$N = \frac{120 \cdot f}{P}(1-s) \quad (3-33)$$

式中,N 为每分钟的转速(r/min);f 为旋转磁场的频率(电源频率)(Hz);P 为极数;s 为转差。

转差是将实际转子转速与旋转磁场转速的差以比率的形式来表示:

$$s = \frac{N - N_{mmf}}{N_{mmf}} \quad (3-34)$$

式中,N 为转子的机械转速;N_{mmf} 为旋转磁场的转速。

在感应电动机中,转差是表示电动机特性以及运行的重要参数。

图 3-42 所示的是感应电动机转差与转矩特性曲线。如图所示，转差为 1，表示的是电动机没有旋转的状态。电动机正常工作的转差在 $0<s<1$ 之间。超出该范围，即 $s>1$ 时，表示相对于旋转磁场电动机呈逆向旋转，产生的是反方向的转矩，因此为制动效果。$s<0$ 时，旋转方向为同一方向，但是产生的转矩为负，相对于旋转中的负载，产生制动方向的转矩，因此是减速过程。此时感应电动机作为发电机工作，这也是所谓的再生制动。感应电动机通常的设计原则是转差比较小的区域能够发挥良好效率。

改变电源频率，感应电动机转速发生变化。转速控制方法中的 V/f 恒定控制法就是利用了该特性。在改变频率时，如果电压与频率的比值一定（V/f = 常数），那么内部磁通量也是一定的。利用这一关系，那么即使频率发生了变化，产生的转矩也基本是恒定的。图 3-43 表示的是，在 V/f 恒定的条件下，改变频率时的感应电动机产生的转矩。

变频控制也称为 VVVF（Variable Voltage Variable Frequency）控制。图 3-44 表示的是 VVVF 控制。图 3-44 的左半部分为 V/f 恒定控制。在该区域中，即使改变转速，转矩也恒定不变。图中的右半部分为恒功率控制区域。当超出电源电压上限后，无法保持 V/f 恒定。在基础速度以上，电压一定，仅改变频率，在该区域，随着转速增加而转矩下降，因此呈现出恒功率特性，这样就可以很容易地获得车辆所需要的转矩特性。

感应电动机通过改变电源频率，就可以对速度进行开环控制。即使负载发生变化，电动机转差变化，电动机自身进行自我调整，也可实现稳定运行。因此，即使不进行精确地控制也能够发挥其作用。感应电动机的 VVVF 控制在进行简单的速度控制上使用非常方便。

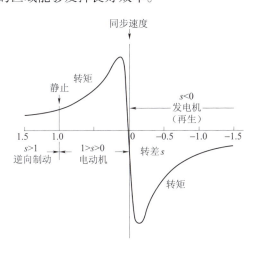

图 3-42 感应电动机的转矩特性

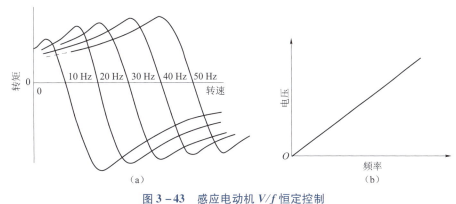

图 3-43 感应电动机 V/f 恒定控制

(a) V/f 比恒定时的感应电动机转矩；(b) V/f 比恒定

感应电动机需要精确控制时采用矢量控制方法。所谓的矢量控制就是对电动机进行旋转磁场磁通矢量控制。为此需要控制流经定子的电流的振幅与相位。进行矢量控制，需要检测转子瞬间的转速，在用于驱动汽车时，很多时候需要精密控制电动机产生的转矩，这种情况下采用矢量控制。

下面用图 3-45 所示的感应电动机等效电路来对矢量控制的概念进行说明。图中，i_m 称为励磁电流或者激磁电流分量；i_2' 称为转矩电流分量。此时，如能分别独立控制 i_m 和 i_2'，就能够精密控制转矩。这就是矢量控制的原理。通过分

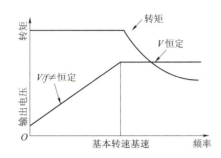

图 3-44 感应电动机的 VVVF 控制

别控制两个电流，就可以控制电动机内部的磁通矢量大小与旋转。由于是矢量性地控制磁通，因此被称为矢量控制。另外，在英语中称之为磁场定向控制（Field Orientation Control）。

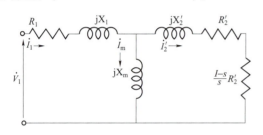

图 3-45 矢量控制的概念

3.2.3 永磁同步电动机

同步电动机是指转子转速与定子旋转磁场的转速相同（同步）的电动机旋转。图 3-46 是对同步电动机原理的说明。

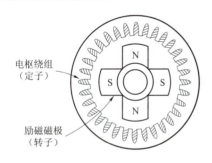

图 3-46 同步电动机的原理

在此，转子为永磁磁体。转子磁体的 N 极、S 极，随着定子绕组的旋转磁场磁极的移动而旋转。同步电动机定子与图 3-41 所示的感应电动机的定子一样。磁场产生磁通量，电枢完成电能与机械能的转换。此处所讲的同步电动机被称为旋转磁极式。同步电动机的转速与电源频率同

步，表示如下：

$$N = \frac{120f}{P} \quad (3-35)$$

式中，N 为转速；f 为电源频率（Hz）；P 为极数。

同步电动机产生的转矩表示如下：

$$T = \frac{E \cdot I}{x_s}\sin\delta + I^2(x_d - x_q)\sin2\delta \quad (3-36)$$

式中，δ 为内转矩角相位角（功率角），与电流相位有关。

此式中，右边第 1 项称为同步转矩，第 2 项称为磁阻转矩。

一般来说，转子如果呈现为磁性圆筒状，那么只是输出第 1 项的转矩。当转子为非圆筒形时，即磁阻随转子的位置而变化的时候，$x_d \neq x_q$，此时称为有凸极性，产生第 2 项的磁阻转矩。

用于汽车驱动的同步电动机几乎都为旋转磁极式，转子使用永久磁体。转子的构成可大致分为表面磁铁型表贴式（SPM）与内部磁铁型内嵌式（IPM）。图 3-47 为转子的断面图实例。一般来说，SPM 为圆柱式，因此 $x_d = x_q$，不产生磁阻转矩。

SPM 电动机是圆弧状或环形永磁体在转子表面布置的电动机。通常情况下，永磁体硬而脆，在离心力下的强度不足。因此，需要覆盖非磁性体（不锈钢等）的环形壳罩或玻璃纤维强化树脂（FRP）。

IPM 的永磁体置于铁芯内部，因此磁铁强度上没有问题。磁铁分散布置，而非沿着转子的圆周均匀布置，因此根据转子的位置不同，电感也不同。也就是说 $x_d \neq x_q$，具有凸极性，产生磁阻转矩。不过，由于磁铁布置在内部，因此有效磁通比表贴式表面磁铁式的要低。

IPM 产生同步转矩与磁阻转矩。电动机轴输出的转矩为其两者的和。产生的转矩根据电流的相位不同发生如图 3-48 所示的变化。如能合理控制电流相位，就能产生较大的转矩。

同步电动机开环控制之后脱离同步（失步），因此需要对转子的磁极位置进行检测，根据磁极 N、S 调整电流进行反馈控制。由此，如能控制

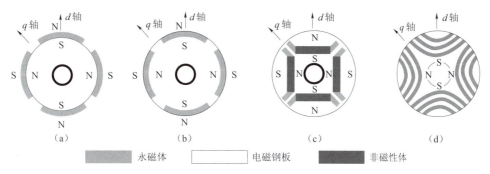

图 3-47 永磁同步电动机的转子断面

(a) SPM；(b) SPM（产生磁阻转矩）；(c) IPM（平板型磁铁）；(d) IPM（圆弧形磁铁）

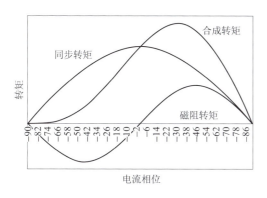

图 3-48 IPM 电动机的转矩产生转矩角特性

旋转磁场与转子磁极相位差（与内相位角转矩角 δ 有关），就能够进行矢量控制。

在用于汽车的情况时，为了实现高速恒功率特性，就需要弱磁控制。同步电动机永磁体旋转，达到高速之后，感应电动势增大，超过了电源电压。所谓的弱磁控制，就是在高速旋转时为了降低感应电动势，向定子绕组通电以抵消永磁体的磁通量。感应电动机只是将电压保持稳定状态，最终形成的就是弱磁磁通。但是，永磁同步电动机就需要通过电枢电流的控制，来完成弱磁控制。

SPM 与 IPM 在弱磁控制的难易程度上有所不同。SPM 由于电感较小，因此弱磁控制较难，一般来说很难获取较广的恒功率区域。因此，多数汽车使用 IPM。

3.2.4 磁阻电动机

磁阻电动机是利用转子的凸极特性来产生转矩的同步电动机的一种，工作原理即同步电动机的工作原理。但是不依靠定、转子绕组电流所产生磁场的相互作用产生转矩。为了与开关磁阻电动机进行区别，将在三相分布绕组定子上组合凸极转子的被称为同步型磁阻电动机。

定子一侧也具有凸极性（双凸极性）的电动机被称为开关磁阻电动机（SRM）。图 3-49 所示的是开关磁阻电动机的原理。

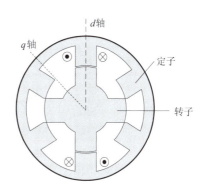

图 3-49 开关磁阻电动机原理

下面说明一下 SRM 的转矩产生原理。根据双凸极的相对位置关系，转子磁极与定子磁极的相对面积不同。如图 3-49 所示，d 轴磁极对向布置，交链匝链磁通增加，q 轴为非对向位置，交链匝链磁通下降。由于交链匝链磁通的变化，储存的磁能也根据磁极的相对位置关系发生变化。由于磁能变化，电感也发生变化。利用这一变化接通电流，可以获得以下的转矩：

$$T = \frac{1}{2} I^2 \frac{dL(\theta)}{d\theta} \quad (3-37)$$

图 3-50 所示的是转矩产生的原理。若在电感增加的位置接通电流，则产生正方向的转矩；如果在电感减少的位置接通电流，那么产生负方向的转矩。这就是发电机的工作原理。

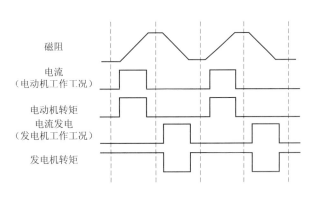

图3-50 SRM的电感与转矩

由此可以看出，流经定子绕组的电流为单向电流。断续接通直流电的被称为单极驱动。与此相反，交流电流那种电流方向可正负反转的被称为双极驱动。SRM是与电力电子学相组合，最早实现可旋转的电动机，电动机绕组镶嵌到回路的一部分中，如图3-51所示。

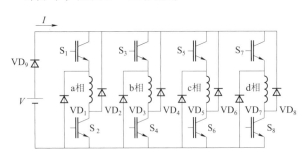

图3-51 SRM的驱动回路

SRM以不使用磁铁、转子重量轻、可控制性优良的特点而备受人们期待。但是，由于其电动机磁力电磁噪声、振动较大等原因，尚未被正式采用。

3.3 电动机设计

在本节，作为HEV用电动机的设计示例，以丰田的THS（Toyota Hybrid System）与本田的IMAS（Integrated Motor Assist System）所使用的电动机设计实例为例进行一下介绍。

HEV包括发动机、驱动桥轴在内的混合动力系统，大致分为以下几类，参见图3-52、图3-53、图3-54。串联混合动力系统（图3-52）是将发动机产生的动力通过发电机转化为电能，用于驱动电动机；并联混合动力系统（图3-53）是将发动机的动力通过变速器驱动车轮，与可产生或回收动力的发电机匹配；兼具上述两种功能的称为串并联混合动力方式（图3-54）。丰田的THS为串并联混合动力方式，本田的IMAS属于并联方式。

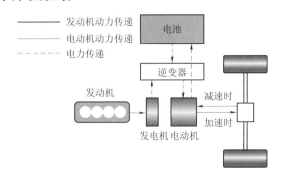

图3-52 串联混合动力系统[5]

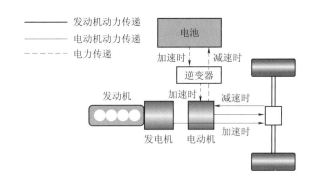

图3-53 并联混合动力系统[5]

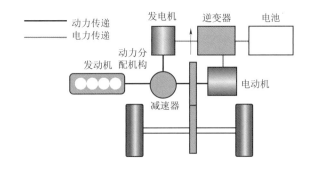

图3-54 串并联混合动力系统[5]

3.3.1 电动机设计（HEV THS）

1997年上市销售的Prius混合动力车上配置的混合动力系统如图3-55所示。2003年硬件方面增加了可以升压到500 V的变换器，2009年电动机高速化之后，升压能力进一步提升到650 V，前后经历了两次全新改型（图3-56）。

图 3-57 所示为混合动力系统图，THS 正在向被称为 THSⅡ系统构成发展。THS 的特点是通过为动力分配机构行星齿轮将发动机动力分给发电机和差速器齿轮两个系统，对发电机进行转速控制，对发动机传给差速齿轮的动力进行调节，同时实现发动机的高效运转。如图 3-56 所示，电动机布置在分配发动机动力的动力分配齿轮与差速器齿轮之间，并通过减速齿轮连接。如表 3-3 所示，与 2003 年没有通过减速齿轮连接的 Prius THS 相比，THSⅡ电动机通过减速齿轮调整机构（$r = 1/2.636$）得以实现高转速化（6 000→13 900 r/min），同时提高了电源电压（500→650 V），实现了小型大功率化（50→60 kW）的目标。

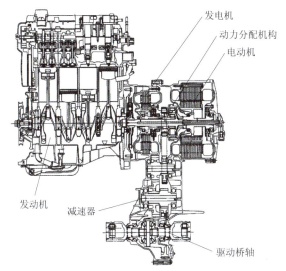

图 3-55 混合动力系统的配置示例（丰田·Prius）[5]

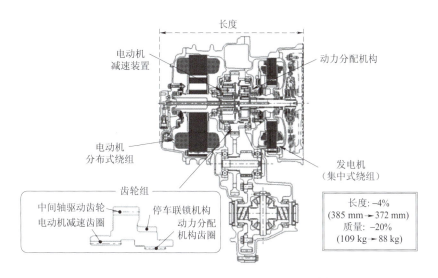

图 3-56 THSⅡ系统的变速器轴断面图[6]

（一）电动机的性能要求

THS 提高了车辆的燃油经济性，实现了顺畅的加速感以及肃静性静音特性等。此外，如图 3-55 所示，由于 THS 为电动机与发动机并列排列布置在车辆上，因此对电动机的小型化要求十分严格，它实现了 THS 所要求的电动机性能，也就是说它实现了小型化、低损耗以及小型化所带来的冷却与绝缘性能改善。本节以 2003 年（THS）、2009 年（THSⅡ）的 Prius 上所采用的电动机设计作为示例进行说明。其装置技术参数（性能要求）见表 3-3。

表 3-3 HEV 装置技术参数表

		THS	THS Ⅱ
发动机最大输出功率		57 kW	73 kW
电动机	类型	同步 A（电动机）	←
	最大输出功率	50 kW	60 kW
	最大输出扭矩	400 N·m	207 N·m
	最大速度	6 000 r/min	13 900 r/min
	电源电压	500 V_{dc}	650 V_{dc}
电动机减速比		—	2.636
质量		109 kg	88 kg
全长		385 mm	372 mm

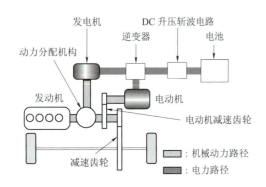

图 3-57　THS Ⅱ 系统构成[7]

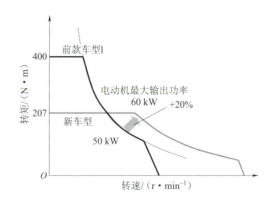

图 3-58　电动机小型化的规格设计理念[6]

所谓满足性能要求的电动机设计必要条件就是，在最大转矩、最大功率、最高转速的条件下，所施加的电压、电流、频率在逆变器可控制范围内，并且电动机上升的温度要在容许范围内。另外，当控制装置出现异常或发生故障之后时，控制装置不会由于电动机反电动势造成过压压力性损坏；在电动机转速过大时，电动机也不会由于离心力的作用发生强度上的损坏等。在满足了这些必要条件之后，为了实现电动机的最佳方案设计（包括搭载设计可行性、油耗、成本），电动机设计过程中需要反复进行模拟计算和试制评价进行确认。下面讲述的就是满足一系列性能要求而进行的具体设计内容。除了电动机以外的设计参数，如减速比 1/2.636 的减速齿轮、高电压逆变器（650 V、170 Arms）也是优化之后的参数。

（二）小型化

车辆驱动电动机小型化通常的手段就是，高转速化，降低最大转矩，满足车辆性能。高转速化实现电动机小型化的概念可以通过图 3-58 的性能变化描述。针对前款车型的 THS，新车型的 THS Ⅱ 不仅将输出功率在 50 kW 的基础上增加了 20%，还通过增加减速齿轮将最大转矩从 400 N·m 降到了 207 N·m，降低了约一半。最高转速增加到原来的 2 倍以上（6 000→13 900 r/min），定子尺寸也减小了 27%（图 3-59）。

高转速化存在一系列问题，如与频率的平方成正比增大的铁损、如何提高机械强度、减小振动，等等。为了降低铁损，在 THS 电动机设计当中，将电磁钢板进行 0.35→0.30 mm 的薄板化设

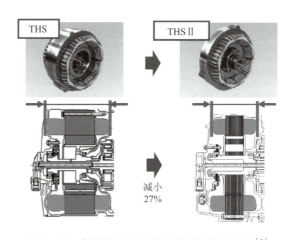

图 3-59　高转速化分布绕组电动机的小型化[6]

计，将转子磁铁由平板形状布置改为 V 字形布置。图 3-60 为 THS 与 THS Ⅱ 的转子磁铁断面形状。V 字形布置不但能够降低高速旋转时的铁损，还能够改善由于磁阻转矩分量的增加造成的电流值下降。另外，V 形布置磁铁也还可以通过树脂膜成型来提高耐离心强度。

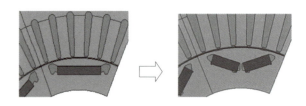

图 3-60　转子磁铁断面形状[8]

THS Ⅱ 也对发电机小型化做出了努力。如图 3-61 所示，开发的新式线圈为绕线管排列方法，发电机可以将绕组方式从分布绕组改为高密度集中绕组，这样电动机尺寸能够减小 34%（图 3-62）。

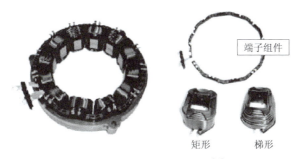

图 3-61　发电机集中绕组[9]

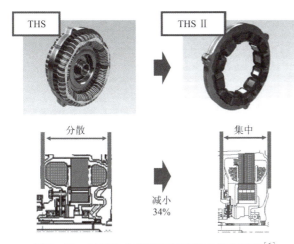

图 3-62　通过集中绕组实现的发电机小型化[6]

综上所述，如图 3-56 所示，THS Ⅱ 的变速器全长可以缩短 4%，重量减轻 20%。

（三）降低损耗

一般所说的降低损耗，就是指 HEV 的油耗、EV 的电力消耗，即减少实际行驶时的能量消耗量。因此，需要降低在实际行驶时使用频度较高的电动机工作点的损耗。图 3-63 所示为电动机工作点的使用频率情况，用于评价正常行驶条件下电动机损耗对油耗的影响。此图是以等高线的形式来表示在转速 - 转矩运行区域产生的频度。

图 3-63（a）为市区道路工况、图 3-63（b）为陡坡路与高速行驶工况。图 3-64 是 THS Ⅱ 在市区道路行驶中，每隔 1 s 所产生的工作点。表示电动机以非常低的载荷与速度运行进行的评价。另外，图 3-64 用阴影部分描绘出了电动机铁损与铜损较大的区域。从图 3-63 与图 3-64 可以看出，电动机铁损对油耗的影响很大。如前面所述，转子磁铁的 V 形布置对降低无负载时定子产生的谐波磁通很有效果，进而减少铁损和改善油耗。图 3-65（a）、图 3-65（b）表示通过一系列降低损耗的方法改进后的电动机效率图谱。从图可以看出，最大效率从 95% 提高到 96%、市区道路工况与高速行驶工况在各自的工作重心点的效率从 92% 分别提高到 94% 和 93%。

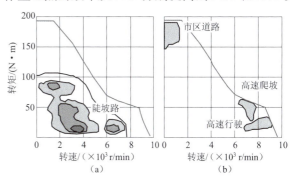

图 3-63　EV 与 HEV 的各个行驶工况下的电动机运行频度图谱

（a）市区道路工况；（b）陡坡路与高速行驶工况

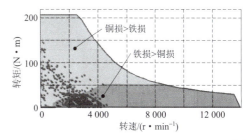

图 3-64　市区道路行驶产生工作点频度分布[7]

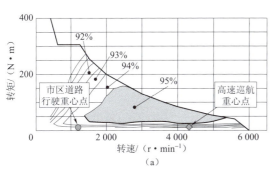

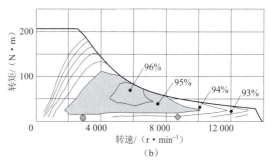

图 3-65　电动机效率图谱[6]

（a）THS 电动机的效率图谱；（b）THS Ⅱ 电动机的效率图谱

(四)冷却性能

电动机工作过程中会产生热量,而磁性体(最高 160 ℃)和绕组绝缘外皮(H 类 180 ℃)是电动机内部必须进行隔热保护的重要部分。由于发动机与变速器壳体连接,温度较高,因此布置在变速器壳体内的 THS 电动机处于高温环境中。另外,电动机产生热量最多的绕组由于是与槽纸一同缠绕在定子的槽内,使得绕组的热量很难通过定子传导出去,因此,THS 利用变速器内部齿轮润滑用的 ATF(Automatic Transmission Fluid)实现绕组的冷却,将电动机的热量传导到壳体上。

图 3-66 表示的是变速器内部 ATF 的循环回路。其采用的构造是,ATF 存留于变速器的最低位置(油箱),通过差速齿轮与塔轮的旋转,将 ATF 从油箱搅起,临时储存于位于上部的 ATF 采集箱中,如图 3-66 所示,ATF 受重力作用填充到定子与壳体之间的间隙中,实现定子到壳体的热传递。ATF 吸收绕组端部的热量,将其传递到油箱,再传递到壳体。

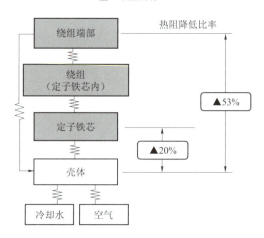

图 3-67 合理利用 ATF 的电动机导热模型[10]

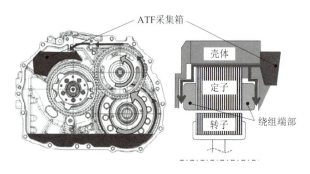

图 3-66 变速器内 ATF 的循环回路[8]

图 3-67 显示的是 ATF 从绕组到壳体的导热回路模型,一般用热阻模型来表示各个部位热传递的快慢。由此可以看出,通过将 ATF 填充到定子与壳体之间,与不填充时相比,热阻可以降低 20%,对绕组端部施加 ATF 可以使热阻减半。

(五)绝缘性能

将驱动电动机的电源电压从 500 V 提高到 650 V 之后,逆变器开关切换时电动机受到的冲击电压也提高了近 30%。最容易受切换冲击影响的是 U、V、W 间的各个相间绝缘性与对地绝缘性,为了确保其绝缘性能,如图 3-68 那样,增加了插入相间绝缘纸的工序并努力实现其自动化操作,提高耐冲击性能。此外,如图 3-69 所示,考虑各绕组的电压分配,对绕组连接方式进行研究,降低相邻绕组之间的电动势,提高耐冲击性能。

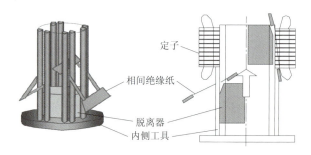

图 3-68 装入相间绝缘纸的概念图[11]

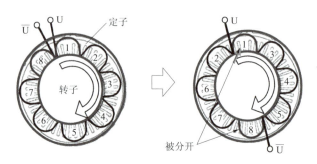

图 3-69 绕组连接(考虑绕组电压分配)[8]

3.3.2 电动机设计(HEV 并联)

并联 HEV 方式是指加速时的辅助助力与减

速时的能量吸收,以及怠速停机时启动发动机的工作均由同一个电动机完成。该种方式可以在现有的发动机与驱动系统的基础上实现,结构简单且成本低廉。

在本小节中,以本田的 IMAS 系统为例,对电动机的概要进行说明。

(一) 结构设计

图 3-70 为电动机的结构图。电动机布置在发动机与变速器之间,定子与电动机壳体组装在一起,转子与曲轴连接。电动机转矩通过变速器传递给驱动系统。冷却方式为自然风冷。

图 3-70　电动机的构造

转子结构采用的是磁轭中插入磁铁的 IPM 形式。图 3-71 所示的是转子结构。

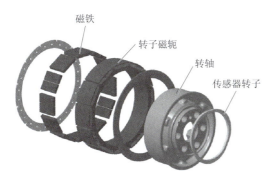

图 3-71　转子结构

转子磁轭由多个薄电磁钢板（冲片）层叠而成。转轴为铸铁件,其作用是支撑磁轭,并将电动机转矩传递给变速器。由于受到来自发动机一侧的转矩与振动的作用,因此对强度有一定的要求。此外,进行结构设计时需要考虑如何防止磁轭与转轴的相对滑动。由于在磁化后（起磁充磁后）会产生很强的磁力,生产的时候要十分注意。

目前相对较普及的绕组卷绕为集中绕组与分布绕组,本系统出于缩短轴向长度的目的,采用集中绕组方式。绕组采用扁线以提高槽满率,通过增大绕组的截面面积降低铜损耗来提高效率[12]。图 3-72 为定子与电动机壳体的结构,图 3-73 为分割型定子结构。

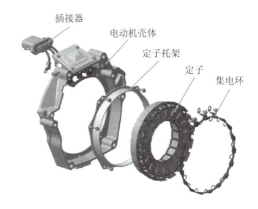

图 3-72　定子与电动机壳体结构

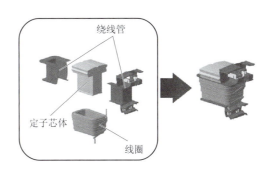

图 3-73　分割型定子结构

分割型定子通过定子托架固定在电动机壳体上。分割型定子的绕组之间通过集电环给电,在线圈与分配分立定子的组装作业中,要注意不得损伤漆包线的绝缘薄膜。

(二) 功能设计

确定电动机技术参数所需的条件包括驱动及再生时的功率和转矩、效率、转速、冷却方法、电流电压条件、固定形状,等等。图 3-74 所示的是电动机性能曲线图的一个示例。

为了提高动力传动系统的整体效率,需要协调发动机、变速器,还要充分利用电动机效率较高的区域工作。确定转矩特性,电动机内部的磁路是一个重要的要素。设计磁路时,还要对极对

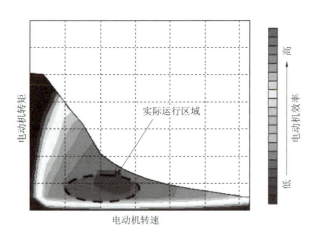

图 3-74 电动机的性能曲线图

数、磁通密度、转子磁轭形状、电磁钢板厚度、线圈匝数、线圈截面面积、定子形状,以及电流值与转矩特性的关系等进行研究。图 3-75 所示的是磁力模拟的一个示例。

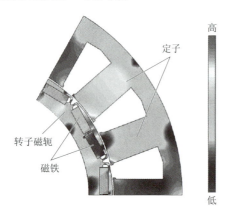

图 3-75 磁场磁力模拟(磁通密度分布)

对于各部件的强度,设计时需要考虑以下因素:离心力及电动机自身的转矩产生的应力、来自发动机与驱动系统的振动、热变形及间隙变化。近年来,各种 CAE(Computer Aided Engineering)分析方法也在逐渐发展。图 3-76 为绕组卷线时绕线管所产生的应力分析示例。

对于耐久性方面,设计时要考虑到适应运转条件与使用环境的磁体退磁韧性、材料耐热性、锈蚀、防水、粉尘等因素。

3.3.3 电动机设计(EV)

(一)概要(规格参数)

从低速大转矩到高速的各种运转状态,内燃

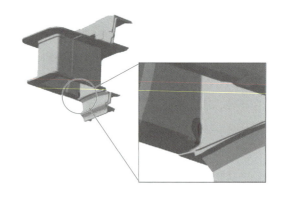

图 3-76 线圈卷线时在绕线管上所产生的应力

机车是用变速器来实现的。EV 车在停止状态下,电动机也能输出转矩,一般都配有减速器(无速比切换)。

汽油机车在起步时通过齿轮变速增大转矩,一次达到接近 EV 的转矩特性。与此相对,EV 从低速到高速的全范围内均无须变速,并实现平顺的加速感觉。图 3-77 表示的是驱动力曲线图。

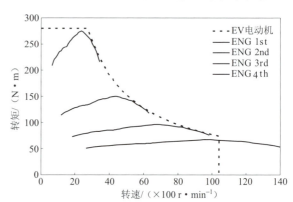

图 3-77 驱动力曲线图

EV 车所有工况下行驶所需的动力均由电动机提供。高速行驶时所需要的功率及爬陡坡时所需要的转矩是电动机的代表性技术参数。

微型车要求定员为 4 人,整车质量为 1.1 t 左右。以三菱 i-MiEV 为例,其电动机最大输出功率为 47 kW,最大转矩为 180 N·m。

另外,普通乘用车要求定员为 5 人,整车质量为 1.5 t 左右。以日产 LEAF 为例,其最大输出功率为 80 kW,最大转矩达到了 280 N·m。图 3-78 是微型车用电动机(三菱 i-MiEV)外观,图 3-79 是普通乘用车用电动机(日产 LEAF)外观。

图 3-78 微型车用电动机
(三菱 i-MiEV) 外观[13]

图 3-79 普通乘用车用电动机
(日产 LEAF) 外观

EV 驱动电动机要求较低时使用直流电动机（有刷直流电动机）。在对尺寸、效率、耐久性、高功率等方面有更高的要求时一般采用交流电动机（感应电动机、同步电动机）。

交流电动机中应用比较普遍的是小型、高效率的永磁同步电动机。下面将以日产公司的 LEAF 为例，对 EV 车普遍采用的永磁同步电动机进行说明。

(二) 定子

同步电动机的定子绕线方式有分布绕组与集中绕组两种。EV 在总体布局上一般采用磁路方面较为有利的分布绕组方式。

定子芯体铁芯由层叠的无方向取向性电磁钢板构成。为了降低高转速（即高速行驶）条件下产生的铁损，大多采用厚度为 0.35 mm 以下的电磁钢板，通过高速连续冲压落料、铆接或焊接加工芯体铁芯组件，图 3-80 所示为定子芯体。

绕组大多采用的是线径 0.7~0.9 mm、聚酰胺亚胺 (AIW) 漆包线。一少部分采用手工作

图 3-80 定子芯体

业，一般量产时使用嵌入线机进行自动线圈插入。

这种方式绕线槽满率（线圈放入槽内后占用槽内空间的比例）可以达到 70% 以上，通过降低铜损、热阻，可以有效提高热性能。图 3-81 是槽内线圈断面。

图 3-81 槽内线圈断面

绕组与定子芯体之间插入绝缘纸，以此来保证绝缘。线圈端部通过卡带固定，一般进行清漆处理。

定子在壳体上的固定方法也有采用螺栓固定芯体的，但是大多采用的是热压配合的方法。该方法更有利于定子芯体与壳体的导热，图 3-82 所示为定子壳体。

图 3-82 定子壳体

(三) 转子

同步电动机转子的磁极采用磁性体。EV 电动机一般不采用表面磁铁型表贴式（SPM），而大多采用的是磁力转矩与磁阻转矩并用的内部磁铁型内嵌式（IPM）。

IPM 方式如果按照以往经验对磁铁与焊剂阻隔层的布置进行优化是很困难的，因此一般在磁路形状的研究当中，大多采用的是通过有限元分析法进行磁场解析与强度解析，通过 CAE 技术来实现磁路形状的优化。图 3-83 所示为磁场解析示例。

图 3-83 磁场解析示例

同步电动机的转子芯体铁芯在同步速度下应该不存在涡电流产生的热量。实际上，谐波分量产生的涡电流是不可忽视的。因此，一般转子芯体铁芯与定子一样，采用层叠硅钢片结构。此外，出于高转速强度的考虑，也有仅转子采用高强度钢板的情况。但是，考虑到经济性，多数是与定子一样，采用电磁钢板冲压的方式。图 3-84 所示为转子芯体铁芯。

图 3-84 转子芯体铁芯

IPM 电动机由于磁极具有凸极性，因此有时也会出现由转矩脉动、捻转矩、齿槽转矩、感应电压波形变形畸变等造成的音振问题，有时需要进行磁极偏移。

感应电动机一般采用倾斜偏移结构，但是同步型电动机不能斜着镶入磁铁，因此多数是沿旋转方向错开。图 3-85 为磁极偏移。

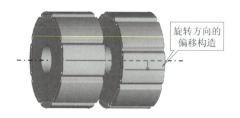

图 3-85 磁极偏移

（四）磁铁特性

磁铁一般使用特性最优良的钕磁铁。为了应对高转速时的铁损以及磁铁涡电流损耗产生的热量，会选择钕磁铁中矫顽力较高的磁铁。图 3-86 为磁铁特性。

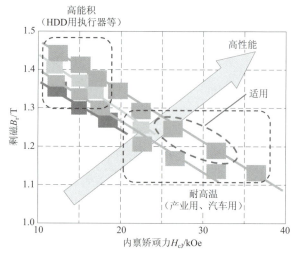

图 3-86 磁铁特性

此外，通过分割磁铁可以降低磁铁涡电流损耗产生的热量，因此有时也使用分割之后再黏结的分割磁铁。图 3-87 为磁铁分割效果。

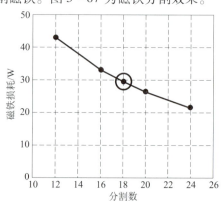

图 3-87 磁铁分割效果

(五) 冷却

EV车所有行驶工况下所需的动力均由电动机提供，因此需要可靠的冷却性能以保证车辆能够连续行驶。在高速行驶中，磁铁式同步电动机为弱磁场控制，损耗增大，在有坡度的行驶工况下，要求更高的冷却性能。

产业用电动机大都采用自冷式kW级电动机，不另外配备单独的冷却机构。作为车载电动机，为了满足小型、大功率的双重效果，就需要配备冷却系统。

特别是EV车，需要连续的进行散热工作，大多采用的不是空冷，而是水冷方式。

水冷电动机需要在壳体设置冷却水回路（水套），通常为铝铸件。在小批量生产的EV中，也有采用砂型砂模铸造的。量产时多为金属模铸造（低压、高压）。

另外，除了热性能之外，还要考虑壳体对振动噪声特性的影响，根据振动模式增加机械强度，或者采取防止局部共振措施。图3-88所示的是壳体，图3-89所示的是冷却水路模型。

图3-88 壳体

图3-89 冷却水路模型

(六) 旋转变压器

同步电动机控制需要检测转子的磁极位置，一般使用旋转变压器（Resolver），在分辨率、精度、转速、环境条件适应性等方面都具有高可靠性。

驱动用电动机所使用的旋转变压器（Resolver），转子一侧为铁片铁芯，定子一侧为3组绕组，励磁、检测信号由逆变器内置的R/D转换回路转换为转角（绝对位置）信息，用于矢量控制，向电动机提供适当的驱动电流。图3-90所示的是旋转变压器（Resolver）

图3-90 旋转变压器（Resolver）

(七) 电动机特性

电动机特性一般与驱动用逆变器相结合进行评价。使用功率分析仪、功率计等检测仪器，可以在电动机端子进行输入电力测量，而测量应变波时，根据不同条件会有很多变化因素，一般利用输入逆变器的直流电和电动机的机械功率测量值来测量电动机效率。

通常评价电动机特性时主要从静止状态到最高转速范围内对驱动、再生工作范围内的输出特性进行评价。图3-91为电动机特性（日产LEAF）。

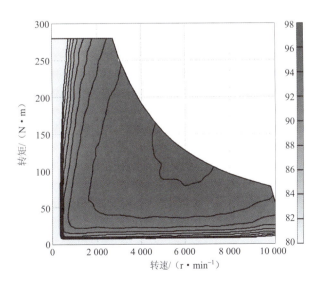

图3-91 电动机特性（日产LEAF）

3.4 汽车搭载电动机实例

3.4.1 丰田（Prius·雷克萨斯）

本节就有关 HEV 用电动机的搭载示例进行说明。表 3-4 是以搭载丰田 HEV 系统（THS）的车辆为例，对各个装置进行说明。

表中最小型的车辆是上一节所描述的 Prius。电动机功率为 50 kW，在车速 55 km/h 以下的低负载工况下可进行 EV 行驶。HS 250h 的电动机功率为 105 kW，RX 450h 为 123 kW，随着车辆质量的增加，配置的电动机功率也随之增大，另外，FR（Front-engine Rear-whee drive）乘用车驱动方式也与 Prius 不同，GS 450h 的电动机功率为 147 kW，LS 600h 为 165 kW。

表 3-4 THS 的种类及其搭载的电动机功率规格参数[14]

系统	THS II（FF）				THSII（FR）	
采用的车型	03Prius	新 Prius	HS 250h	RX 450h	GS 450h	LS 600h
E/G 排量	1.5 L	1.8 L	2.4 L	3.5 L	3.5 L	5.0 L
实用化时间	2003	2009	2009	2009	2006	2007
系统电压	500 V_{dc}	650 V_{dc}	650 V_{dc}	650 V_{dc}	650 V_{dc}	650 V_{dc}
最大功率	50 kW	60 kW	105 kW	123 kW	147 kW	165 kW
最大转矩	400 N·m	207 N·m	270 N·m	335 N·m	275 N·m	300 N·m
最高转速	6 000 r/min	13 500 r/min	13 500 r/min	13 500 r/min	14 400 r/min	14 400 r/min

FF（Front-engine Front-wheel drive）车辆的 THS 系统布置方式为发动机横置于发动机舱内。图 3-92 为实际搭载状态。发动机相对于 THS 的变速器平行布置，发电机与电动机沿车辆横向直线排列。

机在外径上相同，但是发电机与电动机的整体厚度有所增加。

图 3-92 2009 年 Prius 搭载的发动机与 THS 变速器

图 3-93 为 Prius 搭载的 THS 变速器的图片，为了便于观察发电机与电动机形状，图片为剖面图。

图 3-94 为 RX 450h 搭载的 FF 大型乘用车用 THS 变速器。与图 3-93 的 Prius 相比，电动

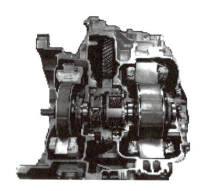

图 3-93 Prius 搭载的 THS 变速器[5]

图 3-94 FF 系列大功率 THS 变速器

另外,关于 FR 系列乘用车,由于变速器的布置条件与 FF 车辆不同,因此变速器一般为细长形。从搭载空间上来看,受径向条件约束,为了使电动机在直径和大功率大转矩方面均实现最佳效果,在电动机输出端配置了两级变速器。图 3-95 为 FR 系列大功率乘用车(LS)用 THS 变速器的断面图。图 3-96 为 FF 用电动机与 FR 用电动机(带变速器)的效率对比。可以看出,由于二级变速的作用,出现了 2 处高效率点,高效率的工作点面积有所扩大。

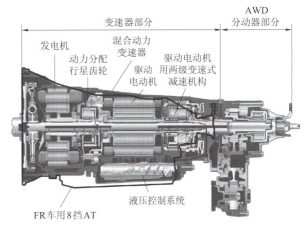

图 3-95 FR 系列大功率乘用车(LS)用 THS 变速器断面图[16]

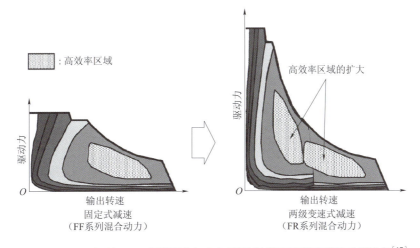

图 3-96 FF 系列与 FR 系列通过大功率 THS 装置变速器实现的效率改善[17]

3.4.2 本田(Insight)

图 3-97 为 2009 年 2 月公布并上市销售的本田 Insight 的 IMAS 电动机与发动机的外观图。发动机为本田飞度用发动机为基础改进的直列 4 缸、1.3 L 发动机,变速器为 CVT(自动无级变速)。

图 3-98 所示的是动力传动系统性能曲线,表 3-5 所示的是电动机技术参数。

电动机为薄型 DC 无刷电动机,装有定子的电动机壳体布置在发动机气缸体与变速器壳体之间,三部分连接形成一个整体结构。另外,转子安装在曲轴后端,离合器位于变速器一侧。

图 3-99 为本田 IMAS 系统电动机工作概念图。

图 3-97 本田 IMAS 电动机
(本田·Insight)

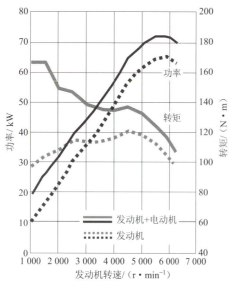

图 3-98 动力传动系统性能曲线图（本田·Insight）

表 3-5 电动机主要参数（本田·Insight）

型式	交流同步电动机（薄型 DC 无刷电动机）
最大功率	10 kW / 1 500 r·min^{-1}
最大转矩	78 N·m / 1 000 r·min^{-1}
	启动发动机时为 92 N·m/500 r·min^{-1}

电动机在起步与加速时辅助发动机工作。低负载行驶时，发动机所有气缸休止，切断燃料，只通过电动机进行 EV 行驶。在减速与下坡时，电动机作为发电机，进行减速能量回收。停止时，发动机处于怠速状态，再启动时由电动机启动发动机。

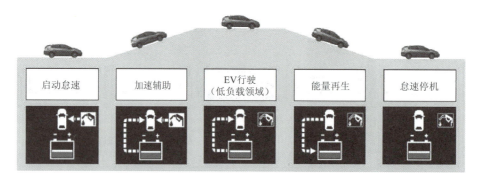

图 3-99 本田 IMAS 电动机工作概念图

3.4.3 三菱（i-MiEV）

表 3-6 所示的是电动机的主要参数，图 3-100 所示的是电动机外观，图 3-101 所示的是功率转矩特性。该电动机是以小型、轻量化、高效率而著称的永磁同步电动机。

表 3-6 电动机主要参数（三菱（i-MiEV））

项　目	单　位	规　格
型号	—	Y4F1
电动机分类	—	永磁同步电动机
最大功率	kW	47
最大转矩	N·m	180
额定功率	kW	25
额定转矩	N·m	65
最高转速	r/min	8 500
冷却方式	—	水冷式

图 3-100 电动机外观（三菱（i-MiEV））

永磁体嵌入转子铁芯内，定子铁芯采用的是分布绕组方式。

在电动机壳体圆筒部设置冷却水路，对电动机内部产生的热量进行冷却。外表面如外观图片所示，铝制壳体外侧设计了加强筋结构，以实现轻量化、高刚性，而且在降低振动噪声方面效果显著。

此外，在电动机输出轴进行了花键加工，用于传递电动机动力。另外，对与其他零部件匹配的接合面及滑动部分进行了高精度的密封设计，能够抵抗短时间的浸水问题。

主要的性能：最大功率 47 kW、最大转矩 180 N·m、额定功率 25 kW、额定转矩 65 N·m，电动机与逆变器的综合效率达到了 90% 以上。

图 3-102 所示的是该电动机的车载状态。电动机与减速器由螺栓连接为一个整体，构成动力系统，前电动机支架与电动机圆筒部以及减速器连接，后电动机支架与电动机法兰部连接，采用 3 点固定方式。每个支架在工字形电动机装配支架上有 3 个固定点，各点均装配橡胶衬套，用于降低振动噪声。

3.4.4 富士重工（Plug-in Stella）[18]

图 3-103 为新研发的轻量化、大功率三相永磁同步电动机，确保了充分的驱动性能（图 3-104）。表 3-7 为电动机的主要参数。

图 3-103 电动机外观

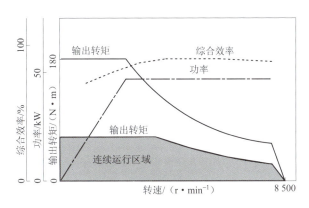

图 3-101 最大功率特性
（电动机 & 逆变器）

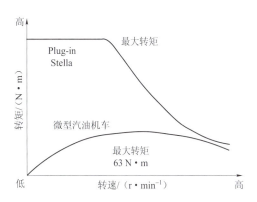

图 3-104 综合考虑逆变器的转矩曲线图

表 3-7 电动机主要参数

型号	三相永磁同步电动机（8 极 12 槽）
最大功率	47 kW/2 640 r·min⁻¹（1 分连续额定）
连续输出功率	25 kW（1 小时额定）
最大转矩	170 N·m/0～2 640 r·min⁻¹
最高转速	8 000 r·min⁻¹
尺寸（除凸起）	φ260 mm × 230 mm
冷却	水冷

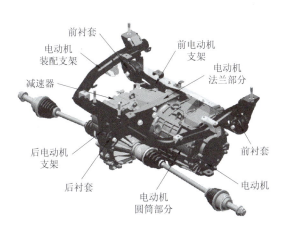

图 3-102 电动机车载状态

如图 3-105 所示，转角传感器（旋转分解器）内置电动机中，检测电动机转速，用于车速信号的电动机控制。

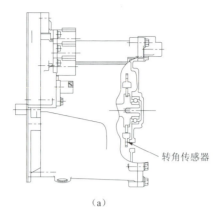
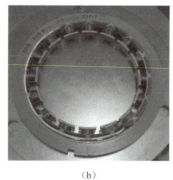

图 3-105 转角传感器（分解器）

(a) 电动机侧视图；(b) 转角传感器构造照片

3.4.5 日产（聆风）

（一）概要（规格参数）

LEAF 搭载的是专门针对电动汽车的使用方法而设计的内部磁铁型同步电动机，实现了电动汽车特有的高响应性及低噪声行驶。

日产最早的电动汽车是 2000 年上市销售的 hyper mini。该电动机是以燃料电池车（2003 model X-TRAIL FCV，2005 model X-TRAIL FCV）的驱动电动机为基础，结合电动汽车性能技术参数，从开发到生产完全由自己公司完成。表 3-8 为电动机技术参数，图 3-106 为电动机外观。

表 3-8 电动机主要参数（日产 LEAF）

性能项目	LEAF 用电动机
最大转矩	280 N·m
最大功率	80 kW
最高转速	10 390 r/min
电动机质量	约 58 kg

图 3-106 电动机外观

为了提高连续的输出性能，采用了水冷的冷却方式，采用转角传感器（resolver）来确保高响应性。图 3-107 是电动机的剖面图。

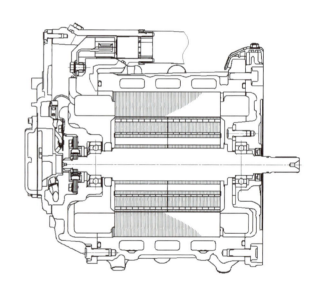

图 3-107 LEAF 电动机的剖面图

（二）转子、定子

LEAF 对燃料电池车所采用的内部磁铁型同步电动机进行了改进，为使最大转矩达到 280 N·m（坡度 30% 的爬坡性能）及最大功率达到 80 kW（高速行驶性能），转子采用了 3 块磁铁三角形布置结构，充分发挥磁转矩和磁阻转矩的效果，实现了大功率、大转矩密度。

此外，通过优化磁铁两端的桥接形状（高转速时应力集中部位）来控制漏磁，并提高耐离心力强度。图 3-108 为磁路形状示意图。

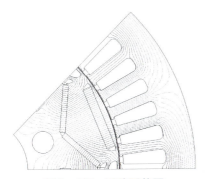

图 3-108 磁路形状图

磁性体使用了钕磁铁。为了降低高转速时的铁损以及抑制磁铁涡电流损耗产生的热量，一般选择矫顽力较高的磁铁。

此外，通过分割磁铁可以降低磁铁涡电流损耗产生的热量。该电动机将磁铁 18 等分后再进行黏结。

为了控制高转速（高速行驶）条件下的铁损，定子芯体选择低铁损且可铆接的 0.3 mm 材料。

绕组使用线径 0.75 mm 的聚酰胺亚胺（AIW）包覆的漆包线，实现了槽满率在 70% 以上的高密度绕组，对提高热性能作出了贡献。

（三）壳体

壳体内置了冷却电动机用的水套，材质为铝铸件。

为了确保冷却性能，设置了并行的 3 条水路，特殊的形状设计能够分散定子芯体热装而产生的应力。此外，为了在量产时也能够实现与砂型铸造同样的芯子水路形状，采用了低压金属模具铸造法（LPDC 工法）。图 3-109 为壳体（定子）结构。

图 3-109 壳体（定子）结构

（四）电动机性能

电动机与逆变器为 LEAF 专用产品，对电流与转矩、功率的匹配关系进行了优化，最大转矩为 280 N·m，最大功率为 80 kW，最高时速可达 160 km/h，爬坡斜率达到了 30%，毫不逊色于汽油发动机车。图 3-110 所示的是该电动动力传动系统的效率。

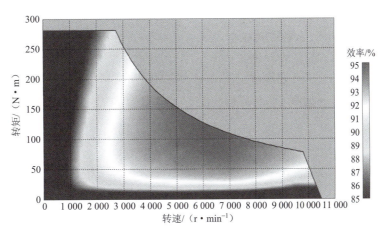

图 3-110 电动动力传动系统的效率

效率最高的工作点为 95% 左右，按照整车使用频度较高的工作点加权平均计算，也能发挥出 90% 以上的高效率。

3.4.6 日野（客车）

日野汽车与东芝共同开发了柴油发动机与电动机组合的并联式大型混合动力客车。在该混合

动力客车上所配置的电动机兼发电机直接连接到发动机的曲轴上,其最大的特点是内置于发动机。其设计的基本思路如下:

① 发动机的全长保持不变,可安装在发动机飞轮上(图3-111)。

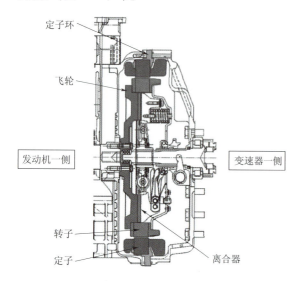

图3-111 内置发动机内的电动机兼发电机

② 采用免维护的无刷电动机,提高维修便利性及可靠性。

③ 安装在飞轮外侧的转子重量轻、惯性小,且结构坚固。

④ 能够耐得住发动机所产生的热量。

⑤ 作为起动机,能够在低速区域产生大转矩,而且具备满足混合动力发动机性能的转矩特性。

基于上述设计目标考虑,从各种方式中选择采用了三相交流感应电动机。

三相交流感应电动机具有以下优点:

① 能够沿用产业用电动机的制造设施,成本低廉。

② 容易实现恒功率特性。

③ 高速区域的效率下降量小。

④ 通过矢量控制,可对低负载时的效率进行优化。

⑤ 容易实现无速度传感器控制。

缺点是:能量密度以及最大负载时的效率、功率因数不及永磁同步电动机。

基于上述考虑,开发了新型专用三相交流感应电动机,主要参数如表3-9所示。图3-112为外观图。

表3-9 三相交流感应电动机的主要参数

型式	笼式三相感应电动机
质量	转子+飞轮:80 950 g 定子:72 500 g
形状	转子:外径 φ528.24 mm 　　　内径 φ436 mm 　　　层叠 50 mm 定子:外径 φ650 mm 　　　内径 φ530 mm 　　　层叠 50 mm
最大功率	72 kW
最大转矩	550 N·m/600 (r·min^{-1})
冷却方式	强制风冷
工作环境温度	-30 ℃ ~ 180 ℃
绝缘种类	H类

大型混合动力客车发动机

定子

转子

图3-112 三相交流感应电动机外观

2009年,搭载该电动机的大型混合动力客车在日本全国的主要都市以及国立公园等投入了700辆试运行。

3.4.7 东洋电动机(轮毂电动机)[19]

轮毂电动机分为普通的内转子式(转子在定子内侧)和外转子式(转子在定子外侧)两种。另外,从驱动结构上分类,分为带减速装置式与直接驱动式。图3-113为外转子式直接驱动形式。

表3-10 轮毂电动机主要参数

最大功率	50 kW (921~1 500 r/min)
最大转矩	518 N·m (0~921 r/min)
最大转速	1 500 r/min
最大电压	交流 210 V
最大电流	交流 230 A
耐热等级	H (180) JEC2100
冷却方式	风冷(行驶风)
质量	36 kg
电动机种类	外转子式 三相永磁同步电动机
控制装置	水冷·三相PWM逆变器

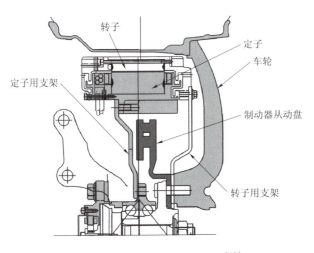

图3-113 轮毂电动机的构造[19]

直接驱动形式的轮毂电动机低速、大转矩,一般用于多极永磁同步电动机,极数大致在20~40极。

永磁体的高耐热性有了大幅度的进步,一般使用Nd-Fe-B系列磁铁。剩磁在1T(特斯拉)以上即可以满足电动机的要求。目前,耐200℃以上高温的磁铁也已经开始应用。

表3-10为轮毂电动机规格参数,图3-114为轮毂电动机外观图,图3-114是将图3-113的飞轮拆下之后的状态,可以看见转子与转子用支架。车辆上配置4台轮毂电动机(电气参数相同,由于制动系统结构的要求4台电动机略微有些差别),最大功率为200 kW,最大转矩为2 072 N·m,可以恒转矩加速到921 r/min。

永磁同步电动机受定子槽与转子永磁体的影响,产生齿槽转矩,它是造成车辆振动与噪声的

图3-114 轮毂电动机外观[19]

根源。原来分布绕组方式通过槽的偏移将其影响控制在最小限,但是很难应用到集中绕组方式。随着制造技术的进步,集中绕组也能够采用偏移的方式,该电动机上便采用了定子偏移的结构。图3-115是其外观图。图中,深色部分为层叠的硅钢片偏移后的铁芯部分,浅色部分为保护绕组的树脂部分。

图3-115 电动机定子外观[19]

图 3-116 所示为电动机单体的实测效率，用数字式功率仪测量电动机输入功率（逆变器的输出功率），利用转矩仪与转速计算电动机功率，二者的比值就是效率。如图所示，横坐标为转速，纵坐标为转矩，图谱中曲线表示效率。该电动机的最大效率出现在高转速区域，此时转矩约为最大转矩的一半左右，接近 95%。

在低速大转矩区域，铜损的影响较大，而在高速低转矩区域，铁损的影响较大，效率都呈现出急剧下降的趋势。

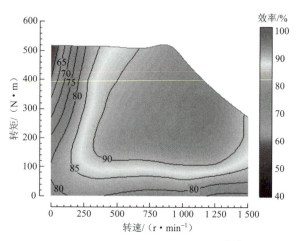

图 3-116 电动机单体效率特性[19]

相关外文缩略语一览表

缩略语	英文全称	中文含义
ATF	Automatic Transmission Fluid	自动变速机油
CAE	Computer Aided Engineering	CAE（计算机辅助工程）
CVE	Continuously Variable Transmission	无级变速器
EV	Electric Vehicle	电动汽车
FCV	Fuel Cell Vehicle	燃料电池车
FF	Front-engine Front-wheel drive	发动机前置前轮驱动
FR	Front-engine Rear-wheel drive	发动机前置后轮驱动
FRP	Fiber Reinforced Plastics	纤维增强塑料
HEV	Hybrid Electric Vehicle	混合动力车，混合动力电动车
IMA	Integrated Motor Assist System	集成式发动机辅助系统
IPM	Internal Permanent Magnet	内部磁铁
LPDC	Low Pressure Die Casting	低压压力铸造
SPM	Surface Permanent Magnet	表面磁铁
SRM	Switched Reluctance Motor	开关磁阻电动机
THS	Toyota Hybrid System	丰田混合动力系统
VVVF	Variable Voltage Variable Frequency	可变电压可变频率

参 考 文 献

[1] 福田ほか：わが国最古の国産誘導電動機の調査、電気学会電気技術史研究会，HEE-07-6，p.33-36（2007）．

[2] 山本：電動車両用モータの現状と将来展望，平成 21 年電気学会産業応用部門大会，2-S6-2（2009）．

[3] 森本雅之：電気自動車モーターと電気でうごくクルマのしくみ，森北出版（2009）．

[4] 福島ほか：新世代口気自助车「i-MiEV」の海外実証試験，MITSUBISHI MOTORS Technical review，No.22，15（2010）．

[5] 自動車技術ハンドブック．

[6] 久保馨：HV/EV 用モータ・インバータの開発経緯と今後の動向，国際カーエレクトロニクス技術展，CAR-3（2010）．

[7] 矢口英明ほか：新型プリウスのハイブリッド技術，TOYOTA Technical Review，Vol.57，No.1，p.12-19（2010）．

[8] A. Takasaki, et al. Development of New Hybrid Transmission for 2009. EVS-24（May 2009）．

[9] 竹原明秀ほか：トヨタハイブリッド自動車用モータの開発経緯と課題，JMAGユーザ会講演論文集（2009）．

[10] 鬼丸貞久ほか：ハイブリッド電気自動車（HEV）のATFを用いたモータ冷却構造の熱解析，自動車技術会学術講演会前刷集，No. 68-06（2006）．

[11] 相原浩：SUV用新ハイブリッドモータの開発，モータ技術シンポジュームテキスト（2005）．

[12] 堀江達郎ほか：新型CIVIC Hybrid IMAシステムの開発，HONDA R&D Technical Review，Vol. 18，No. 1，p. 16-21.

[13] 三菱テクニカルレビュー 2010, No. 22, 新商品「i-MiEV」, p. 72.

[14] 水谷良治：トヨタハイブリッド自動車用モータの開発動向，第28次モータ技術フォーラム（2010）．

[15] A. Takasaki, et al. Development of New Hybrid Transmission for 2009, EVS-24, May 2009.

[16] 松本真一ほか：最新のハイブリッド乗用車，自動車技術，Vol. 61，No. 9（2007）．

[17] 鬼丸貞久ほか：ハイブリッド電気自動車（HEV）のATFを用いたモータ冷却構造の熱解析，自動車技術会学術講演会前刷集，No. 68-06（2006）．

[18] 自動車技術，Vol. 63，No. 9（2009），「最新の電気自動車の開発」より一部本稿用に加筆・修正．

[19] 岡本ほか：20インチホイール組込形高効率インホイールモータシステムの開発，東洋電機技報，第117号，p. 12-17（2008）．

第4章

电力电子学

总 论

随着人们对CO_2造成地球温室化效应认识的提高，混合动力车（HEV）与电动汽车（EV）开始迅速地得到了普及，数十千瓦的电动机也被广泛地采用。

发动机与电动机的最大差异在于能量的回收。所谓的能量回收就是将电动机作为发电机使用，将汽车的动能转换为电能，返回到电源（电池）。也就是说不只是由电池电能支持电动机驱动汽车，而且还可以在减速时将动能转换成电能，用电池进行蓄电。另外，还可以通过发动机制动来对汽车进行减速，不增加汽油消耗。当然，不同的行驶工况结果会有所不同，但是，通过能量回收可以改善燃油经济性10%~20%。

最近的电车与电梯一般只用电动机加减速，机械式制动除了紧急时之外，只在停止运转时才使用。

另外，电动机的特点就是，即使是在停止状态下也能输出扭矩，并且能够以几毫秒的响应速度控制扭矩。另外，电动机可由电线连接，并接多台电动机，也可以简单地在各个车轮上安装轮毂电动机。灵活运用它的这些特点，就是第7章所述的车辆运动控制等成为可能的秘密所在。

在第3章的电动机部分已经进行了阐述，电动机可大致分为直流电动机与交流电动机。直流电动机的电刷与整流子等不仅需要维修，而且转速、电压、电流也受到限制。交流电动机就没有这些缺点，电压与频率一定的商用电源就可以作为定速电动机使用。要想改变该交流电动机的转速，就需要能够改变电压与频率的电源。承担该角色的就是电力转换器，电动机动作控制功率转换器的电动机驱动就是电力电子学技术的代表示例。HEV、EV如果没有电力电子学就不能够成立。

第4章的电力电子学的前半部分将对基于电力电子学技术的电力转换器、半导体电动装置、控制原理进行说明。后半部分在电力电子学设计方面，除了交流电动机控制之外，将对有关从高压直流电源向低压直流电源转换的DC-DC转换器、车载充电器、车内的AC 100V电源用转换器等实际车载电力电子学装置进行说明。

4.1 电力电子学

4.1.1 电力电子学的定义

电力电子学（Power Electronics）是在功率半导体（可控硅）开始实用化的1970年左右，将电力（Power）与电子学（Electronics）相组合，创造出来的语言。1973年，根据美国西屋电气

（Westinghouse）公司的纽维尔博士（W. E. Newell），用图4-1所示的"▽"形图，将其定义为"电力（电气·电力·电动装置）与电子设备（电子·回路·半导体）及控制的交叉技术领域"。

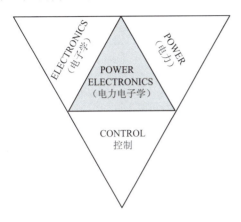

图4-1 电力电子学的定义

现阶段，可以认为是对以半导体电器元件进行电力转换与控制为中心的应用系统整体技术。

4.1.2 电力转换的种类

电源有直流与交流之分，普通的直流电源为恒定电压，而交流电源是电压与频率一定。

要想控制电力，就需要控制电压与频率。所谓的电力转换就是直流与交流的相互转换以及电压与频率的转换。如图4-2所示，通过输入与输出的组合，可以形成4种电力转换形式，即交流－直流转换、直流－交流转换、直流－直流转换、交流－交流转换。早期的电力转换由于是以交流－直流转换为主，因此当直流－交流转换成为可能之后，直流－交流转换器就被称为逆变器（逆转换器）。

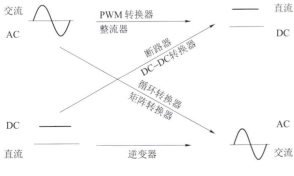

图4-2 电力转换

在将晶体管等作为增幅使用时，通过控制端子的电压与电流，可作为可变电阻使用。带电压的情况下，电流流动，会产生损耗。电力转换器的目的在于转换电力的形态，最理想的状态是通过电力转换使能量损耗降为零。电力转换器不启动增幅模式，而仅以ON与OFF两种模式转换来控制构成的半导体电动装置（图4-3）。从这种意义出发，也可以称为半导体转换装置。

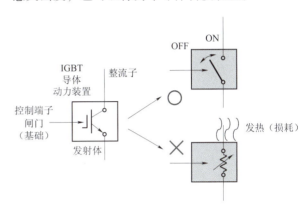

图4-3 转换工况

4.1.3 电力电子学的进化

1970年左右诞生了电力电子学这一词汇，当时电子学发生了很大的变化。20世纪60年代，晶体管普及；20世纪70年代左右，无线电与电视由真空管过渡到晶体管。晶体管材料中硅逐步替代了锗，频率增幅从数kHz的低频区域扩大到了数MHz的高频区域。另外，电流从几毫安达到了数十安培、电压也从几伏达到了数百伏，而且电力用晶体管也悄然上市。另外，硅控制整流元器件（SCR，现在被称为可控硅整流器）开始进入了实用化阶段。用可控硅整流器控制钢铁辊轧用直流电动机的可控硅－电动机组控制以及断路（Chopper）控制直流电动机的断路器（Chopper）电车已经上市。

1971年启动的日本通商产业省的大型项目——"电动汽车的研究开发"，开始开发交流电动机驱动系统，使用交流电动机来代替直流电动机，用逆变器将直流转换为可变电压、可变频率（VVVF：Variable Voltage Variable Frequency）的交流电来进行控制。

另外，1971年intel 4004处理器、1974年

intel 8080 处理器上市。

电力电子学正式诞生的 1973 年，半导体电动装置以及可进行复杂控制的微机应运而生，至此具备了动力（电力）、电子、控制这三项技术，也可谓是电力电子学开始发展的时期。

电力电子学的进化过程如图 4-4 所示。

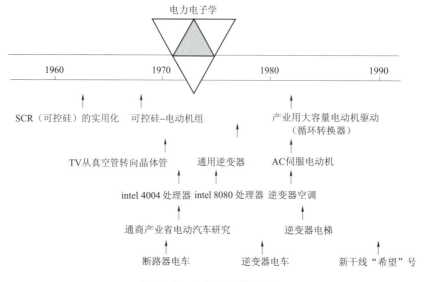

图 4-4　电力电子学的进化

4.1.4　交流电动机驱动实用化

1980 年，交流电动机驱动开始迅速普及。1970 年后半年之前，以定速感应电动机应用广泛，之后逐渐过渡到变速控制逆变器，1980 年开始逆变器电车（感应电动机）实用化，1982 年逆变器空调（感应电动机）诞生，交流伺服电动机开始普及（感应电动机），采用循环变流器的辊轧机用大容量电动机驱动系统（感应电动机）等也纷纷进入了实用化的阶段。进入 20 世纪 90 年代之后，新干线"希望"号开始运营（感应电动机），实现了高速化。

早期主要使用感应电动机，但是之后伺服电动机以及空调用永磁同步电动机（PMSM）、产业用绕组励磁同步电动机也开始被广泛使用。伺服电动机达到了小型低惯性化、空调实现了高效率化。产业用的电动机目标是通过高效率化以及电动机功率控制来实现逆变器容量的有效利用。

在此之后，冰箱、洗衣机、吸尘器等家用电器产品也开始普及使用交流电动机驱动。

4.1.5　其他电力电子学

电动机驱动之外的电力电子学，也被用于可变速扬水发电、56-60 Hz 频率转换、直流输电、无功功率补偿器、不间断电源（UPS），等等。与 HEV、EV 一样，作为改善全球变暖对策而迅速发展的太阳能发电、风能发电等，为了与商用电源协调运行，需要稳定的频率并转化为交流电压。

现在，电力电子学被非常广泛地应用于电力领域、产业领域、通信系统领域、铁道领域、家用电器产品，并且向汽车产业拓展。

4.2　电力转换器

前面已经叙述，电力转换器通过输入与输出的组合，有 4 种电力转换方式，即交流-直流转换、直流-交流转换、直流-直流转换、交流-交流转换。这些转换方式没有本质上的区别，基本类似。本节对汽车所用的断路器（Chopper）、逆变器、DC-DC 转换器进行介绍。

另外，DC-DC 转换器有时也指的是广泛直流-直流转换器。但是，一般大多指的是将直流转换成交流，通过绝缘变压器、整流回路，间接地获得直流的方式。在此，将直流-直流转换器划分为断路器与 DC-DC 转换器。

4.2.1 斩波器

斩波的词意为切断。半导体电动装置仅在 ON 与 OFF 这两种状态下进行切换使用，切断直流电源的电压，直接转换成不同电压的直流电。

基本的斩波器有降压斩波器与升压斩波器。

（一）降压斩波器

图 4-5 所示的是降压斩波器的基本电路与工作波形。工作波形条件为电容 C 的容量十分大，且输出电压 V_{OUT} 一定。

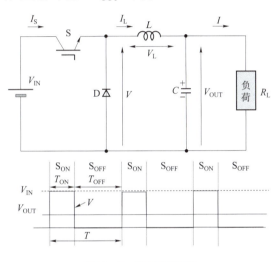

图 4-5 降压斩波器

下面对降压斩波器进行一下说明。半导体电动装置 S 接通之后，电压 V 为 V_{IN}，通过电感 L，电流 I_L 向输出方向流动。当 S 断开之后，I_L 通过 L 的磁能量作用，继续流动，二极管 D、L 向负载一侧回流。根据其作用 D 称为续流（傍路）二极管。D 通电时 V 为 0，在 I_L 的平均值不变化的稳定状态下，电压 V_L 的平均值为 0。因此，V 的平均值与 V_{OUT} 相等。

$$V_{IN} \times T_{ON} = V_{OUT} \times T$$

因此，获得以下的关系：

$$V_{OUT} = V_{IN} \times T_{ON}/T$$

使 T_{ON} 从 0 到 T 发生变化之后，V_{OUT} 在 0~V_{IN} 变化。

使用断路器之前的电车，在电车架线与直流电动机之间串联电阻器，切换电阻值。启动时，架线的能量（$V_{IN} \times I_a$）几乎都被串联电阻损耗（图 4-6）。

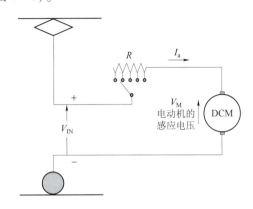

图 4-6 电阻控制电车

（二）升压斩波器

图 4-7 所示的是升压斩波器基本电路与工作波形。S 接通之后，电压 V 为 0。在 L 施加 V_{IN} 的电压，磁能量增加。当 S 断开之后，I_L 通过 L 的磁能量作用，继续流动，V 为 V_{OUT}。

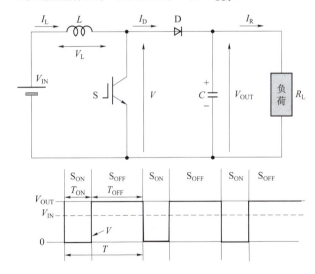

图 4-7 升压斩波器

在 I_L 的平均值不变化的稳定状态下，V_L 的平均值为 0。因此，V 的平均值与 V_{IN} 相等。

$$V_{IN} = V_{OUT} \times T_{OFF}/T$$

因此，获得以下的关系：

$$V_{OUT} = V_{IN} \times T/T_{OFF}$$

使 T_{OFF} 从 T 到 0 发生变化之后，从理论上来说，V_{OUT} 是从 V_{IN} 到无限大变化。

（三）可逆断路器

之前描述的斩波器，电流只是单向流动。采

用降压斩波器运行直流电动机的构成当中，能量是从直流电源流向直流电动机。当将直流电动机作为发电机使用来进行减速、能量再生时，电动机一侧作为电源，由升压斩波器升压到直流电源电压 V_{DC} 就可以了。当将降压斩波器与升压斩波器的电流反向重叠之后，就变成了图4-8所示的可逆斩波器。

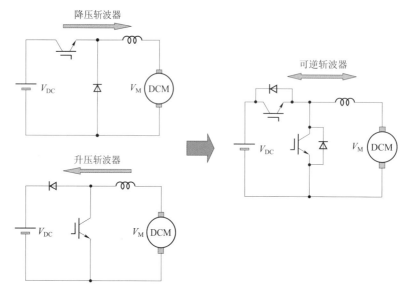

图4-8 可逆斩波器

电动机的工作模式用坐标的4个象限来表示，x 轴为扭矩 T，y 轴为转速 ω_r。第1象限为扭矩为正、转速为正的正转牵引模式，第2象限为扭矩为负、转速为正的正转制动模式，第3象限为扭矩为负、转速为负的逆转牵引模式，第4象限为扭矩为正、转速为负的逆转制动模式。与此相对应，电力转换器也同样是将 x 轴作为电流 I、将 y 轴作为电压 V 来表示工作模式的。图4-9所示的是4象限工作模式。可逆斩波器可在第1象限与第2象限运行。

流转换器，也就是说逆变器作为电力转换器必须可以4象限工作。

4.2.2 逆变器

(一) 二电平逆变器

如图4-10所示，将可逆斩波器的直流电源分为两个，再将连接在直流电源一侧的输出端子连接在一分为二的直流电源中点处，就可以作为4象限斩波器工作。

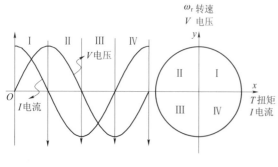

图4-9 4象限模式

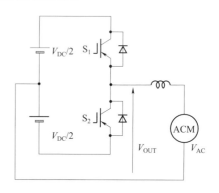

图4-10 单相逆变器（半桥）

若接通 S_1，关闭 S_2，则负载（电动机绕组）施加 $+V_{DC}/2$ 的电压。相反，关闭开关 S_1，接通

开关 S_2，则施加 $-V_{DC}/2$ 的电压。

交替接通、关闭开关 S_1 和 S_2，就可以产生矩形波形的交流电压。如果改变其周期，就可以改变其频率，但是，电压的强度固定在 $\pm V_{DC}/2$ 两点不变。如果转换频率高于输出频率很大时，通过 PWM（Pulse Width Modulation）控制（脉冲宽度控制）"+"与"-"的电压输出时间，即可输出正弦波形电压，同时能够任意控制其大小和频率。电压中也包含非正弦波成分，但是，通过电动机绕组的电感部分，可以将电流变为比较顺畅的波形。在一般情况下，PWM 频率（ON、OFF 的频率）为几千赫兹到十几千赫兹。图 4-11 所表示的是代表性的三角波比较 PWM 控制。

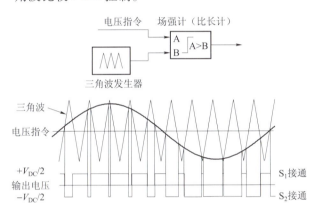

图 4-11 三角波比较 PWM

大功率交流电动机一般为使用三相电源的三相电动机。单相交流的瞬间电力（电压正弦波与电流正弦波的积）以电源频率的 2 倍变动。逆变器以及电动机电力发生变动，无法顺畅且高效地运转。三相交流的各相电力虽然变化，但是，三相部分加起来计算的话没有变化，电力稳定。

若单相逆变器采用 3 个回路，即为图 4-12 所示的三相逆变器。其原理是连接直流电源的中点与电动机的中性点。但是，因为三相交流的总和为零，因此可不连接，也就不需要将直流电源一分为二。可用 3 根电线输送三个电力。

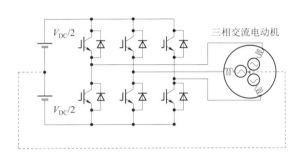

图 4-12 三相逆变器（二电平）

不连接直流电源的中点与电动机的中性点，也就不需要将逆变器的各相电压转为正弦波，如图 4-13 所示那样的圆角梯形波形，同样的逆变器就可以输出大约 1.155（$2/\sqrt{3}$）倍的正弦波电压。这里利用的是各相电压加上等值电压，线间电压不变的原理。控制方法有代替正弦波而使用该梯形波的 PWM 控制，以及如图 4-14 所示的当单相超过最大值时，将超过的部分从三相总电压基准中减除的控制方法。

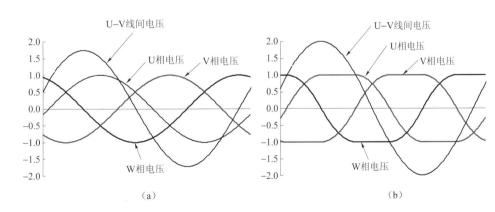

图 4-13 线电压正弦波控制

（a）相电压正弦波控制；（b）线电压正弦波控制

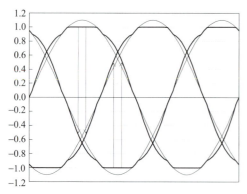

图 4-14 线间电压正弦波控制方式示例

其他的 PWM 方法如图 4-15 所示。从波形就可以看出，不只是脉冲振幅，频率也有所变化。严格来讲不属于 PWM，一般将产生 ON、OFF 的部分称为 PWM。针对电压的相位角 θ，模式指定的相位 α_1、α_2、$\cdots$、α_n 完成接通、关闭。为了减少低次谐波，预先进行计算，将一个周期的脉冲数和基波的大小转化为参数，使函数数表化。

最基本形态为 1 脉冲模式。该矩形波每隔 180°电压进行一次正、负切换。相同直流电压下，可输出的基本波最多，若用傅里叶级数展开求基础波，直流电压比是 $4/\pi$（1.273），比线间电压正弦波控制的 $2/\sqrt{3}$（1.155）还多 10%。电动机频率及扭矩波动频率也增加，一般在机械系统影响小的高速区域使用，同时可以降低逆变器的转换损耗。

（二）三电平逆变器（NPC 逆变器）

如图 4-16 所示，产业、铁路等使用的超过 1 kV 的电动机驱动系统，一般使用 NPC（中性点钳位）逆变器或者被称为三电平逆变器的主回路方式。通过二极管钳位构成的三电平逆变器电路，相对于普通逆变器的 "＋""－" 电平而言，由于具有 "＋""0""－" 三级，因此被称为三电平逆变器。三电平逆变器的半导体电动装置数量是二电平逆变器的两倍，但是直流电压也可以相应翻倍，输出也为两倍。其工作原理是：接通 S_1 与 S_2，输出 $+V_{DC}$，接通 S_2 与 S_3 输出 0，接通 S_3 与 S_4 输出 $-V_{DC}$。输出 $+V_{DC}$、$-V_{DC}$ 时，电流方向发生变化时，与二电平逆变器相同，与接通的元器件逆向排列的二极管中通过电流。0 输出时，当电流从输出端子流出时路径为 $D_1 \rightarrow S_2$，相反，流入输出端子时其路径为 $S_3 \rightarrow D_2$。

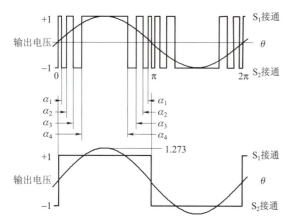

图 4-15 模式 PWM 与 1 脉冲模式

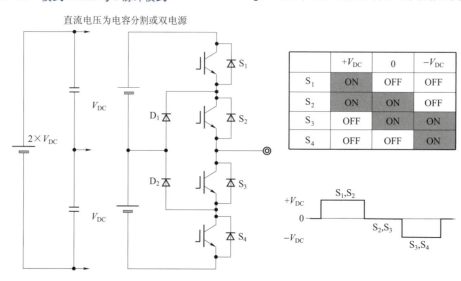

图 4-16 三电平逆变器（NPC 逆变器）

图 4 – 17 所示的是 PWM 控制概念。对于全部直流电压的电压变化为二电平逆变器的一半，谐波也减半。

三电平逆变器电压高、容量大。最近，如图 4 – 18 所示的三电平逆变器也开始用于几百伏电压的逆变器。将与 IGBT 逆向并列连接的双向开关 S_2，连接到直流电源的中点与逆变器的中点。基本原理简单易懂。如果接通 S_1 输出为 $+V_{DC}$、接通 S_2 输出为 0、接通 S_3 输出为 $-V_{DC}$。S_2 可以将两组二极管与 IGBT 串联后反向并联构成，或者由两组逆向并联的二极管与 IGBT（Insulated Gate Bipolar Tran sistor）反向串联构成。

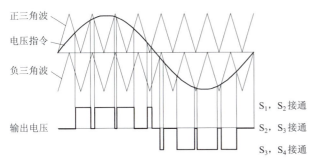

图 4 – 17 三电平逆变器的 PWM 控制

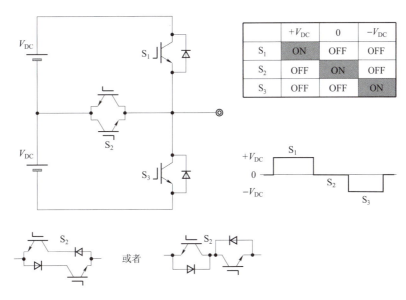

图 4 – 18 使用中性点开关的三电平逆变器

对 S_1、S_3 施加的电压为 $2V_{DC}$，目的不是追求高电压化，而是着眼于降低谐波。逆变器的输出电压中由于 PWM 控制而产生谐波。该谐波即使是在无负荷状态下也几乎不会减少。汽车在匀速行驶时为几千瓦左右，可以考虑通过降低电动机产生的谐波损耗来提高综合效率。

4.2.3 DC – DC 转换器

本节之初已经对电流转换进行了分类，下面对直流转换为交流，然后通过绝缘变压器、整流电路间接获得直流的转换方式进行介绍。

绝缘变压器的使用方法，分为单向励磁方式与双向励磁方式两种。前者单向励磁方式仅通过一个半导体转换装置即可实现，绝缘变压器的利用率不好，需要大功率输出的情况下一般不使用。如果是 1 kW 左右的功率输出，使用逆变器，采用双向励磁方式。

典型构成如下所示。图 4 – 19 为使用了半桥逆变器的转换器。图 4 – 19（a）是作为切断电容直流电的耦合电容使用，图 4 – 19（b）为通过两个电容使直流电源 V_{DC} 的中点产生电位。

图 4 – 20 中的转换器将绝缘变压器的一次绕组作为中点引线线圈。对绝缘变压器施加的电压为 $\pm 2V_{DC}$（使用半桥逆变器的转换器电压为 $\pm V_{DC}/2$）。半导体转换装置的耐电压性也提高了 1 倍，而电压的影响减半。在直流电压 V_{DC} 较低的情况下，可提升效率。

图 4 – 21 所示的是使用了全桥（也被称为 H 桥）逆变器的转换器。半导体转换装置需要 4 个，但是耐电压与半桥同样为 V_{DC}，输出电压

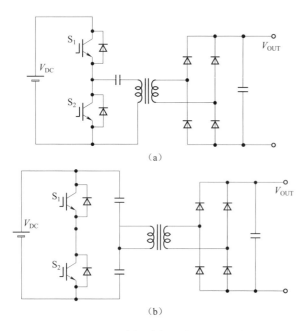

图 4-19 使用了半桥逆变器的 DC-DC 转换器
(a) 电容耦合；(b) 电容中点电位连接

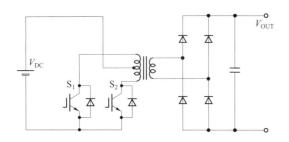

图 4-20 使用了中点引线变压器的 DC-DC 转换器

(=绝缘变压器电压) 为 $\pm 2V_{DC}$。由于电流流经两个半导体转换装置，因此导通压的影响也加倍。V_{DC} 较高，主要用于大容量的设备。

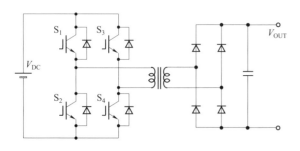

图 4-21 使用了全桥逆变器的 DC-DC 转换器

之前将绝缘变压器的二次绕组作为二极管电桥整流电路进行了介绍，但是在输出电压 V_{OUT} 低的情况下，二极管导通压降所造成的损耗比率增大，因此大多也采用图 4-22 所示的中点引线全波整流电路，利用导通压较小的肖特基二极管、使用 MOSFET（Metal Oxide Semiconductor Field Effect Transistor）来代替二极管，与交流电压的"+"、"-"同步，进行 ON、OFF 的同步整流电路。

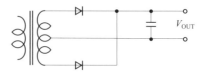

图 4-22 中点引线全波整流电路

4.3 电动装置

在构成电力电子学的电路中，主要承担电力控制的半导体元件就是电动装置。在人们的脑海中，对一般的半导体元件印象就是 LSI（Large Scale Integration）与存储器等集成电路装置。电力装置在半导体元件中起电力转换的作用，它是进行数十伏到数千伏、一安到数千安的电力控制而使用的元件总称。在此期间，用于控制较大电力的 IGBT，性价比很高，在各个应用领域广泛使用。IGBT 诞生于 20 世纪 80 年代，从性能优良性与使用便利性来看，是最具代表性的电力装置。之前，主要用于产业、民生领域，因此适用于商用电源线电压（AC 220 V、AC 440 V）的 IGBT（额定电压 600 V、1 200 V）已经普及。另外，耐 1 700 V 与 3 300 V 这种高压的装置，也正在扩展运用于电气化铁路、电力设施等领域。近年来，也开始用于驱动汽车电动机与传动装置领域。在混合动力车与电动汽车驱动电动机逆变器上的应用逐步扩大。

4.3.1 IGBT 的特点及开发动向

IGBT 顾名思义，就是"具有绝缘栅的双极元件"，其基本构成一直没有大的变化。IGBT 是具有与 MOSFET 同等绝缘栅构造的电压驱动元件，通过注入少数载波电流所产生的双极驱动，能够降低导通电阻的高耐压装置。IGBT 诞生的 20 世纪 80 年代之前，双极装置主要就是晶体管与可控硅等电流驱动方式，断流所需要的时间长、高速转换比较困难。另外，断流时需要较大的门电流（基础电流）和门（基础）电路，不便于使用，为了克服这些缺陷，提出了各种电压驱动式装置构造的方案。在此期间诞生的 IGBT 是电压驱动式，它也可以通过大电流，但是存在闩锁效应这一大缺陷。通过各装置生产厂家的开发竞争，终于克服了闩锁效应。在这之后，经过几代的特性改善，直到如今。下面就有关该 IGBT 的特点与开发动向进行介绍。

控制强电力装置的重点在于：

① 要能够耐压（高电压）。

② 通电时的导通损耗小。

③ 转换损耗小。

高耐压半导体元件为了保证耐压，一般要采用数十欧姆厘米以上的高电阻半导体结晶，这样导通损耗就会相应地增大。而 IGBT，在半导体中形成 PN 结，在导通时通过注入大量的少数载波电流就可以降低导通损失（兼容①与②）。另外，由于导通时的载波电流密度较高，断开转换所需要的时间就会加长，为了克服这一现象，采用了将过多的载波电流的寿命控制体导入结晶中，控制注入少数载波电流的手法等。如图 4-23 所示为基本剖面图表示的 IGBT 的开发趋势。在图中也一并显示 IGBT 芯片的外观。基本剖面图显示了 IGBT 通电区域的一部分剖面，该构造是由多个并列连接的 IGBT 芯片构成。在 IGBT 芯片表面，露出发射电极，芯片背面为集电极。因此，在芯片外周设有耐压保持区域，它是为了保持在两电极之间所产生的电压差。

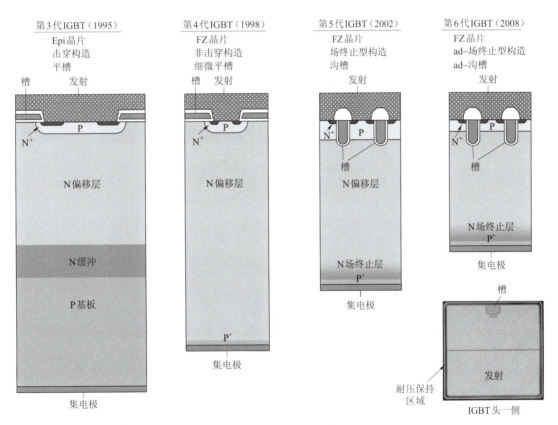

图 4-23　IGBT 芯片的开发趋势（1 200 V）

为了提高 IGBT 的性能，主要集中对上述的降低导通损耗与降低转换损耗这两点来推进研发。这是因为，这两点在很大程度上决定着 IGBT 芯片产生损耗的程度。导通损耗与开关损耗的这两个特性之间，有着折中的关系，改善其中的一个特性，另一个就会增加。之所以将提高 IGBT 性能作为"折中的改善"，其原因就在于此。为了折中改善导通损耗与开关损耗，细化装置表面的闸栅构造与降低芯片厚度，就需要对背面集电极构造（场终止型）等进行技术开发，以适应新一代产品。图4-24所示的是IGBT产品系列与折中改善的趋势。

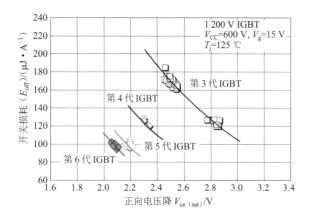

图4-24 IGBT性能改善的趋势（1 200 V）

在IGBT开发趋势中，还有一个不可忽视的重点，那就是芯片小型化（缩小芯片）。通过折中改善降低IGBT产生的消耗，这不仅提高了系统性能，也能对降低IGBT的成本发挥效果。这是因为提高芯片性能所采用的新技术，在很多的情况下也会成为成本增加的原因，如果不能在改善性能的同时缩小芯片（降低成本），就不可避免成本上升。实际上，最新一代的芯片与15年前的芯片相比，IGBT的芯片面积已经缩小到了一半左右（图4-25）。芯片尺寸缩小之后，热阻上升，散热性恶化，而通过降低损耗就可以避免芯片的温度上升。

IGBT芯片开发（性能改善）主要是针对产品寿命较短的产业和民用领域。该技术也在向车载等领域拓展。

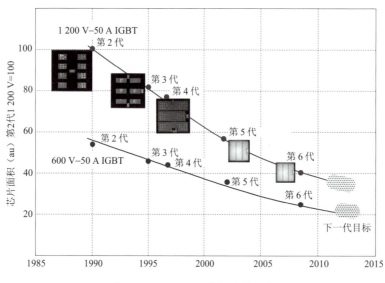

图4-25 IGBT芯片缩小的趋势

4.3.2 总成、安装技术的开发动向

IGBT封装后，主端子与控制端子露出外部，以模块形式来提供给用户。IGBT模块为了用于电动机控制等电力转换，大多是类似半桥（2合1）或三相全桥（6合1）等将多个交换机（Switch）总成化之后使用。图4-26所示为典型的IGBT模块构造与回路构成。

针对部分车载用途，为客户量身定做的模块中，也可以将12个交换机或14个交换机总成到一起，回路构成上可以看成是将半桥复合化的产物。封装实用化开发的重点在于提高导热系数、提高温度循环寿命、高电力密度化。关键是同时满足上述要点的材料与构造。影响该三点的重要构件为：芯片上的接合材料、芯片下的钎焊材料、绝缘印刷电路板材料、绝缘印刷电路板下的钎焊材料和基础材料这5项。关于"芯片上的接合材料"，原来使用的是铝引线接合，但是随着IGBT芯片的大幅度缩小，正在逐步向能够通过大电流的带状线和引线框连接转化。图4-27所示的是芯片上连接方式示例。

关于"绝缘印刷电路板材料",主要使用3种陶瓷材料(氧化铝、渗氮铝、渗氮硅),在包括车载用的几乎所有产品,都是采用其中的一种材料。它们在导热系数、强度、成本的评价上各有利弊,这要与在周围所使用的材料相结合,从综合性能的角度上来进行选择。表4-1所示的是各种绝缘印刷电路板的特性比较。氧化铝在成本方面有优势,但是,导热系数低。渗氮铝的导热系数较好,但是强度低,成本高。渗氮硅在导热系数与强度这两方面较好,如果能在成本方面进一步改善,估计在综合性上更加良好。

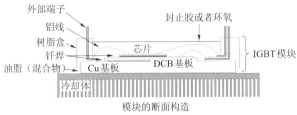

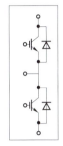

IGBT模块的构造示例与回路构成(双主换机)

图4-26 IGBT模块的构造与回路构成

(a)   (b)   (c)

图4-27 芯片上连接方式示例

(a) 引线接合连接;(b) 带状线连接;(c) 引线框连接

表4-1 绝缘印刷电路板的特性比较

	氧化铝 Al_2O_3	渗氮铝 AlN	四氧化三硅 Si_3O_4
导热系数/($W \cdot mK^{-1}$)	22	170	70~90
陶瓷厚度/mm	0.32	0.64	0.32
热膨胀系数/($ppm \cdot ℃^{-1}$)	7	4	3
抗弯(弯曲)强度/MPa	>300	>300	>650

关于"芯片下的钎焊材料"与"绝缘印刷电路板下的钎焊材料"的钎焊材料,如果上下构件的热膨胀系数差较大,由于温度循环问题会承受很大应力,因此提高温度循环寿命是其重点。从开发的角度考虑,通过选择优质钎焊材料以形成高强度的焊接层是第一手段。另外,通过选择上下构件热膨胀系数差较小的材料组合,也可以达到要求的水平。例如将 Al-Si-C 与 Cu-Mo 等复合材料用于散热元件等,目的在于缩小绝缘印刷电路板(陶瓷)与散热元件之间的热膨胀系数差。另外,无铅钎焊材料中,使用 Sn-Sb 系列等高强度、耐温度应变较强的材料提高耐久寿命的实例也随处可见。

4.3.3 车载动力装置的可靠性

车载电子零部件中用于行驶系统的产品,要求其可靠性要高于产业、民生用部件。这是因为它在发生事故时有可能威胁到人身安全。布置在发动机舱内的驱动电动机用逆变器,长时间暴露于恶劣的环境中,温度变化较大,性能逐渐恶化。作为动力装置心脏部分的半导体其本身的恶化速度极其缓慢,但是由于传递电流与热量的钎焊等接合构件材料的恶化会影响动力装置的寿命。汽车用动力装置的寿命一般在15年左右,设计时需要考虑其在最恶劣的温度环境下也能够满足其寿命标准要求。图4-28所示的是以目标寿命3倍左右的温度循环进行强化试验的实例。车载以外用途所采用的Sn-Ag系列焊锡，绝缘印刷电路板下的面积较大，裂纹延伸空间大，而车载用Sn-Sb系列高强度焊锡裂纹的延展受限制，两者有很大的差别。如该示例所示，明确了在散热元件中使用铜，就可以满足车载用可靠性的技术。

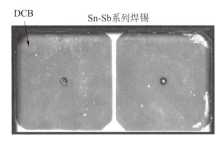
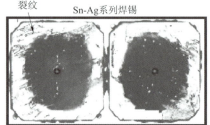

图4-28 实施温度循环试验后的钎焊层裂纹

4.3.4 耐热性能的改善及高温化

车载动力装置的冷却方法中，现阶段主要采用两种方式，即强制风冷与水冷方式。考虑到今后的小型化与高电力化，水冷方式将会成为主流。水冷的情况下，将模块内部产生的热能传递到外部的媒介是冷却液。IGBT芯片与冷却液之间产生很大的温度差。因此，把握模块内部发热的IGBT芯片的状态（温度），在运用动力装置的性能上至关重要。如前所述，对IGBT要同时推进低损耗化与芯片小型化，与此相配合，总成也正在小型化。IGBT芯片在模块内部发热，通过各种构件将热量散放到模块外部，从总成外部来把握芯片温度是比较困难的。动力芯片所产生的热能是从模块里面的基体散热的，芯片与基体之间有两层钎焊层及绝缘印刷电路板，而且散热片与基体之间为压力接触，由热润滑脂等填充间隙。由于各个材料有着不同的导热系数，因此一般通过简易的模拟来计算温度斜率，其结果如图4-29所示。由此可以看出，在从发热源芯片到冷却液之间，温度斜率较大的构件会阻碍芯片散热。散热不好的典型构件除了之前提到的绝缘印刷电路板外，还有热润滑脂。散热基体与散热片通过一般的加压保持接触，但是并非是理想平面之间的接触，因为在广泛的接触面积中存在微小的间隙。这样热传递就变得极其不良，为了填充间隙，现阶段所采用的方法就是使用导热硅脂来进行填充。

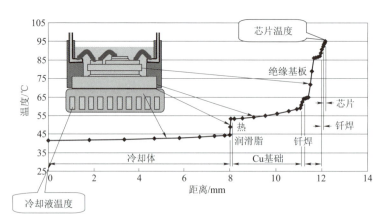

图4-29 IGBT模块内部的温度斜率

热润滑脂方案实现了商品化，并且在改善热传递系数方面也取得了一定的效果。为了改善散热基体与叶片的热接触这一根本性问题，提出了将基体与叶片整体化的直接水冷叶片基体的方案，并在部分混合动力系统上采用。图4-30所示的是直接水冷模块示例。这样，通过取消在原有构造模块中的接触部分,可以将总热阻改善30% 左右。

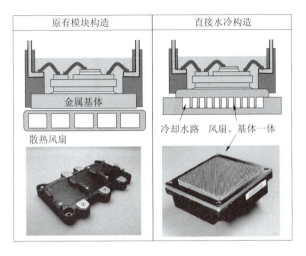

图 4-30 直接水冷模块示例

在推进芯片小型化与高电流密度进程中,改善散热性方面,不可避免地还存在着温度上升的问题。IGBT 芯片的最高允许温度（T_{jmax}）一般为 150 ℃,但是,也有方案提出,在异常运转时的 T_{jmax} 可以限制在 175 ℃。这样设计上就有了更大的自由度,能够进一步发挥出装置的性能。但是,必须注意到的是提高温度标准时,会导致温度循环寿命与功率循环寿命的下降。

4.3.5 SiC、GaN 的可行性与今后的发展

近年来,SiC 与 GaN 等 WBG 装置（Wide Band Gap Device）在动力装置方面的应用逐渐吸引了众人的目光。这是因为 WBG 半导体最大电场强度是 Si 的 10 倍以上,十分之一左右的厚度就能够达到同等的耐压性,可以实现出色的电力特性。动力装置中,MOSFET 与 SBD（Schottky Barrier Diode）通过单极装置的组合就能够实现强电流化,因此可以认为,它能够实现 Si – IGBT 所不能实现的低损耗、高速运转。但是,SiC 存在结晶质量与成本问题、GaN 存在纵向布置困难等问题,作为动力装置普及还存在着许多重大的课题,从现在的状态来看,还需要技术方面的突破。已经发布的 Si – IGBT 与 SiC – SBD 组合的模块率先发挥了 WBG 的优点。与硅二极管相比,SiC – SBD 可以大幅度地降低反向电流,与 Si –

IGBT 组合,总体上可以降低 20% 以上的损耗。现阶段,还没有在市场上长期使用的经验,成本也较高,车载应用还存在一定的障碍。目前 WBG 装置虽然成本较高,但是以运用其性能优点的特殊用途为主,不断地积累市场实际业绩,想必会不断地扩大到车载等应用领域。

4.4 控 制

电力电子学属于系统性技术,用于控制电力转换器、电动机等硬件系统的软件至关重要。下面,在介绍电动机控制的同时,也将对在电动机控制中起着重要作用的转速传感器或位置传感器一并加以介绍。

4.4.1 电动机控制

即使有了逆变器与电动机,如果没有控制,也是无法使用的,更无法实现能量再生与数毫秒的扭矩响应速度。电动机驱动性能,在很大程度上是受控制的。下面,以各种常用电动机驱动的控制为主进行一下介绍。

（一）直流电动机控制

图 4-31 所示的是永磁直流电动机的原理模型与等效电路。磁铁产生的磁通与电枢绕组中电流之间的作用力产生扭矩。电枢旋转产生同一方向的扭矩,通过电刷与整流子,按顺次转换电枢绕组中电流的方向。扭矩与磁通 Φ 和电枢电流 I_a 二者的积成正比。等效电路用电枢电阻 R_a、电枢电感 L_a 与感应电压 E_a（也称之为速度感应电压或者反电压）来表示。电枢绕组以旋转角速度 ω_r 与磁通 Φ 相切产生感应电压 E_a,感应电压 E_a 与 Φ 和 ω_r 的积成正比。图 4-32 所示的是直流电动机的框图。机械系统参数仅简单列出了惯性力矩 J_m。

图 4-33 所示的是该直流电动机的电枢电流控制基本构成。电枢电流反馈 I_a 与其指令值 I_a^* 输入到电流控制器,输出电压指令 V_a^*。V_a^* 通过断路器等电力转换器实现电力增幅,其输出 V_a 加载到电动机。在此,为便于讨论,假设 V_a^* 与 V_a 相等。

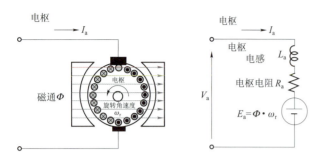
图4-31 直流电动机模型与等效电路

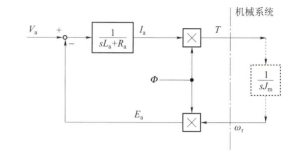
图4-32 直流电动机的框图

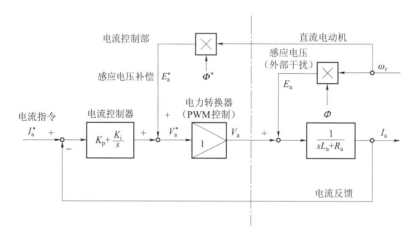
图4-33 电枢电流控制的感应电压补偿

如果从电流控制系统来看，感应电压 E_a 可以看成是外界干扰。不过在进行速度控制时，能够测出电动机速度 ω_r，因此用该 ω_r 就可以算出感应电压 E_a。用电流控制部分演算感应电压，进行补偿。指令值与演算值用 * 标记。

（二）交流电动机控制

如图4-34所示，三相交流电动机对 U 相、V 相、W 相三个电流进行控制。理论上如果使用该三相电流指令值，在三相分别使用电流控制器就可以加以控制，但是实际上是行不通的。中性点位于内部的三个端子的交流电动机的三相电流总和为零，电流为 2 自由度电流。针对 2 自由度的控制对象，使用三个控制器会产生一系列问题。例如，当存在电流检测仪偏差和增益（放大）误差时，电流控制器输出上就会产生偏差，电流波形变形。

在直流电流控制的情况下，如果采用具有积分性质的 PI（比例积分）控制器，就可以正常地进行控制。但是，用同样方法控制交流电流，由于控制系统的频率特性，随着频率的上升，也会产生振幅偏差、相位偏差。最近的交流电动机控制中，未解决上述问题，采用了坐标转换 dq 电流控制或者被称为二轴电流控制的方法。

（三）空间矢量

交流电动机与直流电动机相同，通过磁通与电流的相互作用产生扭矩。直流电动机磁铁会停止，从直观上便于理解，但是，交流电动机磁通旋转，比较抽象因此难以理解。用三相波形难以

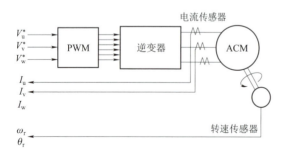
图4-34 交流电动机的电流控制

理解电压与电流。

因此，将电压与电流作为平面上的矢量来加以处理。电气回路理论上，用复数来表示交流的相位关系，用复平面上的矢量来表示相量。为了与该相量加以区别，称其为空间矢量。

通过公式（4-1），三相电压与电流的值 U、V、W 转换为 α、β、0 的分量。一般来说，交流电动机的中性点不与外部连接。例如，即使有电压的 0 分量（零相分量），电流的 0 分量也不流动，不影响电动机的基本运转。因此，可以只用 α、β 二相分量来考虑三相。

$$\begin{bmatrix} \alpha \\ \beta \\ 0 \end{bmatrix} = \sqrt{\frac{2}{3}} \begin{bmatrix} 1 & -1/2 & -1/2 \\ 0 & \sqrt{3}/2 & -\sqrt{3}/2 \\ 1/\sqrt{2} & 1/\sqrt{2} & 1/\sqrt{2} \end{bmatrix} \begin{bmatrix} U \\ V \\ W \end{bmatrix}$$

（4-1）

利用图 4-35 来对该公式的概念进行一下说明。以每 120°角的 U、V、W 轴作为方向，以长度作为各相的电压与电流的强度（瞬间值）。将该三个矢量合成，按 $\sqrt{2/3}$ 倍计算，则形成空间矢量。可以看成是三相电动机的各相电流形成的合成磁动势。

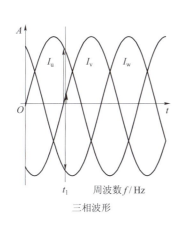
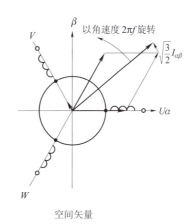

图 4-35 空间矢量

$\sqrt{2/3}$ 为在转换前后维持电力之间的关系不变的系数。在实际的控制演算中，为了用额定值使电压与电流标幺化（PU 化），一般不对系数进行处理。从控制的角度考虑，并不十分重要。

当三相分量均为偏离 $2\pi/3$ 相位的正弦波时，α 分量与 β 分量为偏离 $\pi/2$ 相位的正弦波，在 α、β 坐标上为圆形矢量。在考虑三相交流电动机时，若将电压与电流作为 α、β 坐标上旋转的矢量处理则比较容易理解。

也可以考虑将三相电动机变换为等效的二相电动机来处理（图 4-36）。

公式（4-2）为从 $\alpha\beta$ 分量向三相反向转换的公式。如图 4-37 所示，将空间矢量 I_α 乘以 $\sqrt{2/3}$，投影到 U、V、W 轴上，就是 U、V、W 的分量。

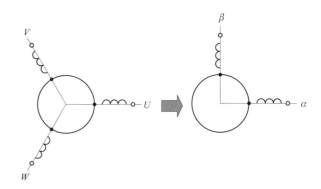

图 4-36 三相电动机与二相电动机

$$\begin{bmatrix} U \\ V \\ W \end{bmatrix} = \sqrt{\frac{2}{3}} \begin{bmatrix} 1 & 0 \\ -1/2 & \sqrt{3}/2 \\ -1/2 & -\sqrt{3}/2 \end{bmatrix} \begin{bmatrix} \alpha \\ \beta \end{bmatrix} \quad (4-2)$$

（四）坐标变换与逆坐标变换

前面所述，用一个空间矢量来表示三相电压

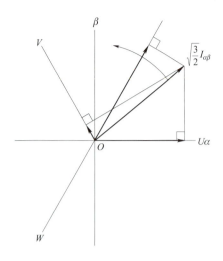

图 4-37 二相三相转换

与电流，该矢量为随时间旋转的矢量，还是难以理解。电动机通过磁通与电流的相互作用产生扭矩。因此，在永磁同步电动机的情况下，如果将转子磁铁的磁通方向定在坐标轴上就便于理解了。不是从静止的定子角度来看矢量，而是如图4-38所示那样，从转动着的转子角度来考虑。

图 4-38 三坐标转换的概念

从静止的 α、β 坐标轴向偏移 θ 角度的 d、q 坐标轴转换，如果用矩阵来表示，就为公式（4-3）。

$$\begin{bmatrix} d \\ q \end{bmatrix} = \begin{bmatrix} \cos\theta & \sin\theta \\ -\sin\theta & \cos\theta \end{bmatrix} \begin{bmatrix} \alpha \\ \beta \end{bmatrix} \quad (4-3)$$

平面上的矢量如果用复平面上的复数来表示就很方便。如果将矢量 A 的 α、β 坐标上的分量设为 A_α、A_β，将 d、q 坐标上的分量设为 A_d、A_q，各自复数表示的矢量 $A_{\alpha\beta}$、A_{dq} 为公式（4-4）。在公式（4-5）所表示的单位矢量 $\varepsilon^{j\theta}$ 与矢量乘积是使矢量逆时针旋转 θ 角度。j 为虚数单位。

$$A_{\alpha\beta} = A_\alpha + jA_\beta$$
$$A_{dq} = A_d + jA_q \quad (4-4)$$
$$\varepsilon^{j\theta} = \cos\theta + j\sin\theta \quad (4-5)$$

d、q 坐标只是在 α、β 坐标的基础上逆时针旋转 θ 角度，因此从 d、q 坐标来看的矢量为顺时针旋转。因此，从 α、β 坐标向 d、q 坐标的坐标转换时乘以 $\varepsilon^{-j\theta}$，或者除以 $\varepsilon^{j\theta}$。相反，从 d、q 坐标向 α、β 坐标的逆向坐标转换时乘以 $\varepsilon^{-j\theta}$。

$$A_{dq} = A_{\alpha\beta} \div \varepsilon^{j\theta} \quad (4-6)$$
$$A_{\alpha\beta} = A_{dq} \times \varepsilon^{j\theta} \quad (4-7)$$

框图中，坐标转换用除法、逆向坐标转换用乘法来表示，这样会对逆向关系有个更加直观的概念，便于理解。

实际的控制演算中，是按照分量进行计算的，无论是使用公式（4-3）还是使用公式（4-6）在实质上没有差别，但是使用复数形式的公式（4-6）从物理学角度上更容易理解（图4-39）。

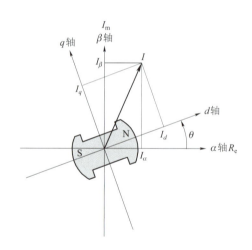

图 4-39 坐标转换

（五）永磁同步电动机（PMSM）控制

图 4-40 所示的是永磁同步电动机的 I_{dq} 电流控制。粗线所示的信号线为用复数表示的矢量信号。三相电流转换为 α、β 坐标的二相电流 $I_{\alpha\beta}$，再除以 $\varepsilon^{j\theta_r}$，转换为 I_{dq} 坐标。与指令值 I_{dq}^* 比较后的偏差输入到电流控制器中，求得电压指令 V_{dq}^*。V_{dq}^* 乘以 $\varepsilon^{j\theta_r}$ 逆向坐标转换为 α、β 坐标的电压指令 $V_{\alpha\beta}^*$。实际的电流控制器是由虚（q 轴）、实（d 轴）两个控制器构成。在坐标转换、逆向坐标转换中，需要检测出 d 轴位置即电动机转子位置 θ_r。在指令值与演算值当中标记 $*$ 符号。图 4-41 所示的是有关复数处理的框图。

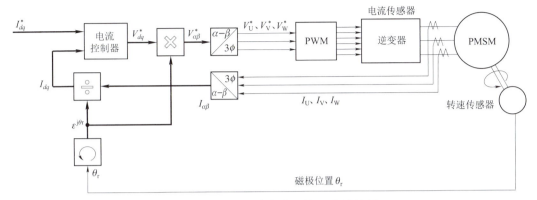

图 4-40 永磁同步电动机的 I_{dq} 电流控制

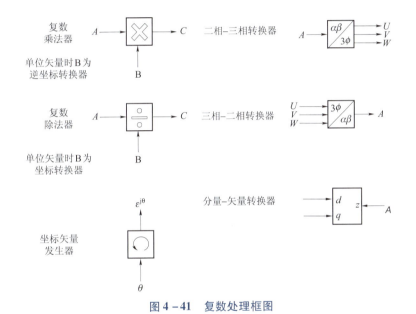

图 4-41 复数处理框图

通过转换成与转子同步旋转的 d、q 坐标，交流电流变为直流信号。因此，如果使用在 d、q 坐标上带积分性质的 PI 控制等控制器，作为电流控制，就会消除残差，即使频率发生变化，也不会产生振幅偏差、相位偏差。

但是，控制采样周期较长、延迟较多时，即使是使用这种方法，如果频率升高，电流控制的稳定性也会恶化。

公式（4-8）所示的是 d、q 坐标上 PMSM 的电压电流方程式，公式（4-9）为扭矩关系。

$$\begin{bmatrix} V_d \\ V_q \end{bmatrix} = \begin{bmatrix} R_a + sL_d & -\omega_r L_q & 0 \\ \omega_r L_d & R_a + sL_q & \omega_r \end{bmatrix} \begin{bmatrix} I_d \\ I_q \\ \Phi_m \end{bmatrix}$$

（4-8）

$$T = \Phi_d I_q - \Phi_q I_d = (L_d - L_q) I_d I_q + \Phi_m I_q$$

（4-9）

式中，V_d 为 d 轴电压；V_q 为 q 轴电压；I_d 为 d 轴电流；I_q 为 q 轴电流；L_d 为 d 轴电感；L_q 为 q 轴电感；R_a 为线圈电阻；ω_r 为旋转（电气角）角速度；Φ_m 为永磁磁通；Φ_d 为 d 轴磁通（$= L_d I_d + \Phi_m$）；Φ_q 为 q 轴磁通（$= L_q I_q$）；s 为拉普拉斯算子 d/dt。

转速 ω_r、扭矩 T 是电动机极数 p=2 的情况下的转速和扭矩。实际的转速为 $\frac{2\omega_r}{p}$、扭矩为 $\frac{pT}{2}$。

永久磁铁磁通与 q 轴电流垂直相交产生扭矩为 $\Phi_m I_q$，类似直流电动机。$(L_d - L_q) I_d \cdot I_q$ 为磁阻扭矩，表示凸极性的 $(L_d - L_q)$ 在同步电动机中为负值。

通过与直流电动机同样的电感与电阻以及永久磁铁产生的感应电压，在交流条件下产生电抗电压降，在 d 轴与 q 轴之间以交叉的形式表现。根据此关系制成了图 4-42 的永磁同步电动机框图。

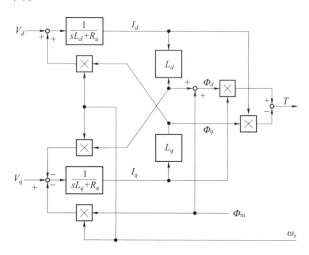

图 4-42　永磁同步电动机框图

通过坐标转换，信号变为直流。电抗电压降与电流存在 90°的相位差，当 d 轴电流发生变化时，q 轴电压随之变化，而 q 轴电流变化时，d 轴电压发生变化，d 轴与 q 轴之间互相影响（干涉）。频率升高之后，该影响成分增大，稳定性恶化。

图 4-43 为基于上述考虑的非干涉电流控制示例。通过电流控制部分来消除电动机内部 d、q

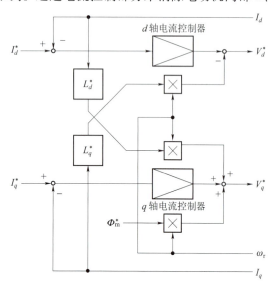

图 4-43　永磁同步电动机的非干涉控制

轴之间交叉的干涉成分。与直流电动机一样，进行感应电压补偿。另外，带有 * 符号的信号为指令值或是演算值。

（六）感应电动机控制

公式（4-10）所示为感应电动机的电压电流方程式，公式（4-11）所示的是扭矩关系公式。

$$\begin{bmatrix} V_{1\alpha} \\ V_{1\beta} \\ 0 \\ 0 \end{bmatrix} = \begin{bmatrix} R_1+sL_1 & 0 & sM & 0 \\ 0 & R_1+sL_1 & 0 & sM \\ sM & \omega_r M & R_2+sL_2 & \omega_r L_2 \\ -\omega_r M & sM & -\omega_r L_2 & R_2+sL_2 \end{bmatrix} \begin{bmatrix} I_{1\alpha} \\ I_{1\beta} \\ I_{2\alpha} \\ I_{2\beta} \end{bmatrix}$$

（4-10）

$$T = -MI_{1\alpha} \times I_{2\beta} + MI_{1\beta} \times I_{2\alpha} \quad (4-11)$$

式中，$V_{1\alpha}$、$V_{1\beta}$ 为 1 次电压；$I_{1\alpha}$、$I_{1\beta}$ 为 1 次电流；$V_{2\alpha}$、$V_{2\beta}$ 为 2 次电压；$I_{2\alpha}$、$I_{2\beta}$ 为 2 次电流；L_1 为 1 次电感；L_2 为 2 次电感；M 为 1 次与 2 次的互感；R_1 为 1 次电阻；R_2 为 2 次电阻；ω_r 为转速（电气角频率）；T 为扭矩；s 为拉普拉斯算子 d/dt。

转速 ω_r、扭矩 T 是电动机极数 $p=2$ 的情况。实际的转速为 $\dfrac{2\omega_r}{p}$、扭矩为 $\dfrac{pT}{2}$。

用复数表达时，电压电流方程式为公式（4-12）、扭矩为公式（4-13）。$\overline{A}$ 所表示的是 A 的共轭复数、$I_m(A)$ 所表示的是复数 A 的虚数部分。

$$\begin{bmatrix} V_{1\alpha\beta} \\ 0 \end{bmatrix} = \begin{bmatrix} R_1+sL_1 & sM \\ sM-j\omega_r M & R_2+sL_2-j\omega_r L_2 \end{bmatrix} \begin{bmatrix} I_{1\alpha\beta} \\ I_{2\alpha\beta} \end{bmatrix}$$

（4-12）

$$T = I_m(MI_{1\alpha\beta} \times \overline{I_{2\alpha\beta}}) \quad (4-13)$$

再向以任意 $\omega(=d\theta/dt)$ 旋转的 dq 坐标转换。为 $A_{\alpha\beta} = A_{dq} \times \varepsilon^{j\theta}$。两边微分后为：

$$\frac{d(A_{dq} \times \varepsilon^{j\theta})}{dt} = \frac{d(A_{dp})}{dt}\varepsilon^{j\theta} + A_{dq}\frac{d(\varepsilon^{j\theta})}{dt}$$

$$= \frac{d(A_{dp})}{dt}\varepsilon^{j\theta} + j\omega A_{dp}\varepsilon^{j\theta}$$

（4-14）

因此，坐标转换是将公式（4-12）的电压与电流置换成 dq 坐标量，再将阻抗值矩阵内的拉普拉斯算子 s 置换成 $s+j\omega$ 就可以了。

$$\begin{bmatrix} V_{1dp} \\ 0 \end{bmatrix} = \begin{bmatrix} R_1 + sL_1 + j\omega L_1 & sM + j\omega L_1 \\ sM + j\omega_s M & R_2 + sL_2 + j\omega_s L_2 \end{bmatrix} \begin{bmatrix} I_{1dq} \\ I_{2dq} \end{bmatrix}$$
(4-15)

$$T = I_m(MI_{1dq} \times \overline{I_{2dq}}) \quad (4-16)$$

式中，$\omega_s = \omega - \omega_r$。

如果使用公式（4-17）的2次磁通（2次绕组链交的磁通）Φ_{2dq}来代替2次电流I_{2dq}，则为公式（4-18）、公式（4-19）。

$$\Phi_{2dq} = MI_{1dq} + L_2 I_{2dq} \quad (4-17)$$

$$\begin{bmatrix} V_{1dp} \\ 0 \end{bmatrix} = \begin{bmatrix} R_1 + sL_\sigma + j\omega L_\sigma & s\dfrac{M}{L_2} + j\omega \dfrac{M}{L_2} \\ -\dfrac{M}{L_2}R_2 & \dfrac{R_2}{L_2} + s + j\omega_s \end{bmatrix} \begin{bmatrix} I_{1dp} \\ \Phi_{2dp} \end{bmatrix}$$
(4-18)

$$T = I_m\left(\dfrac{M}{L_2} I_{1dq} \times \overline{\Phi_{2dq}}\right) \quad (4-19)$$

$L_\sigma = (L_1 - M) + \dfrac{M}{L_2}(L_2 - M) = l_1 + \dfrac{M}{L_2}l_2$。$l_1$为1次漏电感、$l_2$为2次漏电感。

以任意ω旋转的d、q坐标的d轴对正2次磁通的方向。在此，Φ_{2dq}必须为$\Phi_{2d} = \Phi_2$、$\Phi_{2q} = 0$。利用该关系，从公式（4-18）的q轴分量可以求出ω_s与I_{1q}之间关系的公式（4-20）。

$$\omega_s = \dfrac{L_2 R_2}{M}\dfrac{I_{1q}}{\Phi_2} \quad (4-20)$$

也就是说，如果将d、q坐标的转速ω与转子的转速ω_r之差的滑动角频率ω_s作为公式（4-20），就可以使d、q坐标与2次磁通同步。

如能同步，扭矩就为2次磁通Φ_2与I_{1q}的简单关系公式（4-21）。

$$T = \dfrac{M}{L_2} I_{1q} \Phi_2 \quad (4-21)$$

另外，从公式（4-18）的实部（d轴分量）可以得出2次磁通Φ_2与I_{1q}之间的关系公式（4-22）。

$$I_{1d} = \dfrac{L_2}{M}\left(\dfrac{1}{R_2}s\Phi_2 + \dfrac{1}{L_2}\Phi_2\right) \quad (4-22)$$

I_{1d}为与2次磁通成正比的励磁电流部分和与2次磁通变化成正比的分量之和。

从以上的公式（4-20），按照公式（4-22），使用感应电动机的常数和扭矩及2次磁通的指令值，通过计算求得1次电流与转差角频率的指令值I_{1dq}^*与ω_s^*。旋转变压器（resolver）作为转速和位置传感器使用时，坐标转换大多使用的是ω_s^*积分之后的滑动角θ_s^*与测量出的θ_r之和θ_r^*。图4-44所示的是感应电动机的矢量控制框图。以前是将电压与电流作为强度与频率用标量控制。但是，由于引进了空间矢量与坐标转换的概念，因此将其称为矢量控制。

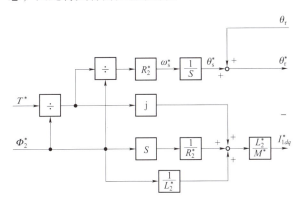

图4-44 感应电动机的矢量控制框图

电流控制系统与图4-40永磁同步电动机的情况基本相同，其不同点仅仅在于坐标转换所使用的角度是电动机的转角θ_r，还是$\theta_r + \theta_s$。

公式（4-18）的1次公式为以下之间的关系：

$$V_{1dq} - \dfrac{M}{L_2}(s + j\omega)\Phi_2 = (sL_\sigma + R_1 + j\omega L_\sigma)I_{1dq}$$

左边的1次电压V_{1dq}与2次磁通Φ_2产生的感应电压之间的差值，等于右边1次电流的1次电阻R_1与电感L_σ所产生的阻抗电压降。电感L_σ大致为1次与2次的漏电感之和。与永磁同步电动机类似，电流控制同样包含解耦控制等。

（七）磁通与扭矩控制（弱磁控制）

之前，对有关永磁同步电动机（PMSM）与感应电动机的控制进行过介绍。无论是哪个，都是控制d轴电流与q轴电流的双轴电流，进而控制电动机的磁通与扭矩。电动机的感应电压与电动机转速成正比。转速上升，电动机电压当达到逆变器上限电压之后，就不能再进一步加速。如果减弱磁通，将电动机电压保持一定，就可以使其加速。由于磁通较弱，即使是同样电流流动，扭矩变小，但是由于转速上升，因此电动机输出功率大致一定。直流电动机是由磁场电流控制磁通，在交流电动机的情况下，也称之为弱磁控制。交流电动机主要是通过 d 轴电流控制磁通（图4-45）。感应电动机是通过减小 d 轴电流来弱化磁通。PMSM 是通过接通负的 d 轴电流，利用轴向产生的电抗电压降来控制端子电压，进行弱磁控制。

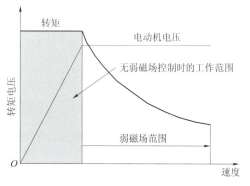

图4-45 弱磁场控制

在电动机电压达到逆变器的上限电压之前，可以由逆变器的电流能力决定扭矩输出，在弱磁场范围，可以最大限度地利用逆变器的电压、电流能力进行动力输出。

在大范围的弱磁控制范围，灵活运用逆变器的能力，可实现整车的理想特性。感应电动机随着频率的增加，漏电感造成的电压降也增加，会造成不必要的磁通弱化，无法实现扭矩要求。PMSM 要想大幅度地减弱磁通，需要较大的电流。

4.4.2 转速传感器

（一）概要

EV/HEV 用驱动电动机现在的主流产品是小型、高效率的 IPM（Internal Permanent Magnet）电动机。IPM 电动机的转速控制中，检测磁极的转速传感器（角度传感器）是必不可缺的。为了使该电动机从低速顺畅地过渡到高速，需要高精度、高分辨率并且耐热性优秀的、高可靠性的传感器。因此，现在几乎所有市场销售的 EV/HEV 的转速传感器，都采用的是旋转变压器（resolver）。在此，对有关旋转变压器及其信号转换技术进行介绍。

（二）旋转变压器（resolver）的原理

旋转变压器种类繁多，从可靠性、小型化、成本方面来看，车载用途的还是以 VR（Variable Reluctance）形式的旋转变压器居多。VR 旋转变压器转子外径形状使得转子与定子之间的气隙磁导化成正弦波变化。转子仅由层叠的磁性体构成，在定子芯体设置了输入、输出绕组，结构极其简单（图4-46）。

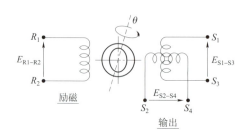

图4-46 VR 旋转变压器

由于定子与转子之间的气隙变化，励磁线圈产生的磁通强度也发生变化，因此输出线圈感应电压也发生变化。输出线圈为槽内分布绕组，来自旋转变压器的 COS 与 SIN 的二相输出线圈，通过 $\cos\theta$、$\sin\theta$ 对励磁电压进行振幅调制，并分别输出（图4-47）。

励磁电压为：

$$E_{R1-R2} = E_1 \sin\omega t \qquad (4-23)$$

输出电压为：

$$E_{S1-S3} = kE_1 \cos\theta \sin\omega t \qquad (4-24)$$

$$E_{S2-S4} = kE_1 \sin\theta \sin\omega t \qquad (4-25)$$

可以实现扁平、薄形状，由于转子不需要线

圈等，在高速与高振动条件下也具有良好的高可靠性。

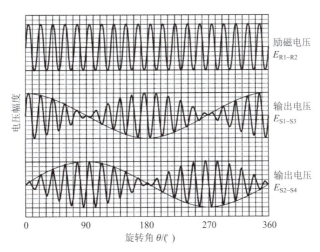

图 4-47　旋转变压器（resolver）的励磁电压与输出电压[1]

（三）旋转变压器的特点

旋转变压器系统是由角度感知部分的旋转变压器与将其输出信号转换为数字信号的 RD 转换器（Resolver to Digital Converter）以及励磁电源部分构成。作为角度感知部分的旋转变压器，一般来说安装在电动机等的角度检测轴上，但是 RD 转换器安装在距离驱动器几米到几十米的位置，或安装在 ECU（Engine Control Unit）插件内。因此，电子部件不需要布置在高温等恶劣环境下，所以旋转变压器系统也可谓是耐环境性能优良的系统。表 4-2 所示的是 VR 旋转变压器（Resolver）的特点。旋转变压器主要的特点是具有高分辨率、高转速追踪、耐热性良好、高可靠性以及绝对角度输出。

（四）RD 转换技术

所谓 RD 转换顾名思义，是将旋转变压器信号（R）转换成数字信号（D）的一种 AD 转换技术。由于旋转变压器信号是含有交流励磁成分的模拟信号，因此要根据旋转角度处理振幅调制后的复杂信号形态，其转换并不容易，各种方式的 RD 转换技术也应运而生。其中，跟踪方式（tracking）在很长的一段时间，以其最普及的转换原理技术占据着主导位置。另外，在车载用途中广为采用的 VR 旋转变压器为振幅调制方式，其原理现在极为普通。图 4-48 为跟踪式 RD 转换的构成。

跟踪方式由负还原控制系统（闭环系统）构成，控制偏差 ε 可用公式（4-26）表示。

$$\varepsilon = (K \cdot \sin\theta \cdot \sin\omega t) \times \cos\varphi - (K \cdot \cos\theta \cdot \sin\omega t) \times \sin\varphi$$
$$= K \cdot \sin(\theta - \varphi) \cdot \sin\omega t \quad (4-26)$$

式中，通过负还原控制系统的运行，使控制偏差 ε 持续为 0，参见公式（4-27）。可得到与 θ（旋转变压器输入角度）相等的 φ（数字式输出角度）。

$$\varepsilon = 0 \Rightarrow \theta = \varphi \quad (4-27)$$

表 4-2　VR 旋转变压器的特点[1]

项目	特　征
形状	①"「"形形状（大口径扁平形式）； ②内置构造（较小的安装空间）； ③内转子/外转子形式均可
功能	②"「"对应轴倍角 2X、3X、……等、电动机磁极（4 极、6 极、……）； ②绝对角度检测（电气角范围内）
性能	①广泛的工作温度范围（-55℃~155℃）； ②出色的耐环境性能（耐振、耐冲击、耐油性）； ③角度的再现性（重复性）优良； ④高分辨率（与 12bitRD 转换器组合，2X：8192 分割/rev，8X：32768 分割/rev）； ⑤高速旋转（30 000 r/min 以上）； ⑥传递距离长（数米至数百米以上）
经济性	低成本

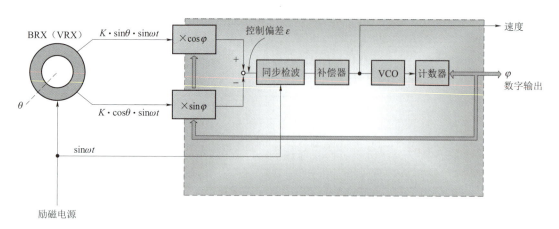

图 4-48 跟踪形式 RD 转换器的框图[1]

另外，公式（4-26）得出的解不只是公式（4-27）所示的唯一解，可以简单地理解为存在着具有 180°相位差的解，但是现在的 RD 转换 IC（多摩川精机制造：AU6802N1）可以得出唯一解。

RD 转换过程中，振幅调制后的旋转变压器信号导入到 SIN/COS 倍增器中，从输出反馈的角度信号与运算处理，可以得出公式（4-26）所示的控制偏差。控制偏差通过同步检波部分提取振幅分量后，将负反馈控制稳定化以及高速化导入到预期的环线补偿器中。一般通过 PI（比例 + 积分）控制进行补偿，形成 II 型的直接伺服环路。环路补偿器之后，通过 VCO（电压控制振荡器）转换成与输入电压相匹配的脉冲列，经计算器计算可以得出脉冲积分值，即数字角度输出 φ，而数字角度输出 φ 也向输入一方反馈，构成负反馈控制系统。

（五）旋转变压器主要车载应用

VR 旋转变压器首次应用于 EV 车的电动机上，之后 HEV 用电动机开始采用。图 4-49 为 HEV 的动力装置部分，内置 VR 旋转变压器与 RD 转换器各 2 台，较好地利用了电动机轴承处的空间，旋转变压器实现内置设计，因此对电动机部分的全长几乎没有影响。另外，由于比电动机绕组还靠近内径一侧，不易受到杂波的影响。虽然处于电动机高温与油浸这种苛刻的环境条件下，旋转变压器仍然可以正常运转。除 EV/HEV 之外，还应用于 EPS（Electric Power Steering）用无刷电动机上。另外，由于它能够承受苛刻的使用环境，将来有望用于轮毂电动机、发动机旋转、车轮制动旋转的角度检测等。

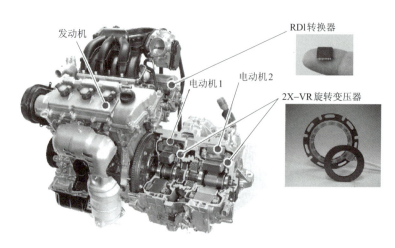

图 4-49 HEV 的动力装置部分/TOYOTA[2]

4.5 电力电子学设计

4.5.1 逆变器

HEV 等为了提高电动机驱动系统的效率,主要采用交流电动机驱动。为了驱动该交流电动机,从直流获得交流电力的电力转换装置就被称为逆变器。

(一)构成

图 4-50 所示的是内置了逆变器之后的车载用动力控制单元(Power Control Unit)的构成[3],图 4-51 所示的是主要回路构成。动力控制单元(PCU)由内置了动力装置元器件的 IPM、M/G ECU(Motor/Generator Electric Control Unit)、电容器、电抗器、冷却系统、电流传感器等构成。

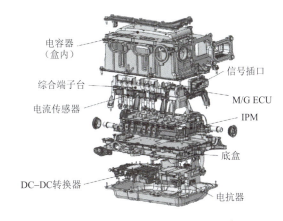

图 4-50 动力控制单元(丰田·普锐斯)[3]

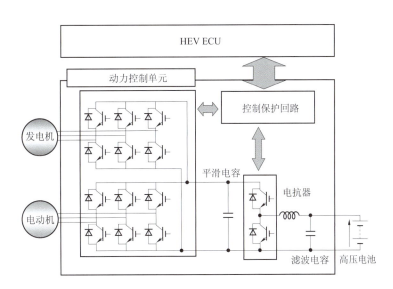

图 4-51 主回路构成(丰田·普锐斯)

(二)控制

车辆驱动用电动机要求在停止及低速区域输出大扭矩;在最高车速区域实现大功率输出等。现在主流电动机为永磁交流同步电动机(PM 电动机),通过弱磁场控制,可以实现大范围的转速区域输出。

逆变器大多采用的是电压输出式,PWM 方式的矩形波输出电压的脉冲幅度定期变化。频率在数千赫兹以上的高频进行转换,将直流电压转换成交流电压。

影响电动机输出的电压成分取决于基波分量,因此为了加大该基波,采用使逆变器输出电压波形变形,增大电压基波分量的手法。表 4-3 所示的是逆变器的电压波形与调制度。在此,所谓的调制度是指逆变器电源电压与输出电压的基波分量的比。电压波形可划分为正弦波 PWM、过调制 PWM、矩形波 3 种。图 4-52 所示的是各自的适用区域。

表 4-3 电压波形与调制度[4]

	正弦波 PWM	过调制 PWM	矩形波（1 脉冲）
电压波形			
调制度	0~0.61	0.61~0.78	0.78

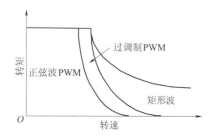

图 4-52 各电压波形的控制[4]

（三）动力设备（Power Device）

车辆驱动用逆变器由于在高频下进行转换，功率半导体元器件要求转换高速化。另外，为了应对大功率输出，也要求高电压。因此，大多采用 IGBT。IGBT 兼具 MOS（Metal Oxide Semiconductor）构造的电压驱动特性与双极晶体管的强电力特性。

针对高效率化，IGBT 如何实现低损耗成为最重要的课题。通过将平面型闸门构造向槽型闸门构造改进，使基本构造小型化，再进一步通过推进元器件厚度的薄板化技术来实现低损耗。图 4-53 所示的是 IGBT 的剖面构造实例[3]。

逆变器采用与 IGBT 同样的 FWD（回流用二极管）并列连接。二极管与 IGBT 同样，要求高耐压、低损耗特性，因此采用耐高压的 PIN 构造。另外，为了降低二极管特有的导通状态向闭合状态切换时产生的损耗，一般通过形成晶格缺陷来减少转换损耗。

逆变器采用的 IGBT 为硅元件，而作为面向未来的功率半导体技术，正在推进碳化硅（SiC）与氮化镓（GaN）等宽带隙功率半导体的开发。SiC 装置与现有的 Si 装置相比，可以实现 2~3 倍

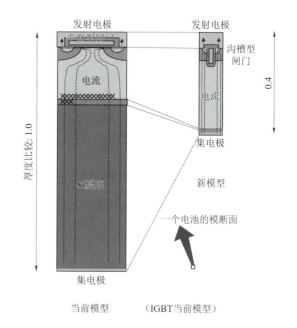

图 4-53 IGBT 剖面[3]

的电流密度，可在 200 ℃ 以上的高温环境下运行，希望可以实现电力电子学系统更高功率密度。另外，由于转换损耗与 Si-IGBT 模块相比可以降低 1/2~1/10，因此通过工作频率的高频化，可以使升降压转换器等采用较大尺寸的从动部件（电抗器、电容器）实现小型化。

（四）冷却器

逆变器主要发热部分是功率半导体元器件 IGBT 和 FRD（Fast Recovery Diode），需要对其进行高效率的冷却。冷却方式有风冷方式与水冷方式。大功率逆变器一般采用的是水冷方式。图 4-54 所示的是动力模块剖面。功率半导体元器件的冷却是借助动力模块内部绝缘印刷电路板以及散热板，通过冷却器冷却。因此，降低热阻与提高冷却器能力至关重要。

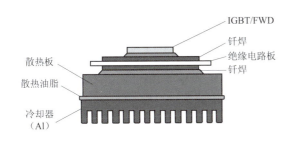

图4-54 动力模块剖面[3]

最近，作为提高散热能力技术，不通过散热润滑剂，而是采用将功率半导体元器件直接安装在冷却器上的直接冷却构造与双面冷却方式。图4-55所示的是直接冷却构造[3]。

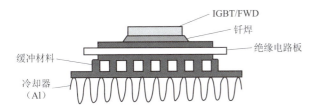

图4-55 直接冷却构造剖面（丰田·普锐斯）[3]

直接冷却构造中，线性膨胀系数较高的冷却器（Al）的热应力直接作用于绝缘电路板，因此，如何确保热收缩的长期可靠性是一个重要的技术。

另外，关于两面冷却方式，相对于原有的单向冷却，采用的是将双面散热的功率卡（Power Card）镶入到扁平形状的冷却管带之间，由冷却水从两面进行冷却的构造。两面冷却器最重要的是要确保冷却器与功率卡之间的密封性。图4-56所示的是两面冷却构造[5]。

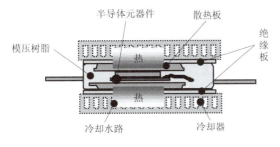

图4-56 两面冷却构造

（五）电容器

主电路电容器如图4-51所示，有平滑电容器和滤波电容器，前者用于平滑电动机控制用电压，而后者主要用于高压电池的脉动平稳化。这些电容器由于具有低ESR（Equivalent Series Resistance）、高耐压、寿命期限长、耐温特性良好等特长，采用薄膜电容器的情况有所增加。电容器元器件中，通过采用薄PP（Poly Propyl - ene）膜，可以实现电容器装置的小型化。单位体积的静电容量与薄膜厚度的二次方大致成正比。因此，薄膜化对于实现小型、轻量化来说，是最为有效的手段。另外，通过开发各种蒸镀方式，以最佳形式来应对较大的脉动和实现高安全性（自我保障功能）。图4-57所示的是电容装置的外观。

图4-57 电容装置（丰田·普锐斯）

（六）电抗器

电抗器要确保能够在恒定电流区域稳定获得升压时所需的电感，从防止温度上升以及降低车内噪声的角度出发，它所追求的是低损耗、低振动。电抗器的特性是由芯体（铁芯）的电磁特性、线圈、芯体间隙条件所决定的，至今为止一直采用的是薄壁电磁钢板芯体，但是最近关于采用新的高密度压粉磁芯以代替上述方式来作为芯体使用的报道不断出现。

电抗器不只是追求良好的磁力特性，还追求低振动。这是因为电抗器本身所产生的振动会传递给动力控制单元、车身、车厢内，使车厢内产生噪声。作为减振手段，也有通过芯体浮动固定结构来屏蔽振动的传递。图4-58所示的是电抗器构造剖面。浮动结构的不利之处在于散热性能差，但是通过采用高效率的热传递硅胶树脂密封材料来提高散热，可以实现良好的散热性能。

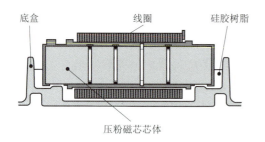

图4-58 电抗器构造剖面
（丰田·普锐斯）[3]

4.5.2 DC-DC 转换器

HEV、EV 配置两种电池，一种是作为行驶用电动机电源的高电压主机电池，另一种是作为车辆附件类及控制 ECU 电源的 12 V 辅助电池。图 4-59 所示为混合动力系统。EV 无法利用发动机的动力进行发电，因此一般搭载 DC-DC 转换器，进行主机电池向辅助电池的降压式直流 - 直流电力转换。HEV 可以通过交流发电机发电，但是混合动力系统为了改善油耗，要反复进行怠速停机与启动发动机，因此一般采用可以输出稳定电压、可高效率完成电力转换的 DC-DC 转换器。

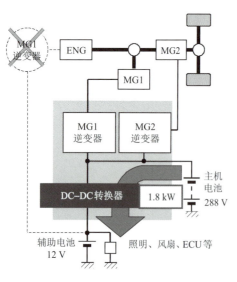

图 4-59 混合动力系统

另外，在 DC-DC 转换器的冷却方式中，有的在发动机舱内与逆变器整体化配置，通过 LLC（Long Life Coolant）进行水冷冷却，有的搭载在行李厢内主机电池的电池盒上，通过风扇进行风冷。冷却方式根据配置位置的环境温度与 DC-DC 转换器自身的损耗来决定，无论哪种，提高效率是共同的目标。

下面，就有关配置在 2006 年丰田 HEV GS 450h 上的风冷式 DC-DC 转换器进行说明。

表 4-4 所示的是该 DC-DC 转换器的主要参数。

表 4-4 DC-DC 转换器的主要参数

项　　目	内　　容
输入电压/V	240~400
输出电压/V	13~15 可变
最大电流/A	120
工作温度范围/℃	-30~85

与一般所使用的 DC-DC 转换器不同，车辆用转换器要求输入电压范围广泛、温度范围广泛等。另外，由于搭载在行李厢内，冷却方式一般采用风冷方式。

图 4-60 所示的是 DC-DC 转换器的主回路构成。采取风冷方式，需要提高系统效率，因此主回路采用的是复合磁力变压器与有源钳位组合的方式（以后称之为 2 变压器方式）。通过这种方式降低 2 次整流元器件 MOSFET 承受的电压，可以同步整流，减少整流部分的损耗，实现高效率。另外，1 次侧转换元器件数量也从 4 个（全电桥方式所需要的个数）减少为 2 个。

下面用图 4-61、图 4-62 来对 2 变压器方式的工作原理进行说明。Q_1 和 Q_3 以及 Q_2 和 Q_4 同步动作，Q_1 和 Q_2 以及 Q_3 和 Q_4 互补动作。将 Q_1 打开、Q_2 关闭的状态设为模式 1，将 Q_1 关闭、Q_2 打开的状态设为模式 2。另外，将 C_2 的充放电电流设为 I_{C2}、I'_{C2}，将 C_1 的充放电电流设为 I_{C1}、I'_{C1}。

〈模式 1〉

Q_1 打开，I_1 从 V_{in} 流向 W_1、W_4。

另外，模式 2 时，I'_C 从充电的 C_1 流动到 W_2、W_5 直到与 V_{in} 电位相等。

第4章 电力电子学

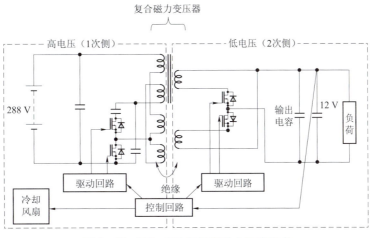

图4-60 DC-DC转换器的主回路构成

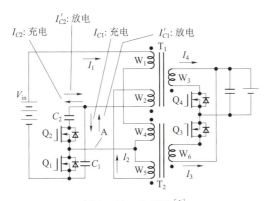

图4-61 主回路[6]

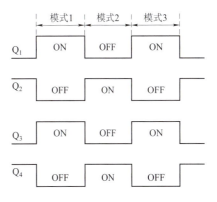

图4-62 时间图

Q_1打开，对于T_2来说，W_4的磁动势增加与W_5的磁动势增加，其合成磁动势使W_6产生感应电压，I_3借助Q_3得以输出。此时，T_1作为扼流线圈积累磁力能量。

〈模式2〉

由于Q_1关闭，连接点A的电位上升，自V_{in}流向W_1、W_4的I_1呈现减少趋势。自连接点A流向W_5、W_2的I_2给C_1充电。另外，自V_{in}流向W_1、W_4的I'_{C2}，经由Q_2与C_2给C_1充电。因此，I_1为I_2与I'_{C2}之和，即等于C_1的充电电流I_{C1}。

Q_1打开，对于T_1来说，W_1的磁动势减小与W_2的磁动势减小，其合成磁动势使W_3产生感应电压，通过Q_4，输出I_4。此时，T_2作为扼流线圈积累磁力能量。

图4-63所示的是复合磁力变压器。原来由变压器、扼流线圈两个磁气部件构成主回路，而

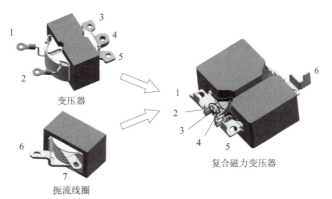

图4-63 复合磁力变压器[6]

通过2变压器方式将变压器与扼流线圈一体化，实现了磁气部件的小型化。

图4-64所示的是该DC-DC转换器的外观，图4-65所示的是其效率特性。

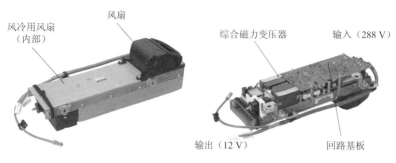

图4-64　DC-DC转换器外观[6]

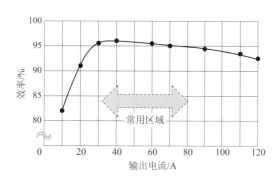

图4-65　效率特性

除上述基本性能之外，在车辆上，绝缘与EMC（Electro Magnetic Compatibility，电磁兼容性）是非常重要的要素。该DC-DC转换器为了实现输入、输出的绝缘，在变压处采用了变压器，排除了由漏电所产生触电的危险性。关于EMC，DC-DC转换器本身在急速停机当中也要工作，特别要注意无线电干扰。EMC是由于1次侧MOSFET、2次侧的整流元器件的转换引起的，可以根据传递路径，有效地实施输入、输出过滤以及屏蔽，以满足严格的条件要求。

DC-DC转换器随着今后混合动力车、电动汽车的普及，将对小型、高效率、低成本化的要求不断提高。预计今后将需要不断地对转换频率的高频化、低损耗半导体与低损耗芯体等的技术加以引进。

4.5.3　车载充电器及AC 100 V用逆变器

（一）车载充电器

1. 概要

车载充电器是为了从AC 100 V或是AC 200 V的商用电源，对EV、PHEV等电动车辆的驱动用电池进行充电的装置。

车载充电器除了一般车辆所要求的小型、轻量化之外，为了能够连接公共充电基础设施，确保其稳定性，设计上需要留意各种注意事项。特别要注意在充电过程中，不要对连接在同一商用电源上的其他电子装置造成影响。另外，由于电力来自充电设施，因此当电力供应不稳时，必须也能确保某种程度上的抗干扰稳定性。

2. 车载充电器的种类

充电方式大致分为非接触式（感应式）与接触式（传导式）。

感应式充电是利用电磁感应等，无金属触点即可向车辆提供电力，但是需要地面上的特殊充电设施。在充电装置上设置高频交流发生器，将来自于此的高频电力提供给车辆。因此，与此对应的车辆一侧需要配备将高频交流进行直流转换的装置（受电线圈与整流器）。

与此相反，传导式充电是对车辆直接输入50 Hz/60 Hz商用电源，可以利用已经普及的AC 100 V插座，原则上是不需要特殊的充电设施。

这种方式的车载充电器，由于是提供50 Hz/60 Hz的工频交流电力，因此要将该电力进行直流转换后再对驱动用电池进行充电。这种方式的最大优点是不需要特殊的充电设施，预计可以迅速得到普及。

下面就近年来主流的、配置在传导式车辆上的车载充电器进行介绍。

3. 基本构成

车载充电器的基本构成如图4-66所示。作为充电器的基本部分，由将50 Hz/60 Hz交流电压转换成高电压直流的AC-DC转换部分与对高电压进行绝缘、对高压电池进行充电的DC-DC转换部分构成。在该基本构成之外，还需要在AC一侧与DC一侧分别设置滤波器。

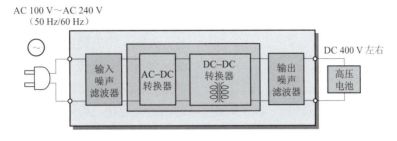

图4-66 车载充电器的基本构成

4. 充电基本原理

图4-67所示的是充电系统的简易图。充电控制电脑对AC插接器连接及高压电池的充电状态等进行确认，并与高压电池连接。然后对车载充电器发出充电指示，进行充电。接受了充电指示的车载充电器启动AC-DC转换器，使DC-DC转换器按照充电控制电脑的指示输出电力（或者电流、电压）进行充电。

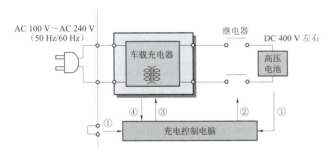

图4-67 基本原理

此时，对充电器的输出电力（或电流、电压）指示根据其车辆配置的电池特性与充电状态（余量）进行适当更改。

5. 充电控制

一般来说，充电方式分为恒功率充电（CP充电）、恒电流充电（CC充电）、恒电压充电（CV充电）3种。图4-68所示的是典型的充电模式。为了缩短充电时间，尽量长时间利用充电器的最大能力充电是十分有效的，因此正常状态下，大多选择的是CP充电。在电池剩余电量较少的充电初期，由于电池电压较低，因此以车载充电器一侧的输出电流上限进行充电（CC充电），然后以车载充电器的额定功率进行充电（CP充电）。在接近充满电量的状态下，为了防止电池的过量充电，大多采用CV充电。根据电池的特性，可以选择各种充电模式。

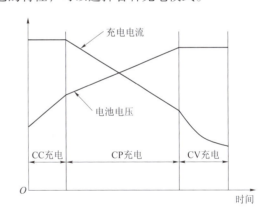

图4-68 充电模式典型示例

综上所述，车载充电器为了缩短充电时间，更多的时间处于最大功率充电状态，因此需要充分地考虑寿命期限。

另外，还需要考虑充电控制电脑与车载充电器分别进行反馈控制。

一般来说，充电器为了进行自我工作状态管理，会在内部进行反馈控制。例如，输出功率指定2 kW时，在充电器内部进行输出功率反馈控制，使充电器内部的输出电压传感器与输出电流传感器的值的乘积为2 kW。此时，充电控制电脑也进行输出电压/输出电流的监控,如果在充电器反馈控制过程中进行输出控制指令更改,则两种反馈控制会发生干涉,有时会引起振荡。

为了防止这种情况,两者的反馈时间要有充分的间隔。一般情况下,让充电器内部的反馈控制高速运行,而充电控制电脑的反馈控制低速运行,这样就可以避免由于干涉产生的振荡问题。

6. 高效率化

充电所追求的典型特性就是效率。综合充电效率就是在充电过程中仍在运转的附件系统功率(例如,连接高压电池用继电器消耗功率、充电控制电脑消耗的功率等)与电池功率等的充电效率之和。其中,进行动力转换时充电器的消耗功率(损耗)占有很大比重。

一般情况下,能够从 AC 100V 的标准插座获取的最大电流为 15 A。如果考虑从 AC 100 V 插座获得的可连续使用的电流为 12 A,那么车辆能够利用的最大连续功率就为 1.2 kW。

如果忽略附件系统的功率,充电器效率为 80% 和 90% 时给电池输出的功率差值为 120 W。这意味着要增加 10% 的电量,即充电时间延长 10%。

作为充电器高效率化的方法,与一般的功率转换器的高效率化相同,最大限度地降低功率损耗较大的功率半导体的转换损耗/常态损耗十分重要。为了降低转换损耗,最简单的办法就是采用高速的功率半导体,但是高速的功率半导体价格昂贵,有时也采用延迟转换频率的手法。另外,还可以采用较大的电抗器与变压器等磁力部件,因此本方法很难适用于所有的转换部分。充电器的升压电抗器具有改善功率以及降低高次谐波的作用,决定其尺寸的最大条件是直流重叠特性。因此,延迟转换频率后的影响减小,可以考虑用于 AC – DC 转换部分。当然升压用的电抗器的瞬间电流峰值会增大,因此也需要注意磁饱和的问题。另外,将频率降低到可听范围后,可能会出现充电中的高频噪声问题,因此也不能说将转换频率降低到可听区域就是一个好的办法。由于充电前提是夜间在私人住宅长时间进行充电,因此噪声问题需要充分注意。

7. 应对传递干扰

充电过程中,对同一系统带来的传递干扰,在世界上也是法规限制(包括自主法规)对象之一,日本的"日本电磁干扰控制协会(VCCI)"、美国的"联邦通信委员会(FCC)"、欧洲的"国际无线电干扰特别委员会(CISPR)"中均有所规定。

电动车辆需要在普通住宅进行充电,因此在各个法规中可以考虑采用住宅地的法规值比较适宜。在各个法规中,作为传递干扰的频带为 150 kHz ~ 30 MHz。图 4 – 69 所示的是该区域传递干扰的实测示例。在降低传递干扰方面,最难解决的是 150 kHz 附近的低频区域。解决噪声

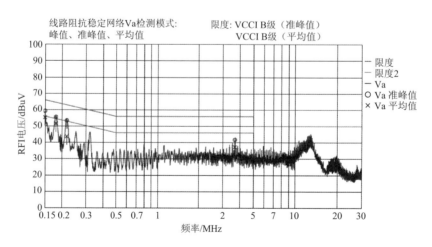

图 4 – 69　传递干扰实测示例

的对策，一般采用 LC 减幅滤波器，但是要想使其在低频区域具有减幅特性，就需要增大 LC 值。可是由于 C 值与泄漏电流增大直接相关，不能无限增大，这就需要增大 L 值，这样又直接关系到共态扼流线圈的大型化。

另外，该法规是针对在充电中来自车辆的传递干扰。因此，需要注意 AC（Alternating Current）线束在车辆上的布置方案。这是因为即使降低了车载充电器的传递干扰，线束穿过车辆时也可能与其他车载电子设备的干扰重叠增大而超过法规值。

8. 车载充电器实例

图 4-70 是配置在 PHEV 上的车载充电器。输出功率为 2 kW（AC 200V 输入电压）、容量约 5.9 L，采用风扇强制风冷方式。

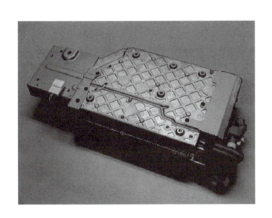

图 4-70 车载充电器

9. 总结

正如近几年来的 EV、PHEV，车辆电动化的进程正在加速。在这种进程中，为了实现"可充电车辆"，车载充电器的小型、轻量化、高效率化的需求在今后也将不断增大。

（二）AC 100 V 用逆变器

1. 概要

AC 100 V 用逆变器是从直流电源中生成 AC 100 V，供车辆内各种家用电器产品使用的装置。

AC 100 V 用逆变器最大的特点是作为负载连接各种设备。家用电器产品的种类、机型各种各样，其中也有不少需要超过额定消耗功率数倍的启动功率。AC 100 V 用逆变器要从额定功率数倍的启动功率中进行自我保护，并且要使尽可能多的设备工作。

2. AC 逆变器的种类

家用电器产品的消耗功率各种各样，对应的 AC 逆变器的输出功率根据用途也有众多的种类。图 4-71 所示的是典型的家用电器产品的额定消耗功率示例。有手机、笔记本电脑等 100 W 以下的小型产品，也有微波炉、吹风机等近 1 500 W 的大型产品，为应对这些产品，AC 100 V 用逆变器也有各种不同功率的众多产品。内部基本回路构成由其输入电压的不同，有辅助用 12 V 电池作为动力源和 EV、PHEV、HEV 等驱动用高电压电池作为动力源两种。另外，由其输出波形不同，分为 50 Hz/60 Hz 正弦波逆变器和模拟正弦波逆变器两种。

一般以 12 V 电池作为动力源的，由于受到车辆交流发电机发电能力的限制，其输出功率一般在 400 W 以内。这是因为 AC 100 V 用逆变器使用的是交流发电机发电能力的"剩余部分"。

与此相反，以高压电池作为动力源的，可使用的电量较多，可以搭载最大功率为 1 500 W 的 AC 逆变器。如果功率达到 1 500 W，原则上来说，所有的家用设备都可以使用（也有部分设备在启动时需要数倍功率的情况）。

下面就以从 EV/PHEV/HEV 等驱动用高电压电池输出正弦波的 1 500 W AC 100 V 逆变器为主进行介绍。

3. 基本构成

图 4-72 所示的是 1 500 W AC 100 V 逆变器的构成。输入为驱动用高压电池，由在内部对其进行绝缘的 DC-DC 转换器与将绝缘高电压转换成工频 50 Hz/60 Hz 正弦波的 DC-AC 转换器构成。除该基本构成之外，AC 与 DC 端还需要各自的滤波器。

4. 基本原理

连接车辆一侧的高压电池时，用户通过操作 AC 100 V 的输出开关，启动内部的 DC-DC 转换器，生成所需的电压。其后，DC-AC 转换器开始工作，输出正弦波 AC 100 V。

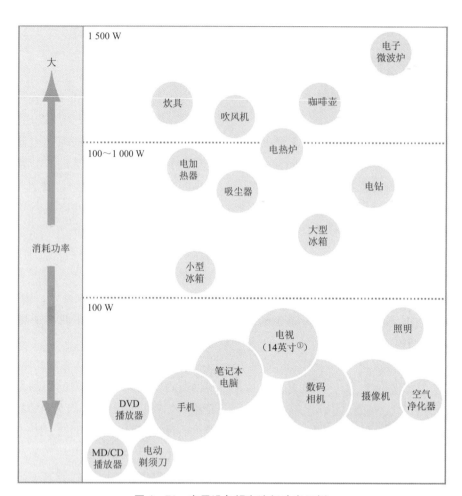

图4-71 家用设备额定消耗功率示例

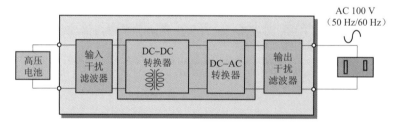

图4-72 AC逆变器基本构成

5. 输出控制

如上所述，AC逆变器的负载多种多样，其中包括从低阻抗值状态启动的负载，最具代表性的就是白炽灯。在初期状态下，为低阻抗值状态，随着温度上升，阻抗值增大，稳定到额定功率。为了提高这种负载的启动性，方法之一就是使恒电流运行维持一定的时间（图4-73）。

超负载时，通过恒电流工作，虽然输出电压

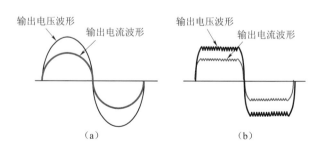

图4-73 过负荷保护动作
（a）正常动作（电阻负荷）；（b）过电流保护动作

① 1英寸=2.54厘米。

波形产生变形,但是将电力提供给设备可以提高其启动性。该恒电流工作的持续时间越长,就越能提高设备的启动性。但是,时间需要由与自身过热保护之间的平衡来确定。

根据设备不同,在一定时间内,如果判断启动失败,也有自身进行停机的,不是所有设备都能使用。但是,配合 1 500 W 的输出功率,几乎所有设备都能工作。

6. 高效率化

AC 100V 用逆变器所追求的典型特性就是效率。这是更加有效运用高压电池能量所必需的。

图 4-74 所示的是高效率化的示例。图示为 AC 逆变器的 DC-DC 转换器。由固定功率(接近 50%)启动 1 次侧的转换元器件(SW_1、SW_2)。通过选择适当的功率,可以实现 SW_1、SW_2 的零电压转换,使 ON 损耗几乎降为零。这种方式中,DC-DC 转换器的输出电压与输入电压成正比变化。即使是输出电压变化,通过控制后段的 DC-AC 逆变器的平均占空比,可以将 AC 输出电压控制为一定。

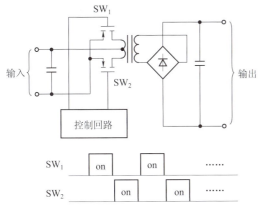

图 4-74 DC-DC 转换器的高效率化

7. 1 500 W AC 逆变器的实际示例

图 4-75 为配置在 HEV 上的 1 500 W AC 逆变器,输出功率为 1 500 W,容积约 3.5 L,采用风扇强制风冷。

图 4-75 1 500 W AC 逆变器

8. 总结

AC 100 V 用逆变器用于车辆内的家用电器设备,特别是 1 500 W AC 逆变器,伴随着 EV、PHEV、HEV 等搭载高压电池车辆的增加,在自然灾害发生时,有望作为充电设施修复之前的应急电源使用。

(三)双向充电器

至此,分别对车载充电器与 1 500 W AC 逆变器进行了介绍,两者的内部回路构成以及输入、输出非常相似,比较容易实现一体化。图 4-76 为双向充电器的内部回路示例。对尺寸、成本影响很大,将车载充电器的 2 次侧(高压电池一侧)的整流二极管改为转换元器件就可以实现。

(四)总结

正如近年备受关注的智能电网构想,为了实现低碳社会,EV、PHEV 有望得到真正的普及。随之而来,车载充电器与 AC 逆变器将会备受瞩目。两者共同的课题就是作为车载产品的小型、轻量、低成本化的技术,期待着今后的技术将会更加进步。

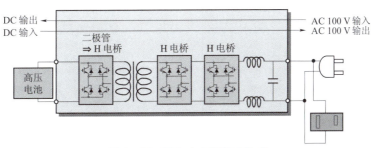

图 4-76 双向充电器基本构成

4.6 汽车搭载电力电子学

4.6.1 丰田（普锐斯）

（一）概要

在此，介绍一下丰田第3代小型乘用车用HEV（普锐斯）。第3代产品将HEV系统的升压电压从500 V提升到了650 V。另外，采用高转速、大功率电动机，实现了系统的小型化与高效率化。表4-5是其主要参数。

表4-5　HEV系统主要参数[7]

	当前模型（第2代）	新模型（第3代）
升压电压/V	500	650
系统最大输出功率/kW	82	100
电动机最大输出功率/kW	50	60
电动机最大转速（r·min⁻¹）	6 400	13 900
发动机排量/L	1.5	1.8
电动机最大输出功率/kW	57	73
油耗改善	—	14% @100 km/h

为了最大限度发挥其特性，采用了优化后的PCU。

（二）PCU

表4-6为PCU的主要参数。第3代PCU采用了高压化以及高转速电动机，电流从230 Arms降低到了170 Arms，进一步降低了功率半导体的损耗，实现了小型化。

表4-6　PCU主要参数[7]

		当前模型	新模型
最大总输出功率	kVA	162	178
最大升压电压	V	500	650
电动机最大电流	Arms	230	170
主要元器件		—	• 升压转换器 • 发电机用逆变器 • 电动机用逆变器 • DC-DC转换器 • A/C转换器	• 升压转换器 • 发电机用逆变器 • 电动机用逆变器 • DC-DC转换器 • MG ECU
质量	kg	21	13.5
体积	L	17.7	11.2

图4-77为PCU的外观图。PCU是由电动机用逆变器、发电机用逆变器、升压转换器、智能功率模块（IPM）、DC-DC转换器、电抗器、电容器等构成。

图4-77　PCU外观图[7]

（三）IPM（智能动力模块）

第3代IPM采用了"直接冷却结构"，将安装了功率半导体（IGBT/续流二极管）的绝缘电路板直接钎焊到冷却器上，进行直接冷却。为解决直接冷却方式存在的热循环性恶化问题，采用了分组板进行钎焊的方法来改善热应变，使冷却性能与原来相比提高了30%（图4-78）。

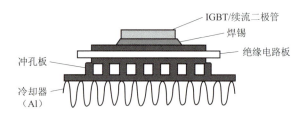

图4-78　直接冷却结构[7]

另外，由于采用了直接冷却结构与新研发的低损耗功率半导体，保证与第2代电动机、发电机用IPM相同尺寸的同时，内置了升压用IPM，实现了划时代的小型IPM（图4-79）。

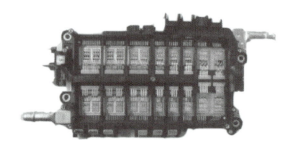

图4-79　智能动力模块[7]

（四）功率半导体

第3代产品为了实现 PCU 的小型、大功率、高效率化，电动机、发电机用 IGBT 采用了沟槽栅与薄板化技术。耐电压改善了约 50%，尺寸减小了 17%（表 4-7）。

表 4-7 IGBT 比较表[8]

项 目		第 2 代	第 3 代
外观			
结构	闸门	平面型	沟槽型
	纵向	厚晶片	薄晶片
	寿命控制	He 照射（氦）	无
厚度/μm		380	165
击穿电压/V		850	1 250
尺寸（第 2 代的为 1）		1	0.83

4.6.2 本田（Insight）

下面，就配置在 2009 年款本田 Insight 上的逆变器与 DC-DC 转换器进行说明。

（一）Insight 用逆变器

图 4-80 所示的是 Insight 用逆变器的外观及其构成。该逆变器输出功率为 10 kW，输入电压为 100.8 V，风冷冷却，由降温装置上的 3 个动力模块、平滑电容器、控制电路板构成。各个动力模块配置 IGBT 与二极管，图 4-81 所示的是动力模块的外观与剖面。内部配线也从原来的铝线更改为将铜母线直接钎焊到芯片上的 DLB（Direct Lead Bonding）构造。另外，动力模块由树脂封口，有助于提高生产效率与降低配线的电感。平滑电容使用了薄片电容。

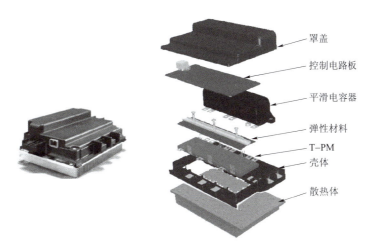

图 4-80 逆变器的外观及其构成

（二）Insight 用 DC-DC 转换器

图 4-82 所示的是 Insight 用 DC-DC 转换器的外观。该 DC-DC 转换器最大输出电流为 85 A，输出电压为 12 V，风冷冷却，降温装置上配置了 FET、二极管、变压器、扼流圈等部件，顶部搭载控制电路板。

图 4-83 为 DC-DC 转换器的电路构成。1 次侧采用了 4 个 MOSFET 的全电桥回路。变压器的圈数比为 5:1，转换电压后，由 2 次侧二极管进行整流。图 4-84 为 DC-DC 转换器的转换效率。提高了使用频率较高的低负载一侧的效率。最大效率为输出 40 A 时，约为 90%。图 4-85 所示的是主变压器的构造。1 次侧线圈通过使用 4 层基板，有望实现小型轻量化。

4.6.3 三菱（i-MiEV）

（一）控制概要

i-MiEV 的电力电子学的控制以 EV-ECU 所汇集的信息为基础，通过 MiEV OS（MiEV Operating System）进行综合控制，回应来自驾驶员的要求，实现了车辆的安全、放心、节能、舒适性（图 4-86）。

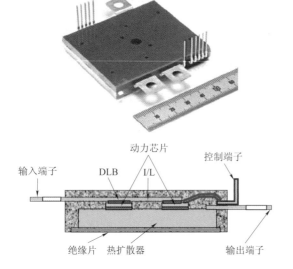

图4-82 DC-DC转换器的外观

图4-81 动力模块的外观与剖面

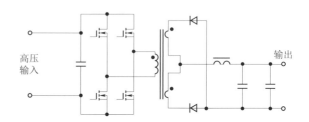

图4-83 DC-DC转换器的电路构成

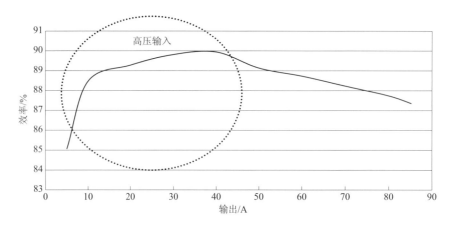

图4-84 DC-DC转换器的转换效率

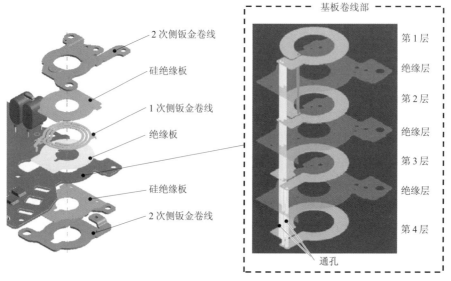

图4-85 主变压器的构造

第4章 电力电子学

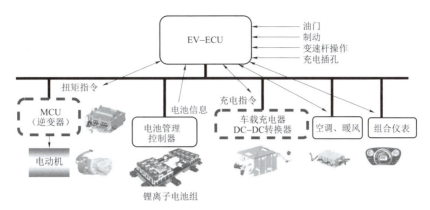

图 4-86 MiEV OS（综合控制）[9]

（二）电动机控制单元（MCU）

MCU（Motor Control Unit）配置在动力装置舱。

MCU 接收 EV-ECU 运算的电动机扭矩指令信号之后，根据指令信号值，进行滤波处理，确定最终的扭矩指令值，为了将对应输出扭矩的电流输送到电动机，对逆变器回路进行控制。减速时，为了将电动机发电电力回收到驱动用电池，对逆变器回路进行控制。另外，为了保护电动机与逆变器回路，还具有扭矩指令控制要求及切断 IGBT 的功能（图 4-87、表 4-8）。

图 4-87 MCU（外观）

表 4-8 MCU 主要参数

项 目	参 数
驱动方式	PWM 控制
驱动电源	DC 230～400 V
使用装置	IGBT
冷却方式	水冷式
尺寸	286 mm×309 mm×169 mm
质量	15 kg

（三）车载充电器与 DC-DC 转换器

为实现高电压回路以及冷却机构的通用化，车载充电器与 DC-DC 转换器采用了一体结构构成，配置在动力装置舱内。

车载充电器将单相交流 100 V 或者 200 V 的家用电源转换成直流电，最高升压到约 360 V，为驱动用电池充电。

充电过程中，监测输入、输出的电压、电流以及内部回路的温度。当检测出温度升高，提出冷却要求，驱动冷却系统。另外，当检测出异常状态，自动停止充电，通知 EV-ECU 紧急停止。

DC-DC 转换器在车辆处于 READY 状态或者充电状态（普通及快速）时，将驱动电池的直流高电压降压到约 14.4 V，对附件设备用电池充电并给电气件供电（图 4-88、表 4-9）。

图 4-88 车载充电器与 DC-DC 转换器（外观）

表 4-9 车载充电器与 DC-DC 转换器主要参数

项 目	参 数
充电时间	AC 100 V：约 14 h AC 200 V：约 7 h
消耗电力	AC 100 V：1.4 kW AC 200 V：2.8 kW
使用装置	充电器：IGBT DC-DC：MOSFET
冷却方式	水冷式
尺寸	270 mm×235 mm×168 mm
质量	12 kg

(四) 系统冷却

MCU 以及车载充电器与 DC-DC 转换器及包括电动机在内的 EV 系统利用电动水泵水冷,以此确保动力装置的高可靠性(图 4-89、表 4-10)。

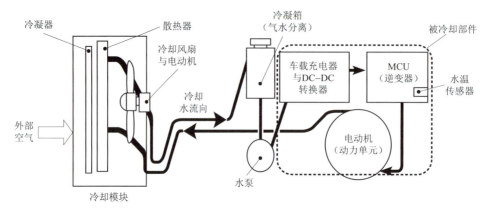

图 4-89　EV 总成冷却系统概要[10]

表 4-10　EV 总成冷却系统主要参数

项　目	参　数	
水　泵	驱动方式	电动式
	形式	离心式叶轮
冷却风扇	驱动方式	电动式
冷却风扇电动机	形式	直流铁素体式
散热器	形式	波纹式

4.6.4　富士重工(Plug-in Stella)[10]

Plug-in Stella 由图 4-90 的动力要素构成。减速器与电动机连接的上部配有电动机控制装置逆变器以及将驱动电池电压转换成辅助系统 12 V 工作电压的 DC-DC 转换器以及接线盒。

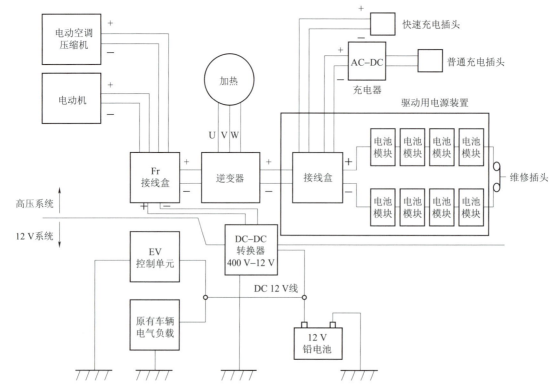

图 4-90　动力构成框图

驱动电动机用逆变器（图4-91、表4-11）、DC-DC转换器（图4-92、表4-12）、前接线盒（高电压继电器、熔丝）各自独立，提高了车载性及维护性（图4-93）。

图4-91 逆变器外观

表4-11 驱动电动机用逆变器参数

项 目	参 数
电动机控制方式	三相PWM方式
额定电压	346 V
最大电流（由限制器控制输出）	200 Arms
冷却方式	水冷
尺寸（不含附件、突起物）	331 mm×350 mm×130 mm

图4-92 DC-DC转换器外观

表4-12 DC-DC转换器参数

项 目	参 数
输　入	DC 240~410 V
输　出	DC 14.5 V 额定电流80 A（CV控制） 最大电流110 A（CC控制）
冷却方式	水冷
尺寸（不含附件、突起物）	212 mm×231 mm×78 mm

动力用电源DC 400 V转换成DC 12V的电源，供照明、空调、电动车窗、车载ECU使用。一般恒电压驱动维持在14 V。Plug-in Stella由于配置了12 V驱动的电动动力转向，因此采用了最大能够提供110 A的输出标准（图4-94、表4-13）。

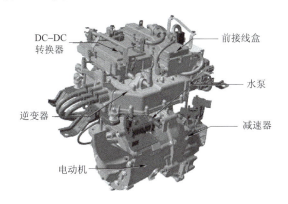

图4-93 动力装置构成

图4-94 车载充电器外观

表4-13 车载充电器参数

项 目	参 数
输入电压	单相100 V（90~110 V） 单相200 V（180~220 V） 50 Hz/60 Hz
输入电流	15 A以下
充电电压/电流	DC 400 V系：200~410 V/0.5~4 A[1] DC 12 V系：13.5 V/0~5 A[2]
杂音规格	VCCI Class A标准
安全标准	依据电子安全法
外形尺寸	430 mm×231.5 mm×187.1 mm（最大值）

[1] 附带输出限制。
[2] 在进行普通充电时，由于需要车载ECU类工作，接通AC 100 V/200 V后，DC 12 V的补充电源启动，充电过程中电源供给车载ECU，剩余电力对12 V铅电池进行充电。

4.6.5 日产（聆风）

日产汽车在2010年12月EV量产车型"日

产聆风"上市销售。配置的逆变器也是专门开发的,采用了以下的技术:

① 母线上直接安装半导体装置,动力模块结构创新。

② 兼容控制冲击电压与低转换损耗的闸口驱动回路。

③ 通过实际温度监测与温度预测,进行扭矩控制及保护工作的功率半导体温度管理。

④ 通过控制驱动力传递系统的扭振,实现快速且顺畅的加速响应。

图4-95为"日产聆风"逆变器外观、表4-14为参数概要。

表4-14 "日产聆风"逆变器的参数概要

项　目	参　数
尺寸	304 mm×256.5 mm×144.5 mm(11.3 L)
质量	16.8 kg
输出电流 (冷却水温:65 ℃)	425 Arms(4 s)
	340 Arms
电源电压	240~403 V
载波频率	5 kHz

4.6.6 日野(载货车)

日野汽车(Hino Motors, Ltd.)与东芝共同开发了混合动力载货车。下面就有关该混合动力载货车上配置的电动机驱动特点进行说明。

(一)概要

混合动力载货车的电动机驱动为与柴油发动机相匹配的电动机驱动装置,由电动机与其控制逆变器构成。电动机采用永磁电动机,逆变器采用了无须电动机旋转位置传感器的控制技术,实现了大功率、高效率目标,提高了搭载性、可靠性(图4-96)。

图4-95 "日产聆风"逆变器外观

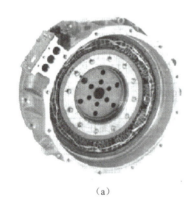 

(a) (b)

图4-96 混合动力载货车用电动机驱动

(a)混合动力载货车用永磁电动机;(b)混合动力载货车用逆变器

(二)技术特点

永磁电动机与感应电动机不同。需要将检测旋转位置的传感器安装在发动机与电动机之间,针对感应电动机,存在有混合动力发动机全长增加的问题。为此,作为汽车用,在世界首次采用了无旋转位置传感器的控制技术。

永磁电动机的无旋转位置传感器控制一般利用电动机的反电动势来推测旋转位置。旋转位置推测精度依赖于反电动势的检测精度,因此适用于反电动势较大的高速、中速区域的推测,而低速区域的旋转位置推测精度较低,特别是在停止状态下的位置推测十分困难。因此,仅利用反电动势无法控制所有运转速度区域。为了推测停止时以及极低速区域的旋转位置,采用了附加高频电压的低速区域专用的无旋转位置传感器的控制,如图4-97所示,根据电动机的运转状态切换控制方式。通过该控制技术的开发,针对车辆加减速所产生的负载变化,实现了在整个运转速度区域内的稳定驱动控制。

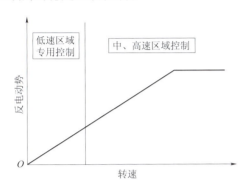

图4-97 旋转位置推测控制模式转换

另外,主回路元器件采用了绝缘栅双极型晶体管(IGBT)内置的智能动力模块(IPM)。图4-98所示的是该主回路元件的功能构成,表4-15为混合动力载货车用逆变器的主要参数。

表4-15 混合动力载货车用逆变器主要参数

项目	参　　数
型号	IGBT 逆变器式
控制方式	无传感器矢量控制
构造	防水型(带有内压调整机构)
主电源电压	DC 220 V～390 V
控制电源	车辆电源 12 V/24 V 通用
功率	64 kW
使用温度范围	-30 ℃ ～ +60 ℃
冷却方式	水冷
质量	14.5 kg

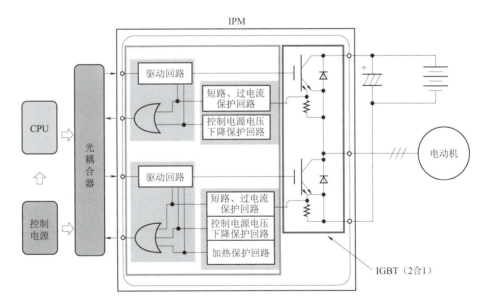

图4-98 主回路元器件功能结构图

参 考 文 献

[1] 多摩川精机技术资料.

[2] トヨタ自動車広報資料.

[3] N. Nozawa, et al. Development of Power Control Unit for Compact - Class Vehicle. No. 2009 - 01 - 1310. SAE Paper (2009).

[4] トヨタテクニカルレビュー、Vol. 54, No. 1, p. 42 - 51 (2005).

[5] Y. Sakai, et al. Power Control Unit for High Power Hybrid System、No. 2007 - 01 - 0271. SAE Paper (2007).

[6] Air Cooled DC - DC Converter, EVS - 22. 2006 (JSAE Paper 20068615).

[7] 野澤奈津樹ほか:小型乗用車用新型パワーコントロールユニットの開発、自動車技術会春季大会学

術講演会前刷集、No. 7-09、p. 25-30 (2009).

[8] T. Kanata, et al. Development Trends of Power Semiconductor for Hybrid Vehicles, Proc of IPEC '10, p. 778-782 (2010).

[9] 三菱 i-MiEV 制御システムに関する補足説明資料.

[10] i-MiEV 新型車解説書.

[11] 自動車技術. Vol. 63. No. 9 (2009), 「最新の電気自動車の開発」より一部本稿用に加筆・修正.

第 5 章

系统集成

总 论

绪论

电动系统可大致分为储能电动系统和非储能电动系统。

根据最新统计,储能电动系统主要分为并联式、混联式、串联增程式 3 种混合动力系统,以及 EV(Electric Vehicle)共计 4 种电动系统。如图 5-1 所示,横轴表示上述 4 种电动系统中使用矿物燃料的 ICE(Internal Combustion Engine,内燃机)驱动和电力驱动的比例变化。电动化技术的发展突飞猛进,不同时期由于设定的目标不同而选用不同的系统。

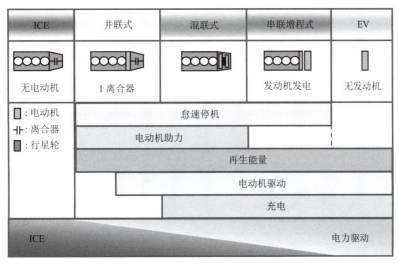

图 5-1 发展趋势——4 种电动驱动系统

历史悠久的内燃机虽然在采用高功率、高能量密度的矿物燃料方面具有无法比拟的优势,但从另一方面考虑,受理论上热效率上限的限制,已经无法通过再提高效率改善性价比。

储能电动技术具有制动能量回收和效率高的特点,提高功率密度和能量密度可有效提升实用性。混合动力技术综合运用此项电动技术,根据电动技术的发展确定其混合程度。

并联式、混联式、串联增程式及 EV 的电动化程度按顺序依次递增,近几年,这些技术以各种形式出现。

虽然非储能系统无法通过制动能量回收来降低油耗,但可大大提高包括发动机在内的传动系统效率,以电动 4WD(4 轮驱动)为例,可实现 2WD、4WD 共平台,无传动轴的结构有助于实现小型化和轻量化,行李厢空间增大,进一步提高商品性(图 5-2)。

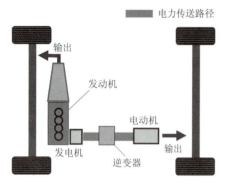

图 5-2 电动 4WD

综上所述,储能动力系统主要分为四类,下面分别对这四类系统的最新趋势进行说明。

(一)并联式混合动力系统

并联式混合动力系统如图 5-3 所示。

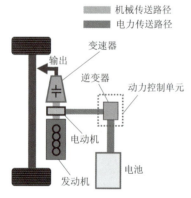

图 5-3 并联式 HEV

(1)系统特点:除怠速停机功能外,系统效率因制动能量回收和电动机助力功能而进一步提高。

最近,发动机与变速器的匹配方式众多,不再仅限于与以往简单的单离合器式变速器组合,出现与 DCT(Dual Clutch Transmission)、AMT(Automatic Manual Transmission)等的组合形式,从而提高系统效率,满足车辆适应性。通常传统车上用电以 12 V 为主,车身采用单级接地,但本系统使用高电压,为确保系统的电气安全,高压部件的浮接化、电流阻断设备以及接地检测设备必不可少。

(2)储能装置:除 12 V 铅酸电池外,系统还搭载了用于驱动和制动能量回收的其他电源,主要包括镍氢电池、锂离子电池。

频繁使用制动能量回收和电动机助力功能,提高了电池的使用频率。为持续使用储能装置,并满足耐久性目标,需采取相应的冷却措施控制电池温度。在电池温度管理方面,以风冷为例,不仅要控制车辆行驶时的风量,更重要的是从基本布置设计上实现均匀冷却。此外,不能仅限于研究电池本身,搭载位置及进排气管路也需要细化分析。如果是水冷系统,则冷却水管和热交换器的布置也至关重要。

为使电池发挥符合车辆要求的性能,避免过充和过放,正确检测电池的 SOC(State of Charge)、SOH(State of Health)是十分必要的。为此,需要高精度的电压、电流和温度传感器,进行包括温度管理在内的综合能量管理。

(3)系统发展前景:此系统有助于改善当发动机直连时由发动机拖曳引起的制动能量回收减少,以及纯电动行驶时摩擦增加导致的 EV 行驶距离受限等问题。据称,并联式混合动力系统可通过使用双离合器断开发动机、增大电动机输出功率和电池容量来增加能量回收能力,同时延长 EV 行驶距离。此外,需进一步探讨改善系统效率问题。

(二)混联式混合动力系统

混联式混合动力系统如图 5-4 所示。

(1)系统特点:混联式混合动力系统兼顾了串联式和并联式混合动力系统的优点,断开发动机的动力输出时,可实现纯电动行驶。

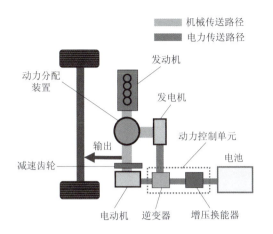

图5-4 混联式HEV

目前已公开的有动力分配装置、1 MODE式、2 MODE式等先进的系统构型，期待今后取得更大进步。

目前销售的系统结构，增大其储能容量可实现真正意义上的EV行驶。

（2）储能装置：除12 V铅酸电池外，系统还搭载了用于驱动和制动能量回收的其他电源，主要包括镍氢电池、锂离子电池。

与并联式混合动力系统一样，需采取相应的冷却措施合理控制电池温度，从设计上实现电池均匀冷却。

（3）系统发展前景：关键技术在于动力分配装置，依托先进的技术，将驱动电动机、发电机、内燃机和电池4个总成根据车辆需求最优匹配势在必行。

由于发动机可断开，若增大储能装置，增加外部充电设备，使发展插电式混合动力系统成为可能。

（三）串联增程式混合动力系统

串联增程式混合动力系统如图5-5所示。

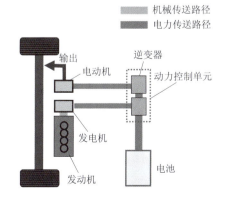

图5-5 串联增程式HEV

（1）系统特点：该系统主要以电动机驱动，而非发动机驱动行驶，因此也称为电动驱动系统。从以燃料为主到以电池为主，系统能量来源的巨大转变，使系统整体效率接近最高。

系统搭配使用高能量密度的矿物燃料，具有与传统车相同的续驶里程。由于整车电驱动系统搭载空间的限制，电池的输出功率及能量、发电机及发动机输出功率的优化设计就显得尤为重要。如何在实车上综合考虑成本、重量、体积等因素搭载这些部件是关键。

（2）储能装置：由于不依靠发动机直接驱动行驶，瞬态的输出功率靠储能装置输出，因此大部分会选择使用高功率密度的锂离子电池。此外，考虑纯电动续驶里程的需求，不仅需要高的功率密度，对能量密度要求也较高。

储能装置的输出功率直接影响动力性能，因此有时会把储能装置当作发动机。

完全断开与发动机连接时，频繁使用制动能量回收和电动机助力功能，提高了电池的使用频率。为持续使用储能装置，并满足耐久性目标，需采取相应的冷却措施控制电池温度，从基本布置设计上实现均匀冷却。

（3）系统的发展前景：由于搭配使用高能量密度的矿物燃料，以目前的储能装置性能，可实现与传统车相同的续驶里程。外接充电设备形成插电式混合动力系统，可实现市内零排放纯电动行驶，郊区利用发动机发电实现长行程行驶，有效控制排放。

（四）纯电动系统EV

纯电动系统EV如图5-6所示。

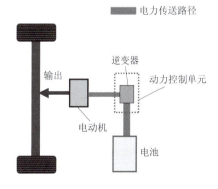

图5-6 EV（电池EV）

（1）系统特点：系统不依靠发动机发电，仅使用外部能量进行充电储存，以电动机驱动确保动力性能，又称电动系统。车辆动力性能受储能装置输出功率的制约，因此储能装置被比喻为该系统的发动机。

与传统车相比，构成纯电动车的部件少，对传统车辆的改造以及非汽车厂家发起的商品化活动逐渐兴起，国内外都加入到了这一新兴事业之中。

（2）储能装置：长期以来，电池的输出功率密度和能量密度都是一个难题，随着锂离子近几年电池的发展进步得以改善，已达到可作为小型城市车使用的水平。纯电动系统多以锂离子电池作为储能装置，但有时化学反应的劣化作用导致电池性能下降，缩短续驶里程。

以目前储能装置的状态，纯电动车的续驶里程难以取代传统车，主要适用于近郊等短距离行驶。

为达到与传统车相同的续驶里程，储能装置的能量密度需达到目前状态的数倍以上，即使做到高能量密度化，为实现与目前电池相同的安全性，除正负极活性物质外，还需重视分离器、电解液等电池综合领域的技术开发。

（3）系统的发展前景：纯电动系统的最大课题是续驶里程，而延长续驶里程的方法有以下两种：

① 增加能量储存量。

② 增加诸如快速充电、非接触式充电等充电设施，研发新的储能装置和供电形式，扩充基础设施，这些仅凭某一领域难以取得飞跃式进步，需夯实发展综合技术。

电池的性能与成本是该系统两大支柱。令人期待的是电池厂家现已展开大规模投资，一旦电池大量普及，将带动成本的下降。

不同的行驶条件下，纯电动系统的电力消耗变化极大，不同的行驶方式及电附件消耗下，充1次电的续驶里程也有极大差异。现在，消费者对汽车行驶时的舒适性也有要求，需要低耗电量的 CO_2 式和热泵式空调系统早日投入实际使用。

纯电动汽车要达到与混合动力汽车同水平的实用性和普及度，必然要跨越商业、技术上的重重难关。实现技术的可持续发展，就要延续此次开发热潮，对车辆、基础设施在内等加大研发力度。

（五）其他系统

电动系统并无具体分类，下面讲解一下最近呈现发展态势的怠速停机系统（图5-7）。

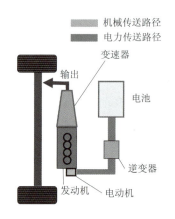

图5-7 怠速停机系统

（1）系统特点：怠速停机系统虽然简单，但综合考虑成本效益，不难发现其对燃油经济性的提升效果显著。该系统容易与现有的变速器匹配，发动机舱内布置可行性高。起动机、电池的电压与传统车相同，多数情况下，使用12V的单电压，系统价格方面有优势。

（2）储能装置：在商品化方面，有多种选择，常用的包括12V铅电池、改良充电性能的新型怠速停机专用铅酸电池、电容器、锂离子电池，等等。

传统车上使用的铅酸电池也称启动用Pb（铅）电池，启动发动机后即刻回到满电状态。需要考虑从怠速停机后放电状态到满电状态的过程，铅酸电池处于中间SOC时的充电性能有待改善。

怠速停机后必然要再次启动发动机，因此要求提高SOC和SOH检测精度，以提高再次启动的可靠性。为满足电池充电和劣化状态检测需求，集电流、电压、温度传感器于一体的高精度电池传感器应运而生。

（3）系统的发展前景：怠速停机系统受无制

动能量回收功能影响，其系统效率难以有较大提升，但对较小型传统车的燃油经济性有非常大的改善。

5.1 丰田混合动力系统（THS）

以普锐斯为代表车型的丰田混合动力系统（Toyota Hybrid System），属混联式混合动力系统（汽车工程手册④设计（动力传动系）p.182）。自1997年上市以来，先后历经数次改进，下面依次进行介绍。

5.1.1 第一代普锐斯（THS）（1997—2003）

（一）基本结构

图5-8为THS的结构。行星齿轮结构连接发动机输出端和电动机输出端，控制动力分配，驱动力是发动机驱动和电动机驱动的合力。发动机停止运转时，可以仅靠电动机行驶。当急加速时，启动发动机以辅助电动机驱动。

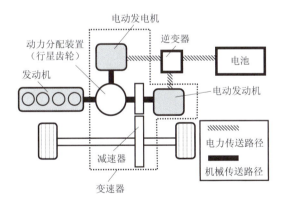

图5-8 丰田混合动力系统结构

图5-9为市区工况下，传统车和混合动力汽车的发动机热效率分布图。混合动力汽车在低转速区域用纯电动行驶，发动机停止工作，保持发动机工作在最佳区间，其平均效率得以提升（图中A点）。使用适用于混合动力化的发动机，其实际热效率可提高到B点。此外，加上制动能量回收效果，THS实现了燃油经济性翻一番，即CO_2排放量为传统车的1/2。

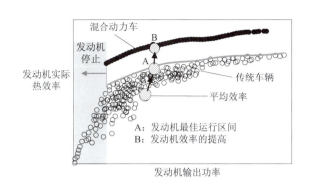

图5-9 发动机输出功率和实际热效率的关系

（二）发动机

发动机对系统效率影响极大，因此需选择油耗表现良好的发动机。发动机时常伴随频繁起停，应充分考虑耐久性和振动应对策略。由于对节能减排效果期望较高，相应的技术开发需求也较大。

1. 发动机规格

为实现混合动力车用发动机的高效率目标，在满足发动机输出功率要求及车辆搭载条件下，排气量可自由选择。为此，采用延迟关闭进气门、高膨胀比循环、最高转速的低转速化等手段降低摩擦损失。此外，降低气门传动机构的弹簧负荷、减小活塞环张力、降低大排气量发动机的最高转速等，可进一步减少功率输出时的摩擦损失。基于此计算出排气量与油耗的关系见图5-10。在高功率输出区域，排气量越大热效率越高，反之在低功率输出区域，排气量越小热效率越高。如图5-10所示，排气量越大对热效率和机械效率（摩擦损失）越有利，但在低功率输出时，受泵气损失的影响，排气量越小对热效率越有利。

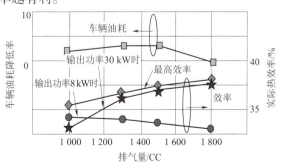

图5-10 排气量和油耗

2. 高膨胀比循环

通过提高压缩比来提高等容循环的理论热效率。若使用汽油发动机，提高压缩比，压缩端升温易引起爆震。为避免高膨胀比发动机的爆震问题，可大幅延迟进气门的关闭时间，降低实际压缩比，此做法实际上提高了影响热效率的膨胀比。如果提高膨胀比，将延后爆震的点火提前角，降低实际效率，但同时延迟进气门关闭时间，爆震慢慢趋缓，热效率随之升高。因此，如果允许降低实际平均有效压力（即降低性能），可以通过高膨胀比和进气门延迟关闭实现较高的热效率（图5-11）。

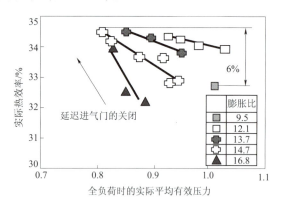

图5-11　高膨胀比循环热效率

（三）行星齿轮机构

图5-12为行星齿轮机构三要素（太阳轮、行星架、齿圈）的转速关系（杠杆原理）与太阳轮以及齿圈对输入到行星架上扭矩的分配关系，符号见表5-1。

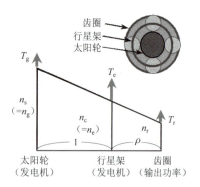

图5-12　行星齿轮结构杠杆图

行星齿轮机构有2个转动自由度，3个输入。各要素的转动速度关系见式（5-1）。

表5-1　行星齿轮机构各部分的符号表

动力传动系要素	发动机	发电机	—	电动机	车轴
行星齿轮机构要素	行星架	太阳轮	齿圈	—	—
转速	n_e	n_g	n_r	n_m	n_a
扭矩	T_e	T_g	T_r	T_m	T_a

$$\rho \times n_g + n_r = (1+\rho) \times n_e \quad (5-1)$$

式（5-2）、式（5-3）为稳态下，输入到行星架的发动机扭矩与分配到发电机以及齿圈上扭矩之间的关系。

$$T_g = [\rho/(1+\rho)] \times T_e \quad (5-2)$$
$$T_r = [1/(1+\rho)] \times T_e \quad (5-3)$$

发动机输出与车轴输出的关系

行星齿轮机构将发动机的输出功率分配给太阳轮和齿圈。齿圈的输出功率经由减速器直接传递给车轴。太阳轮的输出功率经由发电机转换为电能，供给电动机转换成机械能，再传递给齿圈。

发电机的输出功率供给电动机，因此车轴总的输出功率如式（5-4）所示（为简化说明，假定发电机、电动机的转换效率、各齿轮对的效率均为1）。

$$n_a \times T_a = n_r \times T_r + n_m \times T_m \quad (5-4)$$

将式（5-2）、式（5-3）代入式（5-4）的等号右边项中，得出式（5-5）、式（5-6）。

$$n_r \times T_r = n_r \times [1/(1+\rho)] \times T_e \quad (5-5)$$
$$n_m \times T_m = n_g \times T_g$$
$$= n_g \times [1/(1+\rho)] \times T_e \quad (5-6)$$

整理上述公式，把式（5-1）、式（5-5）、式（5-6）代入式（5-4），得出式（5-7）。

$$n_a \times T_a = (1+\rho) \times n_e \times [1/(1+\rho)] \times T_e$$
$$= n_e \times T_e \quad (5-7)$$

从式（5-7）可知，发动机的输出功率被保存，并转换为车轴的输出功率。若进一步转换式（5-1），以发电机转速n_g作参考，车轴转速n_a和发动机转速n_e之间存在如式（5-8）所示关系。G_r为减速比，即齿圈转速/车轴转速。

$$G_r \times n_a = (1+\rho) \times n_e - \rho \times n_g \quad (5-8)$$

由式（5-8）可知，通过改变发动机转速可连续改变车轴和发动机的转速比,综合考虑式(5-7)所示的动力保存关系,即可说明该结构具有无级变速功能。

此功能有利于选取无关车速的发动机高效工作点,有利于燃油经济性和效率的提高。

(四) HEV (Hybrid Electric Vehicle) 控制技术

要最大限度优化油耗(效率),减少尾气排放,同时发挥出混合动力车的最优性能,发动机、电动机/发电机、逆变器及电池等主要部件的控制尤其重要。

1. 混合动力模式控制

混合动力模式控制的作用是同时满足最佳油耗、驱动力、动力及能量管理的控制。

通过驾驶员的驾驶意图(加速踏板开度、挡位)以及车速,判断出车轴所需动力,同时考虑电池的充放电状态,从而决定发动机的输出功率。

发动机无法单独控制自身转速,但是从式(5-8)已知,本系统具备无级变速功能,可以通过发电机控制发动机转速,实现最佳油耗。

不依靠发动机工作点的前提下,驱动力大小与加速操作对应。首先需要求出发动机扭矩中从齿圈输出的扭矩部分。针对本混合动力系统,考虑速度平衡状态,可由式(5-2)、式(5-3)推出式(5-9),即从发电机控制扭矩推出齿圈扭矩。

$$T_r = T_g/\rho \tag{5-9}$$

为补偿发动机扭矩对车轴驱动力的贡献量,向电动机发出扭矩指令,可实现与发动机工作点无关的目标驱动力。

图5-13为行驶控制流程框图。

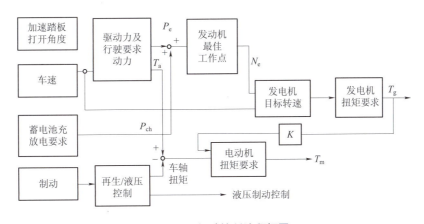

图5-13 行驶控制流程框图

2. 发动机控制

车辆行驶时,通过发动机控制信号调节进气的电子节气门开度、点火时间、气门正时(VVT)。转速基本上由发电机控制。

此外,通过优化进气门开闭正时,可最大限度优化效率,有效抑制发动机起停时的振动。

(五) 电池

丰田混合动力系统在设计上电动机可作为发电机使用,将制动时车辆的动能转换为电能,实现能量的回收。如图5-14所示,能量综合管理使得燃油经济性大幅提升(参照汽车工程手册④设计(动力传动系) p.198)。

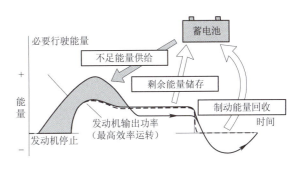

图5-14 能量管理

电池系统要求:
① 具备混合动力系统所需的高充放电特性。
② 质量轻、体积小。

③ 电池状态可检测，可由 ECU（Engine Control Unit）控制。

④ 适用环境温度范围宽。

⑤ 具备良好的寿命特性。

⑥ 安全。

⑦ 低成本。

THS 的电池充放电特性（输入/输出功率特性）取决于发动机启动时所需电量、制动时能量回收能力等。设计电池容量时，应考虑制动时能量回收的大小和频次、加速时保证电动机驱动的电量等，满足上述特性需求最终选择了镍氢电池。

搭载的镍氢电池采用标准的圆柱形。混合动力系统电池的高电压化要求将多个电池串联连接。兼顾电池组装生产和电池系统搭载性，系统选择了由 6 组单体电池串联构成的电池模块（图 5 - 15）。

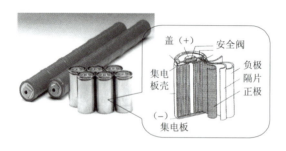

图 5 - 15　普锐斯上搭载的圆柱形电池模块

5.1.2　第二代普锐斯（THS Ⅱ）(2003—2009)

（一）第二代丰田混合动力系统（THS Ⅱ）

本系统（图 5 - 16）在 THS 基础上，增加电动机、发电机等电源系统的升压电路，实现高电压化，并在提高输出功率（图 5 - 17）的同时大幅降低能量传输的损失，推动整车能量效率的优化控制以达到高效率。另外，还采用了与新型制动系统相结合的新型制动能量回收系统、高性能电池，增加制动能量回收与降低能量传输损失的作用。

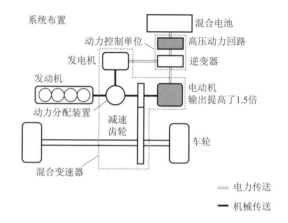

图 5 - 16　丰田混合动力系统Ⅱ（第二代普锐斯）

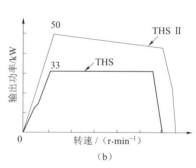

图 5 - 17　电动机性能

(a) 转矩；(b) 输出功率

图 5 - 18 为升压回路。必要时，根据功率需求切换 IGBT（Insulated Gate Bipo - lar Transistor）开关，将电池电压升压至电动机、发电机的最佳工作电压。

从图 5 - 19 可知，发电机、电动机、逆变器、升压转换器的损失受系统电压影响。因此，为将这些损失降到最低，通过优化系统电压控制来提高系统效率（图 5 - 20）。

图 5 - 21 为实际加减速时，系统电压的变化曲线。加速时电压上升，减速时电压下降。

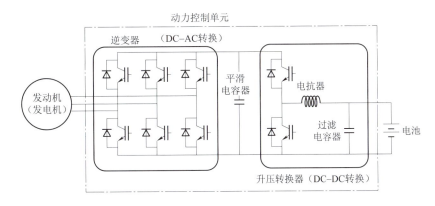

图 5-18 升压电路

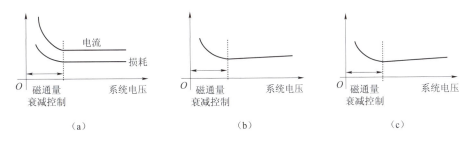

图 5-19 电损耗

(a) 电动机电源/损耗；(b) 逆变器损耗；(c) 转换器损耗

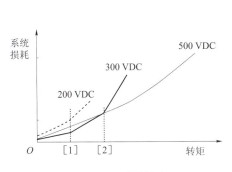

图 5-20 系统最佳电压

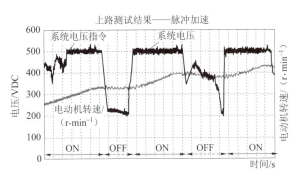

图 5-21 电压优化控制示例

（二）新型制动能量回收系统

如图 5-22 所示，利用性能优异的电控制动系统（ECB）开发制动能量回收系统。减少液压制动所占的制动比例，扩大制动能量回收范围。同时，采用新开发的高功率输出的电池，提高最大制动发电量，从而增加能量回收量。

（三）矩形电池模块

自 2000 年小改款普锐斯开始，为改善电池性能、扩大行李厢空间，全新开发了混合动力专用电池，改进了电极结构、电池槽结构、模块结构。模块采用散热性、搭载性好的矩形形状，电池槽使用轻量化的树脂材料。同圆柱形电池一样，电池模块由 6 组电池串联而成。与小改款普锐斯相比，第二代普锐斯（2003）的电池模块以及单体电池（图 5-23），通过改良电极材料以降低极板电阻，将电池单体间连接点增加至 2 个，降低集流电阻等措施，使内部电阻下降了 30%。此外，电池壳体上还贴有铝贴片用来提高耐热性能。

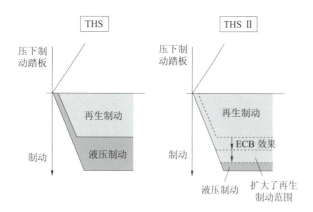

图 5-22 再生制动

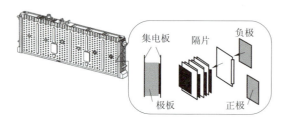

图 5-23 矩形电池模块

到目前为止,此电池的性能最优,第三代普锐斯搭载的也是此电池。

5.1.3 RX 400h（THS II）(2005—2009)

本系统（图 5-24）基于普锐斯 THS II 构型上开发。

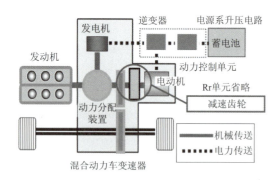

图 5-24 雷克萨斯 RX 400h 的 HV 系统图

在确保"环保性"和"静音性"的基础上,对车辆驾驶性进行了全新的技术开发,强化"混合动力汽车的附加价值",该系统在 HARRIER 和 KLUGER 车型上搭载使用（在海外称为 RX 400h/ High lander Hybrid）。

（一）系统输出功率

THS 中车辆动力源为发动机和电池,电动机和发电机仅负责动力转换（图 5-25）。RX 400h 混合动力汽车两个动力源的最大输出功率为 200 kW,动力性能相当于 4 L 传统汽油车（表 5-2）。

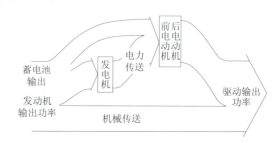

图 5-25 输出功率流动图

表 5-2 系统输出功率

	SUV 用 THS II	LS 430（美国）
发动机类型	V6	V8
排气量/L	3.3	4.3
最大输出功率/kW	155	216
系统输出功率/kW	200	316

（二）前驱动力单元

前驱动力单元采用高速回转、高输出功率的电动机和减速机构,同时保证了高功率化和小型化（对比图 5-26 和图 5-27）。

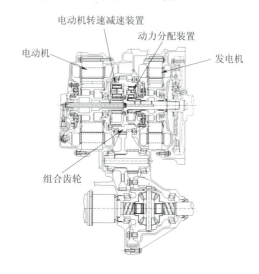

图 5-26 RX 400h 混合动力单元剖面图（P310）

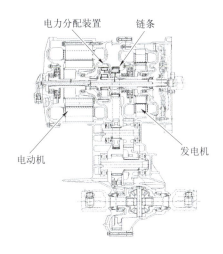

图 5-27 普锐斯单元剖面图（P112）

图 5-26 为 RX 400h 混合动力汽车的动力单元剖面图，图 5-27 为普锐斯的动力单元剖面图，表 5-3 为主要参数对比表。P310 采用与 P112 完全不同的全新减速机构和复合齿轮机构。此减速机构通过改进速比，保证电动机长度不变的条件下，输出扭矩增加一倍。

表 5-3 主要参数比较

		P310	P112
最大发动机扭矩/（N·m）		288	115
最大发动机输出功率/kW		155	57
电动机	类 型	同步 A（电动机）	←
	最大输出功率/kW	123	50
	最大扭矩/（N·m）	333	400
	最大转速/（r·min^{-1}）	12 400	6 000
电动机减速比		2.478	—
差速齿轮传动比		3.542	4.113
质量（包括ATF）/kg		125	109
全长/mm		417	430

此外，在电动机减速机构和动力分配机构外侧，布置了由两个行星齿轮齿圈、副轴驱动齿轮、驻车齿轮构成的一体化式复合齿轮机构。同 P112 相比，废除了链条，轴数从 4 轴减少至 3 轴，齿轮系得以小型紧凑化。

雷克萨斯 RX 400h 的发动机以及电动机的输出功率分别是普锐斯的 2.7 倍和 2.46 倍，采用电动机减速器机构和复合齿轮机构后，动力单元的尺寸实现了几乎与普锐斯相同的小型化。

图 5-28 为电动机减速机构的结构。电动机减速机构采用行星齿轮结构。行星齿轮的太阳轮由电动机转子和花键组成，行星架由花键配合固定在壳体上，齿圈为一体化式复合齿轮机构。行星齿轮结构降低了电动机转速，用来给副轴齿轮和差速器传递动力。

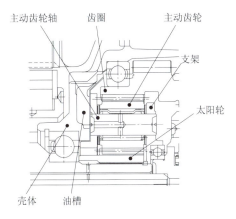

图 5-28 电动机减速机构的结构

通过电动机减速机构传递到齿圈（复合齿轮）上的电动机转速减至 1/2.478，电动机扭矩增至 2.478 倍。

雷克萨斯 RX 400h 混合动力汽车用电动机减速机构要求轴转速高，达到普锐斯的 2 倍以上。因采用电动机减速机构使电动机扭矩增加，因此需求的电动机最大扭矩相应降低（图 5-29）。

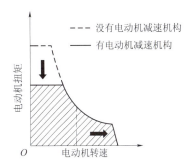

图 5-29 扭矩特性变化曲线

5.1.4　GS 450h（THS Ⅱ）（2006—）

图 5-30 为首辆 FR（Front-engine Rear-wheel drive）混合动力汽车雷克萨斯 GS 450h 所搭载的混合动力系统整体图。与普锐斯和 RX

400h一样，本系统为混联式混合动力系统，由汽油发动机、永磁式同步交流电动机/发电机、将电池从直流转换成交流的逆变器、将电池的电源电压高电压化的升压转换器、镍氢电池以及将发动机动力传动至发电机与车轴上的动力分配装配等构成。此外，搭载2级减速机构，以满足驱动电动机的小型化、高驱动力和高车速的要求。

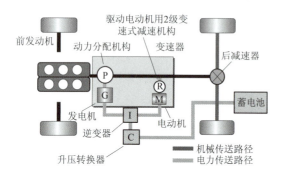

图5-30 FR乘用车混合动力系统整体图（GS 450h）

（一）动力分配机构基本工作情况

图5-31为混合动力车的传动系统结构。系统的动力分配装置采用行星齿轮结构。电动机分别通过发动机、发电机、2级减速机构，连接到行星架、太阳轮、齿圈的转动轴上。

（二）2级减速机构工作情况

参见图5-31，对驱动电动机所使用的2级减速机构进行说明，其成功搭载于FR乘用车上，实现了强劲动力、高车速。

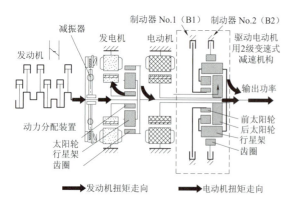

图5-31 FR混合动力车的传动系统结构

减速机构采用拉维纳式（RAVIGNEAUX）齿轮组，可设定两个较大速比。电动机与后部太阳轮相连，由行星架输出动力。通过与不同的湿式制动器（与前太阳轮连接的制动器或与齿圈连接的制动器）连接实现2个速比。连接制动器B1则选择高速挡，连接制动器B2则选择低速挡。如果用G_m表示该减速机构的速比，那么电动机转速与减速机构的输出轴，即动力分配装置齿圈轴的转速关系用公式（5-10）表示。电动机扭矩与其作用于齿圈轴的扭矩T_{rm}之间的关系如式（5-11）所示：

$$n_r = n_m / G_m \quad (5-10)$$
$$T_{rm} = T_m \times G_m \quad (5-11)$$

图5-32为不同速比下电动机和输出轴转速之间的关系。图5-33为不同速比下电动机所产生的车辆驱动力情况。由此可知，此减速机构可实现起步至最高速的无间断加速。

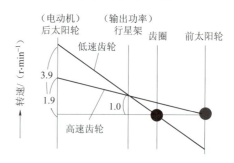

图5-32 电动机与输出轴的转速关系

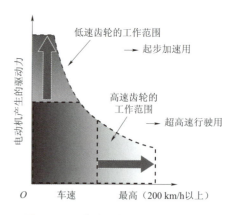

图5-33 电动机产生的车辆驱动力

5.1.5 第三代普锐斯（THS Ⅱ）(2009—)

（一）第二代丰田混合动力系统（THS Ⅱ）

如图5-34所示，该系统与上一代产品相同，主要组成部件包括发动机、发电机、动力分配装置、电动机、逆变器、升压转换器、电池。此外，首次搭载了应用于5.1.3章节中RX 400h用电动机减速机构。表5-4为各主要总成的主要参数。

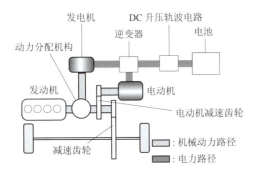

图5-34 丰田混合动力系统Ⅱ（第三代普锐斯）

表5-4 动力装置主要参数

项 目		新的	老的
发动机	排量/L	1.8	1.5
	最大功率/kW	73	57
	最大扭矩/（N·m）	142	115
电动机	最大功率/kW	60	50
	最大扭矩/（N·m）	207	400
	最大转速/（r·min^{-1}）	13 900	6 400
	最大电压/V	650	500
	减速比	2.636	—
电池	类型	镍氢电池	
	最大功率/kW	27	25
系统	最大功率/kW	100	82

（二）发动机

发动机的排量从1.5 L增加至1.8 L，通过控制发动机转速，充分利用发动机经济区，提高高速区的燃油经济性。为解决排气量增加与市区油耗间的矛盾，采取在阿特金森循环上增加EGR（Exhaust Gas Recirculation）系统的对策。图5-35为低负载下增加EGR的油耗效果。在发动机领域，延迟进气门开闭正时，导入可增加实际压缩比的EGR冷却系统，可有效降低对油耗影响极大的泵气损失。如图5-36所示，相对于上一代产品，发动机效率在很大范围内得到提高。此外，EGR冷却系统降低了排气温度，实现了全区域理论空燃比。另一方面，电动水泵和废气再循环系统适当地控制了作为取暖热源的发动机冷却水循环，提高了冬季燃油经济性。

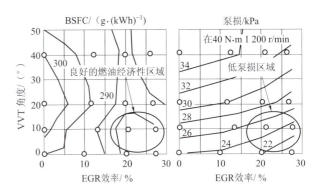

图5-35 低负荷工况下EGR的作用

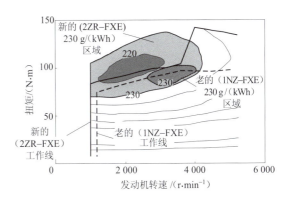

图5-36 发动机等油耗曲线

5.1.6 减振控制

混合动力汽车可自起停发动机以降低油耗和提高效率。要将混合动力系统应用于更多车型，减小振动显得尤为重要。

（一）发动机扭矩脉冲补偿

曲轴回转时，在特定的发动机转速区域内，发动机扭矩脉冲会与减速器产生共振，导致车辆振动。因此，需根据发动机的扭矩脉冲，补偿曲轴转动的发电机扭矩。

发动机低速转动时的扭矩脉冲中，与惯性力脉冲相比，压缩/膨胀空气的脉冲起主要作用。因此，可以用曲柄角度的函数近似表示发动机扭矩脉冲，以此推定值乘上发动机转速增量。图5-37为发动机扭矩脉冲与减速器共振控制框图。

（二）驱动系统扭转振动补偿

利用电动机扭矩反馈出驱动系统扭转角速度，抑制驱动系统振动。

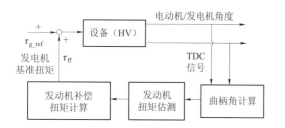

图 5-37　发动机扭矩脉冲补偿控制框图

用检测仪测得车轮转速为 ω_b，通过与变速器的输出轴转速 ω_{op} 比较作差，反馈进行电动机扭矩控制，从而抑制驱动系统的扭转振动。

图 5-38 为由检测仪和反馈控制构成的驱动系统扭转振动补偿控制框图。

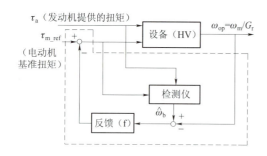

图 5-38　驱动系统扭转振动补偿控制框图

图 5-39 为减振控制系统的整体构成。与普通的控制器结合使用实现减振控制。

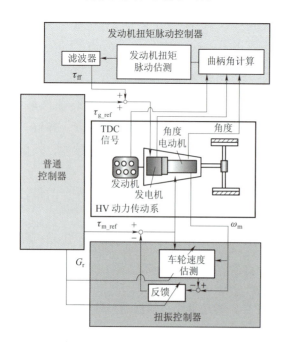

图 5-39　MG 减振控制系统的整体构成

（三）减振控制效果

图 5-40 为发动机启动时的减振效果。无减振控制时，发动机运行时和点火后的扭矩脉冲会引发较大振动。减振控制大幅降低了这些振动，地板振动下降约 60%。

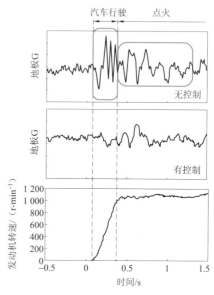

图 5-40　发动机启动时的减振效果

图 5-41 为纯电动行驶中，快速踩下加速踏板时的减振情况。快速踩下加速踏板时，良好的电动机扭矩响应特性会引发驱动系统振动，破坏驾驶的舒适性，减振控制能很大程度地改善驱动系统的振动。

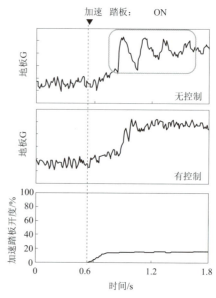

图 5-41　快速踩下加速踏板时的振动抑制

5.1.7 其他混联式混合动力系统

(一) Ford 系统 (搭载在 Escape RV 和 Fusion HV 上)

基本组成与 THS 相同,不同的是逆变器搭载在变速器上,且电动机/发电机与 THS 的同轴布置结构不同,为多轴结构,以减小车辆横向宽度 (图 5-42)。

图 5-42 Ford 混合动力单元[1]

(二) 双模混合动力系统 (GM、戴姆勒、BMW)

与丰田混合动力系统不同,发动机传动系统增加了转换机构 (Low Mode 与 High Mode),因此称为双模混合动力系统。

① Low Mode:在 THS 发动机输入部分增加了减速机构以减小驱动电动机的扭矩,提高大减速比区域的传递效率。

② High Mode:利用行星齿轮结构的四要素实现与 THS 相同的功能,提高了传递效率。

最初用在通用 Allison 公司开发的客车上,之后扩展到 FR 大型 SUV (Sports Utility Vehicle)、FR 乘用车上 (图 5-43,图 5-44),最近开始小型化,并搭载到 FF (Front-engine Front-wheel drive) 的 SUV 上 (图 5-45,图 5-46)。

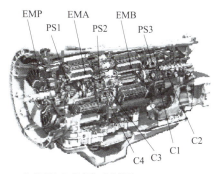

- 非常紧凑和高度集成的设计
- 2个电动机,3组行星齿轮
- 4个离合器,1个油泵

图 5-43 FR 用双模混合动力[2]

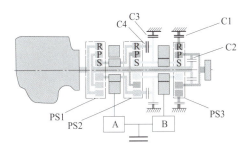

离合器操纵机构		C1	C2	C3	C4
低EVT范围	EVT 1	On			
第1齿轮	固定 1	On			On
第2齿轮	固定 2	On	On		
高EVT范围	EVT 2		On		
第3齿轮	固定 3		On	On	
第4齿轮	固定 4		On		On

图 5-44 FR 用双模混合动力离合器工作情况[2]

2MT 70双模混合变速器的剖面图
2MT 70双模混合传动机构的断面图

图 5-45 FF 用双模混合动力[3]

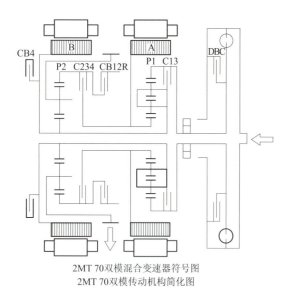

2MT 70双模混合变速器符号图
2MT 70双模传动机构简化图

图 5-46　FF 用双模混合动力离合器工作情况[3]

5.2　IMA 系统

5.2.1　系统目的与目标

本田 IMA（Integrated Motor Assist）系统是以发动机为主动力源、电动机辅助的并联式混合动力系统。一般来讲，混合动力系统可以回收制动时的能量，提高运行在发动机高效区的概率，从而有效利用能量，但同时使系统重量和容积增加，是令油耗增大的主要原因。IMA 系统正是着眼于保持能量的有效利用和重量/容积之间的平衡所应运而生的系统。系统结构简单，电动机直接连接在发动机曲轴上，从而减少重量和容积。

系统易于实现小型化、轻量化，不仅可减少行驶阻力，减少加速能量，降低油耗，同时也提高了能量传递效率，增加制动时混合动力车特有的能量回收，大幅提高了燃油经济性。图 5-47 为混合动力车的能量流图。通过减少传递损失和行驶阻力，混合动力车能够增加回收能量，减小发动机输出功率，节约燃料消耗。

1999 年，IMA 系统搭载在本田首辆混合动力车 Insight 上，第一代 Insight 采用 1.3 L 稀薄燃烧发动机与 MT、CVT（Continuously Variable Transmission）的组合，经济性达到世界最高水平。2001 年，此系统搭载在小型思域混合动力车上，在 1.3 L 4 缸双火花塞发动机（i-DSI）基础上，采用气缸休止系统，减速时能量的回收量因此增加，能量得以有效利用。2004 年，销售的中级三厢混合动力轿车雅阁，采用 3 L V6 发动机与 VCM（Variable Cylinder Management）机构的组合。VCM 根据车辆的扭矩需求，使部分气缸休止，以最合适的气缸数运转，提高发动机效率；同时，借助电动机辅助扩展气缸休止运转范围，提高燃油经济性。2005 年，全新改款的思域混合动力车，采用低转速/高转速/全气缸休止 3-stage 可切换式 1.3 L i-VTEC 发动机，兼顾经济性和舒适性；搭载制动能量回收系统，以增加减速时的能量回收量。2009 年，新型 Insight 以低成本化广泛普及混合动力车为目的，持续开发生产。2010 年销售的运动版混合动力车 CR-Z、小型紧凑混合动力车飞度上均搭载了 IMA 系统（图 5-48）。

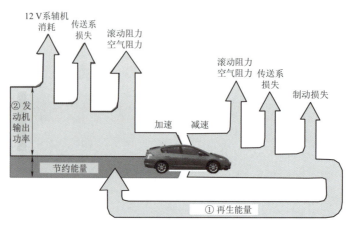

图 5-47　混合动力车能量流图

第5章 系统集成

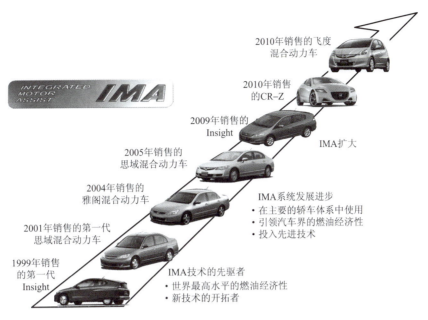

图 5-48 搭载 IMA 系统车辆

5.2.2 系统构成

(一) 驱动动力装置

图 5-49 为 Insight IMA 系统的驱动动力装置硬件组成,图 5-50 为其等效电路。发动机舱内的发动机与变速器之间,配置有超薄无刷直流电动机,车辆后部装备有 PCU (Power Control Unit) 与电池包构成的 IPU (Integrated Power control Unit)。电动机与 PCU 内的逆变器相连接,用于输送驱动电力及回收能量的高压三相电缆布线于车身地板下。

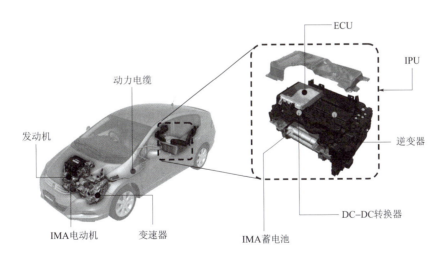

图 5-49 IMA 系统构成图

PCU 由交直流转换逆变器、从高压电给 12 V 附件供电的 DC-DC 转换器、控制电动机和检测电池状态的 ECU、电流传感器以及连接这些的控制线束构成。PCU 内置有高压转换电路,其所产生的转换噪声可能会对车辆造成影响,因此需要电磁波屏蔽防护装置。如图 5-51 所示,Insight 使用 PCU 上下壳体进行整体屏蔽,用于防止各组件转换噪声传播和扩散。这样,逆变器和 DC-DC 转换器各组件的护套被控制在最小限度内,有助于小型化、轻量化。高压三相电缆和 12 V

输出电缆内置于铝管内，电缆屏蔽罩和 PCU 壳、PCU 套形成整个屏蔽回路，简单且低成本地实现了高压单元的整体屏蔽防护[4]。

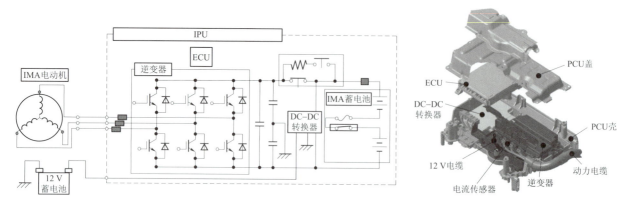

图 5-50 IMA 系统等效电路

图 5-51 PCU 整体屏蔽[4]

IPU 内各元件采用由风扇强制冷却的温度管理方式。图 5-52 为 Insight IPU 冷却风的流动情况。冷却风自车内吸入，对温度控制要求较高的电池进行冷却后，冷却风自逆变器、DC-DC 转换器的散热片顺次流过，形成了紧凑的一体化式 IPU 冷却系统。

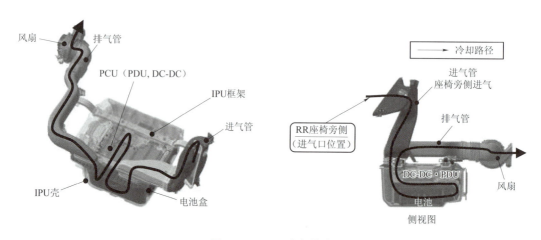

图 5-52 IPU 冷却构造

（二）发动机

IMA 系统的发动机具有两大特点，即以降低油耗为目的的发动机小排量化以及气缸休止系统。下面分别进行说明。

1. 小排量化

减小发动机排气量是降低油耗的重要因素。由于乘用车需求的发动机负荷范围宽，通常会增大车辆发动机排气量以确保基本的动力性能。实际上，发动机在实际使用频率较高的低负荷区域是以充分富余的驱动力运转，即在效率较低的状态之下运转。相反，降低发动机排气量，提高发动机在效率高的高负荷范围内的运转频度，会降低车辆的动力性能。IMA 系统致力于发动机的小排量化，提高发动机在实际使用频率较高的低负荷区域内的效率，在发动机低扭矩低转速区域内，利用电动机助力，充分确保动力性能。图 5-53 为 IMA 系统的动力性能。

通过电动机助力或充电，控制发动机负荷，提高发动机在高效区的运转频次，从而达到降低油耗的目的。Insight 根据发动机的实际燃油消耗率/比油耗（BSFC）和 CVT 的传动效率，控制发动机的转速和负荷，避免类似于踩下加速踏板，

第5章 系统集成

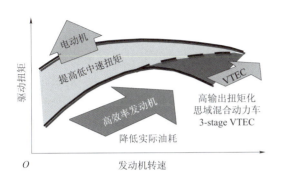

图 5-53　IMA 系统动力性能

CVT 变速时，发动机转速上升产生的惯性损耗及高负荷时油耗高的问题[5]，从而实现满足车辆输出功率需求的最低油耗。

雅阁混合动力汽车搭载了排量较大的 3 L V6 发动机，VCM 可控制半数气缸停转，相当于能够以 1.5 L 排气量发动机运转。采用半数气缸停转和电动机辅助的相互配合，可达到与上述小排量发动机相同的节油效果。

2. 气缸休止系统

气缸休止系统的工作原理是在燃料停止喷射时，关闭进排气门，把发动机泵气损失控制在最小范围内。全气缸休止与不休止相比，发动机的摩擦损失最大可降低 66%[6]（图 5-54）。减速时气缸休止，电动机将降低的摩擦损失转换为能量进行回收，给电池充电。此外，纯电动行驶时，也可以通过气缸休止产生的发动机摩擦降低的效果促使纯电动行驶里程增长，使用频次增多。

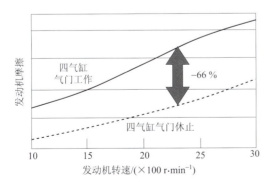

图 5-54　VCM 对降低发动机摩擦的效果[6]

图 5-55 为 2005 年发售的思域混合动力汽车所搭载的 3-stage i-VTEC VCM 发动机的零件结构图，通过液压控制的同步活塞调节进排气门的位移，同步活塞置于滑阀和摇臂内。图 5-56 为摇臂结构，每个气缸配置 5 套摇臂，3 套位于进气侧，2 套位于排气侧。采用液压进行分离-连接的"液压-液压"转换方式，确保低液压低转速区域在 1 000 r/min 以下，低转速利用可变气门正时升程与气缸休止的切换性。

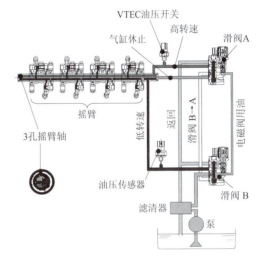

图 5-55　思域混合动力的 3-stage i-VTEC VCM 零件构成[6]

图 5-56（a）为低转速时的气门工作状态。液压作用在摇臂上，气缸休止摇臂和低转速摇臂相互连接。利用凸轮轮廓低转速推动摇臂工作，从而驱动气门。图 5-56（c）为气缸休止状态。因油压作用在低转速摇臂上，同步活塞移动，气缸休止摇臂和低转速摇臂相互分离。无凸轮作用的气缸休止摇臂使气门关闭。

图 5-57 为各工作模式下 3-stage i-VTEC VCM 和电动机的工作情况。停车时，发动机停止工作，同时解除制动，电动机再次启动发动机。起步和低速行驶时，发动机低转速时的可变正时气门升程可产生良好的油耗与扭矩，电动机根据需求扭矩的大小产生驱动力。在小负荷低速巡航时，仅用电动机驱动行驶，此时发动机的所有气缸均停缸，并停止喷射燃料。急加速时，发动机转速大约达到 4 800 r/min 以上时，转换为高转速时使用的可变气门正时升程，产生高输出功率。减速时，发动机停止喷射燃料，同时全部气

225

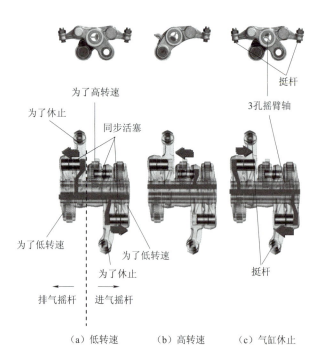

图 5-56 思域混合动力汽车的摇臂结构[6]

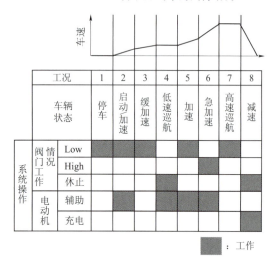

图 5-57 思域混合动力汽车的动力系统工作模式[6]

缸休止,降低泵气损失,增加回收能量[6]。

(三) IMA 电动机

IMA 系统利用电动机低转速时产生较大扭矩对发动机进行助力,从而提高车辆的动力性,并可减小发动机排气量,提高发动机在实际使用频率较高的低负荷区的效率。

电动机除了提升动力性,辅助发动机实现高效运行,将制动时的能量回收给电池,使发动机平顺启动以消除怠速起机的不平顺外,也提高了自身的高功率输出。随输出功率的增大,电动机的发热量损失也呈增加趋势,电动机冷却性能自然就成为一大课题。但是增加一套厚重的冷却系统,会使空间、重量以及整体效率变差,破坏本套系统的优势。IMA 电动机在高功率输出的基础上,成功引入自然风冷,同时提高实际使用区域内的效率,从而降低油耗。图 5-58 为包含 Insight 的 IMA 电动机逆变器在内的电动机效率图,力求提高实际使用频率较高区域内的效率。

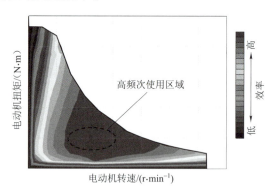

图 5-58 Insight 电动机效率图

如图 5-59 所示,IMA 采用超薄电动机以满足车辆性能要求,使得动力系统也可置于小型车的发动机舱内。如图 5-60 所示,超薄化技术的核心是分离式定子的凸极集中绕组方式。采用分离式定子,无须考虑线圈线嘴的移动空间。凸极集中绕组进一步保持了绕组的整齐排列,提高了满槽率,缩短了电磁电路的宽度,满足了车辆对电动机的扭矩要求。图 5-61 为分离式定子的凸极集中绕组的线圈状态[7]。

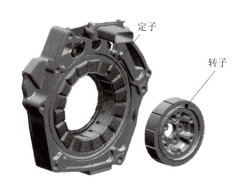

图 5-59 Insight IMA 电动机

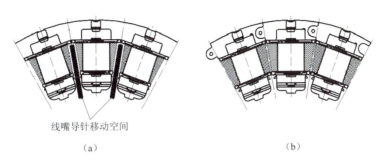

图 5-60 一体式定子和分离式定子的比较[7]
(a) 一体式定子；(b) 分离式定子

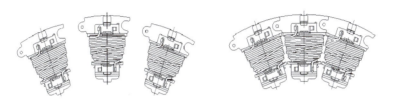

图 5-61 分离式定子的凸极集中绕组方式[7]

IMA 电动机直接连接在发动机曲轴上，根据需要能够通过改变燃烧及摩擦来改变发动机的扭矩，可产生反相扭矩抑制曲轴角速度变化，使其转动平顺。1999 年发售的第一代 Insight 因搭载 3 气缸发动机，会产生相当于发动机转速 1.5 倍频次的振动。为抑制怠速时的车辆振动，提高商品性，利用电动机产生一个与发动机反向的扭矩来抵消发动机振动。

（四）逆变器

逆变器主要负责高压直流电与三相交流电的转换，以驱动无刷直流电动机。其主要构成零件包括：转换高电压/大电流的功率半导体元件，具有转换控制、温度/电压传感检测、保护和通信功能的控制板，稳定输入端电压的平滑电容器，散热器，等等。Insight 的功率半导体元件外观以及内部构造如图 5-62 所示。Insight 的功率半导体元件采用三相中的一相封装的 TPM（Transfer - mold Power Module）构造。TPM 内部包括功率元件（IGBT、二极晶体管）、绝缘电路、连接汇流条。功率元件和汇流条连接形成回路，DLB（Direct Lead Bonding）结构，满足低成本、小型化要求[4]。

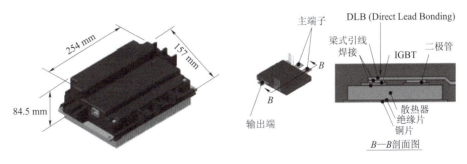

图 5-62 Insight 功率半导体元件[4]

(五) DC-DC 转换器

DC-DC 转换器将高电压转换为 12 V 低电压向附件供电。它由高电压转换元件、变压器、整流二极管、扼流圈、滤波器、连接汇流条、散热片、控制板构成。经变压器线圈结构改造以及内部零件匹配优化,实现了小型化、低成本化。图 5-63 为 Insight 的 DC-DC 转换器外形。为降低油耗,实行了功率转换装置和电路的高效率化。以往为使用低耐压低损失的整流二极管,在二次供电端设置了共振缓冲电路,现更改成由一次充电端开关转换所控制的电涌电压电路,更利于采用低损失的整流二极管。据此,常用范围内的效率得到改良。降低损失还有助于散热片的轻量化[4]。

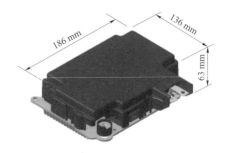

图 5-63 Insight DC-DC 转换器[4]

(六) IMA 电池

IMA 电池为镍氢电池,在任何充电状态(SOC)下都能够保持稳定输出特性和良好的耐久性。图 5-64 所示为 Insight 搭载的电池模块和电池包。电池形状为圆柱形,12 块单体构成 1 个模块,串联装于电池包内。

图 5-64 Insight IMA 电池
(a) 电池模块;(b) 电池包

IMA 系统力图通过与制动系统相配合增加减速时回收的能量和降低发动机摩擦等措施来扩大纯电动行驶里程,以降低油耗。为此,开发了更加小型、高输出功率的 IMA 电池。图 5-65 所示为输出功率密度的提高情况。以 1999 年首次发售的第一代 Insight 为基准,可以看出电池模块的功率密度约提高 2 倍,电池包功率密度约提高 3 倍。

为提高电池单体的输出密度,采取了隔板薄化设计,增加电极表面积以减少电池内阻等方法,还对负极贮氢合金进行改良,提高了耐久性能。图 5-66 为电池单体的剖面结构。

良好的冷却性能对于提高电池包功率密度非常重要。IMA 的冷却结构在控制各电池间温差的

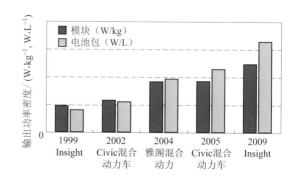

图 5-65 IMA 电池输出密度的提高情况

同时实现了良好效率。电池热管理采用风扇把空气吸进车内,为了最大限度发挥电池充放电的性能,风扇的转动速度会根据电池状态而适当改变,从而进行有效冷却。

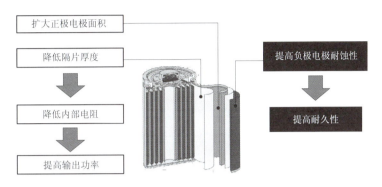

图 5-66　蓄电池组单体电池的剖面结构

图 5-67 所示为 Insight 电池的冷却结构。由于电池模块之间的温度差变小有利于提高电池输出功率。采用圆柱形电池模块分两列布置，以控制高度，加快冷却风流速，提升冷却效率。电池包内侧形状从进气口至排气口有所变化。缩窄排气侧的冷却风通路可进一步提高流速，从而提高排气系统附近电池的冷却能力。

图 5-67　Insight IMA 蓄电池冷却结构[8]

5.2.3　IMA 系统工作模式概要

图 5-68 所示为 IMA 系统的基本工作模式。

① 由 IMA 电动机启动发动机和发动机怠速停止后的起机。

② 加速行驶时，发动机为主要动力源，电动机根据需要进行助力。

③ 低速巡航时，电动机单独驱动进入纯电动行驶，避开发动机工作在低效区，系统进行高效率运转。纯电动行驶时，发动机进排气门关闭，发动机泵气损失被控制在最小限度内，电动机输出功率高效地用于驱动。

④ 高速巡航时，由发动机驱动，电动机根据车辆负荷和电池状态（SOC）进行发电。

⑤ 减速行驶时，电动机发电回收能量给电池充电。此时，与纯电动行驶相同，发动机进排气门关闭，抑制泵气损失，增加回收能量。

⑥ 停车时，怠速停车系统工作，避免能量浪费。

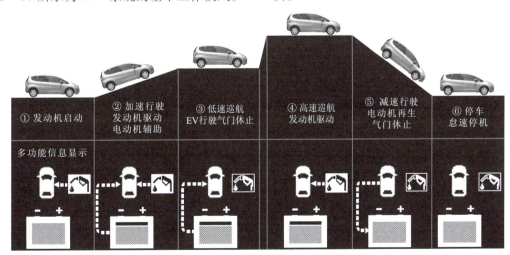

图 5-68　IMA 系统的基本工作模式

5.2.4 系统发展前景

今后将重点通过优化发动机排量、气缸休止来提高发动机工作在高效区的频率，提高动力性的同时平衡系统的重量与容量。通过提高电动机效率、降低电池充放电损失和发动机摩擦，结合降低传动系损失、行驶阻力等技术提高动力系统的效率，能够更有效地利用能量。

相关技术在世界范围内广泛普及后，更具价值。混合动力系统只有做到简单且灵活，方可扩大到汽车各个领域之中。

IMA系统结构简单且轻量化，轻量化可带来轻松的行驶体验，系统小型化使得车辆紧凑，可用空间扩大，汽车使用性因此提高。此外，系统具有扩展性，可与各种类型的变速器搭配使用，可与多个电动机搭配组合。IMA系统的诸多特性，使其可以搭载到各类车辆上。随着今后更多车辆对此系统的应用，能够有效减少CO_2排放。IMA系统以提升汽车的商品魅力、普及化为目标，同时力争小型化、轻量化、高效化，并对环保作出贡献。

5.3　e-4WD四驱

5.3.1 开发背景

4WD在日本国内乘用车销售市场占有率主要以降雪区域为主，正在以10%~15%的速度递增，形成了稳定市场。汽车制造商针对四驱市场，不断地投入商品、开发技术，现在几乎所有车型都设置有四驱。

经过对购买4WD客户需求的长期调查，结果显示客户对下述事项最为关注：

① 低价格。

② 低油耗。

③ 在易打滑失控的路面上的驾驶性好，容易控制。

④ 紧凑，车内空间宽敞。

针对这些需求，对汽车制造商而言，提供低价格的四驱商品尤为重要，不仅要降低零件成本，更重要的是以较低的投资获得较大的开发规模。

基于此观点，讨论得出的技术突破口是：废弃以往4WD所必需的结构，即传递发动机动力至后轮的传动轴和机械式传动机构分动器，取而代之的是新开发的4WD系统技术，即在发动机上安装发电机，所发电力带动后轮驱动电动机工作。

5.3.2 系统构成

图5-69为e-4WD系统组成，是发动机和电动机组合而成的混合动力系统。大致分为两种方式：一是发动机和电动机通过机械连接，产生的驱动力可各自或同时传送给驱动轮的并联方式；二是通过两个电动机使发动机非机械式地连接到驱动轴上，发动机驱动力通过发电机转换成电力，传递给驱动轴侧的电动机以驱动车辆的串联方式。众所周知，两个电动机串联的方式，在馈电状态下，也能够利用发电机发电驱动电动机，从而驱动车辆。

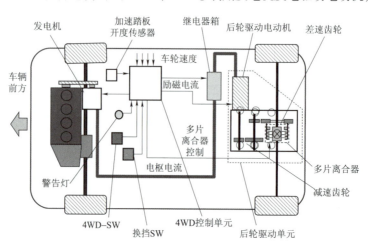

图5-69　e-4WD系统组成

4WD 系统根据车辆行驶状态、路面情况，向前后分配发动机驱动力，一直以来都在研讨能否以简单的构成实现上述串联方式的 4WD 的运用。

结果，此系统的最大特点是不使用蓄电池供电，由发电机所发电力直接供给驱动电动机。

FF 车为"串联并联并用方式"构成，发动机的驱动力机械式地传送给 FF 车前轮，发动机部分驱动力以串联方式分配给后轮。

发电机安装在发动机上，利用发动机的附件驱动皮带转动得到输入功率，利用 4WD 控制器输出的励磁电流大小，将输出电压控制在 0～50 V。发电机输出功率经继电器盒直接与后轮驱动电动机相连，用发电机输出电压的大小控制后轮驱动电动机的电枢电流。后轮驱动电动机安装在后轮驱动单元上，该电枢电流和 4WD 控制器所输出的电动机励磁电流决定驱动扭矩的发生。电动机的驱动扭矩经后轮驱动单元的减速机构而增大，扭矩经由多片离合器和差速器齿轮传递给后轮。

4WD 控制器依据输入的油门开度信号和 4 个车轮的轮速信号、驾驶员加速踏板信号和前后车轮速度差，计算出所需的后轮驱动电动机扭矩，分别由发动机励磁电流和电动机励磁电流输出。再根据挡位传感器信号判断车辆前进和后退状态，通过切换后轮驱动电动机的励磁电流极性，控制电动机旋转方向。驾驶员可通过 4WD 系统的 ON/OFF 开关在 4WD 模式与 2WD 模式之间进行切换，4WD 关闭时，进入 2WD 模式，多片离合器接合，后轮驱动单元的摩擦仅为差速器齿轮的摩擦。4WD 控制器还内置有故障诊断功能，监视系统各部分的工作情况，一旦发生异常，恢复为 2WD 模式，同时警告灯点亮。

继电器盒内置有继电器和电流传感器，其中，继电器用于无须 4WD 工作时阻断发电机和后轮驱动电动机之间的电信号，电流传感器用于控制电枢电流。

5.3.3 后轮驱动电动机的驱动扭矩控制

图 5-70 为 e-4WD 系统的等效电动机电路。本系统使用励磁绕组形式的直流电动机作为驱动电动机。电动机产生的驱动扭矩 T 由电枢电流和励磁电流决定，即式（5-12）成立。励磁电流稳定时，驱动扭矩 T 和电枢电流成正比关系。

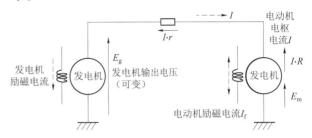

图 5-70 e-4WD 系统的等效电动机电路

$$T = A \cdot f(I, I_f) \quad (5-12)$$

式中，T 为电动机产生的驱动扭矩；A 为电动机各参数确定的常量；I 为电动机电枢电流；I_f 为电动机励磁电流。

电路中，发电机输出端电压等于线束引起的电压降和电动机电枢端电压之和，因此式（5-13）成立。

$$E_g = I \cdot (r + R) + E_m(I_f, \omega) \quad (5-13)$$

式中，E_g 为发电机输出端电压；r 为线束电阻；R 为电动机电阻；E_m 为电动机产生的反向电动势。

E_m 与电动机转速 ω 成正比，具有电动机励磁电流 I_f 越大增加率越大的特性。

因此，可以通过控制发电机输出端电压来控制电枢电流。由于 4WD 控制器能够随意控制励磁电流，所以电动机产生的驱动扭矩也变得可控。

图 5-71 为电动机工作点示例。

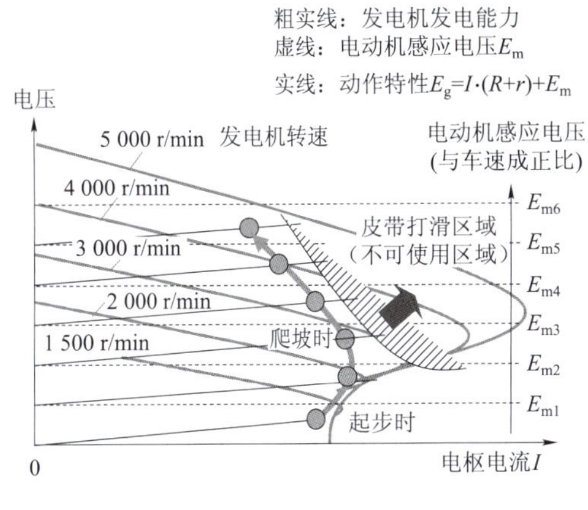

图 5-71 电动机工作点示例

简单的发电机和直流电动机串联结构可以对后轮驱动扭矩进行控制，采用这种新型扭矩控制技术，无须使用专用电池和逆变器之类的电流控制单元，对实现低价格、小型化、轻量化贡献极大。

5.3.4 4WD 性能设计概念

图 5-72 为原理图。爬坡时车辆加速可用式 (5-14) 表示（如果加速度 a 为正数，则可起步）：

$$M \cdot a = F_f + F_r - M \cdot g \sin\theta \quad (5-14)$$

式中，M 为车辆质量；F_f 为前轮驱动力；F_r 为后轮驱动力；θ 为坡道倾角。

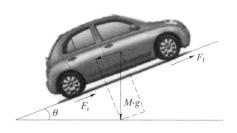

图 5-72 原理图

可知车轮驱动力取决于车轮滑移率（即取决于车辆空转的大小，空转大时，滑移率大），滑移率大时驱动力降低。同样，滑移率越大，车辆侧向的附着力（侧向力）越低。图 5-73 为驱动力及侧向力与滑移率的关系曲线。

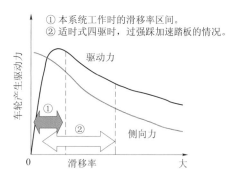

图 5-73 车轮产生的驱动力及侧向力与滑移率的关系曲线

因此，要获得大驱动力的同时做到高稳定性起步，如图 5-73①所示，重要的是要控制在车轮滑移率范围内。

以往 FF 小型乘用车的 4WD 系统为适时式，是指采用黏性联轴器和液压泵，机械式地检测前后轮转速差，前轮空转量大时，增大后轮驱动扭矩。如此一来，适时 4WD 在寒冷地域的行驶性能卓越，但是在冰雪路面（交通量大的札幌市，车辙引起倾斜的路面上容易发生侧滑）和上坡路面（加速踏板位移量大）时的起步问题仍有待研究。

5.3.5 4WD 控制

为实现本系统在以冰雪路面为主的低附着路面上的起步性能和高操控性能，采取以下两方面措施。

1. 起步时同时分配前后轮驱动力功能

起步时，踩下加速踏板瞬间，控制后轮驱动力矩产生。此控制在产生后轮驱动力时没有响应滞后，并且仅把等同于发电机所耗扭矩的发动机扭矩分配给后轮，前轮空转得到抑制，前后轮可同时产生大驱动力。

2. 前后轮牵引力控制

前后轮分别增加了抑制车轮空转的牵引力控制功能。前轮由发动机控制，后轮由电动机控制，各自独立对各车轮进行最佳牵引力控制，抑制冰雪路面急加速和路面附着系数不均匀时的车轮空转，对于驾驶者的急加速操作，能够确保足够的侧向力和车辆稳定性。而在 4WD 模式中，无须后轮驱动，在断开后轮驱动单元多片离合器状态下，前轮的牵引力控制功能也将起作用，确保车辆高速行驶稳定性。

上述控制的效果如图 5-74 所示。适时 4WD 在车辆起步后，由于前轮打滑严重，侧向力下降，前轮驱动力大幅度减小，车辆操纵稳定性降低。e-4WD 系统能够保持较高的前轮驱动力，抑制前轮打滑，从而保持最佳的驱动力和侧向力。与适时 4WD 相比，当后轮驱动力小时也可爬坡，后轮驱动力上限值变小，即可使电动机小型化，利于系统实现廉价、小型、轻量的目标。

5.3.6 低油耗设计概念

与 2WD 系统相比，e-4WD 系统采取了降低驱动机构摩擦的设计，特别是在后轮驱动单元上装有用于切断车轮与电动机、减速机构连接的多片离合器，驾驶员选择 2WD 模式行驶时，控制分开离合器。与以往适时 4WD 相比，后轴的驱动系摩擦大幅减少，10·15 工况油耗可降低 5%。（排气量级别：1.25 吨车辆）。

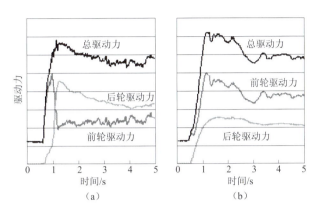

图 5-74 低附着路面起步时的驱动力比较
(a) 适时 4WD；(b) e-4WD

若驾驶员选择 4WD 模式，起步后车速上升，即使在冰雪路面用 2WD 模式行驶，在前轮不发生空转的条件下，也可控制多片离合器分离，实现低油耗。

5.3.7 主要组成部件

(一) 发电机

图 5-75 为发电机基本结构。使用与交流发电机相同的 Lundele 爪极式转子的励磁线圈式交流发电机，为实现"高输出功率/高效率发电"、"电动机驱动扭矩控制"等性能及功能，引入了以下新技术。

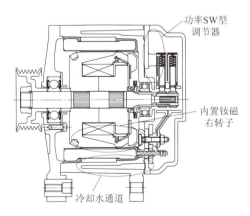

图 5-75 发电机结构图

1. 水冷方式

以往交流发电机采用内置风扇的风冷方式，本发电机采用依靠发动机冷却水的水冷方式，旨在提高高功率发电时的冷却能力以及改进发电效率。此方式无须专门的冷却装置，车辆搭载性好，发电机及冷却管路的水流阻力减小，冷却水流量增大后，保证了稳定的冷却性能，铜损耗降低后，提高了发电效率。

2. 内置式永磁转子

由于本系统起步时的必要条件是电动机驱动扭矩大，因此需要低转速区的发电输出功率。之前，为提高低转速区的发电输出功率，主要以扩大定子半径手段，但是尺寸的扩大将影响发动机舱的搭载性。为此，在磁极间插入能量积存大的高耐热型钕磁石，以增大磁动势及减小磁通量泄漏，大幅提高起步时所需的低转速区的发电输出功率及发电效率。

3. 可变输出电压功率

普通交流发电机为稳定给电池充电，会将输出电压控制在非常小的范围内。但是本发电机为控制后轮驱动电动机的驱动扭矩（≈电枢电流），必须以继电器盒中的电流传感器信号为基础，在 0～50V 的大输出电压范围内工作。为实现此功能，采用了功率开关调节器，进而选定磁电路的最佳绕组规格，实现 0～50V 的高精度电压控制。

通过上述技术的开发，能够在不使用专用的逆变器、电池前提下，以几乎与现有发电机相同的大小，实现"高输出功率/高效率发电"、"电动机驱动扭矩控制"。

(二) 后轮驱动电动机

后轮驱动电动机采用了小型低成本、高扭矩的有刷直流电动机。为实现不同转速下的精细扭矩控制，采用了线圈励磁电流控制型电动机。

直流电动机用于4WD后轮驱动电动机时，需要应对4WD特有的深积雪路面和连续爬坡等高扭矩下连续工作条件，从电动机技术层面而言，耐热和电刷的寿命等问题有待解决。在开发此电动机时，通过优化电刷形状、材质和提高冷却性，确保了其作为4WD后轮驱动用电动机的性能、耐久性。

(三) 后轮驱动单元

图5-76为本单元的内部结构。具体结构是后轮驱动电动机由花键连接，电动机驱动扭矩经两级斜齿轮减速增扭后传给差速器壳。差速器壳内设有接通或断开电动机和车轮的电磁离合器。当电磁离合器连接时，差速器壳的转动传给差速器齿轮，经左右驱动轴，把驱动扭矩传递给车轮。此离合器结构是电磁铁工作带动离合器A和凸轮机构转动，产生多片离合器（图示离合器B）的推压力，实现轻量、紧凑的结构传送大扭矩。

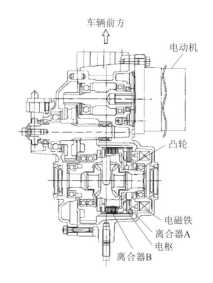

图5-76 后轮驱动单元的内部结构

(四) 4WD控制器 (控制系统)

图5-77为控制系统的组成。启动时，根据油门开度，决定后轮驱动电动机的驱动扭矩。油门开度越大，驱动扭矩越大的特性决定了在低附着路面起步时，后轮先于前轮产生很大的驱动力。另外，根据前后轮的速度差对电动机驱动扭矩进行控制（速度差越大，扭矩越大），能够同时兼顾中速区域的低油耗和车辆控制性。

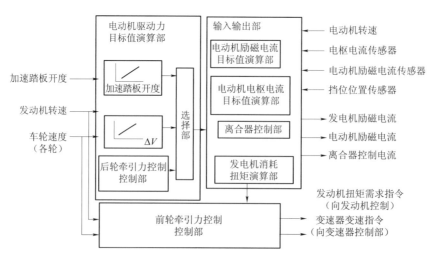

图5-77 4WD控制器的控制框图

车轮无速度差时，切断后轮驱动单元的多片离合器，进入2WD状态。

此外，在湿滑路面，后轮因电动机产生的驱动扭矩发生空转时，后轮牵引力控制功能起作用，控制减少驱动扭矩指令值。

该电动机驱动扭矩信号，被传送到后段的电动机电枢电流和电动机励磁电流用于计算，根据电枢电流和电动机励磁电流、电动机转速等输入信号，以新的发电机励磁电流和电动机4WD励磁电流输出。

e-4WD系统为防止前轮空转，还内置了发动机控制式牵引力控制功能，通过对发电机工作消耗的发动机扭矩进行高精度需求量控制，可适当控制低附着路面的前轮滑移率。

5.3.8 e-4WD系统成效

1. 廉价、小型、轻量化

e-4WD系统由发电机与后轮驱动电动机、后轮驱动单元构成，结构简单，与以往4WD相比，具有明显的成本竞争优势。此外，4WD主要构成零件质量约为50 kg，在2WD基础上，包括相关变更在内整车增加的重量比以往4WD增重量降低了85%。

2. 低油耗化

因多片离合器作用，2WD模式时的后轴驱动系统摩擦大幅减少，与以往4WD系统相比，10·15工况下的油耗降低5%，低油耗化成为可能。

3. 四驱性能（低μ路面控制性能）

起步时，前后轴同时分配驱动力功能（结冰路面的实际驱动力分配接近1∶1）和前后轮的牵引力控制功能，使得车辆在低μ路面能够减少空转和偏移，稳定地起步、行驶。

实现了作为寒冷地域公路4WD所应具备的性能。特别是结冰路面，达到了适时四驱无法实现的高性能。

4. 与FF车相媲美的宽敞室内空间

由于无传动轴、分动器单元、专用电池等构造，除后地板和发动机附件外，其余均可与2WD通用，可实现接近2WD的车内空间。

5. 能以小投资和开发规模制造四驱

由于是无传动轴、分动器单元、专用电池等构造，除后地板和发动机附件外，其余均可与2WD通用，4WD化所需的新零件数量得以削减60%以上。

另外，4WD化所需投资和模具费用等，比传统4WD开发也削减了60%。

5.3.9 今后发展前景

e-4WD系统首次应用于2002年9月开始发售的K12 MARCH上，随后相继应用于CUBE、TIIDA等小型车上，作为一款空间宽敞、实际油耗出色的生活4WD车，其在积雪地域的表现获得了广泛好评。

今后将进一步致力于节油减排方面的改善。

近来业界还提出了各种混合动力系统方案，形成产品化，期待今后根据本系统的发展形态推进摸索混合动力化。

另外，即便电动汽车普及扩大，积雪地区仍有4WD车需求，应考虑灵活运用本系统效用提供结构简单的4WD。

5.4 怠速停机系统

5.4.1 怠速停机系统定位

面对全球变暖及能源问题，提高车辆燃油经济性成为重大课题。从有效利用车辆能量和改善城市环境的视角出发，发动机随车辆停车而停机的"怠速停机"备受关注，采用具有此项功能的"怠速停机系统"的需求增强。为此，针对从简单系统到混合动力汽车，应用最新电气、电子技术的升级系统，提出了各种方案。从传统车辆（ICE车）到混合动力车，怠速停机系统的基本功能均为提高燃油经济性。图5-78用4种功能（怠速停机功能、制动能量回收功能、电动机助力功能、EV行驶功能）对混合动力系统进行分类，图5-79按电动机、发电机构型对系统分类。"怠速停机功能"对改善混合动力汽车油耗有极大贡献[9]。

5.4.2 怠速停机系统开发背景

近年来，在全球变暖背景下，为削减石油能源利用量，实现低碳化，各国都设定并强化了油耗法规（图5-80）。日本也接受了《京都议定书》，确定了2015年油耗基准值，现已开始讨论2020年油耗基准值。汽车销量迅猛增加的中国，自2005年也实施了油耗限制，2012年进入了第3阶段。欧洲自2012年起在自主规定的CO_2限制基础上，执行更加严格的120 g/km减排目标。今后，包括新兴国家的车辆需求在内，要求进一步提高燃油经济性。

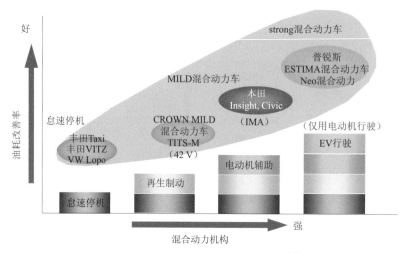

图 5-78 混合动力系统的功能分类[9]

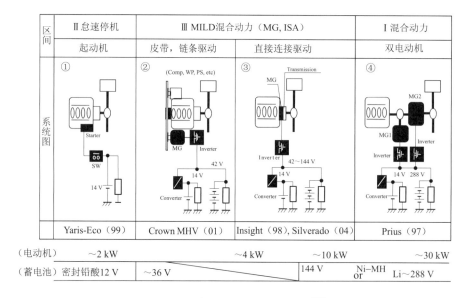

图 5-79 电动机和发电机的应用[9]

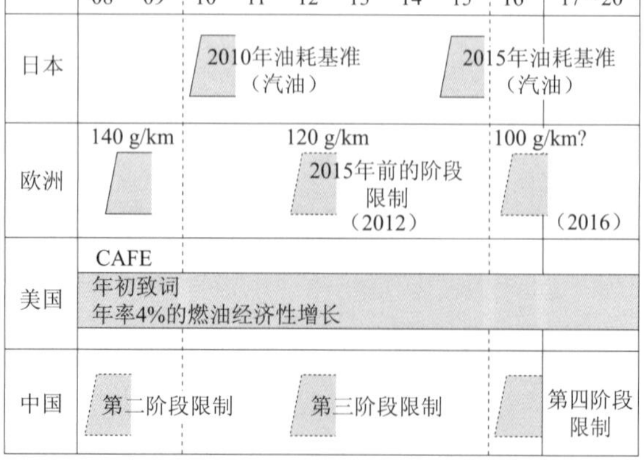

图 5-80 主要国家油耗限制标准动向

各国为普及低碳车辆，还导入了 CO_2 优惠税制，传统车辆在内的整个车辆生产行业都处于激烈的世界性油耗竞争之中。各制造厂商也在寻求节油技术的开发和商品化。

怠速停机系统意味着抑制行驶时不必要的燃料消耗，车辆停止时，发动机的怠速空转停止。作为一项与混合动力车相关的技术，各公司自2007年前后开始导入市场，预计将来会得到普及。最近还发布了不仅限于停车时，在减速时发动机也停机的车辆及以舒适性、低成本为目标的新型怠速停机系统，并展开进一步开发。

5.4.3 怠速停机系统的历史和特点

下面从具有怠速停机功能的车辆和混合动力车辆两个方面介绍一下目前为止开发的怠速停机系统的历史和各公司系统的特点,见图5-81和表5-5[10-14]。

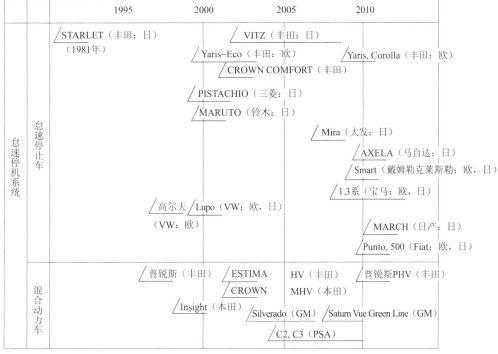

图5-81 怠速停机系统的历史

表5-5 各公司怠速停机系统特点

制造商	典型车型	发动机	T/M	发售年份	特　　点
丰田	STARLET	G1.0	MT	1981（日）	"economy running system（ERS）"首次登场
大众	高尔夫	D1.0	5 MMT	1992（欧）	行驶时放开加速踏板,发动机也会停止（Ecomatic）
大众	Lupo（图5-82）	D1.0	5 MMT	1999（欧）	柴油 + MMT + 怠速停机 3 L/100 km
三菱	PISTACHIO（图5-83）	G1.1 直喷	5 MT	1999（日）	限定销售50台,早期气缸判定,实现快速启动
丰田	Yaris - Eco	G1.0	5 MT	1999（欧）	真正意义上的怠速停机量产车,采用强化的起动机
铃木	MARUTO	G0.66、稀薄燃烧	5 MT	1999（日）	汽油车,当时经济性排名第1（10·15 工况:30 km/L）
丰田	CROWN COMFORT	G2.5	AT	2001（日）	出租车用N挡节油行驶
丰田	CROWN MHV	G3.0 直喷	AT	2001（日）	42 V 皮带MG,经济行驶时,空调工作,低启动音
丰田	VITZ（图5-84）	G1.0	CVT	2002（日）	采用双电源（用于Pb + 14 V 的锂离子电池）
PSA	Micro - HV（C2.C3）	G1.4	5 MMT	2004（欧）	14 V 皮带MG,早期启动,低启动音（Micto - HV）
大发	Mira（图5-85）	G0.66	CVT	2007（日）	首次采用怠速停机用液态铅酸电池 + 电容器
BMW	1、3系列,M3	G1.8、G2.0 直喷	MT、DCT	2008（欧、日）	用启动装置启动 + 直喷提高启动性

续表

制造商	典型车型	发动机	T/M	发售年份	特　　点
丰田	Yaris、Corolla	G1.3	CVT	2008（欧、日）	常啮合式启动机，早期启动，带 BBC（电压补偿）
马自达	AXELA（图5-86）	G2.0 直喷	AT	2009（日）	真正普及的急速停机车辆，通过直喷提高启动性
戴姆勒	Smart	G1.0	AMT	2010（日）	14 V 皮带 MG，在减速（8 km/h）过程中，停止发动机
菲亚特	Punto、500	G1.3	MT、DSG	2010（日）	DSG 在减速（8 km/h）过程中，停止发动机
日产	MARCH、ELGRAND	G1.0、G2.5 直喷	AT、CVT	2010（日）	起动机启动+直喷，提高启动性

图 5-82　大众 Lupo[10]

图 5-83　三菱 PISTACHIO[11]

图 5-84　丰田 VITZ[12]

图 5-85　大发 Mira[13]

图 5-86　马自达 AXELA[14]

首先介绍具有代表性的急速停机系统。

（一）具有急速停机功能的车辆（14 V 驱动：MT）

1999 年"丰田 stop&go 系统"搭载于正式量产车 Yaris（MT（Manual Transmission））[15]上，在油耗法规严苛的欧洲开始销售，是结构最简单的由起动机重起发动机的急速停机车辆。图 5-87 为急速停机车辆（搭载 FF 2L 自动变速器：AT（Automatic Transmission）车）的系统结构和各行驶工况下的燃油经济性改进效果。在日本国内 10·15 工况下燃油经济性大约提升 10%，在平均车速低的城市行驶时，急速停机的降油耗效果显著，长时间停车的拥堵行驶工况下，降油耗超过 30%。搭载手动变速器（MT）时，急速油耗差值是 AT 车的 60%。急速停机系统不仅有助于改善城市环境，对降低油耗也有显著效果。Yaris-Eco 在 EC 工况下的油耗改善效果为 3%。在以往最简单的控制起动机开/关的急速停机系统上开展了几项课题：由于起动机的运转频率绝对地增加，必须考虑起动机的电刷寿命；急速停机过程中，发动机停转，无法驱动空调压缩机，牺牲了舒适性；起动机开/关时，发动机的启动声、振动比较大，重起发动机时响应也不是十分理想等问题。但是，简单的系统结构对成本有利。图 5-88 为 Yaris-Eco（MT 车）系统结构，图 5-89 为基本控制示意图。

第5章 系统集成

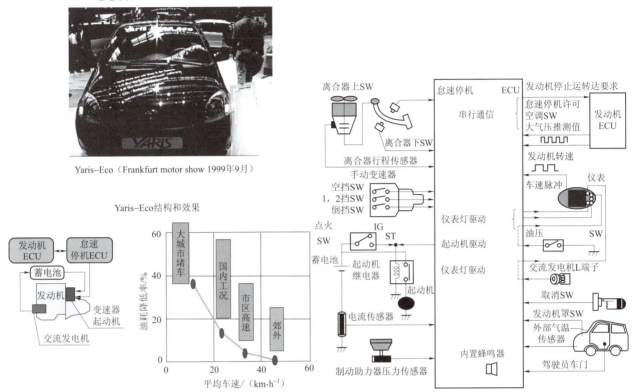

图 5-87 怠速停机车辆（Yaris-Eco）[15]

图 5-88 Yaris-Eco 系统结构图[15]

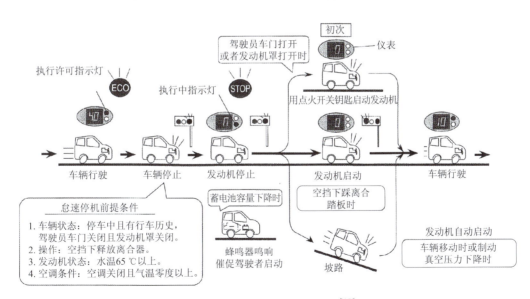

图 5-89 Yaris-Eco 基本控制[15]

（二）CROWN MILD 混合动力车（42 V 皮带驱动电动机：AT）

2001 年进入日本国内市场的 CROWN MILD 混合动力车（THS-M；42 V 皮带驱动电动机）[16]，解决了上述怠速停机车辆（14 V 起动机驱动）除成本外的多项课题。图 5-90 为系统特点和构成要素，图 5-91 为系统框图。

此系统最大特点是用皮带驱动的 42 V MG（电动机·发电机）重起发动机，在怠速停机时，通过电磁离合器机构与发动机轴分离，MG 可通过皮带驱动空调压缩机,确保舒适性。凭借大幅改善发动机重起时的启动声、振动、发动机响应性和具有制动能量回收功能的简单的混合动力机构,节油效果进一步提升。图5-92为CROWN MILD混合动力车(THS-M)主要结构,图5-93为燃油经济性提升效果,日本国内10·15工况下约提升15%。图5-94为系统工作状态。

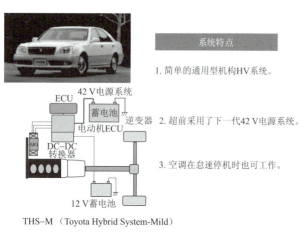

图5-90　CROWN MILD混合动力车(THS-M)[16]

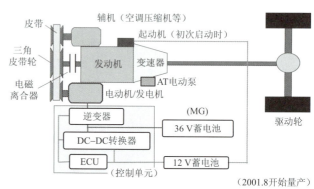

图5-91　THS-M系统框图[16]

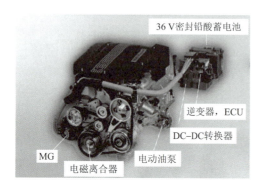

图5-92　THS-M主要结构图[16]

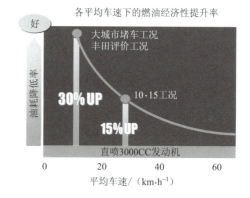

图5-93　THS-M燃油经济性提升效果[16]

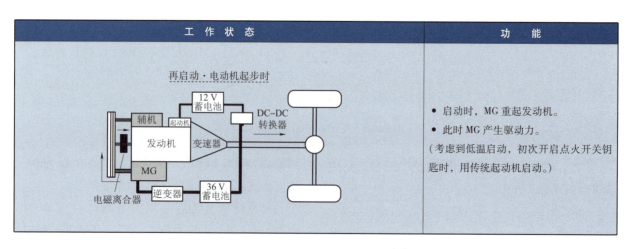

图5-94　THS-M系统工作状态[16]

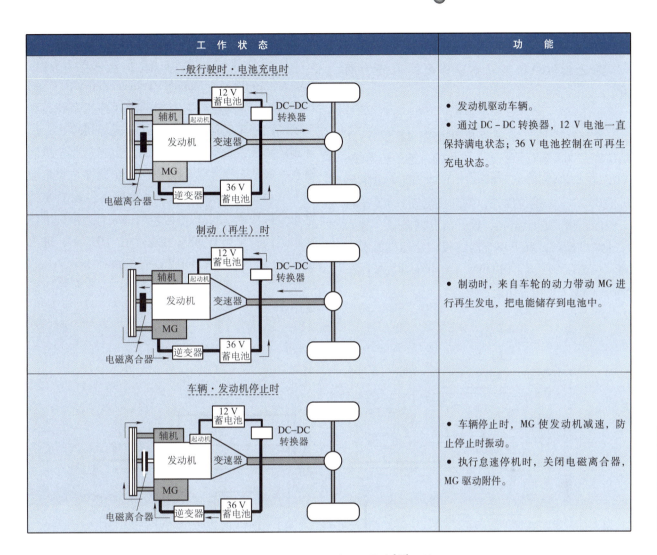

图 5-94　THS-M 系统工作状态[16]（续）

图 5-95 利用模式图形式表示 THS-M 怠速停机时的基本控制（AT 车）。此外，图 5-96 表示防止车辆在爬坡路面怠速停机时溜坡的坡道起步辅助功能。

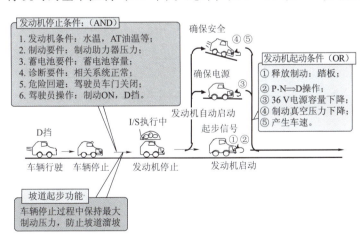

图 5-95　怠速停机系统的基本控制（THS-M）[16]

图 5-96　坡路汽车辅助（加速器 OFF 时）[16]

(三) 怠速停机系统的基本动作

怠速停机系统的基本动作大体上分为两类。

1. N 挡（空挡）怠速停机

N 挡（空挡）怠速停机是指在 AT 车 N、P 挡位或是 MT 车空挡状态下工作的怠速停机系统。AT 车在车辆停止时，挂至 N、P 挡，进入怠速停机模式，N、P 挡位以外，发动机启动。MT 车在车辆停止后，挂至空挡，放开离合器踏板，进入怠速停机模式，踩下离合器踏板，发动机再次启动。例如，AT 车 CROWN COMFORT、MT 车 Yaris（VITZ）均采用此系统。

2. D 挡怠速停机

D 挡怠速停机是指 AT 车在（AT、CVT、MMT（Multimode Manual Transmission））D 挡（全自动换挡模式）下工作的怠速停机系统。踩下制动踏板车辆停止后，进入怠速停机模式，松开制动踏板，发动机再次启动。由于怠速停机能够在一般常态驾驶动作时工作，怠速停止频率增加，节油效果增强。D 挡怠速停机还包含了 N 挡怠速停机功能，N、P 挡位均可进入怠速停机工作状态。代表车型有 2002 年搭载在 VIZT 上，进入市场的"TOYOTA Intelligent Idling Stop system（TIIS）"[17]，基本结构见图 5-97，各零件功能见图 5-98。

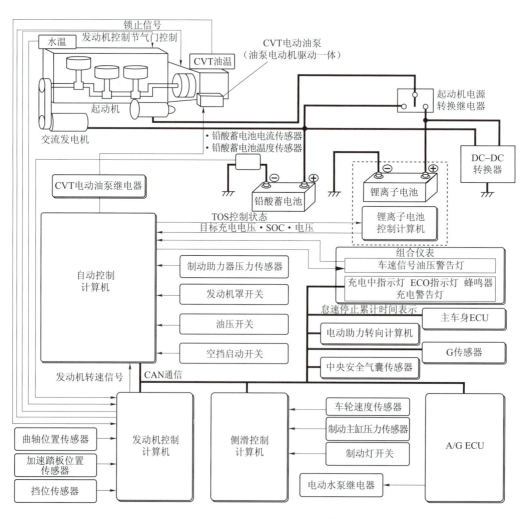

图 5-97 TIIS 系统构成图[17]

零件名		功　　能
TIIS 控制计算机		把管理发动机启动、停止以及坡道起步辅助控制的信号传送给各个控制计算机；进行锂离子电池和铅酸电池切换控制
锂离子电池组	锂离子电池	发动机启动时给 TIIS 供应电力。SOC 下降时，交流发电机为其充电
	锂离子电池控制计算机	用来各传感器、TIIS 控制计算机的信号，管理锂离子电池状态
	锂离子电池温度传感器	检测锂离子电池温度，以管理锂离子电池状态
	锂离子电池电流传感器	检测锂离子电池电流，以管理锂离子电池 SOC
DC-DC 转换器		把锂离子电池的电力降到 12 V，同时使 12 V 电压升压供给锂离子电池
铅酸电池电流传感器		检测电池的充放电电流，以管理铅酸电池容量。还与铅酸电池温度传感器一体化，也进行温度检测
交流发电机		给铅酸电池以及车辆电器供给电力，同时通过 DC-DC 转换器给锂离子电池充电
制动助力器压力传感器		检测制动助力器内的压力，输出给 TIIS 控制计算机
加热用电动水泵		急速停止机，给加热单元供应温水
CVT 电动油泵		保持急速停机中的 CVT 油压。还内置控制 CVT 电动油泵输出功率的油泵电动机驱动器
CVT 电动油泵继电器		给 CVT 电动油泵供应电源
发动机控制计算机		根据 TIIS 控制计算机指令，进行发动机控制、充电控制。把挡位选择、发动机转速等发送给 TIIS 控制计算机。通过 CAN 通信，进行发动机控制计算机和 TIIS 控制计算机之间的通信
侧滑控制计算机		根据 TIIS 控制计算机指令，控制制动保持压力。把制动系统的信号传送给 TIIS 控制计算机。通过 CAN 通信，进行侧滑控制计算机和 TIIS 控制计算机之间的通信
电动助力转向计算机		通过 CAN 通信，把电动机驱动电流等信号发送给 TIIS 控制计算机
G 感应器		检测出车辆倾斜角，通过 CAN 通信，发送给 TIIS 控制计算机
起动机电源切换继电器		起动机的电源电路，在起动机启动时切换为铅酸电池；从急速停机启动时，切换为锂离子电池
发动机罩开关		检测发动机罩的开关状态，输出给 TIIS 控制计算机
驾驶员车门门控开关		检测驾驶员车门的开关状态，通过全车身 ECU 以及 CAN 通信，发送给 TIIS 控制计算机

图 5-98　TIIS 系统零件功能讲解[17]

5.4.4　怠速停机的技术课题和对策

下面，讲述一下开发怠速停机系统时遇到的技术课题以及解决对策。

确保零件可靠性

一般 15 年寿命车辆的发动机启动次数最多被定为 3 万次。但是，如果引入怠速停机系统，发动机会进行约 30 万次启动，因此必须提高启动系统零件、发动机和驱动系统的寿命。

1. 启动系统零件（起动机、电池）

（1）起动机。现在一般 DC 起动机（直流起动机）利用开关控制电源通断，利用电刷切换励磁，因此需要对开关触点的磨损、电刷磨损采取对策。目前正在力求通过更改触点、电刷材质和形状（大小），延长使用寿命。对于机械系统零件，采取更改小齿轮材质和加大离合器容量的对策（图 5-99）。

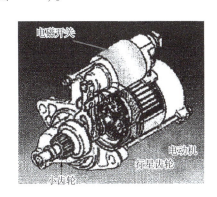

图 5-99　DC 起动机结构

（2）电池。如怠速停机一样，电池在频繁进行的再启动中，放电量增加，劣化加速，必须提高电池寿命。抑制电池劣化的方法如下：

① 降低电池放电率（相对于电池容量的放电量比例）→增加电池尺寸。

② 降低电池环境温度→电池绝热，把电池搭载在车内低温处。

③ 改良电池→增加活性物质重量、变更材料（锂、镍氢等），加粗格栅。

④ 采用怠速停机车辆用铅酸电池→AGM（吸附式超细玻璃棉隔板密封铅酸蓄电池，怠速停机车辆用液式铅酸电池）。

怠速停机车辆用的液式铅酸电池是一种低成本且高可行性的解决方案（可在以往的发动机舱中使用）。下面讲述一下试验方法，自2003年，日本汽车工程学会42 V课题组与电池工业协会开始研讨"怠速停机用铅酸电池寿命试验方法"，经过各项评价试验，于2006年制定了电池工业协会标准（SBA 0101）。图5-100为试验工况。2007年，大发 Mira 开始采用。

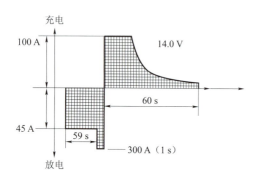

图5-100　怠速停机寿命试验工况[18]

2. 发动机、驱动系统零件

发动机启动时，起动机的冲击扭矩施加到发动机、驱动系统零件上，因此必须特别确认滑动部位（曲轴颈轴承合金）、扭矩传送部位的耐久性。

3. 保证再启动

为保证怠速停机后的发动机再启动，管理电池状态十分重要。例如，在电池电量低的状态下，进行怠速停机工作，有无法启动发动机的风险。因此，电池电量低时，禁止怠速停机。在怠速停机过程中，电池容量减少时，还要自动重启发动机。

4. 降低发动机启动声

通常，启动时起动机小齿轮飞出与齿圈啮合；不启动时，起动机小齿轮从齿圈脱离。如果小齿轮和齿圈的间隙窄，小齿轮的齿和齿圈的齿会抵触，齿轮就难以正确啮合，因此要留出小齿轮和齿轮圈的间隙，提高配合性。但是，如果齿轮间隙过大（松动状态），受发动机摩擦脉动影响（泵气损失），齿轮间碰撞打击声就会变大，发出"哒哒"声。

由于怠速停机系统频繁进行启动，有时这种打齿声会让驾驶员听起来很刺耳。于是为降低这种启动声，探讨采用如下各种方式。

（1）皮带驱动方式。顾名思义，就是用皮带传送起动机输出功率的方式。使用发动机附件皮带启动起动机。优点是皮带传送扭矩，所以声音非常安静。缺点是在极低温时皮带硬化，无法传送扭矩，需要常规的起动机。要传送大扭矩时，必须增加皮带的筋数（锯齿状数量），皮带因此变宽，搭载性变差。根据起动机种类，皮带驱动方式分为以下两种：

① 皮带驱动 MG 方式。交流发电机不仅作为发电机，还可作为启动用电动机（无刷电动机）使用。图5-101表示42 V 皮带驱动 MG（CROWN MILD 混合动力车）[16]，图5-102表示14 V 皮带驱动 MG（PSA 的 Micro-Hybrid）。

图5-101　42 V 皮带驱动 MG 外观（THS-M）[16]

- 优点：无须新搭载电动机，搭载性优良。无电刷，所以耐久性优良。
- 缺点：需要使用逆变器控制电流，成本高。

② 皮带驱动 DC 方式：使用 DC 电动机。

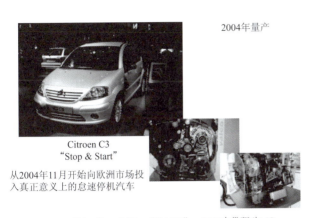

2004年量产

Citroen C3 "Stop & Start"

从2004年11月开始向欧洲市场投入真正意义上的怠速停机汽车

Valeo Start & Stop "StARS"：14 V皮带驱动MG

图 5-102　14 V 皮带驱动 MG 外观
（PSA：Micro-HV）

- 优点：能够产生大扭矩。
- 缺点：如图 5-103 所示，DC 电动机无法控制驱动扭矩，锁止扭矩（0 r/min 时的扭矩）超过需要值，皮带、三角皮带轮负担加重。另外，需要增加附件皮带驱动电动机，搭载性差。

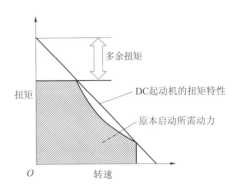

图 5-103　DC 起动机的扭矩特性

（2）常啮合式起动机方式。起动机的小齿轮和齿圈常啮合，如果达到一定行驶速度，靠单向离合器与发动机曲轴断开。2008 年，"丰田 Stop & Start 系统"[19]搭载于 Yaris、卡罗拉上。为提高启动性，采用常啮合式起动机和早期启动控制，并且采用与应用混合动力技术（再生制动发电）的"充电控制"相组合的能量管理系统。常啮合式起动机不会发生小齿轮和齿圈的打齿声，启动声音安静（图 5-104）。

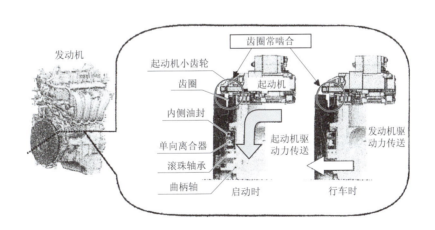

图 5-104　常啮合式起动机[19]

（3）直喷发动机早期气缸识别方式。提高启动性（发动机曲轴旋转时间缩短，例如 0.4 s 以下），不仅启动噪声，音色和持续时间也得到改善，刺耳感觉也有所缓解。1999 年的三菱 PISTACHIO、2009 年的马自达 AXELA（i-stop）是 14 V 起动机驱动，也在考虑提高启动性来降低启动噪声。

5.4.5　怠速停机的普及和扩大

20 世纪 90 年代，笔者们刚开始研发怠速停机车辆时，社会大众冷漠地指出"行驶中，停机发动机真是荒谬、不合常理"。2005 年，以原油价格飞速上涨为契机，美国市场的混合动力车销量急剧增长，进而随着全球变暖问题、CO_2 排放限制标准加强（欧洲 120 g/km：2012 年）等，混合动力车逐渐普及，与此同时各公司都相继发布了具有怠速停机功能的车辆。混合动力车所有车型均具有怠速停机功能，一般怠速停机车辆也已实现了技术提升和成本下降，期待今后日益普及。未来，"停车中，怠速停机是常识"的舆论时代或将会悄然到来。

5.5 电池系统

5.5.1 系统构成

电池系统是指驱动电动车以及混合动力车等电动车辆的电池及电池管理系统等附属装置。

其主要构成要素一般是：
- 电池（电池组）。
- 电池管理系统。
- 电池冷却系统。
- 动力电池组箱体。

本节主要以电动车用的电池系统为例予以讲述。图 5-105 表示电动汽车结构图，图中与电池系统相关的组件主要为动力电池组、管理电池信息的电池管理单元以及车辆集成控制器（EV-ECU）。

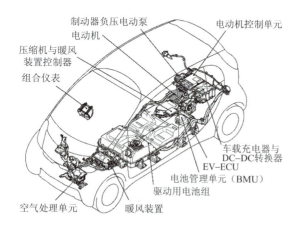

图 5-105 电动汽车结构图[20]

电池系统的基本功能是：
- 储存驱动用电能。
- 控制最佳行驶电池特性。
- 确保电池相关的安全性、可靠性。

图 5-106 表示电动车动力电池系统内部结构。本例中，电池组中包含了 5.6 节里所述的部分电源系统（安全保护零件类、维护插件和汇流条等），含有使用高性能锂离子电池的电池组、保持电池在适当温度的冷却风送风用冷却管路、防水结构的电池盘。随后，将分别对电池系统的各构成要素进行简要说明。

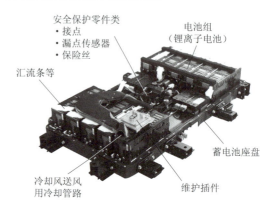

图 5-106 电动汽车动力电池系统内部结构

5.5.2 电池组

一般为了实现电动机驱动的高效率化，会将电动车辆的工作电压设定为高电压（100～500 V）。因此，电池组主要利用单体电池（Cell）串联结构，如图 5-107 所示，一般由若干单体电池连接而成的电池模块构成。

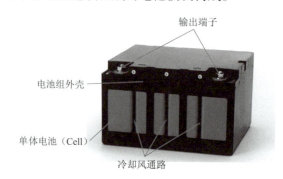

图 5-107 电池组（电池模块）

电池模块的主要构成零件是：
- 单体电池（Cell）。
- 电压测量部分。
- 电池温度测量部分。

- 单体电池间的接线材料和绝缘材料。

另外，电池模块所要求的功能是：
- 保持电池固定。
- 配线部绝缘。
- 检测电池电压和温度。
- 电池散热（冷却）结构。

当电池模块中加入了隶属电池管理系统的电子印刷电路板，这时对电池模块相应增加模数转换电池电压和温度数据的功能、向电池管控单元发送这些信息的通信功能，还有均衡不同电池单体电压的功能。

如上所述，电池组是构成动力电池系统重要的基本零件，为实现在电动车辆上的通用化，今后必须推进外形尺寸和端子位置、形状、输出电压等的标准化。

5.5.3 电池管理系统

电池管理系统的主要功能是掌握动力电池的情况，以此信息为基础发出控制信息，发挥动力电池系统的最好性能。

图 5-108 表示使用锂离子电池的电动汽车电池管理系统结构。动力电池组内的电池模块设置有电子印刷电路板（模块管理单元），用来测定各种电池信息，给电池管理单元发送信息。使用此模块管理单元测定各单体电池电压和电池模块内温度。同时，还利用设置在动力电池组内的传感器，把高电压主电路的电流值和高电压系统绝缘电阻等信息收集到电池管理单元中。

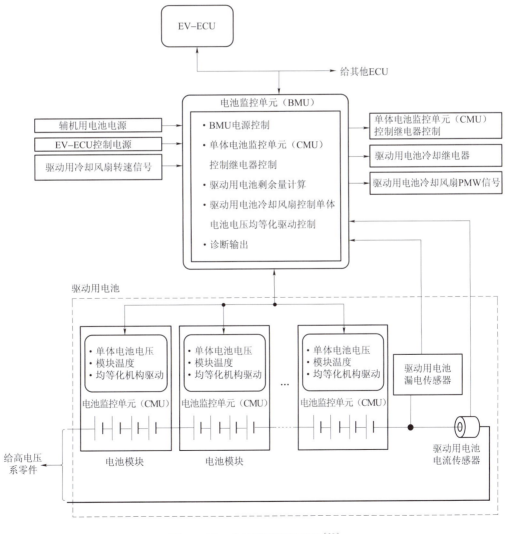

图 5-108　电池管理系统结构[20]

电池管理单元基于这些信息监控电池状态，向车辆集成控制单元、电池冷却系统控制器和模块管理单元提供判断信息，发挥电池最优功能。此电池管理单元就是电池专用ECU。

电池管理系统的具体功能是：
- 保护电池。
- 计算剩余电量。
- 计算电池寿命。
- 故障诊断。

其最为重要的功能是监测电池电压与温度，以及判断电池自身故障，以保护电池。因此，事先在电池管理系统核心的电池管理单元中添加了与所使用的电池化学系统相匹配的各类控制信息。

电池保护功能的主要项目和概要如下：

（1）防止过充电功能。过充电是指超过各单体电池具有的上限充电电压充电。过充电不仅会引起电池性能下降，有时甚至会引起发热或是冒烟等。因此，需要监视各单体电池电压，控制充电电流和再生电流不超越上限电压，坚决杜绝过充电。

（2）防止过放电功能。过放电是指低于单体电池内部使用的化学物质具有的固有下限电压放电。出现过放电时，电池内部会发生异于常态的化学反应，导致内部物质不可逆变化，之后电池就无法再继续使用。因此，必须避免行驶时各单体电池电压低于下限电压，需要实施抑制输出电流的控制。此外，电池在剩余容量少的状态下长期放置时，会自放电，也可能导致过放电，所以点火开关在关闭状态，不在电池管理系统控制之下时，充分确保单体电池自身安全至关重要。

（3）电压均衡功能。如前所述，把若干单体电池串联连接使用的电动车十分常见。这种情况下，各单体电池的电压不均衡时，电压最低的单体电池会影响整体性能，电池组无法获得应有性能。为改进这种情况，通常多数会在模块管理单元和电池管理单元等中设置电压均衡电路，主要使用以下方式：

① 消耗电阻方式（图5-109）。相对于各单体电池，借助开关功能，并联电阻，使电压高的单体电池电流流过这个电阻，产生消耗，从而与电压最低的单体电池匹配的方式。虽然此方式能做到电路结构紧凑和控制简单，但是另一方面，电能消耗会使充电效率下降。

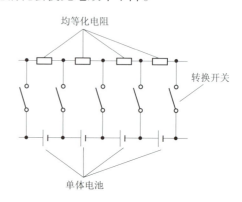

图5-109 消耗电阻方式电路图

② 转移电能型变压器方式（图5-110）。此方式是指并联连接到整个电池组的线圈为1次侧送电电压，并联连接到各单体电池的线圈为2次侧送电电压的变压器电路，把电压高的电池电能转移到1次侧送电变压器电路，之后2次侧送电变压器电路重新把电能转移到电压低的电池，使各单体电池电压均衡。此方式不仅释放了电压高的电池电能，还能够将电能转移给电压低的单体电池，实现高效率化，但是另一方面，也造成电路尺寸的大型化和控制复杂化等不利因素。

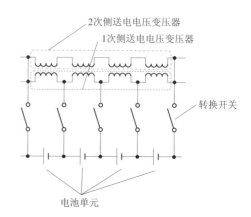

图5-110 转移电能型变压器方式电路图

③ 转移电能型电容器方式（图5-111）。此方式是指电容器相对于各单体电池并联连接，通过切换电路可以使电容器与相邻电池连接，电能从电压高的电池转移至电压低的电池，实现均

衡。此方式，与转移电能型变压器方式一样，可有效利用电能，但也存在转移电池范围受限的缺点。

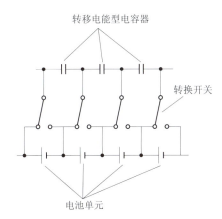

图 5-111 转移电能型电容器方式电路图

此外，因单体电池本身发生故障，产生电压差时，需要立刻进行处理，确保安全，所以监控和判断各单体电池电压差也成为重要功能。

（4）防止过热功能。即防止各单体电池超过推荐使用的温度范围上限值的功能。用最大输出功率连续行驶和快速充电时，单体电池因自身内部电阻而发热。如果超过上限温度，不仅会使电池容量和输出性能下降，还会发生电池鼓胀等问题。模块管理单元监测各单体电池或是电池模块的温度。此外，为避免超过上限温度，在抑制输出电流和充电电流的同时，需要借助后述电池冷却系统强制降低温度。

5.5.4 电池冷却系统

如前面所述，电池发热会随使用条件而变，同时规定了使用温度范围。图 5-112 表示电池使用过程中容量下降和温度的关系。在高温下，单体电池容量因内部化学物质变化等显著下降，所以要规定上限使用温度。因此，为避免电池温度超过上限温度，大多配备电池冷却系统。图 5-113 表示目前为止实际使用比较多的空气冷却方式电池组内部的冷却结构示例。此例中，由车辆空调冷却的空气经由冷却导管导入，送至电池组内。冷却风主要穿梭流动于设置在各电池模块间的通风通道，从后方的出风口流出。此冷却风将电池组产生的热量从外表面散出。也有在电池组的单体电池间设置通风通道，可更有效冷却。

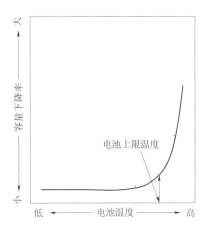

图 5-112 电池使用过程中容量下降和温度的关系

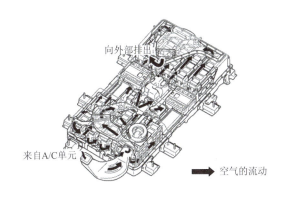

图 5-113 电池组内部冷却结构[20]

电池冷却系统设计的关键点是避免电池超过上限温度的控制时机（抑制输入/输出电流的时机和导入冷却风时机）和尽量杜绝单体电池出现温度差。由于单体电池性能对温度的依赖性强，当因冷却产生温度差时，自然就成为单体电池发生电压差的主要原因。

因此，单体电池温度均衡十分重要，需要充分考虑与动力电池组内部的通风设计相关联的电池组基本结构，特别是以通风用管路结构为首的电池组布置、电池组内通风结构等。

有些车辆还采用了除空气冷却之外的液态冷却系统。液态冷却系统中，主流方式是冷却板紧贴在单体电池单元侧面和底面，常用冷却液冷却此冷却板。与空气冷却系统相比，有利于设计紧凑的电池组结构。

5.5.5 动力电池系统搭载设计

动力电池系统搭载在电动车等车厢外时，增加了确保车辆碰撞事故时乘员保护的强度设计、浅水路面和深水路面行驶时的防水设计、高频输入/输出伴有的电磁波噪声对策等要求。图5-114表示动力电池系统搭载在地板时的示例俯视图。为了在车辆发生碰撞事故时，尽量避免电池出现变形、受到冲击，要从车辆结构和动力电池系统结构设计两方面展开设计。从图5-114可知，电池组设置在车身纵梁和前横梁所包围的空间内。保证了足以应对来自前后、侧方碰撞的强度。即使电动机和差速器搭载在车辆后方，结构上也可确保足够的碰撞变形区域，吸收电池组所受冲击。电池托盘下部，设置有数根金属制电池横梁，也可用于电池组安装，同车身连接，形成一体化结构，确保了强度。

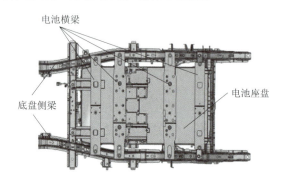

图5-114 动力电池系统搭载情况俯视图[20]

电池盘和电池箱体外周部分形成法兰结构，其间布置了防止进水的密封圈，形成防水结构。

最后，实施各种涉及电池系统安全性的电池单体水平、电池模块水平、电池组水平，还有车辆状态的确认试验。

表5-6表示其主要项目。其中，很多项目应该从动力电池系统的设计初期阶段开始考虑。也就是说，电池系统安全性和车身设计密切相关，设计电池组周围结构过程中，也需要充分考虑到电池的安全性。

表5-6 蓄电池相关安全性试验项目[21]

试验项目	单体电池	模块	电池组	车辆
低比率过充电	○	○	○	—
高比率过充电	○	○	○	—
抗压	○	—	—	—
外部短路	○	○	○	—
扎钉子	○	—	—	—
盐水浸渍	○	—	—	—
耐延烧性	○	—	—	—
加热	○	○	—	—
振动	○	○	○	—
冲击	○	○	○	—
落下	○	○	—	—
耐尘土	○	○	○	—
高度	○	—	—	—
碰撞	—	—	—	○
深水路	—	—	—	○
浅水路	—	—	—	○
淋雨	—	—	—	○
高压洗车	—	—	—	○
EMC	—	—	—	○
高电压安全性	—	—	—	○
耐久性	—	—	—	○
电量消耗	—	—	—	○
故意破坏使用	—	—	—	○

5.6 电源系统

5.6.1 汽车用电源系统特点

电源分为家用式交流（AC）电源和汽车用直流（DC）电源两种类型。图5-115表示直流电和交流电的差异点对比。交流电能够简单地借助变压器转换电压，损失少，但是无法储存电能。另外，直流电的最大特点是能够以电能形式储存到蓄电池（二次电池）中。因此，像汽车这样的移动物体，多使用具有电能储存功能且可将车身（底盘）作为通用底线简单配线直流电作为主要电源系统。发电机（交流）和蓄电池二者能够同时供给电力，对车辆电源的冗余设计也有利。

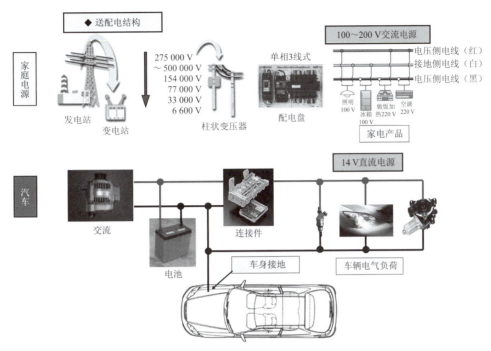

图 5-115　汽车电源和家用电源的差异点[26]

汽车目前正处于应对环境/能源变革（摆脱矿物燃料）和电源基础设施变革（电动化/高电压化/混合动力化/新型电池开发）的大潮之中，电源系统在汽车规划、开发、设计上异常重要。长期以来，汽车的主流电源都是直流 14 V（12 V 铅酸电池）。但是随着电动化的发展和混合动力车、电动车、燃料电池车的问世，主电池的能量管理和高电压化日益发展[26]。

5.6.2　汽车电源的变迁和动向

19 世纪末诞生的汽车，为提高环境、安全、舒适性，搭载了形式多样的电子、电气设备，为实现新功能，要求更高的电源电压。图 5-116 表示车载电源电压历史。大约 50 年前，汽车的电源电压从 DC 7 V（电池电压 6 V）变为现在的 DC 14 V（电池电压 12 V）。7 V 时代，电源主要用在照明和点火装置等必要的最小限度电气负荷上；变为 14 V 后，空调和音响等车身电子设备增多，14 V 成为车辆标准电压；进入 21 世纪，从应对环境出发，作为油耗、排放法规对策，动力传动系和底盘零件的电动化需求扩张，伴随着电气负荷增大，由此展开了下一代 DC 42 V 系统和 DC 100 V 的高电压化电源的开发（图 5-116）。

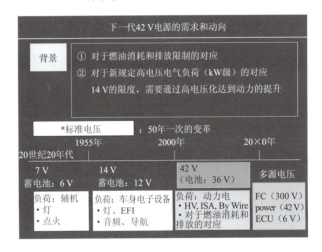

图 5-116　车辆电源电压历史

（一）新一代汽车标准电压：42 V

自 1994 年，开始了关于"汽车高电压化，采用多少伏电压合适?"的国际性讨论。1996 年以后，在以日本、美国、欧洲的汽车制造商和零件制造商为中心的 Massachusetts Institute Technology（MIT）主办的 Industry Consortium on Advanced Automotive Electrical/Electronic Components and Systems（通称 MIT Consortium）上，也讨论了"42 V"的利弊，

同时开始了对 42 V 系统实际应用的基础研究。经过这些讨论，选定可沿用以往配线（DC 60 V 是否也能够应对国际上的电极绝缘目标）的 DC 42 V（铅酸电池电压 36 V）作为新一代汽车标准电压。1998 年国际达成协议；2004 年，制定 ISO（International Organization for Standardization）21848（27），作为 42 V 装备件的试验标准（图 5-117）。

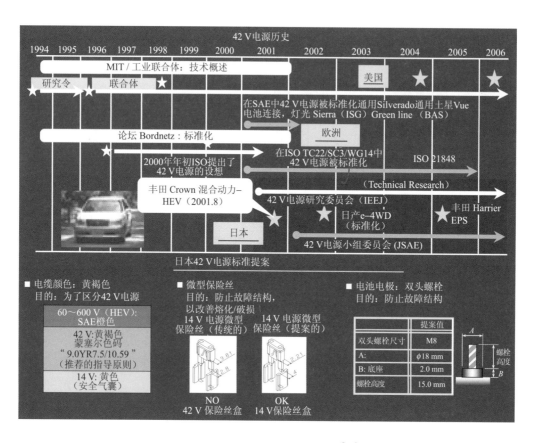

图 5-117 汽车 42 V 电源的历史[27]

2001 年世界上首台搭载 42 V 电源的丰田 CROWN MILD 混合动力汽车（THS-M）投放市场（图 5-118）。丰田 CROWN MILD 混合动力汽车的电源结构如图 5-119 所示，42 V 电源系统的皮带驱动式 MG（电动机/发电机）利用 42 V/14 V 双电源系统工作。全新开发了 36 V 阀控式密封铅酸蓄电池（VRLA）、MG、PCU（逆变器、DC-DC）等电源系统构成零件。

在汽车电源方面，丰田 CROWN MILD 混合动力汽车给世界汽车行业带来两大强烈影响。一是制定了如图 5-117 所示的标准。日本针对 42 V 特有的电弧、漏泄电阻、操作方法这些课题，在 ISO/JASO（Japanese Automotive Standards Organization）中提出领先于世界的五项标准建议（42 V 识别色、42 V 小型保险丝、36 V 铅酸电池端子、42 V 标准继电器、42 V 接线柱）。二是促进了其后 42 V 系统汽车的推广，42 V 电压逐渐广泛应用。先后历经 2002 年日产的 e-4WD、2004 年 GM 的 Silverado 直接连接式 MG 系统（36 V 阀控式密封铅酸蓄电池）、2006 年 GM 的 Saturn Vue Green Line 皮带驱动式 MG 系统（42 V 镍氢电池）、利用 DC-DC 转换器给 42 V 电压升压（14 V→42 V，2003 年丰田 CROWN）、降压（288 V→42 V，2006 年丰田 HARRIER HV）以及用作 EPS（电动助力转向）的驱动电压。今后还将用作 X-by-Wire 所引领的电动执行器的驱动电压（图 5-120）。

第5章　系统集成

图5-118　丰田CROWN MILD 混合动力汽车（THS-M）[27]

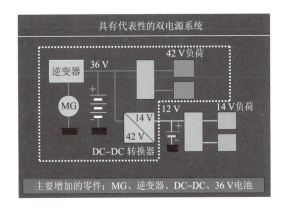

图5-119　代表性的双电源系统（42 V/14 V）[27]

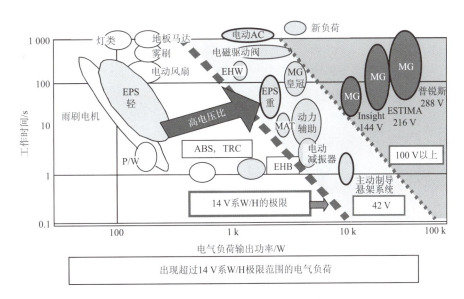

图5-120　电气负荷和下一代电源[27]

（二）下一代车辆驱动电压：DC 100 V以上（例如Prius，DC 288 V）

另一方面，像普锐斯和Insight这样的混合动力汽车，为使电动机驱动达到与发动机等效的驱动力（如10~100 kW），需要DC 110 V以上的电源电压。图5-121表示驱动电动机输出功率和电池电压以及流过线束恒定电流之间的关系。车辆的恒定电流都在100 A±50 A范围内，这是受线束发热极限（$W = I^2R$）制约的结果。图中区域Ⅰ表示电动机输出功率为30 kW的混合动力车普锐斯，电池电压为288 V；区域Ⅱ表示传统的输出功率为1 kW的12 V怠速停机车；区域Ⅲ表示电池电压36 V、42 V电源系统的对象区域，电动机输出功率为2~10 kW的MILD混合动力车。

混合动力车普锐斯的电池电压为DC 288 V，Insight电池电压为DC 144 V。电源电压在DC 60 V以上的车辆，需要采取绝缘对策（车身与高电压绝缘，浮动接地）。随着电动车（HEV、PHEV、EV、FCEV）今后的持续发展，受电池发展（镍氢、锂离子、新型电池、储存器/电容器）和低成本化、系统和车辆特性影响，或将使用各种DC 100 V以上的电源电压（图5-122）。

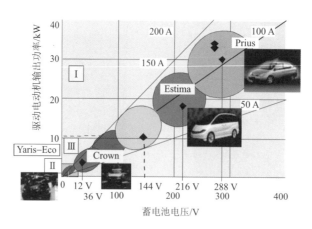

图 5-121　电源电压和驱动电动机输出功率
以及 W/H 电流的关系[27]

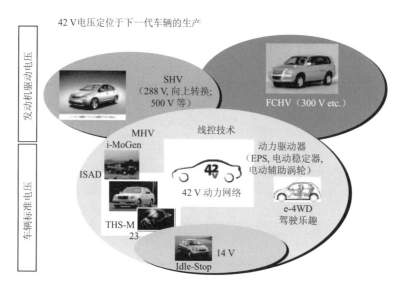

图 5-122　下一代车载电源电压定位[28]

1997 年，搭载 DC 288V 电源系统的量产混合动力车（普锐斯）投放市场；2001 年，搭载 42 V 电源系统的 MILD 混合动力车（Crown）投放市场。就这样，日本以业界领跑者姿态，构筑了以三大电压（14 V、42 V、288 V）为基本的、可覆盖今后所有下一代汽车电源系统的基础设施，意义重大[29]（图 5-123）。此外，其他章节对于构成电动车电源系统的电池、电动机、电力电子器件及功率半导体器件等主要部件做了详细叙述。

图 5-123　普锐斯（THS Ⅱ）主要构成零件[29]

5.6.3 汽车电力管理

交流发电机是车辆发电系统的主要部件，是目前车辆能量的主要供给手段，下面在叙述交流发电机控制方法的同时，介绍实际应用的电力管理[30]。

（一）汽车发电控制系统

交流发电机把车辆具有的机械能转换为电能，给蓄电池充电以及向电气负载供给电能。为保持发电机输出固定电压，单功能调节器会根据电气负荷和蓄电池状态，进行非常简单的交流发电机励磁电流调整控制（图5-124）。

2级电压控制调节器可以把控制电压在高、低2级之间切换。启动和加速时，暂时限制交流发电机输出功率，减小发电扭矩，以达到提高车辆启动性和加速性目的，这样也有助于改善油耗。此2级电压控制方式的优点是ECU端的控制接口简单并且容易导入。缺点是电压切换只有2级，不适用于利用再生发电主动回收能量。

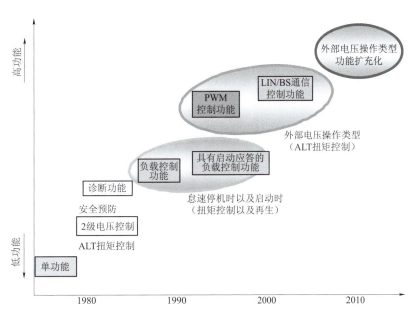

图5-124 交流发电机控制技术的变迁[30]

与2级电压控制相比，通过多级电压控制方式PWM（Pulse Width Modulation）和外部通信能够自由调整控制电压，更加精确地控制扭矩，快速向蓄电池储存能量，进行更加积极的扭矩管理。此外，还能够检测、管理蓄电池充电状态，延长蓄电池寿命。采用通信控制，检测车辆行驶状态、发动机状态、电气负载、蓄电池状态，等等；车辆ECU控制交流发电机发电，使车辆系统在最佳效率运转。另外，还能够通过与交流发电机通信，根据交流发电机状态和特性，控制发动机。同时，能够监测发电率和故障警报标志。

（二）电源管理

电源管理大致分为给行驶系统集成控制（Full By - Wire 系统）等瞬间消耗大电流设备供给电能的功率管理和给车辆整体供给电能的能量管理。总之如何开展供给管理和负荷管理是课题所在。

一方面，供给管理的难点在于电池管理。进行供给管理，需要了解各供给源的能量供给量与供给效率。可以根据逆变器控制了解发电机供给量和效率，但是还无法针对除HEV上使用的镍氢电池和锂离子电池以外的电池正确地检测劣化、预测供给效率和供给量。在供给管理方面，期待建立电池管理技术。

另一方面，负载管理的难点在于负载的优先级。将来的电源系统将在电源失效（即电源功能完全丧失）之前对各系统的电力要求，限制优先级低的负载消耗电能，延长电源系统寿命。抑制消耗和兼顾功能及商品竞争力将成为最大课题。

欧洲汽车厂家及2006年10月发售的LEXUS

LS 400 等高端车辆装备了测量电池温度、电流值、电压值的智能电池传感器（图 5 – 125）。

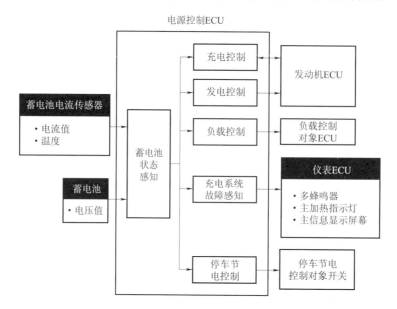

图 5 – 125　LEXUS LS 400 的电源管理[30]

这套系统可以进行以下 4 种控制：

① 发电控制。电池电压下降时，ECU 向发动机发出提高怠速转速的要求，调整交流发电电压，使电池到达最佳充电状态。

② 充电控制。车辆怠速和等速行驶时，降低发电电压，降低发动机负荷，进行发动机低油耗控制；减速时提高发电电压，交流发电机发电。

③ 负载控制。电池容量下降时，为使对行驶安全重要的、需要大电流运转的系统（PCS 预碰撞安全系统、EPS）能够呈最佳工作状态，为了防止电池电压下降，会暂时限制如控制座椅在适宜温度内的座椅通风等电力消耗量大的系统运转。

④ 停车节电控制。当车辆停止一定时间后，就判定为长时间停车，会切断向停车省电控制对象供给电源，以延长电池放电时间（图 5 – 126）。

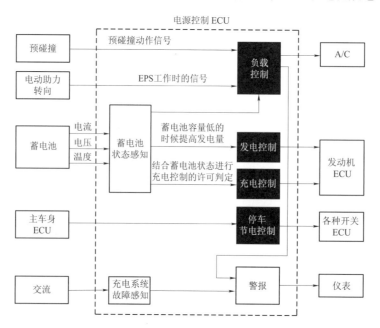

图 5 – 126　电源控制系统框图[30]

车辆均搭载有电源管理 ECU，根据电源系统情况，实施电负荷控制。

今后车辆用电源将越来越重视电源管理功能，为了尽快在小型车辆上普及该系统，实现系统的小型化及低成本化至关重要。另外，如图 5-127 所示，今后车辆的发展趋势是进行"能量管理"，追求燃油经济性。另外，如图 5-128 所示，将来的新能源车辆（HEV、PHEV、EV、FCEV）的电池将以锂离子电池（Li-ion）为主，主流电压为 288 V、42 V、14 V，采用高效率 DC-DC 转换器。

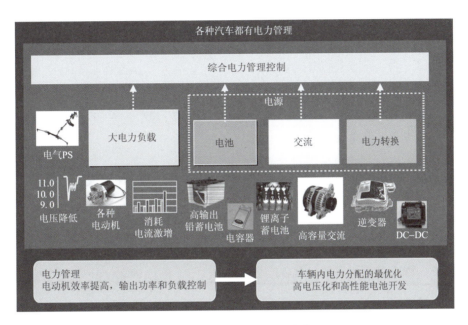

图 5-127 综合电力管理[31]

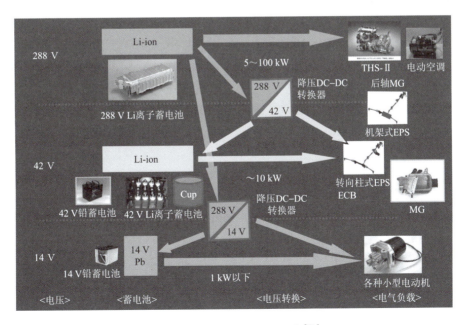

图 5-128 将来汽车电源结构[31]

5.6.4 高电压电源系统设计注意事项

汽车电源系统的高电压化伴随着"汽车的电动化"日益发展。设计 42 V 电源系统和以混合动力车为代表的 288 V 电源系统等时，需要考虑与以往 14 V 电源系统的差异。本节主要围绕车辆配电系统（线束、接线柱、继电器、开关、保险丝等）的注意事项展开叙述。对于高电压系统来说，电弧对策、漏电对策、噪声对策、高电压安全这 4 个角度至关重要。

（一）电弧对策

电弧是指在电流流动状态（带电状态）下，接点或端子离解之时发生的放电现象。据说电弧的中心温度会达到数千度，此种热量影响会引发种种问题。电弧是在 42 V 电源系统中最大的技术课题之一。

在产生的电弧条件中，最小电弧电压、最小电弧电流数值大致由各金属材料决定。可知超越此基础数值条件下，触点或端子离解，就会产生电弧（表 5 - 7）。

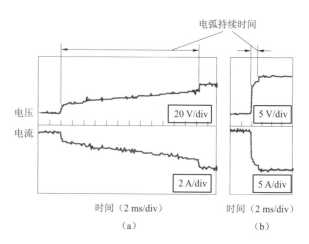

图 5 - 129　42 V 和 14 V 的电弧波形比较[27]

(a) 42 V, 5 A; (b) 14 V, 15 A

表 5 - 7　最小电弧电压（V_{min}）和最小电弧电流（I_{min}）[27]

材料	V_{min}/V	I_{min}/A
Ag（银）	11 ~ 13	0.4 ~ 0.9
Au（金）	10 ~ 15	0.38 ~ 0.42
C（碳）	18 ~ 40	0.01 ~ 0.03
Cu（铜）	12 ~ 13	0.5 ~ 0.7

从表中可知，以往 14 V 接近一般触点材料的最小电弧电压值，所以电弧不稳定，多数时候即使发生电弧，也会在短时间内消失。与此相对，42 V 产生稳定电弧，被称作恒定电弧。图 5 - 129 清楚表明 42 V 的电弧持续时间远比 14 V 长很多。42 V 的电弧能量也比 14 V 大相当多，所以触点或端子容易发生熔损、熔敷。另外，还应考虑绝缘材料的劣化。

(1) 接线柱：防止电弧的基本方法是尽量避免带电热插拔（通电状态下拔接线柱）。为防止半接合引发电弧而产生熔损，期望在 42 V 接线柱结合时，设置防止接线柱发生半接合的机构[32]（图 5 - 130）。

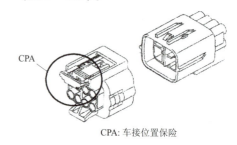

CPA: 车接位置保险

图 5 - 130　42 V 用接线柱防止半接合机构[32]

此外，为抑制带电时（加载电压、电流流动时）接线柱脱离引发电弧而产生的熔损，需要提醒注意：在适当情况下禁止使用本系统和使用时的系统保护、操作作业，避免带电时接线柱脱离。288 V 电源系统原则上不可带电热插拔。

(2) 开关与继电器：42 V 系统会产生恒定电弧。图 5 - 131 表示触点离解速度和电弧持续时间的关系。14 V 系统不依赖离解速度，电弧持续时间几乎相同；42 V 离解速度越快，电弧持续时间越短，存在速度依赖性。因此为减小电弧影响，必须加快 42 V 开关离解速度。

在开关和继电器的电弧对策中，有减少电弧产生和最大限度抑制电弧带来的破坏这两种方法。图 5 - 132 为减少电弧产生的方法。

果启动继电器，会产生电弧电流，促使触点劣化，因此系统开关时，先停止逆变器电路，然后启动继电器[33]（图5-133）。

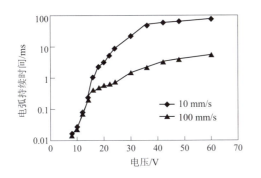

图5-131 触点离解速度和电弧持续时间的关系[27]

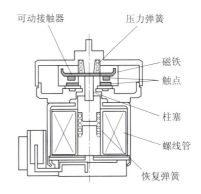

图5-133 高电压用继电器[33]

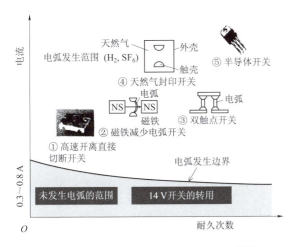

图5-132 42 V系统开关的电弧对策[27]

图中①是使用板簧提高触点离解速度的方法，称为速动机构。②磁力弯曲电弧的方法，效果与扩大触点间距相同。③串联连接两组触点，同时开关。这样一来，电弧被分割为两部分，可降低每个触点的电弧电压。此方法应用于体积增加比较小的小型继电器。④密封触点部分，封装入氢和SF_6等气体。这些气体有冷却电弧效果，电弧持续时间变短。此方法用于100 A以上的开关。⑤使用半导体开关。因为半导体开关不产生电弧，在高电流区域也可以使用。考虑阻断电压、电流水平和耐久次数、成本、大小等，恰当使用上述对策十分重要。

混合动力车和电动车等使用的288 V电源系统中，搭载在连接高电压电池和高电压组件的线路上的继电器群称为系统主继电器（SMR：System Main Relay），除开关电力网的负载之外，还要求车辆发生异常时，具有阻断故障电流的电路保护（电流断路器）功能。在通电状态下，如

（3）保险丝：保险丝是汽车安全设备的代表。设计上W/H（线束）接地短路时，在电线绝缘体冒烟、着火之前，熔断保险丝元件，保护电路。图5-134表示14 V电源系统和42 V电源系统在保险丝熔断时的电弧发生情况。

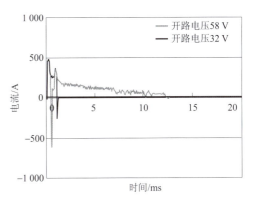

图5-134 保险丝熔断时发生的电弧波形[27]

图中，开路电压为32 V时，熔断后的电弧持续时间大约为2 ms，相比之下，开路电压58 V时，长至12 ms［以最大电压：32 V（14 V系统）、58 V（42 V系统）评价］。主要原因在于保险丝碳化，发生漏泄电流。以往保险丝盒是由芳香族系聚合物构成，容易因电弧引起热变形和碳化，耐绝缘劣化性差。相比之下，属脂肪酸聚合物的聚酰胺化合物，在电弧发生时的耐绝缘和耐劣化性表现出色。如图5-135所示，形状上加大端子间的沿面距离和空间距离，并且在保险丝盒上设置内壁，沿面距离从5 mm扩大至

9 mm,绝缘电阻得到提高(表5-8)。

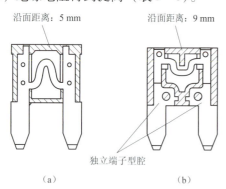

图5-135 确保沿面距离[27]

(a)以往保险丝;(b)用于42 V的保险丝

表5-8 试验后的绝缘电阻[27]

样　品	电弧持续时间	绝缘电阻
以往保险丝(沿面5 mm)	12 ms	<0.01 MΩ
42 V保险丝(材料变更)	6 ms	>10 MΩ
42 V保险丝(沿面9 mm)	2 ms	>10 MΩ

一方面,为避免42 V系统中使用现行的微型保险丝,还引入了防止误安装的形状。此外,对42 V保险丝可用于以往系统也有所考虑。这些已经形成汽车标准(JASO D621:2004)(图5-136)。

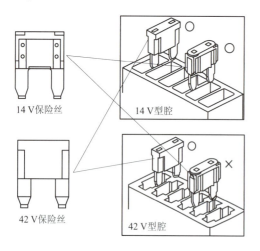

图5-136 防止42 V和14 V保险丝误安装对策[27]

另一方面,288 V电源系统的高电压保险丝多采用在玻璃或阻燃树脂的圆柱形壳体两端设置电极,连接时用螺栓紧固的类型。结构特点是一般用消弧砂(主要成分是二氧化硅)填充保险丝元件电极板(Ag或是Cu合金制可溶体)周围,以应对高电压、大电流能量所发生的电弧(图5-137、图5-138),并已形成汽车标准JASO D612"汽车零件-保险丝"、ISO 8820"公路车辆-保险丝"。

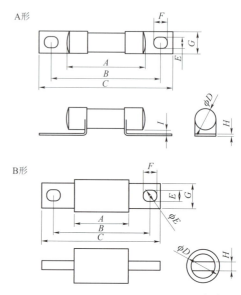

图5-137 高电压保险丝标称尺寸[13]

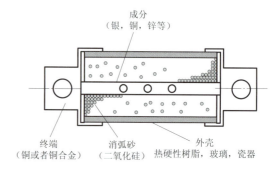

图5-138 高电压用保险丝[33]

(二)漏电对策

漏电是指两个有电位差的物质之间,电阻不是无限大,会有一定的漏电电流,也叫电蚀。

(1) JB(Junction Box:接线盒):评价接线盒内发生漏电(电蚀)的方法有水中浸渍试验、结露试验、强制注入盐水试验等。根据这些试验,能够检测出接线盒内的印刷电路板表面发生漏电的影响。如果增加外部电压,电弧损坏变大,甚至也有烧坏的事例(图5-139)。

防止接线盒漏电一般有以下方法:

① 保证沿面距离:扩大电气元件间隔,设置竖筋(加强筋)(图5-140)。

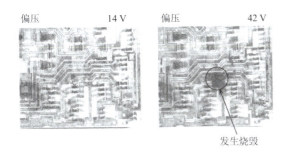

图 5-139　水中通电浸渍试验结果[27]

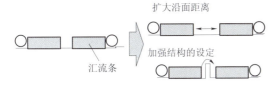

图 5-140　确保沿面距离[27]

② 防水结构和密封剂：采用凝胶等。
③ 采用易排水结构。
④ 使用不易发生电蚀的金属（Au、Al、Ni、Pb 等），以及使用抑制 Cu 离子熔析的表面处理

（镀 Sn）和添加元素（Zn 等），用上述之中成本较低、容易操作的对策，确保沿面距离。

（2）接线柱：接线柱的漏电对策也与 JB 基本相同，相对于以往 14 V 接线柱，要充分确保各极间的沿面距离。沿面距离至少也需要是以往 14 V 接线柱的 3 倍以上。行之有效的方法是在各极间设置竖筋（Rib）（图 5-141、图 5-142）。

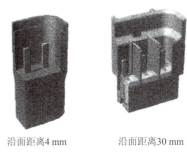

图 5-141　42 V 接线柱沿面距离[27]

一方面，使用接线柱时，尽量将其搭载在不沾水位置。如果需要布置于易沾水位置时，要考虑使用防水接线柱，并考虑接线柱安装形态及销排列方式（图 5-143）。

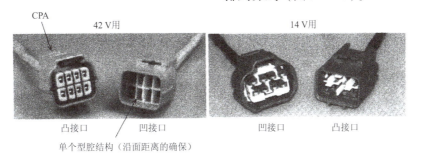

图 5-142　42 V 接线柱（防水接线柱 2.3 型 8 极）[27]

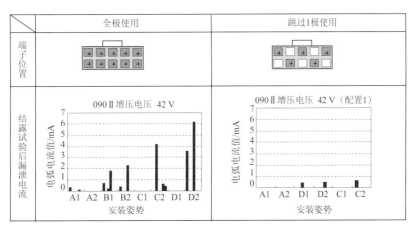

图 5-143　不防水接线柱的惯例方式和跳过 1 极的结露试验结果[32]

另一方面，288 V 电源系统的高电压用接线柱，为对应大电流通电，广泛使用螺栓紧固圆形端子方法，但是为保证作业性和维护保养性，也有使用圆销型和 8.0 型/9.5 型的叶片型凹凸端子（图 5-144）。无论哪种情况下，为降低接线柱连接部分放射的电磁噪声，低压电线束用接线柱的构造，因为这样具有不常见的电磁屏蔽保护这一特点。设计高电压接线柱以及端子时，绝缘距离相关的参考标准有 JIS（Japanese Industrial Standard）C 0704 "控制设备的绝缘距离·绝缘电阻以及耐电压"。

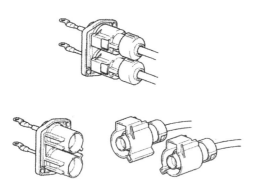

图 5-144 高电压用接线柱[33]

（三）噪声对策

需要针对高电压电源系统（驱动电动机和发电机的逆变器、转换直流电压的 DC-DC 转换器等电力电子元件/功率半导体器件）采取相应对策，抑制电磁噪声的发生，保护系统免受电磁噪声影响。作为上述设备的噪声对策，除以往的噪声过滤器之外，降低传导性噪声、缓和半导体开关时的电压和电流变化率的软开关技术也行之有效（图 5-145）。

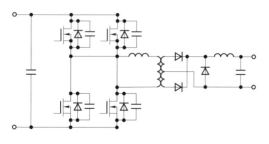

图 5-145 谐振型 DC-DC 转换电路[27]

在此，介绍一下混合动力车（288 V 系统）以及 42 V 系统相关车辆的整体噪声对策。使用 288 V 单体电池的混合动力车（普锐斯），为防止 DC 60 V 以上的高电压范围内的人体电击，电池阴极端子并不直接与车身接地连接，而是与逆变器和转换器电路连接（浮动接地）。电磁噪声对策上，虽然对 DC-DC 转换器、逆变器、MG 等各个噪声源安装了防止电磁噪声的过滤器，但是因存在功率因数下降等不利影响，无法期待取得充分效果，因此需要对包括传送系统在内的整个系统采取屏蔽保护。如图 5-146 所示，采用屏蔽防护箱体（含电池箱体）、线束用屏蔽线、屏蔽防护接线柱等，解决此问题。

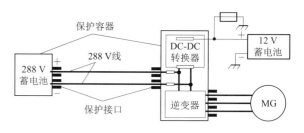

图 5-146 混合动力车的电磁噪声对策[27]

如图 5-147 所示，42 V 系统中，确保车身内电池阴极端子接地，仅把阳极线连接到 DC-DC 转换器以及逆变器上，DC-DC 转换器和逆变器的接地端也对车身接地，这样可利用车身作为回路接地。对于持续产生电磁噪声的电路采用屏蔽防护电线，并且仅用 MG 的 U、V、W 相和电池线的阳极线就实现了对屏蔽防护电线的处理。箱体辐射控制采取了与普锐斯相同的处理。

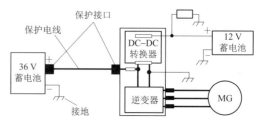

图 5-147 42 V 系统电磁噪声对策[27]

图 5-148 表示 42 V 系统的接地处理以及屏蔽防护处理效果。上方线是未施行任何对策时，高压线上的重叠噪声成分，主要表示高频噪声；中间线表示确保逆变器、转换器的电路接地时的情况；下方线表示增加电源线屏蔽防护处理时的

情况,达到了无障碍接收 AM(Amplitude Modulation)广播的实用化水平。

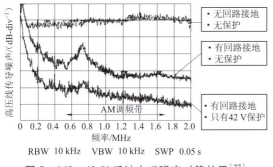

图 5-148　42 V 系统电磁噪声对策效果[27]

一般的电力电子元件/功率半导体器件,电磁噪声放射量随电源电压和开关频率升高而增加。但是,42 V 和 288 V 系统电动机驱动等的高电压化,或是装置小型化和低成本化带来的高频率化却与之相反,因此期待更加深入地开发降低逆变器等电磁噪声的技术。特别是汽车电力电子设备的电磁噪声问题,并不仅限于变换器单体,还需要考虑线束等的铺设条件。

（四）高电压安全

电动汽车、混合动力车、燃料电池车搭载了大型电池组、燃料电池,由此要求对高电压触电以及电灾害采取安全对策。为此,需要进行高电压电路区分、标示、触电保护以及检测高电压电路的异常和阻断电路。同时,还需要考虑乘客使用车辆时的情况。

（1）电压的区分:多数情况下,会把驱动电动汽车、混合动力车的主电动机的电池电压设计在 DC 60 V 以上。作为保护电动车触电安全的必要条件,ISO 6469 规定在直流(DC) 60 V 以上、交流(AC) 25 V 以上时,需要触电保护。因此,出于同附件电源系统相区分的思路,称 DC 60 V 以上的系统电压为高电压(图 5-149)。

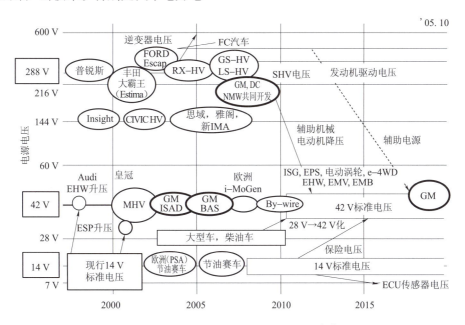

图 5-149　车载电压现状和未来展望[27]

采用高电压时,为引起使用者在安全方面的注意,需要有所标示或是对策。确定了采用高电压时的安全规格或是标准,如人接触到部位的绝缘电阻值为 100 Ω/V 以上或是 500 Ω/V 以上,高电压电路配线识别色为橙黄色(JIS Z 8721 的 8.8R5.8/12.5)等。混合动力车和燃料电池车也应该遵循此标准,混合动力车中也有采用 DC 42 V 的车辆,DC 42 V 并非上述的高电压,但也不同于以往 14 V 电源系统(12 V 电池),出于对提高保养作业的便利性、安全性对策的考虑,汽车技术协会发布的技术论文"汽车 42 V 配线识别色指导方针",推荐 42 V 使用可引起注意的琥珀色(JISZ 9101 的 9.0YR7.5/10.5)为识别色。

(2) 隔离高电压电路：触电安全的基本思路是"隔离高电压部，异常时断电"。高电压部隔离是从车身将电路两极绝缘。高电压单元设置有箱或是护套，不直接接触导电部位，单元箱内部施行与高电压电路之间的绝缘设计。进而，为检测高电压电路和车身是否保持隔电状态，构建了绝缘电阻下降检测功能，绝缘电阻下降时，警告灯亮灯提示。

此外，如图5-150所示，电动车辆需要高压线束的配线对策，也可以应用于高压电池与逆变器之间、逆变器与电动机发电机之间的高电压、大电流的条件下。为应对经常处于严苛温度环境下的发动机舱内配线和接近地板的排气管配线，以及大电流通电引起的电线发热等，主要使用以耐热架桥聚酯电线为中心并采取屏蔽防护的电线。高压线束的截面面积在 10~50 mm^2，电线长度也变长，重量也相应变大，采用铝导体电线的情况增多。

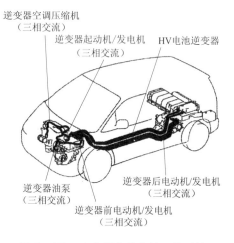

图 5-150　高电压电线束的配线对策
（丰田 ESTIMA HV）[33]

(3) 阻断高电压电路：利用系统主继电器，控制阻断高电压电路。为在维护作业和误操作时，切实阻断电路，在电池电路中设置了具有手动阻断功能的检修插头。在以下三种情形下执行自动阻断功能：

① 关闭点火开关时。
② 开启高电压单元盖时。
③ 拔出检修插头或打开继电器时。

为防止碰撞事故时高电压单元损坏引发触电，系统主继电器会根据安全气囊工作信号断开。高压电路内设置有高压保险丝，进行短路保护（图5-151）。

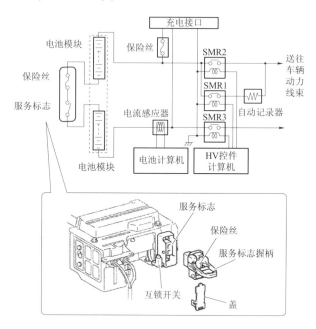

图 5-151　高电压电路的阻断功能[33]

相信随着今后混合动力车、插电式混合动力车、电动车的量产普及，搭载高电压电源系统车辆数量的增加，本节中叙述过的设计注意事项会变得越来越重要。

5.7　冷却系统

5.7.1　THS 电池冷却系统

（一）概要

单体电池因充放电、电池内部电流和单体电池的内部电阻以及单体电池连接体的接触电阻等而发热。图5-152表示搭载THS系统的车辆，在市区内行驶时的电池发热量情况。

电池温度对电池寿命影响很大，对于面向提高电池系统输出功率和削减单体电池数量的系统开发而言，单体电池的冷却是兼顾性能和寿命的重要技术。图5-153表示电池寿命对温度依赖性的试验。

图 5-152　THS 电池的发热量

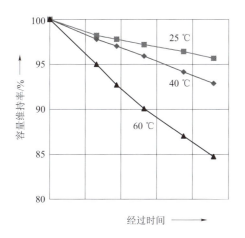

图 5-153　电池寿命对温度的依赖性试验

下面，对 THS 电池冷却系统进行概述。

（二）THS 电池冷却系统

电池单元的冷却系统一般有强制风冷、液体冷却和自然风冷三种。图 5-154 主要表示搭载 THS 车辆的电池组发热量和单体电池散热面积的关系。图中的实线以及虚线表示不同方式的适用

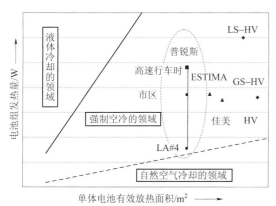

图 5-154　电池组的发热量和冷却方式

界线。搭载 THS 车辆，采用利用车内冷风的强制空气冷却方式。采用此方式，电池的允许使用范围可以充分满足车辆使用需求。

下面，介绍一下 THS 电池系统所采用的强制风冷系统。

（三）THS 电池冷却系统的结构

图 5-155 表示 THS 电池冷却系统的概要。使用冷却风扇，把车内的冷风自设置在座椅侧面的进风口，引入到布置在后排座椅后方的电池组内部，如图 5-156 所示，冷风在单体电池间流动，冷却单体电池。

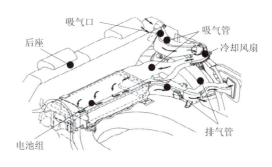

图 5-155　电池冷却系统概要

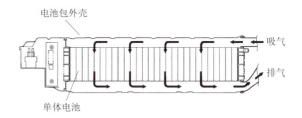

图 5-156　电池组内的冷风流动情况

单体电池发热量大时，为降低进气温度，有时也会采用与车辆空调的相互协调控制。

如图 5-156 所示，废热通过出风管道排到电池组外。

（四）冷却风扇的选取

选取冷却风扇，要考虑电池发热量、电池组系统（包括进出风管道、风扇）的压力损失以及风扇工作声音对车辆商品性的影响。图 5-157 表示各种冷却风扇的特性。每种风扇都有各自特点，THS 电池系统中，采用的是低转速时也可获得风量的多叶片冷却风扇。

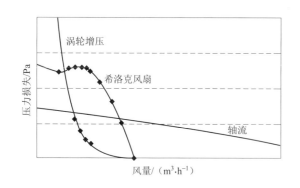

图 5-157 冷却风扇的特性实例

图 5-158 表示新型普锐斯所采用的电池冷却风扇。

图 5-158 新型普锐斯的冷却风扇

（五）进风、出风管道

设计进风、出风管道的关键点是：
① 确保获得风量的截面积。
② 防止管道内流动的冷却风受热。
③ 控制冷却风流动产生的噪声等。

THS 管道主要采用线路设计自由、隔热且降噪效果优的材料与成型方法构成。

（六）冷却系统的控制

图 5-159 表示 THS 电池的冷却控制系统框图。温度传感器与单体电池接触，测定单体电池温度，电池组内的电池监测单元读取所测温度数据，经多重通信传送至 HEV 控制单元。HEV 控制单元基于温度数据，控制冷却风扇转速，保证电池不超过规定温度。

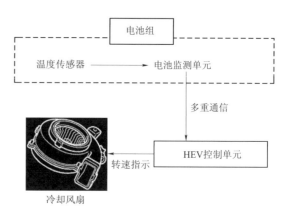

图 5-159 电池冷却控制系统框图

5.7.2 THS 逆变器的冷却系统

（一）概要

混合动力车逆变器内的功率半导体元件和电动机会发热，因此需要冷却。一般，随着发热密度增大，冷却方式会由风冷转为水冷，系统输出功率高时，多采用水冷系统。下面，介绍一下 THS 逆变器的单元冷却系统。

（二）单元冷却系统

THS 单元冷却系统采用水冷方式，构成独立于发动机冷却系的冷却系统。图 5-160 表示冷却系统构成[34]。

冷却系统由有别于发动机散热器的专用散热器、储水箱、水泵等专用零件构成，用来冷却逆变器以及电动机/发电机。冷却水沿着图 5-160 中箭头所示的循环路线流动。冷却水流经逆变器以及电动机/发电机受热后，流至 HEV 散热器，由风扇和行驶风冷却。冷却后的水再度被送至逆变器和电动机/发电机。为使 HEV 散热器能够散逸掉逆变器以及电动机/发电机发生的热量，设计上应考虑通风量和流水量。

在冷却水驱动方面，因为冷却液在发动机停止时也需要循环，所以采用 DC 电动机（无刷）驱动电动水泵。HEV 水泵外形如图 5-161 所示，要确保其相对于冷却系统流水阻力的必要流量，排水能力设计以及车身振动传播控制技术至关重要。

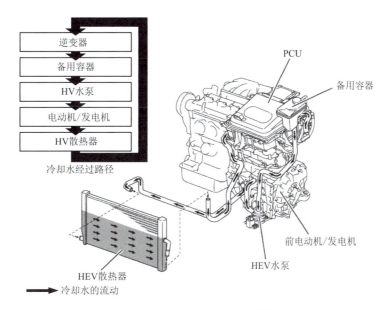

图 5-160　冷却系统构成[34]

图 5-161　HEV 水泵（丰田·普锐斯）

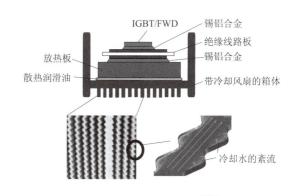

图 5-162　波形散热片[35]

（三）逆变器冷却结构

为使功率半导体元件不超过其耐热温度，除要确保必要冷却性能之外，还受制于水泵能力决定的压力损失与流量、冷却管路中异物导致的堵塞、成本决定的散热片的形状、材质和工艺，等等。

以往的散热片是作为铝铸箱体的一部分构成，受制造上的限制，对散热片间距有要求。散热片有直形或是波形两种形状。图 5-162 表示波形散热片。波形散热片能借助冷却水的紊流效果，使得冷却性能提高。

最近报道了相对于上述结构的另一种直接冷却结构，其不通过散热润滑油，而是把功率半导体元件直接安装在放热板上，使得冷却性能提高。图 5-163 表示直接冷却结构的截面。波形散热片直接钎焊在放热板上，消除了散热润滑部的热阻。因为直接冷却构造中，高线膨胀率散热板的热应力直接作用在绝缘基板上，所以确保热循环等的长期可靠性成为重要技术。

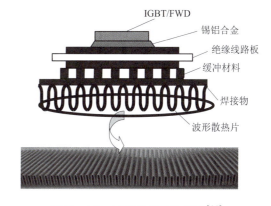

图 5-163　直接冷却结构截面[36]

为进一步提高冷却性能,还开发了针鳍形状和错列翅片形状的散热片,促进了紊流效果,成为实现降低制造成本和抑制压力损失的重要技术。

报道称采用双面冷却方式的功率半导体元件,凭借双面散热,使得冷却性能大幅提升[37]。图 5-164 表示双面冷却方式的截面。

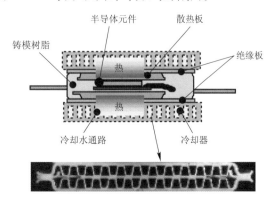

图 5-164　双面冷却结构截面[37]

本方式为实现两面散热,通过把内置在元件上的功率半导体夹在扁平管形状的冷却软管间,形成由冷却水从双面进行冷却的构造。冷却水路内的微通道化以及确保冷却器和功率半导体紧密贴合成为双面冷却的重要技术。

针对上述各冷却方式,选取了在发热密度、成本等方面最佳的冷却方式。图 5-165 表示各种冷却结构的热阻变迁。新型冷却结构的开发,大幅改善了热阻力,实现了功率半导体元件这一发热体的高密度组装,推进了逆变器的小型化。

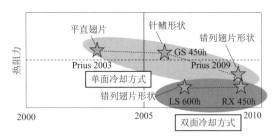

图 5-165　逆变器热阻的变迁

5.8　空 调 系 统

5.8.1　概述

HEV 以及 EV 用空调系统具有下述特点：电动化、解决热能供应来源不足、省电化。

(一) 电动化

由于发动机停转时间增加,独立于发动机和电动机工作的空调系统需求凸显,电动压缩机随之普及。

(二) 解决热能供应来源不足

以往车辆的空调系统,主要是利用发动机的废热加热冷却水,进行室内采暖,但是 EV 无发动机,也就无采暖热源。HEV 的废热也是随着发动机效率提高而减少,采暖热源短缺。配置热泵等发动机废热以外的热源和降低采暖时的热负荷,对于解决热源短缺至关重要。

(三) 省电化

空调所耗电能对用于行驶的动力或电能影响极大。特别是 EV,采暖所耗电能削减了可用于行驶的电能,实际行驶距离减小,由此强烈要求空调实现省电化。

纵观上述特点可知,HEV、EV 空调系统相对于以往车辆空调系统的最大变化是冬季采暖的省电化。降低热负荷技术和热源创新技术成为冬季采暖省电化的重要技术。下面,介绍一下降低热负荷技术和热源创新技术,以及支撑这两项技术的相关代表性技术——电动压缩机、逆变器技术。

5.8.2　降低热负荷技术

(一) 种类与特点

降低热负荷技术（图 5-166）一般是指降低换气损失,将外部空气引至车厢内顶部 [即使乘员或是自动空调选择导入外部空气模式,也会将部分内部空气（混入了部分内部空气,使得热负荷降低）、外部空气和内部空气循环分离] 做到防止车窗霜雾的同时,增加内部空气循环比例的内外空气双层循环系统,进而检测湿度,控制换气量的方法。

另外,作为降低必要热量的技术,有仅为乘客提供高效采暖,降低必要热量的多温区空调和座椅空调。

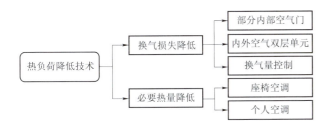

图 5 – 166　降低热负荷技术

车辆热负荷详细项目如图 5 – 167 所示。车辆热损失分为从车身的顶盖、窗口等传导所损失的传导损失热量和车内热空气放到外部空气中的换气损失热量。换气损失热量占全部损失的六成，可见降低换气损失对降低热负荷的贡献度极大。

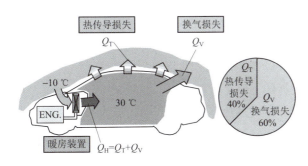

图 5 – 167　车辆热负荷详细项目[38]

下面，将对降低换气损失效果显著的内外空气双层循环系统进行介绍。

（二）内外空气双层循环系统

汽车空调在采暖时一般使用外部气体模式，加热导入的外部空气。这样一来，由于内部空气循环会再次加热空气以提高采暖能力，并带来乘客呼气致使车内湿度上升，造成车窗产生霜雾的负面影响。为了使车窗不产生霜雾，利用部分内部循环空气，采用内外空气双层循环系统。如图 5 – 168 所示，内外空气双层循环空调单元中，鼓风机风扇为双层结构，主机单元内部还设置有防止内外空气混杂的隔板结构。因此，在导入的外部空气和室内循环空气保持分离状态下，由加热器芯子加热，只将加热后的外部热空气引入车厢顶部，而使室内空气在内部循环。

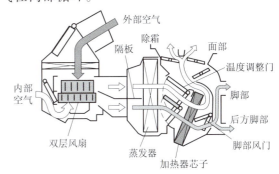

图 5 – 168　内外空气双层循环系统构造[39]

外部空气量和内部空气量的比例通常设定为对半，即使散热片和换热器的前后多少有一些空隙，因外部空气侧的送风压力高于内部空气侧，也可防止内部空气混入到外部空气中。通过采用此结构，将外部空气侧的干燥空气送风至防止车窗霜雾的 DEF（Defroster）出风口，将内部空气循环再加热的空气送风至 FOOT 采暖出风口，使得减少 30% 换气损失成为可能（图 5 – 169）。

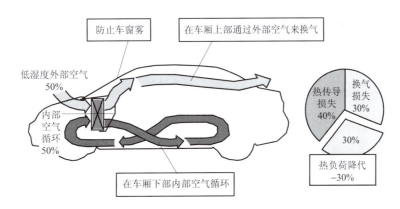

图 5 – 169　内外空气双层循环系统的风流向和效果

5.8.3 热源创新技术

(一) 种类和特点

如图 5-170 所示,作为热源创新技术,有利用电的 PTC (Positive Tempera-ture Coefficient) 加热器和水加热式电加热器,利用油的剪切力把动力转换为热的黏滞加热器,直接燃烧燃料的燃烧式加热器以及利用制冷剂热度的热气加热器和热泵,等等。其中,理论上只有热泵在效率或是 COP (Coefficient of Performance) 上均超过了 1。此外,PTC 加热器因其简便性而被广泛使用。下面针对 PTC 加热器和热泵两种技术进行介绍。

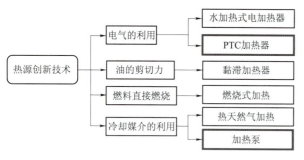

图 5-170 热源创新技术

(二) PTC 加热器

1. 功能

车载用电加热器的主流形式是把称作 PTC 热敏电阻 (Positive Temperature Coefficient Thermistor) 的陶瓷元件用在发热体上。PTC 加热器具有电流流动时温度迅速上升,达到居里点时电阻值陡增,然后抑制发热,保持 PTC 加热器自身恒温的特性 (图 5-171)。此优点决定其不仅限于车载电加热器使用,还广泛用于过热保护用途等。

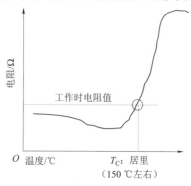

图 5-171 PTC 特性

PTC 加热器一般搭载在空调单元内部 (图 5-172),布置于加热器芯子的尾流或是空调的通风道内,以加热通过加热器芯子的气流。

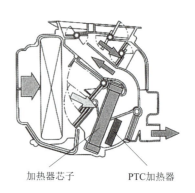

图 5-172 PTC 加热器配置[40]

2. 结构和特点

PTC 加热器的主要 PTC 元件为蜂巢形状的类型,以及在板状 PTC 元件上装有散热片的类型。最近的主流是后一类型。板状元件比较便宜,热传导好的散热片能够由弹簧按压安装,获得数百至数千瓦的热量。

PTC 加热器,仅靠在 HVAC (Heating、Ventilation and Air-Conditioning) 风路上通电就能够得到热量,加之元件本身具有过热保护功能,所以系统不会因过热而产生损伤,可以说是一个非常容易投入的低热源项目。但是,会使 HVAC 风路形成压力损失,难以搭载大电流粗线束,而且 PTC 加热器需要电力供给量大的电池和增大发电系统,这样就增加了车辆匹配时的难度。图 5-173 为散热片样式结构。

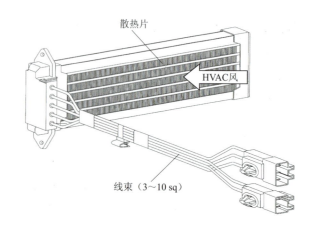

图 5-173 散热片样式结构[39]

（三）热泵

1. 基本结构和特点

图5-174表示电动车热泵制热/制冷系统的基本构成和工作原理。车载空调系统，在保持车内四季舒适性的同时，为确保车窗玻璃的可视性，制冷、制热、除湿以及车窗玻璃的除雾、除霜功能至关重要。像HEV一样装有发动机的车辆，构成也与以往相同，冷凝器位于加热器芯子前面，除能够弥补热源不足外，还汲取来自加热器芯子的热能来制热。像电动车一样未装发动机的车辆，无法期待其借助发动机冷却水获得制热效果，因此热泵系统发挥的制热作用会更大。但其存在低温时能力随制冷剂密度下降而降低的问题。为此，针对寒冷地区，使用气体喷射循环等[41]提高低温时的能力。

2. 工作原理

（1）制热。来自压缩机的高压气体，经室内冷凝器向室内空气散热，进行制热、凝结。制冷剂通过压挤，变为低温、低压。外部冷凝器起蒸发器作用，从外部空气吸热。制冷剂再通过四通换向阀，经过蓄电池返回压缩机。图5-175表示热泵循环图（$p-h$线图）。如此图所示，冷凝器所散热量为从外部空气吸收的热量和压缩机动力的热量之和，COP必然会达到1以上。

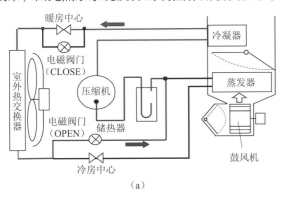

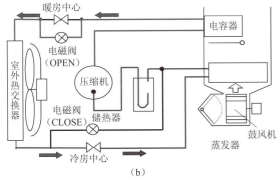

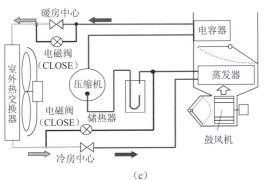

图5-174 热泵的基本构成和工作原理

（a）暖房；（b）冷房；（c）除湿暖房

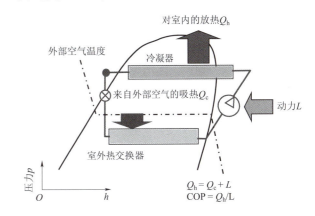

图5-175 热泵循环图（$p-h$线图）

（2）制冷。在冷气模式下，空气混合风门阻断车内冷凝器的空气流动，不与车内空气进行热交换。其结果是，车内冷凝器成为制冷剂的通道，车外冷凝器起蒸发器作用。接着，制冷剂通过膨胀阀，变为低温、低压，蒸发器吸收车内空气中热量，冷却车内空气。

（3）除湿制热。除湿制热运行时，使用车内冷凝器、车外冷凝器、蒸发器三个换热器，由压缩机和车外冷凝器控制除湿能力和加热能力（再热量）。

5.8.4 电动压缩机、逆变器

图5-176表示的是EV/HEV用电动压缩机构造示例，表5-9表示其主要规格。与室内空调器相比，有两点较大不同：一点是为提高系统整体空间利用率，形成逆变器一体化电动压缩机；另一点是为迎合车辆特有的轻量化需求，形

成铝材外壳，这些也成为其主要特点。

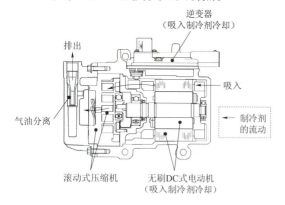

图 5-176　电动压缩机结构

表 5-9　电动压缩机规格（例）

项　目		规　格
压缩机	类型	涡旋式
	容量	27 cm³/r
	制冷剂	HFC134a
	油品	酯
电动机	类型	无刷直流
	最大输出功率	4.8 kW
逆变器	控制方式	无位置传感器换相控制
	最大输入电压	DC 420 V
	最大输出电流	AC 16 A (R.M.S)

续表

项　目	规　格
转速控制范围	500~8 600 r/min
大小	主干直径109 mm×轴长196 mm
质量	5.9 kg

压缩机的主流类型是在噪声/振动方面均有卓越表现的涡旋式。电动机的主流类型是在体积/效率方面均有卓越表现的无刷直流电动机（嵌入永磁体的同步电动机），其控制采用在噪声/振动方面均有卓越表现的无位置传感器换相控制。

逆变器以及电动机冷却的主流是通过吸入制冷剂来进行自我冷却，其旨在提高冷却效率。

图 5-177 表示逆变器的基本电路构成。逆变器是控制压缩机（电动机）转速的电器零件，基本上与室内空调器相同，但是因为是以直流电池为电源，所以没有交流转换为直流的整流电路。为此，其较大不同点在于，需要与其他共享直流电池的设备相协调、车载设备特有的绝缘协调等，这些也成为其主要特点。

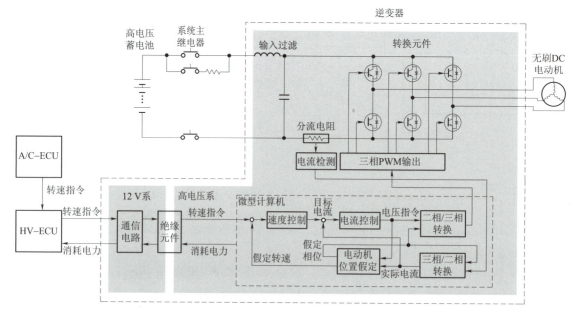

图 5-177　逆变器的基本电路构成

逆变器/电动机的最大输出功率，低速运行侧受限于自身冷却，高速运行侧受限于输入电压和输出电流。

相关外文缩略语一览表

4WD	4 Wheel Drive	四轮驱动
AC	Alternating Current	交流电
AGM	Absorbed Glass Mat	吸附式玻璃纤维隔板
AM	Amplitude Modulation	调幅
AMT	Automatic Manual Transmission	手自一体变速器
AT	Automatic Transmission	自动变速器
BSFC	Brake Specific Fuel Comsumption	制动马力油耗/比油耗
COP	Coefficient of Performance	能量与热量之间的转换比率，简称效能系数
CVT	Continuously Variable Transmission	无极变速器
DC	Direct Current	直流电
CVT	Dual Clutch Transmission	双离合变速器
DEF	Defroster	除霜装置
DLB	Direct Lead Bonding	直接将主端子焊接到功率半导体芯片上的内部配线构造
ECB	Electronically Controlled Brake system	电动油压制动系统
ECU	Engine Control Unit	发动机控制装置
EGR	Exhaust Gas Recirculation	排气再循环
EHB	Electro Hydraulic Brake	电动液压制动器
EHW	Electric Heated Windshield	电加热挡风玻璃
EPS	Electric Power Steering	电动助力转向
EV	Electric Vehicle	电动汽车
FF	Front–engine Front–wheel drive	发动机前置前轮驱动
FR	Front–engine Rear–wheel drive	发动机前置后轮驱动
GM	General Motors	通用汽车
HEV	Hybrid Electric Vehicle	混合动力汽车
HVAC	Heating, Ventilation and Air–Conditioning	供热通风与空气调节
IBS	Intelligent Battery Sensor	智能电池传感器
ICE	Internal Combustion Engine	内燃机
IGBT	Insulated Cate Bipolar Transistor	绝缘栅双极型晶体管
IMA	Integrated Motor Assist System	集成式电动机辅助系统
IPU	Integrated Power Control Unit	集成式功率控制单元
ISO	International Organization for Standardization	国际标准化组织
JASO	Japanese Automotive Standards Organization	日本汽车标准化组织
JB	Junction Rox	电源盒，接线盒
JIS	Japanese Industrial Standard	日本工业标准
MAT	Minor Assist Turbo	小型辅助涡轮
MG	Motor Generator	发动机发电机组
MMT	Multimode Manual Transmission	多模式手动变速器
MT	Manual Transmission	手动变速器
PCU	Power Control Unit	功率控制单元
PTC	Positive Temperature Coefficient	正温度系数

PWM	Pulse Width Modulation	脉冲宽度调制
SBA	Standard of Battery Association	电池协会标准
SMR	System Main Relay	系统主继电器
SOC	State of Charge	充电状态
SOH	State of Health	劣化状态
SUV	Sports Utility Vehicle	运动型多用途汽车
THS	Toyota Hybrid System	丰田混合动力系统
TPM	Transfer-mold Power Module	转移型功率模块
TRC	Traction Control System	牵引力控制系统
VCM	Variable Cylinder Management	可变气缸管理技术
VIA	Valve Regulated Lead-Acid battery	阀控式密封铅酸蓄电池
VVT	Variable Valve Timing	可变气门定时

参 考 文 献

[1] Sherif Marakby. Ford Next Generation Hybrid Systems Furd Fusion and beyond, 2008 SAE Hybrid Vehicles Technology Symposium.

[2] Michael Weiss. Hybrid propulsion with Highest Power Density for the ML450 BlueHYBRID, 2009ウィーンモータシンポジウム.

[3] James Henderson. General Motors Front Wheel Drive 2-Mode Hybrid Transmission, 2009ウィーンモータシンポジウム.

[4] 壇上靖之ほか: 新型インサイト用 Power Control Unit の開発、Honda R&D Technical Review, Vol. 21, No. 1 (2009).

[5] 福田俊彦ほか: 新型インサイト燃費向上技術、Honda R&D Technical Review, Vol. 21, No. 1 (2009).

[6] 奥井重雄ほか: CIVIC Hybrid 1.3L 3 stage i-VTEC VCMエンジンの開発、Honda R&D Technical Review, Vol. 18, No. 2 (2006).

[7] 嶋田明古ほか: ハイブリッドカー用薄型 DC ブラシレスモータの開発、自動車技術会学術講演会前刷集、文献番号: 20005110, No. 2-00, p. 13 (2000).

[8] S. Kubota, et al. Sizeand Weight Reduction Technology for a Hybrid System, SAE Technical Paper 2009-01-1339 (2009).

[9] 寺谷達夫: 自動車における省エネ技術の最新動向、フロンティア21エレクトロニクスショー2008基調講演用資料、トヨタ自動車 (2008).

[10] VW広報資料.

[11] 三菱広報資料.

[12] トヨタ広報資料.

[13] ダイハツ広報資料.

[14] マツダ広報資料.

[15] 寺谷達夫ほか: アイドルストップシステム車の開発、トヨタテクニカルレビュー、Vol. 50, No. 1, p. 32-37 (2000).

[16] 寺谷達夫ほか: トヨタマイルドハイブリッドシステム (THSM) の開発、トヨタテクニカルレビュー、Vol. 52, No. 1, p. 48-53 (2002).

[17] 加藤稔ほか: トヨタインテリジェントアイドリングストップシステム〔TIIS) の開発、トヨタテクニカルレビュー (2003).

[18] 電気学会移動体エネルギーストレージ技術調査専門委員会:「移動体用エネルギーストレージ技術の現状と展望」技術報告書1161号, p. 54 (2009).

[19] 浅田俊昭ほか: Stop & Start System における常時噛み合いギア式始動装置、トヨタテクニカルレビュー、Vol. 57, No. 1, p. 114 (2010).

[20] 三菱自動車工業㈱: i-MiEV (HA3W) 新型車解説書、54D-2項.

[21] 三菱自動車工業㈱: 2010年3月4日、バッテリージャパン講演資料、p. 21.

[22] 三菱自動車工業㈱: i-MiEV (HA3W) 新型車解説書、54D-25項.

[23] 三菱自動車工業㈱：i‐MiEV（HA3W）新型車解説書、54D‐34 項．

[24] 三菱自動車工業㈱：テクニカルレビュー 2010、No. 22、p. 73、図 6．

[25] 三菱自動車工業㈱：テクニカルレビュー 2010、No. 22、p. 25．表 5．

[26] トヨタ自動車㈱教育資料、カーエレクトロニクスと制御（2008）．

[27] 電気学会 42V 電源化調査専門委員会：自動車電源の42V 化技術、p. 2、オーム社（2003）．

[28] 電気学会自動車用次世代電源システム調査専門委員会：自動車用次世代電源システムのロードマップ、電気学会技術報告書1049 号、p. 5（2006）．

[29] 堀洋一ほか：自動車用モータ技術、日刊工業新聞社、p. 179‐190（2003）．

[30] 電気学会自動車用電源システムマネージメント調査専門委員会：自動車用電源システムマネージメント技術、技術報告書1121 号、p. 36‐37（2008）．

[31] パワーエレクトロニクスハンドブック編集委員会：パワーエレクトロニクスハンドブック、p. 24、オーム社（2010）．

[32] 自動車技術会高電圧化調査研究委員会：「自動車用電気システムの高電圧化の標準化調査研究」42Vシステムガイドラインテ TG42‐1008（2006）．

[33] 自動車技術会：自動車技術ハンドブック（パワートレイン編）、p. 207（2005）．

[34] トヨタハイブリッドシステム技術マニュアル、p. 84（2006）．

[35] R. Hironaka, et al. Development of Power Control Unit for SUVs, EVS21（2005）．

[36] N. Nozawa, et al. Development of Power Control Unit for Compact‐Class Vehicle, No. 2009‐01‐1310, SAE Paper（2009）．

[37] Y. Sakai, et al. Power Control Unit for High Power Hybrid System, No. 2007‐01‐0271, SAE Paper（2007）．

[38] 宮島ほか：内外気 2 層エアコンユニット、デンソーテクニカルレビュー、Vol. 4, No. 2, p. 30（1999）．

[39] 藤原健一監修：カーエアコン、東京電機大学出版局、p. 169（2009）より許可を得て転載．

[40] 藤原健一監修：カーエアコン、東京電機大学出版局、p. 174（2009）より許可を得て転載．

[41] 電気自動車ハンドブック編集委員会編：電気自動車ハンドブック（2001）．

第 6 章

性能（设计方法．评价方法．试验方法）

总　论

电动汽车（EV）、插电式混合动力车（PHEV）、混合动力车（HEV）等电动车辆由于性能目标不同，采用的驱动电池也有很大差异，导致其系统结构也不同。因此，各个系统的评价方法、试验方法也与传统的内燃机车辆有所不同。

本章主要对电动车独特的高压系统的设计方法及评价方法、系统的比较，油耗和电力消耗的试验方法、CO_2 换算法、EMC（Electro – Magnetic Compatibility）的对策方法以及 LCA（生命周期评价法）进行说明。

（一）系统设计

电动车采用蓄电池作为驱动源或动力源的一部分，所以蓄电池特性需要与系统的性能要求相匹配。蓄电池的特性包括不同温度下输出/输入功率的变化、不同 SOC（蓄电池剩余容量状态）下输出/输入功率的变化以及电池容量随时间的变化。如果设计发生错误，很可能导致低温加速性能和爬坡性能无法满足要求。电池老化也可能导致系统的运行发生异常。

系统设计对车辆的驱动电动机主要有两方面要求，即保证加速性的峰值输出功率以及保证正常行驶等的连续输出功率。对于并联混合动力汽车，只有峰值输出功率的要求，但对于 EV、PHEV 以及串联混合动力车，都有峰值功率和连续输出功率两方面的要求。

EV 和 PHEV 依靠外部提供的电力给电池充电。充电器分为车载充电器以及依靠基础设施充电的快速充电器。无论是哪种方式都是在蓄电池的最大接纳能力下使用定电流或者定电压进行充电，采用的都是防止蓄电池达到最高电压后过充的稳压充电方式。串联电池的电压具有误差，所以充电时的最高电压必须以单体电池为单位进行控制。

内燃机车辆用发动机驱动交流发电机、空调压缩机及动力转向油泵等辅助设备运转，但 EV 和有 EV 行驶功能的 HEV 则需要把辅助设备电动化。此外，设计的时候需要考虑连接在同一蓄电池上的驱动电动机、充电器及电动化辅助设备可以在同一电压范围内工作，使电池达到输入/输出功率的平衡。

（二）EVHEV 及 PHEV 车的评价/试验方法

1. EV 的评价/试验方法

EV 车不需要对排放进行评价，只需要对续驶里程、电力消耗率以及电动机功率进行评价。与内燃机车辆尾气排放试验相同，一次充电的续驶里程以及电力消耗率采用 JC08 工况试验方法作为技术标准进行评价。电动机峰值功率以及额定输出功率的试验方法参照日本电动车协会标准（JEVS）。

由于电池随着温度的不同,输出功率和容量会发生变化,所以 EV 车在进行试验之前需要在规定的温度下放置一段时间,JEVS 规定的放置温度为 25 ℃。试验的循环数乘以 1 个循环的距离得出一次充电的续驶里程。

电力消耗率为充满电需要的交流电量除以一次充电续驶里程数求得。另外,行驶一个试验循环所使用的电池电量除以行驶距离可以求得瞬时的电力消耗率。

因为驱动电动机有峰值功率和额定输出功率的规定,所以也规定了在最高速度试验、爬坡试验中进行瞬时性能试验和连续性能试验。

2. HEV 的评价/试验方法

HEV 与传统的内燃机车一样采用石油作为能量来源,所以与内燃机车一样,需要对排放及油耗进行评价。HEV 车在减速及下坡时电动机作为发电机工作,将车辆的动能转化成电能回收利用,所以需要对储存在电池中的能源进行平衡匹配。通过多次工况行驶试验,求得电力收支和排放及油耗之间的关系,进而求出电力收支为零时的排放、油耗值,并将该试验方法以技术标准的形式确定了下来。

3. PHEV 的评价/试验方法

PHEV 的能量来源是石油和外部提供的电能。在电池的电量降到设定的 SOC 水平之前利用电能行驶,然后为了维持蓄电池的 SOC,利用混合动力模式行驶。于是,需要进行 EV 及 HEV 两方面的评价,也就是 EV 续驶里程、电能耗费、油耗、废气排放特性。在一些行驶模式下 SOC 没有达到下限时也存在 EV 行驶和混合动力行驶两种状态,所以 PHEV 的评价变得很困难。

(三) CO_2 的换算方法

CO_2 的换算普遍采用 Well to Wheel (WtW) 分析法。这是从燃料的制造过程到行驶中消耗燃料产生 CO_2 的整个过程进行分析的一种方法。WtW 分析法分为 Well to Tank (WtT:油井到油箱) 分析和 Tank to Wheel (TtW:从油箱到车轮) 分析。

1. WtT 分析

WtT 分析是对加工提纯燃料过程中产生的 CO_2 和运输过程中燃料消耗产生的 CO_2 进行评价。对于气体燃料,需要考虑其高压加注时由于能量消耗所产生的 CO_2。由于电能结构随着发电地域、季节和时区的不同而不同,EV 和 PHEV 使用通常使用该国家的平均电能结构比率进行分析。

在 WtT 分析中由石油、天然气产生的 CO_2 比在发电过程(包括火力发电)产生的 CO_2 要少。

2. TtW 分析

TtW 分析使用常规工况行驶油耗。实际行驶中存在超出工况行驶要求的加速行驶情况及空调启动等消耗,所以一般比常规工况行驶的燃油经济性差。考虑到这些因素,传统内燃机车与电动汽车相比 CO_2 的排放量大。

3. WtW 分析

根据 WtT 分析及 TtW 分析的结果综合评价 WtW。与汽油机车辆相比,HEV 的 CO_2 排放量大约是其 2/3、EV 大约为 1/3 (采用日本的电能结构分析)。

(四) 电力电子学装置的 EMC

为了提高可控制性和效率,除驱动系统以外,动力转向等装置的电动化也在不断普及,与此同时,EMC 问题也变得越来越明显。EMC 是由于高速开关电源组件,电压和电流急剧变化而产生的。

EMC 分两种情况:一种是车辆产生的电磁干扰对建筑机器等的影响;第二种是对自身无线电信号的影响。分别使用 CISPR (Comité international perturbations radioé) 25 以及 CISPR 12 中规定的试验方法和推荐限值作为 EMC 的标准。

即使是在电动设备中,驱动电动机、逆变器系统因为在高电压、高电流环境下工作,所以 EMC 的影响很大。在 6.5 节中介绍了通过涡电流的环形回路配线来降低电感的方法,利用小型滤波器增加电动机电缆地面阻抗的方法以及整体屏蔽环形回路配线和电动化仪器的方法来降低噪声。

(五) LCA (生命周期评价)

所谓 LCA 是指对从原材料加工、产品的制造、使用到废弃及回收再利用这一整个生命周期中所使用的资源、能量以及产生的污染物质进行评价的方法。对于上游制造工序的材料及部件,需要到上游工序去获得数据资料,评价时需要部件厂家、材料厂家的协助。

LCA 评价的污染物有 CO_2、NO_2、SO_2、PM、NMHC、CH_4、N_2O、HFC134a 等与气候变暖以及大气污染有关的物质,尤其对 CO_2 的评价精度非常高。

LCA 的评价方法有 ISO 1404 等方法,目前还没有专门针对汽车的 LCA 的评价标准。在材料制造阶段、车辆制造阶段、行驶阶段、维修保养阶段以及废弃阶段进行评价是非常必要的。

EV、HEV 和 PHEV 车在车辆制造阶段需要搭载电池、电动机及逆变器等与汽油机车辆不同的电动化零件。这些车辆在行驶过程中排放的污染环境物质虽然较少,但需要考虑这些电动化零件在制造过程中给环境带来的负担,所以需要综合的评价。

6.1 电驱动系统的设计

电动车辆分为 EV、HEV、PHEV 等,在他们各自的系统中驱动电动机、驱动电池的使用方法不尽相同。另外,空调等附件的驱动源也不同,EV 依靠高电压驱动,HEV 则有时靠发动机动力驱动。根据用途的不同,电动化/非电动化、性能要求都不尽相同。因此,根据不同整车系统的特点和目标,需要进行与之相符的高电压系统的设计。

6.1.1 电动车的特点及高电压系统的构成

在进行高电压系统的设计时,需要平衡电能的供给端和输出端。如果是 EV,所谓的电能供给方是驱动电池,而 HEV 和 PHEV 的电能来源于蓄电池和发动机。仅靠电动机实现行驶的 HEV、PHEV 车其电力来源也不尽相同,有时靠电池电能行驶,有时候依靠发动机发电行驶或者同时依靠以上两种电能行驶。也就说有些车辆根据整车状态或行驶状态不同,会切换不同的电能来源。

输出端是指依靠高电压驱动的设备。例如,驱动电动机、空调设备、DC-DC 变换器、电动助力转向,等等。根据 EV、HEV、PHEV 等的不同种类和功能要求,输出端的搭载/非搭载、性能、功能就不同(图 6-1)。

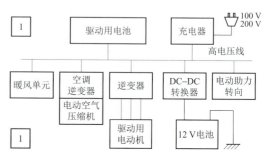

图 6-1 高电压的输入和输出
1—电力供给

6.1.2 驱动用电动机的输入/输出功率特性

消耗高压电能最大的设备就是驱动电动机。驱动电动机根据车辆的种类和用途的不同,功率性能有很大差异。因为是最大的输入/输出功率的设备,所以对于后面描述的驱动电池的设计也产生着巨大的影响。

(一) EV 用驱动电动机

本节对 EV 的驱动电动机的特征进行说明。EV 车只依靠动力电池的电能驱动电动机行驶,因此车辆的动力性能几乎全部取决于驱动电动机的性能。

车辆追求的动力性能可分为:由最大功率及转矩分别决定的加速性能和爬坡性能;由持续输出功率决定的高速巡航速度(最高速度)、持续爬坡性能,等等。基本的性能可以根据整车行驶曲线判断,此曲线表示了行驶阻力和驱动力的关系。

图 6-2 是 EV 实车行驶性能曲线。电动机的最大功率可以根据加速性能设定,最大转矩可以根据爬坡性能来设定。输出功率时间根据车辆加速度时间目标值来确定,但一般设定为

10~60 s。

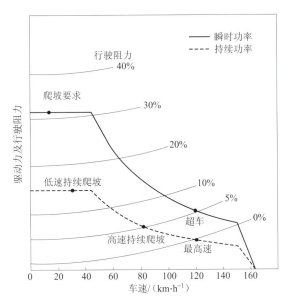

图 6-2 EV 的车辆行驶
性能曲线

电动机的额定功率取决于高速巡航时需要的功率。此时，考虑到实际的道路斜率需要留出 3%~5% 的驱动力富余量。此外，还需要考虑山间道路等低转速持续上坡行驶工况来设计额定输出功率。

（二）一般 HEV 用驱动电动机

HEV 的形式种类各式各样，很难概括出所有形式，但大致可以分为并联式和串联式两种。

串联式是以 EV 车为基础，当电池剩余电量减少时利用发动机工作进行发电来补充电力。因为搭载了专用于发电的发动机，所以与 EV 车有所不同，续驶里程不受驱动电池的容量多少的限制。因为只有驱动电动机参与驱动，所以驱动力与 EV 车相同，电动机的设计方法基本上也与 EV 车相同。

并联式的主要驱动源是发动机，利用电动机提高转矩并通过减速回收利用制动能量来减少内燃机的燃油消耗量。因为高速巡航时依靠发动机输出功率驱动，所以驱动电动机应满足短时间输出功率需求。

（三）具有纯电动功能的 HEV、PHEV 用驱动电动机

HEV 中有依靠驱动电池储存的电能行驶的车型，也有像 PHEV 那样通过附加外部充电功能，使用外部电能行驶的车型。这些可以靠电动机行驶的 HEV 和 PHEV 的驱动电动机则需要在 HEV 特性的基础上附加 EV 的特性（电动机行驶性能）。但 PHEV 车单靠电动机行驶时，可以根据输出功率限制 EV 的行驶车速范围，所以没必要附加 EV 车那样的高性能。与发动机组合后，例如需要瞬间加速、高速巡航的时候，只要能立即切换成发动机驱动，就无须 EV 车电动机所必备的大功率输出和持续输出性能，依靠低功率电动机的瞬时功率就可以满足行驶（图 6-3）。

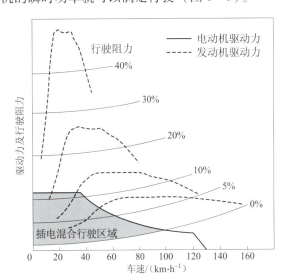

图 6-3 插电式混合动力车行驶的范围

6.1.3 附件类高电压设备

原来依靠发动机驱动的交流发电机、空调、助力转向等附件在没有发动机的 EV 车中则需要电动化。此外，即使在有发动机的 HEV 和 PHEV 车中，怠速停机或 EV 模式行驶等发动机停止工作期间有时候也需要将相关附件电动化。这些附件也是消耗高电压电能的设备。

（一）空调设备

传统车利用发动机来驱动压缩机产生冷风，利用发动机的废热来产生供暖的暖风。没有发动机的

EV车需要将空调压缩机和加热器电动化。加热器类型有PTC（Positive Temperature Coefficient）加热器、热泵式加热器等，但无论哪种，都需要消耗电能。

另外，HEV或PHEV车辆要根据怠速停机和EV行驶等发动机停止工作期间能否维持空调功能来决定是否需要将空调设备电动化。如能启动发动机来确保空调功能就不必进行电动化，也可以考虑将空调设备改成电动及发动机驱动的混合动力形式。

（二）DC-DC转换器

不仅是EV，所有的HEV、PHEV车为了确保12 V的电源，都搭载了能把高压电降到12 V电压的DC-DC转换器代替原来的交流发电机。散热器等使用12 V电压的设备消耗的电能决定了供给DC-DC转换器的电能。系统必须保证供给转换器充足的电能来确保这些设备不会发生电力不足的情况。

（三）电动助力转向系统

传统发动机车辆中，尤其是小型车，使用12 V电源的电动助力转向系统逐渐普及。装载12 V电源驱动的EPS（电动助力转向）时，也通过DC-DC转换器供电，这就需要在DC-DC转换器消耗电能的基础上加上EPS工作时消耗的电能。另外，如果是使用高压电源驱动时，则需要确保高压电力。

6.1.4 驱动电池

驱动电池需要具备的性能大概可以分成两种：一种是蓄电池的容量；另一种是蓄电池的功率特性。蓄电池容量是指蓄电池可以储存的电量。对于EV，需要根据续驶里程（时间）来设计电池容量。电池的功率性能根据驱动电动机可以输出的功率和可以回收利用的制动功率进行设计。电池容量和电池功率性能根据电池的种类和规格而不同。驱动电池有镍氢电池和锂离子电池等类型。另外，即使同样是锂离子电池，EV使用的和混合动力车使用的锂离子电池的电磁特性也有很大不同。EV重视续驶里程，因此需要大容量电池，而需要瞬时输入/输出功率的HEV车

则需要大功率电池。

另外，电池由于温度和充放电时间、电池老化等原因会发生极大改变，所以设计时候要考虑电池的使用环境和条件（图6-4）。

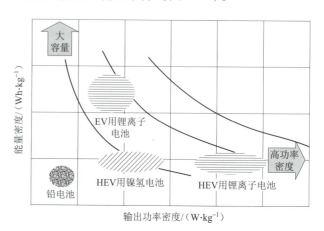

图6-4 电池的功率密度和能量密度

（一）驱动电池的设计

对于驱动电池的设计，需要明确各种高压设备需要消耗的电能、时间以及使用温度。

另外，还需要考虑除了驱动用电池之外有无可以提供电力的发电机。如有发电功能时，则对于电池性能的要求就没有那么严格，否则则要保证在所有条件下能够正常发挥所有车辆性能为前提进行设计。

由于蓄电池在不同的温度和充放电时间下其性能也会有较大变化，对于车辆性能也有较大影响，所以设计时需要假定最严苛的条件。对于蓄电池的老化问题，需要根据情况留出老化部分的余量。

（二）驱动电池的电池容量

对于EV，电池的容量主要影响车辆的续驶里程，而对于HEV，则影响电动机助力的力矩和制动能量回收的持续时间。对于EV来说，通常根据一次充电目标续驶里程来设定蓄电池容量。

EV的一次充电续驶里程由行驶需要的电力消耗量，即电耗以及电池容量决定。例如，对于1 kWh电力能够行驶10 km的车辆，如果一次充电续驶里程需要200 km，则蓄电池的容量需要达到20 kWh。由于电池容量与电池重量大致成正比，

所以搭载容量大的电池车辆重量会相应增加，电耗也会增加。电耗每恶化5%，就需要多搭载5%的电池。也就是说要综合平衡容量变化以及车辆重量变化来设定电池容量（图6-5）。

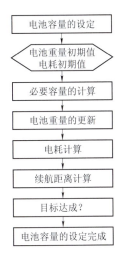

图6-5　蓄电池容量的确定方法

（三）驱动电池的功率特性

车辆搭载的电池包的单体数量取决于电池输入/输出性能目标与驱动电动机的功率特性。驱动电动机的功率特性根据行驶状态不同分为瞬间输出功率以及持续输出功率两种。功率输出的类型根据EV、HEV和PHEV等车型不同而异，这在6.1.3中已经叙述过。除此之外，还需要考虑高电压设备的消耗能力。

另外，对于不同的电池温度以及SOC，驱动电池的功率特性会有很大变化。需要在最低温度和SOC情况下仍能确保车辆性能的前提下，设定必要功率（图6-6）。

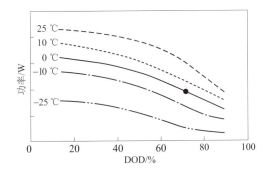

图6-6　驱动电池的输入/输出功率特性

例如，EV的能量来源只有电池，所以设定电池输出功率时必须保证在低SOC的情况下也不影响车辆的动力性能。另外，根据车辆使用环境的不同，需要充分考虑电池的温度特性。目前的高性能电池在温度降低时，就很难发挥其特性，有的电池在0℃以下就只能达到25℃时功率的一半，所以为了保证车辆0℃以下的动力特性，就需要相当于25℃时2倍的电池。另外，SOC在什么等级以上能保证车辆的动力性能也要根据车辆的性能目标在最恶劣的环境条件下来设定（表6-1）。

表6-1　电池组功率要求

行驶性能要求	持续20 kW	瞬间30 kW
行车温度/℃	0	0
最低SOC/%	20	30
蓄电池功率/kW	29	40
电动机供应电力/kW	24	35
DC-DC转换器/kW	1	1
空调/加热系统/kW	4	4

电池的功率随着输出时间降低，所以也需要考虑必要的瞬间加速输出时间和期望持续行驶的持续输出时间。

HEV电池结构的设计与EV是同样的考虑方法。HEV虽然基本上靠发动机驱动，但是想要实现增加电动机之后车辆更高的动力性能目标，就需要考虑温度、SOC以及输出时间。设计电池输出功率时必须考虑DC-DC转换器和空调等的功率。HEV的瞬时输出功率不仅仅供给电动机，也必须能够给DC-DC转换器和空调提供电力。另外，如果稳定状态下只靠发动机行驶时，电池持续输出功率只要能驱动DC-DC转换器和空调等设备即可。

可以看出，HEV与EV的最大区别就是即使电池输出功率降低，驱动性能恶化的情况下也可以继续行驶。另外，对于电池的要求是瞬时输出/输入功率特性。电池SOC的充放电控制与电池追求的性能条件密切相关。PHEV车型中既需要EV电池功率性能也需要HEV的电池功率性能。PHEV被称为range extend（续驶里程延长）EV，可在EV模式电池容量不足时补充电量。PHEV电池需要一定的功率确保纯电动行驶性能。另外，电池容量降低后，由于一般都是作为HEV在行驶，所以也需要具备HEV的瞬时输出功率性能。

PHEV在纯电动状态行驶时也可以根据要求启动发动机提供驱动力。通过设定不同的发动机启动功率条件可以降低EV需要的持续输出和瞬时输出功率。除行驶功率要求之外，也可以根据电池的温度条件、SOC条件和时间条件来启动发动机，通过这样来减少对于电池的依赖。由于增加了发动机的驱动力，可以缓解因为低温和低SOC等导致的功率不足问题。

（四）电池的老化

驱动电池由于使用方法、工作环境、长年使用等因素，会逐渐地不能发挥出早期的性能。电池老化的结果可大致分为容量降低和内阻增加。

由于老化，内部电阻渐渐增加，输出的电流大量被削减，电池电压大幅下降。因此，即使SOC在很高的状态下也无法输出功率。制动能量回收利用等性能也就随之降低。出现EV和PHEV的外部充电时间变长，或者指定时间内不能充满电的情况，给车辆的动力性能带来重大影响，所以在电池的设计阶段就需要提前预想到这些情况。

对于电池的容量降低问题也是同样，由于现在还无法避免电池容量降低的问题，所以需要在车辆设计阶段预先充分考虑好。

（五）电池组的设定（电池单体数的设定）

车辆搭载的驱动电池是由多个单体电池串联/并联构成的。设计电池组结构时，最重要的是要在电池组的电压范围内能够使包括电动机在内的高电压设备可以正常地发挥性能。为了发挥最大功率，电池组电压设定得越高越利于减少热损失，就越有利于效率的提高。一般情况下电压设定为100～400 V，也有设定到650 V范围内的。此时电池提供的功率（≈电动机功率）大概在10～150 kW的范围内，电流为100～300 A。由于电动机性能与电压密切相关，电压如果降低则很难实现高功率化和高转速化（图6-7）。

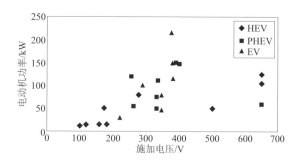

图6-7 电压与电动机输出功率的分布

车辆上使用高电压的设备有电动机、空调等。EV自不必说，HEV和PHEV当发动机停止工作后，所有的电力供应也都要靠电池。电池的性能对于温度的依赖性较强，尤其低温时功率下降很明显。因此，车辆能发挥的动力性能随着电池温度不同会发生变化。例如，外部气温（电池温度）0 ℃以上想要保证车辆的最大动力性能维持30 s，必须根据驱动电池0 ℃时第30 s的输出功率计算出单体电池的功率。用电设备除了电动机以外还包括DC-DC转换器和空调设备等，也需要考虑这些设备的电能消耗。例如，电动机最大功率是30 kW，若提供电能效率是85%，则需要35 kW，DC-DC转换器的电力消耗是1 kW，空调设备的电力消耗是4 kW，则车辆油门全开加速30 s时间需要电池组输出功率40 kW。如果单体电池0 ℃时第30 s的输出功率是500 W时，就需要80块以上的单体电池组成的电池组。若一块单体电池的电压是2.8～4.2 V，此时电池组的总电压是224～336 V，电流就达到120～180 A。高电压设备设计时要保证能够在该电流/电压范围内正常运行。

另外，假如电池组需要的容量是10 kWh，0 ℃时一块单体电池的容量是125 Wh，如果单块单体电池的电压为3.7 V，则需要80块容量大约为34 Ah的单体电池才能满足要求（如图6-8）。

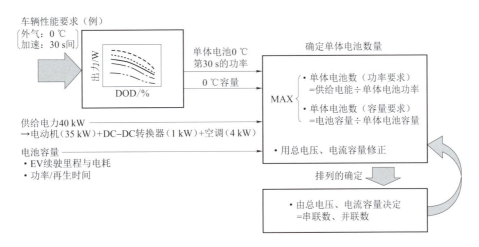

图 6-8　车辆目标性能、单体电池性能以及电池组

6.2　EV、HEV 的评价

6.2.1　前言

本节首先对 EV 的试验方法进行描述；然后对 HEV（将动能回收转化为电能进行驱动）和 PHEV（利用外部电能和石油进行驱动）的油耗、排放试验进行描述；最后，对电动车整体性能评价相关课题进行总结。

6.2.2　EV 试验方法

EV 车型不需要进行排放试验评价。目前针对 EV 性能的评价试验有"电动汽车用电动机额定功率试验方法"、"电动汽车用电动机最大功率试验方法"以及"电动汽车用 JC08 工况一次充电行驶里程以及交流电消耗率试验方法"等。

对于前两个电动机性能试验方法，各国还没有将其以技术标准的形式应用于汽车认证试验。为了方便，日本按照日本汽车工业协会总结归纳的 JEVS 为基础的试验方法进行试验。该方法以普通工业机械电动机性能的表示方法为基准，测量电动机的最大输出功率和额定功率。但是 EV 搭载的电动机与普通工业机械使用的电动机不同，用于表示原动机（内燃机）特性的最大功率与电动机最大功率的含义也未必一致。在选定普通机械用电动机时重要的性能指标是电动机额定功率，而这个额定功率用于汽车用电动机时的意义也不够明确。

在 JEVS 试验方法中，无论是额定功率试验还是最大功率试验，试验时的转速确定方式、功率测量时的转速保持时间以及功率控制条件的定义等均含混不清，需要尽快研究解决以实现客观的评价。"电动汽车用 JC08 工况一次充电行驶里程以及交流电消耗率试验方法"是根据技术标准制定的试验方法。随着中、小型车辆试验行驶工况从 10·15 工况转变到目前能够更准确再现行驶条件的 JC08 工况，EV 车型试验工况也于 2010 年 8 月开始改用 JC08 工况（TRIAS 5-10-2010）。除此之外，今后与内燃机车辆的油耗一样，对于 EV 车的能量利用效率指标——电力消耗率（电耗）（km/kWh）也需要考核。

6.2.3　HEV 试验方法

HEV 车辆将减速和下坡时释放出的动能转化成电能暂时储存在蓄电池中，在需要的时候用于车辆驱动。通过这一系列的转换降低了内燃机的废气排放量和燃油消耗量。因此，虽然废气排放和油耗的测量基本上与传统车相同，但是对于 HEV 车辆来说，测量这些数据的时候，试验开始与结束时蓄电池输入/输出的能量必须保持平衡。遵照技术标准（附件 42），对于可以实现动能回收的 HEV 车辆，进行气体排放测量及油耗测量（TRIAS 5-9-2007）时，需要进行电能收支的平衡。在测量排放时，预先进行多次工况试验，求得电能收支量与排放气体量的关系，按照不同成分的排放气体，根据线性回归方程式的斜度（修正系数），得到在电能收支量为零时的排放气体量。排放量修正的思路如图6-9所示。

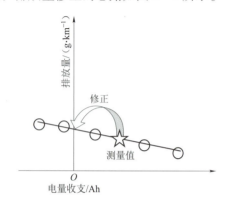

图6-9 排放量修正的方法

测量油耗时也是采用与气体排放相同的方法，使用修正后的排放值，依照碳平衡法计算油耗值。

此外，如果不考虑电能收支量与气体排放量的统计学意义，就不需要进行修正。

6.2.4 PHEV的试验方法

所谓PHEV车型是指在HEV车上搭载了大容量电池，可单纯依靠外部充电的电能行驶的车辆。PHEV车型不仅与传统内燃机车一样可以使用汽油等矿物燃料作为行驶能量，也可以使用家庭等商用电源提供的电能。从汽车排放和燃油经济性评价观点来看，PHEV车型根据行驶里程不同，燃油经济性会产生很大变化，对于这种特殊性需要建立一套专门的试验方法。

（一）与HEV的差别

如图6-10所示，外部提供给HEV的燃料只有汽油等矿物燃料，这一点与传统的汽车没有什么差别，区别在于HEV回收得到的能量能转化成更多的电能用于车辆行驶。PHEV车不仅能像HEV那样回收能量，而且除了使用矿物燃料以外还可以利用外部提供的电能。即HEV通过能量回收来降低矿物燃料的消耗量，而PHEV可以使用矿物燃料和外部的电能，用电能来代替行驶能量的一部分。因此，PHEV车是新能源（电能）应用在汽车上的新典范。

图6-10 从内燃机到PHEV的转变

（二）PHEV的特征

图6-11中表示的是常规HEV与PHEV车辆电能利用上的差别。HEV尽量做到动力电池输入与输出能量的平衡，即SOC基本保持在一定水平。与之相对应，PHEV由外部电源充电后电池的SOC在降至规定的最低限值之前，SOC是逐渐减少的，这个阶段利用外部充电获得的电能行驶。PHEV在行驶一段距离（A km）后SOC到达最低值时，与HEV一样利用矿物燃料行驶，即维持SOC稳定状态。SOC下降阶段的行驶模式称作CD模式（Charge Depleting Mode：电量消耗模式），SOC保持不变阶段的行驶方式称作CS模式（Charge Sustaining Mode：电量保持模式）。PHEV车可利用外部电能行驶A km的距离，所以从CD模式切换到CS模式时控制方式有很大变化，油耗和污染物排放的数值也有很大变化。CD模式行驶距离与车载电池的容量和性能存在着密切联系。例如，电池容量减少，CD里程就会随之变短，燃油经济性也会变差。

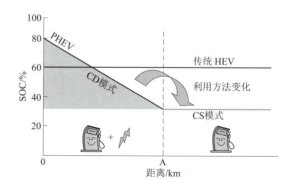

图6-11 电能利用方法的不同

(三) PHEV 评价的难易度

PHEV 车辆的特点是可利用矿物燃料和电能两种能量行驶,而且根据行驶距离的不同油耗的变化较大。无论车辆在哪种控制方式下行驶,为了进行客观地评价,确定试验方法时需要注意以下问题。

1. 纯电动续驶里程

该指标是单纯利用电力可以行驶的距离,是 PHEV 意向用户在意的车辆性能之一。但是,PHEV 的纯电动续驶里程定义并非那么简单。利用外部提供的电能行驶的距离可以定义为 CD 模式行驶距离,如果 CD 模式只靠电动机行驶,那么 CD 模式行驶距离就等于纯电动续驶里程。如果 CD 模式是电动机与发动机并用的混合动力,纯电动续驶里程与 CD 行驶距离就不一样。必须把电动机工作量与发动机工作量分离后,再评价纯电动续驶里程,否则与其他控制方式的比较就会变得很困难。

2. 油耗评价

PHEV 不仅依靠石油燃料,也利用外部电能行驶。对于这种可以利用两种能量行驶的车辆,其燃料消耗率必须将外部电能考虑在内进行客观的评价。

3. 用户实际使用情况的反映

PHEV 车辆行驶了一段距离后,燃料消耗量和排放性能会发生很大变化。基于这种特点,为了评价 PHEV 的性能,需要把用户的实际使用情况反映到性能评价中。

4. PHEV 特有的排放问题

大多数传统内燃机车辆启动的同时发动机也启动了,而 PHEV 车有时是根据行驶条件在行驶途中才启动发动机。因此,有可能在原来的排放污染物试验法中没有预想到的情况下排放废气。

5. 性能指标

由于使用了多种能源以及其他的一些特征,导致用于表示车辆性能的指标数量也增加了。如何把这些指标简明易懂地展示给用户是一个值得考虑的问题。

(四) PHEV 试验方法

根据 PHEV 的特点及存在的问题,目前在日本使用以下油耗和排放试验方法。

1. 过渡循环

如图 6-12 所示,在 PHEV 试验循环行驶途中会出现 CD 模式到 CS 模式控制切换的现象(以下称过渡循环)。对于此现象的处理如下:

过渡循环中很难明显观测到 CD 模式到 CS 模式的切换点。此外,切换点的决定要素是否只有一处也是根据车辆控制策略的不同而不同的。综合以上因素,车辆在充满电的状态下开始试验,将循环 $\Delta SOC=0$ 的试验循环定义成 CS 循环(看作全部是 CS 模式行驶的试验循环),则 CS 循环之前的一个循环就定义为过渡循环。过渡循环以前的定义为 CD 循环(全部是 CD 模式行驶的试验循环)。因为在试验中发动机的工作量与 CO_2 排放量有关,所以过渡循环中的 CD 模式行驶比例根据 CD 模式行驶、CS 模式行驶以及过渡循环行驶三个阶段的 CO_2 排放量按照比例关系求得。图 6-13 表示的是 CD 模式行驶比率的计算方法。

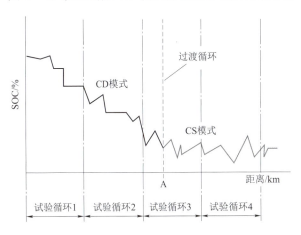

图 6-12 过渡循环

2. 续驶里程相关指标

作为表示 PHEV 车型纯电动行驶距离的指标,通常有 CD 里程和等效 EV 里程两个。CD 里程指的是利用外部电能可以行驶的距离,等于 CD 循环行驶距离和过渡循环中 CD 行驶距离的和。

$$\frac{CD \text{ 里程}}{(km)} = \sum CD \text{ 循环行驶距离} + \text{过渡循环中 } CD \text{ 行驶距离}$$

$$\text{过渡循环中 } CD \text{ 行驶距离}(km) = \text{试验循环距离} \times k_{CD}$$

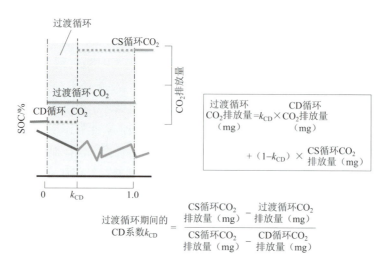

图 6-13 过渡循环中 CD 行驶比例的计算方法

等效 EV 里程指的是仅利用外部提供的电能能够行驶的距离，不一定是纯电动行驶，不过要减掉发动机工作部分的行驶距离。本指标也根据 CO_2 排放量按比例计算得到。

$$\text{每个循环的等效 EV 里程(km)} = \text{试验循环距离} \times \frac{\text{CS 循环 } CO_2 \text{ 排放量(mg)} - \text{该循环 } CO_2 \text{ 排放量(mg)}}{\text{CS 循环 } CO_2 \text{ 排放量(mg)}}$$

$$\text{等效 EV 里程(km)} = \text{每个 CD 循环等效 EV 里程之和}$$

3. 油耗试验方法

(1) CD 行驶油耗。测量排放和油耗时，切换到 CS 行驶循环（ΔSOC = 0）之前的一个循环定义为过渡循环，过渡循环之前的看作是 CD 循环。试验在满电状态下开始进行，各个循环的 ΔSOC 以负数变化，第一个 ΔSOC = 0 的行驶循环的前一个试验循环就是过渡循环。所谓 CD 循环就是每个循环中全部是 CD 模式下行驶的，也就是过渡循环之前的循环。CD 循环过程的油耗，即 CD 油耗的计算方法如下：

$$\frac{\text{CD 里程(km)}}{\sum \text{CD 循环燃料消耗量(L)} + \text{过渡循环 CD 燃料消耗量(L)}} = \text{CD 油耗(km/L)}$$

$$\text{过渡循环 CD 燃料消耗量(L)} = k_{CD} \times \text{CD 循环燃料消耗量(L)}$$

(2) CS 行驶油耗。CS 油耗采用传统的试验方法，可以与内燃机车辆和 HEV 车辆进行比较。

CS 油耗 = 0.25 冷启动 CS 油耗值 + 0.75（热启动 CS 油耗值）

(3) 综合油耗。作为 PHEV 油耗的代表值，以汽车的实际使用状态为基础，利用整个行驶过程中 CD 模式行驶的贡献率（UF），综合考虑 CD 模式行驶和 CS 模式行驶时的油耗计算出综合油耗。计算公式如 6.3.2 节的公式 (6-4) 所示。UF 是以日本轿车一天的行驶距离数据[2]为基础统计计算求得。CD 里程与 UF 的关系如图 6-14 所示。

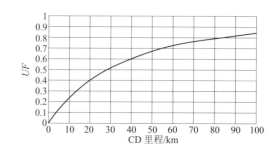

图 6-14 日本的 CD 模式行驶贡献率（UF）

4. 电能消耗率

电能消耗率（电耗）表示电力驱动效率，即 CD 模式行驶时的电能消耗率（km/kWh）。电能消耗率等于依靠电能的总行驶距离（等效 EV 里程）除以外部提供给 PHEV 车辆的电能总量（充电提供的电量)。

$$电能消耗率(km/kWh) = \frac{等效 EV 里程(km)}{充电电能差量(kWh)}$$

5. 废气排放试验法

与油耗试验不同,废气排放试验的目的是确认废气排放量是否满足标准限值要求。因此,需要保证一般使用情况下的最恶劣工况的排放物也符合标准限值要求。PHEV 车辆在冷启动状态下 CS 模式行驶试验时排放的废气量最多,所以按照以下的试验方法进行废气排放试验。

$$\begin{pmatrix}插电式车\\辆排放值\\(g/km)\end{pmatrix} = 0.25 \begin{pmatrix}冷启动\\CS 循环排放\\值)(g/km)\end{pmatrix} + 0.75 \begin{pmatrix}热启动\\CS 循环排放\\值)(g/km)\end{pmatrix}$$

但是,PHEV 车废气排放量的多少取决于车辆发动机的启动控制,尤其受催化剂冷态情况下发动机启动时间的影响,所以对于排放量多于上述低温启动 CS 行驶试验的车辆,以排放废气量最多的状态进行低温启动排放试验。

6. 油耗表示方法

为了正确评价利用两种能源行驶的 PHEV 的油耗性能,并且还要能反映用户的实际使用情况,我们使用以下基础性指标:代表 PHEV 油耗的指标有综合油耗(km/L);表示各种行驶状态效率的指标有 CD 油耗(km/L)、CS 油耗(km/L)、电能消耗率(km/kWh);表示外部电力续驶里程指标有 CD 里程(km)、等效 EV 里程(km);表示充电的消耗电能指标有一次充电的电能消耗率(kWh/次)。另外,由于每个用户的使用方法(行驶距离、行驶模式)的不同,PHEV 车辆的油耗和废气排放会有很大的变化。由于相对性的评价有时候也会产生优劣的倒置,PHEV 的油耗性能如果单纯参考基础指标也有可能给用户带来误解。希望每个用户能够结合自身实际使用情况计算用户油耗、年度目标电能使用量及电费成本等。图 6-15 为油耗表示方法示例。

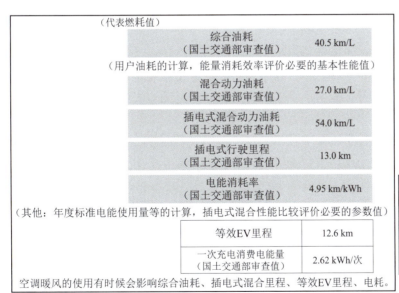
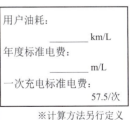

图 6-15 油耗表示方法示例

6.2.5 关于 EV 等评价的其他课题

(一) 使用空调时的影响

用于驱动空调等设备需要的能量与试验工况行驶需要的能量相比并不是一个小数目。尤其是对于像 PHEV 那样的可以靠车载电池储存电能行驶的车辆,其影响不容忽视。图 6-16 表示的是在开启暖风和制冷条件下室外气温与空调能力之间的关系。例如,车载电池容量是 2.6 kWh 时,由图 6-16 可知,室外气温 30 ℃时空调工作需要的能量大约为 2 kW，JC08 工况行驶时间大约为 1 204 s，所以需要空调的能量是 0.66 kWh。如果电池的 SOC 在 80% 到 30%，电池电量的 50% 都被空调所消费。由于发动机排出的热量较少，所以当需要产生暖风时，与内燃机车相比，油耗明显恶化。因此，空调暖风对于 EV 等车辆影响较大，其消耗的能量不可小视。

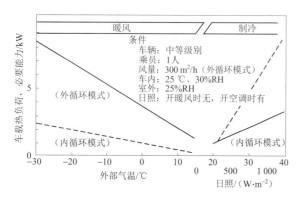

图 6-16 空调能力要求[3]

（二）电池老化的影响

传统汽车的电能只用于驱动附件，而电动车驱动车辆也需要电能。众所周知，电池随着使用时间的增加性能会发生老化，而电池老化会直接影响续驶里程等车辆性能。一般来说，EV 和 PHEV 的 SOC 变化幅度比 HEV 要大，在同一条件下，SOC 变化范围越大的电池越容易老化[4]，所以对于 EV 和 PHEV 电池的要求比 HEV 严格，并且 PHEV 电池的老化也会直接影响排放以及油耗等与环保相关的性能。现在这些影响还没有明确的定量，在研究这些影响的同时，也要考虑电动车整车性能评价中耐久试验评价的必要性。

6.3 尾气排放、油耗、电能消耗率及动力性能试验方法

6.3.1 EV 试验方法

EV 只消耗电能，不排放尾气，所以不像内燃机车辆（ICEV）那样需要考察废气排放和燃料消耗率（油耗），但是需要评价电能消耗率。

另外，几乎所有的车辆一次充电的行驶里程都要 200 km 以上，这是评定实际使用的重要项目，所以要对一次充电行驶里程进行试验。与 ICEV 不同，电池电量随着放电逐渐降低，所以对电池荷电状态（SOC）与动力性能的关系的试验方法进行了规定。

（一）一次充电行驶里程以及交流充电电能消耗率试验方法[5]

试验车辆充满电后，在环境温度 25 ℃ 情况下放置 6 h 以上，然后按照 10·15 工况和 JC08 工况等进行试验循环。当电池的能量接近 0，连续 4 s 无法满足试验循环要求的允许值（车速 ± 2 km/h、时间 ± 1 s）时视为试验结束，结束之前的行驶距离就是一次充电行驶里程。行驶结束后，使用厂家指定的充电器和充电方法给电池充电，使其恢复满电状态，此时测量需要的交流（充电器的输入端）充电电能。根据此方法可以评价一定条件下的一次充电行驶里程和包括充电器在内的综合能量效率。交流充电电能消耗率的计算公式如下：

$$C = \frac{E \times 1\,000}{d} \quad (6-1)$$

式中，C 为交流充电电能消耗率（Wh/km）；E 为交流充电电能（kWh）；d 为一次充电行驶里程（km）。

（二）行驶电能消耗率试验方法[6]

在一次充电行驶里程试验中，利用去掉最初 2 个循环后的 5 个试验循环数据，根据式（6-2）可以计算行驶时电能的消耗率。测量电池输出端子的放电量 E_1 与充电量 E_2，E_1 减去 E_2 的差就是行驶时消耗的电量。由此，就可以评价车辆预热后的能量效率。

$$C = \frac{E_1 - E_2}{d} \quad (6-2)$$

式中，C 为行驶时电量消耗率（Wh/km）；E_1 为放电电量（Wh）；E_2 为充电电量（Wh）；d 为行驶距离（km）。

（三）动力性能试验方法

1. 最高车速试验方法[7]

试验方法有 30 min 最高车速试验和 1 km 区

间最高车速试验两种。30 min 最高车速试验考察能够持续行驶 30 min 以上的最高车速，即"实用巡航最高车速"；1 km 区间最高车速试验考察超车时可持续行驶 1 km 区间的最高车速，即"实用最高车速"。30 min 最高车速试验是指使充满电的试验车加速，在达到汽车厂家设定的 30 min 最高车速后，保持 30 min 最高车速 ±5% 的速度连续行驶，测得平均车速。1 km 区间最高车速试验是指使充满电的试验车加速，达到最高车速后，测量行驶 1 km 所需要的时间。

2. 加速试验方法[8]

完全充满电的试验车以 30 min 最高车速的 80% 匀速行驶 15 min，此阶段为放电调整，之后从停止状态到 200 m 以及到 400 m 行驶，记录到达时间以及车速每增加 10 km/h 需要的时间。放电调整的目的是模拟实际使用中的中间放电状态，还可以通过此过程起到暖车的作用。

3. 爬坡试验方法[9]

该试验包括考察最大爬坡度的陡坡路试验以及考察实用爬坡速度的长坡路试验。陡坡路试验是指满电状态下在接近最大坡度设计值的坡路行驶，或者是根据不同配重用最大驱动力行驶，直接测量最大驱动力，或者由电动机最大转矩特性推测等方法进行评价。长坡路试验是指在 12%（约 7°）的斜坡上，以可持续最高车速行驶 1 km，求得最短时间爬坡的平均速度。当没有合适的坡路时，可以根据电动机转矩转速性能曲线图与行驶阻力曲线图进行计算求得。

6.3.2 HEV 试验方法

所谓混合动力汽车，根据国际标准（IS）的定义，是指以两种以上的不同动力源作为推进力的车辆。动力源有内燃机或燃料电池以及蓄电池、超级电容器、蓄能器，等等。但是随着蓄电池的性能和可靠性大幅度提高，目前销售的混合动力车几乎都是内燃机和蓄电池组合的混合动力车（HEV）。

HEV 分为外部充电和不进行外部充电两种形式。自从轿车中的丰田普锐斯，重型车中的日野 HIMR 上市后，不进行外部充电的 HEV 逐渐普及。近年来，为了进一步降低二氧化碳的排放量，进行外部充电的 HEV 即所谓的 PHEV 的开发逐渐盛行起来。下面将对这两种 HEV 的排放和油耗的试验方法进行介绍。

（一）不需要外部充电的 HEV 的排放、油耗试验方法

不需要外部充电的 HEV 车，在维持可多次充电的能量储存装置（RESS）的 SOC 的同时，通过不断地充放电来实现车辆的行驶。因此，试验结束后的 SOC 如果比试验开始时的 SOC 高，说明使用发动机充电的电能多于放电电能，所以油耗很高。与之相反，试验结束后的 SOC 比开始时的 SOC 低，则是放电量多于发动机充电量，油耗较低（图 6-17）。为了测量真正的油耗，需要保证试验开始时的 SOC 与结束后的 SOC 保持一致。

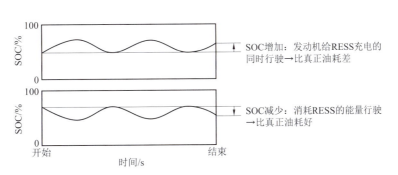

图 6-17 HEV 的 SOC 变化对油耗的影响

实际上要保证试验开始时与结束时的 SOC 保持一致，即 $\Delta SOC = 0$ 是很困难的。于是，ΔSOC

可以表示为试验期间的放电量与充电量的差,即电能收支(Ah)。建议通过电能收支不同的几处油耗的线性回归来计算电能收支为零时的油耗(图 6 – 18)。之所以可以用电能收支来推测 ΔSOC,是因为 HEV 使用的镍氢电池和锂离子电池的库仑效率基本上是 100%。如果使用日本认证试验方法,库仑效率在 98% 以下时要进行修正。此外,因为是线性回归式,电能收支与油耗成正比,所以油耗的单位不是 km/L 而是 L/km。

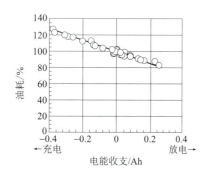

图 6 – 18　HEV 的电能收支与油耗之间的关系

使用线性回归计算时,需要进行 4 次以上的试验,所以需要较长时间。因此,在美国及欧洲的认证试验[10-11]中,电能收支乘以电压得到的实际能量变化量(NEC)比上油耗的能量换算值结果如果误差在 1% 以内(式(6-3))就不必进行修正。这虽然也与发动机以及电器效率有关,但是在油耗上允许 ±3% ~ ±4% 的误差。

此外,对于二氧化碳以外的废气排放,由于废气排放后处理装置等原因,有的与 ΔSOC 相关,有的与 ΔSOC 不相关,如果不直接相关则不需要进行线性回归。

$$NEC \text{ 许容值}: \left\{ \frac{\Delta Ah \times V_{\text{nominal}} \times 3\,600}{Q \times \rho \times Hu} \right\} < 0.01$$

(6-3)

式中,ΔAh 为电量收支(Ah);V_{nominal} 为额定电压(V);Q 为累计耗油量(L);ρ 为密度(kg/L);Hu 为低位发热量(J/kg)。

(二)进行外部充电的 HEV 的排放、油耗的试验方法

进行外部充电的 HEV,即 PHEV 首先利用外部充电得到的电能行驶。电池的 SOC 下降到额定水平后,与不需要外部充电的 HEV 一样行驶,并维持一定的 SOC 水平。前者叫作 CD 模式,后者叫作 CS 模式(图 6 – 19)。CD 模式根据发动机控制方式的不同又可以分为两类。发动机停止状态只依靠电动机行驶的纯电动(AE)控制模式和高负载时启动发动机行驶的混合控制模式。混合控制模式根据汽车制造商的想法不同,发动机利用率也不同,因此油耗与电耗差别很大(图 6 – 20)。为了能够公平地评价各种 PHEV,采用以下的试验方法。

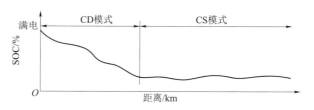

图 6 – 19　进行外部充电的 HEV 的两种工作状态

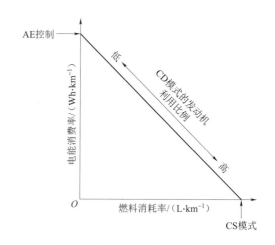

图 6 – 20　进行外部充电的 HEV 的油耗与电耗的关系

① 即使是在 CD 模式下行驶,随着 SOC 的降低发动机利用率有可能发生连续的变化,所以从满电状态直到 CS 模式行驶为止持续进行试验循环,测量整个过程的排放气体、油耗以及电能收支。

② CS 模式行驶时其控制状态可以看作是不进行外部充电的 HEV,当 NEC 和电量收支进入某一允许值时判定为 CS 模式。此允许值各个国

家[11-12]没有统一,选择该值的原则是ΔSOC对于油耗的影响在可以接受的范围。

③ 油耗:反映用户的实际使用状态,CD/CS各模式的测量值要乘以利用系数(UF),求得能代表PHEV油耗的综合油耗。UF表示的是各个阶段行驶距离相对于全部行驶距离的比例,用0~1来表示[12]。CD模式的行驶距离(CD里程)越长此值越大。日本国内试验方法[12]的综合油耗计算式如(6-4)所示:

$$FE_{PHEV} = \frac{1}{\frac{UF}{FE_{CD}} + \frac{1-UF}{FE_{CS}}} \quad (6-4)$$

式中,FE_{PHEV}为复合油耗(km/L);FE_{CD}为CD油耗(km/L);FE_{CS}为CS油耗(km/L);UF为CD里程的利用系数。

④ 排放气体:与油耗不同,因为需要确认是否满足安全基准,所以要在CS模式冷态启动等排放气体量最多的情况下进行测量。

⑤ 电耗:CS模式行驶结束后,测量恢复到充满电状态需要的交流电量。

6.3.3 大型HEV的排放气体及油耗试验方法

由于车辆的使用目的不同,所以不同的车型会选择不同的加装件、发动机、变速器、速比、车轴配置、轮胎规格,等等。认证试验中对于排放只需要测量少数代表车型即可,但对于油耗需要对不同参数的多种车型进行试验。因此,如果像小型车辆那样进行底盘台架试验,花费的工时和成本巨大,做法不现实。于是,对于传统的大型乘用车,一般利用以下的模拟计算进行试验。

① 在所谓的"变换算法"的模拟软件中输入车辆和发动机参数(车重、速比、发动机扭矩特性等)后求出认证试验循环行驶时有代表性的变速时间,在1s内算出发动机载荷条件(转速及扭矩)。

② 排放气体:近些年来,柴油发动机使用NO_x还原催化剂、颗粒过滤器(DPF)等后处理装置净化尾气,导致稳定行驶求得的值与瞬变行驶求得的值经常不一致。于是,使用算出的发动机载荷条件,在发动机测功机(ED)上模拟瞬变行驶来测量。

③ 油耗:与排放尾气不同,在1s周期内稳定行驶与瞬变行驶的值基本一致。于是,在"变换算法"求得的发动机载荷条件基础上,预先加上ED稳定行驶状态下测量的燃料流量图谱。

在全世界低碳减排的趋势中,今后不同速比、不同车身的大型HEV车辆会不断大量开发。因此,将来为了降低试验工时、成本,与传统大型乘用车一样,也需要充分利用模拟分析来简化试验方法。但是,HEV除了发动机以外还有发电机、电动机、电池等组成要素,这些构成要素由ECU(Engine Control Unit)控制,通过再生制动和电动机行驶来改善油耗,所以不能像传统大型乘用车辆那样,使用同样的"变换算法"计算发动机单体的载荷条件。于是,在日本国内考虑使用"系统台架试验法"[13-14]以及"硬件在环仿真试验(HILS)法"[15]两种试验方法。

(一)系统台架试验法

如前所述,虽然HEV发动机单体的载荷条件不能使用通用软件计算,但是因为整个动力系统的载荷条件不需要考虑区分发动机和电动机,所以可以进行计算。于是,在系统台架法[13-14]中,可以使用"变换算法"算出的动力系统整体的载荷条件,在ED上模拟动力系统整体的瞬变行驶,测量尾气排放和油耗(图6-21)。但是,制动的载荷条件需要减掉摩擦制动产生的扭矩,所以需要参考摩擦制动扭矩图谱来进行计算。HEV的油耗与再生能量的多少有很大关系,在ED上模拟瞬变行驶时不仅要再现驱动力,还要正确再现制动能量回收,所以通常正反两个方向的转矩都要规定运转精度的允许范围值。

(二)HILS法

虽然系统台架试验法可以借用"变换算法",但是存在以下问题:一是不适用于将来开发的四

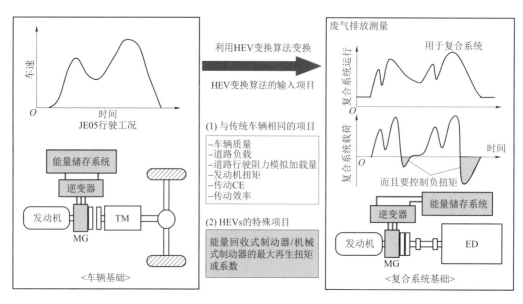

图 6-21 系统台架试验方法的概念图

轮驱动等复杂结构的 HEV 系统。二是由于 HEV 系统要区分减速机后的输出功率，所以需要能够吸收扭矩的大型 ED。三是除了发动机以外还要设置 RESS、电动机以及逆变器等，所以可供使用的实验室很少。四是由于油耗要通过瞬变行驶实际测量，车型增加后试验成本巨大。因此，与传统大型乘用车辆一样，需要一种计算方法，能够通过计算发动机单体的负荷条件对排放、油耗进行评价。HEV 的发动机的油门开度、RESS 的 SOC 依靠 ECU 来控制，所以要求发动机单体的负荷条件需要进行实际 ECU 的模拟，这种模拟就是 HILS 法[15]。

想要让 ECU 启动并工作，需要提供一个等同于车辆上的信号环境。因此，HILS 系统由 HILS 硬件［主机、数字信号处理器（DSP）、接口］、认证用 HEV 模型以及输入参数、驾驶员模型和标准车速图谱、试验车的实际 ECU 以及电源组成（图 6-22）。实际 ECU 通过接口与 DSP 连接。HILS 的工作过程如下：

① 在 DSP 内部，驾驶员模型进行标准车速的油门以及制动操作，此信号输入给实际 ECU。

② 实际 ECU 根据操作信号把扭矩指令值发送给发动机、电动发电机（MG）等各动力源模型。

③ 各动力源模型接收到扭矩指令值后，产生相应的扭矩。产生的扭矩除以惯性质量得出旋转加速度，乘以时间之后可以得出转速。MG 模型设定了扭矩和转速相对应的电能消耗图谱（驱动及再生侧），就可以根据载荷算出消耗的电能。

④ 驱动系模型设定了车身、轮胎、传动轴等各旋转要素的惯量和行驶阻力。变速器部分设定了各挡位的速比和传递效率，根据从各动力源接收到的扭矩算出各旋转系统和车辆的速度。

⑤ RESS 模型设定了容量、开放电压、内部阻力以及初期 SOC 等，根据从 MG 模型接收到的电能算出电压和电流。通过累积电流算出 ΔSOC。

⑥ 通过以上过程，HEV 模型从实际 ECU 接收指令进行等同于实车运行的同时，反馈运行状态。

通过 HILS 系统，利用实际 ECU 的控制逻辑计算发动机的负荷条件。不同于实车试验通过收支计算，这种方法很容易把 *NEC* 控制得很小，所以 *NEC* 允许值不是小型 HEV 试验法规定的 1% 而是 0.3%。即使是不满一次循环，油耗计算值的误差也可以控制得很小。计算发动机的负荷条件之后，可以按照传统重型车一样的顺序进行排放、油耗的评价。也就是说，利用发动机的负荷条件在 ED 上瞬变运行来测量排放。在发动机负荷条件基础上,加上事先在 ED 正常运行时测量的燃料流量图谱测量油耗。

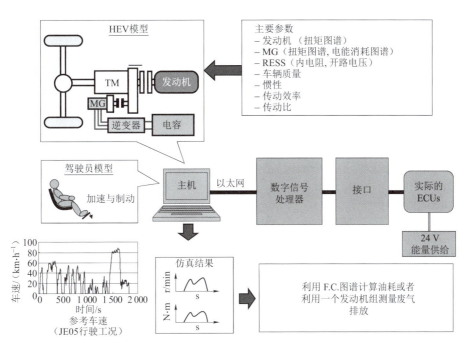

图 6-22 HILS 法的概念图

虽然截至 2011 年 1 月,只有日本施行系统台架法和 HILS 法,但是已经在考虑将 HILS 法作为国际技术标准(GTR)来进行推广。

6.4 基于 Well to Wheel 分析的 CO_2 换算法

在本节中,对于传统汽车(汽油机车、柴油机车)以及新能源汽车(混合动力车、电动车、燃料电池车等)的环保性能,从 WtW 分析的角度来进行考察。考察目的不是比较不同车型的优劣,而是重点说明各种燃料以及汽车能耗、CO_2 排放的评价思路与注意事项。

6.4.1 WtW 分析与汽车 LCA

解决能源短缺和地球温室效应的措施有:
① 改善汽车的油耗。
② 燃料多样化。
③ 高效利用。
④ 改善交通流等[16]。

从汽车研发的角度来看,最重要的是改善油耗和燃料多样化。目前,如图 6-23 所示,使用多种替代燃料的新一代汽车不断开发成功并投入市场,并且正在讨论面向 2030 年或者 2050 年的普及战略[17-18]。

从生命周期(资源开采→制造→使用→废弃)的角度对燃料和环境影响的汽车生命周期评估(LCA)已经普及。因此,对与此生命周期相关的各种资源(矿物燃料、金属矿物)和环境污染物,如温室气体(CO_2、氟化烃)、大气污染气体(CO、HC、NO_x、PM、SO_x)、废弃物(废油、废液、重金属)等的了解就变得很重要[19]。

一般来说,在图 6-24 中粗虚线圈起的区域是汽车 LCA 的考察范围。另外,由于燃料决定了汽车的原动机,所以对燃料供给的 WtT 分析与车辆行驶阶段的 TtW 分析就十分重要。另外,也可以对能量消费、温室气体进行单独的 WtW 分析[19]。

WtW 分析的目的是考察各种交通工具的燃料。为了降低大量数据收集过程中的劳动量和不真实性,在 WtW 分析中不考虑燃料供给的基础设施、车辆制造、保养、车辆报废和回收过程,而把考察重点放在了燃料和动力源的未来发展上[19]。

图 6-23 目前新一代汽车的分类

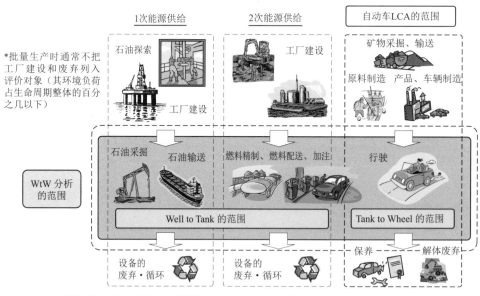

*WtW分析：集中到影响最大的"燃料供给"与"行驶"（对象为能源和CO_2等）

图 6-24 汽车 LCA 与 Well to Wheel（WtW）分析的区别（系统边界）

汽车 LCA 与 WtW 分析在评价上的区别如图 6-25 所示，从行驶距离与温室气体排放量的关系进行说明[21]。图中的两条直线表示的是汽车 LCA 的结果，其截距（行驶距离=0）表示的是汽车制造部分。随着行驶距离的增加，油耗较低的混合动力车的累积 CO_2 排放量低于传统车。在轿车的 LCA 评价中通常要比较 10 万千米总行驶距离（使用年限 10 年）的绝对量，而在 WtW 分析中评价包含的是燃料供给在内的油耗表现，也就是比较此图中直线的倾斜率。

图 6-26 表示的是 WtW 的分析对象：各种燃料来源和对应的汽车类型。各种燃料与汽车的

有效组合方式因矿物燃料、生物燃料等能源的储量、市场供给力与燃料成本、基础设施建设情况、电源结构以及新一代汽车开发能力等国情和国力的不同而不同。

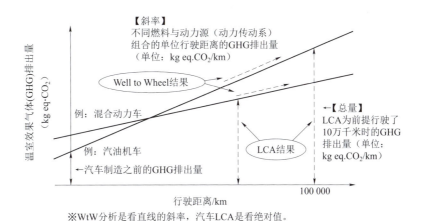

图6-25 汽车LCA与Well to Wheel（WtW）分析的区别（评价的重点）[20]

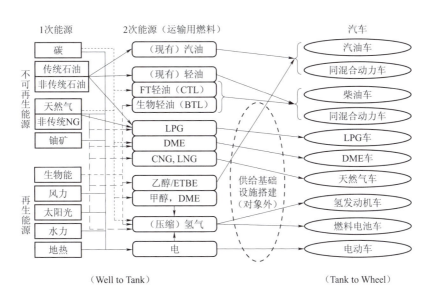

图6-26 Well to Wheel（WtW）分析的对象：各种燃料来源和对应车型

6.4.2 WtT分析

本节就燃料供给的WtT分析方法和注意事项进行叙述。

（一）燃料的发热量、CO_2单位排放量和全球变暖系数

能源消耗量和CO_2排放量的计算需要各种燃料的发热量（低/高）与CO_2排放系数（燃料中的碳含量）以及密度值。主要燃料的数据参考表6-2[22-24]。

另外，评价CO_2以外的温室效应气体时，使用全球变暖系数（GWP）作为加权平均系数。最新的GWP参考表6-3[25]。根据欧盟汽车空调系统的制冷剂泄漏标准，从2011年开始禁止使用GWP超过150的制冷剂。因此，GWP为4的新制冷剂HFO-1234yf越来越受到关注[26]。

表6-2 主要燃料以及发热量、CO_2排放系数

燃料	密度（15 ℃）	高位发热量	低位发热量	CO_2排放系数
汽油	0.733 kg/L	34.6 MJ/L	32.9 MJ/L	2.32 kg/L
标准汽油	0.730 kg/L	34.5 MJ/L	32.8 MJ/L	2.32 kg/L
优质汽油	0.747 kg/L	35.1 MJ/L	33.3 MJ/L	2.36 kg/L
轻油	0.833 kg/L	38.0 MJ/L	36.1 MJ/L	2.61 kg/L
C 重油（船舶用）	0.940 kg/L	42.0 MJ/L	40.9 MJ/L	3.01 kg/L
LPG（自动化军用）	0.563 kg/L	49.7 MJ/kg	45.8 MJ/kg	3.03 kg/kg
LNG	—	54.6 MJ/kg	49.1 MJ/kg	2.70 kg/kg
乙醇	0.790 kg/L	29.7 MJ/L	26.8 MJ/L	1.91 kg/L
BOF	0.890 kg/L	—	35.4 MJ/L	2.70 kg/L
日本国内发电平均值	—	9.82 MJ/kWh	9.41 MJ/kWh	0.375 kg/kWh

表6-3 汽车相关的主要温室气体的全球变暖系数（GWP）

温室气体	寿命	GWP（100 年值）
二氧化碳（CO_2）	—	1
甲烷（CH_4）	12	25
一氧化二氮（N_2O）	114	298
氟利昂（CFC-12）	100	10 900
氟利昂替代物（HFC134a）	14	1 430

全球变暖系数通常使用的是 100 年累积计算的系数。

（二）现有燃料（汽油、轻油）

现有燃料在 WtT 分析中的直接/间接流通如图6-27所示。对于液体燃料，可以不考虑填充时的能量消耗。石油运输（远洋运输）、燃料配送（国内配送）的间接流通不仅仅指图中的 2 次流通，还有 3 次流通和 4 次流通等，但是由于与 C 重油和轻油制造有关的能量消耗量和 CO_2 排放量大约占各燃料燃烧的 10%，所以考察 2 次流通即可以保证精度（误差 10% × 10% = 1%）。

从 2005 年开始日本开始使用无硫汽油（硫含量 10 ppm① 以下），但是，石油行业发表的 WtT 分析结果都是 2000 年以前的[27]，至今没有发布无硫柴油燃料的 WtT 分析结果。

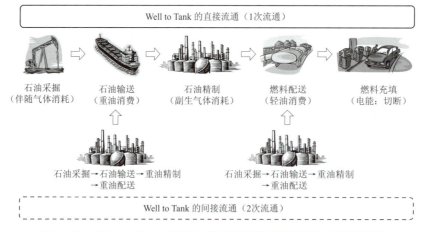

图6-27 Well to Tank（WtT）分析的直接/间接流通（现有燃料）

（三）气体燃料与填充

典型的汽车用气体燃料有压缩天然气（CNG）和氢气。日本的 CNG 主要依靠进口 LNG（Liquefied Natural Gas），WtT 一半以上的能量用于在当地进行天然气的提纯、液化。氢气的制备方法多种多样，如使用城市气体无硫汽油等的水蒸气改质、工厂

---
① 1 ppm = 10^{-6}。

的副生氢气（盐电解、焦炭炉、石油提纯）、水电解、核能发电的热利用，等等[24]。

由于气体燃料采用高压填充方式（CNG：20 MPa；氢：35 MPa/70 MPa），所以也不能忽视填充时的能量消耗（电能的使用）。

（四）电能与充放电

电力公司等提供的电能除了用于 EV 和 PHEV 充电以外，也用于分解水来制造氢气。发电方式可分为水力、火力、核能、地热、风力、太阳光、太阳热、生物发电。其中 CO_2 排放量最多的火力发电，主要指的是使用煤炭、石油、LNG 的蒸汽发电（蒸汽锅炉与涡轮）。

由于电能需求较少的夜间和需求较大的白天的电能结构不同，所以严格来说，昼夜的 WtT 分析结果，即输出端（受电端）1 kWh 的能量消耗量和 CO_2 排出量是不同的。但是，通常不区分昼夜，而是参考年平均的 WtT 结果。

EV、PHEV 充电时的能量损耗包括充电器的损耗（充电器效率）与电池损耗（充放电效率）。例如，如果充电器效率为95%，电池充放电效率为95%，则充电效率为 95% × 95% = 90.3%，我们就需要考虑大约10%的能量损耗[28]。

（五）生物燃料

生物燃料按照用途可以分成汽油车用的生物乙醇，柴油车用的生物柴油，CNG 车用的生物天然气，EV、PHEV 用的生物能发电，等等。生物柴油又可以分成 FAME 化（Bio Diesel Fuei，BDF）、氢化（Bio Hydrofined Diesel，BHD）、气化合成（Fischer Tropsch Diesel，FTD）。

可再生与碳中和（由于碳循环，即使发生燃烧，CO_2 排放量总体来看也是0）是生物燃料的评价特征。但是，碳中和的前提是持续种植。另一方面，来源于生物废弃物产生的 CH_4 发酵（GWP 25）、来源于化学肥料的 N_2O（GWP 298）是其主要评价对象。

另外，关于生物燃料的能量分析，对石油依存度降低的评价有以下两个方法，需要注意其来源是矿物燃料还是生物废弃物[29]。

① 能量收支比 = 生产的能量/投入的能量总量。

② 矿物能量收支比 = 生产的能量/投入的矿物能量。

作为替代效果的评价，要计入生物能发电的售电效果，即购买电能的替代效应（与使用电能相抵的能量削减量、CO_2 削减量）。目前，用于燃料转换的生物废弃物是否要计入矿物燃料替代效果还不确定。例如，当甘蔗渣作为能量源投入时，可以看作是实现了重油削减，要减掉制造重油有关的能量消耗量和 CO_2 排放量。但有时候也不计入替代效果，只是看作能量消耗量为 0[21]。根据评价方法不同，比较的时候要注意前提条件。

（六）WtT 分析结果

WtT 分析如图 6-28 所示[24]。对象为新一代汽车使用的现有燃料（汽油、轻油）、CNG（源于LNG）、氢气（城市家用煤气改质）、购买电能（全国平均）五种。图 6-28 中是按照每 1 MJ 燃料（低位热值 LHV）的温室效果气体排放量（CO_2 换算）整理的。另外，横列柱状图表示的是各种燃料的制造工序。

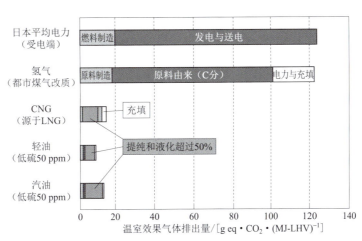

图 6-28 Well to Tank（WtT）分析

现存燃料中石油的提纯阶段、CNG 的提纯和液化阶段是 CO_2 排放最多的阶段。但是与氢制造和发电相比，CO_2 排放量算是很少的。

6.4.3 TtW 分析

本节介绍车辆的 TtW 分析方法与注意事项。

（一）工况油耗与实际行驶油耗

TtW 分析中通常使用工况油耗（10·15 工况油耗、JC08 工况油耗），也叫作标称油耗，是用户熟知的指标。但是，当出现与工况条件不同的加速度、开启冷暖空调、遇到拥堵时，实际油耗（实际行驶油耗）会高于工况油耗。实际行驶油耗与工况油耗的关系可以用乖离率 = 实际油耗/工况油耗来表示。例如，由乘用车（包括进口车）的平均工况油耗（10·15 工况）与实际行驶油耗可以计算出过去 5 年（2004—2008）的平均乖离率为 71%[16]。

（二）空调的影响

油耗表现好的汽车，如 HEV 实际油耗与工况油耗的乖离率较大[30-31]。因此，通过加装电动压缩机用于降低经常怠速熄火的夏季油耗，通过回收催化剂流出的排气热量来提高冬季的暖风效果[31]。但是，无法利用发动机热量的 EV 车开启暖风时的油耗则会变差 1/3 ~ 1/2[32-33]。

比较 TtW 分析结果时，虽然通常使用工况油耗指标，但是也需要参考实际行驶油耗的影响。

（三）TtW 分析结果

TtW 分析如图 6-29 所示[22]。对象车辆（排气量、车辆重量）有汽油机车（1.5 L, 1 120 kg）、汽油 HEV（1.2 L, 1 239 kg）、柴油车（1.8 L, 1 200 kg）、柴油 HEV（1.5 L, 1 295 kg）、压缩天然气车（1.5 L, 1 201 kg）、FCEV（1 501 kg）、EV（1 549 kg）。图 6-29 中所示均为 10·15 工况油耗实例。

6.4.4 WtW 分析

图 6-30 是 WtW 分析的一个实例，组合了前面阐述的 WtT 分析和 TtW 分析。在这个例子中 FCEV 的温室气体排放量虽然比汽油 HEV 要多，但是通过提升氢制备过程和 FC（Fuel Cell）系统的效率，可以得到较大改善。

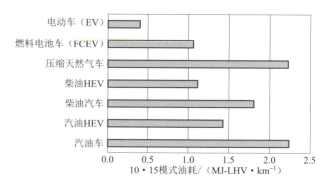

图 6-29　TtW 分析（10·15 工况油耗）

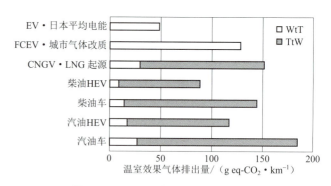

图 6-30　WtW 分析（10·15 工况）

6.4.5 小结

WtW 分析是聚焦于汽车能量消耗和对全球温室效应有重大影响的燃料制造和行驶的一种分析方法，是评价新一代燃料、车辆系统可行性不可缺少的一种方法。但是，仅仅靠它是远远不够的。WtW 分析是评价的第一阶段，接下来要进行包含材料、车辆制造的汽车 LCA，之后是供给量、基础设施等的需求、经济性评价等，通过这一系列的方法来详细探讨新燃料、车辆系统的开发等问题。

6.5　车载电力电子学装置的 EMC

6.5.1　序言

近些年，汽车领域旨在改善油耗、降低 CO_2 排放量的执行器电动化等方面的发展日益加速。对于混合动力车，不仅是产生牵引力的驱动部分，像电动助力转向、电子制动系统等辅助电动控制装置采用电力电子装置的也越来越多。这些车载电动装置的使用可以提高控制性和改善效率。但是，由于这些装置带来的电磁兼容性（Electro - Magnetic Compatibility，EMC）问题也日益凸显。

电力电子装置依靠 MOSFET（Metal Oxide Semiconductor Field Effect Transistor）和 IGBT（Insulated Gate Bipolar Transistor）的高速开关动作来控制高电压、大电流。这种急速电压和电流的变化使电路中的电感元件中积蓄能量，会产生高频率的噪声。尤其在汽车领域，众所周知这种高频率噪声会干扰车载收音机的信号接收。抑制高频率噪声和应对 EMC 问题已经成为现阶段重要的技术课题。

在本节中，首先简单介绍车载装置的 EMC 标准与试验方法，然后重点介绍电力电子装置中电动机、逆变器系统的 EMC 问题以及剖析噪声产生的原理，最后介绍车载电动机、逆变器系统的 EMC 设计实例。

6.5.2 EMC 标准与试验方法

汽车的 EMC 国际标准有 CISPR 12 和 CISPR 25，其中规定了电磁噪声推荐限度值和测量方法等[34]。CISPR 12 的目的是保护建筑物内部信号接收机，而 CISPR 25 的目的是保护汽车的收音机、电视的信号接收，解决的是 AM 和 FM 的接收噪声问题。随着车载电气、电子系统的不断增加，在实车试验之前进行每个系统的评价和对策是很重要的。该项工作通常是由汽车厂家进行实车试验，个别系统试验则由负责开发的零件厂家负责实施。多数情况下，汽车厂家会把各个系统产生的噪声限值及频段提供给零件厂家，零件厂家设计满足要求的零件即可。

图 6-31 表示的是 CISPR 25 零件试验（ALSE 法：Absorber - lined Shielded Enclosure Method）的典型安装图。电波暗室内设置非金属的桌子，在桌子上铺设金属的接地层。在接地层上配置了电池（电源）、人工电源网络（LISN）、配线和被测对象。

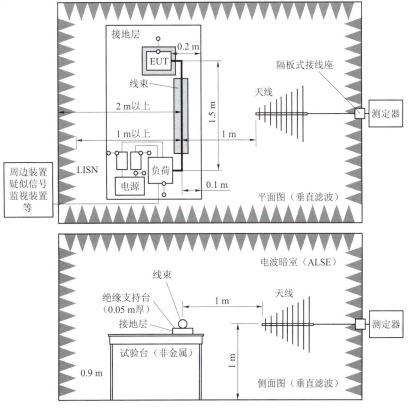

图 6-31 CISPR 25 的零件试验布线装配示例[34]

电场辐射发射的测量仪器采用频谱分析仪（接收机）、前置放大器、天线，等等。通常根据测量频带的不同使用不同种类的电线。在放射噪声试验中，因为配线的放置方法和捆扎方法不同，测量值也会发生变化，所以需要注意布线装配的可重复性。

通过测量LISN端子产生的电压，或者用电流探测器测量各线电流，达到测量传导发射的目的。有电力电子装置的传导发射会导致辐射发射，所以评价辐射发射之前处理传导发射是减少工作量的好办法。

6.5.3 电动机、逆变器系统的EMC理论

（一）由于PWM启动导致的通用模式噪声电流的产生

图6-32表示的是电动机、逆变器系统的PWM启动时产生噪声的状态[35]。PWM启动时，逆变器本体输出到电动机线的脉冲电压通过电动机线传递到电动机。此时，电动机因为拥有较大的对地电容，接收到的充放电流通过接地线流入地面。这一现象如图6-32所示，由脉冲电源E与电缆的电感器L、电动机对地电容C的等价回路表示。这个流入地面的充放电流是电动机、逆变器系统的传导噪声的主要组成部分，被称作共模噪声电流。这个共模噪声电流是较大放射噪声的产生原因，所以对于此噪声电流的解决尤为重要。

接下来，关注一下上述PWM启动后产生的脉冲电压频率的成分。图6-33表示的是PWM启动导致脉冲电压与其频谱的傅里叶变换的关系。脉冲电压的频谱中，从PWM启动的载波频率f_c开始，到脉冲升高（或者下降）特性频率f_r为止，频率增加一位数噪声降低-20 dB。另外，

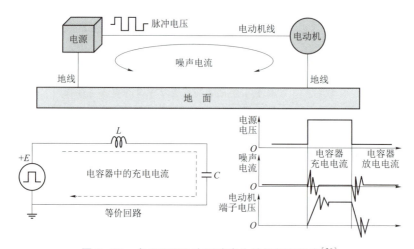

图6-32 由于PWM方形波产生的低频率噪声[36]

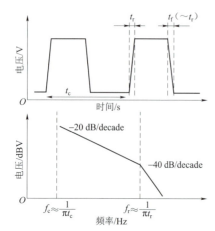

图6-33 方形波电压波形与频率频谱[35]

从f_r开始在高频率处降低-40 dB。通常的IGBT逆变器的载波频率f_c为3~15 kHz，从IGBT开关波形得出的升高（或者降低）的特性频率f_r大概在300 kHz~3 MHz。因此，3 MHz以上的中高频率噪声有望大幅度降低。但是实际的电动机、逆变器系统中，图6-33会产生数十到数百兆赫兹的中高频率噪声。

（二）由于箱体内部共振导致的中高频率噪声

中高频噪声的产生原因之一是箱体内部共振[35]。图6-34（a）是逆变器输出电压频谱的实测例子。从此图中可知，与虚线表示的理想方

形波的电压频谱相比,实际输出电压频谱要高出 2 MHz以上。这种增加是由于箱体内部噪声电流传递产生的共振引起了电压波形的振动。

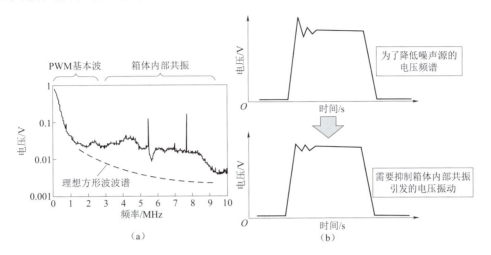

图6-34 箱体内部共振产生的中频率噪声[36]
(a) 逆变器输出电压频谱；(b) 输出电压波形

图6-35表示的是IGBT逆变器共振现象的例子。对于IGBT逆变器,通过改变电容器直流电压 V_{DC},对IGBT集电极、发射极间的电压 V_{ce} 进行实际测量和解析。断开后的 V_{ce} 振动接近5 MHz,并且能够看出随着 V_{DC} 的增加,逐渐升高。由振动的频率与逆变器的主回路布线电感系数推导出共振容量 C 大概与IGBT以及二极管的输出容量相同。由此可知,上述振动是IGBT以及二极管的输出容量与主回路布线电感的共振。如果要抑制逆变器的中频率噪声就需要抑制上述共振现象。

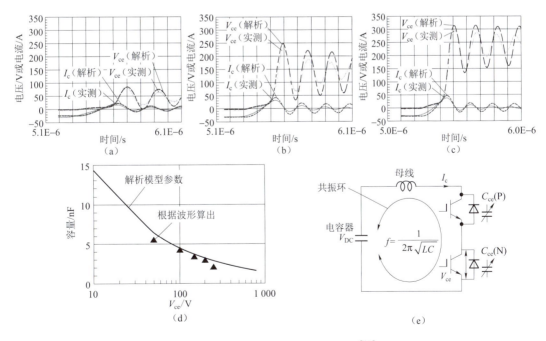

图6-35 IGBT逆变器的共振现象[35]
(a) $V_{DC}=50$ V；(b) $V_{DC}=150$ V；(c) $V_{DC}=250$ V；
(d) IGBT、二极管输出容量的电压依存性；(e) IGBT逆变器的共振环

(三) 电动机电缆 - 地面共振导致的中高频噪声

即使抑制了上述箱体内部共振,当逆变器输出电压接近理想方形波时,有时也会产生中高频噪声,其原因有箱体外部的电动机电缆 - 地面的共振[35]等。图 6 - 36 是将逆变器输出端子电压 V 与电动机电缆 - 地面的阻抗 Z 以及传导噪声电流的关系在频率空间中表示的图表。由图 6 - 36 可知,电流频谱 I 等于 V/Z。这暗示着即使在电压频谱 V 接近理想方形波的情况下,电动机电缆 - 地面的共振频率附近的阻抗一旦降低,由于理想方形波拥有广阔的频谱,所以低阻抗区域产生了较大的噪声电流。因此,抑制噪声电流时要防止电动机电缆 - 地面的共振频率导致的阻抗降低。

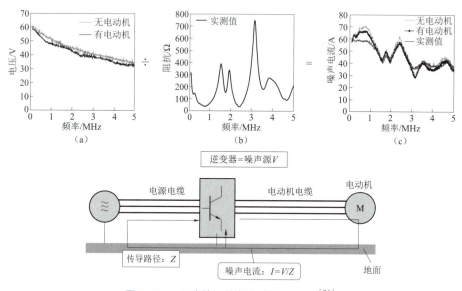

图 6 - 36 回路的阻抗与噪声量的关系[36]

(a) 噪声源的电压波谱(实测); (b) 径路的阻抗(实测); (c) 噪声电流波谱

6.5.4 EMC 车载电动机、逆变器系统的设计实例

在逆变器系统中,当噪声滤波器安装在逆变器中时,由于其体积占据比例较大,所以噪声滤波器是决定逆变器结构的重要因素。因此,在设计初期要设定低噪声目标,抑制各组成要素产生噪声,尽量减小噪声滤波器的体积。下面,介绍最近车载逆变器开发实际例子中为了实现低噪声化的三个基本概念。

(一) 主回路布线的低电感化

第一个基本概念是通过主回路布线的低电感化来抑制箱体内部的共振[36]。正如前述,箱体内部共振是中频噪声产生的原因。图 6 - 35 中表示的半导体元件的输出容量与主回路布线电感产生的共振现象,可以表示成图 6 - 37 的 LCR 串联共振回路。此回路的共振能量可以表示成 $E = \frac{1}{2}LI^2$。

这表明降低主回路布线的寄生电感 L,就可以减少共振能量,短时间内振动衰减,就可以抑制噪声电压频谱的共振峰值。图 6 - 37 (b) 显示的是 MOSFET 开关波形的模拟仿真解析结果。由图可知主回路布线电感变小时,共振产生的振动迅速衰减。众所周知的电感降低方法是通过把双方向电流的配线接近布置,通过各配线产生的电磁相互抵消,依靠相互电感来降低各配线的合成电感。另外,在动力模块内部,如图 6 - 38 所示,动力模块放热的同时会产生涡电流,通过主回路配线产生的磁通与感应涡电流产生的感应磁通相抵可以大幅度降低动力模块内部的主回路配线的电感。其降低效果如图 6 - 39 所示。涡电流流经主回路配线的正下方,动力模块的放热与主回路配线的距离 d 越小降低效果就越好。但是,考虑到绝缘性问题,数百微米可以实现的 d 值大概可以降低主回路配线电感的 1/5[37]。

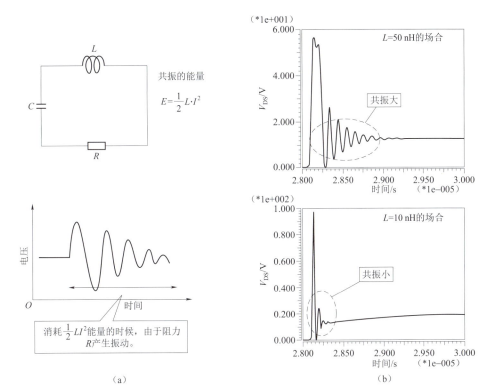

图 6-37 低电感化带来的共振抑制效果[36]

(a) 共振环等价回路与共振振动示意；(b) MOS 源极、漏极间电压的解析结果

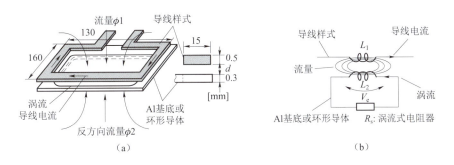

图 6-38 利用涡电流降低配线电感的方法[37]

(a) 导线结构；(b) 等效电路

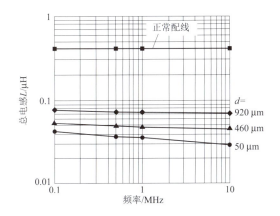

图 6-39 利用涡电流降低电感的效果[37]

(二) 共模电流的封闭

第二个基本概念是依靠屏蔽线来封闭共模噪声电流[36]。此概念是指通过最小滤波器来抑制 PWM 启动产生的噪声电流。这种方法尤其对于低频率噪声以及电动机电缆-地面共振产生的中高频噪声的抑制很有效果。正如前面所述，由于 PWM 启动，脉冲电压施加到电动机电缆的对地电容后，其寄生电容重复发生充放电而产生共模噪声电流。脉冲电压包含载波频率以上的高频率和跨越广阔带宽的频率成分。因此，电动机电

缆-地面的阻抗较低的频率带和共振频率带容易产生较大的共模噪声电流。为了抑制这种共模噪声电流，比较有效的方法是如图6-40所示在逆变器输入端和输出端加装线上滤波器，在必要的频率带增加电动机电缆-地面的阻抗。

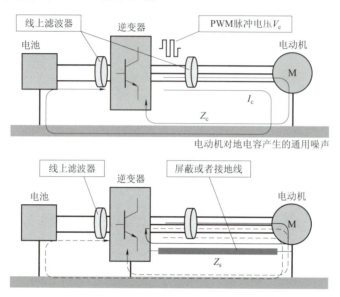

图6-40　通过屏蔽电线密封噪声[36]

但是，负载电流较大的低压系统中想要充分降低共模噪声电流，就需要把线上滤波器大型化。因此，有时候因为实际空间的限制无法实现布置。在这种情况下则不采用增加阻抗 Z_c 的方法，而是借用电动机两端接地的屏蔽线，利用低于 Z_c 的阻抗 Z_s 屏蔽覆盖，创造噪声电流回路，把浮游电容泄漏出的噪声电流封闭在此回路中。此方式效果很好。噪声电流封闭的条件是 $Z_s \ll Z_c$，因此输入端的线上滤波器只是为了使其满足条件，所以小容量的滤波器就足够了。

根据此概念设计的电动机、逆变器系统的放射噪声的测量结果如图6-41所示。在车载广播噪声最严重的AM频带实现了近似于背景噪声的水平。

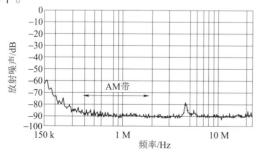

图6-41　放射噪声测量结果[36]

（三）电力路径的屏蔽

第三个基本概念是，沿着前述的主回路配线噪声电流的路径使用电磁屏蔽线，来防止噪声电流路径的多余辐射。具体方法将举例说明，以下是依靠车辆整体配线来降低噪声的混合动力车的EMC设计实际例子。

混合动力车辆使用驱动高电压、大电流的逆变器和高电压电池，因为电池的负极不直接与车身地线相连，所以逆变器与DG-DC转换器为浮动电位，因此可以预测到由于高电压系统整体的电位变动很可能产生较大的放射噪声。另外，由于是大电流、高电压，常常需要增大滤波器和系统的尺寸，因此混合动力车辆依靠连接包括箱体以及电缆在内的高电压电源系统的屏蔽结构来抑制放射噪声。

图6-42表示的是大概的结构。如图所示，不仅主回路线束使用了屏蔽电线，电池箱体也采用了屏蔽箱体，并且各个连接点也采用了屏蔽接头。通过使用这样的结构，可以降低向外界的噪声传播和不需要的放射。通过以上方法，车载的AM广播也实现了无干扰接收信号，实用性提升[38]。

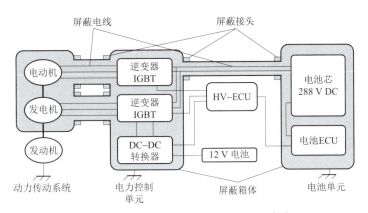

图 6-42 混合动力的 EMC 设计实例[38]

6.5.5 小结

在本节中，介绍了为提升控制性和改善效率，电动化升级后带来的车载装置的 EMC 问题，针对具体的 EMC 标准及其试验方法，电力电子学装置中的电动机、逆变器系统的问题，从噪声产生原理角度分析来思考对策方法。重点介绍了利用涡电流降低主回路配线电感的方法和利用小型滤波器增加电动机电缆-地面阻抗的方法，还有主回路配线、电动机、逆变器、电池使用屏蔽电线来抑制多余辐射的方法。

6.6 LCA（生命周期评估法）

6.6.1 LCA

所谓 LCA，如图 6-43 所示，是指在从原材料的制造开始到产品制造、使用、废弃和回收的整个产品生命周期中，对于所使用的资源、能量与产品产生的环境污染物进行定量的评估，并对产品的潜在环境影响进行评估的一种方法。LCA 评估方法应该遵循国际法规 ISO 14040、ISO 14044。

有人误认为只要进行 LCA，就可以自动评估所有环境负担，其实 LCA 只是一种单纯的评估手法，其本身不具备从无到有的创造能力。

关于材料和零件的制造，如果没有供应链中上层材料厂家和零件厂家的协助就无法取得数据，即没有各主体的协同合作就很难实施 LCA。尤其是汽车，它是由非常多的零件组成的，所以实施 LCA 非常花费时间，是一项需要大量劳动力的工作。

在日本，值得庆幸的是，可以通过国家项目收集到的 LCA 日本论坛的数据库获得关于材料制造的数据。

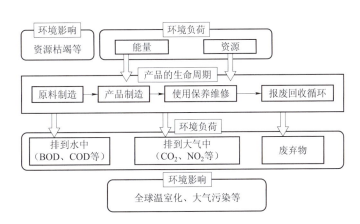

图 6-43 LCA（生命周期评估法）

6.6.2 汽车的 LCA 评估方法

(一) 汽车 LCA 的标准化

目前还没有专门的"汽车 LCA 标准规则"。没有标准规则就意味着不能与其他公司的产品进行绝对值的比较，只能进行公司内部产品的相对值比较。

因此，在向外部公开信息的时候，为了不让外界错误地进行绝对值比较，应该尽量控制绝对值的公布。要严格遵守"没有统一标准就没有比较"的原则。因为不存在"汽车 LCA 的标准规则"，所以以下具体叙述是来自丰田汽车 2005 年实施的 Eco – VAS（Eco Vehicle Assessment System）中的 LCA 方法。

(二) 汽车的 LCA 评估方法

下面对丰田汽车的 Eco – VAS 中的 LCA 方法进行叙述。

1. 使用目的的设定

Eco – VAS LCA 规定了其使用目的是将全新开发车型、大改型车型与原型车的环境性能进行对比，明确其改善程度。此方法还规定对于混合动力等的新一代汽车要与原型车或者同级别车的环境性能进行比较。

由于其使用目的的不同，所需的数据种类和精度不同，所以 LCA 中规定了评估一辆车公认的、合理的评估范围，然后收集相关的环境负荷数据等进行评估。评估特定零件时，与评估一般车辆不同，需要个别调查特有材料和零件的制造工序，收集精度更高的数据。

2. 评估范围的设定

评估范围（系统范围）通常如图 6 – 44 所示：包括从原材料开采时的材料制造、车辆制造、行驶、保养、废弃的各个阶段。对于车辆制造阶段的多余材料和报废阶段的回收循环优势等不进行评估。另外，对于销售阶段是否属于评估范围也存在很多争议。一般来说，汽车是依靠商品图册进行销售的，除了一部分车辆摆放在销售店内，其余大多数车辆都是放在室外的停车场保管的，不消耗能源，所以不属于评估范围。

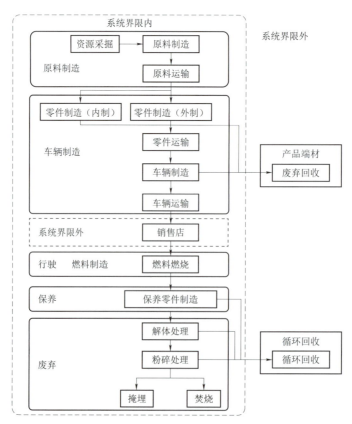

图 6 – 44 汽车 LCA 的评估范围

3. 库存分析的概要

如图6-45所示，汽车的生命周期分为5个流程阶段进行评估（零件制造、车辆制造、行驶、维修保养、废弃）。

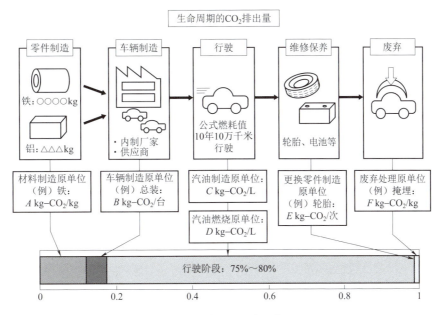

图6-45　汽车LCA的评估流程

汽车产生的影响环境的物质中，我们针对温室效应以及导致大气污染的8项物质（CO_2、NO_x、SO_x、PM、NMHC、CH_4、N_2O、HFC134a）进行评估。

在这些物质中，CO_2较容易把握，所以精度是最高的。由于对其他物质进行多工序的把握较困难，所以其精度不及CO_2。

在材料制造阶段，制造钢板、铜、铝、树脂等材料的时候排出的CO_2等的原单位使用了公共数据，例如国家项目中收集的LCA日本论坛的数据库。但是需要注意，有时候材料制造的上游不在评估范围内，此时则需要补充此部分。另外，并不是所有材料的数据都齐全，所以需要精简材料分类及选择替换材料进行分析。

以往调查一辆汽车的材料构成是很困难的工作，近些年来，根据欧洲的ELV（End of Life Vehicles Directive）指令为了掌握循环再利用率，开发了IMDS（International Material Data System）系统，通过此系统的运用可以获得较高精度的按零件分类的材料数据，大大减低了LCA评估的劳动力强度。

车辆制造阶段需要掌握每个零件的构成材料和零件制造工序中的输入物（能源等）与输出物（CO_2等环境负荷），这些信息因为没有公布，所以对于内制零件则需要调查本公司的工序。另外由于外协零件较多，对于主要零件则需要委托供应商调查。

为了提升计算效率，内制零件采用MP（Material Process）原单位的考虑方法。通过把每个不同材料特定到具体制造流程（冲压、焊接、铸造、锻造、热处理、机械加工等的组合）来提高计算效率。

在行驶阶段，实际上不同用户行驶条件不同，考虑到要有代表性，规定了统一使用认证行驶工况进行评价。日本车辆的行驶距离是10年10万千米，虽然平均里程有延长的趋势，但是行驶距离作为评估标准，它的改变会对LCA的结果产生很大影响，所以一直固定不变。从敏感度分析的角度看，可以尝试改变行驶距离来进行评估。

CO_2排出量以油耗认证值为条件计算，NO_x、PM、NMHC以排放气体规定水平值。另外，CH_4、N_2O以2006年日本环境省公布的关于温室效应气体排出量计算的讨论结果数据为条件进行计算。

在维修保养阶段，一般性保养项目规定有3个（轮胎、发动机油、电池）。根据用户实际使用状况，进行保养的零件及频率是不同的，但是对于车辆整体的影响较小。

在废弃阶段经过报废车运输、氟利昂类回收、拆解处理（发动机、轮胎等的拆卸与安全气囊回收）、粉碎处理、焚烧与热回收、掩埋等工序对报废车辆进行处理。其中前提条件是氟利昂类回收率为100%，并且依靠等离子分解法分解。以上各个工序在原单位基础上乘以重量计算。日本的废弃循环回收的流通过程如图6-46。

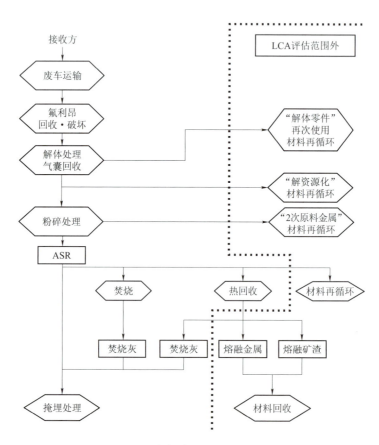

图6-46 汽车的废弃回收流通过程

整个计算过程都是采用丰田自己的LCA系统进行的。丰田LCA系统的概要如图6-47所示。

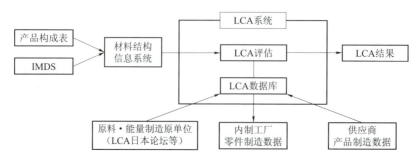

图6-47 丰田LCA系统

4. 生命周期环境影响评估

环境影响评估法虽然现在有日本开发的LIME（Life cycle Impact assessment Method based on Endpoint modeling）[39]和欧洲的Eco-indicator 99等

方法，但是要完全理解其真谛并且正确应用是很困难的，所以限定了可靠性高、简明易懂的特性化评估，以相关汽车影响的温室化为对象，温室化系数则使用 IPCC（Intergovernmental Panel on Climate Change）第三次评估报告（2001 年）中的 GWP 计算系数。

6.6.3 HEV、EV 等的评估

（一）评估实例

图 6-48 表示的是混合动力车的评估实例。混合动力车与同级别的汽油机车相比，由于在制造阶段（原材料制造、车辆制造）增加了混合动力车特有的零件（镍氢电池、电动机等），所以 CO_2 排放量会稍微多些，但是在行驶阶段因为大幅度降低了油耗，降低了 CO_2 排放量，所以总的来看还是混合动力车的 CO_2 排放量较低。

一方面，对于 NO_x、SO_x 等大气污染物质，通过降低行驶阶段的油耗，燃料制造阶段的排放量也相应降低，所以整个生命周期的总量呈降低趋势。另一方面，对于 PM、NMHC 等主要在制造阶段占据大部分的物质，混合动力车的排放量则稍微大些。

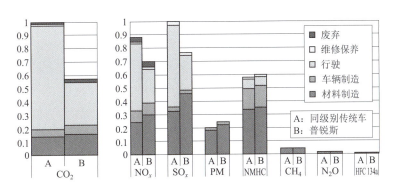

图 6-48 混合动力车的评估

今后，为了降低生命周期的环境负荷，则需要在推进车辆轻量化、混合动力车特有零件的小型化的同时，提升制造效率。

如图 6-49 所示，强混合动力车在制造工序中，CO_2 排放量比例根据不同车型而不同，与汽油机车相比高 10%~20%，并不算太多。

对于电池搭载量少、电动机也小巧的轻混合动力车来说，其差别就会更小。这种制造工序产生的 CO_2 排放量的差别，由于强混合动力车节油贡献更大，如图 6-50 所示，普锐斯在行驶里程达到 1 万千米左右可以抵消，1 万千米以上就能体现出混合动力车的优势。在总行驶里程较长的美国、欧洲市场，其优势更加明显。

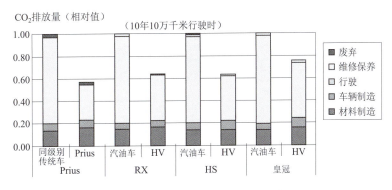

图 6-49 各种混合动力车的评价

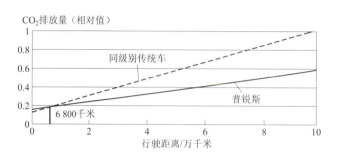

图6-50 行驶距离与CO_2排放量

EV因为没有发动机,可以降低发动机的制造负担,但是由于电池搭载量较多,制造电池时产生环境负荷物的比例有增大的趋势,因此要高度重视高性能蓄电池,尤其是锂离子电池制造时的环境负荷。

另外,还要考虑在维修保养阶段更换电池带来的环境负荷增加量。

电力结构不同则环境影响也不同,极大地影响着EV的LCA结果。因此,要明确电力结构和CO_2排放的原单位。

(二)特别注意事项

行驶模式、行驶距离的设定不同,会导致各个阶段的贡献率不同。

评估混合动力车、EV的时候,比较对象的选定是很重要的。没有原型车的专用车辆除了混合动力、EV专用件以外的参数也与比较对象车辆不同,所以评估结果的差异不全是因为混合动力化、EV化而产生的,这一点要注意。

虽然没有选定比较对象车辆的明确标准,但是需要对发动机排气量、动力性能、价格区间等因素适当选定。

有的车辆参数也对LCA结果有巨大影响。例如,铝合金轮毂制造时的CO_2等的环境负荷较大,所以如果对比双方存在铝合金轮毂和钢轮毂的差别时,其LCA结果也会受很大的影响。

关于混合动力车、EV车的LCA评估,因为有高性能蓄电池、电动机等专用件,需要进行精密的LCA。需要掌握镍氢电池、锂离子电池等的高性能蓄电池、电动机等的材料制造工序,对工序进行具体评价。另外,对于很多非常见的材料,则需要单独调查材料制造的原单位。

因为高性能蓄电池的材料构成、制造流程是各个公司的重要机密,所以没有电池厂家会对外公布电池的LCA结果。因此,搭载了这种电池的电动车其LCA也就变得很困难。

尤其是汽车用锂离子电池还没有普及,并且种类繁多,所以很难知道其制造时会产生多少环境负荷物。但是这并不意味着普及之前我们无法知道其环境负荷的大小,而是我们期待着能在量产开始之前,早期将这些高性能蓄电池的LCA信息对外公布。

相关外文缩略语一览表

ALSE	Absorber-lined Shielded Enclosure	装有吸波材料的屏蔽室,电波暗室
BDF	Bio Diesel Fuel	生物柴油燃料
BHD	Bio Hydrofined Diesel	生物氢化轻油
CD	Charge Depleting	电量消耗
CISPR	Comité international spécial des perturbations radioélectriques	国际无线电干扰特别委员会
CNG	Compressed Natural Gas	压缩天然气
CS	Charge Sustaining	电量保持
DPF	Diesel Particulate Filler	柴油机微粒填料

续表

DSP	Digital Signal Processor	数字信号处理器
ECU	Engine Control Unit	发动机控制单元
ED	Engine Dynamometer	发动机测功机
ELV	End of Life Vehicles Directive	报废车辆指令
EMC	Electro – Magnetic Compatibility	电磁兼容性
EPS	Electric Power Steering	电动助力转向
EV	Electric Vehicle	电动汽车
Eco – VAS	Eco – Vehicle Assessment System	丰田综合环境评价体系
FC	Fuel Cell	燃料电池
FCEV	Fuel Cell Electric Vehicle	燃料电池电动汽车
FTD	Fischer – Tropsch Diesel	费托合成柴油
GWP	Global Warming Potential	地球温室化系数
HEV	Hybrid Electric Vehicle	混合动力车、混合动力电动车
HILS	Hardware in Loop Simulation	硬件模拟装置
ICEV	Internal Combustion Engine Vehicle	内燃机车
IGBT	Insulated Gate Bipolar Transistor	绝缘栅双极晶体管
IMDS	International Material Data System	国际材料数据系统
IPCC	Intergovernmental Panel on Climate Change	联合国政府间气候变化专门委员会
IS	International Standards	国际标准
ISO	International Organization for Standardization	国际标准化组织
JEVS	Japan Electric Vehicle Standard	日本电动车标准
LCA	Life Cycle Assessment	生命周期评估
LHV	Lower Heating Value	低发热量
LIME	Life cycle Impact assessment Method based on Endpoint modeling	以损害计算模型为基础的环境影响评价方法
LISN	Line Impedance Stabilization Network	线路阻抗稳定网络
LNG	Liquefied Natural Gas	液化天然气
MG	Motor Generator	发动机发电机组
MOSFET	Metal Oxide Semiconductor Field Effect Transistor	金属氧化物半导体场效应晶体管
MP	Material Process	材料工艺流程
NEC	Net Energy Change	净能量变化
PHEV	Plug – in Hybrid Electric Vehicle	插电式混合动力车
PTC	Positive Temperature Coefficient	正温度系数
PWM	Pulse Width Modulation	脉冲宽度调制
RESS	Rechargeable Energy Storage System	能量储存系统
SOC	State of Charge	充电状态
TtW	Tank to Well	油箱到油井
UF	Utility Factor	设备利用系数
WtT	Well to Tank	油井到油箱
WtW	Well to Wheel	油井到车轮

参 考 文 献

[1] Recommended Practice for Measuring the Exhaust Emissions and Fuel Economy of Hybrid-Electric Vehicles, SAE J1711 (1999).

[2] 自動車の使用実態調査報告書（平成9年度県境負荷低減技術閉発基盤等整備事業）、財団法人石油産業活性化センター（1997）.

[3] 電気自動車ハンドブック、丸善（2001）.

[4] たとえば、市村雅弘：小型リチウムイオン電池の寿命特性、電子情報通信学会（2005）.

[5] JIS D 1301-2001 蹴気自動車—充電走行距離及び交流充電電力量消費率試験方法.

[6] JEVS Z 111 電気自動車走行時電力量消費率試験方法.

[7] JEVS Z 110 電気自動車実用最高速度試験方法.

[8] JEVS Z 109 電気自動車加速試験方法.

[9] JEVS Z 112 電気自動車登坂試験方法.

[10] SAE J1711 Recommended Practice for Measuring the Exhaust Emissions and Fuel Economy of Hybrid-Electric Vehicles, Including Plug-in Hybrid Vehicles.

[11] ECE No. 101 EMISSION OF CARBON DIOXIDE AND FUEL CONSUMPTION (PASSENGER CAR).

[12] 国自審第746号の4および国自環第84号の4「新型自動車の試験方法について」の一部改正について.

[13] 国自環第60号電気ハイブリッド重量車排出ガスの測定方法について.

[14] 国自環第278号の2電気ハイブリッド重量車燃料消費率試験方法について.

[15] 国自環第281号の2ハードウェアインザループシミュレータシステムを用いた電気ハイブリッド重量車の燃料消費率及び排出ガスの試験方法について.

[16] 世界の道路交通セクターにおけるCO_2削減取り組みの提言、日本自動車工業会（2008）.

[17] 次世代自動車戦略研究会：次世代自動車戦略2010、経済産業省（2010）.

[18] 環境対応車普及方策検討会3 環境対応車普及戦略、環境省（2010）.

[19] 自動車技術ハンドブック第9分冊整備・リサイクル・LCA編第7章、自動車技術会（2006）.

[20] 輸送用燃料のWell-to-Wheel評価、トヨタ・みずほ情報総研（2008）.

[21] 輸送用燃料のWell-to-Wheel評価（バイオ燃料）、トヨタ自動車／みずほ情報総研（2004）、http：//www. mizuho-irco. jp/publicalion/report/2008/.

[22] JHFC総合効率検討結果報告書、水素／燃料電池実証プロジェクト（JHFC）総合効率検討特別委員会・日本自動車研究所（2005）、http：//www. jhfc. jp/data/report/.

[23] 戒能一成：総合エネルギー統計の解説、経済産築研究所（2009）、http：//www. rieti. go. jp/users/kainou-kazunad/.

[24] 輸送用燃料のWell-to-Wheel評価。トヨタ自動車・みずほ情報総研（2004）、http：//www. mizuho-ir. co. jp/publication/report/2004/.

[25] IPCC第4次評価報告書第1作業部会報告書・技術要約、気象庁（2007）、http：//www. data. kishou. go. jp/climate/cpdinfo/ipcc/ar4/.

[26] 池上徹：JAMA（日本自動車工業会）による自動車次世代冷媒の評価、自動車技術、Vol、64, No. 4, p. 29-34（2010）.

[27] 石油製品油種別LCI作成と石油製品環境影響評価調査報告書、石油産業活性化センター。PEC-1999R-13（2000）.

[28] EV等のLCAの実施に関する講査報告書、日本電動輔協会（2001）.

[29] バイオ燃料技術革新計画、バイオ燃料技術革新協議会（2008）、http：//www. enecho. meti. go. jp/policy/fuel/080404/.

[30] 藤原央行：「e燃費」のデータ収集方法と、そのデータの分析・活用方法や今後の可能性、自動車技術、Vol. 61, No. 7, p. 36-41（2007）.

[31] 中川正ほか：排気熱再循環システムによる冬季実用燃費向上、自動車技術、Vol. 61、No. 7、p. 49-54（2007）.

[32] 中根重治ほか：電気自動車における空調システム、自動車技術、Vol. 64, No. 4、p. 35-40（2010）.

[33] 三菱i-MiEVのすべて、モーターファン別冊、No. 438、p. 14（2010）.

[34] 塚原仁：自動車のEMC規格、電磁環境工学情報、No. 205、5月号、p. 17-24（2005）.

[35] 三島彰ほか：パワーエレ機器EMIのシミュレーション、電磁環境工学情報、No. 184、8月号、p.46-

57 (2003).

[36] 三島彰ほか：12Vインバータ・システムのEMC設計、電磁環境工学情報、No. 234、10月号、p. 34 - 48 (2007).

[37] K. Nakatsu, et al. A Super Compact Inverter with s New Concept Power Module, PCIM INTER 98 JAPAN PROCEEDINGS、p. 87 - 92 (1998).

[38] 大江準三ほか：自動車におけるEMC設計、電磁環境工学情緻、No. 205、5月号、p. 25 - 33 (2005).

[39] 伊坪德宏ほか：ライフサイクル環境影響評価手法、社団法人産業環境管理協会 (2005).

第 7 章

车辆运动控制

总　论

这里所说的车辆运动性能控制是指电动汽车的车辆运动性能控制。首先叙述电动汽车的驱动力特点，然后根据电动汽车的驱动力特点，对提高传统车运动性能的技术进行叙述。最后，对电动汽车可实现的新功能进行说明。

电动汽车的驱动力特性

下面列举出了电动机相对发动机的优异特性：
① 扭矩响应快。
② 扭矩控制精度高。
③ 可产生负扭矩（可控制）。
④ 可实现基于分散配置的独立驱动。

充分利用这些特性可实现高于传统发动机车辆的优异行驶性能。

根据①与②的特性，可实现瞬时的高精度驱动力，使车辆在起步时获得优良的加速性能。这不仅是速度方面的加速性能，更由于可随时间的变化自由控制加速度，故可实现优良加速感觉。此外，根据路面的状况，通过极其精细的驱动力控制，可抑制齿轮的侧滑，进而实现车辆稳定化。

在电动汽车方面，③的特性可实现制动能量回收，对提高行驶效率发挥较大的作用。在发动机车辆方面，在制动力超过发动机制动的负驱动力时，应进行制动操作，但在电动汽车的情况下，可通过控制电动机的负扭矩，进行减速性能控制，特别是左右车轮独立驱动力控制时极为有效。由于可进行电动机的正负扭矩控制，因此可不区分驱动力与制动力，均表现为驱动力。

此外，还可在驱动轴的扭振相位的反相产生电动机扭矩，实现对振动的抑制。

从④的特性来看，若分散配置多组电动机，可实现前后轮独立、左右轮独立的四轮独立驱动力控制，通过匹配①、②、③的特性可对四轮驱动力进行最佳控制，进而实现传统的发动机车辆无法实现的前后方向及水平方向的动态性能。

基于驱动力的车辆运动控制

（1）轮胎力学

轮胎的纵向力对轮胎的侧向力会产生极大的影响。车辆的状态在极大的程度上是由轮胎的特性决定的。因此，通过提高轮胎特性，可实现基于驱动力的车辆运动的最佳化。

① 在轮胎回转方向产生的驱动力和与其垂直方向的侧向力的合力无法超越以轮胎接地面的摩擦系数与轮胎载荷面积表示的摩擦圆。

② 轮胎的滑移率过大则会使驱动力与侧向力减少，特别是侧向力的减少更为显著。

上述轮胎特点及基于驱动力的车辆状态的最优化适用于发动机车辆及电动汽车。电动汽车由于电动机的扭矩可控制性较高，因此可实现高精度的扭矩控制，其结果是提高了侧向力的可操控性，同时使车辆运动合理化的级别得到了提高。

（2）驱动力控制目标

通过驱动力控制实现车辆状态合理化的想法如下所述：

① 在轮胎摩擦圆内的地面附着区域中，通过前后左右各轮胎的驱动力差控制车辆运动。

② 在轮胎摩擦圆界限附近，通过控制驱动力，维持轮胎的性能，实现车辆状态的稳定。

从车辆运动性能的角度来看，确保四轮的转向力并实现其均衡的合理化是驱动力控制的目标。从这个层面上来看，通过电动汽车电动机分散配置这一最大特点，可实现前后左右四轮的驱动力独立控制，进而实现发动机车辆所无法获得的车辆状态控制。

驱动力控制的分类

从驱动力控制的功能方面来分，可分为驱动力的综合控制及驱动力的分配控制。

（1）驱动力控制

控制车辆驱动力的总量。其中包括：驱动力过大时控制轮胎侧滑的驱动力控制系统及制动力过大时的防抱死制动系统。在发动机车辆的驱动力控制系统方面，是通过节气门开度、燃料喷射量、点火时间等控制发动机的扭矩，但这样的控制由于发动机的扭矩响应性会使侧滑的控制精度降低。另外，在电动机驱动的情况下，由于在扭矩的增大及减少两方面，其扭矩可控制性极高，因此可实现极为稳定的侧滑控制。

（2）前后的驱动力分配

通过保持总驱动力的同时控制前后的驱动力分配，使前后轮的驱动力分配合理化，进而提高了加速、减速性能及转向性能，实现车辆状态稳定化。这样的驱动力分配相当于4WD的桥间差速器。驱动力的极限值是由驱动轮的接地载荷及轮胎与路面间的摩擦系数决定的。驱动力在前后分配一定的情况下，若前后轮的任何一方超过极限值时即产生空转或锁止，故无法实现超出极限值的加减速。驱动力的前后分配在可能的情况下，加速时，若实现前后轮可产生最大驱动力的分配，则可实现车辆最大的加减速。

在将一个电动机的输出功率以机械的方式分为前后两个系统时，在性能上与发动机车辆没有太大的差别，但在前后轮独立配置电动机时，由于可进行前后轮独立的最大驱动力控制，因此可实现驱动力总量及前后分配的同时控制，故可获得更高的动力性能。

在转向加速时，通过驱动力总量（加速度）及前后分配，决定前轮或后轮达到轮胎的摩擦圆极限，根据达到极限的轮胎的需要，决定侧向加速度。根据前后车轮哪个先达到摩擦圆极限，决定不足转向（US）或过度转向（OS）。按照前后车轮同时达到极限时的中性转向（NS）并根据加速转向时的驱动力前后分配控制车辆的转向特性。

（3）左右或四轮各轮的驱动力控制

该控制为在保持总驱动力的同时控制左右驱动力分配的机能，即防滑差速器（Limited Slip Defferential，LSD）。驱动力的前后分配是间接地控制侧向力，左右分配控制是直接控制由左右车轮间产生的驱动力差而引发的偏摆力矩。因此，可实现扩大控制范围，提高转向性能。

在保持总驱动力一定而改变左右驱动力的分配时，应考虑到转向中的力矩。通过由左右驱动力差引起的横摆力矩可减轻非左右驱动轮的侧向力负担。因此，利用左右驱动力差可对前后轮的侧向力负担均衡进行自由调整。

例如，在前轮驱动的情况下，转向中前轮的侧向力达到极限，此时通过控制后轮的左右驱动力增加后轮的侧向力，进而增加车辆的总侧向力，使转向性能得到提高。

在改变左右车轮的驱动力分配时，应考虑到驱动力加速圆转向时的转向特性。在无驱动力的左右分配时，显示US、OS特性的车辆在根据以NS为目标的横摆率进行左右驱动力分配控制，可实现目标NS且极限较高。在发动机车辆的情况下，为进行左右轮驱动力分配，应配置离合器且离合器应具有较高的操控性能。在电动汽车的情况下，由于可实现电动机的左右轮分散配置，因此具有极高的扭矩操控性。同时，可进行精度较高的左右独立驱动力控制。

左右驱动力分配对转向操作时的响应性具有较大的影响。无左右驱动力分配的普通车辆在方向盘回正时会产生横摆率迟滞，有左右驱动力分配控制的车辆转向横摆率的迟滞较少。在左右独立电动机驱动的情况下，由于电动机扭矩响应性较高，因此由左右驱动力差引起的力矩也较早，故可提高横摆控制性。

车辆运动控制的实例

下面，将对用于实际车辆的电动汽车驱动力控制实例进行介绍。

(1) 驱动力控制

将现行发动机车辆的驱动力控制系统（Traction Control System，TCS）机能用于电动汽车，可提高电动汽车的驱动力控制性及滑移率控制的稳定性。此外，可根据轮胎的力学模型估算路面摩擦系数 μ 并可据此控制驱动力，实现稳定的驱动力控制。

在此之前已叙述了电动汽车具有良好的驱动力响应性，但加速时驱动力急剧上升，会产生动力传递系的振动，对乘坐舒适性产生影响。

有实例证明，可通过控制驱动力，进而控制电动机扭矩，降低动力传递系的振动，使加速性能及乘坐舒适性获得平衡。

(2) 驱动力前后分配

目前已有实例表明，通过前后车轮独立配置电动机，控制满足前后车轮载荷的驱动力，可获得最大的动力性能。通过满足前后车轮的摩擦圆的驱动力分配可提高转向性能。另外，通过在前后车轮配置输出功率特点不同的电动机，同时根据驾驶状态的需要，可实现电动损耗最少的前后车轮驱动力分配，获得降低油耗及电能损耗的效果。

(3) 左右驱动力控制

现行发动机车辆的左右驱动力分配机构由于偏摆力矩的大小受加减速的影响及偏摆力矩的方向性受转向状态的影响，因此其效果在一定程度上受到限制。

利用左右驱动力差的直接偏摆力矩控制（Direct Yaw Moment Control）可实现在保持前后驱动力的同时控制左右车轮的驱动力，因此可提供不受加减速及转向状态影响的所需偏摆力矩。

其他的运动控制

除车辆的运动控制之外，将对电动汽车车辆控制不可缺少的线控系统（By Wire System）及多台车辆控制系统进行简单介绍。

(1) 线控系统

线控系统无机械连接，可根据驾驶者的物理操作量及系统状态运算执行元件的操作量进行控制，下面介绍线控系统的种类。

① DBW：在发动机车辆方面，采用了根据油门操作量对发动机的节气门操作进行控制的线控油门系统（DBW）；在电动汽车方面，采用了油门及电动机无机械连接的线控油门系统或电动线控系统（PBW）。

② BBW：指对制动进行电气控制的线控制动系统（BBW）。电动汽车进行能量再生制动时，协调再生控制系统是不可缺少的。

③ SBW：根据驾驶者的转向操作进行电气的转向控制的线控转向系统作为一种未来技术，可提高车辆运动的稳定性及安全性。

(2) 群行车控制

① 跟随行驶：跟随由驾驶者驾驶的先导车辆，后续车辆自动行驶并调整速度，使群行车形成整体，宛如1台车在行驶。在保持车距一定的同时，控制方向盘使车辆沿行车线行驶。这样的行驶也被称为护航行驶。

② 鱼群行驶：是更加高度化的群行驶，根据鱼群的习性，对车辆行动规程进行控制，使群行驶的车辆不致发生碰撞的车辆群行驶。利用车辆间相互通信，通过对周围环境情报的共享，灵活改变车辆状态，实现安全行驶。

7.1 运动控制（机理）

电动机驱动由于电动机的小型化，与发动机相比其自由度更高，即通过多组电动机实现车轮的驱动，可实现前后车轮的2个电动机驱动及四轮的4个电动机驱动。此外，通过在车轮中配置电动机的轮毂电动机构造，无须通过驱动轴而直

第7章 车辆运动控制

接驱动轮胎。下面为采用这些驱动方式的构造实例。

(一) 驱动轴驱动示例

以电动机替代发动机,通过减速齿轮、驱动轴驱动轮胎(图7-1)。

图7-1 i-MiEV的驱动系统

(二) 轮毂电动机驱动示例

在车轮中设置电动机,无须通过减速齿轮而直接驱动车轮。为产生较大的扭矩,采用大直径的外转子型电动机(图7-2)。

图7-2 LANCER EVOLUTION MiEV的驱动系统

从上述的结构实例来看,在电动机驱动方式中,由于轮毂电动机方式无须发动机舱、驱动轴及传动轴,因此会使车身结构产生极大的变化。另外,由于轮毂电动机驱动方式在驱动时对转向系统、悬架的输入与驱动轴驱动方式不同,因此在车辆运动控制方面会产生不同。

7.1.1 左右驱动力分配

在驱动轴驱动方面,通过转向车轮进行左右驱动力分配时方向盘容易失控,而用轮毂电动机驱动时,若将转向系接地点的转向主销偏置距保持为0,则即使进行左右驱动力分配也很容易控制方向盘。

一般前轮驱动车辆将转向主销偏置距设为0。在制动方面,为确保液压管路发生故障时的安全,采用了双管路系统。在前置发动机、后驱动的FR车辆上,多采用前轮1系统、后轮1系统的方式。在前置发动机、前驱动的FF车辆上,由于前轮的载荷较重,后轮较轻,因此若前轮系发生故障,则后轮系无法产生充分的制动力,因而采用了X配管制动方式。例如,若右前及左后系统发生故障,左前及右后系统仍可确保制动力。此时,由于左右前轮的制动力差,使方向盘难以控制,因此采用转向主销偏置距为0的方式。在轮毂电动机方面,采用该配置,即使改变左右车轮的驱动力也不会产生方向盘难以控制的情况。这是由于轮毂电动机驱动时的悬架及转向系的输入与制动时的输入类型相同的缘故,即轮毂电动机的驱动扭矩及制动扭矩均与悬架及转向系产生了反作用力。另外,车身一侧的电动机通过驱动轴驱动车轮,电动机扭矩通过车身产生反作用力。通过图7-3对此进行力学的解释。

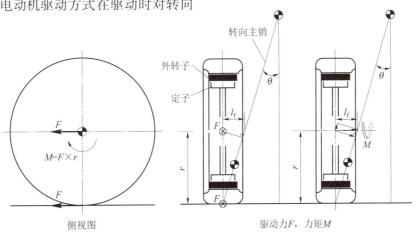

图7-3 驱动力及转向力矩

转向主销周边的力矩计算：

假定接地点转向主销偏置距为0，则：

① 驱动力 F：

$$F \cdot l_f \cos\theta$$

正前束力矩作用。

② 力矩 M：

$$M\sin\theta$$

负前束力矩作用。

通过以上所记①、②求得转向力矩。

$$\begin{aligned}F \cdot l_f\cos\theta - M\sin\theta &= F \cdot r\tan\theta \cdot \cos\theta - F \cdot \gamma\sin\theta \\&= Fr(\sin\theta \cdot \cos\theta/\cos\theta - \sin\theta) \\&= 0\end{aligned}$$

如上所述，由于转向力矩可忽略，因此与驱动轴驱动相比，驱动力分配时的状态较为稳定。

此外，轮毂电动机可进行驱动力分配的范围应在电动机的最大驱动力范围内。另外，在通过差速器齿轮进行驱动力分配的AYC（Active Yaw Control System）方面，可产生电动机驱动力之外的分配驱动力。

因此，在对没有转向系的后轮进行驱动力分配时，分配驱动力不使用电动机驱动力的AYC方式可获得优良的加速性能。这样的方式已用于在2007年东京车展上展出的i-MiEV运动型车辆上。

7.1.2 俯仰

在驱动及制动力作用于悬架上时，可产生抑制俯仰的抗后倾效果及抗点头效果。在驱动轴驱动方面，抗后倾效果可以考虑成电动机驱动力作用点为轮心位置，抗点头效果可以考虑成制动力作用点为轮胎接地点。

在普通的悬架方面，抗后倾效果比抗点头效果好。

轮毂电动机驱动时，由于电动机驱动力及制动力作用点均在车轮接地点，抗后倾效果不仅在制动时产生，在电动机驱动时也同时产生，因此可抑制加速时的车身俯仰。通过图7-4、图7-5、图7-6对此进行力学说明。

（一）驱动轴驱动时

驱动力 F 作用于轮心。弹簧反作用力 R_2 为

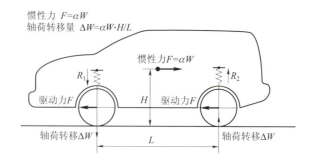

图7-4 加速时的载荷位移

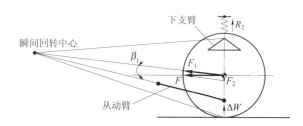

图7-5 驱动轴驱动时的抗后倾

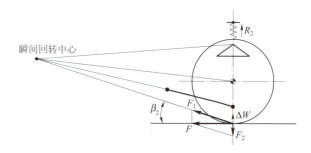

图7-6 轮毂电动机驱动时的抗后倾效果

ΔW 与 F 的分力 F_2 之差。

$$R_2 = \alpha W(H/L - \tan\beta_1)$$

式中，通过控制 β_1 角度的大小，可控制车辆后部的下沉（抗后倾机理）。

（二）轮毂电动机（安装在转向节上）

驱动力 F 作用于路面。

弹簧反作用力 $R_2 = \alpha W(H/L - \tan\beta_2)$

式中，由于与路面之间的角度 β_2 较大，故可极好地控制车身后部的下沉。

$(H/L - \tan\beta_2) < 0$ 时，$R_2 < 0$，因此驱动时车体会产生俯仰。

7.1.3 驱动

在驱动轴驱动方面，驱动力通过电动机、减

速齿轮、驱动轴、轴毂、车轮传递给路面。驱动力控制的目标通过车轮的 $\mu-s$ 曲线（图7-7）的峰值进行管理。但由于过峰值领域会产生负值的斜率，车轮极易产生空转的状态。因此，应对在路面上产生的驱动力进行极高精度的控制。但是，由于在驱动系中存在着由驱动轴的扭转刚度及轮毂、车轮系的惯性引起的一系列振动，因此在大于共振频率时，便无法对路面上产生的驱动力进行控制。

轮毂电动机直接驱动车轮，由于无驱动轴，因此不受驱动系统共振的影响，可进行高频控制。

过簧下质量的增大，弹簧共振频率下降，车轮的上下跳动变大。因此，在坏路上以较低的车速行驶时，轮胎的接地性变坏。由于高性能的车辆无论在好路还是坏路上的通过性均极好，因此通过采用轻量轮毂，可减轻簧下质量，提高簧下共振频率，进而提高对路面凹凸的适应性。增加簧下质量的轮毂电动机不利于坏路行驶，但由于近年来，道路环境好转，因此该驱动方式有望用于今后的城市通勤车。

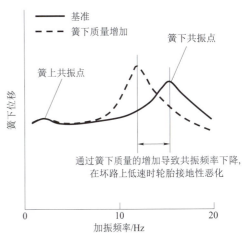

图7-9　簧下位移

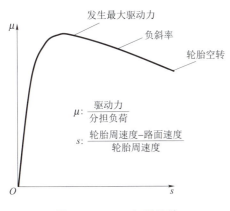

图7-7　$\mu-s$ 打滑特性

通过簧下质量的增加导致共振频率下降，进而在坏路上低速时轮胎接地性恶化。

7.1.4　乘坐舒适性

悬架的振动模型如图7-8所示。图7-9所示为与该振动系车轮接地性相关的簧下位移。通

图7-10所示为与乘坐舒适性相关的簧上加速度。通过降低簧下共振频率，使与共振频率附近输入相关的乘坐舒适性恶化，但由于降低了高于共振点的振动传递，因此可改善由于沥青路上微小的干扰引起的乘坐舒适性问题。

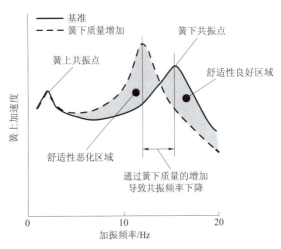

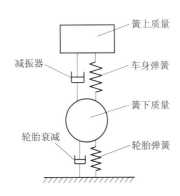

图7-8　悬架的振动模型

图7-10　簧上加速度

7.2 运动管理（控制）

7.2.1 前言

近年来，由于全球气温变暖问题及矿物燃料的枯竭问题，在电动汽车及（插电式）混合动力车、燃料电池车等方面，以电动机及逆变器驱动的广义电动汽车（Electric Vehicle，EV）的研究及开发极为活跃。与发动机相比，电动机的扭矩响应速度可达到两位数，因此可实现高速的反馈式控制。另外，由于可准确控制电动机产生的扭矩，辨识路面状态，而且通过采用轮毂电动机，可独立驱动各轮，使EV的控制研究广泛开展[1]。

在本节中，将对充分利用了上述的电动机控制特征的防侧滑控制及直接横摆力矩控制（DYC）进行说明[2-3]。首先，在说明低μ路的平移运动防侧滑控制的基础上，对转向时的DYC进行叙述。这里，在控制系统设计中，尽量不使用难以测量及推测的变量及参数，对横摆力矩检测（YMO）控制系统（通过稳定性控制减小未知参数的影响）进行叙述[3]。

7.2.2 基于检测器的并行防侧滑控制

（一）并行方向运动方程式

在图7-11中，假定完全附着时的前后并行运动相关的运动方程式表示方法如下：

$$(J_\omega + mr^2)\frac{d\omega}{dt} = T \qquad (7-1)$$

式中，J_ω为车轮回转部分惯性力矩；m为车辆质量；r为轮胎半径；T为电动机扭矩；ω为驱动轮转速。

式（7-1）的括号内的第2项为车体车轴换算的车体惯性力矩，在车轮发生空转现象时，第2项急剧减小，表现为整车惯性较

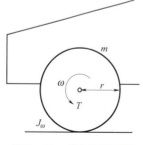

图7-11 单轮车辆模型

小[1]。在本节将对利用该现象的防侧滑控制进行说明。

（二）基于车轮速度的防侧滑控制

图7-12所示为由干扰检测器构成的防侧滑控制系统。该图显示了组件$P(s)$及干扰检测器。输入值为扭矩指令的电流换算值I^*、干扰扭矩T_{dis}、传感器杂波n，输出值为驱动轮转速ω。K_t为电动机扭矩常量、K为检测器增益、τ_i为时间常量，如上所述，按惯性变动查找路面的变化并将此作为车辆模型的乘法误差考虑，见下式：

$$\frac{1}{Js} = \frac{1}{J_n s}(1 + \Delta) \qquad (7-2)$$

式中，J_n为将回转部分的惯性换算成各驱动轮单位的标称值，即轮胎处于附着状态时的惯性力矩；J_s为组件的惯性力矩，车轮附着状态时，相当于式（7-1）括号里的内容，车轮空转时为J_ω或与其接近的值。

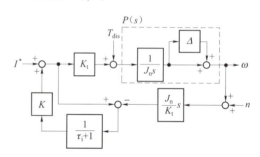

图7-12 防侧滑控制框图

另外，Δ为组件的变化量。在此，应考虑到在试验系统中，因采样引起的延迟、因编码器的分辨率引起的速度检测延迟及电动机输出扭矩后到通过轮胎的动态特性实际产生驱动力之前的延迟。考虑到因Δ的不确定因素而产生的无效时间T_d，则式（7-2）为：

$$P(s)\frac{1}{Js}e^{-sT_d} = \frac{1}{J_n s}[1 + \Delta(s)] \qquad (7-3)$$

据此，Δ为：

$$\Delta(s) = \frac{J_n}{J}e^{-sT_d} - 1 \qquad (7-4)$$

通过包括该无效时间在内的组件干扰监测器的标称化，实现防侧滑控制[2]，即空转时自动降低扭矩，构成再附着控制系。

7.2.3 利用横摆力矩监测器进行行驶稳定性控制[2]

(一) 车辆运动方程式

图7-13所示为车辆模型，假定四轮车相对于中轴线对称，简化为两轮模型，忽视车身侧倾；假定以一定的速度行驶。该车辆模型在水平面内的运动方程式以下式表示[4]：

$$mv\left(\frac{d\beta}{dt} + \gamma\right) = 2Y_f + 2Y_r \quad (7-5)$$

$$I\frac{d\gamma}{dt} = 2Y_f l_f - 2Y_r l_r \quad (7-6)$$

式中，m 为车辆质量；v 为车辆速度；β 为侧滑角；γ 为横摆率；I 为横摆轴车辆惯性；l_f、l_r 分别为从车辆重心至前轮轴、后轮轴的距离；Y_f、Y_r 分别为前轮、后轮的转向力，即依附与轮胎特性的非线性变量。

(二) 行驶稳定性控制法

在上述 β 及 v 的测量时，须有车辆的实际速度矢量。另外，在侧抗力方面，由于为非线性参数，因此测量及估算较为困难。因此将这些参数的影响视为干扰力矩，考虑利用干扰监测器的统筹补偿法。

若式（7-6）右侧所表示的由轮胎产生的侧抗力引起的力矩为 N_1，式（7-6）未考虑的由路面状况的变化、侧风等造成的干扰力矩为 N_d，

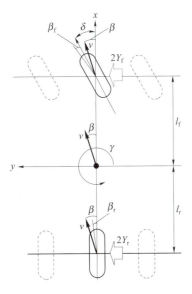

图7-13 等效两轮车辆模型

由试验机上安装的两个轮毂电动机的驱动力差而产生的环绕横摆轴的力矩为 N_z。设 $N_{dt} = N_d - N_1$，则式（7-6）可简化为：

$$I\frac{d\gamma}{dt} = N_z - N_{dt} \quad (7-7)$$

若通过式（7-7）检测横摆率 γ 并构成图7-14所示的横摆力矩监测器，则可抑制干扰力矩。但若在局部控制系中实施前述的采用防侧滑监测器的驱动轮附着控制，则可产生任意的驱动力矩。

$$\gamma \frac{I}{I_n s} = N_{in} \quad (7-8)$$

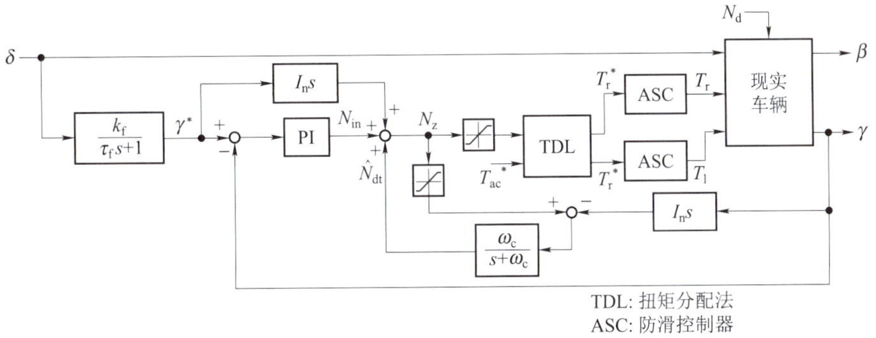

图7-14 基于横摆力矩监测器的车辆稳定性控制框图

TDL: 扭矩分配法
ASC: 防滑控制器

本系统将生成的驱动力矩 N_z 按以下的方法分配至左、右车轮。

$$N_z = l_p(F_r^* - F_l^*) \quad (7-9)$$

$$T_{ac}^* = F_r^* + F_l^* \quad (7-10)$$

式中，T_{ac}^* 为油门指令值；F_r^*、F_l^* 分别为右轮、左轮的驱动力指令值。

通过式（7-9）、式（7-10）可确定左、右车轮的驱动力。另外，通过式（7-11）：

$$T_r^* = rF_r^*, T_l^* = rF_l^* \quad (7-11)$$

可确定各车轮驱动电动机的扭矩指令值。

式中 r 为车轮半径。

此外，在本系统中，为生成横摆率指令 γ^*，设置了如图 7-14 所示的包含从转向角 δ 至 γ^* 的 1 次延迟传递因素在内的正馈模型。

$$G_{\gamma\delta}(s) = \frac{\kappa_f(v)}{\tau_f s + 1} \quad (7-12)$$

若将分子系数 $k_f(v)$ 称为横摆增益，则一般将其作为与车速相当的参数。

7.2.4 利用转向系统刚度推算值进行行驶稳定性控制

（一）推定计算法

在式（7-6）中，前轮、后轮的侧抗力 Y_f、Y_r 以下式表示[4]：

$$Y_f = -C_f\left(\beta + \frac{l_f}{v}\gamma - \delta\right), Y_r = -C_r\left(\beta - \frac{l_r}{v}\gamma\right)$$

$$(7-13)$$

式中，C_f、C_r 分别为前轮、后轮的侧抗刚度。

实际上，我们已经了解上式的特性为含有饱和非线性参数，并已提出考虑到该因素的控制系统解析法[5]，在本节中将查找转向刚度的未知参数并进行实时推算。

在式（7-6）中，为简化模型，假设从重心至前轮轴、后轮轴的距离为 $l_f = l_r = l$，前轮、后轮的侧抗刚度为 $C_f = C_r = C$，则式（7-7）可为：

$$I\frac{d\gamma}{dt} = N_z + C\left(-\frac{4l^2}{v}\gamma + 2l\delta\right) - N_d \quad (7-14)$$

式（7-14）的右边括号内若为 ζ，则图 7-15 的横摆力矩监测器的输出可表示为：

$$\hat{N}_{dt} = -C\zeta + e \quad (7-15)$$

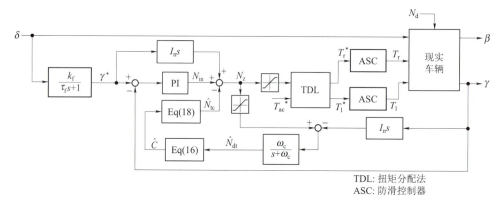

图 7-15　基于侧偏刚度估计的车辆稳定性控制框图

TDL: 扭矩分配法
ASC: 防滑控制器

若 $e = N_d - \hat{N}_{dt}$ 极小，则通过最小平方法可进行侧抗刚度 C 的推定。$\hat{N}_{dt}$ 为监测器的推定误差。

由式（7-14）、式（7-15）可知，不通过检测较为困难的 β，而是通过横摆力矩监测器输出值及可直接检测的 δ、γ、v 即可轻易推定 C。

在侧抗刚度的推定中，采用叠加逐次最小平方法以式（7-16）表示推定式，以式（7-17）表示适用增益的更新式。式中，λ 为遗忘系数。

$$\hat{C}(k) = \hat{C}(k-1) - \frac{\Gamma(k-1)\zeta(k)}{\lambda + \zeta^2(k)\Gamma(k-1)} \cdot$$
$$[\zeta(k)\hat{C}(k-1) - \hat{N}_{dt}(k)] \quad (7-16)$$

$$\Gamma(k) = \Gamma(k-1) - \frac{\Gamma^2(k-1)\zeta^2(k)}{\lambda + \zeta^2(k)\Gamma(k-1)}$$
$$(7-17)$$

此外，以上假定 $C_f = C_r$，实际上因前、后轮的侧抗刚度不同，一般设计为弱转向不足。通过此假定，可实时将推定参数设为一个，因此在实际应用上较为便利。实际上，仅通过推定前、后轮的转向代表值（中间值）即可极大地改善控制性能[3]。另外，设定 $l_f = l_r$，若假定为中性转向状态，从式（7-14）的动态特性可排除 β 的影响，简化推定计算法。

在这些假设不成立并有不良影响时，可参照同时进行前、后轮的侧抗刚度独立推定及 β 推定的方法[6]，其推定机理远比在本节叙述的方法复杂且难以进行实时推定及控制。即使设定了上述的两个假定并采用简单的单参数推定机构，但改善控制性能也是极为重要的。

（二）行驶稳定化控制法

从推定的 $\hat{C}$ 及从所有可测定的参数得到的 ζ 推定由轮胎产生的侧抗力矩值为：

$$\hat{N}_{tc} = \hat{C}\zeta \quad (7-18)$$

由此可根据所有已知的值进行推定。

根据式（7-7）算出横摆率并形成图 7-15 所示的系统，则根据由推定值 $\hat{C}$ 生成的 $\hat{N}_{tc}$ 使系统标称化，极大减小推定误差：

$$\gamma = \frac{1}{I_n s} N_{in} \quad (7-19)$$

上式中 $N_d = 0$。

但若在局部控制系统中实施前述的采用防侧滑监测器的轮速控制，则可产生任意的驱动力矩。在驱动力的分配及横摆率指令值的生成方面，与采用横摆力矩监测器的行驶稳定化控制相同。

7.2.5 车辆控制仿真结果

（一）抗干扰特性

在本节中将介绍如图 7-14、图 7-15 所示的向系统输入阶跃干扰时的仿真情况。仿真条件为：$m = 400$ kg、$v = 20$ km/h、$I = 160$ kg·m²、$l_f = 0.689$ m、$l_r = 0.591$ m、$l = (l_f + l_r)/2 = 0.64$ m、$C = C_f = C_r = 10\,000$ N/rad、P_I 增益 $k_p = 100$ kg·m²/s、$k_i = 30\,000$ kg·m²/s²、$\lambda = 0.999\,9$、转向角 δ 为 0.2 rad 的阶跃输入。干扰 N_d 为 5 s、大小为 100 N·m 的阶跃输入，偏摆力矩监测器的切断 ω_c 设定为 $\omega_c = 5.0$ rad/s。另外，横摆率的控制输入 N_z 设定为 ± 367 N·m，在两控制法中，从转向角 δ 至横摆率指令 γ^* 的正馈模型参考 $v = 20$ km/h 这一试验值，设 $\tau_f = 0.05$ s、$k_f = 4$ s^{-1}。

仿真结果如图 7-16 所示。在上一节说到的自适应控制法与传统法（YMO）相比，横摆率 γ 可很好地追踪 γ^*，因此可将误差控制在极小的范围内。另外，推算值会由于干扰而产生变动是因为无法与路面状况变化引起的干扰区分的缘

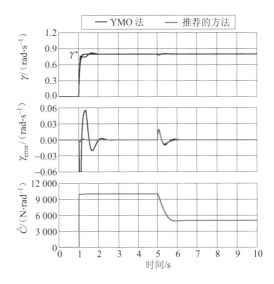

图 7-16 抗干扰仿真结果

故。因此，在适用控制法中，会将所有干扰的影响作为侧抗刚度的变动一起进行补偿。

（二）目标值响应特性

两控制法中，不适用式（7-12），对系统输入振幅为 0.1 rad/s、频率为 0.4 Hz 的正弦波，与 γ^* 相对应的 γ 的目标值响应特性进行仿真验证。自适应控制法为 7.0 s、YMO 法为 7.5 s。仿真输入干扰为 $N_d = 0$ N·m、转向角 $\delta = 0$ rad，其他参数与前一节相同。

仿真结果如图 7-17 所示。这是由于自适应控制法的监测器输出的 $\hat{N}_{tc}$ 可通过真实地再现路面发生力，生成力矩控制输入 N_z 的缘故。

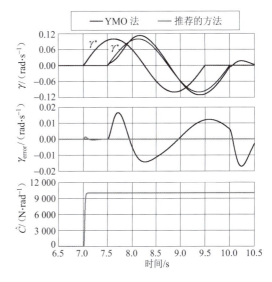

图 7-17 目标值响应仿真结果

7.2.6 车辆控制的试验结果

(一) 试验系统

图 7-18 所示为试验系统的构成。采用配置实时 Linux 主机的台式 PC 机作为电动机控制器的 SH 微机。各种传感器信号通过 PCI (Peripheral Component Interconnect) 从 AD 输入。主机计算与左右电动机相对应的扭矩指令，将其计算值由串联通信通过光纤输入到电动机控制器。

SH 微机进行电动机的电流控制，将根据其电压指令生成的脉冲宽度调制（PWM）信号输入逆变器。在车轮速度检测方面，利用电动机的电气角每 60°产生的编码脉冲，由 SH 微机测量该脉冲间隔，将测定值发送给主机并求出车轮速度[3]。

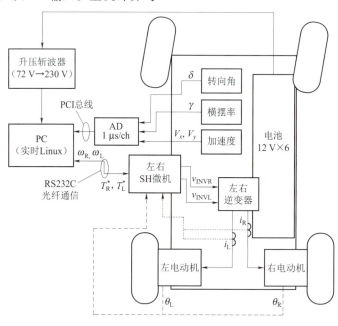

图 7-18 试验系统的构成

(二) 防侧滑控制实验

在冰雪路面上进行实验。扭矩指令值为阶跃输入，1 s 开始，设电流 $I^* = 50$ A，各参数 J_n/K_t、监测器中断参数、增益 K 分别为 $J_n/K_t = 7$ As^2、$\omega_i = 30$ rad/s、$K = 0.7$[2]。

图 7-19 所示为实验结果，车轮速度及加速度传感器的信号响应时间为 100 μs，输出是数字积分之后的车身速度。不进行控制时高速空转，车轮速度急速上升，但通过本控制法可良好地确认车轮速度的响应。另外，通过采用本控制法，车轮速度及传感器值所显示的车身速度会以相同的斜率增长。由其结果可以看出，车辆不会发生侧滑，在维持轮胎及路面间的摩擦力的同时实现加速。

(三) 冰雪路面侧抗刚度推定实验

在冰雪路面上进行实验，在 20 km/h 的行驶中输入正弦波式转向角 δ。此时，因为横摆率的控制系没工作，故控制输入 N_z 为 0。横摆力矩监测器的切断条件为 5.0 rad/s，车辆惯性的标称值 I_n 为 160 kg·m²。

推定的指令条件为在图 7-15 的输出 $\hat{N}_{dt}$ 设定阈值，若没有有效的推定信号出现，则不刷新

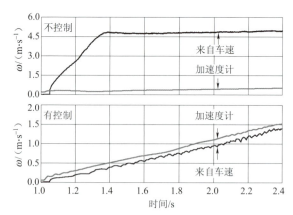

图 7-19 防侧滑控制实验结果

推算值而保持以前的值。另外，该生成采用与 $\hat{N}_{dt}$ 相同的低通过滤器。推定时的遗忘系数考虑到噪声的影响及收敛性，设定 $\lambda = 0.9999$。抽样周期为 200 μs。在局部控制系中，采用防侧滑检测器的车轮速度控制。

图 7 - 20 所示为推定实验结果。从实验结果可得到 4 300 N/rad 推算值。从该结果可以看出，在易滑路面上，转向刚度较小。良好的横摆率 γ 再现计算结果也可以确认反映路面状况的推测值是否准确[3]。

T_{ac}^* 相同，关于抗侧刚度推定时的更新条件与前节相同。在冰雪路面的实验方面，采用防侧滑监测器的车轮速度控制方法。

图 7 - 21、图 7 - 22 所示分别为干燥路面、冰雪路面的实验结果。从两路面的实验结果可以看出，通过采用适应控制法，γ 不迟于 γ^* 并具有良好的跟随性，可将误差 γ_{error} 控制在极小。另外，抗侧刚度推算值 $\hat{C}$ 在干燥路面下为 10 400 N/rad、雪路面下为 3 700 N/rad，这也是较为恰当的结果。

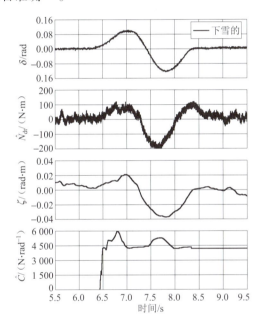

图 7 - 20 冰雪路面的推定实验结果

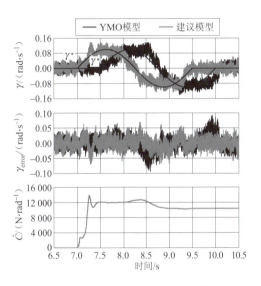

图 7 - 21 干燥路面车辆稳定化控制实验结果

（四）行驶稳定化控制实验

在干燥路面及降雪后的冰雪路面进行实验，在两控制法中，在 20 km/h 行驶中以振幅 0.1 rad/s 施加横摆指令 γ^*、频率 0.4 Hz 的正弦波，确认与 γ^* 相对应的横摆率 γ 的目标值响应特点，在转向系统固定，转向角 $\delta = 0$ rad 的状态下，自适应控制法为 7.0 s、YMO 法为 7.5 s，以此设定 γ^*。

两控制法的横摆力矩监测器的切断条件为 5.0 rad/s，车辆惯性的标称值 I_n 为 160 kg·m²。两控制法的 PI 增益 $k_p = 100$ kg·m²/s、$k_i = 30 000$ kg·m²/s²、控制输入 $N_z = \pm 367$ N·m 等各参数均相同。两控制法实验中的油门指令

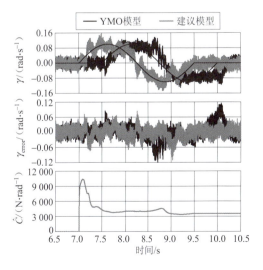

图 7 - 22 冰雪路面车辆稳定化控制实验结果

7.2.7 小结

在本节中,以电动机高响应性为主,对电动汽车运动控制的基础进行了说明。介绍了后两轮采用轮毂电动机的小型 EV 在施以内圈车轮的防侧滑控制的基础上,采用外圈车轮两种横摆力矩控制系的试验结果。以 YMO 为基础的可靠性控制系[2]无须车辆惯性的标称值之外的参数,具有极为简单的特点,但在与横摆率控制性能相关方面比较,以抗侧刚度推定为基础的自适应控制系[3]显示出了优势。

从不同路面状态下的试验结果可以证明:通过采用自适应控制法可实现适应各种路面状况的行驶。由于篇幅的关系未能加以介绍,但如能利用电动机的高响应性则可实现滑移率的准确控制[6-7]及抑制制动时发生的过大俯仰状态[8]。

7.3 线控系统（By Wire System）

近年来,在与车辆的基本功能（行驶、转弯、停止）相关的车辆操作系部分由电控系统取代了机械连接,以人的物理操作量及系统状态为基础,由控制系统运算执行元件的操作量进行操作的线控系统引起了广泛的关注。下面,将对其概况、优点与种类、现状及未来的发展进行介绍。

7.3.1 线控的优点

一般来说,通过表 7-1 所示的线控化可实现功能自由度的扩大,由此可获得与安全、放心舒适、便捷性等有关的多种优点（图 7-23、表 7-2）。

表 7-1 基于线控化的功能自由度的扩大

与以前的差别	可实现的功能	关键词
可以实现任意驾驶员的输入→执行元件之间的关系	放大增益的调整；超过人类的分辨率	舒适、安全、放心
可以实现任意驾驶员反馈的信息	排除无用的反馈信息；可附加必要的信息	舒适、安全、放心

续表

与以前的差别	可实现的功能	关键词
即使无驾驶员的输入,执行元件也可工作	自动○○（○○表示泛指很多内容,类似省略号）；多执行元件的协调	方便、安全
增加空间布局的自由度	广阔的空间；实现新布局	舒适、方便、碰撞安全

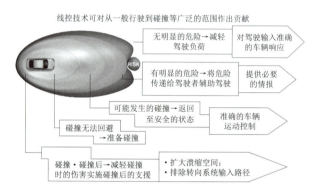

图 7-23 与安全、放心等相关的优点

表 7-2 与舒适、便捷性等相关的优点

- 上下车时、驻车时：提供较大的空间
- 行驶时：通过易驾驶特性及自动化实现较高的舒适性

上下车时	行驶时	驻车时
• 通过实现广阔的空间提高上下车时的舒适性	• 舒适的操作性；• 车辆对操作输入准确的响应；• 降低操作负荷；• 简化的复合操作	• 提供广阔舒适的空间

另外,在电动汽车中,利用其自由度,可通过对电动机的制动能量回收与摩擦制动进行协调控制,对环保会有所贡献。

7.3.2 系统的种类

表 7-3 所示为线控系统硬件的种类。目前,市场上采用的无机械辅助全线控系统仅有线控油门系统,线控制动系统仅有液压机械辅助型,线控转向系统尚未采用。（现阶段,作为附有转向角控制功能的类似系统,采用了随动转向系统（AFS）。）

（一）线控油门系统

通过检测加速踏板的行程,以电气的方式调整节气门开度的线控系统几乎所有的车辆均有采用。这是由于在油耗及输出功率特点等方面，对节气门进行电气的细微调整的必要性不断提高，同时随着 VDC（Vehicle Dynamics Control）或者 ESP（Electronic Stabilization Program）及 TCS 系统的采用逐渐扩大，须有加速踏板的变动调整与独立节气门调整机能，线控油门系统功能完全与之相符（图 7-24）。另外，为进行电动汽车等的电动机控制，必然会采用通过电信号检测加速踏板行程的线控油门系统。

（二）线控制动系统

一般来说，该线控制动系统是检测制动踏板的行程及压力，对踏板的状态及独立的各车轮的制动力进行电气的管理。目前，一般采用图 7-25 所示的 EHB（Electro Hydraulic Brake）系统。该系统由以下部分构成：检测制动踏板的行程、压力，生成踏板反作用力的行程模拟装置；对输送到各车轮制动钳的油压进行管理的液压控制单元；以各传感器发出的信号为基础对液压的指令值进行运算的调节器。在系统万一发生故障时，该系统具有可通过与行程模拟装置为一体的主缸产生与驾驶员的踏板力相对应的液压，以确保各车轮的制动力的机械辅助机构。

表 7-3 线控系统目前的种类

种类	控制力	旁路系统（无机械备份）	旁路系统（带机械备份）	类似系统
线控油门系统	驱动力	电控节气门（控制节气门开度）	—	—
线控制动系统	制动力	—	EHB（Electro Hydraulic Brake）、ECB（Electronically Controlled Brake）	电动式制动控制
线控转向系统	侧向力	—	—	AFS（VGRS） 4WAS

电动节气门执行元件　踏板行程传感器

（a）

（b）

图 7-24　线控油门系统
（随着 VDC（ESP）的采用而有所增加）
（a）电子控制节气门；（b）标准节气门

① 油源为电动油泵 + 存储器。

② 从主缸来的液压油输入到行程模拟器。模拟踏板反作用力，断开各轮缸。

③ 万一发生故障时，具有将与踏板相连的主缸压力输送到轮缸的辅助功能。

在线控制动系统方面，与具有一般的液压制动钳的 EHB（图 7-25）相对应，在各车轮上安装电动机及减速齿轮。直接以电动机的推力将制动块压向制动盘产生制动力的无液压及机械辅助机构的 EMB（Electro Mechanical Brake）（图 7-26）系统也在研究中。

近年来，随着电动汽车的推广，为实现电动汽车的能量回收及实现与电动机的制动能量回收之间的协调而采用了线控制动系统。如图 7-27 所示，在电池满电时及停车时，有时无法产生电动机的回收制动力。另外，由于可产生的最大制动力也受到限制，因此须对摩擦制动的强度进行调整以保持驾驶员需求的制动增益。同时，还需控制踏板行程及踏板力的变动。因此，采用线控制动系统，可以保证踏板行程及踏板力变动，同时使制动钳液压可变，该功能是其最为显著的优点。

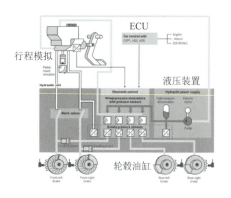

图 7-25　线控制动 EHB

图 7-26　线控制动 EMB

1—轮毂速度传感器；2—方向盘传感器；3—传感器组（横摆率及侧向 G 传感器）；
4—EMB 轮毂制动模块；5—ECU 整体（EMB 踏板模块及 ECU）；6—EMB 电池；7—交流发电机

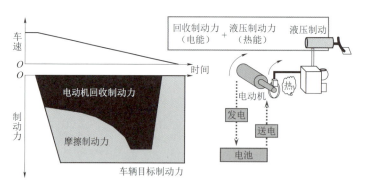

图 7-27　回收制动力及摩擦制动力的协调

近年来，研究的重点放在了回收协调功能上，对各种方式的制动系统进行了研究。其实例见图 7-28。其中，对驾驶员的踏板踏力进行助力的方式，有采用发动机负压的系统助力，或采用通过电动泵向蓄能器蓄压后的液压系统进行助力，还有采用电动机的推力系统，等等。另外，各方式均采用了兼顾液压调整及踏板变动控制的构造实例。图 7-29 所示为电动助力型的实例。该系统采用电动机及滚珠丝杠，对与驾驶员的踏板力相对应的主缸液压进行助力，通过控制电动机实现回收协调所必需的液压控制。该系统采用了通过主缸部的双控制杆部及反作用力弹簧吸收电动机控制时的踏板行程、踏板踏力变动的构造。

可以预见，今后随着电动汽车的普及，对回收协调功能的需求日益高涨，该系统将会取得长足的发展。

通过对 EV 电动机产生的回收制动力及通过

液压产生的一般摩擦制动进行协调而产生车辆的目标制动力。

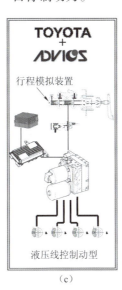

图 7-28 各种回收协调制动系统

(a) SBA；(b) AHB；(c) ECB；(d) 电控制动

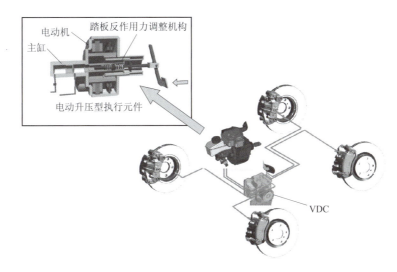

图 7-29 电控式制动回收协调系统

(三) 线控转向系统

线控转向系统一般来说是通过检测控制前轮转向角的执行元件、向驾驶员提供方向盘反作用力的反作用力执行元件及方向盘转向角等，确定前轮的转向角值及反作用力值，并通过控制各执行元件的电控制单元 (ECU) 及各角度传感器自由设定前轮的转向角与方向盘反作用力的系统。图 7-30 为最基本的线控转向系统构成。目前，市场上尚未实际应用线控转向系统，但作为对前轮转向角进行调整及可改变速比及响应性等，在

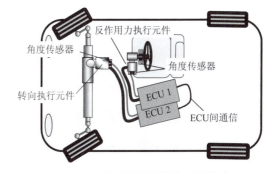

图 7-30 基本的线控转向系统构成

传统的转向器机构中增加了前轮转向角增减机构

的随动转向系统（AFS）已投放市场。图7-31所示为可对前轮转向角及后轮转向角进行控制的四轮随动转向系统的构造。

四轮随动转向系统通过对前轮的转向机速比在低速时较小、高速时变大的控制，可实现兼顾低速的车辆控制及高速时的稳定性。另外，还可通过对车辆的横摆率及侧向增益的响应性及前轮、后轮的过渡和恒常转向角进行控制，实现所需的特性（图7-32、图7-33）。今后，通过转向线控化，期待着实现对转向角控制的同时，实现自由地对反作用力的控制，以实现运动性能及转向感觉、行驶感觉等的进一步发展。

图7-31 4WAS（四轮主动转向）的系统构成[9]

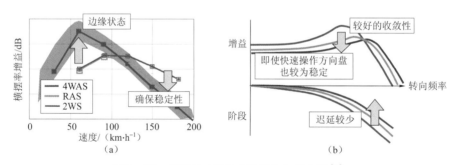

图7-32 4WAS（四轮主动转向）的目标[9]

(a) 恒定响应（横摆率/方向盘操作）；(b) 动特性（横摆率/方向盘操作量）

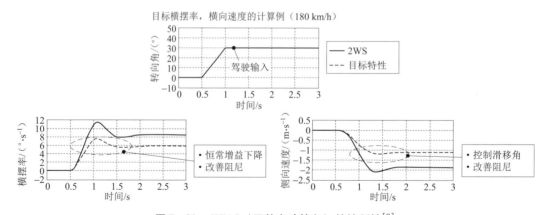

图7-33 4WAS（四轮主动转向）的控制性[9]

7.3.3 关于系统的可靠性

设计一般的电子控制系统时，一般都会考虑发生故障时，为了安全起见自动停止系统运转，使车辆恢复常规状态。但是，将行驶、转向、制动等基本功能转换为由电子零部件控制的线控系统则无法自动停止这些功能，因此线控系统一般均具有依靠机械辅助及多重系统实现功能的容错机能（图7-34）。实际应用的线控系统有：具有机械辅助的线控制动系统和具有多重系统的线控油门系统。今后，在辅助类型及多重系统的采用方式等方面，及其与故障率、影响度及系统的合理性之间的关系的研究将取得进一步的发展。

配备两个以上的具有同一功能的装置系统，各系统检测本系统的异常，检测之后，停止本系统的功能（Fail Silent），以其他已检测完异常的正常系统维持安全级别的机能。

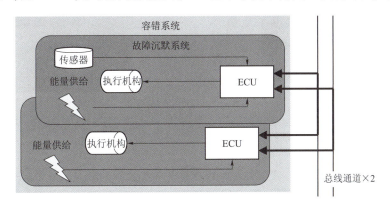

图7-34 基本容错系统的构成

7.3.4 关于线控车辆

近年来，各公司利用线控技术的设计自由度，在车辆操纵形态、车辆的运动方向、车辆形态方面提出了更加先进的概念（图7-35~图7-38）。

图7-35 各种线控车辆[1]

在这里，将对图7-39所示的线控概念车的例子进行介绍。该概念车充分利用了线控系统无机械连接的优点及电动汽车采用轮毂电动机所带来的总布置方面的优点，采用了四轮制动、驱动及转向系平台与驾驶室分离的方式。

图7-36 各种线控车辆[2]

图7-37 各种线控车辆[3]

图7-38 各种线控车辆[4]

另外,设定了行驶系模块,包括各车轮驱动用电动机、转向机构及制动机构。还设定了可变式底盘系统,它具有可变动轮胎位置的执行元件。

据此,可实现驾驶室旋转、横向移动、行驶时的各车轮载荷控制等功能(图7-40、图7-41、图7-42)。

图7-39 线控概念车示例(驾驶室与平台)[10]

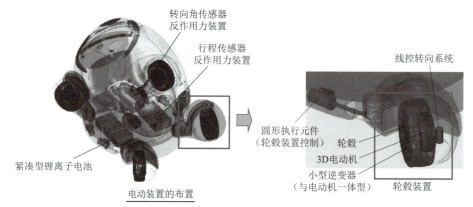

图7-40 线控概念车(可变几何形状底盘)[10]

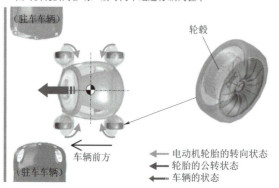

图7-41 线控概念车(控制例(1))[10]

第7章 车辆运动控制

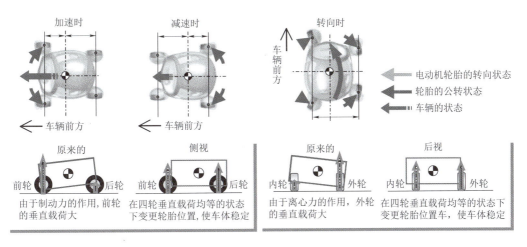

图7-42 线控概念车（控制例（2））[10]

7.3.5 线控技术的未来

综上所述的各种功能及各种概念车，通过线控技术所带来的设计上的自由度，可实现车辆的性能、功能、构造、内饰、车身造型等多方面更大的进步。但线控本身只是一个工具，如何设计车辆构造、系统构成及如何使用这个工具则在于设计人员的研究及创意。在充分掌握了线控技术的优点，在确保系统构成的可靠性（辅助系统、多重系统、执行元件构造等方面）及成本的均衡之时，线控系统将被广泛采用，并成为未来汽车变革的关键。

7.4 群行车控制

7.4.1 概述

我们将为减少驾驶负荷，缓解道路堵塞，实现高效率且安全的行驶控制，以多组的车辆为群体，共享各车辆的行驶状态，进行车群整体控制的ITS（Intelligent Transport Systems）技术称为群行车控制。群行车控制利用车车间及路车间通信，行驶控制分为两部分：将数台车作为群体，通过与前方车辆之间的车距控制及纵向控制，实现队列行驶（护航行驶、平行行驶）；识别周围车辆的行驶状态，通过防止偏离车线的横向控制，实现与周围车辆间的协调行驶。通过共享包括彼此间的驾驶意图在内的行驶状态，实现安全的行驶控制。

在本节中，首先就基于自动驾驶的群行车的优点及实现群行车控制须解决的所有技术课题进行叙述，其次将对各种群行车方式（队列行驶、鱼群行驶）的目的及理念进行叙述。

7.4.2 基于自动驾驶的群行车优点

通过车辆的自动驾驶化及多组车辆电子通信的群行车具有以下3个优点：

① 减轻驾驶者的驾驶疲劳。通过群行车控制，驾驶者无须进行与周围车辆间的协调驾驶操作，因此可降低驾驶者的驾驶负荷。

② 通过排除人为操作失误，减少事故的发生。在传统车辆的转向系中，须由驾驶者进行辨别、判定、操作，因此会发生辨别错误及操作时间延迟等问题。但在群行车控制中，可通过排除人为操作失误实现安全行驶。

③ 通过保持较短的车距实现高效率的交通流。群行车控制可实现由人驾驶的车辆无法实现的短车距行驶，因此极大地提高了道路的使用效

率。另外，通过维持较短的车间距行驶，还可减小空气阻力，故可实现汽车交通的节能化。

在爱知世界博览会上，参观者乘坐的 3 台巴士以平均速度 20 km/h，保持约 20 m 的车距在会场内进行了队列行驶。另外，8 辆乘用车保持 6.4 m 的车距，以 100 km/h 的速度进行了队列行驶[11]。然而，在保持这样极短车距进行队列行驶的状态下，会给乘客造成极大的心理负担，因此有必要进行新的技术开发，以使乘客在这样极短车距下行驶感觉不到负担。

7.4.3 实现群行车的技术课题

为实现群行车控制，开发出了通过车距控制防止与前方行驶车辆碰撞的纵向控制技术（油门与制动操作的自动化）及通过车辆偏离车道控制防止与周围车辆碰撞的横向控制技术（转向器操作的自动化）。

多台车辆尾随行驶时，各车辆的车距会产生以下的动态变化：在超过驾驶员控制能力的车距下行驶时或车辆的速度过高时，由于辨别错误、时间延迟及控制延迟而引起车辆状态变化的延迟。因此，车群前面车辆的车距会逐渐向后方增大，最终会导致事故及堵塞。我们将此称为"冲击波传播"。

从防止交通堵塞及事故的角度来看，控制该传播是极为重要的。产生冲击波传播时，后方的车辆必定会进行急加速或急减速。举一个简单的例子：在由红灯变为绿灯时，不是所有的车辆同时启动，而是从前方的车辆开始依次启动就是这个道理。另外，在确认前方行驶车辆的制动灯后，进行自车的制动操作并向后方传播，前方行驶的车辆紧急制动车操作后，自车也进行紧急制动操作，这样就会导致被后方车辆追尾，这即是冲击波传播的结果。

为防止这种情况的发生，应时常确认前方行驶车辆的停车灯，减少无意义的制动操作及紧急制动操作是一个有效的方法，这是众所周知的事实。因此，实现无冲击波传播的稳定的群行车行驶是群行车纵向控制的主要课题。

如图 7-43 所示，在对队列行驶的车群稳定性进行评价时，其基本想法是对各车辆的车距进行评价。为确保车群稳定性，车距控制系统应满足以下的条件：

$$\left\| \frac{e_i(s)}{e_{i-1}(s)} \right\|_\infty \leq 1 \quad (7-20)$$

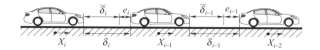

图 7-43 队列行驶

另外，$i = 2、\cdots、N$ 为由 $N-1$ 辆组成的车群中从头车数的第 i 辆车的整数；δ_i 为车群中 $i-1$ 与第 i 辆车的车距；$\bar{\delta}_i$ 为第 i 辆车的车距目标值；$e_i = \bar{\delta}_i - \delta_i$ 为第 i 辆车的车距误差；s 为拉普拉斯算子；$\| \cdot \|_\infty$ 为稳定的传递函数的 H_∞ 范数。因此，为了实现车群稳定性，车群中的车距改变时，应使其车距变动量向后续车辆传播时逐渐衰减或至少不致放大。另外，若将当前的各车辆的位置设为 X_i，各车辆速度用 $v_i = \dot{X}_i$ 表示，则上式可进行如下转换：

$$\left\| \frac{v_i(s)}{v_{i-1}(s)} \right\|_\infty \leq 1 \quad (7-21)$$

即为了获得车群的稳定性，不仅速度应与前车相同，同时还应限制速度的过调量。下面，将对满足车群稳定性的具有代表性的例子进行叙述。

7.4.4 队列行驶

在这里，将从车群稳定性的角度出发，就纵向控制进行说明。迄今为止代表性的车距控制方式有车辆跟踪方式、自律假想方式。主要考虑高速公路上的基于自动驾驶的群行驶。任何一种群行驶形态均与油门及制动操作的纵向自动控制有关。在这里，预先设定与控制系油门、制动的操作输入相对应的车辆状态延迟，建立以下的模型：

$$\dot{v}_i(s) = \frac{e^{-s\tau_2}}{\tau_1 s + 1} u_i(s) \quad (7-22)$$

$\dot{v}_i = dv_i/dt$ 及 u_i 为第 i 辆车的加减速目标值及操作量；τ_1 与 τ_2 分别表示发动机及制动等延迟

的时间常量与无用时间。发动机及制动的延迟很复杂，仅以1阶延迟因素无法描述，故导入了无用时间。此外，一般来说，若 $\tau_1 = 0.1$ s、$\tau_2 = 0.1$ s，则可以较高的精度模拟实际的车辆响应，但这些数值也会极大地影响冲击波的传播。在可减小 τ_1 与 τ_2 的电动汽车方面，控制系可减小延迟，因此可对振动波形的传播进行控制。另外，通过提高安装在车辆上的传感器感应性能，也可控制由感应延迟带来的冲击波传播。

（一）车辆跟踪方式

为确保车群稳定性，应避免车距误差向后方车辆传播，并将车速的过调量控制在极限范围内。特别是控制系统的过调量与控制系统的延迟密切相关，在减少过调量时，避免微分补偿及正馈补偿时间延迟的行驶控制[12-13]是极为有效的。因此，在根据反馈控制车距方面，若产生相位延迟，则无法获得车群稳定性。在这里，通过定义与自车的速度成比例的车距目标值，可确保车群稳定性。

$$\overline{\delta}_i = hv_i + \delta_{\min} \qquad (7-23)$$

$\delta_{\min}$ 与 h 为正常数，分别为车距目标值的最短值、车间时间（THW：Time Head Way）（图7-44）。式中，控制误差 e_i 以下式表现：

$$e_i = \overline{\delta}_i - \delta_i = hv_i + \delta_{\min} - \delta_i \qquad (7-24)$$

该控制误差 e_i 若以微分方程式 $\dot{e}_i + ae_i = 0$（a 为正常数）的解 $e_i = ce^{-at}$（c 为常数），则加减速的目标值 $\dot{v}_i$ 可以表示如下：

$$\left(h\frac{dv_i}{dt} - \frac{d\zeta_i}{dt}\right) + a(hv_i + \zeta_{\min} - \zeta_i) = 0$$

$$则 \quad \dot{v}_i = \frac{(v_{i-1} - v_i - a(hv_i + \zeta_{\min} - \zeta_i))}{h}$$

$$(7-25)$$

因此，自动驾驶车辆操作可以参考该加减速的目标值 $\dot{v}_i$，但会产生与该操作量相对应的发动机及制动等的延迟。设定较小的车距，则 h 较小，此时须有较大的加速度输入。另外，在实际车辆方面，由于 τ_1 与 τ_2 不为零，因此会发生车辆状态的延迟。为此，为确保车群稳定性，应在某种程度上设定较大的 h。

在该方式中，为尽量缩小车距，除正前方行驶的车辆之外，还应获得更前方行驶车辆的速度、加速度及加减速指令等方面的正馈信号，正馈信号越多越可确保车群的稳定性，但这些信号由于是通过车车间通信取得，因此会使车车间通信更加复杂化，这也是当前的一个课题。目前，正在对多路电波反射式车车间通信方法进行研究开发，该方法是对通信延迟较少的信号进行传输接收，获得前车的正馈信号。

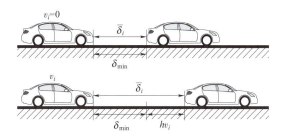

图7-44 车距目标值（上：停车中；下：移动中）

独立行政法人新能源·产业技术综合开发机构（NEDO）正在进行旨在满足2050年 CO_2 排放减半目标的ITS的研发，NEDO正积极推进ITS事业，并在进行自动驾驶、队列行驶技术的研究开发。队列行驶系统目的在于：仅先导车辆有驾驶员，实现电子连接的3台车辆的队列行驶。具体的技术开发计划是：2010年之前，实现在无其他混流行驶的行驶条件下，以最高速度60 km/h、车距10 m以下的队列行驶；2012年实现与非自动驾驶车辆混流行驶条件下以最高速度80 km/h、车距10 m以下的队列行驶。

（二）自律假想方式

如图7-45所示，以车群的先导车辆目标位置为基准，各车辆进入其群列并进行自律控制。采用车群的先导车辆目标位置 $\overline{X}_i$ 将第 i 辆车的目标位置 $\overline{X}_i$ 进行如下定义：

$$\overline{X}_i = \begin{cases} v_0 t & (i = 1) \\ \overline{X}_1 - \sum_{k=1}^{i-1} L_k & (i \geq 2) \end{cases} \qquad (7-26)$$

式中，v_0 为车群的目标速度；t 为从群车行驶的起始时开始的累计时间；L_i 为到第 i 辆车给定的空间长度。

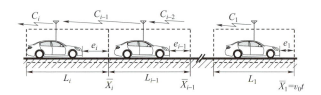

图 7-45 自律假想方式

因此,第 2 辆车以后的车辆的目标位置与先行车辆的位置无关,仅与车群的目标速度有关。

在这里,将与第 i 辆车的目标位置相对应的控制误差定义为 $e_i = \overline{X}_i - X_i$,则 e_i 可用下式表示:

$$e_i = \begin{cases} v_0 t - X_i \, (i = 1) \\ (\overline{X}_1 - \sum_{k=1}^{i-1} L_k) - X_i \, (i \geq 2) \end{cases}$$

(7-27)

因此,车群的速度变化时,各车辆的控制误差同时产生变化,故应对各车辆进行独立的速度控制。然而,构成车群的所有车辆识别车群先导车辆的位置 X_1 及各车辆行驶空间 L_i 将使车车间通信变得更为复杂。因此,采用前方行驶车辆的情报,表示第 3 台以后的车辆的控制误差的公式如下:

$$\begin{aligned} e_i &= \overline{X}_i - X_i \\ &= (\overline{X}_1 - \sum_{k=1}^{i-1} L_k) - \{(\overline{X}_1 - \sum_{k=1}^{i-2} L_k) - (e_{i-1} + w_{i-1} + \delta_i)\} \\ &= (-L_{i-1} + e_{i-1} + w_{i-1}) \delta_i \\ &= C_{i-1} + \delta_i \end{aligned}$$

(7-28)

式中,L_{i-1} 为到第 $i-1$ 辆车给定的空间长度;e_{i-1} 为与第 $i-1$ 辆车的目标位置相对应的控制误差;w_{i-1} 为第 $i-1$ 辆车的长度;δ_i 为第 i 辆车的车辆车距;C_{i-1} 为根据第 $i-1$ 辆车的车辆信息构成。

因此,通过车车间通信可在第 $i-1$ 辆车到第 i 辆车之间传达这些信息,且若能够检测出与前方行驶车辆之间的车距,则可简单地进行控制误差的计算。

因在该方法中,是以群行驶先导车辆的目标位置为基准决定各车辆的目标位置,因此不存在放大车距误差并传播的问题,故可确保车群稳定性。另外,采用车车间通信可获得前方行驶车辆的情报并进行控制误差计算,因此可实现无须车车间通信的简单系统构成。

7.4.5 鱼群行驶

着眼于行车线数量及车辆位置等经常发生变化的行驶环境,并且期望车辆可实现在同一行车线上行驶,另外还应注意相邻行车线上行驶车辆的状态变化进行行驶控制。例如,在行车线变更时应根据车辆的位置关系(相对距离、相对角度)与状态的差异,实施"回避碰撞"、"观测与周围车辆间的距离"、"行车线变更"三个操作。因此,在这种情况下,各车辆应自律地进行纵向控制与横向控制。在这里叙述的鱼群行驶即是实施这些控制的一个例子。

但一般来说,构筑这样的控制模式应描述所有可能发生的情况,因此模型极为复杂。故在现实的环境下,可将为在危险中寻求安全而成群行动的生物的行动规范作为参考。鸟及鱼是成群行动的生物,它们这样的行动被称为 Boid 或 Aoki 模式,并根据群行动规范形成了固定模式,特别是模拟鱼的群行动,并将行动规范简化后为 Aoki 模式(图 7-46)。该模式着眼于离自己最近的个体并根据与其之间的位置关系确定自己的行动(回避碰撞、并行、接近)。在这里,将就 Aoki 模式进行详细介绍。

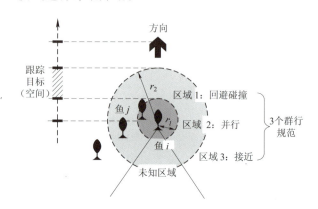

图 7-46 鱼群行动的规则(Aoki 模式)

在 Aoki 模式中,鱼 i 具有由 3 个同心圆构成的区域和死角，但可从与最近的鱼 j 的相对距离与相对角度判断鱼 j 存在区域，决定鱼 i 的行动模式。Δt 秒后鱼 i 的行进方向采用当前的行进方向 $\alpha(t)$ 和行进方向的调整角 $\beta_{ij}(t)$ 进行表述：

$$\alpha(t+\Delta t)=\alpha(t)+\beta_{ij}(t)+\beta_0(t) \quad (7-29)$$

$\beta_0(t)$ 为确定方向时产生的摇动。将鱼 i[速度 $\vec{v}_i(t)$] 和鱼 j[速度 $\vec{v}_j(t)$] 的坐标分别取 $(x_i(t)、y_i(t))$、$(x_j(t)、y_j(t))$，则行进方向的调整角度根据各区域可定义为：

[区域 1] 回避碰撞（$\gamma<\gamma_1$）：可将鱼 i 的态势角转变为与鱼 j 较远的方向且为 90°的朝向：

$$\beta_{ij}(t)=\min\{\angle(\vec{v}_i(t),\vec{v}_j(t))\pm 90°\}$$

$$(7-30)$$

[区域 2] 并行（$\gamma_1\leqslant\gamma<\gamma_2$）：将鱼 i 的态势角与鱼 j 的态势角整合：

$$\beta_{ij}(t)=\angle(\vec{v}_i(t),\vec{v}_j(t)) \quad (7-31)$$

[区域 3] 接近（$\gamma\geqslant\gamma_2$）：将鱼 i 的态势角调至鱼 j 存在的方向：

$$\beta_{ij}(t)=\angle\left(\vec{v}_i(t),\tan^{-1}\left(\frac{y_j(t)-y_i(t)}{x_j(t)-x_i(t)}\right)\right)$$

$$(7-32)$$

式中，$\angle(\vec{v}_i(t),\vec{v}_j(t))$ 为鱼 i、鱼 j 的行进方向角度差；min $\{\}$ 为 $\{\}$ 内采集角度的绝对值最小的角度。

与队列行驶不同，由于在纵向（行进方向）及横向均存在行驶自由度，因此通过利用该特点，在行驶较为困难的各种情况下，仍可确保车群行驶稳定性。

在不发生车辆插队的情况下，应考虑到实际的车距相对于车距的目标值发生变化时的情况。在队列行驶的情况下，如上所述，通过利用车距及前方行驶车辆的信息，在确保车群稳定性的同时，在同一行车线内控制车距变化。在鱼群行驶的情况下，虽未设定明确的车距目标值，但如图 7-47 所示，理想的状态是将形成群的所有车辆以相同速度并行作为目标。因此，可实现各车辆在确定的二维空间内（并行区域内）行驶，且将目标车辆的速度作为正馈信号进行车辆控制。

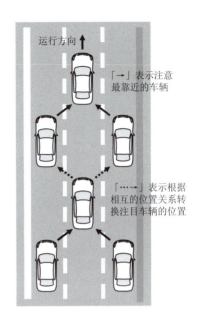

图 7-47 鱼群行驶时理想的群形态

另外，如图 7-48 所示，在发生车辆插队（在合流地点等）的情况下，应考虑鱼群行驶形态的再构成。在进行合流行动时，应首先确定与本车相关的对象车辆。与对象车辆保持相应的距离（接近区域），当与对象车辆的相对距离为 $\gamma\geqslant\gamma_2$ 时，首先向对象车辆靠近，然后调整本车速度。当与对象车辆位置较接近（并行区域），与对象车辆的相对距离为 $\gamma_1\leqslant\gamma\leqslant\gamma_2$ 时，调整本车与对象车辆的相对速度。此时，构成鱼群行驶的各车辆的对象车辆发生变更，因此须进行车群的重组。其后，伴随着合并行动，过渡到适应行驶环境的车群形状。在这种情况下，可实现各车辆在确定的二维空间内（并行区域内）行驶，且将对象车辆的速度作为正馈信号进行车辆控制。

该方法以鱼群行动规则（Aoki 模式）为基础，通过采用扩充至二维的自律假想方式，实现与上述的自律假想方式一致的行驶形态，构建不存在车距误差放大并传播的行驶形态。因此，可确保车群稳定性，实现稳定的群行车行驶。

另外，若能通过车车间通信获得周围行驶车辆的信息，则可实现构筑不使车车间通信复杂化的系统。

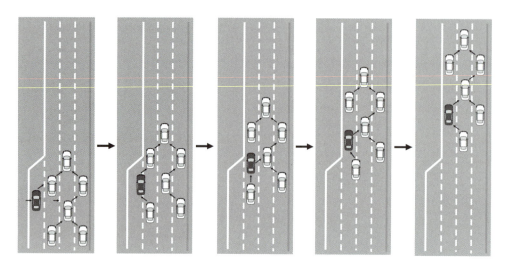

图 7-48 在合流地点的车群重组（按时序标注）

相关外文缩略语一览表

AFS	Active Front Steering	主动前轮转向
AYC	Active Yaw Control System	主动横摆控制系统
BBW	Brake By Wire	线控制动
DBW	Drive By Wire	线控操纵
DYC	Direct Yaw-Moment Control	直接横摆力矩控制
ECU	Engine Control Unit	发动机控制单元
EHB	Electro Hydraulic Brake	电动液压制动
EMB	Electro Mechanical Brake	电动机械制动
ESP	Electronic Stabilization Program	电子稳定化程序
EV	Electric Vehicle	电动汽车
FF	Front-Engine Front-Wheel Drive	前置发动机前轮驱动
FR	Front-Engine Rear-Wheel Drive	前置发动机后轮驱动
ITS	Intelligent Transport Systems	智能交通系统
LSD	Limited Slip Differential	防滑差速器
NEDO	New Energy and Industrial Technology Development Organization	新能源产业技术综合开发机构
NS	Neutral Steer	中性转向
OS	Over Steer	过度转向
PBW	Power By Wire	线控系统
PCI	Peripheral Component Interconnect	外部组件接口
SBW	Steering By Wire	线控转向
TCS	Traction Control System	牵引力控制系统
THW	Time Head Way	车辆时间间隔
US	Under Steer	不足转向
VDC	Vehicle Dynamics Control	车辆动态控制
YMO	Yaw-Moment Observers	横摆力矩监测器

参 考 文 献

[1] Y Hori. Future vehicle driven by electricity and Control-research on four-wheel-motored "UOT electric march II". IEEE Trans. Industrial Electronics. Vol. 51, No. 5, p. 954 – 962 (2004).

[2] H Fujimoto, et al. Motion Stabilization Control of Electric Vehicle under Snowy Conditions Based on Yaw-Moment Observer. in Proc. 8th IEEE International Workshop on Advanced Motion Control (AMC '04). p. 35 – 40, Kawasaki (2004).

[3] H Fujimoto, et al. Vehicle Stability Control of Small Electric Vehicle on Snowy Road. JSAE Review of Automotive Engineers Vol. 27, No. 2, p. 279 – 286 (2006).

[4] 安部正人：自動車の運動と制御、山梅堂 (1992).

[5] 雨宮ほか：最悪入力外乱を用いた車両の有界入出力安定性解析、自動車技術会学術講演会春季大会、No. 58 (2004).

[6] H Fujimoto, et al. Traction and Yaw-rate Control of Electric Vehicle with Slip-ratio and Cornering Stiffness Estimation, in Proc. 26th American Control Conference (ACC'07). New York, p. 5742 – 5747 (2007).

[7] K Fujii, et al. Experimental Verification of Traction Control for Electric Vehicle Based on Slip Ratio Estimation without Vehicle Speed Detection. JSAE Review of Automotive Engineers, Vol. 29, p. 369 – 372 (2008).

[8] H Fujimoto, et al. Pitching Control Method Based on Quick Torque Response for Electric Vehicle. IEEJ/IEEE International Power Electronics Conference, p. 801 – 806 (2010).

[9] 安野芳樹：2007 年自技会シンポジウム（4WASと将来展望）発表資料.

[10] 田部昌彦：2008 自技会ヒューマトロニクスフォーラム発表資料.

[11] 西成活裕：渋滞学、p. 39 – 82、新潮社 (2006).

[12] 大口敬：道路単路部渋滞発生解析－追従挙動モデルの整理と今後の展望－、土木学会論文集、No. 660、p. 39 – 51 (2000).

[13] 加藤晋：発進停止を含めた速度制御の交通流に対する影響の一検討、電子情報通信学会技術研究報告、ITS2002 – 30 p. 7 – 12 (2002).

[14] I Aoki. A Simulation Study on the Schooling Mechanism in Fish. Bulletin of the Japanese Society of Scientific Fisheries, Vol. 48, p. 1081 – 1088 (1982).

[15] 金井喜美雄：ビークル制御－航空機と自動車、p. 233 – 240、槇書店 (2004).

[16] 藤田晋：魚群ルールを適用した柔軟に環境適応する群走行制御、自動車技術会学術講演会前刷集、2010 年春季大会、No. 69 – 10, p. 1 – 6 (2010).

第 8 章

充电设备（基础设施）

总　论

2009 年开始销售的 EV（Electric Vehicle）可从家庭用电源通过车载充电器 AC 输入进行普通充电，同时还可用专用充电器进行 DC 快速充电。

为实现 EV、PHEV（Plug-in Hybrid Electric Vehicle）车正式的普及，需完成充电基础设施的建设，这已成为业界的共识。但实现用户的便捷性最大化和与基础设施整备相关的整体成本的最小化又是相互矛盾的命题，为在此之间取得平衡，则应在技术要点、经济性及与电力系统之间的调和等方面进行综合的评价。

快速充电的意义

EV、PHEV 可从家庭用电源进行充电是其特点之一。若在 EV 的停存场所设置插座，则可在夜间等车辆不使用的时间段进行充电，无须像汽油机车辆那样专程去加油站加油。但电动汽车一次充电所行驶的距离存在局限性，因此有时会发生尚未到目的地电池余量已所剩无几或在去较远的地方时需在行驶途中进行充电的情况。在这样的情况下，若能在公共停车场及加油站等地方进行快速充电，则可将驾驶者从长距离行驶的不安中解放出来，同时还可扩大 EV 的使用范围。当前市场出售的 50 kW 功率的快速充电器可在充电 5 min 后行驶 40 km，或充电 10 min 后行驶 60 km（图 8-1）。

图 8-1　快速充电站

今后，可以预想，随着需求的扩大，电池的价格将有所下降。未来，电动汽车为实现与汽油机车辆同等的续驶里程是否会增加电池的搭载量？如果 EV 增加电池的搭载量，则会导致车辆成本的增加，同时车辆的重量也会增加，进而带来电费的增加及性能的降低两个缺点。另外，在进行超过最大续驶里程的长距离行驶时及忘记充电时，仅以增加电池搭载量也仍然存在着无法解决的问题。无论在哪一种情况下，若在行驶路线附近能进行快速充电，则可在短时间内进行充电后继续行驶。因此，作为公共基础设施的快速充电站的配备将使 EV 的性价比得到提高。

技术方面的必要条件

作为公共基础设施的快速充电站应具备三个技术方面的必要条件：

第一，为确保不同型号的 EV 与快速充电站之间的兼容性，应对插接器的物理形状及充电电流控制等的通信方式作出规定。

第二，为保证普通使用者的安全，应确保充电站的安全性。在快速充电时，最大电压为 300 V、最大电流为 100 A，因此稍有失误则将酿成重大事故。故应制定出对硬件的故障、老化等保障及维修指导等方面的对策。

第三，应具有在充电过电流、过热时对电池的保护功能。作为公共基础设施的充电站应具有可适应不同型号电池的特点。同时，可以预见：今后，随着技术革新的不断发展，电池的性能将得到大幅度的提高。同时，即使是相同的电池，容许电流值也会由于使用状况、环境条件等会有所不同，因此预先将充电电流的控制模式化也是较为困难的。为此，为在保护电池的同时实现充电时间的最佳化，快速充电站应具有通过 BMS (Battery Management System) 监控电池状况及实时控制充电电流的功能。

投资最佳化与可持续性

由于 PHEV 在电池电量减少时，可依靠发动机驱动继续行驶，故无须快速充电。若在停存场所及目的地等的停车场有充电插座，则将大幅度提高以 EV 模式行驶的比率。因此，以较低的成本尽量增加充电站的数量，会获得提高经济性及环保性两方面的优点。

另外，应实现 EV 基础设施的普通充电与快速充电两种充电方式平衡的最佳化。快速充电站与 EV 同样从 2009 年开始销售起享受日本国家的购买补贴制度。到 2010 年 11 月为止，在日本全国的高速公路的休息区、大规模商业设施的停车场、加油站及地方公共团体的设施等处，快速充电站的设置达到了 300 处以上（图 8-2）。

快速充电站可在短时间内进行充电，具有极高的便捷性，但其设备的价格在 200 万～300

图 8-2　快速充电站的设置例

万日元，而且需要 100 万日元左右的安装费用。但由于快速充电站是以充电为主要目的，因此平均 100～200 辆 EV 配置一处充电站的比例在所需之处适当配置，则可充分发挥作为公共充电设施的功能。另外，应最优先考虑以较低的成本在大致每天均在使用的普通充电方面尽可能地利用现有设备。今后，为使 EV 的普及所需要的充电基础设施整备的社会成本最小化，应充分利用普通充电与快速充电的特点，在具有良好平衡的状态下，适当配备充电基础设施是极为重要的。

为实现 EV 的正式普及，今后必须充分考虑到作为公共基础设施的快速充电站的设置成本由谁来负担。快速充电对于利用者来说是附加价值极高的服务，因此应充分考虑到设定较高的 1 次充电的服务费用及作为单个商业实体的可能性。但是，快速充电站仅设置在多有 EV 行驶的市区街道并非是最好的。从解除 EV 使用者对于续驶里程的不安方面考虑，快速充电站应设置在驾驶者在行驶中担心电池余量不足的一定距离的范围内。从这个意义上来看，即使一年仅使用几次，也需要与每天使用数次的高利用率充电站同等看待，进行设置，否则，则无法实现配置的合理化。以前，快速充电站设置作为公共扶持事业及企业的 CSR (Corporate Social Responsibility) 的一环，已先于 EV 的普及，但将来在 EV 以数百万辆的级别普及时，应充分考虑到用户以较少的费用进行充电。同时，构建整备、维持充电基础设施的商业模式将是今后重要的课题。

充电电力需求量的影响评估

在 EV、PHEV 大量普及之时，所需电力将对供电系统造成较大的冲击，即随着充电电力的增加是否应考虑增强配电设备及发电设备，目前即有这样负面的担心。在经济产业省的"下一代汽车战略 2010"中，制定了 EV、PHEV 在 2030 年的乘用车新车销售量所占比例为 20%～30% 的政策。日本国内乘用车年销售量约为 400 万辆，假定 2030 年 EV、PHEV 累计销售量达到 1 000 万辆（峰值），可计算一下 2030 年的电力需求量。

如果每辆 EV、PHEV 的平均年度行驶距离为 1 万千米，EV、PHEV 的 EV 模式行驶比率为 80%、电费为 7 km/kWh，则年度的充电电力需求量将达到 114 亿千瓦小时。这与 2009 年度的日本国内销售电力量（10 家电力公司合计）8 889 亿千瓦小时相对应，增加了约 1% 的需求量。

对最大电力需求（kW）的影响需要分普通充电与快速充电两个方面来考虑。几乎所有的车辆主要均是在白天的时间段行驶，多在夜间的非峰值时间段进行充电。假定夏季峰值时间段的正午、午后及冬季峰值时间段的清晨普通充电使用率为 5%，充电电流 15 A、100 V/200 V 的比率各为 50%，则可计算出普通充电的电力需求为 113 万千瓦。另外，快速充电主要为行驶中的电力补充，因此多利用白天时间段进行充电。因需求量的大小与快速充电站的设置数量成正比，假设 2030 年全国的快速充电器设置台数为 1 万台、1 台的输出功率为 50 kW、设备平均开动率为 25%，则需求量为 13 万千瓦。二者的合计为 126 万千瓦，与 10 家电力公司的最大电力（2001 年发电端）1.8 亿千瓦相对应，仅有约 0.7% 的影响。

从以上情况来看，EV、PHEV 的充电电力需求给电力系统带来的负面影响较小，而且通过将每年 114 亿千瓦小时的新增需求量放在夜间，同时提高非峰值的需求，安排好春秋等季节及休息日的供需，可望将影响压缩至最小。在目前的日本电力费用菜单中，有面向普通家庭用电的时间段费用及高用电量用户以 30 min 为单位的用电量计量仪表，并有较为完善的避峰值奖励制度。从配电设备的脆弱性来看，与目前存在着必须投入巨大的资金引进智能电表讨论的美国不同，在日本的电力系统中，充电电力需求的增加尚未成为问题。

与电力系统间的协调

在与电力系统的协调方面，对不行驶的 EV、PHEV 在非峰值时间段以较为便宜的电价充电，在峰值时间段以较高的电价充电，即通过 Vehicle to Grid（V2G），提高电力系统的可靠性，使 EV、PHEV 的普及扩大。

在引进风力发电及太阳能发电等可再生能源发电并与系统连接时，存在着发电输出的不规则性问题。因此，为弥补不足的输出调整，应寻求火力发电及水力发电等具有调整力的电源。以前，在日本将大型的风力发电与系统连接之前，发电单位会与电力公司进行协商有计划地推进建设，尚未出现问题。但是，为实现国际公约规定的与 1990 年比 CO_2 排放量削减 25% 的目标，需大量引进太阳能发电等，因此今后仅以现有的发电设备将会出现调整力不足的问题。届时将会考虑临时控制太阳能发电及风力发电的输出或在电力系统重新设置增加调整力的蓄电系统。但是，充放电损失较少的二次电池成本极高，因此将今后可期待普及的 EV、PHEV 的电池与系统连接，采取稳定化对策的便是 V2G。的确，并不是所有普通用户的汽车均在行驶中，大部分时间是停在自家的车库或单位的停车场，因此若能有效地利用其空闲时间，也许会降低可再生能源对策的成本。

但是，在 V2G 的实现过程中，是否对所有者有利，从这一点上来看，有一些重要的问题未能考虑到。

第一，与实现 V2G 相关联的成本问题。EV、PHEV 的普通充电用车载充电器是以专用电池充电为目的，因此进行了小型化设计。若增加从电池向系统侧反向充电功能，则会使车辆成本增加。在充电器的改进中，并不仅是单纯地将变换器改为双向使用，向系统提供电力时的噪声对策也会使成本增加。另外，为实现充放电的时间控制，还需根据系统的供需情况与电池的余量设置双向通信、设置控制的智能仪表及调节器，这也是需要成本的。在引进智能电网的讨论方面，曾期待通过峰值、非峰值的电力差价回收增加部分的成本。

第二，使用者的便捷性问题。EV、PHEV的所有者并不是根据电力系统的情况购入汽车。例如，车辆放置了很长时间，再次使用时却发现电池的电量不足，这样的风险对 EV 购入者来说，就会极大地降低其便捷性。为解决这样的问题，可采取预先详细设定 EV 的使用日程表或将可充放电容量限定在极小的范围，为此在技术方面需有更大的突破。

从削减 CO_2 排放的最终目的来看，从寻找高性价比的手段出发，作为系统对策，V2G 是较为有效的手段，但在 V2G 实现之前，尚有几个阶段需实施。第一阶段是协调 EV、PHEV 的充电需求与系统电力的供需。通过 EV 侧的定时器将普通充电的开始、终止时间设定在电费较为便宜的深夜或在太阳能发电的电力剩余时间段进行充电，这在技术方面及成本方面均不是问题。通过这样的载荷控制可缓解 PV（Photovoltaic Power Generation）的系统连接极限量[1]。第二阶段为未来 EV 车载电池的二次市场的形成。从目前的 EV 批量生产到首次换车周期为 10 年后，那时 EV 的锂离子电池可转为定置型，因此不存在成本、便捷性的问题，利用这样的过渡阶段时间，可充分地对实现成本、便捷性、电池寿命期限的延长及充放电最佳化等技术课题进行研究。

各国的电力情况

充电基础设施整备的未来状态是与智能电网密切相关的。智能电网并没有明确的定义，但其基本条件是利用 IT 技术。通过向需求端发送电力供给系统的信息，对电力系统的最佳化使用予以奖励，提高可靠性、电力质量。另外，还可减缓大量可再生能源与系统连接时的影响。但根据世界各国地域所存在的问题，引进智能电网的目的各有不同。

在美国，奥巴马政府已作出智能电网的大型预算，获得补贴的大型项目已在各地开始实施。美国制定智能电网大型预算的目的在于加快经济复苏及提高电力供给的可靠性。

前者在 2008 年的金融危机引发的经济危机以后，可作为推进未来经济增长的公共资金的使用途径。为此，先进行围绕技术开发、规格标准化等方面的讨论，后进行商业的可行性及性价比的验证。

后者具有以下的背景。在美国电力自由化后，对输电线等电力输通设备的投资处于停滞状态，大规模停电频发。与维持垂直整合型的日本不同，美国电力事业的结构为发、送电完全分离；长期向管制部门电力系统投资，资金回笼较为困难。因此，和日本相比，配电网的监控控制及自动化较为滞后，这也是可靠性低的原因。再加上今后风力发电及太阳能发电等可再生能源大量连接会造成系统运行的困难。因此，通过智能仪表及需求响应等技术的引进，缓解由于电力供给基础设施不足而无法满足使用需求是其最大的目的。需求响应的引进在智能电网的讨论之前便已开始，这是由于电力价格的弹性力较低，即使实施奖励制度等对策也难以解决供需的问题。作为解决方法，单纯从原来的对策转换为采用智能仪表等新技术也无法保证取得好的效果。

一方面 EU 通过在发电部门引进竞争机制，推进新的高效率燃气轮机等的投资；另一方面，减少对电力流通设备投资的奖励，其结果是带来了输电线超负荷等问题。另外，作为环保政策，设定了到 2020 年可再生能源占能源消耗量的比率达到 20% 的目标。从 2000 年前后开始，由于德国及丹麦等国家风力发电急剧增加，应根据发电量的变动制定火力发电及富余电力吸收等供需对策。在欧洲的智能电网技术开发中，对今后会增加的可再生能源对策的期望较高。另外，德国、法国从 2009 年开始了在各地进行 EV 的验证试验，同时还在推进与此相匹配的充电基础设施的试验。

在世界最大的汽车市场——中国，汽车时代的风潮才刚刚开始，今后将会加快发展速度。到目前为止,在汽车生产方面,通过外资的引进及技术转让培育本国的汽车产业已成为国家战略。EV与汽油机车辆相比,零部件数量少,与零部件相关的企业数也少。目前,中国已正式开始对左右竞争力的锂离子电池进行技术开发,追赶国外汽车企业并向以本国技术培养汽车工业的方向转舵。从2009年开始,启动了EV及混合动力车普及的国家项目并将13个城市指定为重点地域。另外,在中国,不仅是汽车,在整个经济及电力需求方面,2000年以后持续着大致两位数的增长,今后将以稳定的增长率维持发展。因电力供给无法满足电力需求,因此优先对发电站及电力输送设备进行投资,其结果导致了小规模的火力发电站增多,发电效率不高及煤炭占1次能源的比率过高等问题,核能研发及扩大可再生能源的利用已成为当务之急。在这样的背景下,从致力于国际社会中的环境问题的压力及能源安全系统的角度来看,运输部门的脱石油化已成为中国最重要课题之一。这势必导致加速以EV、PHEV为中心的下一代汽车的引进及开发。

8.1 电动汽车充电(快速充电)

从2009年开始在日本国内销售的快速充电器采用了被称为日本"CHAdeMO"的技术。该技术实现了公共基础设施所需要的EV与快速充电器之间的相互兼容性,确保使用人员的安全。在本节中,将对日本"CHAdeMO"方式的技术特点与标准化动向进行介绍。

8.1.1 快速充电方式的概要

一方面,EV具有可在一般家庭用插座进行充电的便捷性、行驶时无CO_2排放的环保性及油耗仅为汽油机车辆$\frac{1}{3} \sim \frac{1}{7}$的经济性等多方面的优点;另一方面,存在1次充电的续驶里程较短、充电时间过长等缺点,若不解决这些问题将难以实现普及。

但是,通过提高车载电池尤其是锂离子电池的性能,与传统充电方式相比可在短时间进行充电,因此使快速充电成为可能。快速充电器可减缓续驶里程不足及充电时间的问题,在短时间内对EV配置的电池补充所需电能的装置。

一般来说,充电所需要的部件由充电器与电池构成,或者由内置电池与专用的充电器构成。无论哪种构成,均是由充电器内部记忆充电电池的特点或充电模式,把握电池的状态,进行充电管理。

但是,EV根据车型的不同而内置不同的电池。如果快速充电器在所有车型上都沿用上述构成,当车辆及搭载电池发生变化或需要增加时,那么就需要将电池特性或充电模式重新写入到充电器一端,这从充电器管理的角度来看是非常影响使用效率的。适应日本"CHAdeMO"方式的EV如图8-3所示,车辆ECU(Electric Control Unit)在充电过程中也可以实时监控电池状态,同时根据各时段的电池状态计算充电所必需的电流值,通过充电电缆上的通信线通知充电器一端。

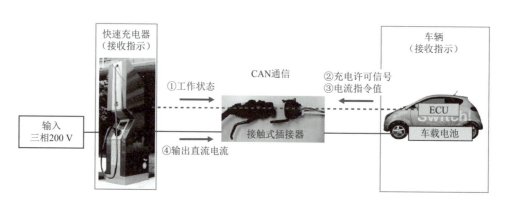

图8-3 快速充电的过程

快速充电器实时从车辆方面接收电流指令值并按指令值供给直流电流。通过采用这种方式,在充电器一侧无需监控电池状态,更不需要随电池状态变化进行运算,通用性很强,不受电池种类及特性的影响。同时,未来技术革新提高电池性能时,不受充电基础设施的制约。

8.1.2 安全性的确保

快速充电器以一般的驾驶员使用为前提,并实施无人管理化,因此保证安全性,尤其是对漏电保护对策显得尤为重要。为此,在快速充电器内部,为进行输出电流反馈式控制,应通过电压、电流的检测系监控过电流、过电压,同时通过对IGBT(Insulated Gate Bipolar Transistor)等动力电子元件的温度监控防止过热的发生,以降低由于元件损坏而引发的漏电灾害的风险。另外,在充电插接器、电缆方面,因使用者需实施插接器与车辆的插接操作,故降低由插接器、电缆破损引起的触电风险,进行漏电保护非常重要。因此,在充电器内部应设置绝缘变压器,将输入端的交流系统和输出端的直流系统分离,同时,输出端(变压器2次侧)应作为非接地系。这样,即使发生充电电缆内的直流供电线接地等故障情况也可防止触电灾害。在此基础上,通过强制设置检测输出电路接地的接地检测仪,可以降低触电灾害的发生频次。

8.1.3 充电方式的标准化动向

为使快速充电器作为公共基础设施迅速普及,应设有统一的接口,提供不同的车型均可充电的通用通信基础。具体说来,即是实现连接车辆的插接器物理接口与通信协议软件接口二者的统一。

1990年原日本电动车协会(现日本汽车研究所)便已制定了与快速充电相关的日本国内标准,日本"CHAdeMO"方式的插接器接口等也采用了该标准(图8-4)。另外,通信协议也是以旧标准为基础,考虑到充电器设计方针的不同,以东京电力为中心,汽车公司、电源仪器制造商等均补充了以下内容。

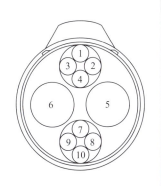

端子号	功能/作用
1	接地端子
2	"充电开始停止1"端子
3	(空端子)
4	"充电许可禁止"端子
5	"供电(-)"端子
6	"供电(+)"端子
7	"插接器连接确认"端子
8	"CAN-H"端子
9	"CAN-L"端子
10	"充电开始停止2"端子

图8-4 快速充电插接器

第一，为了确保安全，追加数据资料项目。通信协议中包括了车辆及充电器的规格信息及车辆电流指令值等数据资料通信，并且在充电的开始、执行、停止各个阶段交换双方的状态，以实现安全且准确的充电控制指令时序。

在数据通信方面，旧标准中由于充电管理方法的不同，存在目前不需要的信息交换及缺少详细故障信息等问题，故对此进行了取舍选择及扩充。

第二，为实现不同种类的 EV、快速充电器相互之间的准确连接，进行了时序定义。为确保整个充电过程的安全，根据充电的情况需对充电器及车辆的各种设计进行验证。但由于设计内容根据车辆及充电器的不同而不同，验证操作超过拟定的时间时，控制时序便不成立，故有时会发生无法充电的情况。

为了防止此类情况的发生，应在规定双方主要设计的基础上，确定严格且详细的控制时序。在新标准中，对充电开始、停止中各环节的等待时间及执行事宜等均进行了规定。通过明确规定了在常规动作的情况下及发生异常情况下的这些内容，实现了可在所有的动作条件下进行安全且准确的充电工作。

日本"CHAdeMO"方式的通信控制接口采用 CAN 通信。CAN 通信具有优异的耐噪声性及较高的故障检测能力，通信稳定性和可靠性很高，因此作为车载控制仪器的分散型网络被广泛采用。原来，CAN 是应对汽车的高性能化及控制机器数量增加等问题的分散控制型网络，但由于在快速充电时安全性优先，因此在网关（Gateway）上与其他车载控制器分离，与充电控制 ECU 和充电器一侧的控制装置实施一对一的通信。

在日本，采用日本"CHAdeMO"方式的快速充电器及与此相对应的电动汽车已成为事实上的行业标准。今后，将进入开展面向普及的技术改进及普及对策阶段，作为开展这样的普及活动的团体，2010 年 3 月设立了日本"CHAdeMO"协会。该协会由丰田、日产、三菱汽车、富士重工、东京电力 5 家公司发起创立，包括国外企业在内的超出 300 家公司、团体成为该协会的成员。如图 8 - 5 所示，日本"CHAdeMO"的标识采用了以日本"CHAdeMO"方式为基准的快速充电器的识别标识。

图 8 - 5　日本"CHAdeMO"标识

日本的标准作为 JARI（Japan Automobile Research Transistor）的方案已提交给 SAE（Society of Automotive Engineers）、IEC（International Electrotechnical Commission），在技术方面的完成程度、确保安全性的方式方面，被越来越多的人接受。国外制造商也提交了插接器及通信功能扩充等的修正案。

（一）美国 SAE 的讨论

在美国，合资企业——特斯拉电动机公司已开始在市场销售配置大容量电池的 EV，并开始了关于快速充电标准的讨论。当初 SAE 设想电池搭载量为 50 kWh 左右，快速充电的输出功率为 200 kW 标准的意见成为主流。但是，为实现如此大容量输出，电缆及插接器需大型化，这样对一般的使用者尤其是老年人及女性来说是较为困难的。另外，在充电基础设施配备阶段，系统的负荷过大，因此会产生配电设备的增强等问题，在考虑到充电时间和设备规模、成本的平衡等方面的基础上，接受了日本提出的 50 kW 的提案。

最近，以 GM、Ford 为中心的汽车公司提出了 AC 普通充电用和 DC 快速充电用插接器整体化的插接器提案。GM、Ford 在 EV 的 DC 快速充电利用方面起步较晚，但为将来 PHEV 也可以使用，欲将车身上的开孔数量控制在最小限。另外，由于插接器尺寸较大，操作性低下，锁止机构等安全方面的构造也较为复杂，因此在实用化方面还留有课题。

(二)欧洲 IEC 的讨论

以戴姆勒、雷诺、RWE 为中心参加了被称为 e-Mobility 项目的集团提出了在充电桩安装 AC 三相 400 V 线路并增加认证收费系统的议案。其主要的依据在于:在路边驻车的普通城市,多使用设置在路边的充电桩。根据 EU 电力自由化指令,电力零售自由化,为使充电桩作为通用基础设施任何人均可使用,需具备对使用者的认证及结账功能。该集团还提出了作为系统的通信手段采用 PLC(Power Line Communication)的提案,但在高速、低速的选择及规范化方面意见尚未统一。

目前,正在推进 AC 充电方式在 IEC 61851-22 的讨论。其标准化讨论对象为充电插接器,在 IEC,除 YAZAKI(SAE J1772)之外,还提出了 MENNEKES、SCAME 的欧洲提案,e-Mobility 支持可进行最大 44 kW 充电的 MENNEKES 提案。与此相对,以法国的电力公司为中心的集团提出了以较小的容量且考虑到壁侧浸水的 SCAME 提案,由此欧洲委员会将议题从标准规格选择转到了 CEN – CENELEC。在 DC 充电方面,于 2010 年 7 月已着手实施 IEC 61851-23 并以日本提案为中心开始了讨论。

(三)中国的动向

在中国,公布了将 EV 作为国家项目开展的政策,优先进行标准的标准化,并在地方政府及各省的主导下,开始了充电基础设施的整备。中国政府欲在依据 IEC 等国际标准的标准化基础上进行整备,但由于国内小规模汽车厂家的不规范及国外厂家已开始批量生产,因此在市场已经启动的危机感下,政府已在不具备主导权的情况下开始充电设施的整备。

中国的标准规格提案主体,主要是 CATARC(中国汽车技术研究中心)和国家电网两个主体。当初,按照中国政府的指示,CATARC 拟成了车辆快速充电规格的草案并积极推进讨论。另外,国家电网公布了作为配电网的高度自动化及可再生能源引进为主体的智能电网引进计划的一环,开始大规模的充电基础设施整备的消息。在这样的情况下,可以预见,今后将配合各地的智能电网的整备计划,以国家电网为中心,推进以充电基础设施为主导的标准化。

8.2 插电式混合动力车的充电(普通充电)

PHEV 可通过外部电力对电池进行充电,可延长 EV 行驶距离,兼具 EV 和 HEV(Hybrid Electric Vehicle)双重优点(图 8-6)。PHEV 可实现 CO_2 排放的大幅降低和利用代替燃料,是可期待尽快实现实用化的重要技术。

图 8-6 插电式混合动力车概略

自第一代普锐斯上市以来,丰田以经过 10 年时间形成的 THS(TOYOTA Hybrid System)技术为基础,一直致力于 PHEV 的技术开发[2]。

8.2.1 何谓插电式混合动力车

首先对插电式混合动力车的概况进行介绍。

插电式混合动力车CO_2排放量极少且可采用商用电源进行充电并利用其电能行驶，即PHEV。因此，根据各地区的电力分配状况，Well to Wheel的CO_2排放量会有所不同。以核电为中心的法国CO_2排放量约为常规混合动力车的1/10。另外，在日本，若利用深夜电力燃料费也较为便宜（图8-7）。

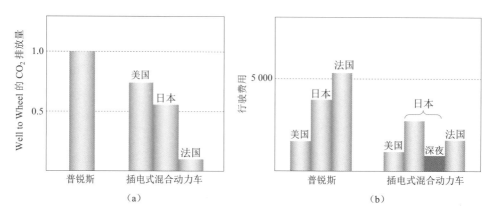

图8-7 插电式混合动力车的优点
(a) Well to Wheel的CO_2排放量；(b) 降低燃料费用给用户带来的好处

由于具有这样的优越性，在矿物燃料费攀升的现今，插电式混合动力车自然会成为目前的话题。

8.2.2 丰田插电式混合动力系统概要

（一）系统概念

在插电式系统中，可大致分为混合式和AER（All Electric Range）式两种。前者可在陡坡路及高速行驶等高负荷时启动发动机工作，后者在SOC（State of Charge）较高时，全部以电驱动行驶（图8-8）。但是，后者操作需配备大功率电动机和较大容量的电池。因此，丰田采用了可实现电气部件小型、低成本化的混合式。

另外，将电气系统的功率设计为可在城市内以电驱动行驶的功率大小，这样可实现电池的小型化，在实际使用中也充分体现出了其优点。

（二）技术课题

作为插电系统较大的课题可列出以下4项：

① 电池、电源：电池能量的判明、SOC增大带来的电池寿命缩短、电池单体的小型轻量化、电源构成及其控制。

② 充电系统：小型高效率充电、低温时的充电方式。

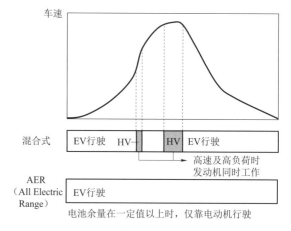

图8-8 插电式混合动力车的分类

③ 排放：发动机中高负荷启动时的排气。

④ 空调系统：降低消耗电力。

其中，最重要的是解决与电池相关的课题，可以毫不夸张地说这是PHEV普及的关键所在。

8.2.3 插电式混合动力车的充电系统

如前所述，PHEV的技术课题之一便是充电系统。该充电系统与电动汽车相同，但在插电式的情况下，由于电池搭载容量比电动汽车少，因此需进行大电力充电（快速充电）的必要性较小。同时，从电池寿命期限的角度考虑，多以普通充电（家庭充电）为主。另外，从上述的特点和便捷性及可在普通家庭现有的插座简单地进行充电的优点来看，普通充电均具有极高的重要性。

从这个角度来考虑，充电器的规格依赖于普通家庭的充电基础设施，但在日本，常规插座为100 V - 15 A 或 200 V - 最大 30 A，从普通家庭的电力流量计费（计费对象为 6~50 kW，最大电流为 60 A）来看，充电器输出可达数千瓦。这样小输出的电力转换器因形体、重量较小，具有可在任何地点充电的优点，故被用于车载充电器。

图 8-9 所示为包括车载充电器在内的普通充电系统的框图。普通充电的构成分为通过变压器等对充电基础设施及车辆高电压零件进行回路绝缘的绝缘型和非绝缘型两种，图 8-9 所示为通常采用的绝缘型[3]充电系统。

非绝缘型包括美国的合资企业——特斯拉电动机公司的电动汽车 Roadster 所采用的与驱动用逆变器主回路共用的充电器，丰田汽车公司的电动汽车 e-com 的驱动用电动机线圈和驱动用逆变器主回路共用的充电器，等等。

另外，图 8-10 所示为具有构成充电系统一部分的充电头、插接器和 CCID（漏电保护器）的电缆。

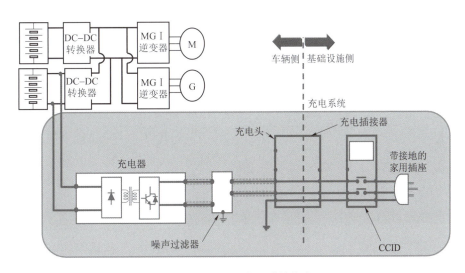

图 8-9　普通充电系统的构成

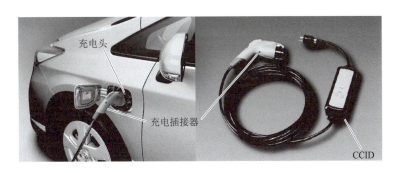

图 8-10　构成普遍充电系统的部件

下面就各组成部件的概要进行说明。

（一）充电器

普通充电的充电器为车载式，半导体转换器将外部的 AC 输入电流通过高频变压器转换为 DC 输出电流给电池充电。充电方法根据电池特性而有所不同，大致分为：恒功率控制（CP 充电）、恒电流控制（CC 充电）、恒电压控制（CV 充电），强制充电可进行多挡恒电流充电。图 8-11 所示为充电器回路构成和主要规格、特性实例。回路构成与常规的 AC-DC 转换器相同，由过滤器、功率控制 PFC（Power Factor Correction）、电桥回路、高频变压器、整流回路构成。

〈回路框图〉

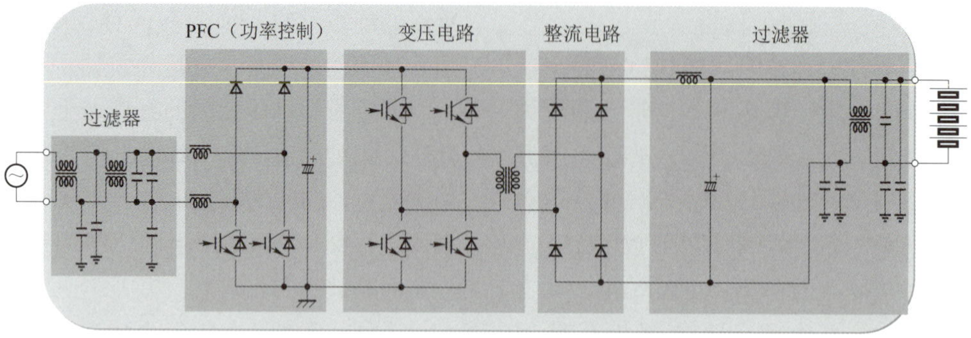

〈主要规格、特性〉

输入电压	AC 100 V/AC 200 V
最大功率	2 kW
最大效率	88%（综合效率83%）
载波频率	21 kHz/50 kHz（PFC/全电桥）

图 8-11　充电器回路构成和主要规格

（二）噪声过滤器

为限制高次谐波及降低线路噪声，一般设置有多挡 LC 过滤器。

（三）充电头、插接器

将在下一节中详细说明，但日本、美国、欧洲多采用标准化插接器。

（四）CCID（漏电保护器）

在美国，标准规定必须采用为了确保高电压安全的漏电保护器和指定的信号（参照 SAE J1772）。

8.2.4　普通充电系统的注意要点

普通充电系统的注意事项如前所述，以普通家庭充电为前提，商用电源电力若是 100 V 则为 1.5 kW，200 V 则最大为 6 kW。充电时，车辆的 ECU 类所消耗的附件电力的比例较大。因此，如图 8-12 所示，充电综合效率是极为重要的。即如何在充电时，车辆附件电力实现省电化，如何提高充电器效率是极为重要的。

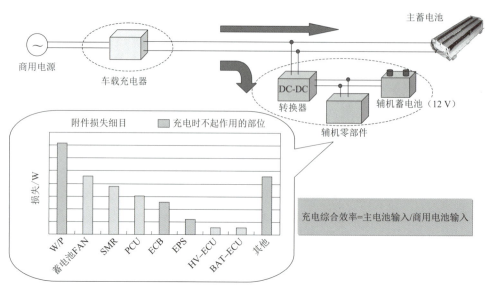

图 8-12　充电综合效率

8.2.5 公共充电

图8-9所示为在普通家庭的普通充电系统的构成（模式2），但应考虑到在公共充电站的充电（模式3）。图8-13所示为与充电站的连接状态及充电站规格实例。这里所示的是基于标准（SAE J1772）的充电站，因此车辆侧的充电系统与图8-9为相同的控制时序，故没有问题，但因有非标准的充电站存在，应予以注意。在这种情况下，考虑车辆侧的充电系统时，更需对充电基础设施尤其是模式3的公共充电站进行调查。

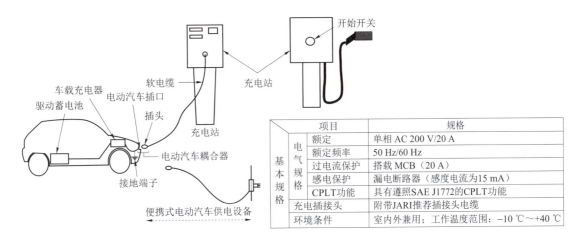

图8-13 公共充电站实例

8.3 充电插接器、通信

8.3.1 充电系统概论

作为电动汽车、插电式混合动力车的驱动用电池由商用电源网充电的方法，目前快速充电、普通充电的主流均为传导方式（采用接触器供给充电电力的方式）。此时，需有电源网与汽车之间进行连接的电气连接，该接口的标准、规格及性能要求等正在施行标准化（法规、标准动向参照10.4节）。

在本节中，以传导式充电系统为中心，对其技术动向进行说明。

在IEC 61851-1（电动汽车用传导式充电系统：一般要求事项）中，对充电模式进行了如下分类。在下列项目中，模式1、2、3对应交流充电系统，模式4对应直流充电系统。

- 模式1充电：电源供给侧使用额定16 A、250 V单相交流电或480 V三相交流电标准插头，通过电线及保护接地线连接。

- 模式2充电：电源供给侧使用额定16 A、250 V单相交流电或480 V三相交流电标准插头，通过电线及保护接地线连接。车辆及插头之间或者控制箱中配有先导控制及感电保护系统（漏电断路器）。

- 模式3充电：与采用专用的EV供电装置（Electric Vehicle Supply Equipment，EVSE）的交流电源连接，与交流电源网固定连接的EV供电装置具有控制功能。

- 模式4充电：非车载型充电器（直流充电器）与交流电源连接。在该非车载型充电器与车辆之间具有控制先导线并与EV间接连接。

其中的控制功能是以进行安全充电为目的，通过EVSE与车辆之间的通信实现，IEC 61851-1及SAE J1772（EV及PHEV的传导充电连接器）所规定的功能如下：

① 确认充电插接器与车辆的连接。

② 电力供给的供断。

③ 车室内通风的判断。

④ 向车辆传递充电装置的电流容量。

⑤ 传递故障信息。

该功能方式在 SAE J1772 中规定为脉宽调制（Pulse Width Modulation，PWM）方式。IEC 61851-1 中已经规定了与 SAE J1772 方式相同的内容。目前，SAE J1772 在交流充电方面事实上已成为标准方式。

注：在模式 4 充电（直流充电）方面，目前唯一已实现实用化的 CHAdeMO 方式（参照 8.1 节）在车辆与固定充电器之间采用了 CAN 通信的充电控制，这与 SAE J1772 方式不一样。

IEC 61851-1 中对车辆与交流电源之间的连接形态进行了如下分类：

- 方式 A 连接：使用固定于车辆上的充电电缆及插头与交流电源连接。
- 方式 B 连接：通过电缆部件连接电动车及交流电源。
- 方式 C 连接：使用固定在电力供给装置上的充电电缆及车辆插接器连接电动车与交流电源。

表 8-1 为上述分类的概要。

表 8-1　IEC 61851-1 的充电形态分类

	AC 充电			DC 充电
	模式 1	模式 2	模式 3	模式 4
漏电断路器	×（以装备在电源侧为前提）	○ 线缆内	○ 固定充电器内	○ 固定充电器内
控制先导功能	×	○ 线缆内	○ 固定充电器内	○ 固定充电器内
方式 A	(图示)	(图示)	(图示)	标准中不存在
方式 B	(图示)	(图示)	(图示)	标准中不存在
方式 C	标准中不存在	标准中不存在	(图示)	(图示)

在 IEC 61851-1 中，传导充电使用的接口按车辆侧到电源侧的顺序包括车辆连接口、车辆插接器、插头、车辆连接器（车辆插接口及车辆接头的合称）。

在 SAE J1772 中，以与 IEC 61851-1 不同的体系进行分类分别确定了最大充电电流：

- 等级 1 充电：普通的接地插座连接的方法。车辆装备从原有单相交流电源网供给能量的车载充电器。
- 等级 2 充电：使用私人或公共场所的专用交流电源设备。车辆装备从原有的单相交流电源网供给能量的车载充电器。

SAE J1772 中规定了等级 1 充电、等级 2 充电均必须装备漏电保护器（CCID）及具有控制先导功能，与 IEC 61851-1 的模式 1 的充电不同。

8.3.2　车辆连接器

在上述的方式 B 及方式 C 中，EVSE 与车辆之间的连接采用具有绝缘体外壳及具有电气触点的车辆插接口及车辆插接器。在 IEC 61851-1 中将两者通称为车辆连接器。下面，将对交流充电用车辆连接器及直流充电用车辆连接器进行叙述。

（一）交流充电用车辆连接器

美国在 2010 年 1 月修改的 SAE J1772 中规定了单相交流专用的车辆连接器规格。该车辆连接器规格是以日本提案为基础制定的。

与此同时，IEC 也在推进传导方式充电接口的标准化进程。2011 年 1 月 IEC 62196-2（电动汽车 AC 传导充电用车辆连接器等接合部形状的尺寸兼容性事项）已发展到 CDV（国际标准预案）阶段。本标准正在向由日本、德国、意大利提案的 3 种规格接口的方向推进审核。

Type1 为日本提案的车辆连接器规格，可与上述 SAE J1772 规定的规格完全互换。

Type2 为德国的提案，该提案是基于欧洲的电网状况的提案，可适应单相交流电及三相交流电。另外，Type2 还对车辆连接器、充电专用插头及插座作出了规定。

Type3 是基于意大利的提案，可适应三相交流电并对插头及插座作出了规定，这与 Type2 相同。Type3 的特别之处在于，为防止由误接触引起的触电，对电极端子部的封口作出了规定。另外，在中国，对上述的 IEC 62196-2 标准中的 Type2 规格进行了修订并在 GB/T 中对接口作出了规定（表 8-2）。

表 8-2 充电接口标准概略

	美国 SAE J1772	IEC 62196-2（审核中）			中国 GB/T ××××（审核中）
		Type1（日本方案）	Type2（德国方案）	Type3（意大利方案）	
电源	单相	单相	单相/三相	单相/三相	单相/三相
最大额定电流	80 A（单相）	32 A（单相）	63 A（单相）/70 A（三相）	32 A（单相/三相）	63 A（单相）/70 A（三相）
最大额定电压	250 V	250 V	480 V	250 V	480 V
插针数	5	5	7	4 或 5（单相）/7（三相）	7
标准化对象	车辆连接器	车辆连接器	车辆连接器 插头 插座	车辆连接器 插头 插座	车辆连接器 插头 插座
互换性	Type1	SAE J1772	—	—	—

交流充电用车辆连接器具有以下的端子：
① 电源端子（L1）；
② 电源端子（L2）或中性点端子（N）；
③ 电源端子（L3）；
④ 中性点端子（N）；
⑤ 保护接地端子（PE）；
⑥ 控制端子（CP）；
⑦ 嵌合检测端子（PP）（或连接开关端子（CS））。

上述端子为三相交流用车辆连接器端子，在单相交流用车辆连接器中有相当于①、②、⑤、⑥、⑦项的 5 个端子。另外，在车辆与控制盒之间（模式 2 充电）或车辆与固定充电器之间（模式 3 充电）具有传递控制信号的通信端子。模式 1 充电专用连接器采用该端子。

下面介绍矢崎零部件公司销售的普通充电连接器规格（图 8-14、表 8-3）。该充电连接器是依据 SAE J1772、IEC 62196-2（审核中）标准设计的。另外，已取得了 UL（Under-writers Laboratories Inc.）及 CE（European Community）

的认证，可向欧美各国出口。在车辆插口处，设有防止杂物进入的防尘盖，单键操作即可打开。可简单地进行插接器的接合，拔掉时，按下解除开关可拔出。

在安全性方面，若在充电中欲拔掉插接器，按下解锁开关充电电流马上断开，可防止触电。

防止杂物进入的防尘盖，单键操作即可打开。

在插接器接合方面，通过采用分离杆助力机构，可减轻高电压、高电流充电时的接合力。拔出时，可通过压下解锁操纵杆解除接合，简单地拔出。

作为安全装置，装备有电磁线圈锁止机构，在充电中启动锁止功能，可防止意外脱落。另外，在插接器本体上端装备有 LED（Light Emitting Diode），点亮时表示正在充电。

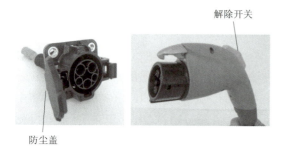

图 8-14 交流充电用连接器

表 8-3 交流充电用连接器的规格

额定值		AC 240 V/16 A
应用电线	电源	1.5sq×2 根
	接地	15sq×1 根
	信号	0.75sq×2 根

（二）交流充电用车辆连接器

与 SAE、IEC 正在推进交流充电用车辆连接器的标准化向前发展相比，直流充电用连接器的国际标准化刚刚开始启动。在日本国内，原日本电动车协会（现日本汽车研究所）于 1993 年发布了 JEVS（Japan Electric Vehicle Standard）及 JEVS G105（电动汽车用节能·快速充电系统的插接器）标准。

2010 年，作为快速直流充电系统，已实现实用化的仅有 CHAdeMO 系统，日本已向 SAE、IEC 提出了基于 CHAdeMO 系统的充电系统、充电协议、车辆连接器的标准化为目的的提案。

下面介绍矢崎零部件公司销售的用于 CHAdeMO 系统的连接器的规格（图 8-15、表 8-4）。该连接器是依据 JEVS G105 标准进行设计的，其规格可提供 150 A（DC 500V）的大容量电流。

与普通充电插口相同，在车辆插口处，设有

图 8-15 直流充电用连接器

表 8-4 直流充电用连接器的规格

额定值		DC 500 V/150 A
应用电线	电源	40sq×2 根
	接地	40sq×2 根

8.3.3 通信

通过外部电源进行电池充电的车辆与 EVSE 间的通信信息大致可分为以下几种：

① 安全充电的充电控制信息。
② 插头与充电的认证收费信息。
③ 电力均匀化的充电控制信息。
④ 其他的附加服务信息。

① 的安全充电控制信息分为：交流充电时通过控制先导线进行通信的 PWM 信号（不包括模式 1 充电）、直流充电时在 CHAdeMO 方面采用 CAN 通信的充电控制信息。这些内容是通过外部电力对电池进行充电时的基本控制信息，目前采用传统技术进行通信。

② 以后的通信与智能电网技术相关，近年来取得了快速的发展。作为通信方式，可考虑有线通信、无线通信等各种方式，SAE 及 ISO/IEC 正

在进行这方面的研究。目前来看，PLC（电力线传输通信）方式及 In – Band 通信方式最为合适，以此为中心，正在向前推进选择。另外，正在研究采用这些技术进行直流充电时在①的安全充电控制信息上的应用。

PLC 方式利用电线作为通信线路，PLC 方式分为采用低于 450 kHz 频率的低速 PLC 和采用 2~30 MHz 的高速 PLC。另外，低速 PLC、高速 PLC 分别有各种各样的方式，目前正在从通信速度、EMC 性能、价格、多源化等各种各样的角度进行比较研究。

In – Band 方式是与采用 PWM 的控制线作为通信回路的方式相对应的通信方式，其名称由 SAE 确定，和电力线相比，控制线传输的电流极小，因此具有重叠的通信信号不易受到噪声影响的优点。

8.4 非接触式供电（电磁感应）

8.4.1 前言

在 PHEV 及 EV 的普及方面，除在家庭及出租停车场的插座进行普通充电外，像普通加油站一样，扩充市区及高速公路服务区中可进行快速充电的充电设备也是当务之急。该充电装置具有从外部电源向车辆供电的插接器部的插头。该连接器的供电方式大致分为接触式与非接触式。接触式的供电方式采用金属之间的电阻接触，进行电力传送，非接触式通过线圈与线圈的空间利用电磁传递进行电力传送。由于非接触式没有机械触点，因此具有安全、寿命期限较长且无须保养的优点。

用于 EV 的非接触供电方式可分为电磁感应方式、磁场共鸣方式、微波方式 3 种。大多数非接触供电系统均采用电磁感应方式。在本节中，将对电磁感应电力传送方式进行说明。

8.4.2 电磁感应式非接触供电技术的基本原理

丹麦的 Hans C. Oersted 于 1820 年发现了电流的磁效应，1831 年英国的 Michael Faraday 发现了电磁感应现象，从该发现导出的法拉第电磁感应定则成为变压器的基本原理，并对其后英国的 James C. Maxwell 确立电磁方程式产生了巨大的影响。1836 年爱尔兰梅努斯大学的 Nicholas Callan 牧师发明了感应线圈，由此变压器被广泛采用。此后，基于电磁感应原理，采用对置线圈与磁性体，对利用传输电线圈间链交磁通的非接触能量传送进行了各种研究。采用该技术的产品出现在 1980 年。这种电磁感应电力传送采用高频电力，需要将工频电源转换为高频的逆变器技术。由于大电力半导体元件的普及，在 1980 年前后便可廉价获得小型、高性能逆变器。此时，正式开始了电磁感应式非接触供电的研究。1986 年，Lashkari 等人公布了 EV 供电系统[4]；1989 年，Kelley 等人公布了飞机座椅的供电系统[5]；1993 年，Green 等人公布了移动式供电系统[6]；1995 年，Klontz 等人提出了供电系统在矿山机械上应用的提案。在日本国内，1991 年松木等人公布了人工心脏驱动用隔皮肤供电系统[8]；1996 年河村等人提出了可同时进行多轴机械手关节供电与通信系统[9]的提案；1999 年安倍等人发布家电充电器[10]；2002 年汤村等人公布了电梯供电系统[11]，2008 年纸屋等人发表了 EV 充电系统[12]；2010 年保田等人发表了 EV 用非接触充电系统[13]。通过这些研究成果，目前，能够以数毫米到 10 cm 以上的间隔，以 90% 以上的综合效率进行从微小电力到数百千瓦以上的非接触供电。

在电磁感应方式的非接触供电中，可分为静止型（充电系统）（图 8 – 16（a））与移动型（轨道系统）（图 8 – 16（b））两种方式。静止型多用于家电用品及汽车等，供电过程中，2 次侧线圈应以一定的间隔置于 1 次侧线圈上，为配置在移动体侧的二次电池充电。移动型去除了静止型的 1 次侧线圈铁芯，线圈形成轨道形状配电线，传感器置于配电线上，可对配置有传感器的移动车辆充电。

如图 8 – 17 所示，两种方式均为在铁芯间有较大间隙 g 的变压器。与变压器一样，有交流电

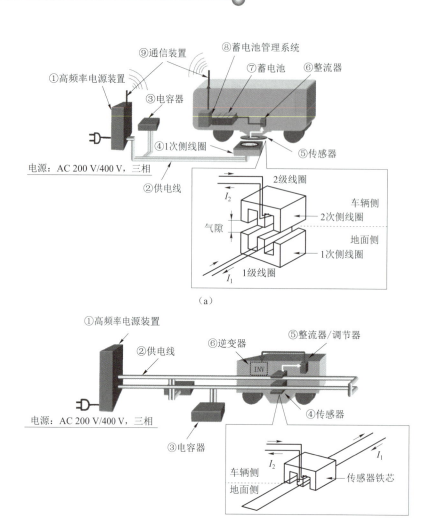

图 8-16 电磁感应式非接触供电系统
(a) 静止型非接触供电系统；(b) 移动型非接触供电系统

流流通时，会在线圈周围产生磁场，通过 1 次侧、2 次侧线圈相互链交的磁通 Φ 在 2 次侧线圈上产生感应电动势。

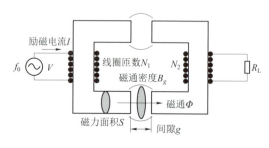

图 8-17 磁路剖面

理想的变压器磁通是由所有主磁通构成且无漏磁。此时表示 1 次侧线圈与 2 次侧线圈之间结合度的结合系数 k 为 1。但是，由于实现非接触的较大间隙会切断磁路，产生漏磁，因此结合系数小于 1。如图 8-18 所示的电气回路等效电路那样，该漏磁作为变压器 1 次侧、2 次侧分别串联的电感，与扼流线圈作用相同。这就是漏电感 L_{e1}、L_{e2}。

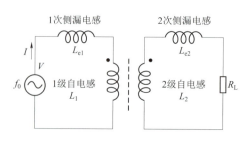

图 8-18 电气回路等效电路

设 1 次侧线圈、2 次侧线圈的自感分别为 L_1、

L_2，1次侧、2次侧的励磁电感分别为M_1、M_2，则如下公式成立：

$$M_1 = k \cdot L_1, \quad M_2 = k \cdot L_2$$

即所有全线圈自感的k倍作为变压器工作，剩余部分为漏电感。即，

$$L_{e1} = (1-k) \cdot L_1, \quad L_{e2} = (1-k) \cdot L_2$$

非接触供电与变压器相比，励磁电感较小，由漏电感引起的电压降较大。互感M为：

$$M = \sqrt{M_1 \cdot M_2} = k \cdot \sqrt{L_1 \cdot L_2}$$

因此，为实现高效率的电力传输，应将1次侧的频率在10 kHz上下到数百千赫兹的范围内调整为最佳值的高频率，为了升高2次侧感应电压的同时对L_{e1}、L_{e2}进行补偿，应采用在电感线圈上并联或串联电容器的共振回路。作为1次侧与2次侧有无电容器、并串联等多种组合，即可简单形成9种共振电容器配置方式，但经常采用的是图8-19所示的4种方式。

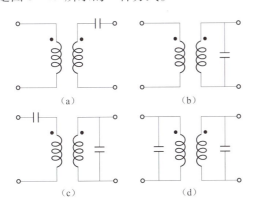

图8-19 电容器的配置方式
(a) 串联方式；(b) 并联方式；
(c) 串联/并联方式；(d) 并联/并联方式

图8-20所示为静止型非接触供电系统的回路构成。其中，若对效率最大化的最佳负荷条件进行计算，则最佳负荷Z_L为：

$$Z_L = R_L - j\omega L_2$$

因有时会产生负值的电抗，因此在电阻负荷的2次侧需要电容器，此时应选择与L_2有相同共振值的电容器。

即使是选定了最佳电容器，但在负荷变动时，也会偏离最大效率条件，因此在传输系统整体应考虑到2次侧电压变动的电源特性。即不仅

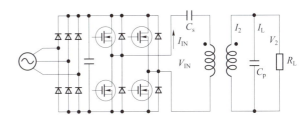

图8-20 静止型非接触供电系统的回路构成

在2次侧而且在1次侧也采用电容器，可设计出既能满足效率又能满足电压变动的回路。图中的1次侧串联配置的电容器C_s通过将电源效率设为接近于1的数值，即可将电压变动率控制在最小，2次侧并联配置的电容器具有将传输效率最大化的功能，即采用图8-19（c）的串联/并联方式。另外，为从1次侧线圈向气隙供给励磁无功功率，也有采用并联电容器的并联/并联方式（图8-19（d））。关于2次侧线圈的电容器方式，k较大时M也较大，因此如图8-19（a）所示，仅配置补偿L_{e2}的串联电容器即可。k较小时，如图8-19（b）所示，电容器配置与L_2的共振频率应与电源频率f_0值相同。Otto提出了串联配置电容器的串联电容器方式[14]，Boys等采用了并联电容器方式[15]，不能一概而论哪一种方式好。设变压器的2次侧漏电阻抗为Z_e、负荷阻抗值为Z_L时，应根据$Z_e = Z_L$时可传输最大电力的条件确定哪一种电容器配置方式较好。$Z_e < Z_L$时，通过并联电容器可提高电源侧阻抗值；$Z_e > Z_L$时，串联电容器方式可降低电源侧阻抗值。但因串联电容器方式2次侧线圈电压较高，包括磁饱和情况在内应不超过回路额定功率。由于这些条件随着频率的变化而变化，因此通过回路模拟可设计出最佳方式，但由于参数较多，求出最佳解较为费时。在配置共振电容器方面，除简单的9种方式之外，还有串联电容器方式与并联电容器方式并用的中间型方式。即通过串联电容器补偿2次侧漏电感的一部分，由并联电容器提供部分气隙的励磁无功功率。

为了实现1次侧线圈磁通易于与2次侧线圈链交，并降低1次侧线圈的流通电流，使用了磁性体芯体，但由于频率较高，故以铁素体钢板取

代了商用变压器的电磁钢板。芯体形状分为凸极型的E型、凹极型及平置型等。另外，若频率升高，则会出现电流仅在导线表层附近流动的表皮效应。若电流集中在导体表层而导体中心部无电流流动，则导体的有效截面面积变小，会造成导体电阻增加，损失增大。因此，为防止线圈电阻增大，采用对线径较细的线材进行绝缘处理（通常为使末端处理的焊锡易于粘着，进行聚氨酯烧结处理），若干条单根金属线按照一定的规律绞合，形成导体表面积较大的绞线。铁素体钢板的铁损极小，其损耗的大部分为绞线产生的铜损。

由于2次侧线圈输出的是与1次侧线圈相同频率的高频电流，故可转换为向二次电池充电的直流电。转换方式分为两种，一种是仅以被动元件构成的方法，另一种是与转换元件组合的方法。另外，还具有在超负荷及过热状态下保护设备的保护回路。

8.4.3 EV的非接触式电力传输技术的开发动向

最早实际应用的EV用非接触供电系统，是1980年美国PATH（Partners for Advanced Transit and Highways）项目开发的系统，此系统通过埋入道路的电缆以高频电磁感应对行驶中的车辆供电。虽然试验成功了但是由于漏磁很大，故未投入使用。1995年法国PSA（标致、雪铁龙集团）提出的Tulip（Transport Urbain、Individuel et Public）计划中（图8-21），采用了将EV跨停在地面的送电线圈上，通过设置在车辆地板上的受电线圈进行供电，同时通过通信系统进行充电控制。这种方式与目前使用的系统大致相同，充满电量需4h，仍存在着电磁波泄漏的问题[16]。

1997年法国公交运营代理公司之一的CGEA公司及雷诺公司在巴黎郊外的圣昆廷伊夫林（Saint-Quentin-en-Yvelines）市进行了Praxitele系统的试验，该系统为避免高频电流的电磁波泄漏问题，通过安装在车辆底板下的低频率变压器进行非接触供电。但由于无法解决效率极低及位置难以确定的问题，最终停止了采用。在日本，本田技研工业公布了ICVS城市用自动充电终端的非接触供电系统。该系统采用机械手将杆形组合变压器插入到车辆接口的构造，但该系统最终未实现产品化。最近，美国Sema Connect公司公布了与此相同的系统，但具体规格不详。

实现产品化的EV用非接触供电系统，有美国GM公司开发的被称为"Magne Charge"的系统，丰田自动织机于1993年将此系统实现了国产化，并取得了在日本国内销售数百台、国外销售数千台的业绩。该系统的输入为单相200V、频率为130~360kHz、最大输出功率为6kW、最大输出电压为430V，容量较小，车辆充满电量需2h以上。如图8-22所示，充电时需将插头插入2次侧线圈的插口部，并非是完全不需要连接的非接触供电方式，因此未得到广泛的普及。

图8-16（a）所示为德国Wampfler公司开发的非接触供电系统（Inductive Power Transfer，IPT），仅将车辆跨停在地面的线圈上即可轻易实现大电力供电。欧洲都灵及热那亚的数十台电动公共汽车有所采用，日本日野汽车的IPT混合动力客车及早稻田大学的先进电动微型面包车（WEB）等有所采用。该系统的规格是输入为三相400V、最大输出功率为30kW、最大输出电压为600V。

目前，EV的"充电"概念正在发生很大的变化。基本理念是搭载最小容量的二次电池并以较短的时间进行充电。这样可减少高价格的锂离子二次电池的搭载量，故可大幅度降低初始成本。另外，由于减少了较重的电池搭载量，故可减轻车辆重量，同时可降低电费，减少以Well to Wheel的CO_2排放量。但是，这一理念也会带来一定的弊端。由于减少了电池的绝对搭载量，故缩短了一次充电的行驶距离。但这一问题可通过安全的充电操纵及节省连接充电电缆时间的非接触供电方式进行短时间充电，即使减少了电池搭载量，也能够确保行驶距离。基于这样的概念，WEB搭载了IPT，在线路的1个往返中，通过在充电站进行快速充电，可将电池搭载量削减至最小限度，大幅度减轻车辆重量，实现行驶能量的削减与车辆早期成本的削减。但是，在 WEB 这样尺寸的 EV 上搭载 IPT，由于车辆的尺寸相对较大且重量较重，故尚存在着效率较低且价格较高的改进课题[17]。

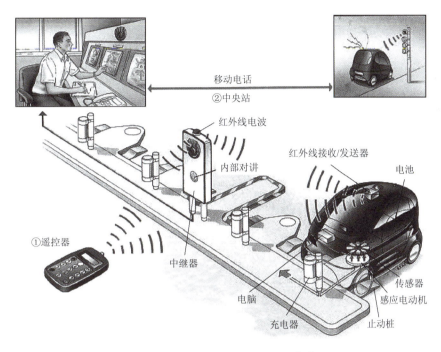

图 8-21 Tulip 计划的充电系统[16]

图 8-22 Magne Charge 的充电状况

昭和飞行器工业等研究集团受 NEDO（New Energy and Industrial Technology Development Organization）的委托，在从 2005 年开始的 4 年间，开发了可安全、简便、短时间对 EV 进行充电的非接触供电系统（Inductive Power Supply System，IPS）。图 8-23 所示为具体的装置构成实例。地上系统有高频电源、1 次侧线圈、从高频电源至 1 次侧线圈的供电线及阻抗值调整用电容器箱，移动体系统由将 2 次侧线圈电流与高频电源转为直流的整流器、电池管理系统及与地上高频电源间收发控制信号的通信装置构成。高频电源装置的内部设置有将商用电源转换成直流电的 AC-DC 变换器、输出高频波（矩形波）的高频逆变器、转换成正弦波的波形转换回路及采取了安全对策的绝缘变压器。

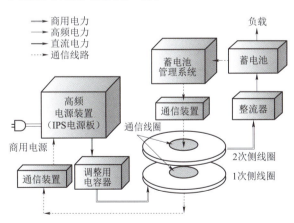

图 8-23 非接触供电系统的构成

与 IPT 同样的 30 kW、22 kHz 规格开发的 IPS 通过线圈形状及绞线构造、高频电源装置的最佳化，并采用圆形芯体、单侧卷线、1 次串并联、2 次并联共振电容器系统，使线圈间隙从 50 mm 增加至 100 mm，从商用电源到电池的综合效率从原来的86%提高到92%。此外，通过2次侧线圈的重量及厚度的减半，实现了小型、轻量化。2009年早稻田大学获得日本环境省的补贴开发了25座先进电动客车（WEB-3），并搭载了新设计的IPS。该IPS输出为30 kW，线圈直径从传统的847 mm增加至1 200 mm，气隙达到了120 mm。这样，即使1次侧线圈处于与地面等高的平面内，也可通过WEB-3的车高调整功能降低车辆高度进行非接触式供电。该非接触式供电系统如图8-24所示，分为1人座微型车用1 kW、PHEV及普通车尺寸的EV用10 kW、微型面包车等中型车辆用的30 kW、IPS客车及载货车等大型车辆用的60 kW、LRT（Light Rail Transit）及新交通系统、铰接式客车用的150 kW[18]等多种规格，覆盖面较全。

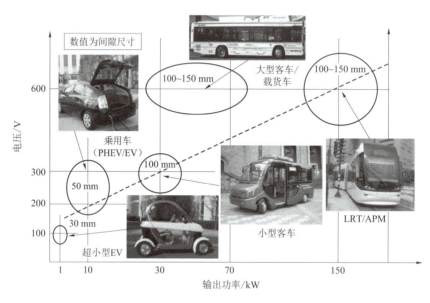

图8-24 非接触供电系统的扩展

另外，埼玉大学等研究团体在2009年接受NEDO的委托正在进行方形芯体、双侧线圈、1次串联及2次并联的共振电容器系统的开发，目前的规格为1.5 kW输出、线圈间隙为90 mm、左右位置偏移容许范围为±125 mm、可获得93%的效率[13]。

综上所述，电磁感应方式具有实用性与高效率的优点，已被广泛应用；但缺点是若不将线圈做得较大便无法扩大线圈间尺寸。线圈间隙扩大与线圈的位置偏移容许尺寸的增加有关，因此各公司正在解决推进通过线圈形状及回路拓扑结构的改进以扩大线圈间隙的研发。

8.4.4 行驶中充电

目前，通过政府及民间机构的努力已初显了EV普及的兆头，但在实现与内燃机车辆相等的续驶里程方面仍需时日。这有赖于可实现长距离行驶的具有高能量密度电池的研发。但目前看来，具有极高性能电池的出现尚较为困难。

因此，一次充电行驶距离较短的EV车最终供电方式应为行驶中的供电方式。如LRT那样，美国PATH项目最初将供电线埋入公路下，以电磁感应方式进行供电，该系统可通过以1 m的间隔埋入公路下的电缆发出的高频电磁感应给行驶中的车辆进行供电。该系统的单个模块输出功率为6~10 kW，7 cm以下的间隙可获得60%以下的效率，漏磁仍是该系统较大的课题。其后，在欧洲，德国的IAV（Ingenieurgesellscraft Auto und Verkehr）公司与制造非接触供电系统的德国Vahle公司联手推进非接触式供电系统的研究，在德国的报纸上发表了向在高速公路上行驶的车辆提供风车等发电电能的构想，并正在积极进行这方面的研究。韩国科学技术院KAIST（Korea Advanced Institute of Science and Technology）在2009年使用韩国 CT&T 公司的车辆进行 OLEV（Online Electric Vehicle）的公开试验，2011 年在首尔市进行了电动客车的道路试验。从 20 kHz、200 kW 的逆变器进行供电，通过 17 cm 的线圈间隙以 3 台 15 kW 的受电器接收电能，综合效率为 76%。2009 年，供电线采用了单根连接电缆（美国 PATH 计划提出），仍存在着电磁波泄漏的问题。在 2011 年的计划中，从电磁波泄漏对策与节能的观点出发，KAIST 采用了被称为 Segment Method 的转换技术，该技术可根据行驶状态切换线圈，通过车下的线圈进行供电。

但是，在电磁感应方式中难以获得线圈间隙，因此侧面供电几乎是不可能的。另外，即使在道路埋设电缆，也难以解决大型车载荷对电缆的损坏问题。若能开发出磁场共鸣式的非接触供电技术，则可实现 EV 的行驶中供电。若能实现在高速公路非接触供电行车线中行驶时的供电，续驶里程则不受电池容量的限制，这样可极大地推进 EV 的发展。如图 8 - 25 所示，在 2030 年以后的社会中，将实现电动化客车、载货车及乘用车在高速公路行驶中的非接触式供电。

图 8 - 25　高速公路行驶中非接触供电系统的利用

8.4.5　电磁感应方式的课题

虽说电磁感应是采用近场的非反射电磁波，但也会涉及电磁放射的问题。在日本国内 10 kHz ~ 300 MHz 的范围为电波防护方针的对象。根据电波法第 100 条及附则 64 条，"频率 10 ~ 450 kHz，高频输出 50 W 以上的装置"为高频设备，须取得总务省的设置许可。在这种情况下，100 m 位置的电场强度需达到 1 mV/m 以下，500 W 以下时，30 m 位置电场强度需达到 1 mV/m 以下，500 W 以上时，需小于乘以 $\sqrt{(500/P)}$（P 为功率）后的值。

另外，还必须进行电磁波对人体影响方面的研究。日本总务省根据电通信技术审议会的咨询第 38 号"利用电波时的人体防护准则"（1990 年 6 月）与咨询第 89 号"利用电波时的人体防护方法"（1997 年 4 月），确定了从 10 kHz ~ 300 GHz 的防护准则及 30 kHz 以下一般环境磁场强度准则值为 72.8 A/m 的方针。在国际上，国际非电离放射线防护委员会（ICNIRP）的"限制随时间变化的电场、磁场及电磁场的暴露方针"（1998 年 4 月）中规定，一般公共场所暴露时，在 0.8 ~ 150 kHz 的频率下，磁通密度应为 6.25 μT 以下的标准值[19]。2010 年 11 月发表了 ICNIRP 的修改方针，在 3 kHz ~ 10 MHz 的频率时，磁通密度应为 27 μT 以下，为现行值的 4 倍以上。在最接近线圈处磁通密度最大，近场磁场强度则以 3 次方及 6 次方衰减，因此稍微远离线圈则会达到标准值以下。设置时，应不许人进入其距离以内。

另外，线圈上无车辆时，地上的线圈不产生电磁波，车辆跨停在线圈之上开始供电时，若线圈间加入铁板及铝板等导体，则有可能由于感应加热产生热量。因此，应利用感知系统通过线圈间阻抗值的变化检测线圈间有无导体进入。

8.5　非接触式供电（电磁共鸣）

8.5.1　前言

作为新的无线电力传送方式，2006 年 MIT（Massachusetts Institute of Technology）公布了被称为 WiTricity（Wireless Electricity 的复合词）的非发射型电磁共鸣技术[20-22]。该技术中的 2 个共振线圈间的气隙为 1 m，效率约为 90%，另外，气隙 2 m 时可进行效率为 45% ~ 50%、60 W 的无线电力传送。试验所使用的发送与接收共振线圈半径为 30 cm、5.25 圈，频率约为 10 MHz。

在传统的无线电力传送方式中,电磁感应方式为非辐射型,微波方式与激光方式为辐射型,但都没有像电磁共鸣技术那样,极好地平衡并兼备了高效率、大气隙、与位置偏移相对应的可靠性及大电力四大优点。这四大优点对于实现电动汽车的无线充电是必不可少的。电磁感应方式无电磁波辐射,属于非辐射式电力传送,使用共振状态的天线通过电磁场的结合进行电力传送[23]。

电磁共鸣方式在电器产品的无线化等各种用途方面已引起了广泛的关注,尤其值得期待的是在 EV 方面的应用。停车场驻车时,电磁共鸣系统可自动进行无线充电。该系统若得以实现,则在 EV 充电时无须插入充电插头。利用方式主要为自家夜间充电及工作单位停车场充电,除此之外在立体停车场、投币停车场、超市及便利店等场所的充电也在研究中。对于像日本这样电力基础设施较为完备的国家来说,实现最后 1 m(Last One Meter)的无线化将使人们的生活更加便捷。在本系统中,仅将传统的电线充电器置换为无线充电器即可实现与插接充电式相同的电力及充电时间。

该系统使用极为方便,具有多种优点。作为日常的一个示例,可列出以下几点:

- 即使忘记充电,也不会由于车辆没电而无法上班或去旅行。
- 无须担心由于充电操作,电缆接触身体而弄脏衣服。
- 可免除每月数次去加油站(充电站)。
- 老年人也无须担心充电操作的辛苦。
- 可安全地进行充电,即使是雨天也不用担心触电。
- 无须雨天、酷暑、大雪时进行复杂的充电操作。
- 不必担心由于频繁的插拔充电插头而引起的插接器老化破损及使用寿命。

如此多优点的 EV 无线自动充电极大地提高了充电的便捷性,可带给 EV 更高的附加价值,今后将成为电动汽车普及的坚强后援并对防止全球变暖作出贡献。此外,将来有可能实现高速公路上行驶中的 EV 进行无线充电。

图 8 - 26 所示为磁场共鸣式 EV 充电系统的主要构成。电磁共鸣式无线充电系统的构成与其他无线充电方式相同,大致分为① 高频电源、② 天线与整合器、③ 整流与蓄电设备 3 个部分。另外,有的还通过单独的天线进行电力控制信号传递。

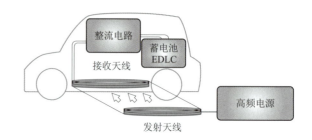

图 8 - 26 电动汽车无线充电系统的主要构成

① ~ ③ 为系统的重要因素,该系统的基本设计方针是通过各装置的高效率化提高系统综合效率。综合效率为① ~ ③ 各装置的乘积。例如,每个装置的效率为 90%,综合效率即为 90% × 90% × 90% = 72.9%。综合效率为 90% 时,各装置的效率应约为 96.5%,因此控制各部分的损耗极为重要。

8.5.2 磁场共鸣的特征

电磁共鸣为非辐射型电力传送。在天线的共振状态下,通过磁场或电场的结合(共鸣)进行电力传送。磁场结合时形成磁场共鸣,电场结合时形成电场共鸣。图 8 - 27 所示为高效率、大气隙、位置偏移时的可靠性实例之一。大气隙且位置偏移时,也可进行高效率的电力传送。电磁共鸣方式利用 LC 共振,发射天线与接收天线采用同样的共振频率,通过在阻抗值匹配状态下动作,即使结合系数极小也可进行高效率的电力传送。因无须采用铁芯及芯片等提高结合系数,故重量极轻,仅为数十克,且没有铁损产生。因采用非辐射型天线故辐射损失较小。电磁共鸣方式的主要损耗为铜损。

8.5.3 磁场共鸣的基本特性

图 8 - 28(a)所示为磁场结合式磁场共鸣用螺旋天线。该天线分为垂直方向螺旋天线与水平方向螺旋天线。本节对垂直方向螺旋天线进行介

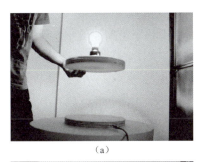

图 8-27 磁场共鸣灯泡亮灯试验的情况
(a) 正上方时；(b) 位置偏移时

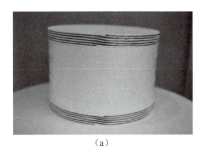

图 8-28 磁场共鸣型天线
(a) 垂直方向螺旋天线；(b) 水平方向螺旋天线

绍，但匝数仅为几圈时，其电气特点与水平方向螺旋天线大致相同。因此，考虑到车辆搭载方面的问题，薄型的水平方向螺旋天线更为合适。垂直方向螺旋天线的参数如图 8-29 所示。垂直方向螺旋天线的半径为 150 mm、节距为 5 mm、匝数为 5。首先介绍天线单体的特性。图 8-30 所示为在电磁场解析下得到的发射天线单独工作时的频率与效率特性。η_{11} 为输出电力反射后返回到电源侧的比例。元器件单体的共振频率为 f_0 时也不辐射，几乎为全反射，一部分作为天线内部电阻消耗。共振时，整体约有 6% 的损耗，放射辐射在 1% 以下。

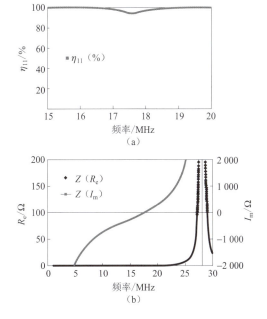

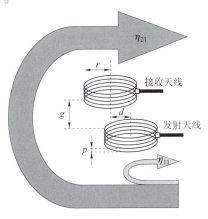

图 8-29 垂直方向螺旋天线的参数

图 8-30 天线单体的电力反射率与输入阻抗值
(a) 电力反射率；(b) 输入电阻

图 8-31 所示为使用发射天线与接收天线时的电力传送效率与输入阻抗值。输入、输出口的特性阻抗值为 50 Ω，在两个共振频率下共振且与 50 Ω 匹配，进行高效率的电力传送。

下面介绍发射、接收天线间的效率。图 8-32 所示为气隙 g 变化时电力传送效率与频率特点。η_{21} 为传递到电力负载一侧的传递效率即电力传递

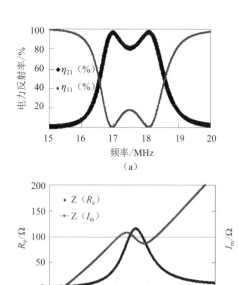

图 8-31 发送、接收天线间的电力传送效率与电力反射率及输入阻抗值（$g=150$ mm）

(a) 电力反射率；(b) 输入电阻

效率。根据气隙的不同，共振频率与效率会产生变化。气隙较小时，共振频率表现为 f_m、f_e（$f_m < f_e$），可通过两个频率进行高效率的电力传送。

随着气隙由小变大，两个共振频率变化成为一个。合二为一的共振频率与前述的元器件单体的共振频率 f_0 相同。在共振频率由两个变为一个的过程中，共振频率的效率为 96%～97%。随着气隙的加大，共振频率不变，仅效率恶化。因在共振频率之外的频率下，电力的辐射较多，故不适用于效率不好的电力传送。因此，电磁共鸣式电力传送即使结合系数低于 0.1 也可进行高效率的电力传送。

磁场共鸣的特点是不仅气隙较大，而且位置偏移较大，同时还具有共振频率随着天线位置的变化而变化的特点。位置偏移时的电力传送效率如图 8-33 所示。在图 8-33 中，电源频率固定为天线单个元器件的共振频率 f_0，即为图 8-32 (a) 中的两波峰间的波谷部分。在图 8-34 中，调整至使用发送、接收天线 2 个元器件时的共振频率 f_m，即为图 8-32 (a) 中的两波峰中左侧波峰的部分。在图 8-35 中，具有与图 8-34 相同的条件，天线的匝数从 5 圈增加到 10 圈。发射天线的圆中心及上面相当于 $(d, g) = (0, 0)$，此时接收天线的圆中心及下面以图谱上的 (d, g) 表示。

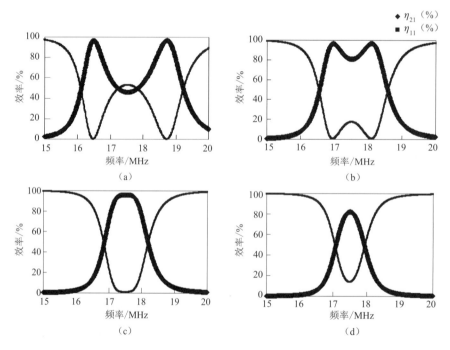

图 8-32 各气隙的效率与频率

(a) $g=100$ mm，$k=0.14$；(b) $g=150$ mm，$k=0.08$；(c) $g=200$ mm，$k=0.06$；(d) $g=250$ mm，$k=0.04$

从图 8-33 可以看出虽然无须复杂的控制，但是要达到高效率的电力传送需要一定的位置高度。当应用于固定在某种高度的电动汽车时，由于无须复杂的控制设备，故具有可降低成本的巨大优势。作为参考值，给出了点 P 与点 Q 的效率数值。点 $P(d, g) = (200, 250)$ 时的效率为 33.7%、点 $Q(d, g) = (100, 150)$ 时的效率为 93.1%。图 8-34 须进行与共振频率相一致的电源频率控制，可在半径大致 200 mm 的半圆状空间内进行高效率电力传送。即使发生由于重量而引起的高度变化及位置偏移也能够满足使用要求。据图 8-34、图 8-35 所示，增加天线的圈数、优化形状及强化互感，可扩大高效区范围。

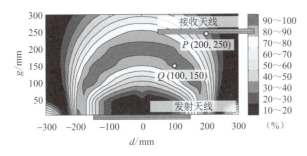

图 8-33　位置偏移特性（频率固定为 f_0）

($r = 150$ mm、$n = 5$ 圈、$p = 5$ mm)

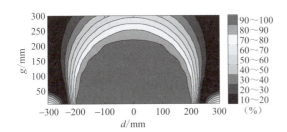

图 8-34　位置偏移特性（频率为各自位置的 f_m）

($r = 150$ mm、$n = 5$ 圈、$p = 5$ mm)

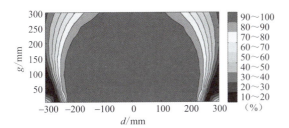

图 8-35　位置偏移特性（频率为各自位置的 f_m）

($r = 150$ mm、$n = 10$ 圈、$p = 5$ mm)

8.5.4　近场电磁场状态

下面，将就磁场式天线近场磁场的状态进行说明。图 8-36 所示为垂直方向螺旋天线的电流与磁场的概略形状图。根据垂直方向螺旋天线的两个共振频率 f_m、f_e（$f_m < f_e$），磁场的分布有所不同。图 8-37 所示为各种场合下的磁场矢量分布。

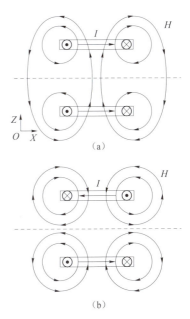

图 8-36　电流与磁场（侧面）

(a) 磁壁 f_m；(b) 电壁 f_e

共振频率为 f_m 时流经天线的电流相位为同相位，为 f_e 时大体上为逆相位。因此，磁场矢量的朝向分布在中间或一端。在发射、接收天线的对称面中，f_m 的磁场朝向会产生垂直的磁壁，f_e 的磁场朝向产生水平的电壁。

8.5.5　磁场共鸣的等效电路[24]

磁场共鸣可以用磁场共鸣结合理论[21,25]进行表述，这里为周围回路设计，故采用等效电路表述。图 8-38 所示为磁场共鸣的等效电路。LC 共振天线在磁场中结合时，显示为互感 L_m 结合。式（8-1）所示为电力传送效率与透射类型。负荷 R_L 之外的消耗损失由内部电阻 R_{in} 与放射电阻 R_{rad} 产生。即 $R = R_{in} + R_{rad}$（$R_{in} > R_{rad}$）。简化后为 $R_L = Z_0$。式（8-2）所示为发射天线到接收

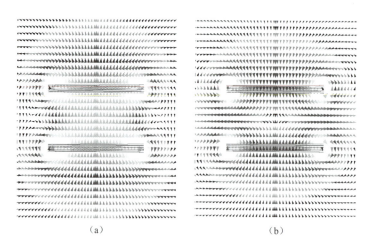

图 8-37 磁场矢量分布

(a) 磁壁 f_m；(b) 电壁 f_e

天线的透射公式。式（8-3）为共振条件下回路的电抗为0的条件公式。式（8-4）、式（8-5）为从式（8-3）导出的公式，可求得两个共振频率。根据式（8-6）可求得两个共振频率的结合系数。但式（8-6）中的共振频率为特性阻抗值 Z_0 为0时的共振频率 ω_{m0}、ω_{e0}。在式（8-2）中，包括表示气隙部分磁场结合的 L_m 在内，可用等效电路表示电力传送效率。为此，匹配阻抗值，去除反射，即以等效电路表示高效率传输电力。图 8-39 所示为试验结果、电磁场解析、等效电路的比较结果，等效电路中采用 $L=8.5~\mu H$、$C=9.7~pF$、$L_m=0.71~\mu H$、$R_{ohm}=0.86~\Omega$。

$$\eta_{21} = |S_{21}|^2 \times 100\% \quad (8-1)$$

$$S_{21}(\omega) = \frac{2jL_m Z_0 \omega}{L_m^2 \omega^2 + \left\{(Z_0+R) + j\left(\omega L - \frac{1}{\omega C}\right)\right\}^2} \quad (8-2)$$

$$\frac{1}{\omega L_m} + \frac{2}{\omega(L-L_m) - \frac{1}{\omega C}} = 0 \quad (8-3)$$

$$\omega_e = \frac{\omega_0}{\sqrt{1-k}} = \frac{1}{\sqrt{(L-L_m)C}} \quad (8-4)$$

$$\omega_e = \frac{\omega_0}{\sqrt{1-k}} = \frac{1}{\sqrt{(L-L_m)C}} \quad (8-5)$$

$$k_m = \frac{L_m}{L} = \frac{\omega_{e0}^2 + \omega_{m0}^2}{\omega_{e0}^2 + \omega_{m0}^2} \quad (8-6)$$

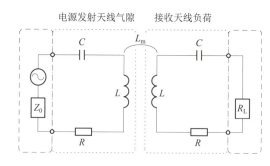

图 8-38 磁场共鸣等效电路

8.5.6 kHz～MHz～GHz 的扩展

电磁共鸣主要在 MHz 的范围内研究开发，但 kHz 及 GHz 实际也有应用。使用 kHz 时，可利用 MHz 简单地形成周边回路，成本较低，效率极高，但波长较长，且需要较大的电感，因此天线相对较大。另外，使用 GHz 时，由于天线过小，无法用于 EV 充电，但极小的天线可轻易装入小型设备中，故可期待在传感器上的应用。

在等效电路中，可通过自感 L 与电容 C 对电磁共鸣的共振频率进行定义（式（8-7））。因此，通过调整 L 与 C，可在 kHz～MHz～GHz 范围内自由设定频率。以最常使用的电磁共鸣频率——MHz 作为基准考虑，则形成 kHz 应放大 C 或 L，形成 GHz 应减小 C 或 L。

本文中列举以 L 进行调整时的状况。调整 L 降低频率的优点在于，因自感增大，互感也随着

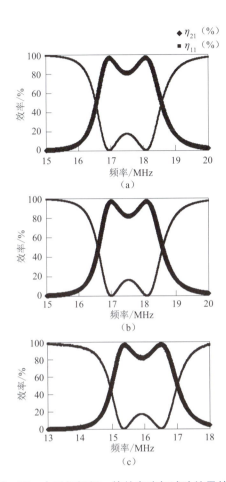

图 8-39 电磁场解析、等效电路与试验结果的比较

(a) 电磁场解析；(b) 等效电路；(c) 试验结果

($n=5$, $\rho=5$ mm, $r=150$ mm, $g=150$ mm)

自感的增大而成比例增大。其增大的比例即可延长电力传送距离，但缺点是天线体积较大。调整 C 时降低频率，尽管互感不变，但因频率较小，故气隙也变得较小。但因天线的大小不变，故可制成形体较小的天线。

但频率降低也会带来不利的影响。通过加大 L 使频率降到 kHz 水平需要卷绕更多的线路，会增加由于线路延长带来的铜损。另外，频率降低后，与 MHz 相比，会降低由表皮效应所带来的影响。

但是，GHz 则正好相反，需要较小的 L 及 C。工作频率一定时，应增大互感，降低内部电阻，这也是天线的设计基本方针。内部电阻需要考虑铜损及放射损，以及电介质损失。

$$\omega_0 = \frac{1}{\sqrt{LC}}$$

$$(\omega_0 = 2\pi f_0) \quad (8-7)$$

图 8-40、图 8-41、图 8-42 所示为 kHz、MHz、GHz 天线。图 8-43 所示为电磁场解析结果。各个天线的参数如表 8-5、表 8-6 所示。kHz 天线的体积较大，即使是接近 1 m 的气隙也可进行高效率的电力传送。GHz 气隙在半径以内也可进行高效率的电力传送。试制的 kHz 与 GHz 天线由于内部电阻较大，故无法达到 MHz 天线那样的高效率，但可作为磁场共鸣进行工作，且可以高效率、大气隙进行电力传送。通过控制内部电阻，可与 MHz 天线同样，制作出效率超过 90% 的天线。

图 8-40 kHz 天线

图 8-41 MHz 天线

图 8-42 GHz 天线

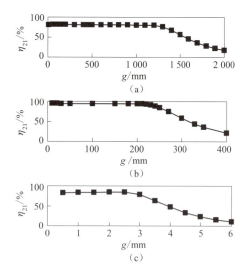

图 8-43　kHz 频带、MHz 频带、GHz 频带的电力传送

(a) 121.7 kHz；(b) 13.56 MHz；(c) 1.49 GHz

在考虑 EV 无线充电时，因 GHz 的气隙较小，故在实际应用中采用 kHz 或 MHz。kHz 频带电源及整流回路的效率较高，综合效率也较高。此外，在控制技术方面，可采用电力电子学技术。另外，kHz 天线的尺寸究竟能缩小到多大仍是一个研究课题。MHz 需有高效率的电源、整流回路及元器件。采用 SiC 及 GaN 等的新元件，有可能实现 MHz 频带的高频化及大电力化，同时还可实现系统的小型及轻量化。

8.5.7　中继线圈的可行性

电磁共鸣式发射、接收天线间的气隙与电磁感应方式相比有极大的位置偏移。这样的位置偏移可以适应停车中车辆进行充电时的位置偏移。

表 8-5　kHz、MHz、GHz 天线的参数[1]

	频率	半径/mm	匝数	电线粗细/mm（厚度，宽度）
kHz 频带	121.7 kHz	450	71.5×2 层	2.0
MHz 频带	13.56 MHz	150	2.75×2 层	2.0
GHz 频带	1.49 GHz	2.5	4.0	(35 μm, 0.1)

表 8-6　kHz、MHz、GHz 天线的参数[2]

	R/Ω	L/nH	C/pF	Q
kHz 频带	5.9	4.6 mH	370.3	597.3
MHz 频带	1.5	11.0 μH	12.5	612.2
GHz 频带	4.3	60.7 nH	0.2	131.6

但无法适应行驶中 EV 无线供电时超出线圈直径的位置偏移。因此，必须考虑到行驶中的充电，采用中继线圈，如图 8-44 所示电力传递方式使电能不断传送到接收线圈。

图 8-44　中继线圈的使用方法

将中继线圈自身内部电阻降低到与发射、接收天线同等水平，便可极大地降低中继线圈带来的损失，实现高效率电力传输。图 8-45 所示为采用中继线圈的灯泡亮灯试验。工作频率为 13.56 MHz。从左侧起依次为：供电天线、同形状的中继天线、椭圆状的中继天线、连接灯泡的接收天线。行驶中充电时，中继线圈的作用更大

图 8-45　通过中继线圈的灯泡亮灯试验

一些。试验中采用了不同形状的发射、接收天线的非对称天线作为中继线圈工作。这样，可根据设置场所对发射天线、接收天线、中继天线的形状进行最佳化处理。

图 8-46 所示为磁场的传播状态。从最左侧的发射天线供给电能，经过 10 个中继线圈，终端的接收天线消耗电能。

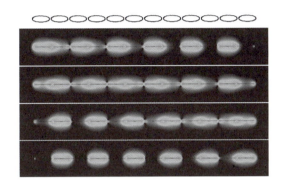

图 8-46 通过中继线圈的磁场能量传播

8.5.8 小结

电磁共鸣方式可在数米距离内以高效率、大电力传送电能。可在工作频率 kH～MHz 频带范围内对 EV 进行无线充电，但仍存在着技术课题。利用 kHz 频带需进行天线的小型化与轻量化改造，MHz 频带需具备高效率电源与整流回路等设备。法律法规方面对可使用的频率也有所限制，在实际应用中可利用 ISM 频带的 13.56 MHz。另外，在安全方面，磁场的使用是极为安全的，但在考虑到对人体的影响时，仍需进行慎重的研究。本技术可同时发送及接收信息与电力，在监控 EV 的状态等方面，可期待通过与其他技术的广泛融合获得进一步的发展。

8.6 非接触式供电（微波）

8.6.1 开发背景、目的

近年来，随着节能、环保意识及对石油资源枯竭认识的提高，人们对 EV 的普及寄予了极高的期待。EV 与汽油机车辆相比，具有能量利用效率高、CO_2 排放量少的优点，但同时也存在一次充电的可行驶距离较短的缺点。因此，需频繁进行充电。若能合理设置充电设施，实现便利充电，使驾驶者不必为电量短缺担心（图 8-47），则会极大地加速 EV 的普及。据三菱重工的调查，EV 的潜在用户中，不在乎频繁充电的用户比例为 60% 以下，期待实现可便利地进行充电的用户为 40% 以上，由此可见 EV 的普及效果（图 8-48）。

图 8-47 电动汽车无线充电系统

EV 无线充电系统的研发目的在于开发出可便利地进行充电的基础设施，即研发 EV 在停车场停车时即可自动进行充电的装置。

8.6.2 无线充电系统原理

汽车在停车场停车时，一般较难准确地停在车位上，横向会有 10～20 cm、纵向会有 3～5 cm（设有车轮限位时）的位置偏移。充电方法分为两种：一是将充电插头与充电器连接的方法（有线式）；二是将手机放在规定的盒子内，无插头方式进行充电的方法（非接触式）。在以非接触方式对 EV 进行自动充电时，需有充电位置对合机构，因此会使充电装置变得较为复杂。

EV 用无线充电系统中，有的无须进行这样的充电位置对合，而是利用微波进行充电（表 8-7）。该方法是在充电器侧将电转换为微波并向车辆侧辐射，车辆侧接收后再将微波转换为电。由于采用微波进行充电，因此无须进行充电位置对合。该微波方式作为太阳能发电系统研发的一环，一直在积极地推进研发。为实现 EV 无线充电系统的产品化，以该技术为基础，目前正

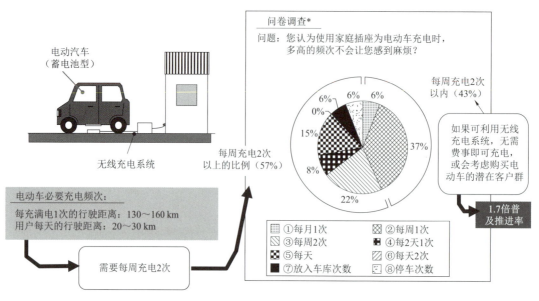

图 8-48　电动汽车的普及效果

在进行传输接收效率的改进、输电器价格的降低、对车辆影响的屏蔽及确保安全性等的技术开发。

表 8-7　非接触充电方式之比较

		电磁感应方式		磁力共鸣方式		微波方式
	原理	1次侧线圈　2次侧线圈 高频电源　电磁感应		1次侧线圈　2次侧线圈 高频电源　电磁感应		输电天线　受电天线 微波输电器　微波　整流回路
特征	输送接收电效率	○	• 80%~90%	○	• 80%~90%	△	• 38%（2008年度实际验证） • 74%（2009年度部分实际验证）
	安全性	○	• 无较大的问题	○	• 无较大的问题	○	• 已实际验证完毕，与微波炉具有同等的安全性
	便利性	△	• 须进行位置对合（应具有左右10 cm以下的驻车位置精度）	○	• 无须进行位置对合（左右约30 cm的驻车位置偏移没有问题）	○	• 无须进行位置对合（左右约30 cm的驻车位置偏移没有问题）
	重量	△	• 重	○	• 轻	○	• 轻
	成本	△	• 价格高	△	• 价格高	○	• 价格低

8.6.3　本系统的设备概要

作为充电侧的设备，EV 用微波方式系统由送电设备、充电车辆侧的接收装置构成（图 8-49、表 8-8）。送电装置由电源系统、送电系统、供水系统、屏蔽系统构成，受电装置由受电系统、散热系统构成（图 8-50）。以下各图为系统概要及构成。

第8章 充电设备（基础设施）

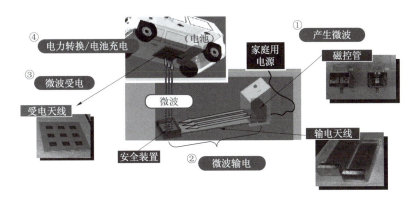

图 8-49 系统概要

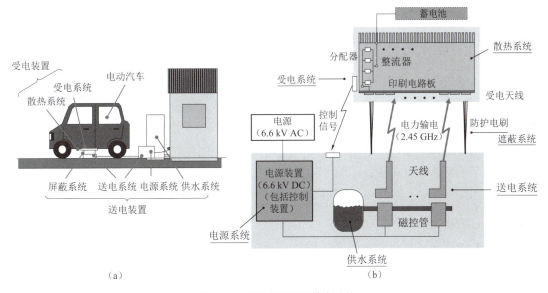

图 8-50 系统概要及基本结构
(a) 系统概要；(b) 系统基本结构

表 8-8 基本性能（开发目标）

项 目		性能（开发时的目标值）	
		家庭用	产业用（快速充电）
消耗电力	kW	0.9	21
送电电力	kW	0.7	18
送电频率	GHz	2.45	2.45
受电电力	kW	0.6	16
热回收能量	kW	—	3
收发电力效率	%	73	77
综合效率	%	73	90

（一）电源系统

电源系统的作用是将普通电源转换为送电系统（磁控）振荡所需的电源，供电给送电系统。送电系统（磁控）的振荡电压为 6.6 kV 直流电压，普通商用电网（高压线）的供给电压为 6.6 kV 交流电压，因此可从普通商用电力网直接接入后进行 AC-DC 转换。

与从家庭用电源（100 V 交流电源）接入时比较，消除了两种损失，即从普通商用电网向家庭用电源降压时的转换损失及从家庭用电源向送电系统（磁控）振荡所需的电源升压时的转换损失，因此电源效率较高。

（二）送电系统

送电系统的作用在于，从电源系统供给的 6.6 kV 直流电压通过磁控管产生振荡微波。磁控管在微波炉上的应用已久，是最为普及的微波振荡装置，可靠性较高且成本低。

振荡微波通过金属制的圆筒（送电天线）传播至驻车地点的正下方，并从正下方辐射至安装在电动汽车下面的受电系统。

当微波的辐射领域有垃圾及昆虫等异物进入时，存在被微波加热的危险，因此应通过红外线检测传感器确认是否有异物进入。万一有异物进入温度升高时，红外线温度传感器即可检测到温度上升，自动停止。

（三）供水系统

送电系统将电力转换成微波时，无法转换的电力则转化成热量。因此，在供水系统中，采用冷却水套遮护磁控管，利用磁控管的热量加热冷却水并储存在水箱中，通过供水系统提高能量的使用效率。另外，通过冷却水套对磁控管进行冷却，可延长磁控管的使用寿命。

（四）屏蔽系统

由送电系统振荡产生的微波，从驻车地点的正下方向安装在 EV 下面的受电系统发射。如果不采取措施，微波会大范围辐射，会对车辆搭载的电子设备及附近的行人带来不好的影响。

因此，屏蔽系统在送电系统与受电系统的微波发射空间采用专用的口字型门进行屏蔽，可像微波炉那样防止微波外泄，以此避免对车辆搭载电子设备及附近行人的不良影响。另外，屏蔽系统可像微波炉那样，利用导通传感器检测出屏蔽门未关上及有缝隙并停止微波振荡发射。

（五）受电系统

受电系统通过受电天线接收从送电系统发射的微波，利用肖特基势垒二极管（Schottky barrier diode）将微波转换为 DC 后为 EV 的电池充电。为与 EV 的电池电压匹配，将从一个天线入射的微波分配成多组，转换成约 20 V 的 DC 电流并串联配线进行升压。

（六）散热系统

在送电系统将电力转换成微波时，无法转换的电力会转化成热量。因此，为避免受电系统产生的热量直接传导至车辆致使车辆温度上升而产生不良影响，采用了散热装置吸收热量。另外，散热装置吸收的热量通过散热片进行散热，这样可将车辆升高的温度控制在接口条件以下。

8.6.4 本系统的特征及优点

EV 无线充电系统主要有以下 2 个特征：

（一）简单

由于受电装置与输电装置具有左右 30 cm、前后 10 cm 的空间，因此即使停车时产生位置偏移，也不必与微波的发射位置对合，实现无线电力传送。因此，无须设置位置对合机构，装置整体结构极为简单。在可靠性、质量及成本方面具有极高的潜在优势。

（二）低成本

输电装置的微波发生器采用在微波炉上已得到广泛普及的磁控管。通过微波炉的大批量生产，使得原本成本较高的微波发生器价格得到了大幅度降低。因此，在成本方面也具有很多潜在优势。

具有上述特征的 EV 无线充电系统还具有以下多个优点。在提高 EV 便利性方面具有极高的期待值。另外，随时可进行充电的 EV 无线充电系统可有效地实现智能充电，也是值得期待的。

- 驻车时便可自动充电，无须其他操作。
- 特别是雨天、雪天更突显其便利性。
- 在手拎购物袋时更为便利。
- 开车时，时时具有满电量的安心感。
- 忘记充电时，不必担心车辆无法使用。
- 因无电缆连接，车辆显得极为整洁。
- 因无电缆连接，不必担心忘记拔下插头。

8.6.5 目前的开发状况

目前，正在积极推进 EV 微波充电方式的产品化所需的基本技术及实用化技术的研究。

（一）基本技术的研究

在基本技术的研究方面，以产品化所需的送受电效率的改进、输电器价格的降低、对车辆影响的屏蔽、安全性的确保为主要目标，在 2006—2008 年实施了 NEPO 委托研究的"能源利用合理化技术战略的研发、能源有效利用基础技术先导研究开发、电动汽车用无线充电系统的研究"[26]。下面,将对目前状况进行介绍。除送/受电效率的改进之外,在产品化的课题方面已基本确定了目标。

(1) 送/受电效率的改进:在送/受电效率的改进方面,首先通过试制试验验证确认了38%的实际送/受电效率[注]。另外,通过解析评价,确认了可将送/受电效率改进至70%。今后,计划将不断进行改善。

注:包括供水能量回收效果(回收送电时产生的废热)。

(2) 输电器价格的降低:在降低输电器价格方面,采用价格低廉的磁控管发射器,预计成本为20万~30万日元。

(3) 对车辆影响的屏蔽:在对车辆影响的屏蔽方面,通过采用专用的门屏蔽微波的发射空间,确认了漏泄电波在微波炉(1 mW/cm²)以下,可以预料对车辆没有太大的影响。

(4) 确保安全性:安全性方面,通过各种传感器,打开屏蔽门或留有缝隙时能够停止无线充电,可确保充电的安全性。

(5) EV充电试验:以各项改进为基础,实施了原型车的制造,2008年12月进行了EV(三菱汽车、富士重工制的EV)充电试验,确认了可进行1 kW的无线充电(图8-51)。

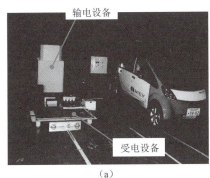

(a)　　　　　　　　　　　　(b)

图8-51　电动汽车的无线充电试验

(a) 三菱汽车工业;(b) 富士重工

(二) 实用化技术的研究

在实用化技术的研究方面,为实现"送/受电效率的改进"这一基础技术研究课题的高性能化,达到实用化水平,实施了输电用电源的效率改进、受电用天线的入射效率改进、受电用整流二极管的效率改进。本研究开发作为NEDO推进事业,从2009年开始实施"技术革新实用化开发、下一代战略技术实用化开发推进事业、电动汽车无线充电系统的高性能化研究"。通过上述3项效率改进,送/受电效率整体从原来的38%提高到预期的74%(部分实际验证+解析结果)。2010年已经对74%的送/受电效率进行实际验证。

8.6.6　课题及今后的展望

面向EV微波充电方式的实用化,今后将继续解决下述2个课题并尽快实现该无线充电系统的市场销售,对促进EV的普及做出贡献(图8-52)。

(一) 送/受电效率

从汽油机车向EV的转换时,对送/受电效率进行验证,以期效率达到70%以上,经济性也不逊于有线充电。另外,将来EV普及阶段,以送/受电效率不逊于有线方式70%~90%的送/受电效率为目标继续改进(图8-53)。

(二) 耐用环

以往的开发都是针对无线充电系统对EV进行无线充电过程的研究,而对于无线充电系统是否存在EV行驶时的环境适应性等问题没有进行研究。今后,计划对搭载无线充电系统的车辆进行行驶运行验证,以对环境适应性进行研究。

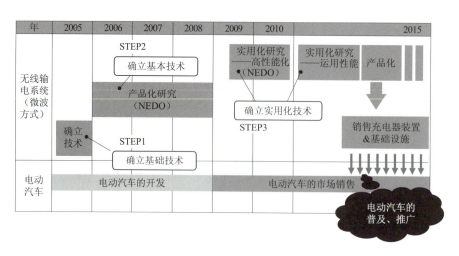

图 8-52 今后的展望

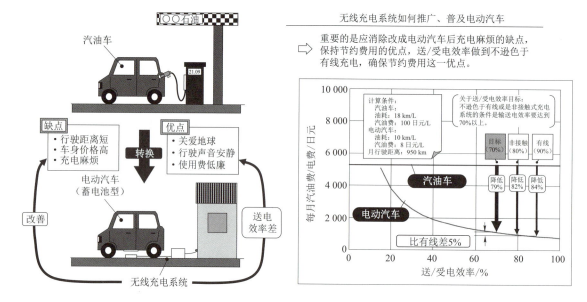

图 8-53 目前送/受电效率的目标

8.7 电池更换系统

8.7.1 概述

EV 普及的课题之一便是充电时间问题。为了延长续驶里程，需搭载容量较大的电池。另外，容量较大电池的充电时间会很长。因此，作为快速向 EV 补充所需能源的手段引起广泛关注的便是电池更换系统。

作为 EV 充电代替手段，下面将介绍将电池更换为满电量电池，向 EV 补充能源的系统。此外，由于本系统的实用事例较少，因此在汇集了过去事例的基础上，对本系统的优点及今后的技术课题进行了整理。

8.7.2 应用实例

(一) 小型电动汽车 (E4S-47 型)[27]

该车为立川飞机公司于 1947 年开发的乘用车型 EV（图 8-54）。在车身下部搭载 40 V、162 A 的分体式铅酸电池，最高速度为 35 km/h、一次充电可行驶距离为 65 km。由于该车多用于出租车，为确保使用时间，采用了电池可从车辆侧面拉出进行更换的形式。通过采用这种形式，在行驶所需电量降低时,可在短时间内更换电池继续行驶。

图 8-54 小型电动汽车（E4S-47 型）[27]

（二）梅赛德斯公司的开发

梅赛德斯公司于 1972 年开发了 LE306 试验车[28]。该车最高速度为 70 km/h、一次充电行驶距离为 60 km。电池搭载于车身中地板下部。作为电池更换装置,如图 8-55 所示,开发了以人力使电池在水平方向滑动进行安装的助力装置。其后,梅赛德斯公司通过实际验证试验,得出结论,认为本电池更换系统适用于城市内的配送车辆等一天行驶距离为 60 mile（96.56 km）以下的车辆。1974 年的石油危机结束后,基于 EV 的电池成本较高的原因,停止了本系统的继续开发。

图 8-55 梅赛德斯公司 LE306[28]

（三）Better Place 公司的实际验证试验

Better Place 公司于 2010 年 4 月对配置电池更换系统的 EV 出租车进行了实际验证试验[29]。该出租车是该公司在汽油机车辆的基础上进行改造的 EV（图 8-56）。17 kWh 容量的电池配置在车辆地板下,续驶里程约为 80 km。配置在地板下的电池可沿车辆上下方向进行装卸。

第8章 充电设备（基础设施）

图 8-56 Better Place 公司的 EV 出租车[29]

电池组四角部设有栓销,通过设置在车辆地板下的锁扣机构牵拉电池进行固定。该车辆与过去的应用实例不同,属于全自动电池更换方式,电动机的扭矩通过拉杆机构传递到 4 个锁扣。该电动机通过车辆与电池更换设备间的通信设备进行自动控制。

电池更换设备主要由车辆与电池的升降装置及电池保管、充电的存储装置构成。更换设备的升降装置支在车辆底板电池上时即可解除锁扣。拆下的电池利用残留电量,可自动与存储装置内的充电设备连接并开始充电。另外,升降装置将充满电的电池送至车辆地板下部并升起,向车辆发出可以固定的许可信号。本实际验证试验的特点在于可与 IT（Information Technology）系统联动的电池、车辆管理系统。本系统可在综合管理中心对车辆的位置、电池余量等进行监测,利用手机通信 IT 系统进行电池准备及车辆感应。

（四）其他的应用实例

我国及英国已有电动客车实际投入应用。英国的电动客车借助助力装置依靠人力从车辆后方更换电池。另外,在 2008 年召开的北京奥运会上,我国的电动客车已被用于作为往返于各会场的摆渡车。该车辆在中间地板下部即一般旅游客车的货厢部分,采用横向滑动方式更换电池。电池更换设备已实现自动化,卸下车辆上搭载的电池之后,更换满电量电池。

8.7.3 优点及技术课题

现阶段,EV 的快速充电需要十分钟至几十钟的时间。另外，电池更换系统更换电池的时间与汽油机车辆补充燃料所需要的时间相同或更短，即可使电池达到满电量状态。这一点对运行频度较高的客车及出租车、快递业者等营运车辆来说极为有利。今后，在这一领域运行的 EV 也可享受到这样的优点。

此外，电池更换的专用设备已成为必需，因此须在充电基础设施方面进行设备投资。降低设备及运行管理的成本将成为今后的技术课题。此外，对于普通用户来说，充电基础设施需要适应各个种类的电池，因此设备、车辆的标准化也将成为今后的课题。

另外，对于重量、容积较大的电池更换、保持电池较高耐久可靠性等相关开发仍然是车辆开发的技术课题。

8.8　家与汽车

作为全球变暖对策的一环，控制温室效应气体排放的同时，可降低以家庭为单位的 CO_2 排放量及可实现有效发电及消费的"智能电网"的引进备受期待。房地产开发商正在积极推进住宅的高绝热化及设备的节能、太阳能发电装置等的引进，以实现降低 CO_2 排放量的目标。今后，以获取更大的效果为目的，通过引进"带有蓄电池的 HEMS"（Home Energy Management System），以期实现住宅单体 CO_2 排放量为零的生活，同时通过"智能电网"的引进及 PHEV、EV 的普及，使房屋及汽车达到零排放，进而实现向 CO_2 零排放量生活的转换。

8.8.1　前言

控制温室效应气体的排放是当今全球性的重要课题，2008 年日本国内 CO_2 排放总量为 12 亿 8 200 万吨，约占全世界的 CO_2 排放总量的 5%。

日本住宅的 CO_2 排放量约占日本整体排放量的 14%，为 1.7 亿吨，与 1990 年的 1.27 亿吨相比略有增加。近年来，家电产品的节能技术取得了显著的进步，但由于家庭户数的增加、设备的大型化及多样化成为住宅 CO_2 总排放量增加的原因[30]。

另外，在 2010 年政府内阁会议批准的全球变暖对策法案中，规定了到 2050 年温室效应气体排放控制目标值比 1990 年降低 80% 的目标。今后在住宅领域中更应加强与节能相关的技术开发。

8.8.2　房地产开发商在环保方面的努力

目前，各房地产开发商正在积极致力于环保方面的努力。下面就丰田会馆为例进行说明。

丰田会馆在采取了住宅的高绝热化（Q 值 = 1.86）、提高通风及废热的控制及热泵供水器效率等措施，如图 8-57 所示，达成了与 1990 年相比削减 50% 的目标[31]。

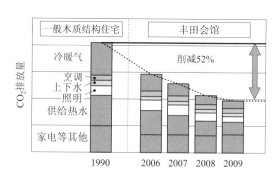

图 8-57　丰田会馆的业绩——削减 CO_2 排放

另外，如图 8-58 所示，从 2008 年装备 6 kW 的太阳能电池以来，制定了 CO_2 零排放的方案，同时还在积极推进节能技术的开发。

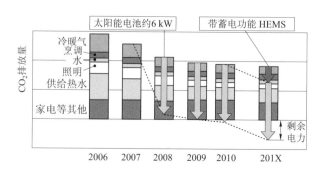

图 8-58　丰田会馆的削减 CO_2 排放方案

今后，通过后述带有蓄电池 HEMS 的引进，以谋求实现更加节能化。通过富余能量向 PHEV 及 EV 的还原，实现住宅及汽车 CO_2 零排放的世界。

8.8.3 带有蓄电池的 HEMS

带有蓄电池的 HEMS 目标是通过家庭内能源消耗的最佳化，增加用户满意度，降低家庭内 CO_2 排放量。

图 8-59 所示为带蓄电池的 HEMS 系统。带蓄电池的 HEMS 系统配备可检测能源消耗状态、发电状态的传感器，根据能源消耗动向及发电状态制订最佳消耗计划，并由可控制家电及热水器等住宅设备的控制器、用户可识别能源消耗状态的显示器、储存电力的蓄电池及可处理 PHEV、EV 及电力及各种信息的充电台构成。

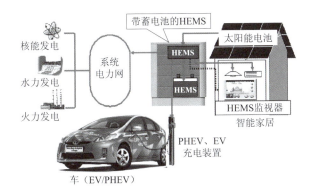

图 8-59 带蓄电池的 HEMS 示意图

HEMS 的主要功能包括：督促用户节能行动的"能源消耗的可视化"、优先利用 CO_2 排放量较少的能源及低价能源的"能源消耗的最佳控制"。

（一）能源消耗的可视化

图 8-60 所示为能源消耗监控的示意图。在能源消耗的可视化功能方面，可以对不同设备及区域当前及过去的能源消耗量[32]进行监控。

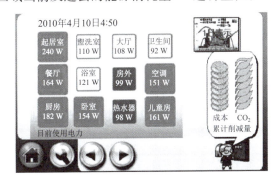

图 8-60 能源消耗的可视化功能

用户可通过了解自己的能源消耗，自发地改进能源消耗行为。另外，还设想了在 HEMS 上搭载向用户提出节能建议的功能。

（二）能源消耗的最佳控制

在系统电力中，深夜电力一般核能发电比例较高，CO_2 排放量较少。

如图 8-61 所示，带蓄电池的 HEMS 可在电费较为便宜的深夜时间段对蓄电池进行充电，而在电费较高的白天时间段放电以降低 CO_2 排放量。通过利用价格便宜的深夜电力，对用户来说极为有利。

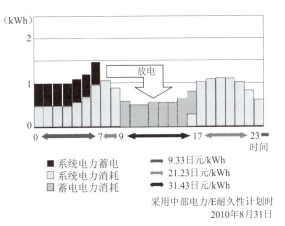

图 8-61 蓄电池的充放电进度

另外，在目前快速普及的家庭用太阳能发电方面，已开始实施由电力公司收购家庭剩余电力的制度。

将来若能积极推进太阳能发电的普及，可以预见系统电力将出现剩余，这些剩余电力又无法并入系统电网，故可能会产生强制性限制太阳能发电及降低电力购买价格等情况。据此，如图 8-62 所示，HEMS 会将白天通过太阳能发电的能源给蓄电池充电，供家庭夜间使用。

（三）带有蓄电池的 HEMS 和车辆的匹配

从 HEMS 的观点来看，在家庭进行充电的 PHEV 及 EV 消耗的电力较大，会对其他电力消耗产生很大影响。因此，从家庭内能源消耗合理化的观点来看，应对 PHEV 及 EV 的充电进行控制。

另外，为确保 PHEV 及 EV 的便利性，应在

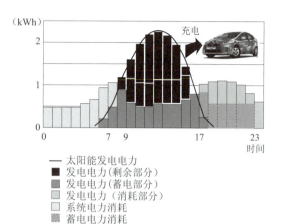

图 8-62 太阳能发电电力的有效利用

必要的时候进行合理充电,同时应考虑到用户的便利性对充电时间进行控制。

也就是说在考虑用户的便利性及降低 CO_2 排放量的同时,由 HEMS 进行 PHEV 及 EV 的充电管理。图 8-63 所示为由 HEMS 进行对 PHEV 及 EV 定时充电控制的示意图。

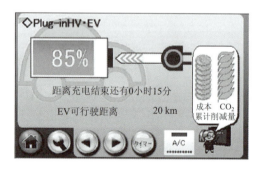

图 8-63 由 HEMS 进行控制的定时充电

8.8.4 小结

单纯强调节能的生活会导致压力蓄积而使人感到不舒服。今后在追求节能的同时,HEMS 还需增加考虑到用户的舒适性及便利性,提高生活质量的功能。

另外,PHEV 及 EV 会逐渐进入家庭并占有一定份额的电能消耗。停在自家停车场的车辆通过与 HEMS 的连接会成为住宅设备的一部分,从这一点上来看,汽车也许会产生新的价值。

8.9 智能电网与微电网

8.9.1 前言

本节将对与电动汽车相关联的充电基础设施中极为重要的各国智能电网情况、微电网及电动汽车与充电基础设施特别是电力系统连接时的状况进行介绍。

8.9.2 智能电网

近年来,会经常听到"智能电网"这样的词汇。该词汇发源于欧美,特别是近年来在美国受到广泛讨论,是适应未来社会需求的电力流通基础(电力网)系统的现代化构想。这样的词汇在美国出现与 1990 年产生的电力自由化有关。1990 年出现电力自由化风潮时,美国的电力产业中,除从发电到零售施行垂直一体化体制的电力公司之外,发电公司、输电公司、配电公司的数量达到了 3 000 家之多,导致大型发电、输电线建设停滞不前。另外,由于当时的经济发展需求,电力需求增加而引起电力流通的不畅[33]。

在这样的态势下,2003 年北美经常发生大面积停电。虽然停电是由各种因素的叠加导致,却暴露出了电力系统的脆弱[33]。

以 IT 产业为中心,采用高度发展的计算机系统及传感技术,今后即使大量引进可再生能源,也能够实现更高效率、更经济地运用电力系统并使电力使用者充分享受到成本优势,这便是"智能电网"。

如上所述,虽然"智能电网"一词发源于美国,但目前该词汇定义已由使用该词汇的各国或地域电力状况的不同而有所不同。如图 8-64 所示,美国 DOE(Department of Energy)的智能电网定义为"利用数字技术,提高可靠性、安全性、效率,由大规模电源、送配电网络及用户设备及不断增加的分散型电源、电力储藏设备构成的电力系统"[33]。基于此概念,美国正在采用 IT 技术有效地运营其较为脆弱的电力基础设施。

第8章 充电设备（基础设施）

图 8-64　美国的智能电网示意图[35]

此外，日本也一直在不断对输电系统、电力控制设备进行投资，由于电力系统本身较稳定，故智能电网引领了低碳社会的发展，在大量引进太阳能发电、风力发电这样不稳定的可再生能源时，同样可以实现稳定的电力系统[33]。图 8-65 为基于这一概念的日本式先进"智能电网"[33]，即从原来的集中型电源（火力发电站及核能发电站等）和大规模分散型电源（太阳能及风力发电等）经过输电线向各个家庭或电力消耗设备（用户）输入电力，并且在用户家也设置有太阳能板或热水器。先进的智能电网即是以这些电力系统可稳定运行为目的[33]。

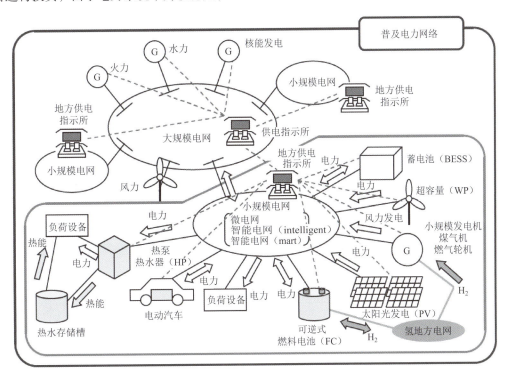

图 8-65　日本式先进智能电网的示意图[35]

如图 8-66 所示，在欧洲分散式电源·可再生能源和电力系统的连接跨度范围很大[34]。这是由于以风力发电为中心的可再生能源的引进发展较快，可再生能源发电量的增加而引起的系统稳定化已成为了一个急待解决的课题。

此外，作为消耗电力的控制对策，从智能仪表的设置、自动检测 AMR（Automated Meter Reading）的普及等方面开始实施用户对策，这也是其特征之一。为了实施自动检测，需要将计算机系统、通信系统整合为 IT 系统。因此，除原来的电表厂家之外，还需 IT 厂家进入到电力领域[34]。

另外，在今后智能电网将快速发展的中国市场，最大目标仍是向所有家庭供给电力，因此超高压送电基础设施的整备将成为其工作重心[33]。

8.9.3　智能电网的技术内容

与传统电力系统相比，智能电网须汇集多种技术并形成大规模的系统（图 8-67）。智能电网的技术专业领域分为以下 4 种[37]：

① 传感器及检测技术。

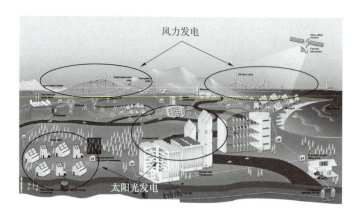

图 8-66 欧洲的智能电网示意图[35]

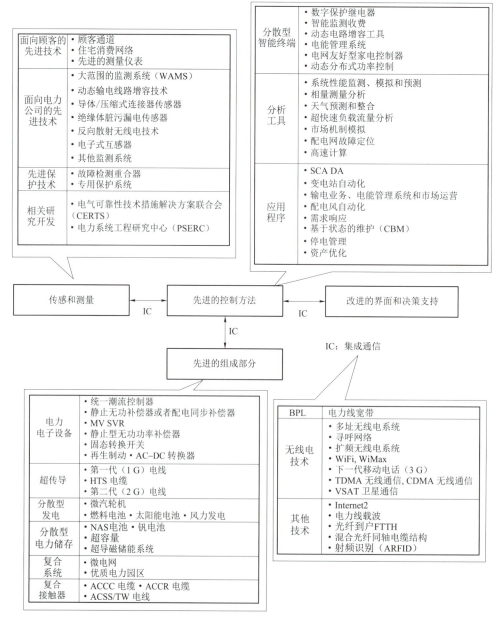

图 8-67 与智能电网相关的技术动向

② 装置技术。
③ 通信技术。
④ 先进的控制技术。

上述各技术的具体内容如下：

① 传感器及检测技术：面向用户的先进检测技术、面向电力公司的先进检测技术、先进保护技术。

② 装置技术：电力电子设备、超传导、分散型发电、分散型电力储存、复合系统、复合接触器。

③ 通信技术：无线通信技术、有线通信技术、无线终端。

④ 先进控制技术：分散型智能终端、分析工具、应用程序。

作为采用以上技术向用户供给稳定电力的监控系统实例，下面将介绍在太阳能发电大量导入配电系统时，可稳定地保持配电系统电压的控制技术。

8.9.4 配电系统的电压控制概要

在日本国内的配电系统中，采用以配电用变电所为起点的高压配电线、柱上变压器的低压配电线及引入线向普通家庭供电（图 8-68）。在没有分散电源的系统中，越靠近系统的末端电压越低。通过调整配电变电所的 LRT（Load Ratio Transformer，负荷时的分接切换变压器）或在线路中设置 SVR（Step Voltage Regulator）进行抽头控制，实现电压调整。今后，在太阳能发电大量导入时，随着输出电力的波动电压会随之变化。对此，高压配电线在有效利用现有的 LRT 及 SVR 的基础上，通过引入可高速控制电压的 SVC（Static Var Compensator），或者利用太阳能发电的 PCS（Power Conditioning System）进行无功功率控制，可对电压波动进行控制。

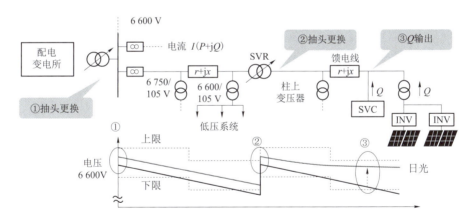

图 8-68 配电系统的电压控制概要[38]

8.9.5 微电网

微电网的定义为："通过小型的分散式发电设备向特定地域供给稳定电力"[33]。这里所说的分散式电源是指太阳能发电、风力发电、微汽轮机、燃料电池、电力储存装置等电源。这些电源和用户的电力供需控制由能源控制系统实施（图 8-69）。在微电网中将这些因素与自营线连接，自营线的形式分为封闭在微电网内和与现有电力系统连接 2 种。

微电网分为不同种类，其分类见表 8-9[39]。这里以微电网的适用区域进行了分类。首先是区域能源利用型，其主要以太阳能及风能等自然能源为主进行发电。该方式电力输出规模较小，在送配电网方面，分为设置自营线（特定规模的电力单位自身进行维护、利用的电路线）和利用电力公司的配电等现有基础设施 2 种。其次是工业区型。该方式利用再生能源并采用矿物燃料，可通过电热并供方式实现环保性和降低能源成本的目的，设置自营线是前提。最后是为联合企业再生型。该方式构建了以矿物燃料及衍生燃料为主体的电热并供系统，在联合企业内部的企业群中进行电能和热能的相互融通，追求节能和成本优势，也是以设置自营线为前提。

图 8-69 微电网的概要[33]

表 8-9 微电网的分类[39]

	区域能源利用型	工业区型	联合企业再生型
规模	数万千瓦~数百万千瓦	数千千瓦~数十万千瓦	数十万千瓦~百万千瓦
电源	再生能源主体	再生能源、矿物燃料	矿物燃料、衍生燃料
自营线	有/无	有	有

8.9.6 基于微电网的监控控制技术

下面将对图 8-69 所示的微电网能源控制系统中的监视控制技术进行说明（图 8-70）。该系统具有如下功能：一是数据库功能（对负载设备及发电设备的监视控制单元发送的电力需求及发电输出等测量数据以及设备的状态监视数据进

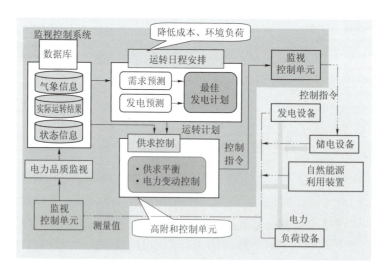

图 8-70 微电网示例[38]

行保存和管理）；二是制定分散式电源运行计划的运行调度功能；三是控制电力需求量和发电量供需平衡的供需控制功能；四是电力品质监视功能。在运行调度方面，以需求及分散式电源发电量的预测[40]为基础，可根据需要编制出适应运行成本及低碳排放的最佳运行计划。另外，利用自然能源的电源输出波动特性及需求、发电量的预测误差，可自动决定从电力公司购入电力。在

高随动式供需控制方面，可实现在指定的范围内对单位时间的电力需求量和发电量的差值进行同时同量控制，并可对数秒钟左右的电力波动进行控制。通过对电力网络短期需求的预测和供需平衡累积偏差的校正，可实现负载随动性，这是该系统的特点[38]。

8.9.7 电动汽车与电力系统的联动[41]

下面将对 EV 普及之后会对上述智能电网电力系统产生何种影响进行介绍。对日本国内电动车普及之后的未来状况进行考察可知，若将已登记的私家车的 5% 替换为电动车，其数量将达到约 250 万辆。另外，这些电动车若同时进行单相 AC 200 V、3 kW 的普通充电，换算目前的核能发电厂的规模，相当于 6~7 个核能发电厂的发电总量。之前已有关于 EV 普及后电池与电力系统控制联动的试验报告[42-44]。在文献［42］中，论及了 EV 普及之后的电源构成并得出了 EV 的普及与电力负荷均衡化有关。在文献［43］中，揭示了通过汽车用电池的电力负荷均衡化，可降低峰值 5% 及可减少 CO_2 排放量。另外，在文献［44］中，揭示了导入 PHEV 时，充电电力量占电力系统的 6.5% 左右。此外，在今后电力系统整体将向智能电网化转换的趋势中，EV 不仅是电力消耗设备，同时也是分散型电源之一。基于这样的想法，EV 的电池作为分散型电源，可向系统反馈电力，提倡将其用于瞬动预备力和单偏差调整的概念[45]及智能存储概念，将系统内的 EV 蓄电池视为一个发电机并作为模拟利用于系统频率控制[46]，目前正在进行这方面的研究。

8.9.8 与电动汽车联动时对主干系统的影响

下面将讨论 EV 充电对管辖主干系统（例如，154~500 kV）的供电指令所的影响。主干系统运行时，常态稳定性、瞬间稳定性、电压稳定性等可靠性指标在主干系统应用中需要满足一定的条件。随着普及率的提高，EV 会在电费较为便宜的时间段同时充电，这样就会给电压稳定性带来一定的影响。将从表示电力负荷增加量与电压降低之间关系的 PV 曲线极限负荷值的观点讨论该现象[47]。该系统采用电气学会标准模型系统（图 8-71）。

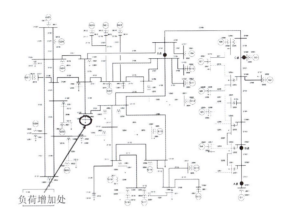

图 8-71　电气学会标准系统

从电压稳定性的观点出发，在以下设想的前提条件之下，对电动汽车充电时电力系统的课题进行了试算及模拟。首先完成负荷增加前后的 PV 曲线，对初期状态负荷增加量的余量进行比较评价。另外，通过考察余量到达极限时的电压下降程度，可对电压的稳定性进行评价。

下面，对 330 辆 EV 以图 8-71 所示的负荷同时充电（约增加 1 MW 的负荷）的情况进行了研究。以文献［48］中同时进行 Uncontrollable EV 普通充电为前提。在图 8-71 的主干系统中，选择图中的带○符号处负荷的原因在于：负荷增加前的初期状态下，对 PV 曲线进行分析时，该负荷的电压降最大。此外，负荷增加部分的发电量可通过增加发电机的输出进行调整。为在 PV 曲线中对 EV 充电时负荷增加前后的电压波动进行简单明了的比较，应对负荷增加前后的电压进行等电压处理。为此，应利用负荷增加前后的数据资料对变压器的抽头进行调整，将系统电压设置为大致相同的水平。另外，作为 PV 曲线计算的条件，负荷增加设定为系统整体负荷增加。此外，PV 曲线制作时未考虑各发电机的输出上限条件及电压降低时调相设备的投入（图 8-72）。

图 8-72 的 PV 曲线表示电压随着图 8-71

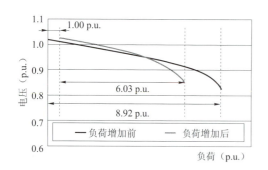

图 8-72 PV 曲线绘制结果

所示的负荷增加点负荷的增加而降低。增加 1.0 MW 的负荷相当于图表横轴的负荷增加量为 1.0 p.u.。图 8-72 的结果显示：在 EV 充电负荷增加前，电力系统中电压降最大的负载母线，从初期状态到 9.92 p.u.，相对于系统整体负荷增加尚有一定余量。EV 充电负荷仅增加 1.0 p.u，电力系统整体的负荷增加余量会降低至 6.03 p.u.。另外，由此可知，电压的降低量在 EV 充电负荷增加时电压降呈变大的趋势，同时也显示了与 EV 充电前的初期状态相比，由于 EV 充电负荷的增加会引起电压稳定性下降。

8.9.9 小结

上面针对今后推进智能电网的引进、各国的思考方式、实现智能电网的手段——微电网概要及 EV 充电今后的课题进行了介绍。EV 的普及与智能电网的技术发展有着密切的关系，因此我们期待着今后在这两个邻域的技术发展。

相关外文缩略语一览表

缩略语	英文	中文
AC	Alternating Current	交流
AER	All Electric Range	全电力范围
AMR	Automated Meter Reading	自动抄表
BMS	Battery Management System	电池管理系统
CAN	Controller Area Network	控制器局域网络
CATARC	China Automotive Technology And Research Center	中国汽车技术研究中心
CC	Constant Current	恒定电流
CCID	Charging Circuit Interrupt Device	充电电路中断装置
CDV	Committee Draft for Vote	委员会投票草案
CE	Conformité Européenne (European Conformity)	欧洲共同体
CP	Constant Power	恒定功率
CSR	Corporate Social Responsibility	企业社会责任
CV	Constant Voltage	恒定电压
DC	Direct Current	直流
DOE	Department of Energy	美国能源部
ECU	Electronic Control Unit	电子控制单元
EMC	Electro-Magnetic Compatibility	电磁兼容性
EV	Electric Vehicle	电动汽车
EVSE	Electric Vehicle Supply Equipment	电动汽车供电设备
GB/T	Guojia Biaozhun Tui Jian	中国国家推荐标准
HEMS	Home Energy Management System	住宅能源管理系统
HEV	Hybrid Electric Vehicle	混合动力车，混合动力电动汽车
ICNIRP	International Commission on Non-Ionizing Radiation Protection	国际非电离辐射防护委员会
IEC	International Electrotechnical Commission	国际电工委员会

续表

IGBT	Insulated Gate Bipolar Transistor	绝缘栅双极型晶体管
IPS	Inductive Power Supply	非接触供电
IPT	Inductive Power Transfer	非接触输电
ISO	International Organization for Standardization	国际标准化组织
IT	Information Technology	信息技术
JARI	Japan Automobile Research Institute	日本汽车研究所
JEVS	Japan Electric Vehicle Standard	日本电动汽车标准
KAIST	Korea Advanced Institute of Science and Technology	韩国科学技术院
LED	Light Emitting Diode	发光二极管
LRT	Light Rail Transit	轻型轨道交通
LRCT	Load Ratio Control Transformer	负载电压控制变压器
MIT	Massachusetts Institute of Technology	麻省理工学院
NEDO	New Energy and Industrial Technology Development Organization	新能源产业技术综合开发机构
OLEV	Online Electric Vehicle	在线电动汽车
PATH	Partners for Advanced Transit and Highways	先进运输与高速公路合作伙伴
PCS	Power Conditioning System	功率调节系统
PFC	Power Factor Correction	功率因数校正
PHEV	Plug-in Hybrid Electric Vehicle	插电式混合动力车
PLC	Power Line Communications	输电线通信
PV	Photovoltaic Power Generation	光发电
PWM	Pulse Width Modulation	脉冲宽度调制
SAE	Society of Automotive Engineers	美国汽车工程师协会
SOC	State of Charge	充电状态
SVC	Static Var Compensator	静态型无功补偿装置
SVR	Step Voltage Regulator	阶跃电压调整器
THS	Toyota Hybrid System	丰田混合动力系统
Tulip 计划	Transport Urbain, Individuel et Public	Tulip 计划
UL	Underwriters Laboratories Inc.	美国安全检测实验室公司
WEB	Waseda Advanced Electric Micro Bus	早稻田高级电动微型客车

参 考 文 献

［1］ 花井悠二ほか：PVが大量導入された配電系統におけるHP給湯器とEV充電器の運用形態に関する評価、平成22年電気学会全国大会、6-028.

［2］ M. Komatsu, et al. Study on the Potentiel Benefits of Plug-in Hybrid Systems, the SAE World Congress (2008).

［3］ 石川哲浩：プラグインハイブリッド車の開発状況と今後の課題、鳥取県（2010）.

［4］ K. Lashkari, et al. Inductive power transfer to an electric vehicle, Proc. 8th Int. Electric Vehicle Symp. 1986. p. 258-267 (1986).

［5］ A. W. Kelley, et al. Contactless Power Supply for an Aircraft-Passenger Entertainment System, IEEE Trans. Power Electronics, Vol. 4, No. 3. p. 348-354 (1986).

［6］ A. W. Green, et al. 10 kHz inductively coupled power transfer-concept and control, IEE Power electronics and variable speed drives conference. PEVD. No. 399. p. 694-699 (1994).

［7］ K. W. Klontz, et al. Gontactless power delivery system for mining applications, IEEE Trans. Ind. Applicat.,

Vol. 31, p. 27 – 35（1995）.

[8] 松木英敏ほか：電磁型人工心臓駆動用経皮的薄型変圧器の特性、電学論 A, Vol. 111, No. 9, p. 807 – 810（1991）.

[9] A. Kawamura, et al. Wireless Transmission of Power and Information Through One High-Frequency Rewnanl AC Link Inverter for Robot Manipulator Applications, IEEE Trans. Industrial Applicat., Vol. 32, No. 3, p. 503 – 508（1996）.

[10] 安倍秀明ほか：非接触充電システムにおける負荷整合、電学論 D. Vol. 119。No. 4, p. 536 – 543（1999）.

[11] 湯村敬ほか：ロープ式ダブルカーエレベータの基礎技術開発、日本機械学会、No. 01 – 58、昇降機・遊戯施設等の最近の技術進歩講演会論文集、p. 21 – 24（2002）.

[12] 紙屋雄史ほか：電動車両用非接触給急速充電システム、電学誌, Vol. 128, No. 12, p. 804 – 807（2008）.

[13] 保田富夫ほか：電気自動車用非接触充電システム、自動車技術会春季学術講演会前刷集。No. 52 – 10. 20105120, p. 1 – 4（2010）.

[14] D. V. Otto. Improvements in or relating to electrified transportation, New Zealand Patent ACT 1953, Jun. 11, 1975.

[15] J. T. Bays, et al. Inductive power distribution system, International Patent WO92/17929.

[16] 高木啓：NCV21 21 世紀は超小型庫の時代、カースタイリング別冊、Vol. 139, 1/2, p. 99 – 105（2000）.

[17] 紙屋雄史ほか：先進電動マイクロバス交通システムの開発と性能評価（第1報）、自動車技術会論文集、Vol. 38, No. 1, 20074109, p. 9 – 14（2007）.

[18] 高橋俊輔ほか：非接触給電システム（IPS）の開発と将来性、自動車技術会シンポジウム前刷集、No. 16 – 07. p. 47 – 52（2008）.

[19] 長谷川智紀：電磁誘導式非接触充電装置（IPS）における漏洩磁界、EMC, Vol. 23, No. 1, p. 47 – 53（2010）.

[20] AndréKurs, et al. Wireless Power Transfer via Strongly Coupled Magnetic Resonances, Science Express, Vol. 317, No. 5834, p. 83 – 86（2007. 6）.

[21] Aristeidis Karalis, et al. Efficient wireless non-radiative mid-range energy transfer, Annals of Physics, Vol. 323, p. 34 – 48（2008. 1）.

[22] Marin Soljačićほか：電力を無線伝送する技術を開発実験で60Wの電球を点灯、日経エレクトロニクス、p. 117 – 128（2007. 12）.

[23] 居村岳広ほか：共振時の電磁界結合を利用した位置ずれに強いワイヤレス電力伝送—磁界型アンテナと電界型アンテナ—、電学論 D, Vol. 130, No. 1, p. 76 – 83（2010）.

[24] 居村岳広ほか：等価回路から見た非接触電力伝送の磁界結合と電界結合に関する研究—共振時の電磁界結合を利用したワイヤレス電力伝送—、電学論 D, Vol. 130, No. 1, p. 84 – 92（2010）.

[25] 居村岳広：電磁共鳴、パワーエレクトロニクスハンドブック、1 編 11 章 5.2 節, p. 195 – 198、オーム社（2010. 7）.

[26] NEDO 委託業務
平成 18 年度~平成 20 年度成果報告書
エネルギー使用合理化技術戦略的開発
エネルギー有効利用基盤技術先導研究開発
電気自動車向け無線充電システムの研究
YET09113, 2009 年 3 月, 三菱重工業.

[27] http：//www. jsme. or. jp/kikaiisan/data/no_ 040. html.

[28] http：//www. greenmotor. co. uk/2007 _ 12 _ 01 _ archive. html.

[29] http：//betterplace – jp. com/.

[30] 国立環境研究所温室効果ガスインベントリオフィス編、環境省地球環境局地球温暖化対策課監修：日本国温室効果ガスインベントリ綴告書.

[31] トヨタホーム株式会社：トヨタホーム総合カタログ2010 年度版.

[32] ミサワホーム株式会社：INFORMATION RELEASE、平成 21 年 9 月 17 日.

[33] 横山明彦：エネルギー新書「スマートグリッド」、日本電気協会新聞部（2010）.

[34] エネルギーフォーラム編：「スマート革命」の衝撃（2010）.

[35] http：//www. leclairryan. com/files/Publication/d77a32bdf0c0-4022-992c-092873402203/Presentation/PublicationAttachment/67ba5142-acdf-494c-b7c8-e5735da34d68/RoyPalkSmartGridPresentationSlides. pdf.

[36] http：//ec. europa. eu/research/energy/pdf/smartgrids_en. pdf.

[37] 市川類：ニューヨークだより、http://www.ipa.go.jp/about/NY report/200902 - 1.pdf.

[38] 渡辺雅浩ほか：太陽光発電の大量導入に対応した次世代配電監視制御技術、日立評論、Vol. 92, No. 8（2010）.

[39] 合田忠弘ほか：エネルギー新書「マイクログリッド」、日本電気協会新聞部（2004）.

[40] 大野康則ほか：需要家データに基づく予測制御を用いた分散型電源最適運用の検討、平成15年電気学会全国大会、No. 6 - 177（2003.3）.

[41] 石田隆張：電力系統安定化に対する電動車両の利用に関する検討、電気学会自動車研究会講演資料、VT - 10 - 013.

[42] 上杉春奈ほか：電気自動車の普及が日本の将来電源構成に与える影響、平成19年電気学会全国大会、6 - 157.

[43] 藤野隆宏ほか：自動車用バッテリーを用いた負荷平準化システム、平成19年電気学会全国大会、6 - 009.

[44] 篠田幸男ほか：系統電源構成を考慮したプラグインハイブリッド自動車の導入評価、電学論B, 128 - 6, p. 827 - 835（2008）.

[45] W. Kempton, et al. Vehicle - to - Grid Power: Battery, Hy - brid and Fuel Cell Vehicles as Resources for Distributed Electric Power in California, UCD - ITS - RR - 01 - 03.

[46] 芹沢康夫ほか：電力系統工学、コロナ社（1979）.

[47] 栗原郁夫ほか：将来の需給要因を考慮した我が国における電力貯蔵設備の導入量の評価、電学論B, 116 - 5, p. 563 - 570（1996）.

第 9 章

车辆介绍（小型车、客车、个人移动工具）

总 论

本章将介绍现在已销售或已发布的各种电动车（EV、插电式混合动力车、混合动力车、燃料电池车），及其目标特征、体系构成、车辆性能。详细内容会在各节中展开，总论主要对电动车概况进行阐述。

混合动力车（HEV）

伴随电力电子学的发展，汽车行业通过电动化在很大程度上提高了车辆的系统效率。HEV 自 1997 年世界上第一款量产车型普锐斯（丰田）诞生以来，还有后来出现的本田、日产等多款车型，逐渐确立了其低油耗实用型的车辆概念。另外，即使在大型车辆领域也有日野和三菱扶桑发售的混合动力客车。这些 HEV 为了尽量降低油耗设置了驾驶员辅助系统、仪表显示燃料消耗量、节能挡位等多项功能。

电动汽车（EV）

EV 虽然早在 1900 年前后汽车的初始阶段就已经出现，但是受限于续驶里程短、电池过重、充电时间长等问题，所以时至今日也未能普及。

但是 20 世纪 90 年代在锂离子电池、埋入式永磁同步电动机、钕磁铁以及变频控制技术被实用化以后，上述这些课题大多已经被攻克。21 世纪头十年 EV 的开发工作进入快速发展阶段，2009 年 i-MiEV（三菱汽车）和 Plug-in Stella（富士重工）作为可实际应用的 EV 已经面市。i-MiEV 是首款获得型号认证的量产型 EV。同时，电力公司（东京电力等）同期开发出了与这些 EV 配套的快速充电器，基础充电设施也开始动工建设。另外，在试制原型车方面，配备了 8 个大功率轮毂电动机（电动机组装在车轮里）使其性能凌驾于汽油机车辆之上的 EV、Eliica（庆应大学）也在之前出现；大型 EV 领域，中国上海巴士集团作为公共交通机构正在推动其实用化。

插电式混合动力车（PHEV）

受电池的能量密度极限影响，目前的 EV 续驶距离短，并不适合于城市间长途行驶。作为一项解决措施，平时在城市里用 EV 行驶，长途时启动发动机用混合动力行驶，插电式混合动力就是在这样一种背景下被开发出来的。据调查，百分之八十的用户在一天内的行驶距离不会超过 50 km。即使是短途，EV 对 CO_2 排放的削减效果也会非常明显。2010 年插电式普锐斯（丰田）开始租赁、Volt（GM）开始销售。

燃料电池车（FCEV）

除了考虑大气污染和全球气候变暖外，上升

到能源问题层面,就要求下一代汽车能够扩展到 PHEV 领域而不再依赖矿物燃料。使用氢燃料的 FCEV 也是一项候补,但需要解决低温启动性、续驶里程、成本、氢燃料站建设等课题。在日本,FCHV – adv(丰田)、Clarity(本田)等车辆的开发都取得了一定进展,低温启动性这个课题已经有所改善,即使在 -30 ℃ 的环境下也能够正常启动。另外,通过车身轻量化、氢燃料高压化进而提高装载量等手段,续驶里程也正在接近汽油机汽车。

单人移动工具

针对城市环境使用工况(人行道、设施内部),能像走路一样移动且能原地旋转的单人驾乘的移动工具正在研发,如 i – unit、i – REAL、Winglet(以上是丰田)、Segway,等等。此外,联想到也许还能像机动两轮车那样在车路上行驶,而正在努力研发转弯时通过改变车身姿态以保持转弯平稳性的单人移动工具(i – REAL)。

这种车辆的操作系统没有方向盘、油门踏板和制动踏板,只是由手边的控制器和根据体重偏移而简便、直观的随动系统构成。

9.1 三菱 i – MiEV

9.1.1 概述

"i – MiEV[注]"的后部、中置后驱布置的特点决定了其具有较长的轴距,大容量的驱动用蓄电池布置在地板下方,动力装置配置在行李厢下面。作为新一代 EV(图 9 – 1)"终极环保车"在 2009 年 6 月 5 日发布后,从 2009 年 7 月开始以法人、政府机关、自治体为主要对象进行供应。其后,从 2010 年 4 月起开始针对个人用户销售。

注:MiEV:Mitsubishi innovative Electric Vehicle.

9.1.2 目标

"i – MiEV"是三菱汽车约 40 年 EV 开发技术的集大成产品。直面环境污染、全球气候变暖、石油能源枯竭等这些世界课题,并作为解决问题的终极环保车辆投放市场,今后各行各业的公司及行政机关都会更加广泛地支持并推动 EV 普及。

9.1.3 特点

(一) 行驶中的 CO_2 排放为零

行驶中,完全不会产生包括 CO_2 在内的汽车尾气,是"零排放车辆"(包括发电时产生的 CO_2 都算上也只相当于"i"的 1/3 的 CO_2 排放量:三菱汽车以日本的平均电力构成为基础试算的结果)。

(二) 舒适的行驶性

不搭载发动机的 EV 实现了安静性和舒适的行驶性。另外,响应性好,设置了从低速开始就产生高扭矩的电动机特性,性能优于配置了涡轮增压发动机的"i",实现了响应良好、动力强劲的行驶特性。

(三) 充分满足日常使用的行驶距离

一次充电的行驶距离在 10·15 工况下为 160 km。在行驶距离方面充分保证了能够满足日常使用的需要。但是实际的行驶距离,会因为使用环境(气象、交通堵塞等)和驾驶方法(急起步、使用空调等)等不同而有所差异。

(四) 三种充电方式

采用了不管是在自家还是外出时能够充电的 3 种充电系统。用 AC 200 V 及 AC 100 V 的普通电源就能简便地充电的普通充电方式(使用标准装备的充电电缆)与今后各处都设立充电站后使用快速充电器的充电方式(表 9 – 1)。

图 9 – 1 i – MiEV 车辆外观[1]

表9-1 充电时间一览表[1]

充电方式	电源	充电时间
普通充电	AC 200 V (15 A)	约7 h (充满电量)
	AC 100 V (15 A)	约14 h (充满电量)
快速充电	三相 200 V/50 kW（快速充电器旁的电源）	约30 min (80%)

注：实际的充电时间会受气温和电源状态等因素影响而存在差异。

9.1.4 主要组件

（一）驱动用蓄电池

该车配置了能量密度极高的锂离子电池。共计88块电池单体串联连接后，把这个大容量的驱动用蓄电池布置在车身地板下的中间位置，实现了低重心化及其带来的优良操纵稳定性。

（二）电动机（动力装置）

开发了专用的小型、轻量、高效的永磁式同步电动机。从起步开始就产生最大扭矩，轻松地实现强劲动力的行驶。减速时通过再生制动功能将电动机作为发电机使用，把再生的电能用于给驱动电池充电。

（三）变速器

开发出了无须复杂变速机构的电动机特性，采用减速比固定的轻量、小型的变速器。

（四）车载充电器

采用的是能够通过家庭用 AC 200 V/AC 100 V 电源充电的小型、轻量的车载充电器。

（五）DC-DC 转换器

给辅助蓄电池（12 V）充电，为电气件提供电力，通过和车载充电器一体的结构设计，实现了小型、轻量化。

（六）逆变器

把驱动用蓄电池的直流高电压转换成交流后，把电力提供给电动机以满足行驶需要。

（七）空调系统

采用的是电动压缩机的制冷系统和通过电加热器加热的制热系统。温度调节采用冷热各6挡的手动调节方式，通过减少同时制冷和加热的可能性来抑制电力消耗。

9.1.5 显示系统

在组合式仪表上增加了视觉指示电力消耗及能量再生状况的"能量仪表"和指示驱动电池剩余电量的"驱动电池余量计"以及通过最近的电力平均消耗量推算大概的剩余行驶距离的"剩余可行驶距离指示"。

9.1.6 操作系统

采用了可以节能驾驶、强劲动力再生制动行驶的3个挡位位置。

- 基于油门操作的强劲动力"D"挡尽享"i-MiEV"与生俱来的优良行驶性能。
- 控制输出功率以节约电力消耗，实现节能行驶的"ECO"挡。
- 保持与"D"挡同样强劲的动力行驶的同时，最大限度地开启再生制动功能的"B"挡。

9.1.7 安全性

（一）用坚固的框架来保护驱动电池

在把高电压零件搭载在车身骨架内侧的同时，驱动电池用"井"字形状的框架保护起来，以此来全方位地防止碰撞损伤（图9-2）。

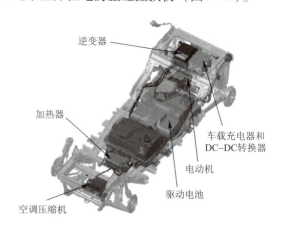

图9-2 配置在车身骨架内的高电压零件[2]

（二）综合控制技术 MiEV OS (MiEV Operating System)

新研发了汇集所有 EV 组件信息和对

第9章 车辆介绍（小型车、客车、个人移动工具）

"i-MiEV"进行综合控制的"MiEV OS"，对电池状态进行实时监控，利用再生制动功能回收能量，平顺地控制动力强劲的起步过程，等等。通过超强的综合控制技术实现节能的同时，也实现了舒适、安全、稳定的行驶性能（图9-3）。

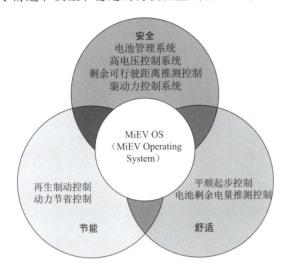

MiEV OS
MiEV Operating System为三菱汽车独自开发、新一代电动汽车专用的综合控制技术的总称。

图9-3 MiEV OS

（三）主要参数

主要参数如表9-2所示。

表9-2 i-MiEV主要参数[1]

项　目	参　数
长×宽×高	3 395 mm×1 475 mm×1 610 mm
车辆质量	1 100 kg
定员	4人
最高车速	130 km/h
10·15工况下充电行驶距离（日本国土交通省审查值）	160 km
充电时间 普通充电（AC 200 V/15 A）	约7 h（充满电量）
充电时间 普通充电（AC 100 V/15 A）	约14 h（充满电量）
充电时间 快速充电	约30 min（80%充电）
电动机 类型	永磁式同步电动机
电动机 最大输出功率	47 kW（64PS）/3 000～6 000 r/min
电动机 最大扭矩	180 N·m（18.4 kgf·m）/0～2 000 r/min
电动机 最高转速	8 500 r/min

续表

项　目	参　数
驱动电池 类型	锂离子电池
驱动电池 总电压	330 V
驱动电池 总电量	16 kWh
控制装置	逆变器控制
驱动方式	后轮驱动

9.2 斯巴鲁（Subaru）插电式Stella[3]

9.2.1 开发目标

插电式Stella是以"实用4座、小型EV"为目标而开发的电动车，增加了商务和日常使用时作为城市通勤车的便捷性与实用性。

（一）确保一次充电后续驶里程在80 km以上

力争轻量化和降低行驶阻力以及进一步提高能量收支效率，以确保在城市圈内商务使用时达到所需的80 km以上的续驶里程。

（二）确保4人乘坐时的空间性和行李厢空间

能够充分容纳4名成年人的乘坐空间和行李厢空间，保证了Stella宽敞、高效的布置。

（三）作为EV的行驶性能和实用性能的提升

动力强劲使顺畅的行驶性能更上一层楼，同时还采用了重视日常使用舒适性和实用性的技术及装备。

9.2.2 车辆概要

（一）布置

在动力装置方面，没有更改Stella的发动机舱，只是把电动机、逆变器、DC-DC转换器、减速器等紧凑地收纳了进来。

另外，为了把电池模块小型化并提高体积密度，包括附件在内从整体上进行了优化布置，设计出了兼顾防水结构和碰撞吸收空间、安全性和可靠性都有所提高的小型电池组。巧妙地搭载在前排座椅和后排座椅下部，保证了4名成年人充足的乘坐空间和行李厢空间等，维持了 Stella 宽敞、高效的布置（图 9-4）。

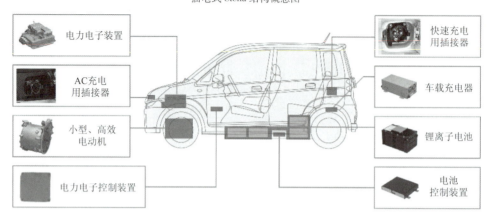

插电式 Stella 结构概念图

图 9-4　车身布置方案

（二）车辆外观

外观方面把前格栅和前保险杠平面化以后，突出了 EV 的造型风格（图 9-5）。

图 9-5　车辆外观（日本环境省认证试验用）

（三）CO_2 排放量/行驶成本

EV 在行驶中的 CO_2 排放量为零，从发电时算起的 CO_2 产生量也极少，插电式 Stella 相对于小型汽油机车辆能减少 78% 的排放量（图 9-6）。

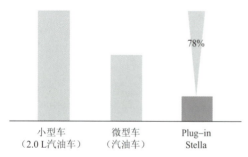

图 9-6　CO_2 排放量对比

设 2.0 L 的轻型汽油机车辆每行驶 1 km 的 CO_2 排放量为 100 时的排放量对比（本公司调研）

另外，行驶成本方面也因为插电式 Stella 很高的能源利用效率而使得能源消耗（电费）只相当于微型汽油车汽油费的 2/5，特别是如果使用夜间电力会更经济，能控制在 1/5 左右（图 9-7）。

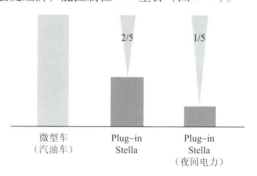

图 9-7　燃油费对比

设一般微型车为 100 时的燃料费比较（本公司调研）

（四）主要参数

插电式 Stella 的主要参数如表 9-3 所示。

表 9-3　插电式 Stella 的主要参数

项目	参　数
长×宽×高	3 395 mm×1 475 mm×1 660 mm
车辆质量	1 010 kg
乘车定员	4 人
最高车速	100 km/h
一次充电续驶里程	90 km（10·15 工况）
电动机种类	永磁式同步电动机
最大输出功率	47 kW
最大扭矩	170 N·m
驱动方式	前轮驱动
蓄电池种类	锂离子蓄电池
电池单元类型	层压结构型锰系锂离子
总电压	346 V
总电量/容量	9 kWh/26 Ah

9.2.3 动力装置

(一) 开发目标

作为在都市圈内使用的车辆,其动力装置的输出功率、扭矩特性能够充分满足所需的加速性能、驱动性能及巡航速度。

(二) 主要零件构成

作为电动机控制设备的逆变器,把驱动电池的电压转换成附件系统使用的 12 V 工作电压的 DC-DC 转换器及接线盒等这些辅助设备紧凑地配置在电动机和减速器连接处的上部(图 9-8)。

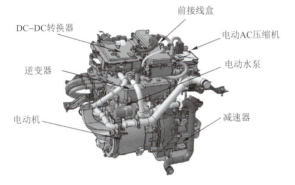

图 9-8 动力装置结构

9.2.4 电池组

实现目标续驶里程 80 km 以上需要约 9 kWh 的能量,据此设定了电池组的技术规格。电池模块配置在前排座椅下 4 个,后排座椅下 4 个,合计 8 个。

除了包含电池控制单元(BCU)的上述模块以外,电池组还包括接合模块、绝缘电阻检测装置、维修插头。接合模块由保险丝、电流传感器、主继电器、预充电继电器、预充电电阻、快速充电用继电器和车载充电继电器构成(图 9-9)。

图 9-9 电池组内部布置方案

9.2.5 电池管理系统

由电池模块里装备的各 BCU 和 EV ECU (Electric Vehicle Electronic Control Unit) 构成了电池管理系统(BMS)。BMS 具备以下功能,以对蓄电池进行操控及管理(图 9-10)。

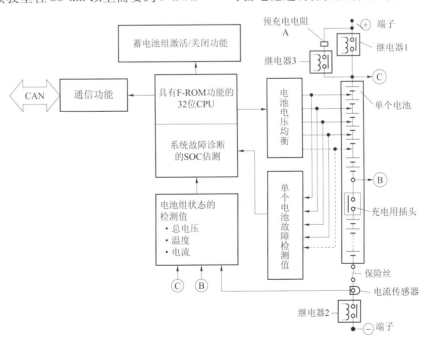

图 9-10 电池管理系统

① 电池总电压检测。
② 电流检测。
③ 单体温度检测。
④ SOC（State of Charge）的估算。
⑤ SOH（State of Health）的估算。
⑥ 电池电压均等化。
⑦ 电池、系统故障诊断。
⑧ 与车辆操控装置等的通信。

插电式 Stella 新研发了能够高精度地估算 SOC 的阿拉伯记数法。有了这一技术，除了能够正确显示剩余电量，还能够为驾驶员预估可信度非常高的可行驶距离。另外，还构建了针对锂离子电池的内部电阻进行最大限度加速与再生控制及自然风冷的充电控制系统。

9.2.6 充电系统

充电系统实现了使用车载充电器利用家庭插座（AC 100 V/200 V）进行充电和使用外部快速充电器进行短时间充电 2 种方式。

（一）使用车载充电器充电

新研发了能够使用家庭插座（AC 100 V/200 V）进行充电的车载充电器，其充电口设置在前格栅处，使用专用电缆充电。使用 AC 100 V 从零充电至满电量所需的时间在 8 h 左右，若使用 AC 200V 只需要 5 h 左右。

另外，在副驾驶席仪表板上面设置了一个充电指示灯，平常充电时灯就会亮，所以从车外面就可以确认充电状态（图 9 - 11）。

图 9 - 11　前格栅充电口和充电指示灯

（二）使用快速充电器充电

插电式 Stella 使用日本"CHAdeMO"规格的 50 kW 级快速充电器能够在 15 min 以内充电到 80% 电量（图 9 - 12）。

图 9 - 12　快速充电器和车辆快速充电口

9.2.7 车辆应用技术

在最大限度地发挥大功率电动机性能来提高行驶性能的同时，为了进一步提高能源利用效率、创造舒适的使用环境，除了车身相关各部件轻量化、优化以外，还新研发了以下内容。

（一）低滚动阻力轮胎

为了降低行驶时的滚动阻力，开发了低滚动阻力轮胎。

（二）制动行程传感器

插电式 Stella 可以通过把电动机当发电机使用来回收（再生）减速时的能量。采用了制动行程传感器以后，带来的结果就是能够适应制动操作幅度进行最佳再生控制，大幅度地增加了实际使用区间的能量再生，从而发挥了减少能量损失和平抑电费的作用。

9.2.8 空调系统

空调压缩机采用电动驱动方式取代了汽油机车辆的皮带驱动方式（图9-13）。

体积（壳径×全长）
φ109×197 mm
排气量 14 cc

图 9-13 电动式空调压缩机

另外，还舍弃了汽油机车辆的温水供暖方式，取而代之的是使用 PTC（Positive Temperature Coefficient）加热器（电加热器）。通过切换加热器的两挡输出功率来兼顾电力消耗和舒适性（图9-14）。

右图：来自与Kashing Industrial HP刊登的图片

图 9-14 PTC 加热器（2 kW）

同时，考虑到冬季快速实现供暖的需求，为了提高舒适性而在驾驶席座椅的坐垫和靠背里增加了座椅加热器，这样既减少了供暖时的电力消耗又提高了舒适性。

9.2.9 组合仪表

相对于汽油机车辆更改了其文字式设计和软件，把蓄电池剩余电量的指示和电动机输出功率的变化放在了显眼的位置上，在视觉效果上直观地帮助用户提高行驶经济性（图9-15）。

仪表更改项目如下：
① 燃油表→蓄电池剩余电量表。
② 转速表→节能表。

图 9-15 EV 组合仪表

③ 燃油余量警报灯→蓄电池剩余电量警报灯。
④ 水温指示/警报灯→功率限制指示灯。
⑤ ECO 指示器→可行驶指示灯。
⑥ 发动机故障警报灯→真空警报灯。
⑦ 机油警报灯→系统警报灯。
⑧ 增加了剩余可行驶距离指示。
⑨ 增加 EV 特有的警告蜂鸣器功能。

9.2.10 动力、驾驶性能

插电式 Stella 采用了大功率电动机，所以从零转速开始就可以发挥出最大扭矩，具备与 Stella MSC（机械增压）车辆同等强劲的动力性能。另外，电动机所具备的优秀响应性、稳定转速输出特性，使其驾驶性能相对于汽油机车辆有了大幅提升。对于油门操作来说，加减速特性是线性的，加速感也动力强劲（图9-16）。

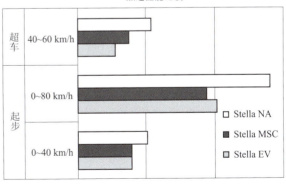

图 9-16 动力性能比较（Stella VS 插电式 Stella）

9.2.11 振动噪声性能

与发动机发出的燃烧声音和进排气声音、机械噪声等相比，电动机发出的振动噪声级别大幅降低，实现了非常安静的振动噪声性能（图9-17）。

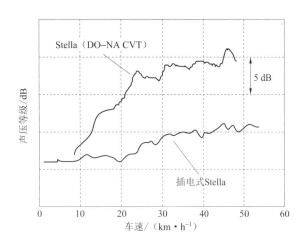

图 9-17 加速时车内声音比较
（Stella VS 插电式 Stella）

9.3 日产聆风

9.3.1 前言

日产在 1947 年首次发售 EV，从 20 世纪 60 年代开始积极地推进其开发，具有众多的 EV 发布、销售经验。以这些经验为基础开发出来的新型 EV 日产聆风，作为专用造型及设计的典范，计划从 2010 年 12 月开始依次投放美国、日本、欧洲市场，从 2012 年开始在全球范围内量产。其主要参数见表 9-4，具备以下特征。

① 零排放：行驶时完全不产生 CO_2 和排放废气。

② 史无前例的驾驶感受：电动机驱动所特有的平顺性和动力强劲的加速感，电动机控制、低重心、低横摆惯性设计、高刚性车身结构等提高了车辆的操控稳定性和灵敏性，停车、加速及巡航状态下均实现了超乎想象的静音性。

③ 提供新的汽车生活方式：在自家和单位等处都可以对电池进行充电，不用再特意去加油站加油。

④ 提供新价值：专门开发的 EV IT 系统和配套的驾驶辅助、遥控功能、定时控制功能为用户提供了前所未有的安全感、便捷性和舒适性。

表 9-4 日产聆风的车辆技术参数

项目	参 数
车辆尺寸	4 445 mm（长）×1 770 mm（宽）×1 545 mm（高） 轴距 2 700 mm
乘车定员	5 人
驱动方式	电动机前置、前轮驱动
电动机种类（最大功率、扭矩）	交流同步电动机（80 kW、280 N·m）
续驶里程	160 km 以上（美国 LA4 工况[*1]）
最高车速	140 km/h 以上
蓄电池	层压结构型锂离子蓄电池
蓄电池容量/输出功率	24 kWh/90 kW 以上
制动	再生制动 + 机械式盘式制动器
充电时间[*2]	普通充电约 8 h[*3]（日本 200 V） 约 7 h（美国 240 V/欧洲 230 V） 快速充电约 30 min[*4]（50 kW）
日产聆风的特征	专用 IT 系统、LED 前照灯、启动声音车辆接近通报装置、经济模式

[*1]：实际距离根据行驶状态而不同（以使用新电池时的情况为参考）。

[*2]：实际充电时间根据蓄电池的温度条件而不同。

[*3]：从蓄电池剩余电量警告灯亮灯到充满电量的时间。

[*4]：从蓄电池警告灯亮灯到充电 80% 的时间。

9.3.2 日产聆风 EV 系统

（一）高电压系统

图 9-18 是日产聆风高电压系统的布置方案。地板下面装载了搭载性良好的层压结构型锂离子蓄电池，从这里经由电动机舱内的 DC-DC 接线盒，把电力提供给逆变器及驱动电动机，使驱动电动机旋转进而车辆开始移动。在车辆前端配置了普通充电口和快速充电口，使用装载在行李厢里的车载充电器或者车外的快速充电器给锂离子电池充电。

1. 锂离子电池

图 9-19 是锂离子电池的构成。4 块层压结构型电池单体构成电池模块。电池模块采用了适于车载的形状，总共 48 个电池模块分别被平置在前排座椅下方及后排脚下、纵置在后排座椅下

第9章 车辆介绍（小型车、客车、个人移动工具）

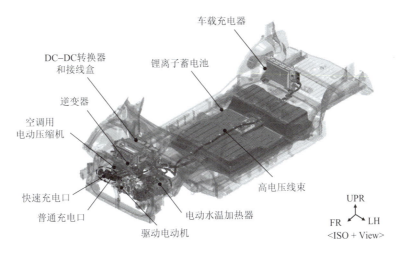

图9-18 高电压系统的布置方案

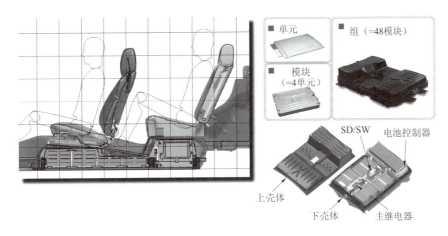

图9-19 层压结构型锂离子电池

方，通过这样合理地布置保证了5名成年人能够舒适乘坐的车内空间，同时也确保了其满足实用性的续驶里程。

2. 驱动电动机、逆变器及减速器

驱动电动机采用的是小型、轻量化和高输出功率、高效率俱佳的永磁式交流同步电动机。图9-20为驱动电动机的转速-输出扭矩特性。

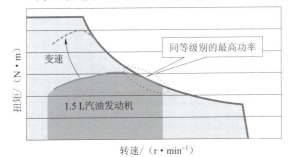

图9-20 转速-扭矩特性

3. 车载充电器及充电口

日产聆风在车辆前端配备有普通和快速2种充电口。墙壁插座和普通充电口通过EVSE（Electric Vehicle Supply Equipment，带有控制功能的电缆）连接，车载充电器使用200 V交流电充电，或者还可以用快速充电口连接基于"CHAdeMO"协会规格的快速充电器使用400 V直流电进行充电。

4. 空调系统

EV和内燃机车辆有很多不同之处，如没有附件驱动皮带、无法进行废热利用。于是，日产聆风通过锂离子电池输出高电压来驱动电动压缩机，从而使用空调和电动水温加热器来操控空调系统。

（二）车辆控制系统

日产聆风车辆控制系统为电控集成系统。为

了按照驾驶员的要求控制车辆，车辆控制器作为车辆整体的大脑，与驱动电动机控制器、锂离子电池控制器、充电器、DC-DC 转换器、电控制动控制器等联动，控制车辆的启动、行驶、停止和充电；加上和 EV 的 IT 系统联动，还能够实现信息辅助驾驶、充电及空调遥控功能、定时器控制功能等。

（三）通过与 EV IT 系统协动带来的新价值

日产聆风上配置了专用的 EV IT 系统，通过与车辆控制器联动提供了多种多样的功能。

1. 基于信息的驾驶辅助功能

（1）仪表指示：日产聆风的仪表（图 9-21）由上部仪表和下部仪表构成，除车速等与汽油机车辆相同的指示项以外，还增加了方便驾驶的 EV 特有的指示信息。

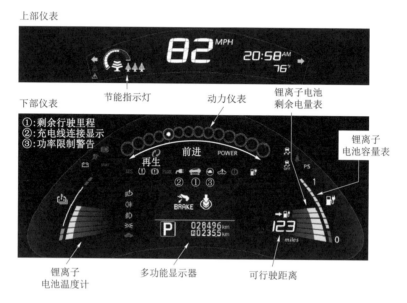

图 9-21 仪表内 EV 特有的指示项目

（2）可续驶距离指示：根据受到市区街道行驶、高速行驶等驾驶方法不同及空调开/关等因素影响的能量消耗状况指示接下来可行驶的距离，从而使驾驶员可以放心地驾驶。同时，还会在导航画面的地图上指示出以现在的蓄电池容量可以到达的范围。

（3）充电站点指示：EV IT 的监控上会把可到达的充电站点按照普通充电和快速充电分开来指示，驾驶员在掌握就近充电站位置的同时还因此获得了踏实感（图 9-22）。

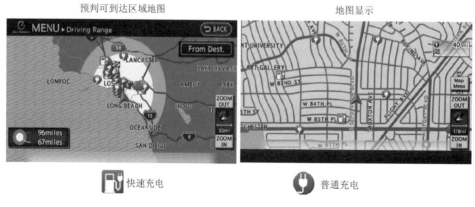

图 9-22 充电站指示

(4) 消耗电力指示：在 EV IT 的监控上会指示驱动电动机、空调及其他附件的瞬间电力消耗，同时还会扩展指示关闭空调状态下的续驶里程（图 9-23）。

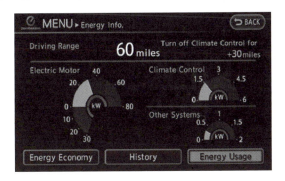

图 9-23 电力消耗指示

(5) 充电指示器：前围板上的充电指示灯根据亮灯和亮灭表示充电开始、充电中、充电结束等状态，和充电时的提醒声一样，其状态从车外就可以识别，提高了便捷性和踏实感（图 9-24）。

图 9-24 充电指示灯

2. 遥控功能

通过手机或电脑与车辆关联，加装了充电及空调启动、电池剩余电量和充电情况监控、充电完毕及充电插座接触不良的消息通知功能，提供了 EV 特有的便捷性（图 9-25）。

图 9-25 遥控功能带来的"时刻关联的安心感"

3. 定时器控制功能

在车载的导航画面上可以设定充电和空调的开始时间、结束时间（出发时间）（图 9-26）。利用这一功能除了可以有效地使用深夜电力充电之外，还可以做到热天或者冷天在驾驶之前就把车室内保持在适宜的温度。

（四）车辆接近通报装置

没有发动机声、非常安静的 EV 从背后低速接近时，行人有可能注意不到。因此，日产聆风采用了在 30 km/h 以下低速行驶时接近行人时，

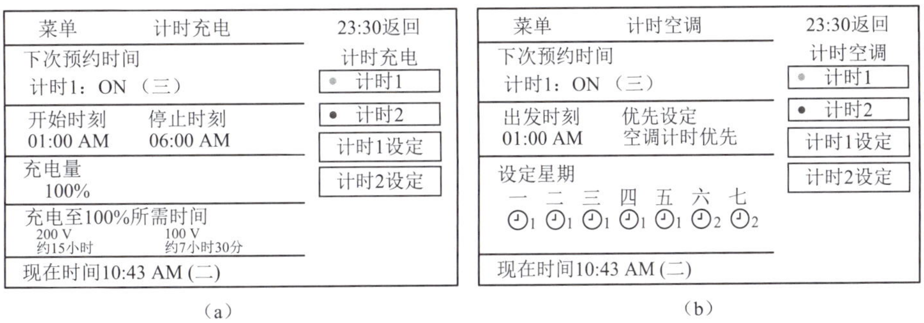

图 9-26 定时器控制功能
(a) 定时器充电设定画面；(b) 定时器空调设定画面

就会发出通知警报声的系统。若在 30 km/h 以上，行驶中的轮胎摩擦声就会提醒行人有车辆接近了，所以这种情况下会自动切换成 OFF 状态。这一声音令人联想到未来的驾乘工具，声音设计成在车

外易于辨别但不会造成环境噪声污染,同时在车内又难以听到的频率和声压组合。

9.3.3 日产聆风的车辆性能

(一) 动力性能

日产聆风在动力性方面实现了随心而动的加速性,把通过数字无法尽言的电动机驱动特征用日产独有的电动机控制技术最大限度地发挥出来(图9-27)。

1. 快速起步突进

电动机才有的精细的驱动扭矩控制因为不会产生驱动系统扭振,实现了平顺且高效响应,凌驾于3L汽油机车辆之上的起步加速性能。

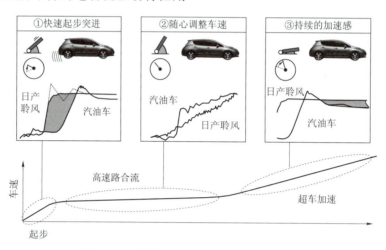

图9-27 各加速工况下随心而动的加速性

2. 随心而动的车速调整

利用电动机自身的响应性与可控制性的优点,根据油门开度与车速对扭矩进行精细地控制。油门开度-扭矩特性在实现线性化的同时,配合其后车速不同,扭矩变化、油门开度的主观驾驶感觉也各不相同,以此帮助驾驶员随心所欲地调整车速。

3. 持续的加速感

在驾驶员踏下油门踏板到指定值以上时,通过设定的持续加速可以再现仿佛飞机离开地面时那样的加速感。

(二) 操纵性

日产聆风由以下技术造就了其稳定性与机动性兼备的转弯性能。

首先检测出转弯时前后车轮的速度差,然后通过高响应性驱动电动机进行精密的扭矩控制。通过控制前轮产生的侧抗力实现平顺的转弯性能。另外,结合强电电池布置在地板下方,这样低重心、低横摆惯性的车辆布置和电池支撑框架提高了40%的高刚度车身,实现了日产聆风高水平的驾驶性能。

(三) 静音性

因为没有发动机燃烧的声音,诸如路面噪声、风噪、雨刮器的工作声音,这些一直不被察觉的噪声开始被注意到。针对这些噪声聆风采取了多种隔声、吸声对策。

例如,前照灯形状在考虑了气流流动以后采取了优化处理,控制了两侧后视镜周围的气流进而抑制了该处的风噪。

(四) 续驶性能

相比之下,EV的能量效率大约是汽油机车辆的3倍,所以EV的一个特征就是对各项能量消耗的敏感度与汽油机车辆相比也大幅增加,续驶里程的变化量也随之变大。使用空调时,尤其是在不能利用废热供暖情况下,因为要靠电动水温加热器来提高空气温度,所以影响很大。另外,因为空气阻力与车速的平方成正比,所以车速越高相应的能量消耗就越大,结果就是续驶里程变短。

1. 续驶里程

日产聆风的续驶里程在北美的 LA4 工况下可以达到 160 km 以上,作为 1 天的行驶距离来讲是足够的。边使用空调边行驶的情况下,室外气温 35 ℃ 使用空调制冷时续驶里程大约减少 2 成,室外气温 -10 ℃ 使用暖风时大概减少 4 成。另外,匀速行驶(相当于郊外 60 km/h 行驶)时的续驶里程比工况行驶要长,高速公路等路面高速巡航时则变短(图 9-28)。

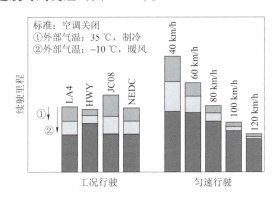

图 9-28 行驶条件差异带来的续驶里程变化

2. 经济模式

日产聆风通过引导驾驶员采用稳定的驾驶方法和空调使用方法,在经济模式下能够延长市区街道行驶工况下的实用续驶里程。经济模式下具有:更加平稳的加速特性、强效的滑行再生制动、精确空调控制。虽然也会受驾驶方法影响,但市区街道行驶的话有望提高大约 10% 的续驶里程。此外,还有减轻在堵车情况下行驶的负担、积雪道路行驶时驾驶比较轻松等效果。

(五)充电性能

1. 普通充电

通常充电时间由电源电压和从插座里能够获得的电流值决定。日、美、欧各种不同的电源规格及充电时间如表 9-5 所示。电源电压方面如果使用 200 V 级别电压,虽地域不同,但从夜里就开始充电,到次日清晨基本都可以充满电量。

2. 快速充电

在日、美、欧都可以用 CHAdeMO 协会推广的快速充电器充电。充电时间从电池剩余电量警告灯亮灯状态到充电 80% 需要大约 30 min。

表 9-5 各国家和地区的电源电压、电流及充电时间

	电源电压	电流[1]	充电时间[2]
日本	AC 200 V	15 A	大约 8 h
美国	AC 240 V	16 A	大约 7 h
欧洲	AC 230 V	16 A	大约 7 h
		13 A	大约 9 h
		10 A	大约 12 h
		8 A	大约 15 h

[1]:从电源到车辆的 AC 输入电流值。
[2]:从蓄电池剩余电量警告灯亮灯到充满电量为止。

9.3.4 小结

日产为了实现未来可持续发展的汽车社会,考虑到 EV 和 FCEV 这种零排放车辆普及的必要性,所以一直以来都致力于 EV 及其关键技术电池的开发。日产聆风是从最初开始就着眼于全球市场,在品质及性能方面没有半点妥协地开发真正的汽车。日产聆风被认为是集合了各种各样的革新技术,增强了 EV 的优势,提供了新价值和便捷性的成品。

日产聆风从 2010 年 12 月开始在美欧市场销售,然后计划在全世界范围内推广。

我们确信日产聆风迈出了实现可持续发展的第一步。

9.4 丰田插电式普锐斯

汽车面临的课题包括石油资源枯竭、CO_2 排放导致的全球气候变暖、排放气体导致的城市大气污染。面对这些课题,具备能量再生等功能从而能够提高燃油经济性、减少 CO_2 排放的 HEV 可谓在聚光灯的照耀下开始受到全世界的关注。另外,相对于 HEV,特别是兼备 EV 优点的插电式 HEV(PHEV)更是万众瞩目。在本节中,会对 PHEV 的发动机使用频度(All Electric Range or Blended)和在很大程度上影响 PHEV 优点的 EV 行驶距离进行阐述,同时还会介绍在 2009 年开始租赁销售的插电式普锐斯。

9.4.1 PHEV 的目标

丰田概念里的 PHEV 定位为在现阶段普及、推广的 HEV 应用技术之一。在 HEV 基础上新增外部充电功能,因而增加了电动机的行驶距离,换句话说是在 HEV 上增加了 EV 的优点。

从图 9-29 不难理解,EV 在应对汽车三大课题时是具有优越性的,但在续驶里程方面存在不足,这是由蓄电池能量密度低所决定的。图 9-30 纵坐标表示的是单位质量能量密度、横坐标是单位体积能量密度。汽油等液体燃料相对于蓄电池在能量密度方面优越很多。特别是汽车以人和货物的运送空间为优先,搭载的能量体积和重量越小(也就是说能量密度越高)就越有利。换句话说,相对于轿车能够装载的体积、重量而言,在装载能量总量方面蓄电池根本无法与液体燃料匹敌,结果就是续驶里程变短,因而难以满足顾客期待的达到与传统的一般内燃机车同等水平的续驶性能。针对上述问题,通过把清洁的,但能量密度较低的蓄电池与能量密度很高的液体燃料组合起来的方法,既能够解决 HEV 的续驶里程问题又能兼容 HEV 的燃油经济性优势,这正是 PHEV 所追求的目标。

		汽油车	柴油车	HEV	EV	FCHV
三个课题	摆脱石油(能源多样化)	△	△	○	○	○
	CO_2	×～△	△～○	○	◎	◎
	清洁排放	○	×→△	○	◎	◎
其他课题	续驶距离	○	○	◎	×	×
	燃料基础设施	○	○	○	×	××
	行驶成本	△	○	○	◎	?

图 9-29 动力传动系统的性能比较

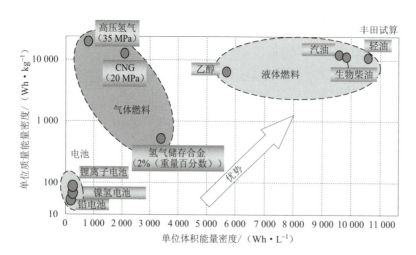

图 9-30 能量密度之比较

9.4.2 PHEV 的有效性

首先,PHEV 有效性的第一条就是能量使用的多样化。HEV 的动力传动系统适用于多种能源形式。PHEV 由于可以从外部充电,利用从各种各样的动力源获得的电力,从多样化应对的角度来看是在强化 HEV 的优点（图 9-31）。

其次，前面也曾提到过，在 CO_2 排放及行驶成本方面也具有有效性。从 CO_2 排放量来看，HEV 普锐斯相对于美国、日本、法国及各地的普锐斯能够在很大程度上减少排放量，以日本为例可以降到约一半。再说行驶成本（燃料费用），因电费定价方式不同而有所差异，但通过使用深夜电力等费用较低的电源，在日本 HEV 可以降到一半以下。

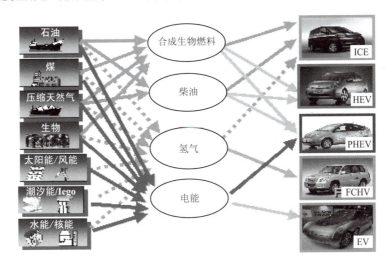

图 9-31 PHEV 的能源多样化

最后，是包括 CO_2 排放在内的比较内容。以普锐斯为例，HEV 拥有 CO_2 104 g/km、NO_2 0.01 g/km 以下这样非常优秀的表现，而把它插电化以后，还有望大幅减少（图 9-32）。

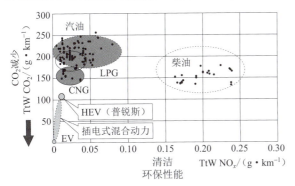

图 9-32 PHEV 的减排效果

9.4.3 PHEV 方式比较

探讨 PHEV 方式时可以这样考虑，根据蓄电池充电状态不同行驶模式大体上可以分成 2 种。在图 9-33 中模式化地表示了该分法，即分为蓄电池里充进电能，使用该电能以 EV 为主体行驶的消耗模式和使用完充进的电能以后以 HEV 为主体行驶的维持模式。

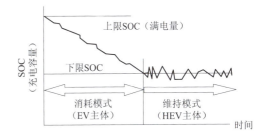

图 9-33 消耗模式与维持模式

另外，消耗模式下根据电动驱动和内燃机驱动的使用方法不同，PHEV 方式大体上又可以分为 2 种。其中一种是消耗模式下只用电力做动力行驶，切换成维持模式后才开始启动发动机的 AER（All Electric Range）方式。该方式如图 9-34（a）所示，采用在 EV 基础上串联 HEV 以增加电源能量的结构。另一种是即使在消耗模式下，根据驾驶员对驱动力的要求和车速情况，在电力动力基础上也增加内燃机动力行驶的 Blended 方式。该方式如图 9-34（b）所示，并联 HEV 以增加电源能量的结构。

9.4.4 插电式普锐斯车辆概要

在本节会详细介绍 2009 年开始租赁销售的

插电式普锐斯车辆的概要。

图 9-35 展示的是在基础车普锐斯上所做的更改，可大致分为 4 个方面，即电池及电源系统、充电系统、空调系统、排气系统。其中，尤其是电池及电源系统的改动规模比较大，与基础车普锐斯的镍氢电池不同，全新配置了锂离子电池。图 9-36 为锂离子电池组。

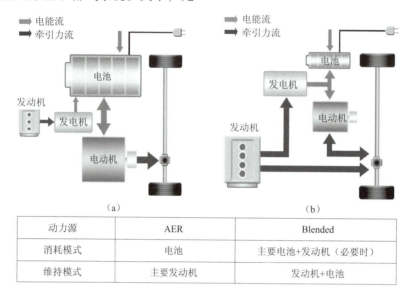

动力源	AER	Blended
消耗模式	电池	主要电池+发动机（必要时）
维持模式	主要发动机	发动机+电池

图 9-34 PHEV 的构成实例

(a) AER；(b) Blended

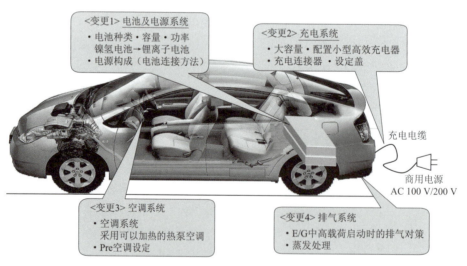

图 9-35 基础 HEV 的更改项

	2009 PHEV
额定电压	DC 345.6 V
电池单体数量/组	96单体
总容量	5.2 kWh
电池组数量	3组

图 9-36 锂离子电池组

表9-6中为插电式普锐斯车辆的主要参数，主要总成已经尽可能地沿用了原有零件。电池在之前略微阐述过了，搭载的锂离子电池容量达到5.2 kWh，EV可行驶距离在JC08工况下能达到23.4 km。充电方式也是使用家庭用电源100 V、200 V皆可充电。

表9-6 丰田插电式HEV主要参数

项目	参数
发动机（排量、最大功率）	1.8 L 73 kW（99PS）/5 200 r/min
电动机（最大功率）	60 kW（82PS）
EV行驶最高速度	约100 km/h
蓄电池（种类、容量）	锂离子电池、52 kWh
EV可行驶距离	23.4 km（JC08工况行驶）
充电电源	家庭用电源
充电时间	约180 min（100V）、约100 min（200V）

图9-37展示的是插电式普锐斯的车辆外观。

图9-37 丰田插电式HEV外观

9.5 本田Insight

9.5.1 第一代Insight

第一代Insight在1999年量产，当时是背负着挑战燃油经济性极限的使命而开发出来的（图9-38）。并联式混合动力系统（Integrated Motor Assist，IMA）的装置效率与轻量铝车身以及追求空气动力性的外部造型所带来的几何比例提升效果，使其达到了世界最高水平的燃油经济性。

图9-38 第一代Insight

（一）开发理念

为了把高环保性能与行驶乐趣全方位地融合起来，以3个主要课题为核心开发了新技术（表9-7）：

表9-7 技术课题与燃油经济性提高效果

课题	技术	具体方法	燃油经济性提高的贡献率（与5挡MT CIVIC车相比）	
动力装置的高效率化	本田IMA系统	〈系统整体〉 • 轻量并高效的结构简单的独有混合动力系统 • 通过减速能量再生帮助降低油耗 • 自动怠速停机系统 • 轻量并高效的本田multi matic S • 轻量5挡手动变速器 〈发动机〉 • 1.0 L稀薄燃烧VTEC发动机的燃烧效率跨越式提升 • 减小发动机细部摩擦 • 1.0 L发动机世界上质量最轻〈电动机辅助〉 • 结构简单的、轻量并高效的辅助系统 • 薄型DC无刷式电动机 • 镍氢电池 • PCU（动力控制单元）	发动机	35%
			电动机辅助	30%

续表

课题	技术	具体方法	燃油经济性提高的贡献率（与5挡MT CIVIC车相比）	
追求空气动力性	空气动力外形	• 最终的流线外形 Cd 值为0.25（公司内部测量值） • 落实到车身细节的空气动力学处理 • 空气动力性挡泥板/后轮护板/地板下的整流	车身技术	35%
车身的轻量化	行驶阻力减小	• 大幅度减小滚动阻力的低油耗轮胎 • 轻量并低油耗的行星齿轮轴驱动式 EPS（电动助力转向）		
	新骨架轻量铝车身	• 新铝车身结构 • 活用挤压成形法特性的轻量骨架 • 活用压铸成形法特性的连接 • 铝及树脂制轻量外板		
	底盘	• 轻量及紧凑型结构的悬架 • 零件铝化 • 前下臂/制动系统/制动和离合器踏板 • 树脂制燃油箱		
	内饰	• 轻量座椅和内饰材料		

- 提高动力装置效率。
- 追求空气动力性能。
- 车身轻量化。

另外，包含了商品基本特性的开发理念定义如下：

- 世界第一的低油耗性能。
- 废气排放清洁性。
- 优秀的可回收利用性。
- 世界最高水平的碰撞安全性能。
- 先进的车身造型。
- 实用并轻快地行驶。
- 2座个人实用空间。

（二）主要参数

第一代 Insight 的主要参数如表9-8所示。

表9-8 第一代 Insight 的主要参数

	驱动方式		FF	
变速器	本田 multi matic S（无级变速器）			•
	5挡手动		•	
尺寸质量乘车定员	长×宽×高/(m×m×m)		3.940×1.695×1.355	
	轴距/m		2.4	
	轮距/m	前	1.435	
		后	1.325	
	最小离地间隙/m		0.15	
	车辆质量/kg		820	850
	乘车定员/人		2	
	车室内尺寸	长×宽×高/(m×m×m)	0.880×1.390×1.090	

续表

驱动方式			FF	
动力源	发动机	发动机种类、气缸数及布置	水冷直列3缸横置	
		总排气量/cm³	995	
		缸径×行程/(mm×mm)	72.0×81.5	
		压缩比	10.8	
	电动机	电动机种类	交流同步电动机	
		额定电压/V	144	
性能	发动机	最大功率/(PS/(r·min⁻¹))*	70/5 700	
		最大扭矩/(kgf·m/(r·min⁻¹))*	9.4/4 800	
	电动机	最大功率/(kW/(r·min⁻¹))	10.0/3 000	9.2/2 000
		最大扭矩/((N·m)/(r·min⁻¹))	49.0/1 000	
	油耗/(km·L⁻¹)	10·15工况下行驶（运输省审查值）	35.0	32.0
	最小转弯半径/m		4.8	
动力用主电池	形式		镍氢电池	
	个数		120个电池单体	
	容量3小时放电率/Ah		6.5	
动力传动及行驶装置	变速比	1挡	3.461	2.441~0.407
		2挡	1.75	—
		3挡	1.166	—
		4挡	0.857	—
		5挡	0.71	—
		倒挡	3.23	4.359~3.214
	减速比		3.391	5.688
	转向系统形式		齿轮齿条式	
	轮胎（前·后）		165/65R14 79S	
	主制动器的种类及形式	前	油压式 通风式制动盘	
		后	油压式 领从蹄式	
	悬架形式	前	麦弗逊式	
		后	车轴式（扭梁式）	
	稳定杆形式		扭杆式（前）	

*：净值

9.5.2 第二代 Insgiht

应对全球气候变暖、适应全球范围内削减 CO_2 排放及节能需求的潮流，作为让更多用户驾乘、真正普及的 GLOBAL 混合动力车，第二代 Insgiht 在此背景下被开发出来了（图9-39）。

图 9-39　第二代 Insgiht

新开发的实用油耗改善辅助系统，充分考虑了空气动力学的外部造型和轻量、小型化了的混合动力系统，通过这些措施不但提高了实用燃油经济性，满足了日常惬意的行驶性能和高安全性能，还实现了使用性非常好的布置空间。

（一）开发理念

制定开发理念之际，本着要成为 10 年后下一代混合动力车的标志，大理念确定为"新时代紧凑型典范（NEXT ERA TRANSPORTATION）"，为了实现这一目标以下 4 项内容为核心进行了开发：

- 环保：清洁和"绿色"、省油、低排放。
- 实用：可用的、小型级别的宽敞室内和行李厢空间。
- 娱乐：日常娱乐功能、混合动力专用车身。
- 低价：能使用户负担得起。

第二代 Insgiht 的主要参数如表 9-9 所示。

表 9-9　第二代 Insgiht 主要参数

驱动方式			FF
变速器	本田 multi matic S（无级自动变速）		•
尺寸质量乘车定员		长/m	4.39
		宽/m	1.695
		高/m	1.425
		轴距/m	2.55
		轮距（前/后）/m	1.490/1.475
		最小离地间隙/m	0.145
		车辆质量/kg	1.190
		乘车定员/人	5
		驾驶室内尺寸（长/宽/高）/m	1.935/1.430/1.150
动力源	发动机	发动机种类、气缸数及排列	水冷直列 4 缸横置
		总排气量/cm³	1 339
		缸径×行程/(mm×mm)	73.0×50.0
		压缩比	10.8
	电动机	电动机种类	交流同步电动机
		额定电压/V	100
性能	发动机	最大功率/(PS/(r·min⁻¹))*	65/5 800
		最大扭矩/(kgfm/(r·min⁻¹))*	121/4 500
	电动机	最大功率/(kW/(r·min⁻¹))	10/1 500
		最大扭矩/(N·m/(r·min⁻¹))	78/1 000
	油耗/(km·L⁻¹)	10·15 工况下行驶（日本国土交通省审查值）	30.0
		JC08 工况下行驶（日本国土交通省审查值）	26.0
	最小转弯半径/m		5.0

续表

驱动方式		FF
动力用主电池	形式	镍氢电池
	个数	84 个电池单体
	容量 3 小时放电率/Ah	5.75
动力传动及行驶装置	变速比　前进/倒车	2.526~0.421/2.526~0.948
	减速比	5.274
	转向系统形式	齿轮齿条式（电动助力转向）
	轮胎（前·后）	175/65R15 84S
	主制动器的种类及形式（前/后）	油压盘式/油压领从蹄式
	悬架方式（前/后）	麦弗逊式/车轴式
	稳定杆形式（前/后）	扭杆式/扭杆式

*：净值

（二）IMA 系统

IMA 系统是在发动机和变速器之间布置了具备驱动、减速再生、发动机启动和附件载荷发电功能的电动机的结构系统，属于并联混合动力一类。与曲轴直接结合的结构和薄型电动机造就了整体上的轻量、小型化，因此在现有车型上搭载的自由度非常高。

其缺点是在行驶过程中因为经常会跟发动机产生摩擦而增加了行驶阻力，但是通过气缸休止机构（Variable Cylinder Management，VCM）能最多降低 70% 左右的摩擦进而使其影响减小了很多。优点是增加了减速时的能量再生并且在只依靠电力行驶（EV 行驶）时使简单的 1 个电动机直接结合并联混合动力的结构成为可能。

另外，因为结构简单所以不用挑选变速器类型，MT（Manual Transmission）、AT（Automatic Transmission）、CVT（Continuously Variable Transmission）都可以搭配，因此现有变速器的沿用性和通用性程度都很高（图 9-40）。

此外，关于 IMA 系统的详细内容请参照 5.2 节的"IMA 系统"。

（三）发动机

能够实现经济油耗的混合动力车，作为其主动力的发动机自然也具备高效性。另外，由于发

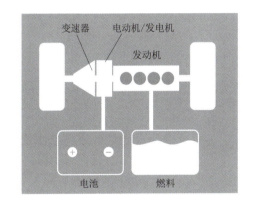

图 9-40　IMA 系统概要

动机效率的提升不管是不是混合动力车都关系到燃油经济性提高，对于在全球范围内削减 CO_2 排放也都是极其重要的。

第二代 Insgiht 通过投入表 9-10 中所列举的技术使发动机单体燃油经济性与原来相比提高了约 2%。

（四）电动动力装置

1. 电动机

电动机采用的是与原来 IMA 用电动机相同的基本结构，但通过高功率密度化及针对车身重量的功率优化，使电磁部分的厚度减少 22%，重量上轻量化 15%，制造流程也被简化。这样相对于原机型整体降低了约 35% 的成本。

表 9-10 发动机低油耗技术

燃烧改进技术	排气控制阀同步延迟角
	高点火性双针火花塞
减小摩擦技术	活塞裙部表面喷 MoS_2 涂层
	活塞裙部形状最优化
	活塞环低张力化
	主轴承 MoS_2 喷丸强化
	气缸壁高平珩磨
	凸轮链宽度窄化
	降低凸轮轴颈的表面粗糙度
	减小凸轮轴颈的接触面积
爆震改进技术	冷却水路最优化（提高燃烧室冷却性能）

2. IPU（Intelligent Power Unit）

由电池和 PCU（Power Control Unit）组成 IPU，整体相对于原来小型化 19%、轻量化了 28%，于是 IPU 就能够布置在行李厢地板下方了。作为混合动力车，实现了与一般乘用车同等级别的行李厢空间及低重心。

由于 IPU 小型化、镍氢电池性能提高，所以在保证了必要功率的基础上削减了电池个数，从而使电池组也实现小型化。PCU 中的逆变器和 DC-DC 转换器临近布置在一起，包含 ECU 在内都收进了一个壳体里，因此整体都实现了小型化（图 9-41、图 9-42、图 9-43）。

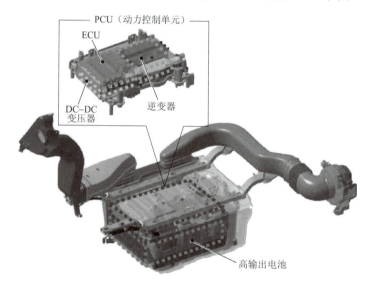

图 9-41 IPU 部件

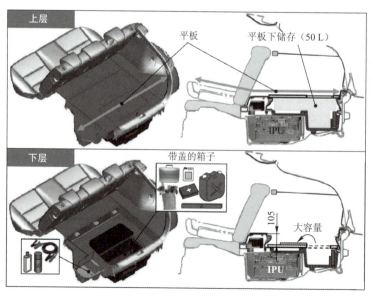

图 9-42 行李厢区域

图9-43 动力装置配置纵观图

（五）实用油耗改善辅助系统

在市场使用环境下实际行驶的油耗（实用油耗）会受到行驶条件及用户驾驶习惯的影响。为了减小这种行驶条件及用户驾驶习惯对油耗的影响，并加深用户对省油驾驶方法的掌握，开发出了这套实用油耗改善辅助系统（节能辅助系统）。

系统会自动以经济油耗优先对动力传动系统及空调系统进行ECON（Effective Control）控制，然后在省油的驾驶状态下Coaching系统就会提醒用户，以加深用户对提高燃油经济性驾驶的认知。节能辅助系统就是由这两个部分构成的（图9-44）。

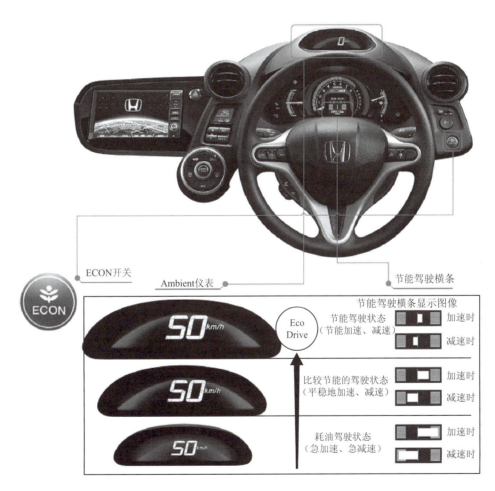

图9-44 节能辅助系统概要

1. ECON 控制

ECON 开关处于 ON 状态下，就是切换到了发动机、电动机、CVT 及空调系统都以燃油经济性为优先的模式，以此来减小行驶条件和用户驾驶习惯对燃油经济性的影响。ECON 开关显示 ON 状态时的控制概况如表9-11所示。

2. Coaching 系统

通过提醒用户以前的平均消耗水平或者实时的燃料消耗情况，起到一定的实用油耗改善作用。尽管"燃油消耗量"最终得通过结果才能反映出来，但未必对"驾驶习惯"提供建议就没有用。于是 Coaching 系统应运而生。

表 9-11 ECON 控制

油门开度——要求驱动力油门开度特性切换
节气门受限控制
CVT 变速响应特性切换
减速再生控制（再生增量）
空调控制（省动力行驶）

针对油门及制动操作是否省油，也就是说是否是高效、平顺、平缓地操作，Ambient 仪表的颜色及节能驾驶指针的变动都会直观地传达、显示出来，就是为了让更多的用户能够熟悉"节能驾驶"。另外"节能驾驶程度"的评分结果以植物的叶为主题，用叶子进行显示。系统根据节能驾驶的不同熟练等级把叶子分成 3 个成长阶段，主要是为了持续促进、提高节能驾驶水平。

（六）命名

第一代 Insight 的名字主要是包含作为混合动力技术的开拓者洞察新时代到来的这样一种含义。继此之后，Insight 的含义扩展成了洞察到混合动力汽车正式普及的新时代即将到来的意味。

9.6 丰田第三代普锐斯

9.6.1 第三代普锐斯的开发

第三代普锐斯开发之际定义的大方向目标一方面是，提高此前奠定的品牌价值，进一步提升成"丰田＝混合动力"这样一种品牌形象；另一方面，开辟混合动力汽车开辟市场的模式，扩展顾客群。

为了实现这些目标，主要围绕 3 项内容展开：
① 具备压倒性优势的"混合动力性能"。
② 功能模式化的"先进车型"。
③ 领先时代的"先进装备"。
下面对各项内容逐一说明。

9.6.2 先进的混合动力性能

新开发的混合动力系统发动机排量提高到了 1.8 L（图 9-45），再加上与整车的低油耗项目一同构建的协同效益，造就了车辆整体的低能耗性能。

图 9-45 混合动力系统

混合动力系统方面推动高功率、轻量化、小型化、低成本化，使得混合动力 4 个方面性能显著提高。混合动力 4 项性能是指体现丰田混合动力车长处的"油耗"、"行驶性能"、"环保"、"静音性" 4 个指标。

（一）油耗

在日本的商品目录中标明的 10·15 工况下的油耗性能从 35.5 km/L 提高到 38.0 km/L，实用油耗性能也提高了大约 10%。

（二）行驶性能

发动机和混合动力电池一起工作提高了输出功率，使系统功率达到了 100 kW，相当于 2.4 L 车辆的加速感受（图 9-46）。

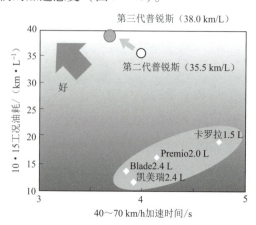

图 9-46 加速性能和燃油经济性能的进化

(三) 环保

减少废气排放，符合各国规定的尾气排放法规，满足美国加利福尼亚州的 AT - PZEV (Advanced Technology Partial - Credit Zero Emission Vehicle)，在欧洲满足 EURO 5 法规，日本在 2005 年过渡到减少废气排放 75% 的阶段，满足该 SU - LEV (Super Ultra Low Emission Vehicle) 标准。

(四) 静音性

THS 在低速区间完全停止发动机工作，只用电动机就能够维持行驶，因此其静音性非常出色。另外，高速区间也是在发动机排量增加的同时转速降低，再加上吸隔声材料的最佳布置实现了出色的静音性。

9.6.3 功能模式化的"先进车型"

外饰造型以"节能管理"为开发主题，优先考虑空气动力性能的同时，兼顾了车辆的造型设计。从侧面看继承了普锐斯独特的"三角形轮廓"，前后的拐角处为了提高空气动力性能而设置了被称为"Aerocorner"的拐角曲线（图 9 - 47）。结果没有让人失望，Cd 值达到了世界一流水平的 0.25。

图 9 - 47 设置了 Aerocorner 的外饰

9.6.4 领先时代的"先进装备"

如上所述，普锐斯没有单纯地停留在混合动力汽车这一范畴，而是毫不保留地配置了尚属时代前沿的先进装备。第三代配置了如下各种各样的先进装备。

(一) 太阳能换气系统和空调遥控系统

太阳能板（图 9 - 48）合理利用太阳能提供清洁能源。"太阳能换气系统"是指车顶配置有太阳能板，利用太阳能板发电产生的电力在停车时驱动空调的鼓风机进行换气。此外，还安装了利用混合动力电池丰富的电力、在乘车之前用遥控钥匙使空调启动的"空调遥控系统"。利用这些功能，即使是在炎热的夏季，也无须再担心乘车时车内会有热浪。

图 9 - 48 车顶处配置的太阳能板

(二) 三种驾驶模式

THS II 既可以让强大的电动机为发动机动力提供辅助，也可以只用电动机驱动行驶。利用这一特征，根据行驶状态不同，在常规的驾驶模式之外还增加了三种驾驶模式可供选择（图 9 - 49）。

图 9 - 49 驾驶模式切换开关

1. EV 行驶模式

EV 行驶模式，即不启动发动机，只用电动机驱动行驶的模式。既能够体验作为 EV 的驾驶感觉，又实现了不排放废气的行驶模式。

2. 节能模式

节能模式，即跟随油门操作的驱动力和空调的工作都控制在比较平稳的状态，从而实现经济性行驶的模式。

3. 动力模式

动力模式，即与常规行驶模式相比，对油门操作响应更加敏锐的模式。在坡路和山区道路等路况下可以尽享运动型驾驶乐趣。

(三) 节能驾驶监测

燃油经济性是车辆性能中重要的一项,但实际油耗根据驾驶方式不同会有很大出入。驾驶方式受驾驶员个人因素影响较大,节能驾驶在实际操作中特别难以把握的就是油门踏板和制动踏板的踩踏幅度。节能驾驶监测装备所具备的功能就是把这些踏板的踩踏幅度可视化,从而达到辅助节能驾驶的目的。

(四) 混合动力系统指示仪表

着眼于踏板操作量、协助节能驾驶的指示仪表(图9-50)。根据油门踏板和制动踏板的操作量不同,指示仪的横条会左右移动。充电区域(CHG)表示制动操作时的再生率。横条向左侧延伸越长就表示再生量越大,即给混合动力电池回充的电量越多。

图9-50 混合动力系统指示仪表

中间的粗横条表示的是节能区间,油门操作控制在该范围内就表示现在的行驶状态正处于高效范围,此时节能驾驶指示灯会亮。横条进入右侧的动力区间(PWR),就表示现在已经超出了节能驾驶范围而变成了动力行驶状态。通过这些横条的变化让驾驶员很容易地就能判断出省油驾驶时的油门、制动踏板操作量。

9.7 日野混合动力客车

9.7.1 前言

自1997年混合动力轿车发售以来,整个社会对混合动力车的关注日益高涨,但实际上商用车,特别是线路公交车,早在1991年以Hino Motors, Ltd. (以下简称日野) 发售混合动力线路公交车为开端,截至1995年日本国内所有大型车制造商生产的线路公交车里都已经有了混合动力车的身影。这是因为线路公交车的公共性非常高,这就要求其必须进一步降低公害和油耗,而且经常起步、停车这种线路公交的运行特点也决定了混合动力很适合。下面对日野混合动力客车的概要进行介绍。

9.7.2 开发过程[5]

图9-51表示日野混合动力客车的开发过程。延续至今的混合动力其基本系统最初是在1989年的东京车展上展出的。经过约10年的研究,作为成果该展示品在客车底盘上搭载了混合动力系统,在当时曾吸引了相关各方的关注。其后也在推进面向普通销售的开发工作,并在1991年开始了混合动力线路公交车的销售。从那以后技术开发不断进步,现在销售的最新混合动力客车已经是第四代了。

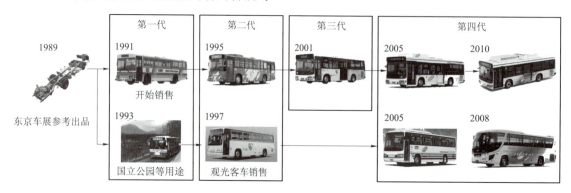

图9-51 日野混合动力客车的开发过程

表9-12所示的是各代代表性技术特点的变化。距现在约20多年前的第一代混合动力系统,

其主要目标曾经是减少废气排放，而降低油耗是次要的。但是后来，由于发动机低公害化显著进步，混合动力化的目的转变成了改善油耗。这一目标的变化与现代社会对减少 CO_2 排放的需求是一致的。

地板高度从 2 级台阶的 855 mm 逐渐演变成 1 级台阶的 555 mm 和无台阶的 355 mm 并逐渐成为主流造型。为了实现发动机低公害化，第二代时发动机从自然吸气转变成增压进气式，第三代以后又增加了后处理装置。电池从铅酸蓄电池进化成第三代时被普遍使用在混合动力乘用车上的镍氢电池，追求系统效率提升和免维护。表 9-12 为第一代至第四代混合动力客车主要项目的演变。

一方面，观光类型的混合动力客车自 1997 年以长野奥林匹克运动会为契机开始销售以来，为了保护丰富的自然环境一直在以国立公园园内为中心使用。另一方面，如今在上述用途的基础上，还增加了城市内观光等用途，使用范围更广泛了。观光类型的混合动力客车也和线路公交车一样在逐渐完善，因为该过程中重复的地方比较多，所以在此便不再赘言。

表 9-12 第一代至第四代混合动力客车主要项目的演变

项目	第一代	第二代	第三代	第四代
主要目的	减少废气排放	减少废气排放	减少废气排放 改善油耗	改善油耗
车辆地板高度	855 mm（2 级台阶）	855 mm（2 级台阶）	555 mm（1 级台阶）	355 mm（无台阶）
发动机	10 L 自然吸气	8 L 强制进气	8 L 强制进气（带有氧化催化剂）	8 L 强制进气（带有 DPR）
蓄电池种类	铅酸	铅酸	镍氢	镍氢
混合动力设备配置	分散配置	分散配置	分散配置	集中配置（顶盖上）

DPR：Diesel Particulate Reduction.

9.7.3 混合动力系统

图 9-52 所示为日野混合动力客车的系统构成，电动机刚性安装在发动机的曲轴上，是典型的单个电动机并联式混合动力系统。这一系统因为结构比较简练，所以对可靠性、系统重量以及成本都非常有利。被安装在曲轴上的电动机受逆变器控制，具备启动、发电、电动式减速器、再生这 4 项功能。各种功能选择和电动机的扭矩量都由 HV - ECU（Hybrid Vehicle Electronic Control Unit）进行最佳调控。

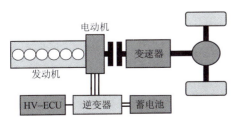

图 9-52 混合动力系统

这一系统还配备了前文所述的怠速停机系统以优化启动功能。电动机因为是无电刷交流电动机且被直接安装在曲轴上，所以被当作半永久寿命的大功率启动电动机来使用。这种电动机用在停车次数很多的线路公交车上是最合适的。另外，非接触并高功率的电动机还有一个特点，就是在发动机启动的时候，振动和声音都可以被控制在非常低的水平。

在图 9-53 中展示了发动机和混合动力系统也就是电动机的扭矩分布示意图。图中的曲线表示的是满负荷扭矩线，与柴油发动机车是同一条扭矩曲线。图左上方的区域是电动机承担的区域，其他显示的是发动机承担的区域，之间不存在明确的界线，这是因为系统会根据驾驶操作与混合动力系统的情况，持续令其产生最适合当下情形的电动机扭矩。于是便具备了以下优点：

① 有限的再生动力被有效地利用起来以后能

够帮助改善油耗。

② 万一电池剩余电量变成"0",即使在没有电动机扭矩的情况下,也不会因此导致动力下降。

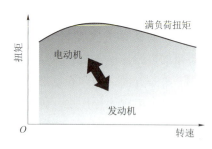

图9-53 扭矩分布示意图

9.7.4 第四代混合动力客车(最新车型)

下面对第四代最新的混合动力线路公交车的详细情况进行说明。图9-54、表9-13分别表示车辆外观和车辆技术参数情况。

图9-54 混合动力线路公交车的最新车型外观

表9-13 最新的混合动力线路公交车技术参数

项　目		参　数	
车型		HU8JLGP	HU8JMGP
长		10 525 mm	10 925 mm
宽		2 490 mm	
高		3 285 mm	
轴距		4 800 mm	5 200 mm
车辆总质量		15 280 kg	15 535 kg
定员		(75 + 1) 人	(78 + 1) 人
重型车工况油耗值		4.60 km/L	
CO_2 排放量		570 g/km	
符合尾气排放法规		2009 年尾气排放法规	
发动机	型号	J08E - 1M	
	排气量	7 684 cc	
	最大功率	206 kW/2 500 r·min^{-1}	
	最大扭矩	853 N·m/1 200 r·min^{-1}	

续表

项　目	参　数	
混合动力	电动机种类	三相交流感应机
	电动机功率	41 kW
	电动机冷却	强制风冷
	电池额定值	403 V - 13 Ah
	电池冷却	强制风冷(内外空气切换)

该车是全长11 m、全宽2.5 m级别的大型线路公交的车辆,或是额定乘员75人以上,与常规的大型线路公交车具备同等的性能。

车辆外观上的特征就是顶盖上的两个"巴士标记"。车辆前方的"巴士标记"是指配置在该处的称为PCU的箱体。这个PCU里集中、紧凑地容纳了电池组群、逆变器、继电器等混合动力设备。由此一来,不仅使无台阶化成为可能,而且还有助于提高生产性和可靠性。电池是把混合动力乘用车用的电池组按照2并列-2直列的方式连接起来构成的,其额定值是403 V - 13 Ah。电池的冷却方式是强制风冷,车内、车外的空气自动切换。特别是在夏季,吸进车内的空调冷气后冷却效果非常明显。此外,逆变器在使用前文描述过的模块化IGBT (Insulated Gate Bipolar Transistor) 以后,可以对电动机进行矢量控制。

车辆后方的"巴士标记"是空调装置。本车采用的空调压缩机(后文简称压缩机)在电动化以后,使用混合动力系统的电池驱动。以前巴士上采用的压缩机都是靠安装在发动机上,用发动机的动力驱动的。由此导致的结果就是压缩机的转速变化较大、冷媒的配管变长,然后冷风循环的效率降低。但是,新型车上的压缩机在电动化以后,能够按照固定转速驱动,空调集成单元也成为可能,所以制冷剂配管就可以很短了。由此使冷风循环效率提高,空调工作时的能耗降低。作为电动化带来的其他优点还包括:夏季期间在怠速停机时也可以保证冷风动力,以此保证了乘客的舒适感;压缩机不会再吸收发动机动力,所以驾驶员不会感觉到动力下降等。

低公害、低油耗的柴油发动机,配上性能方

面表现出色的镍氢电池以及 HV – ECU 系统带来的最佳混合动力控制等的结果就是：重型车工况油耗值从 2015 年的燃效标准值 4.23 km/L 大幅提升到了 4.60 km/L。另外，因为不使用尿素水作还原剂而是采用了新研发的 DPR（Diesel Particulate Reduction）清洗剂等，使得废气排放性能达到了 2009 年尾气排放法规（后新长期法规）要求。

9.7.5 小结及今后的课题

日野从 1991 年开始销售混合动力线路公交车，时至今日仍在继续开发混合动力客车，累计已向用户提供了 700 多辆低油耗、低公害的混合动力客车。

日本国内的线路公交车总数统计已经超出了 3 万辆，为了保护好地球环境需要进一步扩大普及混合动力线路公交车。因此提出以下课题以推进日后技术开发：

① 提高再生效率带来燃油经济性的提升。
② 进一步降低成本从而抑制销售价格增长。
③ 削减发动机提供的动力份额并提高电力承担的动力比例。

9.8 丰田 FCHV – adv

9.8.1 丰田 FCHV – adv 概要

丰田 FCHV – adv 是丰田开始租赁销售以来的第三代燃料电池车。丰田第一代 FCHV 车型于 2002 年 12 月在世界上限定日美市场首次开始租赁销售，其后在 2005 年 7 月经过改良，在日本国内首次引进了其获得新车型认证的车款。本次的丰田 FCHV – adv 是在 2008 年 6 月发表的车型，与以往的车型相比各方面性能都得到了大幅提升，并暗含面向常规普及大幅进化这样的含义，命名为丰田 FCHV – adv（adv：advanced 的缩略语、进步的意思）。

作为主要的改良项目，实现了如下所述的性能：

① –30 ℃这样的极低温条件下确保启动及行驶性能。
② 燃油经济性的大幅度提高和通过新开发的 70 MPa 高压储液罐达到的汽油机车辆同等或以上水平的续驶里程。
③ FC 燃料电池组的耐久性能大幅提高。

图 9 – 55、表 9 – 14 分别显示车辆整体外观与技术参数。

图 9 – 55　丰田 FCHV – adv

表 9 – 14　丰田 FCHV – adv 的主要参数

车辆	长/宽/高/（mm×mm×mm）	4 735/1 815/1 685
	最高车速/(km·h^{-1})	155
	续驶里程/km	830 *1
	油耗/(km·kg^{-1})	139 *1（换算成汽油 38 km/L）
		126 *2（换算成汽油 34.5 km/L）
	乘车定员/人	5
燃料电池	类型	固体高分子型
	功率/kW	90
电动机	类型	交流同步电动机
	最大功率/kW	90
燃料	储存方式	高压氢气罐
	类型	纯氢
	最高储存液罐压力/MPa	70
	氢搭载量/kg	6.0（35 ℃）

*1：10·15 工况、公司内部数据。
*2：JC08 工况（综合）、公司内部数据。

9.8.2 车辆系统

丰田 FCHV – adv 的车辆系统构成如图 9 – 56 所示。作为燃料电池技术来讲，以氢为燃料和空气中的氧气发生反应后产生电力的燃料电池和把液态氢燃料储藏起来的高压氢储液罐是其主要构成。丰田的燃料电池车是由混合动力构成，正如从图 9-56 中所看到的那样，进行电动机和高电压控制的动力控制单元及动力再生用的二次电池等都是用汽油混合动力使用的既有技术组合起来的。

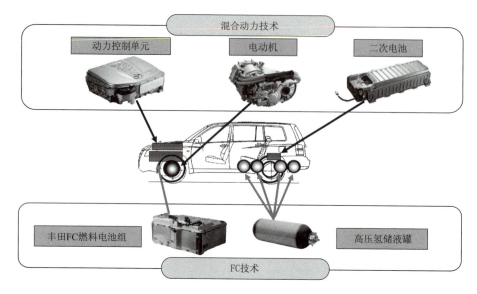

图 9-56　丰田 FCHV-adv 的车辆系统构成

9.8.3　主要性能改进

丰田 FCHV-adv 消除或者说大幅改善了其作为燃料电池车面向普及时所必须解决的课题。下面是主要课题的研究情况。

（一）续驶里程

燃料电池本身的效率是非常高的，但是相比汽油等液体燃料，氢能源的单位体积的能量密度还是小，而且由于即使是高压之后能够车载的氢能源的量也不是很多，所以一次填充的可行驶距离曾经是一个很大的问题。针对这一课题，通过大幅提高燃料电池系统的效率、氢储液罐达到 70 MPa 的高压化、设计改良带来的搭载量增加，在日本国内油耗试验工况（10·15 工况）标准下跑出了 830 km。按照空调工作等实际使用条件，在实际道路上从大阪到东京约 560 km 的距离，在中途不填充的情况下能够达到目的地，确保了与汽油机车辆相当的实用续驶里程（图9-57）。

（二）低温启动行驶性能

燃料电池车还有一个大的课题，那就是发电时产生并被排出的水在冰点以下的温度就会结冰进而无法继续发电的问题。要想确保低温启动行

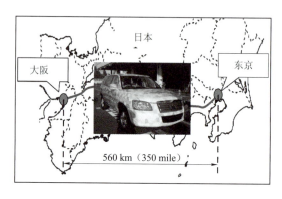

图 9-57　大阪→东京行驶实际验证试验

驶性能，那么"低温条件下启动及行驶时"与"行驶后，放置在冰点以下温度环境时"等无论哪一种情况下，由于 FC（Fuel Cell）燃料电池组和系统零件结冰导致不能驾驶的状态在设计和控制方面都是绝对不允许的。

图 9-58 中所示的是此次 FCHV-adv 车里集合的确保其低温性能的基本对策方案。车辆停车时会进行扫气这样一种操作。这是指启动时所需的电解质膜等在确保被最低限度地润湿了的条件下，为了防止结冰，会针对燃料电池单体的通路、触媒层、扩散层等不同部位将其中水分适当地吹飞。另外，在启动初期时，结冰可能导致氢和空气的通路堵塞而无法发电，所以为了在这之

第9章 车辆介绍（小型车、客车、个人移动工具）

前把温度提高到0 ℃以上，比起发电会先进行早期暖机以提高温度。

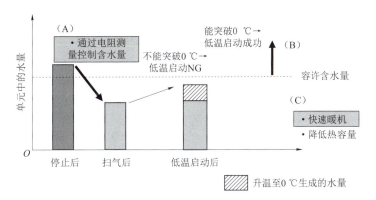

图9-58 低温性能对策的基本观点

进一步根据冰点以下时FC燃料电池组单元内的结冰现象可视化和结冰部位的特定分析结果，对燃料电池组单元的结构设计和零件进行了改良。还有就是燃料电池组的电池隔片后来采用了不锈钢材料，通过降低这一热容量使得燃料电池组的升温时间减半。另外，还改良了多项技术，如增加膜里本身能够保持的即所谓的容许含水量，等等。

通过推进以上这些电池单元设计和系统控制等各种各样的改善，使得即使在-30 ℃的环境下也能实现与传统汽油机车辆接近40 s以内启动并行驶的能力。

图9-59表示在加拿大试验的结果。实际验证了在最冷-37 ℃的气温条件下也能够无障碍地正常启动并行驶。

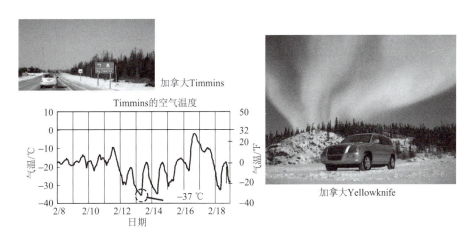

图9-59 寒冷地区试验结果（加拿大）

（三）FC燃料电池组的耐久性

燃料电池组的耐久性课题是指由于电解质膜产生裂纹或老化导致气体渗透过膜增大交叉漏电，以及电极催化剂老化导致功率性能下降。

图9-60表示耐久性的改良情况。MEA（Membrane Electrode Assembly）表示燃料电池单体，从MEA1到MEA4表示的是改良过程。图表上方的交叉漏电耐久性在这数年间得到了大幅改善，基本已经解决。现在是在维持交叉漏电性能的前提下，积极探讨减薄膜厚度以提高性能。下方表示的剩余电极催化剂老化导致的性能下降也得到了切实提高，FCHV-adv基本能够保证10年以上的耐久性。

引起电极催化剂老化的原因有很多，产生电压高电位时和其电位变化的循环都会使催化剂铂金离子化，膜里的铂金溶解也是老化的原因之一。

另外，长时间停车及随后启动时，燃料电池的氢是空气与氢共存的状态，催化剂持续处在这种状态下，其中的碳被氧化，这种现象也会导致催化剂性能降低。针对这些情况，在详细分析现象机理的基础上，通过改良催化剂本身和改善燃料电池的使用方法等才完成了提高耐久性的方案。

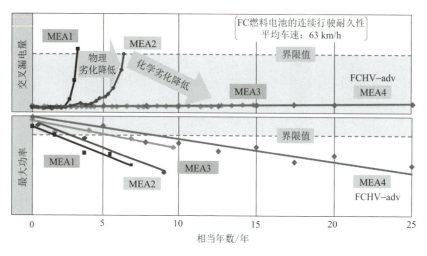

图 9-60 FC 燃料电池组的耐久性

9.8.4 普及工作

燃料电池车普及时所剩的最大课题是综合协调关系时，如何兼顾成本削减和耐久性的问题。

为了削减成本，重点包括对轻量、小型化系统再次彻底地精简，更进一步地把每个零件进行小型、轻量化设计，以及使用或转换低成本材料等。

具体研究内容包括：燃料电池组在提高了功率密度从而减少了燃料电池单体面积和片数的基础上，还进一步降低了电极使用的铂金催化剂的含量等；高压氢储液罐方面，通过设计改良减少了碳纤维量的使用并降低了纤维本身的材料成本等。

9.8.5 小结

为了实现能源种类多样化并削减 CO_2 排放量，FCEV 的开发与普及便成了重要并且紧急的课题。面向 FCEV 普及的技术课题，如实用续驶里程 500 km 以上，确保 -30 ℃ 低温启动行驶性能，确保 10 年以上的耐久性等这些都在 FCHV - adv 上得到了切实解决。对于提高可靠性、耐久性与削减成本如何取舍这一最大课题，在投入大量精力进行研究的同时，基础设施建设方面也同政府和能源厂家密切配合，面向 2015 年开始普及正积极地探讨并推动着。

9.9 本田 FCX Clarity

9.9.1 概要

2002 年 Honda 第一次在世界范围内日美市场上租赁销售燃料电池车 FCX[6-7]，2004 年开发出了配置能在 -20 ℃ 环境下启动的 Honda 燃料电池的 FCX（2005MY），自此在寒冷地区推广变成了可能[8]。

2008 年，为了进一步优化 FCEV 性能，提升车辆魅力，把燃料电池动力传动系统重新彻底地研讨后，发布了该新开发车型"FCX Clarity"。FCX Clarity 作为 FCEV 专用车辆被设计出来，以 Honda 独自开发的燃料电池组"V Flow FC 燃料电池组"为核心，不仅能实现在行驶中完全不排放 CO_2 这样的清洁性，而且还实现了只有作为 FCEV 才能做到的造型、布置以及异次元的驾驶感受。V Flow FC 燃料电池组实现了性能大幅提高及轻量、小型化。与上一代搭载在 FCX 上的 Honda FC 燃料电池组相比，功率从 86 kW 提高到 100 kW 的同时，即使在 -30 ℃ 的低温环境下也能正常启动。另外，通过把轻量、小型化之后的燃料电池布置在副仪表板处等手段，既实现了低车高的轿车造型，又创造了充裕的车内空间。续驶里程也提高了 30%，确保了能与活塞发动机车辆媲美的 620 km[9]。

Clarity（CLARITY）的意思是"明快、清晰"。挑战轿车未来，制造燃料电池车是 Honda 的明确对策，并以此意命名。

9.9.2 开发目标[10]

FCX Clarity 搭载了燃料电池动力传动系统，所以它具备作为燃料电池车才有的新魅力和价值。其开发目标定义如下：

（一）车辆魅力造型的化身

① 燃料电池动力传动系布置方案的高自由度造就了崭新的外饰及内饰造型。
② 驾驶未来车辆般令人感受一新的座舱。

（二）FCEV 才能创造出来的全能驾驶室

① 短小、低噪声。
② 宽敞的车内空间。
③ 低地板、低车高驾驶室。
④ 功能性后备厢。

（三）车辆基本性能提高

① 动力强劲、平稳、始终如一的加速感受。
② 不逊色于活塞发动机车辆的续驶里程。
③ 低温启动性的提高。

9.9.3 车辆造型及装备

（一）车辆造型

车辆外观如图 9-61 所示。原来 FCEV 车辆的主流形式都是把发电系统配置在地板下方的 SUV（Sports Utility Vehicle）类型，FCX Clarity 以崭新的外饰及内饰造型成为划时代的轿车平台。外饰颜色采用的是以星光石榴石为基调的专用色。车辆主要参数如表 9-15 所示。

图 9-61　FCX Clarity（Honda）[14]

表 9-15　主要参数（日本技术规格/Honda 测量值）[14]

项　　目			参　　数
车名·形式			本田·ZBA-ZC3
通称名			FCX Clarity
尺寸质量乘车定员	长/mm		4 845
	宽/mm		1 845
	高/mm		1 470
	轴距/mm		2 800
	轮距（前/后）/mm		1 580/1 595
	车辆质量/kg		1 630
	乘车定员/人		4
性能	最高车速/(km·h^{-1})		160
	续驶距离	10·15 工况下行驶/km	620
动力传动系	驱动方式		前轮驱动
	电动机	类型	交流同步电动机（永磁型）
		最大功率/(kW（PS）)	100（136）
		最大扭矩/(N·m（kg·m）)	256（26.1）

续表

项　　目			参　　数
动力传动系	燃料电池组	类型	PEMFC（固体高分子膜式）
		最大功率/kW	100
	锂离子蓄电池	电压/V	288
燃料	类型		压缩氢气
	储存类型		高压氢气罐
	储液罐容量/L		171
	最大填充压力/MPa		35（约350气压）

（二）主要的车身装备

座舱

在驾驶 FCX Clarity 时，为了给用户提供仿佛在驾驶未来车辆的刺激的新感受，在座舱中央装备了 FCX multiplex 仪表。仪表中央部分是指示氢消耗量的球形氢气仪表，其左右配置的是氢燃料表和表示电池辅助及再生情况的电池容量表，略微抬头即可看见遮阳板上部布置着速度表（图9-62）。

（左上）换挡手柄，（左下）启动键

图 9-62　FCX multiplex 仪表[14]

制造出了灵活运用电控系统的紧凑型换挡装置（Shift By Wire），操作力小、操作行程短的换挡操作成为可能。

9.9.4　动力传动系统搭载技术

燃料电池动力传动系统由如图 9-63 所示的电动驱动系统、燃料电池系统、锂离子电池系统、高压氢气的供给系统组成。通过把每个组件彻底地小型化以后，与原来的 FCX 相比质量功率密度变成原来的 2 倍、容积功率密度变成原来的 2.2 倍，并实现了宽敞的全能驾驶室。

（一）电动驱动系统

以提高强劲的加速性能和最高车速、紧凑型

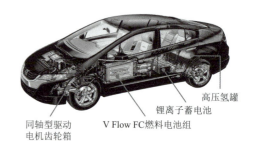

图 9-63　动力传动系统布置方案[15]

车辆布置为目的，开发了由驱动电动机、齿轮箱、Power Drive Unit（PDU）构成的新的电动驱动系统结构。

驱动电动机的最大功率从原来的 80 kW 提高到 100 kW，并且在高转速区间会维持该功率，所以能够轻松实现超车加速[11]。

另外，把驱动电动机和齿轮箱同轴化以后，进一步把 PDU 也整合成一体，从而取得了前后方向减少 162 mm、高度减少 240 mm 的小型化成就（图 9-64）。

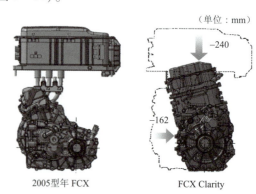

图 9-64　电动驱动系统的进化[10]

（二）燃料电池系统

原来的 Honda FC 燃料电池组采用的是氢气

和氧气横向流动的电池结构,但 V Flow FC 燃料电池组采用的则是新的纵向流动的电池结构。由此从发电的角度来讲,产生的水可以利用自身重力顺利地排出。这一变化使得流通路径高度可以变浅,因而对轻量、小型化颇有帮助。

另外,V Flow FC 燃料电池组为了均等地给发电层供应氢、氧和制冷剂,采用了使制冷剂横向、立体地交叉注入氢和氧的流动路径里的电池波状流动路径隔片这样一种结构(图9-65)。

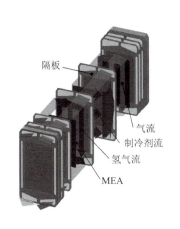
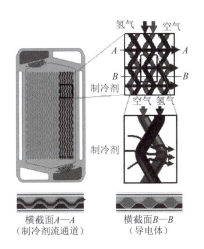

图 9-65　V Flow FC 燃料电池组构造[12]

这样一来对发电层进行均等冷却成为了可能,以前各电池单体所必需的冷却层可以削减 1/2、电池厚度降低,在此基础上 FC 燃料电池组集成到了 1 个壳体内。和原来相比,容积功率密度提高 50%,质量功率密度提高 67%,实现轻量及小型化[12](图9-66)。

降低 40%、容积降低 50%,因此锂离子电池系统才可能被搭载在后排座椅下方(图9-67)。

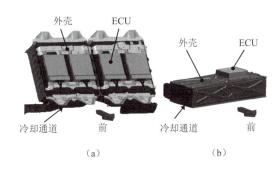

图 9-67　锂离子电池系统[10]

(a) 2005 年型 FCX 电容器系统;
(b) FCX Clarity 锂离子电池系统

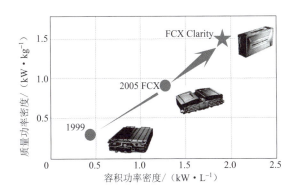

图 9-66　Honba FC 燃料电池组的进化[10]

(三) 锂离子电池系统

关于燃料电池的辅助电源,为了提高辅助性能和能量回收率及轻量小型化而采用了锂离子电池系统[13]。比起原来的超级电容器系统,重量

(四) 高压氢气供给系统

为了提高后排座位的空间舒适性并确保行李厢空间,把原来搭载的 2 个高压氢气罐变成了 1 个,并进一步把截止阀、稳压器、压力传感器等这些填充、供应设备都集成到了新开发的 In-Tank 组件里。储液罐容量增加了 14.4 L(总计 171 L)的同时还扩展了后备厢空间(图9-68)。

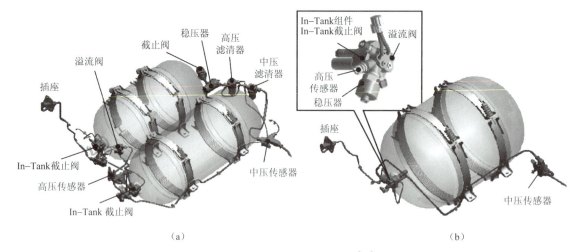

图9-68 高压氢气供给系统[10]

(a) 2005年型FCX；(b) FCX Clarity

9.10 Eliica（Electric Lithium – Ion Car）

9.10.1 高性能电动汽车Eliica的开发目标

作为高性能电动汽车开发的例子，介绍一款取名为Eliica（Electric Lithium Ion Battery Car）的电动汽车。

Eliica的行驶功能兼备轿车和跑车两者的特点，通过把技术应用在普通级别乘用车上，实现普及性、现实性及实用性的大目标。车辆外观如图9-69所示。

图9-69 Eliica的外观

在该车上应用的技术大概有3种：第一种是在车轮中装入了电动机（轮毂电动机）；第二种是地板下由中空的框架构成，在此中空空间里装入了电池及其他主要零件（组件嵌入式框架）；第三种是将大直径的车轮分割成小直径车轮，再把这些小直径车轮以特殊的悬架连接，这种技术被称为车轮串联悬架技术。把这三项技术整合到同一底盘结构里就被称为集成底盘。

对于集成底盘，在地板变宽的基础上，通过8个电动机和地板下方的电池能够获得巨大的动力。另外，通过组件嵌入式框架降低了重心，起到了提高乘坐舒适性和车身稳定性的效果。还有，通过车轮串联悬架使车辆变成8轮，显著地提高了差路路况下的乘坐舒适度，并且对于提高急弯时轮胎附着力也有显著效果。

因此，在充分满足普通轿车所要求的宽敞空间和乘坐舒适性的同时，又能实现跑车所要求的高动力性能和运动性能。

9.10.2 主要技术

电池采用的是使用了锰酸锂极板的锂离子电池。

在Eliica上，以4个此种电池的集合作为1个模块，再把20个模块串联作为一个电池组。这种电池组一共配置了4组。电力供给形式是各电池组分别负责供应2个电动机的电力。通过这种形式，即使电动机和电池出现各种故障时也不用马上停车，因此可以提高安全性[16]。

逆变器的开关元器件使用的是IGBT，控制方式为PWM（Pulse Width Modulation）电流控制方式。

第9章 车辆介绍（小型车、客车、个人移动工具）

这个逆变器因为要装到组件嵌入式框架里，所以对纵向、横向和高度均进行了要求。也正因如此，采用水冷方式，小型化的同时还能够有效提供 Eliica 所需的动力。

电动机使用了钕永磁式同步电动机，内转子结构，在转子表面粘贴磁铁。为了防止飞散，在周围用碳纤维强化固定。直径为 114 mm、轴长 86 mm。设定实际使用时的最高转速为 12 500 r/min。

额定功率 4 kW、转速 2 400 r/min、40 s 的短时间内达到 80 kW、最大扭矩 100 N·m。

9.10.3 集成底盘

为了实现轮内布置结构，在电动机的输出轴部位上，设置了由行星齿轮构成的同轴减速器。结构上把轮毂轴承和盘式制动器进行组合插入各个车轮。行星齿轮部位的减速比是 6.923。组件嵌入式框架由中央部位的电池收纳部分和侧面的逆变器收纳部分所构成[17]。另外，在电池收纳部分的两肋处，还设置有安装悬架等配件时使用的长方形推出结构。

之所以称为车轮串联悬架，紧挨着前后布置的 2 个车轮正是其设计上的一大主因。Eliica 在布置结构方面在前排座椅的前方没有设定间隔。

Eliica 在转向结构方面，前两轴和第 4 轴都能转向，在减小转弯半径的同时，还抑制了转弯时轮胎打滑。

前两轴的转向结构，针对第 1 轴和第 2 轴，转向柱的旋转力先分别以不同的速比进行分配，然后再传递到各轴。在各轴上分别安装了电动助力转向机构。另外，第 4 轴会根据安装在分配器上的转向旋转轴传感器发出的信号进行转向。

9.10.4 车身设计

Eliica 以之前所述的车身构成技术为基础，按照先安装悬架结构、上部框架、上部车身，之后按内饰的顺序进行车身设计。

Eliica 的基本悬架结构采用的是双横臂悬架形式。其原因是这样既可以最大限度地发挥悬架的性能，又可以降低悬臂的安装点，易于与地板

强度非常高的组件嵌入式框架进行连接。

图 9-70 中展示的是安装了悬架的集成底盘实物照片[18]。

图 9-70　从车身后方观察集成底盘时的照片

上部框架结构有 2 个目的：一者为了与组件嵌入式框架协调以确保车身整体的强度和刚度，再者就是为了支撑车身。

Eliica 上部框架的材质以直径 38.1 mm 的铁管（STKM）为基本构成。

对于 Eliica 来说最重要的设计要素之一就是车身造型。究其原因，其一就是 EV 可以搭载的电量是有限的，需要最大限度地减少能量消耗。其二是车身概念设定为兼备普通轿车与跑车两者的特点，但是为了保证其作为普通轿车的宽敞空间，自然而然地空气阻力就会增加。另外，在将来为了使这样的车能够被社会所接受，还需要 8 轮车这一外观特征表现出其自身的工程美感。

以上所述的 Eliica 的技术条件总结为表 9-16。车辆整体大小与大型轿车相当。

表 9-16　Eliica 的技术条件

类	型	高加速用
尺寸	长/mm	5 100
	宽/mm	1 900
	高/mm	1 365
	定员/人	5
性能	电动机功率/(kW（PS）)	470.72（640）
	最高车速（目标）/(km·h⁻¹)	190
	最大加速度/g	0.78
	一次充电的行驶距离/km	320
	充电时间（恢复70%）/min	30

9.10.5 性能试验

图9-71中显示了最高车速的测试结果。如图所示,最高车速可以达到370 km/h,发挥出了超越普通轿车的能力。

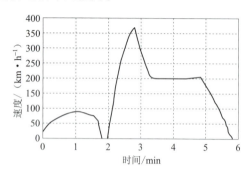

图9-71 最高车速测试

图9-72中显示了加速性能的测试结果。图中的横轴表示开始行驶后的时间,纵轴表示速度。车速达到100 km/h与160 km/h的时间分别是4.1 s及7.0 s。同图中还展示了保时捷911涡轮增压做相同测试时的结果。从结果来看,车速达到100 km/h及160 km/h的时间分别是4.2 s和9.2 s[19]。

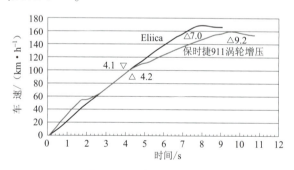

图9-72 加速性能测试

由此可见,Eliica的加速性能凌驾于世界顶级跑车之上的事实已经一目了然。另外,还可以看出Eliica从初期加速到达到高速为止都是沿直线上升。这种没有间歇的加速,会给予乘员极高的舒适感。这种加速感是内燃机车辆所无法企及的。

9.10.6 小结

Eliica是在2004年试制开发的车辆。作为其技术要素的锂离子电池、永磁式同步电动机以及逆变器用晶体管,以2000年为分界线,之所以后来能够作为实用性技术被利用,Eliica发挥了极其重要的作用。另外,为了在某些东西基础上来制造所期望的车身,显示出集成底盘的概念是十分重要的。虽然Eliica还只是一台试制车辆,但是它实现了迄今为止别的车辆所从未实现过的加速感性能。今后将这种技术进一步发展,并充分提高其可靠性、耐久性及生产性,我相信总有一天,这样一款高端的EV终将成为可能。

9.11 Personal Mobility（个人移动器）

9.11.1 概述

放眼我们日常行走的步行空间环境,城市的大规模再开发区域,及大型商业设施等以步行移动的距离近年正在增加。另外,室外以公共交通及汽车进行移动,在室内只能徒步进行移动。一方面,人们具有"希望安全轻松地进行移动"、"希望愉快地进行移动"的基本需求。另一方面,日常生活中由于体力等身体上的问题,及上坡、距离长等阻碍步行的因素,未必能满足上述基本需求,导致移动积极性的降低（图9-73）。

图9-73 围绕步行的环境

根据这样的步行环境,以可以与人们共享"生活空间的利用",并降低阻碍移动的要素,以"扩大行动积极性"为概念,开发了Winglet。

开发的车辆有3种类型（图9-74）。S型通过重力进行移动,用腿部操作转弯,驾乘感觉具有运动感。M型为使用膝盖转弯,兼具了积极的操作性与安全性。L型为把扶手式,用途广泛。

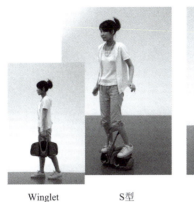  

Winglet　　　　S型　　　　　M型　　　　　L型

图9-74　Winglet的3种类型

车辆基础部分基本上通用,根据更改扶手部分,可以扩展车型。各个车辆的规格在表9-17中表示。

表9-17　车辆规格

特征	S型	M型	L型
最大巡航速度/(km·h^{-1})	6		
转弯半径/m	0~(可以转弯时)		
质量/kg	9.9	12.3	
续驶距离*/km	5	10	
充电时间(AC 100 V)/h	1(满充电)		

*：续驶距离根据搭乘人体重、路面情况变化。

9.11.2　技术概要

在实现倒立摆子式站立乘坐型 Personal Mobility（个人移动器）上,要求考虑与其他交通设施的协作,及与人共存的组件。从青年人到老年人,都可以简单地乘坐操纵。对周围也很安全、安心。

因此 Winglet 针对以下3点性能条件进行了开发：

① 搬运重量轻——便携性。
② 谁都可以简单驾驶、驾驭——稳定行驶性。
③ 关怀环境及周围人群,并且安全。

关于这些项目,下面进行更加详细的说明。

（一）搬运重量轻——便携性

在实现与人共享生活空间,为了便于携带进入汽车或电车等其他公共交通内,提高与步行者的亲和性,不干扰他人,并且不会对他人施加压迫感变得尤为重要。

Winglet 最大巡航速度为 6 km/h、最大爬坡能力 20°（连续 10°）,可以通过的台阶为 20 mm。以在无障碍环境使用为前提,尽可能缩小车辆尺寸与重量（图9-75）。

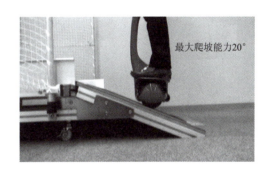

图9-75　最大20°的爬坡能力

车辆构成为：在脚下配置小型驱动单元与轮胎来承担载荷。与此同时,左右驱动单元通过前后各两根平行的环形横杆进行连接,构成简单的车体框架结构。在以环形横杆进行连接的车体中心部位,配置了包含电池在内的电源总成、控制总成、姿势传感器单元等电气部分。通过使用可以通过 20 mm 台阶的最小充气轮胎（直径 150 mm）,实现了 S 型 9.9 kg,M 型、L 型 12.3 kg 的质量。（图9-76、图9-77、图9-78）。

另外,小型驱动单元使用了新开发的,附带小型、高输出行星齿轮减速器的伺服电动机。因为在车轴方向,电动机的一半左右放入了轮毂

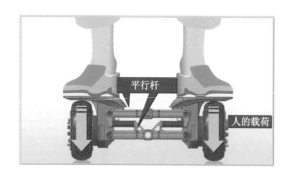

图 9-76 组成（系统构造）

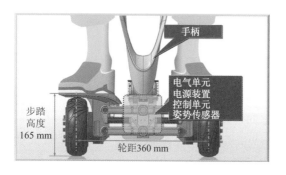

图 9-77 组成（电气系统）

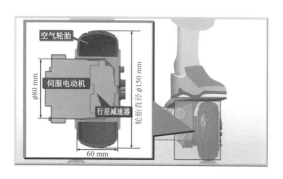

图 9-78 组成（驱动系统）

内，得以将车辆宽度控制在与人体肩宽同等水平，实现了与步行者相同的占有空间（图 9-79）。

图 9-79 与步行时占有空间的比较

（二）谁都可以简单驾驶、驾驭——稳定行驶性

倒立两轮结构的 Winglet，上车时可以简单地乘车。下车时按下下车开关，车辆通过向后慢慢地倾斜，可较容易地下车。通过控制上下车，使任何人都可能简单地上下。另外，由独自的平行连杆机构，及在左右转弯时车辆向转弯内侧偏斜，虽然体型较小，也实现了平稳的转弯（图 9-80）。

图 9-80 平行连杆机构

（三）关爱环境及周围人群，并且安全

Winglet 的乘车踏板低且平坦，在踏板周围没有障碍物，无论任何方向都可以迅速将脚脱出下车。

另外，外界干扰较强的直行控制、通过斜面台阶导致单侧车轮负载增大，以及粗糙路面等各种行驶条件均可平稳行驶。即使在一侧车轮浮起的情况下，通过控制防止空转，使轮胎会直接着地继续行驶，而不会过度空转（图 9-81）。

9.11.3 面向实用化的努力

新的 Personal Mobility（个人移动器）进入日常的步行空间时，从社会接受性的观点考虑，与步行者间的亲和性变得尤为重要。为此，与东京大学生产技术研究所一同，使用模拟了商业街的步行者人流，进行了对于步行者的安全性、安心感的评价（图 9-82）。

其结果为：与当今的自行车相比，对于步行者显示出了更高的亲和性，更少的不适感及恐惧感。而对于操纵人结果为：在混杂的步行空间中，可以简单进行移动，而且上下方便性也

第9章 车辆介绍（小型车、客车、个人移动工具）

图 9-81 外界干扰较强的直行控制

(a) 无直行控制；(b) 具有直行控制

很好[20]。

图 9-82 与东京大学生产技术研究所联合试验

另外，从2008年到2009年约历时3个月时间，在日本中部国际机场的国内线出发区内，在普通的机场人群里，原来靠步行的巡查安保，改为驾乘Winglet进行了实证评价（图9-83）。其结果为：没有接到来自机场使用者关于不愉快感及恐惧感的投诉。此外，从优良的操作性及上下方便性可以确认，在人流混杂的室内空间，它也完全可以使用。

图 9-83 在中部国际机场的巡查安保评价

今后，通过实证评价及试驾等，使更多的人可以进行体验，并将其宝贵意见进行反馈是很重要的。

9.11.4 Personal Mobility（个人移动器）「i-unit」「i-REAL」

（一）背景

最近几年，包括新兴国家，都正在进行着城市化进程。但是，在高密度的市内，堵车及停车场都成为重大课题。此外，由于高龄化使得社区内的移动需求等增加，对于最适合近距离移动的小型移动器的需求正在高涨。出于人性本身对自由移动的需求和对社会及环境的考虑，开发了"Personal Mobility（个人移动器）"

一个人驾乘（个人的）的机动性中，有自行车及摩托车、轮椅等很多种类，其用途也是多种多样的，此处观点如下（图9-84）：

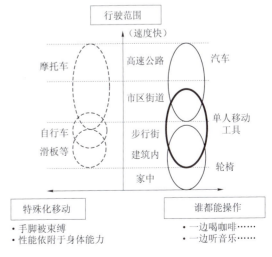

图 9-84 灵活性的使用领域

① 不依赖身体能力,多数人可以简单地使用。主要在社区内的近距离,可以更舒适、便利地进行移动的工具。

② 除了行驶以外,也可以满足一边乘坐,一边喝东西及听音乐等需求,移动的同时进行休闲(现在汽车亦可满足)。

③ 个人移动,环境负荷、能量消耗、占有空间等小。

该移动工具的行驶性能,在人行道等,可以与人步行时同等的速度进行移动,而且在机动车道,可以以最高速度30 km/h 左右行驶。其优点如下:

- 从自家到目的地的无间歇移动,且环保。
- 高龄者及残障人士,可以方便地自由移动。

(二) 车辆介绍

对以上述概念为基础进行开发的两种车辆进行介绍。

1. i-unit

于2005年的"爱·地球"世博会展出的 i-unit,以"人类的延伸"作为关键词进行了开发(图9-85、表9-18)。其特征为:配合行驶状态轴距、车长及车高会在低速模式到高速模式之间进行变化。结构上可以得到最合适的尺寸与性能(图9-86)。

图9-85 i-unit

表9-18 i-unit 各主要元素

特征	低速姿势模式	高速姿势模式
长/mm	1 100	1 800
宽/mm	1 040	
高/mm	1 800	1 250

续表

特征	低速姿势模式	高速姿势模式
轴距/mm	540	1 300
最小转弯半径/m	0.9(原地转弯)	
驱动方式	轮毂电动机(后)	
电池种类	锂离子电池	

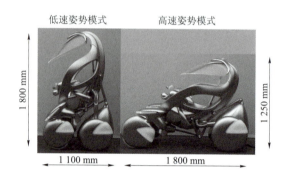

图9-86 姿势变化

2. i-REAL

以在社会中实际使用为前提,对功能、性能进一步完善(图9-87、表9-19)。考虑日常移动地点多为社区内及其周边,距离上讲单程约10 km的区域,所以一次充电可以行驶的距离以30 km作为目标。

图9-87 i-REAL

表9-19 i-REAL 各主要元素

特征	参数
最高速度/(km·h^{-1})	行驶模式:30
	步行模式:6
一次充电行驶距离/km	30 km
电池	锂离子电池
电动机	轮毂电动机

第9章 车辆介绍（小型车、客车、个人移动工具）

(1) 整体概念：具有两种模式，即"走路"（6 km/h 以下）一样移动的"步行模式"和机动车道上像小型摩托车一样"行驶"（30 km/h 以下）的"行驶模式"（图9-88）。

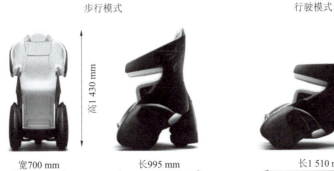

图 9-88　两种模式与车辆尺寸

步行模式中，行人与驾驶人视线的高度基本相同。行驶模式中，重心降低、轴距更长，姿势更加稳定。车宽为 700 mm，参照适用轮椅等法规。作为照顾残疾人的（设备），不用改变现存的基础设施即可使用。

(2) 行驶性能：车身高重心、小轴距、小轮距。为了实现高度实用的运动性能，开发并搭载了"主动倾斜系统"（通过独自升降左右前轮，自动产生移动中最合适的车身倾斜度）（图9-89）。将两手边的驾驶控制器向前推为加速，向后拉为制动。左右操作控制器实现转向功能（图9-90）。虽然只能单人乘坐，速度不高，与小型摩托车等属同一范畴。但是摩托车等的运动性能很大程度受驾驶人身体能力所限制，而 i-REAL 则是任何人，即使单手也可以简单操纵的车辆，进行稳定的运动，如一边拿着饮料一边操纵。

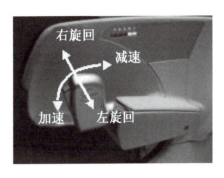

图 9-90　操纵系统

对周围环境进行监视，提前将危险通知驾驶人（图9-91）。在车辆突起部分，使用低回弹聚氨酯海绵等，万一发生轻微碰撞，也不会导致受伤。另外，行驶模式时可能会因尺寸小而受到其他车辆的忽视。应该考虑未来如何以真正的汽车的姿态出现在路面上，同时将来考虑搭载碰撞回避功能等（使用车车间通信）。

图 9-89　主动倾斜与行驶情景

图 9-91　监视周边用激光雷达
（日本中部国际机场样式）

(3) 安全性能：在步行环境中，通过运用光及声音，以实现与行人间顺畅交流的目的。同时

(4) 实地试验：从 2009 年 6 月开始大约 1 年时间，在日本中部国际机场（名古屋）的机场工作中实际使用 i-REAL，在穿梭的人流中进行

实地试验（图9-92、图9-93）。

图9-92　i-REAL 安保规格
（日本中部国际机场模型）

  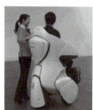

向导用PC　　收纳行李的空间　　护送功能

图9-93　i-REAL 向导规格
（日本中部国际机场规格）

工作内容为安保和向导。安保主要为室外展望台的警备工作。向导则在机场大楼内，给予旅客以指引和答疑的工作。

试验中，对复杂人流中车辆的运动性能、操纵性能、功能不足等进行了验证。

9.12　Segway

9.12.1　概要

Segway（Segway® Personal Transporter、PT）[21]为美国的发明家狄恩·卡门所开发，在2001年12月发表（开发时的编号名为"Ginger"）。

Segway 无油门及制动操作，依靠移动重心控制运动。具有的（人-机通信用）联系装置，除了可以顺畅地前进及停止，还可以通过左右独立的轮胎，进行原地旋转等小转弯的有效移动。

- 2001年：发表 Segway 概要，推出第一代车型 Segway® HT i167（图9-94）（美国）。
- 2002年：主要面向 B to B 以及政府机关销售（美国）。
- 2003年：开始向普通消费者销售（美国）。
- 2004年：构建零售、代理店网络（美国）。
- 2006年：推出第二代车型 Segway® PT i2（图9-95）（美国），在日本国内开始正规销售。

图9-94　第一代车型 Segway® HT i167[21]

图9-95　第二代车型 Segway® PT i2[21]

因具有较高的实用性，迄今为止在全世界具有销售量超过7万台的业绩。从警察及民间的安保公司开始，到仓库及会展中心、机场的设施工作中被使用。

2006年8月第二代车型开始发售的同时，在日本开始了 Segway 的正规销售。第二代车型将迄今为止，以方向盘把手进行转弯操作的方式更改为"LeanSteer"机构（从脚下伸出棒状的转向，以向左右倾斜来控制转弯）。此外，装备了显示器"InfoKey"，与本体通过无线通信，除了可以开、关电源以外还可以显示 Segway 的状态，更加提高了操作的直观性。

（一）Segway 的特征

Segway 为单人乘坐的移动工具"Personal Mobility（个人移动器）"。"Personal Mobility Segway"通过陀螺传感器控制自主控制功能，在无油门及制动操作的条件下，只靠移动身体重心就可以调节速度进行前进、后退、转换方向。介于移动体及人形机器人之间。另外，从步行的扩张及身体的延伸这一操纵性能理念来看，更多人将其看作是"搭乘型移动机器人"。实际上根据搭乘人不同，操纵也不尽相同。为了保持平衡，姿势控制功能等机器人技术正在不断地应用其中。现在除了 Segway PT i2（基础型）以外，对应安保、工厂、物流、普通业务、室外作业、高尔夫等用途的 PT x2（越野型，图 9-96）也在一并销售。

表 9-20　Segway® PT i2[21] 各主要参数[21]

项　目	参　数
长/cm	63
宽/cm	63
高/cm	122～135
轮胎直径/cm	48
质量/kg	47.7
最高速度/(km·h^{-1})	20
乘车定员/人	1
装载量/kg	45～118（含乘员）
续驶里程/km	24～39（满充电的状态）
充电时间/h	8～12（满充电）
电池	2 个锂离子电池组

（二）车身结构

平行配置了 2 个大的车轮，车轮之间以踏板连接。踏板上部伸出方向盘把手，搭乘人站在车轮间的踏板上进行操纵。车轮分别由电动伺服电动机驱动，电力由搭载在本体底部的电池进行供给。电池可以使用家用电源进行充电。

微型计算机根据内部的陀螺传感器及编码器得到的姿势及其他信息来控制电动机。虽然只有左右 2 个车轮，无法支撑前后方向，乍看起来很不稳定。但是因为内置了 Silicon Sensing Systems（SSS）公司开发的 Balance Sensor Assembly（特殊的 5 个陀螺仪与 2 个倾斜传感器），所以其自立稳定性非常高。既没有油门，也没有刹车。通过直观的操纵（搭乘人移动重心），进行速度调节、转换前进、后退及方向。

（三）操纵方法

其特点是具有现存交通工具所没有的、直观的通信装置（人-机通信用）。没有油门，只要向希望去的方向移动重心，就可以开始朝目标方向平滑地前进。也就是说，前倾时就进行前进。对应刹车的操纵方法为：将倾斜着的重心调整回来，停止上一个动作。同样地，后退为向后倾斜。也就是说，将原本倾斜就会摔倒这点，通过倒立摆锤式控制方法，来进行平衡。左右旋转时，将重心放在身体的中心，只将把手向左右倾斜进行操纵。也就是说，向右倾时则右转，向左倾时则左转。

图 9-96　Segway® PT x2（越野型）[21]

Segway 的特征如下：

① 电驱动：行驶中不会排出废气，低环境载荷。一次充电（10～20 日元）可以行驶约 40 km（表 9-20）。

② 设计的先进性：操纵直观，无论是谁都可以简单地操作，可顺畅地与周围交流。

③ 机动性：方便行驶、停止，转弯半径为零。即使在步行人群中，也可以安全地使用。

④ 娱乐：可以获得移动的愉悦。

另外，速度调整时，若将重心向身体前方移动，则会提高速度。重心渐渐回到身体中心，到达脚心时进行减速。根据电子钥匙确认用户等级，还可以根据等级及状态设置速度限制。

9.12.2 技术构成

Segway 根据独自的"Dynamic Stabilization"系统（动态稳定性系统），内置了与控制人类平衡感的内耳器官相似的机构，使保持平衡成为可能。以 5 个陀螺仪与 2 个加速传感器来计算现在的倾斜度，将保持车身垂直的指令，传给电动机保持平衡。类似在手心上将扫帚倒立，来保持平衡，当要向某方向倾倒时，将手向那个方向移动，以维持平衡。

倒立摆锤原理如图 9 - 97 所示。地面上，连杆正上方放置有砝码时，砝码不倒，处于稳定的状态（①）。砝码从正上方稍微偏离时，砝码会倒向偏离的方向（②）。之后，通过马上将连杆的底部向砝码的正下方移动，又可以使其恢复稳定状态（③）。马上要倾倒时，虽然砝码也具有速度，但是通过与砝码相同的速度，将连杆的底部位置向同一方向移动，砝码不会倒下，能够直接以相同的速度向相同方向移动（④）。

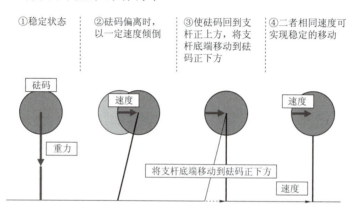

图 9 - 97　倒立摆锤原理

此种动作 Segway 在 1 s 之间完成 100 次。与人类步行时相同，有人乘坐状态下，仅仅向希望移动的方向偏移重心，车身就会倾斜。但是并不会倒向那个方向，而是可以稳定地进行移动。

9.12.3 Segway 的环境性能

（一）零废气排放（Zero - emissions）

Segway 在工作中不排出废气，即使在室内，也可以根据需要直接用 Segway 进行移动。重新充电时，通过配电网供给能量。此电力仅为相同的距离以汽车进行移动时，所排出温室气体的 1/14（表 9 - 21）。

使用 Segway，第一年可以如上所述，削减被排入大气中 1 t 的 CO_2。

（二）环保（Environmentally Friendly）

零排放不过是 Segway 优点之一，更重要的是意味着将来消费能源会由石油向电力转变。因此，Segway 的全部功能设计均最大限度地利用电力能源。

表 9 - 21　向 Segway PT 过渡后 CO_2 温室气体的减排[32]

车型	行驶油耗（MPG）	CO_2 等价排出量（lb/mi）	向 Segway PT 过渡后 CO_2 温室气体的减排
美制普通乘用车	22	1.14	93%
美制大型 SUV	15	1.61	95%
欧洲制柴油车	37	0.72	89%
日本产混合动力车	55	0.45	82%
大型摩托车	50	0.39	81%
小型摩托车	70	0.28	71%
Segway PT	20 miles/每次充电	0.081	—

也就是说，若将原来的燃料（石油 VS 电力生产中使用的混合燃料）及电力的分配、输送

成本进行比较，Segway 能以美国产汽车的 11 倍，最高油耗的小型摩托车的 3 倍以上的效率进行工作。通过削减温室气体的排出，对减少向全球变暖的影响、进口矿物燃料的消费做出贡献。

9.13　上海电容器无轨电车

9.13.1　前言

2010 年上海世界博览会的主题是"城市，让生活更美好"。以前被称为"东方巴黎的上海"在改革开放以后高楼林立，转变成了与纽约相近的近现代都市。2006 年世界第一台电容器无轨电车在上海市内运行，在本次的博览会上电容器无轨电车和电动巴士一同活跃在世博会场上，作为环保型的都市交通，得到了世界媒体的关注（图 9-98）。通过北京奥运会、上海世博会的举办，这种环保型的都市交通果断地推进了以重视景观和环境为本的城市建设。

图 9-98　活跃在上海世博会场内的摆渡车

9.13.2　上海市的无轨电车

1914 年亚洲最早的无轨电车在上海的英国租界诞生（图 9-99）。初期车辆为英国制造，在当时被认为是一种奇妙的交通工具。它的全铝车身上连接着 2 根集电杆和实心轮胎，由于被誉为划时代的尝试，道路两旁挤满了好奇观望的乘客和人群。在那之后的 1988 年，电容器无轨电车迎来了全线 22 路线的全盛时期，并且被称为环保的绿色交通。但是在进入 20 世纪 90 年代以后，由于城市的开发进而导致架线被撤除，因此代替市民脚步而异常活跃的无轨电车也随着时代的风浪走向衰退。

图 9-99　1914 年在亚洲首次运行的上海无轨电车 1 号车

9.13.3　无架线·无轨电车的登场

上海市科学技术委员会在 2001 年开始着手这个工程，从 2004 年开始经过了 2 年的试运行后，2006 年 8 月 28 日，世界最早的电容器无轨电车在观光景点豫园开始营业运行。运行时间为早 5 点 30 分至夜里 23 点，运费统一为 2 元。营业路线为以豫园附近为中心，从老西门开始经由小北门、新河村、尚文路等 10 处车站最终返回老西门的 11 号环线，全程 5.25 km，并且在各车站同时设置了电容器充电台。2008 年 2 月开始增加车辆到 17 台内外环运行。2 年间行驶了 70 万千米、350 万人乘车的无架线无轨电车作为美化环境、景观的城市交通工具得到了市民们的高度评价。

被命名为"创新号"的新车辆（Shanghai Sunwin Bus）均装配制冷空调。雪白的车身上加入了深绿和浅绿组成的条纹。定员人数为座席 35 人，如包含站位则可达到 60 人左右。车辆长 11.5 m、动力是基于 VVVF（Variable Voltage Variabie Frequency）控制的 75 kW 交流电动机。虽然搭载电容器后的质量为 16 500 kg 稍微有些显重，但是它的最高时速可达 50 km/h，车辆价格为80万元左右（图9-100）。

图9-100 上海市内运行中的电容器无轨电车创新号

9.13.4 超级电容器

在车辆上搭载的上海奥威科技开发有限公司生产的超级电容器由398个电容器单元（额定电压为0.8~1.6 V，静电容量为80 000 F，外形尺寸为102 mm×65 mm×220 mm，质量为2.2 kg）构成，能达到大约600 V的电压。超级电容器使用"-极碳、+极镍"的电容器和锂离子电池的混合动力电池。能量密度为9.7 Wh/kg、功率密度为0.48 kW/kg，它的特点是比电容器能量密度高。车载电容一般设置在车辆底部，使车辆左右平衡良好，总质量为980 kg（图9-101、图9-102）。制动再生能量可回收20%~40%。

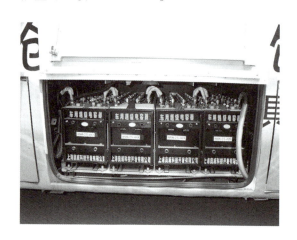

图9-101 搭载在车身底部的电容器

双电层电容器是储存电能的蓄电装置，相对电池通过化学反应进行充放电而言，电容器是利用物理性质，作为静电能量来储存。它的特点是

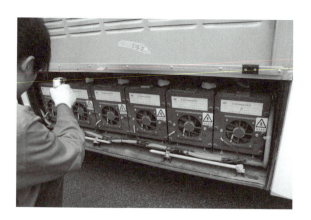

图9-102 温度测量中的电容器

可以快速地充放电，即使重复10万次的充放电，也能半永久地使用。

9.13.5 公车站的充电台

各公车站都同时设置了支柱臂的充电站，充电时由正、负2根架线铜管和集电杆一样接受电力。停车时2根风箱式导电弓架上升，在架线（DC 600 V）上大约补充充电30 s，充电后降下导电弓架，可以无架线行驶到下个车站。通过在终点站的正式充电（90 s的程度）可以无架线行驶3~8 km。由于它不用设置集电杆和难看的架空线，作为保护城市环境和景观的对策而言这是最好的选择。

9.13.6 系统特征

① 无架线行使可以维持城市景观（和无轨电车相比）。

② 电容器的寿命长、安全性高（和电池相比）。

③ 没有尾气、低噪声环保（和发动机相比）。

④ 不用铺设架空线、线路轨道建设价格低廉（和轻轨运输（Light Rail Transit：LRT）相比）。

9.13.7 营业运行的经过

营业运行时虽然因酷暑所带来电容器性能低下的问题，但是改善了空调设备以后并没有出现大的故障。可是由于发生了导电弓架上升下降的故障，所以把机械式更换成气压式。距今60年前，在瑞士等地运行过在公车站充电的陀螺电车

(飞轮式)（图 9 – 103）。但是由于与充电臂接触等技术上的难题，也不可避免地遭到了废除运行，这也使它成为一段历史。

图 9 – 104　在豫园运行的电容器无轨电车

图 9 – 103　在瑞士运行的陀螺电车

驾驶电容器无轨电车的上海巴士公司的胡宇彪技师对此非常自信："营业运行的过程非常顺利，由于环绕观光地豫园的关系，得到了海外观光客的好评。"（图 9 – 104）。

9.13.8　小结

为了建设富有 21 世纪魅力的城市，环保和景观维持是都市交通的王牌。预计今后蓄电装置的比重会越来越高。2003 年 12 月，无架线有轨电车在法国的波尔多开始施工。通过地表集电的新技术可以从悬链线里解放出来。2005 年 3 月、无轨电车在罗马复活，从此无架线无轨电车行驶在罗马的市区街道上（搭载镍氢电池）。

今后急需开发融合电容器的动力性和电池的持久性两大长处的高性能混合动力蓄电装置。无轨电车也是巴士和电车的混合动力。由于电线杆或者云巢一样的架空线无法很好地融合到现代都市里，通过电容器无轨电车的使用能够提升都市魅力是毋庸置疑的。

资料提供：中国土木工程学会

上海巴士集团

上海奥威科技开发有限公司

相关外文缩略语一览表

AC	Alternating Current	交流
AER	All Electric Range	全电力范围
AT	Automatic Transmission	自动变速器
AT – PZEV	Advanced Technology Partial-Credit Zero Emission Vehicle	先进技术部分信度零排放车
BCU	Battery Control Unit	电池控制单元
BMS	Battery Management System	电池管理系统
CVT	Continuously Variable Transmission	无级变速器
DC	Direct Current	直流
DPR	Diesel Particulate Reduction	柴油机微粒过滤器
ECON	Effective Control	有效控制
ECU	Electronic Control Unit	电子控制单元
EV	Electric Vehicle	电动车

续表

EVSE	Electric Vehicle Supply Equipment	电动车供电装置
FC	Fuel Cell	燃料电池
FCEV	Fuel Cell Electric Vehicle	燃料电池电动车
HEV	Hybrid Electric Vehicle	混合动力车、混合动力电动车
HV－ECU	Hybrid Vehicle Electronic Control Unit	混合动力车电子控制单元
IGBT	Insulated Gate Bipolar Transistor	绝缘栅双极晶体管
IMA	Integrated Motor Assist System	IMA 系统
IPU	Intelligent Power Unit	智能动力单元
LRT	Light Rail Transit	轻型轨道交通
MEA	Membrane Electrode Assembly	膜/电极接合体
MSC	Mechanical Super charger	机械增压器
MT	Manual Transmission	手动变速器
PCU	Power Control Unit	动力控制单元
PDU	Power Drive Unit	动力驱动装置
PHEV	Plug－in Hybrid Electric Vehicle	插电式混合动力车
PTC	Positive Temperature Coeffcient	正温度系数
PWM	Pulse Width Modulation	脉冲宽度调制
SOC	State of Charge	充电状态
SOH	State of Health	劣化状态
STKM	S：Steel、T：Tube、K：Kozn、M：Machine	机械结构用碳钢管
LEV	Low Emission Vehicle	低尾气排放车
SUV	Sports Utility Vehicle	运动型多用途车
THS	Toyota Hybrid System	丰田混合动力系统
VCM	Variable Cylinder Management	可变气缸管理技术
VVVF	Variable Voltage Variable Frequency	可变电压可变频率

参 考 文 献

［1］三菱自動車 i - MiEVカタログ（2009.6）.

［2］三菱自動車 i - MiEVテクニカルレビュー 2010（2010.4）.

［3］自動車技術、Vol. 63、No. 9（2009）、「最新の電気自動車の開発」より一部本稿用に加筆？修正.

［4］日産自動車ホームページ、http：//www. nissan. co. jp/.

［5］鈴木孝幸：Ecoテクノロジーへの挑戦、毎日新聞社（2008）.

［6］川崎聡志ほか：世界初の燃料電池乗用車 Honda FCXの開発、Honda R&D Technical Review、Vol. 15、No. 1、p. 1 - 6（2003）.

［7］小川隆行ほか：燃料電池乗用車 Honda FCX用パワートレインの開発、Honda R&D Technical Review、Vol. 15、No. 1、p. 7 - 12（2003）.

［8］川崎聡志ほか：次世代燃料電池スタックを搭載した New Honda FCXの開発、Honda R&D Technical Review、Vol. 18. No. 1、p. 45 - 50（2006）.

［9］㈱本田技研工業広報資料.

［10］松永稔ほか：FCXクラリティ用パワートレイン、Honda R&D Technical Review、Vol. 21、No. 1、p. 7 - 14（2009）.

［11］福嶋達也ほか：燃料電池車FCXクラリティ用駆動モータ、Honda R&D Technical Review、Vol. 21、No. 1、p. 60 - 66（2009）.

［12］斉藤信弘ほか：FCXクラリティ搭載の新燃料電池スタック、Honda R&D Technical Review、Vol. 21、No. 1，p. 15 - 22（2009）.

［13］山本康一ほか：燃料電池自動車用リチウムイオン

電池システムの開発、Honda R&D Technical Review、Vol. 21、No. 1、p. 40-45（2009）．
[14] ㈱本田技研工業ホームページ、FACT BOOK［FCX CLARITY］．
[15] ㈱本田技研工業ホームページ、FCX．
[16] 河上清源ほか：リチウムイオン電池自動車の開発、自動車技術会論文集、Vol. 36、No. 4、p. 123-128（2005）．
[17] 松ヶ浦史郎ほか：電気自動車の車台構造の提案と性能評価、自動車技術会論文集、Vol. 35、p. 117-122（2004）．
[18] 大西将浩ほか：電気自動車を高機能化する新しいサスペンション-8輪タンデムホイールサスペンションの提案と開発、湘南藤沢学会SFCジャーナル、第2号（2003）．
[19] K. Kawakami, et al. Evaluation of an ultra high performance EV 'Eliica'、Proceedings of the 21th International Electric Vehicle Symposium（2005）．
[20] 中川智皓ほか：歩行空間におけるパーソナルモビリティ・ビークルの安全性と安心感、自動車技術会論文集、Vol. 41、No. 4、p. 941-946（2010）．
[21] セグウェイジャパンホームページ、http：//www. segway-japane. net/index. html.
[22] Segway® PTの温室効果ガスの削減への取り組みとエネルギー消費について、http：//www. segway-japan net/pdf/segway_ green. pdf.

第 10 章

法规·标准

总 论

促进电动汽车的导入

1970年,随着美国关于大气净化的马斯基法的确立,汽车快速发展的同时,尾气排放法规也进一步得到强化。1990年,美国加利福尼亚州引入了 ZEV(Zero Emission Vehicle)计划,1998年规定州内销售的车辆中 2% 必须是 ZEV,即电动汽车。到 2003 年该比例提高到 10%。1996 年到 2009 年之间进行了数次的修正,2010 年形成了如表 10-1 所示的关于引进电动汽车、氢燃料电动汽车、插电式混合动力汽车及混合动力汽车的计划。

表 10-1 美国加利福尼亚州引入 ZEV 计划[1]

车型年份	引入 ZEV 要求
2009—2011 年	11%
2012—2014 年	12%
2015—2017 年	14%
2018 年以后	16%

日本也在推进低污染车的引进。1997 年 12 月在日本京都召开的《联合国气候变化框架公约》第三次缔约方大会(COP3)上确定了二氧化碳(CO_2)等温室效应气体的减排目标,即 "在 2008—2012 年的五年内目标值比 1990 年降低 6%"。为此日本加快了低能耗汽车(电动汽车、燃气汽车等)的引进,2009 年进行税制改革,从 2009 年 4 月开始的 4 年内,对汽车购置税进行减免(表 10-2)。

表 10-2 2010 年税制改革中关于汽车重量税及汽车购置税的特别举措[2]

目标车辆	重量税	购置税	
		新车	二手车
电动汽车(含燃料电池车)	免税	免税	减免 2.7%
天然气汽车 A 车辆总质量 3.5 t 以下:☆☆☆ B 车辆总质量 3.5 t 以上:重型车☆(NO_x)	免税	免税	减免 2.7%
插电式混合动力汽车	免税	免税	减免 2.4%
混合动力汽车 A 车辆总质量 3.5 t 以下:☆☆☆且油耗较标准值降 25% B 车辆总质量 3.5 t 以上:重型车☆(NO_x 或者 PM)且达到重型车油耗标准	免税	免税	减免 1.6%(乘用车等) 减免 2.7%(客车、载货车)

☆数量代表减排等级,参见具体减税措施原文。

电动汽车标准动向

混合动力汽车、纯电动汽车、燃料电池汽车（以下简称电动汽车等）需要搭载高电压电池组作为储能装置，正常使用及碰撞事故时均需要有对应的安全标准。2007年11月制定了安全标准细则公告附件110、111。在制定关于保护乘员的电气安全国际统一标准时，通过与各国的不断协调，最终在联合国欧洲经济委员会汽车标准协调论坛（UNECE/WP29）上，确定了以日本标准为依据，制定与电动汽车安全性相关的国际统一标准，并在成员国内使用。另外，关于电动汽车碰撞时的乘员保护电气安全，相关的国际统一标准的制定工作也正在推进中。在10.1节中对包含电气安全在内的电动汽车的安全标准趋势动向进行了概述。

为实现电动汽车真正的普及，能量消耗率这一环境性能指标的试验方法也在进一步完善过程中。本章10.2节中对插电式混合动力汽车及使用氢燃料的燃料电池车的试验方法、各国相关法规标准及规范的动向进行了阐述。

电动汽车采用锂离子电池的范围今后将迅速扩大，相关的国际标准、国际法规也日趋完善。2008年德国汽车工业联合会提倡锂离子电池系统试验方法标准化，目前ISO TC22/SC21/WG3（Lithium Ion Traction Batteries）中对混合动力汽车用（High Power Application）、电动汽车用（High Energy Application）电池的试验方法及电池安全性试验方法的国际标准化进行了阐述。在日本，JARI（日本汽车研究所）标准化委员会在组织汽车厂家、电池厂家及研究机构共同推进该项工作的同时，也推进ICE（International Electrotechnical Commission）标准的制定工作。ICE是关于组成电池系统的单体电池的试验方法。2009年11月美国SAE（Society of Automotive Engineers）的标准委员会中新增设了汽车电池标准化委员会（Vehicle Battery Standards Committee），目前正在筹备制定电池性能安全相关的试验标准。

由于笔记本电脑及移动电话等便携式电子产品使用的锂离子电池起火、冒烟等事故频繁发生，电池的安全性问题得到重视。针对民用锂离子电池的使用，2008年11月，以《电子产品安全法》为基础的技术标准开始实施。

一方面，汽车及电动汽车用锂离子电池不在上述技术标准约束范围内，因此在指定型号审查时，需提交"锂离子电池概要及结构"及"联合国关于危险货物运输建议书适用于安全性试验的试验标准的书面文件"等材料，2010年确定为标准化项目内容。为制定包含锂离子电池在内的车用蓄电池相关的国际标准，在WP29/GRSP之下设立了专家会议，日本也在积极地推进相关工作。[3]

另一方面，包含锂离子电池在内的锂电池在国际运输法规中被定为危险等级为9级的危险品。锂电池、锂离子电池在国际运输时，要求必须满足根据联合国危险品运输建议制定的试验标准。本章10.3节中对电池的运输法规动态进行了阐述。

使电动汽车普及的一个重大课题是充电基础设施的完善。20世纪90年代后期，日本、美国开始实施电动汽车充电系统的标准。近年来，正式引入电动汽车以插电式混合动力汽车为主的概念，2007年开始修订SAE J1772（接触式充电）标准。同时，国际标准中的IEC标准也在进行重新修改。本章10.4节中对其此类标准动向进行了阐述。

消耗电能的混合动力汽车、电动汽车、燃料电池汽车除了要满足与传统内燃机汽车一样的行驶时电磁兼容性法规外，还需要满足外部电源充电时与电网的电磁兼容性，以及与家用电器相同的，与普通EMC（Electro–Magnetic Compatibilty）指令的匹配。除上述两点外，广义EMC范畴内的电磁波与人体防护的相关内容也将在本章10.5节中有所说明。

随着电动汽车的快速普及，"车辆靠近时行人无法及时发觉，容易发生危险"类似的呼声陆续由汽车用户及视觉障碍等团体提出来，2009年7月，日本国土交通省设立了"关于混合动力汽车等静音性对策研讨委员会"，对混合动力汽车及电动汽车静音性能的相关对策进行研究。本章

10.6 节对上述情况进行了阐述，其中也涉及海外的趋势动向。

针对氢燃料电池车的标准，本章 10.7 节中对 2005 年 3 月公布并实施的道路运输车辆细则公告附件 100（压缩氢气为燃料的汽车燃料装置技术标准）及附件 17（碰撞时等防止燃料泄漏技术标准）等的修订情况进行了阐述。

电动汽车的国际标准化

电动汽车国际标准化除整车、驱动电池、电动机以外，还包括车辆补充能量（燃料）所需的充电系统、加氢系统、插接器等标准以及涉及电动汽车安全、性能、油耗等的性能试验标准；ISO TC22/SC21 及 ISO TC22/SC3 是关于驱动电池系统等车辆相关零部件的标准。电池、电气部件及元件相关标准主要由 IEC TC69 及 TC 下的 JWG（Joint Working Group）完成。表 10-3 为 ISO TC22/SC21 的组成及涉及的标准。表 10-4 为 IEC 中车辆动力电池的 JWG。2008 年新设立的锂离子电池系统、电池组项目组于 2010 年 5 月确定划分到 WG3，2010 年 12 月形成现在的 3 个 WG。在表 10-4 中，SC21A 用于电池标准化，TC69 用于电动汽车，目前这两个联合工作组的召集方均由日本担任，受 TC21（电池）的日本联络机构——电池工业协会的委托，日本汽车研究所负责审议工作。

表 10-3 电动汽车相关的国际标准（ISO TC22/SC21）概要[4]

国际标准审议团体	审议内容	国际标准
ISO TC22/SC21（电动汽车） 理事国：德国，成员国：德国 （审议团体：（财团法人）日本汽车研究所）		
WG1 理事国：德国	EV、HEV、PHEV、FCEV 的安全、用语	ISO 6469 Electrically propelled road vehicles – Safety specification – Part1：On – board rechargeable energy storage system – RESS Part2：Vehicle operational safety means and protection against failures Part3：Protection of persons against electric shock ISO 23273 Fuel cell road vehicles – Safety specifications Part1：Vehicle functional safety Part2：Protection against hydrogen hazards for vehicles fuelled with compressed hydrogen Part3：Protection of persons against electric shock ISO 8713 Electric road vehicles – Vocabulary
WG2 理事国：日本	EV、HEV、PHEV、FCEV 的油耗、性能	ISO 23828 Fuel cell road vehicles – Energy consumption measurement—Vehicles fuelled with compressed hydrogen ISO TR 11954 Fuel cell road vehicles – Maximum speed measurement ISO TR 11955 Hybrid – electric road vehicles—Guidelines for charge balance measurement ISO 23274（2007）：Hybrid – electric road vehicles – Exhaust emissions and fuel consumption measurements – Non – externally chargeable vehicles ISO/AWI23274 – 1Hybrid – electric road vehicles – Exhaust emissions and fuel consumption measurements – Part1：Nonexternahy chargeable vehicles ISO/CD23274 – 2 Hybrid – electric road vehicles – Exhaust emissions and fuel consumption measurements – Part2：Externally chargeable vehicles

续表

国际标准审议团体	审议内容	国际标准
WG3 理事国：德国	汽车用锂离子电池系统	ISO/DIS 12405 – 1 Electrically propelled road vehicles – Test specification for lithium – ion traction battery systems – Pazt1：High power applications ISO/DIS 12405 – 2 Electrically propelled road vehicles – Test specification for lithium – ion traction battery systems – Part2：High energy applications

表 10 – 4　电动汽车用驱动电池的 IEC 标准化概要[4]

国际标准审议团体	审议内容	国际标准
JWG21/21A/69 Li 理事国：日本	汽车用锂离子单体电池	IEC 62660 – 1：Secondary lithium – ion cells for the propulsion of electric road vehicles – Part1：Performance testing IEC 62660 – 2：Secondary lithium – ion cells for the propulsion of electric road vehicles – Part2：Reliability and abuse testing
JWG21/21A/69LA, Ni 理事国：日本	汽车用铅酸蓄电池、镍氢电池及锂离子电池以外的驱动电池	IEC 61982：Secondary batteries (except lithium) for the propulsion of electric road vehicles – Performance and endurance tests

氢燃料电池汽车的国际标准中，ISO TC22/SC21 为车辆安全及油耗试验方法标准，关于氢燃料电池汽车氢燃料的标准 ISO TCI97（氢技术）的 WG5（高压氢气插接器）、WG6（高压氢气储气罐）、WG12（PEM – FCV 用氢燃料标准）正在审议（10.7 节）。

关于电动汽车充电系统、插接器、通信系统的标准化工作，与以往的分类方法不同，将车辆（ISO）与电力基础设施、电气设备（IEC）区分开。因此，分别设立了负责联系 ISO 和 IEC 的 JWG。针对电动汽车充电的基础，在 ISO TC22/SC3（车载多重通信）与 IEC 间新增加了 V2G CI（Vehicle to Grid Communication Interface）。

表 10 – 5 为 IEC TC69 及其相关的 JWG。

各国标准化工作

美国的标准化工作中，主要分 SAE 的 Motor Vehicle Council 旗下的混合动力汽车、燃料电池汽车及 2009 年 11 月新设立的车用动力电池 3 个标准化委员会。图 10 – 1 为 SAE 标准化机构概况[5]。

中国的标准化以《中华人民共和国标准法》为基础，分为国家标准（GB）、行业标准、地方标准及企业标准四类（表 10 – 6）。GB 是国家标准的汉语读音"Guojia Biao zhun"的首写字母，各标准按实施的约束力又分为强制性标准、推荐性标准及指导性技术文件三类。强制性标准与规范等同处理。中国为应对电动车辆的普及，也在加紧推进相关的国家标准的完善工作。

随着中国汽车市场的快速成长，不仅是国际上影响力较大的 SAE 标准，中国的国家标准、企业标准与其他国际标准的整合工作也被提到了非常重要的位置。这些相关标准的协调、整合对日本来说也是非常重要的课题。

表 10-5　IEC 电动汽车、充电系统、插接器、充电基础设施通信相关的标准化[4]

国际标准审议团体	审议内容	国际标准
IEC TC69（电动汽车及电动产业车辆） 理事国：法国 成员国：比利时 （审议团体：（财团法人）原日本汽车研究所）		
WG2 理事国：比利时	驱动电动机及控制系统	Motors and motor control systems
WG4 理事国：法国	充电系统	IEC 61851-21 Ed. 2.0：Electric vehicle conductive charging system – Part 21：Electric vehicle requirements for conductive connection to an a. c/d. c. supply IEC 61851-22 Ed. 2.0：Electric vehicle conductive charging system – Part22：ac. electric vehicle charging station IEC 61851-23：Electric vehicles conductive charging system – Part 23：D. C. Electric vehicle charging station
JWG 69/SC23H 理事国：法国		IEC 61851-1 Ed. 2.0：Electric vehicle conductive charging system – Part 1：General requirements
PT 61851-23 理事国：加拿大		IEC 61851-2-4：Electric vehicles conductive charging system – Part 2-4：Control communication protocol between off – board d. c. charger and electric vehicle
		ISO/IEC 15118 – 1 Ed. 1.0：Road vehicles – Vehicle to grid communication interface – Part 1：General information and use – case definition
IEC/TC23（电气用品）/SC23H（工业插头及插座） 理事国：美国	汽车用充电插接器	
PT 62196 理事国：日本	AC 充电插接器	Dimensional interchangeability requirements for pin and contact – tube vehicle couplers
PT 621963 理事国：日本	DC 快速充电插接器	Dimensional interchangeability requirements for pin and contact – tube coupler with rated operating voltage up to 10000 V d. c. and rated current up to 400 A for dedicated d. c. charging
JWG ISO TC22 SC3/IEC TC69（V2G CI） （审议团体：（财团法人）日本汽车研究所及（公司）汽车技术会）	车辆与充电站的通信接口	ISO/CD 15118 – 1：Road vehicles—Communication protocol between electric vehicle and grid Part 1：General information and use – case definition Part 2：Sequence diagrams and communication layers

第10章 法规·标准

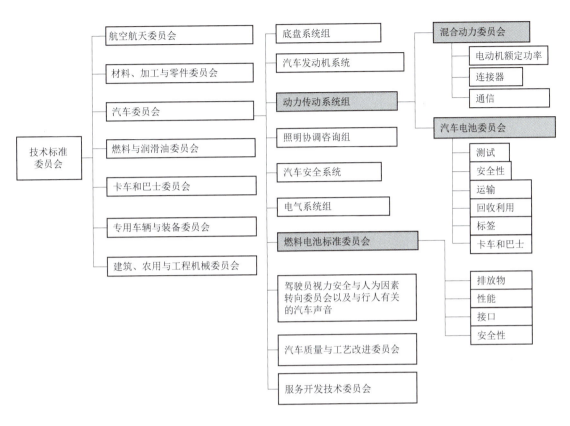

图 10-1 SAE 标准化机构概况[5]

表 10-6 中国标准体系[6]

	强制性标准	推荐性标准	指导性技术文件
国家标准	GB	GB/T	GB/Z
行业标准	QC（汽车） SJ（电子） JT（通信）	QC/T SJ/T JT/T	
地方标准	DB××/ ×××-××	DB××/T ×××-××	
企业标准	Q/×××. ×××.××		

10.1 电动汽车的安全标准及标准动向

10.1.1 概要

电动汽车与仅靠内燃机驱动的车辆相比，需要搭载高压驱动的电动机、逆变器及电池等，考虑到乘员保护问题，必须采取一定的安全措施。

此外，电动汽车中的燃料电池汽车由于使用氢燃料产生驱动用电力，需要多加考虑氢气的使用。相关内容概要参照图 10-2。

由于最近电动汽车日趋普及，制定电动汽车特有的高电压安全及氢气安全等相关标准的必要性显得更为重要。日本在 2005 年率先确定了燃料电池汽车技术标准细则公告"附件 100 压缩氢气燃料汽车的燃料装置技术标准"及"附件 101 关于燃料电池汽车高压乘员保护的技术标准（以下简称附件 101）"。此后，随着混合动力汽车的普及，出台了以电动汽车及混合动力汽车为对象的细则公告"附件 110 电动汽车及混合动力汽车高压乘员保护技术标准（以下简称附件 110）"和"附件 111 电动汽车及混合动力汽车碰撞后高压乘员保护技术标准（以下简称附件 111）"。同时，联合国的 Economic Commission for Europe（以下简称 ECE）也在推动多国间的协商工作，美国等国的标准修订工作也在向前推进。下面对世界主要标准的最新动向进行阐述。

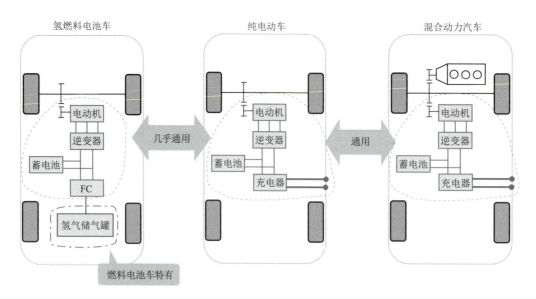

图 10-2 氢燃料电池车与纯电动车、混合动力汽车的区别

10.1.2 ECE R100

ECE R100 是根据 1958 年 ECE 认证的缔约国之间的协定（以下简称 58 协定）制定的电动汽车安全标准。最初只作为电动汽车的标准使用，由于混合动力汽车及备受期待的燃料电池汽车的迅速发展，2007 年德国提出将该标准适用范围扩展到上述车辆的提案。此外，燃料电池汽车的安全标准也已提上日程，ECE 下的 World Forum for Harmonization of Vehicle Regulations（以下简称 WP29）正在讨论审议方法。2007 年 9 月，WP29 下属的 GRSP（The Working Party on Passive Safety）设立了专门进行电动汽车电气安全研究的非正式组织（Informal Group on Electric Safety，ELSA）。实际上，ELSA 自 2008 年 5 月已开始了对电气安全条件的讨论，到 2009 年 9 月，相关技术条件已基本成形。ELSA 在 R100 中正常使用时的电气安全基础上，增加了碰撞后的电气安全内容，并确认将燃料电池汽车、混合动力汽车及电动汽车等所有电动车辆纳入到其适用范围内。此时，日本也已经完成了附件 110 及附件 111 的制定工作，为协调国际标准，通过 JASIC（Japan Automobile Standards Internationalization Center）派遣专家，积极推广日本标准，对 R100 的修订工作起到了举足轻重的作用。R100 的修订案在 2009 年 12 月通过 GRSP 的审核，经 WP29 最终确认后，于 2010 年 12 月正式发布。表 10-7 为修订后的 R100（以下称为 R100-01）与附件 110 的概要比较。

从安全的观点来看，与传统内燃机驱动车辆的区别在于：

- 电动汽车、混合动力汽车：增加高压部分。
- 氢燃料电池汽车：增加高压部分及氢气供给部分。

表 10-7 R100-01 与附件 110 的概要比较

	R100-01	附件 110
适用	最高设计速度超过 25 km/h 的车辆中 M、N 及 O 类别的所有车辆	电力驱动为动力源的汽车（ECE N、M 类，但不包括燃料电池车）

续表

		R100-01	附件110
条件	漏电保护	◆直接接触保护 通过挡壁或护罩等进行保护 驾驶室内、行李厢内　IPXXD 其他　　　　　　　　IPXXB 在挡壁或护罩上粘贴警告标识 指定线束的被覆外皮颜色为橙色 ◆间接接触保护 挡壁、护罩等带电元件实现等电位（接触电阻<0.1 Ω） ◆绝缘 与带电元件的电阻： 　直流回路>100 Ω/V 　交流回路>500 Ω/V 由于老化导致绝缘电阻值不满足要求时 仅适用于燃料电池车 通过绝缘电阻监视器监测绝缘电阻 二层以上接触保护 选择一种可行的替代保护措施 充电系统连接装置的阻值为1 MΩ以上	◆直接接触保护 通过挡壁或护罩等进行保护 驾驶室内、行李厢内　IPXXD 其他　　　　　　　　IPXXB 在挡壁或护罩上粘贴警告标识 ◆间接接触保护 挡壁、护罩等带电元件实现等电位（接触电阻<0.1 Ω） ◆绝缘电阻 与带电元件的电阻大于100 Ω/V
	电池条件	◆过电流保护 带保险丝等保护装置 ◆氢气安全 氢气排放125 g或者 $25 \times t_2$ (hr) 以下	◆过电流保护 带保险丝等保护装置 ◆开放式铅电池氢气安全 防止气体残留，避免换气口附近发生火灾
	功能安全	◆行驶状态的标识 ◆接地保护条件 ◆充电过程中禁止移动	◆行驶状态的标识

如表10-7所示，R100-01与附件110的基本构成及条件相同，主要区别如下：

① 包含燃料电池汽车（日本在附件100中单独对燃料电池汽车进行了规定）。

② 直接接触保护条件中增加了包裹线束采用橙色外皮的规定。

③ 修改了交流电路的绝缘电阻值（100 Ω/V→500 Ω/V）。

④ 增加了燃料电池汽车冷却水绝缘阻力变化替代条件（体现了附件101的部分内容）。

⑤ 不断强化充电连接系统的绝缘电阻条件，日本正在为增强该条件的批准工作做准备。

10.1.3　ECE R12、ECE R94、ECE R95（R12、R94、R95）的修订方案

与ECE R100一样，这三项标准均为根据58协定制定的关于碰撞后的安全条件。R12为正面碰撞时的方向盘乘员保护标准，R94为偏置碰撞时的乘员保护标准，R95为侧面碰撞时的乘员保护标准。法国提出了ELSA中涉及碰撞电气安全的修订案，GRSP于2009年12月正式认可了该修订方案并开始进行研讨。修订不改变原来的碰撞试验条件，为确保碰撞试验结束后的乘员安全，采取追加电气安全条件的方式进行修订。在

日本，碰撞试验条件引用了细则公告附件17、协定法规94号、附件24等，附件111中仅对关于电气安全条件及电气安全试验相关的试验条件进行了规定，与R12、R94、R95的基本组成一样，对电气安全条件及试验方法分别有不同的标准，但在内容上有所区别。

表10-8为R12、R94、R95修订案与附件111的比较。与附件111的主要区别为：

① 车辆外部蓄电池电解液泄漏量由7%改为7%或者5 L这两者中的较小值。

② 漏电保护条件中追加了电压条件。

③ 漏电保护条件中追加了能量条件。

④ 交流电部分绝缘阻力条件提高到500 Ω/V。

⑤ 不进行碰撞试验的高电压部分的固定位置及蓄电池固定强度的条件不包括在内（即不在R12、R94、R95适用范围之内）。

此外，在选择表10-8中选项3及4的直接接触保护与间接接触保护时需要注意，附件111中规定的漏电保护的对象范围为驾驶室内，而R12、R94、R95修订案中没有相关规定，上述修订案在2010年5月的GRSP和同年WP29上得以通过。

表10-8 R12、R94、R95修订案与附件111的概要内容比较

		R12、R94、R95修订案	日本国内标准（附件111）			
		概要	正面碰撞	后面碰撞	偏置正碰	侧面碰撞
条件	电解液泄漏	基本相同 泄漏量为5 L或电解液总量的7%（二者取最低值）以下	电池组电解液泄漏规定 ◆不得流入驾驶室内 向车辆外部泄漏总量不得高于总量的7%			
	电池固定	基本借用	关于电池固定的规定 ◆固定于指定位置			
	漏电保护	关于乘员防触电条件的规定（漏电保护范围为车内外） ◆选择项1：电压DC 60 V以下、AC 30 V以下 选择项2：能量2 J以下 选择项3：直接接触保护（单极允许）+绝缘 DC 100 Ω/V以上 AC 500 Ω/V以上 选择项4：直接接触保护+间接接触保护	关于乘员防触电条件的规定 （漏电保护范围为驾驶室内） ◆选择项1：直接接触保护+绝缘（100 Ω/V以上） 选择项2：直接接触保护+间接接触保护			
	动力系统的固定位置		与车辆前端的距离：420 mm以上 与车辆后端的距离：300 mm以上			
	固定强度		相对于车辆中心线平行方向加速度的强度 • 定员10人以下的乘用车 或者车辆总质量小于3.5 t的载货车 ±196 m/s² • 定员11人以上且车辆总质量低于5 t的乘用车 或者车辆总质量大于3.5 t、小于12 t的载货车 ±98 m/s² • 定员11人以上且车辆总质量大于5 t 或者车辆总质量大于12 t的载货车 ±64.7 m/s² 相对于车辆中心线垂直方向加速度的强度 • 定员9人以下的乘用车 或者车辆总质量小于3.5 t的载货车 ±78.4 m/s² • 定员10人以上的乘用车 或者车辆总质量大于3.5 t的载货车 ±49 m/s²			

10.1.4 联邦机动车辆安全标准305（FMVSS305）

FMVSS305是美国关于电动车辆碰撞后的电气安全标准，是关于碰撞后电气安全最早的标准。最早适用于以电力驱动的车辆，包括纯电动汽车、燃料电池车及混合动力汽车。但是由于该标准明显不适用于燃料电池车的试验，因此在2010年6月进行了修订。表10-9是FMVSS305修订时更改的主要内容。

与修订前相比，部分条件进行了强化，如所有的支架及结构件均需要完全固定等。漏电保护方面，除绝缘电阻以外，增加了电压的选择项。对于更改内容公开征集了意见，今后将会进一步进行修订。

10.1.5 其他标准、规范的动向

10.1.2节中所述的电动车高压部分相关的安全标准，正准备导入以1998年协定为基础形成的全球性技术法规（以下简称GTR）。58协定的标准制定工作已基本完成，今后将正式开始GTR的制定工作。

表10-9 FMVSS305修订前后的条件比较

		FMVSS305	
		新	旧
条件	电解液泄漏	驱动电池电解液流入驾驶室的泄漏量不得超过5.0 L。障碍壁碰撞试验，试验结束后30 min内测量。翻车试验完成后测量	←
	电池固定	所有电能储存、交换系统的组成部件必须牢固固定在车辆上。支架、结构部件等所有的零部件固定结构按照本标准的S6顺序进行，试验期间及试验结束后，所有与车辆的固定点必须保持牢固	驾驶室内搭载的电池模块必须固定在指定位置。驾驶室外侧搭载的电池系统构成部件（含部分部件）进行本标准S6，试验时不得有流入驾驶室内的情况，可利用目视检测有无流入
	漏电保护	各高压电源与车辆导电结构的电绝缘值需符合以下任意一项： ① 无绝缘监视器：500 Ω/V以上。 ② 有绝缘监视器：1 100 Ω/V以上。 ③ 交流30 V以下、直流60 V以下	各试验后电池系统与车辆导电结构的电绝缘值必须在500 Ω/V以上

此外，德国于2010年5月的GRSP上提出制定蓄电池安全标准，同年6月的WP29上讨论并确认延长ELSA时间。日本也开始以JASIC为中心进行体制构建，开始标准制定的准备工作，2010年8月末向ELSA派遣委员，积极地进行信息收集和提案。

美国的SAE及总部设在瑞士的ISO等标准化组织制定的标准中有关于电动车高压安全相关的标准，主要有SAE J2344、SAE J2578、SAE J1766及ISO 23273、ISO 6469。为了适用于燃料电池汽车，考虑今后FMVSS305的修订工作，正在进行上述标准的修订工作。

10.2 电动车的燃料消耗率、电耗的试验方法与相关标准

10.2.1 概述

使用包括电动机在内驱动的电动汽车，与传统车燃料消耗率相比，由于其动力系统组成的区别，车辆对环境影响方面的指标不尽相同。此外，除了完善国际标准制定的试验方法外，还根据各国的地域特性、行驶方法（图10-3）等制定标准法规、各国法规、基准等。下面将围绕不

同车辆类型的燃料消耗率试验方法的标准及国际法规、标准等进行阐述。

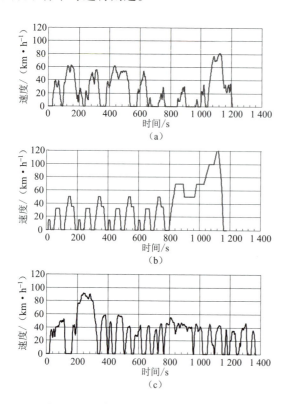

图 10-3　各国燃料消耗率的测量工况

(a) 日本【JC08 工况】1 204 s、8.172 km;
(b) EU【NEDC 工况】1 180 s、11.01 km;
(c) 美国【LA#4 工况】1 372 s、12.0 km

10.2.2　燃料消耗率及电量消耗率试验方法

(一) 混合动力汽车

1. 小型车

基本上与传统车的试验方法相同,但是混合动力汽车除了使用驱动用动力源外,还搭载有电池等电能缓冲装置。燃料消耗试验前后,电池内电量(State of Charge,SOC)的变化会导致燃料消耗率发生变化。如图 10-4 所示,以不同的电池电量变化进行多次试验,最终得到电量充放情况、排气量(CO_2 等)的线性回归,若统计数据准确,以此为参考,可以线性曲线的斜率修正电池电量平衡时的真正燃料消耗率。若统计数据不准确,则不进行补充修正。这种用线性曲线来修正的试验方法作为实际混合动力汽车的燃料消耗量试验方法,被广泛采用。

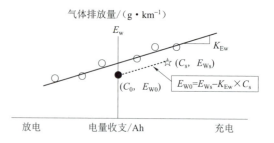

图 10-4　混合动力汽车的燃料消耗率的试验方法

此外,由于混合动力汽车还搭载以汽油等为燃料的内燃机,在行驶中也会产生尾气排放,需要测量、评价尾气排放。在日本,与燃料消耗率的试验方法相同,根据电量增减和尾气排放量的线性曲线进行修正。在日本或其他国家和地区,如无法得到有意义的线性曲线,就直接以尾气排放量来评价。

表 10-10 简述了各国、各地区使用的混合动力汽车的燃料消耗率、尾气排放试验方法。

2. 大型车

"利用硬件在环仿真的电力混合重型车辆的燃料消耗率及尾气排放的试验方法(2007 年 3 月 16 日国自环第 281 号)"[以下称为"HILS(Hardware in the Loop Simulation)法"]是由日本制定的当今世界唯一关于大型电力混合动力汽车(车辆总质量超过 3 500 kg)的燃料消耗试验方法。在日本,大型车的尾气排放试验法(不包含混合动力汽车),由原来的执行 2005 年的尾气排放法规,过渡到在发动机测功机上进行 JE05 工况(暂时存储模式)试验。相应地,混合动力汽车也需要有与 JE05 工况相符合的试验方法。混合动力汽车由发动机、发电机及电动机、能量储存装置等多个总成构成,对不同的行驶条件采用不同的运行模式才能降低燃料消耗与尾气排放量,因此应对整车系统,而不是仅对发动机进行评价。但是,整车验证试验受设备的制约,需花费大量的工时,成本的增加也是很大的一个问题。

表 10-10 小型电动车辆的燃料消耗率、电池耗电量的试验方法及相关标准

驱动动力源	外部充电功能	燃料消耗率试验	电量消耗率试验	试验方法	有无根据储能装置电量的增减对燃料消耗率进行修正
电动机+内燃机（电动式混合动力汽车）	无	法规：ECE R101[7] TRIAS 5-9[8] CFR Title 40[9] 标准：ISO 23274 SAE J1711[10]	无	Charge-Sustaining（CS）试验	ECE，TRIAS，ISO：有（含有一些修正除外的条件）修正； CFR，SAE：无修正
	有	法规：ECE R101、TRIAS 5-9 标准：ISO 23274-2（CD 投票中）SAE J1711	法规：ECE R101、TRIAS 5-9 标准：ISO 23274-2（CD 投票中）SAE J1711	Charge-Depleting（CD）试验 Charge-Sustaining（CS）试验	CD 试验：无修正； CS 试验：同上（无上述的外部充电功能）
电动机（电动车）	有	无	法规：ECE R101、TRIASS 10[11] 标准：ISO 8714[12] SAE J1171（进行改正中）		无修正
氢燃料电池（燃料电池）	无	标准：ISO 23828 SAE J2572	无		有修正（带储能装置）
内燃机	无	法规：ECE R101，TRIAS 5-9，CFR Tithe 40	无		无修正

针对上述问题，对采用"硬件在环仿真（HILS）"的试验方法进行了研究。在 2007 年 3 月的"国自环第 281 号"中规定，开始了下述的"HILS 法"的实际应用。

3. "HILS 法"的概要

传统的重型车辆燃料消耗率的试验方法，利用变换程序[10]求出 JE05 工况行驶时的发动机负荷条件（转速、扭矩），通过该负荷条件、燃料消耗率来计算车辆的燃料消耗率。尾气排放为相同负荷条件下在发动机测功机上发动机单独工作时的测量结果。HILS 法通过 HILS 进行程序的变换。混合动力汽车则通过车辆固有的控制逻辑，来确定发动机的负荷条件。由整车控制器（ECU）结合混合动力汽车各重要模块构成的 HILS 求出发动机的负荷条件，再以和传统车同样的方法，通过基于发动机图谱的模拟，进行燃料消耗率的评价（图 10-5）。

（二）插电式混合动力汽车

1. 小型车

小型插电式混合动力汽车的燃料消耗率试验方法有"不进行外部充电的试验"（CS 试验）和"进行外部充电（充满）的试验"（CD 试验）两种。

首先，不进行外部充电的试验，被称为 Charge Sustaining（以下简称 CS）试验。进行以（一）1. 中所示的与通常的混合动力汽车的燃料消耗率试验方法相同的试验，不能忽略行驶中储能装置（电池、电容器等）电量变化的影响。是否需要根据电量增减对排放量进行修正（使电量变化为 0），或对电量变化接近 0 时不进行修正进行

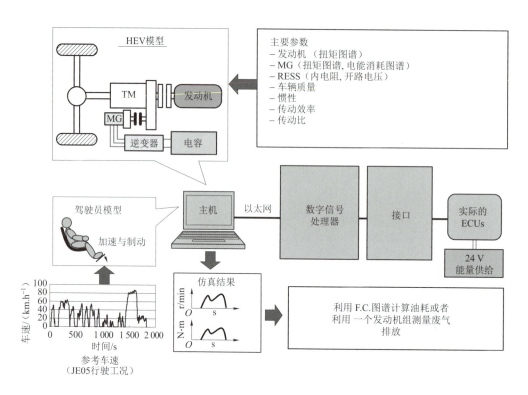

图10-5 大型混合动力汽车HILS法的概要

判断,在各国的标准、试验规范中都不尽相同。

下面描述一下使用外部充电(充满状态)的试验方法(CD试验):为蓄电池充电,直到可以判断指定工况行驶前后的电量增减维持稳定为止,实施Charge Depleting(以下简称CD)试验。试验期间,对气体排放、燃料消耗量及电量增减进行测量(图10-6)。连续测量直到各个工况的电量变化小于规定要求为止。

如上所述方法,分别进行CS、CD试验的燃料消耗率测量。将这两种燃料消耗率进行加权平均计算,求出"复合燃料消耗率"(典型燃料消耗率)或者"插电式混合动力汽车燃料消耗率",反映市场上实际调查结果的利用系数(UF)。

关于日本法律规定的评价方法(技术标准TRIAS),在6.2节已详细描述。本章将重点叙述其他的法规、标准。

目前,国际标准TC22/SC21/WG1 ISO 23274-2正在制定中。法规和标准中基本的试验方法相同,但试验的行驶工况(国际标准)则根据各国的实际路面条件不同而不同。

关于使用UF加权平均计算得到的"插电式混合动力汽车燃料消耗率",各国通用的UF值均已重新规定。此外,根据是否使用外部充电的两种试验结果(CS和CD)进行加权平均计算是非常困难的,因此仅对两种试验的计算方法进行了规定。期待能从目前的国际标准研讨活动中形成统一的方法。

小型插电式混合动力汽车的电量消耗率的试验方法一般为:在CD试验后,以汽车制造商指定的方法进行充电,把这时的充电量作为一次充电消费电量,之后通过它和等价EV行驶距离的比率求出车辆的电量消耗率。

表10-11对目前规定的、研讨中的各国标准、法规的主要异同点进行了总结。

如前所述,CD试验是以能够判定从CD过渡到CS状态为止,反复连续进行工况行驶。但是,关于是否为CS状态的判定水平,却有各种不同的思考方法。目前各国的标准、法规也尚未统一。期待能从今后的国际标准研讨活动中总结出关于判定状态的统一试验方法。

2. 大型车

目前还没有关于大型插电式混合动力汽车标准化研讨的动态。

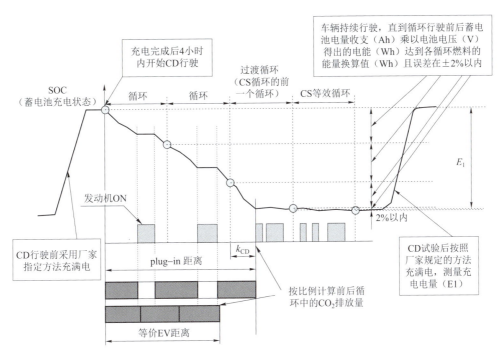

图 10-6 插电式混合动力汽车 CD 试验及充电电量的测量概要

表 10-11 各国小型插电式混合动力汽车的燃料消耗率试验方法（法规、标准）

	日本法规	联合国法规	美国法规	ISO 标准	SAE 标准
燃料消耗率试验法规、标准	TRIASS9-2009	ECE R101	CARBCCR	ISO 232742（CD 投票中）	SAE J1711（2010 年 6 月改订）
行驶工况	JC08 工况	NEDC 工况	LA#4 工况等	各国、区域的工况	LA#4 工况等
CS 模式的充放电规定	电量变化 0 修正 & 厂商规定范围内	电量变化 0 修正 *以下任意 · 充电侧 · 行驶能量 -1% 以下的收支	无修正 行驶过程能量变化 ±1% 以内	电量变化 0 修正 或者行驶过程电量变化 -1% 以下	无修正 行驶过程能量变化 ±1% 以内
从 CD 到 CS 的状态转换判定	每次工况行驶前后电量收支的能量换算值为该工况行驶能量 ±2% 以内时，将上一次的工况判定为转移工况	每次工况行驶前后电力收支的能量换算值为该车电池容量的 ±3% 以内时，将上一次的工况判定为转移工况		每次工况行驶前后电量收支的能量换算值为工况行驶能量的 ±1% 以内并持续多次时，将之前的工况判定为 CD 模式	每次工况行驶前后的电量收支的能量换算值为该工况行驶能量 ±1% 以内时，将上一次的工况判定为转移工况
CD 与 CS 的加权平均	以使用实际状态调查结果为基准，设定 UF，加权平均	以 EV 行驶距离为 25 km 的 K 值加权平均。$K = D_{ev}/(D_{ev} + D_{ave})$ D_{ev}：EV 范围 D_{ave}：25（km）充电间的平均行驶距离		无规定	以实际状态调查结果为基准，设定 UF，通过 CD 中的各个循环单位算出相对于累计行驶距离的 UF，以差额加权平均计算各循环的燃料消耗率

续表

	日本法规	联合国法规	美国法规	ISO 标准	SAE 标准
UF 加权平均时，CD 的行驶距离	以转移循环中向 CS 切换前的行驶距离，作为前后循环，按 CO_2 发生量的比例分配计算（核算为转移循环前的行驶距离）	以转移循环结束之前的行驶距离，作为 CD 行驶距离。（单位工况行驶距离的倍数）		无规定	转换为 CS 前的 CD 试验中的各循环的累计行驶距离

（三）燃料电池车

目前已经发布的标准有 ISO 23828、SAE J2572 两种。除行驶工况等的特有条件，两种标准的内容基本上相同。

对于基本测量项目的氢消耗量测量，规定了 3 种方法：一是通过测量氢气瓶的质量变化来测量消耗量的质量测量法；二是通过测量氢气瓶的压力变化来测量消耗量的压力测量法；三是利用气体流量计进行的流量测量法。各测量方法各有利弊，但从测量原理简易程度考虑，质量测量法被广泛使用。预计今后，质量法也将会是主流的测量方法。图 10 - 7 为质量测量法的概要。

此外，使用压力法有必要对容器各处的温度进行测量并加以修正。流量法为了去除脉动的影响，必须进行单独的调整。

ISO 23828 于 2008 年 5 月制定并发布。SAE J2572 于 2006 年 8 月发布。

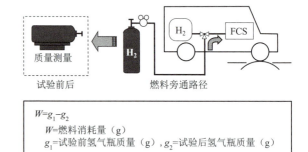

图 10 - 7 氢燃料电池车的燃料消耗量质量测量法概要

$W = g_1 - g_2$
W = 燃料消耗量（g）
g_1 = 试验前氢气瓶质量（g），g_2 = 试验后氢气瓶质量（g）

（四）电动车

电动车的电量消耗率的试验方法一般包括充一次的行驶距离与充电耗电量的测量方法。

表 10 - 12 记载了各国家、地区所采用的电动车的燃料消耗率、尾气排放试验方法。

表 10 - 12 电动汽车的一次充电行驶里程、电量消耗率相关标准的主要试验方法（法规、标准）

	日本标准	联合国标准	ISO 标准
检测法规、标准	TR 交叉 A35 - 10 - 2010	ECE R101	ISO 8719
行驶工况	JC08 工况	EUDC 工况	各国家、地区的工况（附加项中规定 10·15、NEDC、LA#4 和 Hwy 工况）
一次充电行驶里程试验	充满电后，按照工况条件反复行驶，以汽车生产厂配备的主电池剩余电量警报装置等发出停车指示时为结束；或因主电池残留电量不足致使在允许偏差范围内不能维持运转、持续偏离允许偏差超 4 s 等	充满电后，反复按照工况条件行驶，试验结束后车辆不能满足最高 50 km/h 的速度目标曲线，或标准车载仪器向驾驶员发出停止指示时	充满电后，反复按照工况条件行驶，结束后汽车生产厂配备在车辆中的主电池残留电量警报装置等发出停车指示时；或因主电池残留电量不足致使在允许偏差范围内不能维持运转、持续偏离允许偏差超 4 s 等

续表

	日本标准	联合国标准	ISO 标准
计算一次充电行驶里程	计算从试验开始到试验结束车辆停止时的行驶里程 D	计算试验结束后，截止车辆停止这段时间的行驶里程（一次充电行驶里程）	计算从试验开始到试验结束车辆停止时的行驶里程 D
计算电量消耗率	上述试验结束，车辆停止后，根据测量的充电电量 E 及上述行驶里程 D 求出电量消耗率 C	充满电后，运行 EUDC 模式两次，并根据该次行驶里程 D 及之后的充电电量 E 算出电量消耗率	上述试验结束，车辆停止后，根据测量的充电电量 E 及上述行驶里程 D 求出电量消耗率 C
电量消耗率的计算公式	$C = E \times 1000/D$ D：交流电量消耗率 $[(\mathrm{W \cdot h})/\mathrm{km}]$ E：交流电充电电量（$\mathrm{kW \cdot h}$） D：一次充电行驶里程（km）	$C = E/D$ C：交流电量消耗率 $[(\mathrm{W \cdot h})/\mathrm{km}]$ E：交流电充电电量（$\mathrm{W \cdot h}$） D：行驶里程（EUDC 两次）(km)	$C = E/D$ C：交流电量消耗率 $[(\mathrm{W \cdot h})/\mathrm{km}]$ E：交流电充电电量（$\mathrm{W \cdot h}$） D：一次充电行驶里程（km）

10.3 电池的运输规定

10.3.1 概述

电池内部包含电极材料、电解液等有害化学成分的物质，所以不仅要考虑电池在使用时的安全问题，也要考虑其在运输上的安全问题。因此，对电池种类、根据特性命名的危险品名称及联合国编号、运输时的处理、包装容器及单位包装的重量限制等均进行了规定。近几年电动汽车用电池逐渐普及，锂离子电池的《联合国关于危险货物运输的建议书－试验和标准手册》中对运输试验也进行了规定。不仅适用于单体电池，也适用于判定搭载于车辆的电池组是否合格，因此从设计阶段开始就要注意运输规则及试验手册的要求事项。

本章节对汽车驱动电池运输相关的规则体系概要进行说明。由于每隔一年会对规则的细节进行修订，所以在判断规则适用性时应确认是否为最新规定。

10.3.2 危险品运输规则体系

为了确保危险品跨国运输过程的安全和存储，联合国经济及社会理事会（ECOSOC）设立了"联合国危险品运输及化学品的分类与标识的世界协调系统专家委员会"[13]作为其下属机构，对其分类及标识方法进行全球性协调，并每隔一年对《联合国关于危险货物运输的建议书－试验和标准手册》进行修订。图 10-8 所示为联合国及欧洲经济委员会的执行机构关系图。该经济委员会由"危险品运输专家小组（TDG Subcommittee）"和化学品分类及标识相关的"世界协调体系小组（GHS Subcommittee）"构成。

联合国建议书的修订内容，于次年经国际民用航空组织（ICAO）、国际海事组织（IMO）编入航空运输规则和海上运输规则并发布。同时，各个国家的运输法规也在进行修订（图 10-9）[14]。联合国建议书一般隔年修订，从修订工作开始到修订完成最短需要 3 年，通常需要 5 年的时间。

欧洲范围内的危险品运输规则包括国际危险货物公路运输欧洲协定（ADR）、水路运输（ADN）、铁路运输（RID）的运输规则，由联合国经济及社会理事会（ECOSOC）地区委员会之一的"联合国欧洲经济委员会（UNECE）"下属处理危险品运输的 WP.15 危险品运输部门"危险货物和特种货物科"负责修订审议。

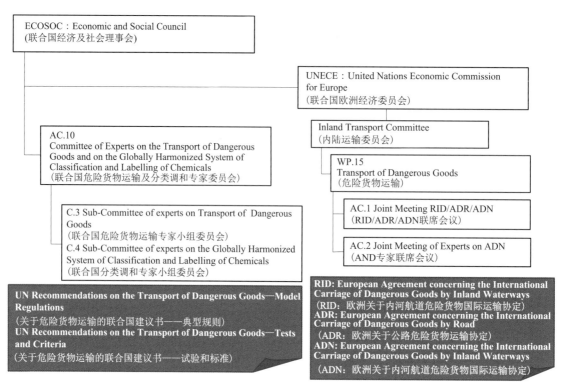

图 10-8 关于危险货物运输的联合国建议书的审议体制

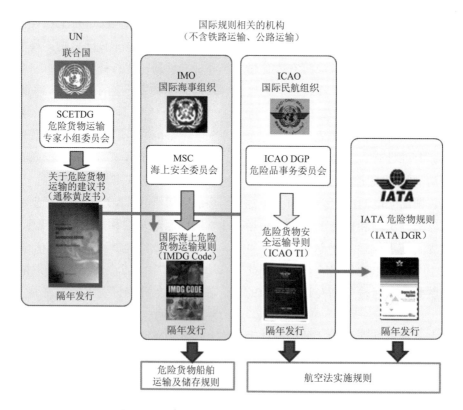

图 10-9 危险货物运输相关国际规则的关系

美国的危险品运输规则为联邦法规 49CFR（Code of Federal Regulation），包含了针对陆、海、空所有运输模式的危险品运输规则，汽车规则为 §183.220（Internal combustion engines、self propelled vehicles, mechanical equipment containing internal combustion engines, and battery powered vehicles or equipment)，锂电池、锂离子电池规则为§183.185（Lithium batteries and cells）。

日本危险品运输规则方面，海路运输规则为《危险品船运及储存规则》和《关于船舶运输危险品的运输标准等方面规定的公告》，航空运输规则为《航空法实施规则》和《关于航空运输爆炸物品等的运输标准方面规定的公告》。并结合了 IMDG 规则、ICAO 规则的修订内容。陆路运输方面需要满足消防法、剧毒物品限制法、火药类限制法及高压气体安全法。另外，在公路运输方面，须满足道路法。

10.3.3 危险货物的分类及概要

在联合国建议书中，规定了国际上运输危险货物的分类，对约 3 000 种物质及物品的品名（Proper Shipping Name：PSN）和联合国编号[15]进行了规定。危险货物的分类及描述如表 10-13 所示。表中没有对其化学物质名称、物品名称进行记载，并不表示该物品非危险品。在规定中有"其他的易燃性物质"、"其他的可燃性物质"等统称，也就是说表中未记载的物质、物品如存在易燃性和可燃性等某些危险性，也视其为危险品，必须依据危险品告示附表第 1 项中备注 2 的航空局告示"关于危险品的判定标准"中规定的是否有易燃性和可燃性等危险性的判定标准进行判定。判定试验在联合国危险品运输建议书的附册"试验及判定标准手册"中进行了规定。除制造者自身进行试验外，也可委托外部试验机构进行试验[16]。

表 10-13 危险货物的分类及描述[15]

危险货物等级	等级名称	该类物质的要求、物品
1 级	火药类	火药、炸药、弹药、烟火制品等
2 级	高压气体	常温常压下气体物质等
3 级	易燃性液体类	燃点在一定温度以下的液体
4 级	可燃性物质类	由于接触烟火等而容易被点燃或容易燃烧的物质、自然放热或易自燃的物质、与水反应产生可燃性气体的物质等
5 级	氧化性物质类	具有氧化其他物质特性的物质、有易释放活性氧并氧化其他物质的有机物
6 级	毒药类	对人体有毒副作用影响的物质、活性病原体及附着活性病原体的物质
7 级	放射性物质等	自发放射出离子化放射线的放射性物质、被放射性物质污染的物品
8 级	腐蚀性物质	有腐蚀性的物质
9 级	有害性物质	非上述物质，但对人体有害，或可能损坏物件的危险物品

与汽车相关的除电池外，还对搭载可燃性燃料的汽车本体、发动机及燃料电池、燃料电池汽车、电动车以及含有火药类物质的安全气囊等予以规定。表 10-14 为电动汽车、电池的品名、联合国编号、特别条款、包装规定的概要说明。

10.3.4 锂离子电池的运输规则

锂电池（一次电池）和锂离子电池（蓄电池）虽然电极材料、蓄电机理不同，但在危险品运输规则中以相同的联合国品名和编号进行了要求。根据 2007 年的联合国建议书修订案，将锂电池（UN3090）和锂离子电池（UN3480）加以区分，2009 年起在航空运输时的包装规定（可运输的极限重量）中也进行了区分。

2003 年发布的联合国试验及判定标准手册第 4 版中，构成电池组的单体电池，以及 6 200 Wh 以下的电池组的试验次数需要与单体电池数量相同，这样给电池组的试验工作增加了很大负担。在电动车逐步普及的大环境下，包括日本在内的各国都在寻找更加合理的办法。于是，2009 年对适用于大容量电池组的试验规则进行了修订[17]。表 10-15 为修订的第 5 版（2009 年）试验规则概要。

表 10 – 14　电动汽车、电池的品名、联合国编号及特别规定

根据联合国建议书，品名、分类、包装等级、特别条款、包装标准						航空运输（航空飞机运输货物）		
品　名	联合国编号	分类/划分	联合国包装等级	特别条款	包装标准	特别条款	包装标准	允许重量
锂电池	3090	9 有害性物质	Ⅱ	188 230 310	P903	A88 A99 A154 A164	968	包装质量 35 kg
锂离子电池（含锂的化合物电池）	3090	9 有害性物质	Ⅱ	188 230 310 348	P903	A88 A99 A154 A164	965	包装质量 35 kg
镍氢电池	3496	9 有害性物质	Ⅱ	117 963	—	—	—	—
蓄电池（内含酸性液体）	2794	8 腐蚀性物质	—	295	P801	A51 A164	800	—
蓄电池（内含碱性液体）	2795	8 腐蚀性物质	—	295	P801	A51 A164	800	—
蓄电池（防漏型）（根据备注栏的规定仅限于与该危险品相当的物品）	2800	8 腐蚀性物质	—	29 238	P003 PP16	A48 A67 A164	806	—
干电池（仅限于内含固体氢氧化钾，根据备注栏的规定不含非同类危险品）	3028	8 腐蚀性物质	Ⅲ	295 304	P801	—	802	包装质量 230 kg
电池（内含钠的电池组或单体电池。根据备注栏的规定仅限于与该危险品相当的物品）	3292	4.3 可燃性物质类，遇水反应的可燃性物质	Ⅱ	239	P408	A94	433	—
双电层电容器（0.3 Wh 以上）	3499	9 有害性物质	—	361	P003			
内燃机汽车 燃料电池车	3166	9 有害性物质	—	961 962 312 356	—	A67 A70 A87 A118 A120 A134	900	—
电动汽车	3171	9 有害性物质	—	961 962 240		A21 A67 A87 A94 A164	900	—

表10-15 锂离子电池运输试验概要[16]

		单体电池	电池组	备注
T-1	高压模拟（Altitude simulation）	○	○	T-1~T-5为使用相同电池的连续试验
T-2	热负荷试验（Thermal test）	○	○	
T-3	振动（Vibration）	○	○	
T-4	冲击（Shock）	○	○	
T-5	外部短路（External short circuit）	○	○	
T-6	碰撞（Impact）	○	—	
T-7	过充电（Overcharge）	—	○	
T-8	强制放电（Forced discharge）	○		

另外，锂电池、锂离子电池在航空运输过程中的运输事故未得到有效控制，因此强化试验规则的呼声越来越高。为此，2008年联合国危险品运输专家会议小组设立了锂电池非正式小组，推进关于提高运输安全及大容量电池组试验规则的修订工作。

10.3.5 对其他电池的运输规定

关于镍氢电池，虽根据电解液的浸渍形态划分了危险品品名及编号分类，但因2005年报告发生了因民用电池引发的船运事故，便设定了其联合国编号（UN3496），并规定其在船舶运输上限制为9级危险品[18]。此次修订内容除纳入IMDG规定第35次的修订工作（Amdt. 35-10）外，还计划编入联合国建议书第17版。

含钠的蓄电池定为4.3级（遇水反应的可燃性物质），除NaS电池外，ZEBRA电池等溶解盐电池也归为此类。

关于双电层电容器（超级电容器），预计在第17版修订中新设联合国危险品编号UN3499，其约束对象为蓄电容量在0.3 Wh以上的储电设备。

10.3.6 汽车的运输规则

汽车因装载可燃性燃料作为动力源，所以内燃机及内燃机汽车的联合国编号为UN3166。由于混合动力汽车及插电式混合动力汽车均搭载内燃机，所以将其归类为UN3166。另外，氢燃料电池车及气体燃料驱动的汽车也同样划分到UN3166中。电动汽车作为电池驱动的交通工具而划分为UN3171。汽车在航空运输中定为9级危险品，后根据IMDG规定的第35次修订，将海上运输的汽车也定为9级危险品。对于搭载锂离子电池的汽车，因有针对其电池运输的试验要求，因此在运输时的处理方面需要根据运输法规来进行确认。

10.4 关于充电系统的法规、标准

10.4.1 标准

从20世纪90年代前期开始，日本原电动汽车协会审议的关于电动汽车的充电系统标准的JEVS标准开始完善。最近几年特别是从防止温室效应等的观点出发，对于电动汽车的关注度越来越高，与此相关标准的修订、完善、新标准的制定也正在快速地发展。

(一) 国际标准

主要国际标准见表10-16～表10-18。

国际电气标准化会议IEC TC69（电动汽车以及电动工程用车）关于充电系统的标准 IEC 61851-1（电动汽车用接触式充电系统：一般事项）、IEC 61851-21（电动汽车用接触式充电系统：整车条件）、IEC 61851-22（电动汽车用接触式充电系统：AC 充电站）已经修订完毕或者有的正在修订。2010年，日本提出了IEC 61851-23（电动汽车用接触式充电系统：DC 充电站）以及IEC 61851-24（电动汽车用接触式充电系统：DC 充电控制协议）标准，并开始着手国际标准化项目的推进工作。

此外，充电接口方面，属于IEC SC23H（工业用插头及插座）的 IEC 62196-1（电动汽车用接触式充电接头、插座、整车连接器：一般要求事项）修订工作正在进行，同时日本提出的 IEC 62196-2（电动汽车 AC 接触式充电用整车连接器等接合部位形状尺寸的互换性）已经进行到

CDV（国际标准原案）阶段。另外，2010 年日本提出的 IEC 62196-3（电动汽车 DC 接触式充电用整车连接器等结合部位形状尺寸的互换性）的审议也已经开始。

最近智能电网的相关领域广受关注，整车与充电站间通信接口标准化（ISO 15118 系列）作为国际标准化机构 ISO TC22/SC3（汽车/电气电子装置）和 IEC TC69 的相关产业得到发展。

表 10-16　与充电系统相关的主要国际标准

标准编号	标准名称	发布时间	负责委员会
IEC 61851-1	Electric vehicle conductive charging system Part 1：General requirements	2010	IEC TC69 理事国：法国
IEC 61851-21 [修订中]	Electric vehicle conductive charging system Part 2-1：Electric vehicle requirements for conductive connection to an a.c./d.c. supply	2001	
IEC 61851-22 [修订中]	Electric vehicle conductive charging system Part 2-2：A.C. electric vehicle charging station	2001	
IEC 61851-23 [制定中]	Electric vehicle conductive charging system Part 2-3：D.C. electric vehicle charging station	—	IEC TC69/WG4/ PT61851-23 理事国：日本
IFC 61851-24 [制定中]	Electric vehicles conductive charging system Part 2-4：Control communication protocol between off-board d.c. charger and electric vehicle	—	IEC TC69/WG4/ PT61851-24 理事国：日本

表 10-17　与充电插接器相关的主要国际标准

标准编号	标准名称	发布时间	负责委员会
IEC 62196-1 [修订中]	Plugs, socket-outlets and vehicle couplers-Conductive charging of electric vehicles Part 1：General requirements	2003	IEC SC23H 理事国：美国
IEC 62196-2 [制定中]	Plugs, socket-outlets and vehicle couplers-Conductive charging of electric vehicles Part 1：General requirements	—	IEC SC23H PT62196 理事国：日本
IEC 62196-3 [制定中]	Plugs, socket-outlets and vehicle couplers — Conductive charging of electric vehicles Part 3：Dimensional interchangeability requirements for d.c. pin and contact-tube vehicle couplers	—	IEC/SC23H/ PT62196-3 理事国：日本

表 10-18　通信相关的主要国际标准

标准编号	标准名称	发布时间	负责委员会
ISO 15118-1 [制定中]	General information and use-case definition	—	ISO IEC JWG V2G CI （ISO TC22/SC3 + IEC TC69） 理事国：法国 & 德国
ISO 15118-2 [制定中]	Technical protocol description and Open Systems Interconnections (OSI) layer requirements	—	
ISO 15118-3 [制定中]	Wired physical and data link layer requirements	—	

（二）日本标准

日本在20世纪90年代前期就已把电动汽车的量产化提上日程，当时的日本电动汽车协会（JEVA）（现在并入日本汽车研究所（JARI））大力推进JEVS标准的制定工作。现在，参照国际标准的发展动向对标准进行修订、废除及制定等。

此外，《新一代汽车战略2010》里指出的面向电动汽车普及战略（到2020年止建设普通充电器200万台、快速充电器5 000台），为了获取充分的信息资源作为完善充电基础设施的依据，经济产业省等部门参考汽车动向编制了《充电设施设立指导手册》。日本的主要标准见表10-19、表10-20。

表10-19 日本充电系统相关的主要标准

标准编号	标准名称	发布时间	负责委员会
JEVS G 101—1993	电动汽车用环保站式快速充电系统的充电器	1993	日本汽车研究所（JARI）
JEVS G 103—1993	电动汽车用环保站式快速充电系统的充电站	1993	
JEVS G 104—1995	电动汽车用环保站式快速充电系统的通信协议	1995	
JEVS G 106—2000	电动汽车用感应充电系统一般要求事项	2000	
JEVS G 107—2000	电动汽车用感应充电系统手动连接	2000	
JEVS G 108—2001	电动汽车用感应充电系统软件界面	2001	
JEVS G 109—2001	电动汽车用导电充电系统一般要求事项	2001	

表10-20 日本充电插接器相关的主要标准

标准编号	标准名称	发布时间	负责委员会
JEVS G 105—1993	电动汽车用环保站式快速充电系统的连接器	1993	日本汽车研究所（JARI）
JEVS G 107—2000	电动汽车用感应充电系统手动连接	2000	

（三）美国标准

在美国，SAE 1996年制订的SAE J1772（电动汽车及插电式混合动力汽车的接触式充电插接器）在2010年进行了第2次修订。此次修订工作，对AC充电插接器的形状、性能、控制策略等规定进行了修改。前面所述的国际标准（IEC 61851-1、IEC 62196-2），与此次修改后的SAE J1772里规定的规格式样今后可能具有互换性。

美国的主要标准见表10-21～表10-23。

表10-21 美国充电系统相关的主要标准

标准编号	标准名称	发布时间	负责委员会
SAE J1772	SAE Electric Vehicle and Plug in Hybrid Electric Vehicle Conductive Charger Coupler	2010	SAE J1772TF
NEC 条款 625	Electric Vehicle Charging System	2008	NFPA 全美防火协会
UL 2202	Electric Vehicle (EV) Charging System Equipment	2006	Underwriters Laboratories Inc
UL 2251	Plugs, Receptacles and Couplers for Electric Vehicles	2007	
UL 2231-1	Personnel Protection Systems for Electric Vehicle (EV) Supply Circuits: General Requirements	2002	
UL 2231-2	Personnel Protection Systems for Electric Vehicle (EV) Supply Circuits: Particular Requirements for Protection Devices for Use in Charging Systems	2002	

表 10-22　美国充电插接器相关的主要标准

标准编号	标准名称	发布时间	负责委员会
SAE J1772	SAE Electric Vehicle and Plug in Hybrid Electric Vehicle Conductive Charger Coupler	2010	SAE J1772T/F

表 10-23　美国通信相关的主要标准

标准编号	标准名	发布时间	负责委员会
SAE J2836 Series & SAE J2847 Series ［制定中］	Part 1：Utility requirements	—	SAE
	Part 2：Communication with the off-board charger in the FVSE		
	Part 3：Reverse energy flow		
	Part 4：Diagnostics-Charging system plus more（if desired）		
	Part 5：Customer specific messages		
SAE J2931	Part 1：Digital communications for plug-in electric vehicles	—	
	Part 2：Inband signaling communication for plug-in electric vehicles		

此外，SAE J1773（电动汽车感应耦合式充电）、NEC Article 625（美国电气标准第 625 条：电动汽车充电系统）、UL 2202（与电动汽车充电系统设备安全相关的标准）、UL 2251（电动汽车用插头、插座以及插接器的安全标准）、UL 2231-1（电动汽车供给电路用人身保护标准：一般要求事项）、UL 2231-2（电动汽车供给电路用人身保护标准：充电系统用保护装置的详细要求事项）等工业标准在 SAE J1772 中引用。

另外，与智能电网相关，车辆与充电站间通信（Vehicle to Grid Communication Interface）的标准化、以 SAE 为主体的 SAE J2836 系列、SAE J2847 系列、SAE J2931 的论证正在推进。

（四）欧洲标准

在欧洲（EU），基本上使用 IEC 标准和 ISO 标准等国际标准。上述国际标准中，结合世界各国的实际情况提供了多种选择（例如充电插接器的形状等）。欧洲区域内统一标准的贯彻实施，由欧洲委员会指示的 CEN（European Committee for Standardization）/CENELEC（European Committee for Electrotechnical Standardization）进行推进。

（五）中国标准

在电动汽车相关产业迅速发展的中国，电动汽车的相关标准也需加速完善。

从 2010 年 4 月开始，汽车以及电气设备的标准化工作由工信部负责，包含充电基础设施在内的电网方面的标准化工作由能源局负责。今后 2 年内可能会启动三十几项与充电相关的标准完善计划。中国的主要标准见表 10-24、表 10-25。

表 10-24　中国充电系统相关的主要标准

标准编号	标准名	发布时间	负责委员会
GB ××××-××× ［制定中］	电动车辆充电站通用技术要求	—	CATARC
GB/T 18487.1	电动车辆传导充电系统一般要求——第一部分：一般要求		
GB/T 18487.1	电动车辆传导充电系统一般要求——第二部分：电动车辆与系统/直流电源的连接要求		
GB/T 18487.1	电动车辆传导充电系统一般要求——第三部分：直流&交流电动车辆充电站		

表 10 – 25 中国充电插接器相关的主要标准

标准编号	标准名	发布时间	负责委员会
GB/T ×××× [制定中]	电动汽车传导充电用连接装置：第1部 通用要求	—	CATARC
GB/T ×××× [制定中]	电动汽车传导充电用连接装置：第2部 交流充电接口	—	
GB/T ×××× [制定中]	电动汽车传导充电用连接装置：第3部 直流充电接口	—	
GB/T ×××× [制定中]	电动汽车电池管理系统与非车载式充电装置间的通信接口	—	CEC

2011 年 1 月，制定了推荐性标准（GB/T）：GB/T 18487.1（与 IEC 61851 – 1 对应）、GB/T 18487.2（与 IEC 61851 – 2 对应）、GB/T 18487.3（与 IEC 61851 – 3 对应）、GB/T 20234（与 IEC 62196 – 1 对应）、国家标准《电动汽车充电站的通用要求》。另外，中国汽车技术研究中心（CATARC）提案并制定了推荐性标准（GB/T）《电动汽车传导充电用连接装置：第 1 部 通用要求》《电动汽车传导充电用连接装置：第 2 部 交流充电接口》《电动汽车传导充电用连接装置：第 3 部 直流充电接口》，中国电力企业联合会（CEC）提案并制定了《电动汽车电池管理系统与非车载式充电装置间的通信接口》，目前正等待中国国家标准化管理委员会（SAC）的审批认可。近年来，中国一直积极参与国际标准化活动，现阶段重点将放在强化国内体制上，中国国内的标准化工作分担情况处于流动状态。

10.4.2 法规

目前在欧洲除了低电压法规及 EMC 法规中规定的充电器相关专业安全性及电磁干扰以外，电池充电相关的专业法规原则上均适用一般的电气设备相关的法规。

（一）美国法规

严格来说美国没有充电设备相关的专业性法规。不过多数的州法律中引用了 NEC（美国电气标准），事实上，上述 NEC Article 625（美国电气标准第 625 条：电动汽车充电系统）与法规具有同等的效力。

另外，加利福尼亚州正在尝试引进 SAE J1772 以便获得 ZEV 信用。

（二）欧洲法规

在欧洲，通过欧洲议会及欧盟理事会《关于协调各成员国用于特定电压（低电压）范围内的电气设备的法律》（通常特指低电压指令（LVD））来确保安全性。通过欧洲议会及欧盟理事会《各成员国就有关电磁兼容性的法律达成的共识》（通常特指 EMC 指令）对防止电磁干扰进行了相关规定，并在欧盟区域内有效。

各个公司可在欧盟政府公报发布的统一标准中选择最适合自己产品的标准，并公开发布适用该标准要求。如机器设备适用某指令要求，则在机器上贴上 CE 即表示可在欧盟区域内自由流通。

充电系统方面，适用的是 EN 61851 系列（IEC 61851 系列）、EN 62196 – 1（IEC 62196 – 1）等相关统一标准。

（三）中国法规

事实上中国的国家标准与法规具有同等的约束力。即使是行业标准以下的标准，如被国家标准所引用，则该标准也与法规具有同等约束力。

10.5 电磁兼容性（EMC）、低频磁场的法规、标准动向

10.5.1 概述

EMC 为 Electro-Magnetic Compatibility 的略

称，意思为电磁兼容性，具有电磁放射（Electromagnetic Emission）和电磁免疫性（Electromagnetic Immunity）两种性能。此外，可以与其他的电子器械、包含人体的环境，同时共存兼容的电磁性能。

汽车方面，这种性能在 ECE R10（国际型式认证标准）中进行了规定。在欧洲，该标准适用于所有车辆，且已被采用。即便在日本，最近也将作为车辆的安保标准而采用。使用电动力的混合动力汽车、电动车、燃料电池车、传统内燃机车辆也同样适用本标准。另外，使用外部电源进行供电以及连接到基础电网时，有必要同家电产品同样遵循一般 EMC 指令。除上述两点之外，在广义的 EMC 范畴内，也有必要考虑与电磁波相关的人体防护准则。EMC 的性能标准、指导方针等的性能目标或标准限值在电动车上基本上可以通用。但是，试验时车辆的行驶条件等，因为混合动力汽车及电动车有其独特的行驶控制模式，来控制高电压大容量的电流负荷，所以多被分别定义。本节对以下的 3 个项目进行具体说明：

① 国际协调标准 ECE R10 关于 EV（Electric Vehicle）、HEV（Hybrid Electric Vehicle）的使用。

② 对于充电系统的一般 EMC 指令适用的动向。

③ ICNIRP（International Commission on Non-Ionizing Radiation Protection）人体防护准则与低频电磁场指导方针的动向。

10.5.2 国际协调标准 ECE R10 - 03 上的 EV、HEV

ECE R10 第 3 版的测量方法引用了 CISPR（Comité international special des perturbations radioélectriques）12 第 5 版修订 1 的内容。抗干扰试验方法引用了 ISO 1145。表 10 - 26 为 ECE R10 第 3 版的试验构成。

表 10 - 26 ECE R10 第 3 版法规项目与引用标准

	R10 - 03 规制项目		试验法	版本
整车	Annex 4	宽带放射电波	CISPR 12 - 5	第 5 版 修订 1
	Annex 5	窄带放射电波	CISPR 12 - 5	第 5 版
		简易试验	CISPR 25 - 2	第 2 版
	Annex 6	电磁放射 整车的抗干扰试验方法	ISO 11451 - 2	2005 第 3 版
零部件	Annex 7	零部件宽带放射电波	CISPR 25 - 2	第 2 版
	Annex 8	零部件窄带放射电波	CISPR 25 - 2	第 2 版
	Annex 9	电磁放射的零部件抗干扰试验	ISO 11452 - 1：整体	2005 第 3 版
			ISO 11452 - 2：ASLE	2004 第 2 版
			ISO 11452 - 3：TEM	2001 第 2 版
			ISO 11452 - 4：BCI	2005 第 3 版
			ISO 11452 - 5：Stripline	2002 第 2 版
	Annex 10	传导抗干扰 & 电磁辐射	ISO 7637 - 2	2004 第 2 版

辐射测量方法中规定的是 Annex 4 中所示的宽带杂音测量。这个试验以 CISPR 12 为依据。CISPR 12 被定义为：车辆在正常运转状态时，车辆左右 3 m 或者 10 m 位置上，从 30 MHz 到 1 000 MHz 的电磁强度的范围值。EV、HEV 的测定条件被定义为：测量以电动机驱动，行驶条件固定为 40 km/h 时的数值。HEV 被要求：和内燃机驱动同时测量，或分别测量内燃机和电动机。个别测定时，与以往内燃机车辆相同，追加内燃机转速 1 500 r/min 时的测量。当前的 CISPR 规格中：电动机的行驶负荷，以顶起或自由滚轮的测量为标准，无其他特殊要求。CISPR 的 D（汽

车）委员会的报告指出：增加行驶负载，驱动电流增大，辐射等级也将增大。今后，有可能通过底盘测功机等，施加与稳态行驶时相当的行驶负载进行测量。使用底盘测功机进行电磁辐射测量时，需要将底盘测功机的电磁辐射控制在比 CISPR 规定值低 – 6 dB 的水平。对于底盘测功机与它的电源装置进行试验时，需要可以有效抑制产生电磁辐射的专用设备。

ISO 11451 – 2 在整车试验方面，对抗干扰性能，进行了定义、要求。车辆的行驶条件，规定以 50 km/h 的匀速行驶。在这里对从 20 MHz 到 2 GHz 的 AM（振幅变调），以及 PM（脉冲变调）在 30 V/m 的磁场环境下，对性能的影响进行评价。EV、HEV 汽车，要求与传统汽油车相同，性能为车速变动的 10% 以内。

在欧洲，ECE R10 对具有充电功能的 EV、HEV 适用于现在的模式规定了认证标准。因为充电时，并无 EMC 的规定，所以有必要经对应基础电源的充电功能与低电压指令结合，来适合一般 EMC 指令（图 10 – 10）。

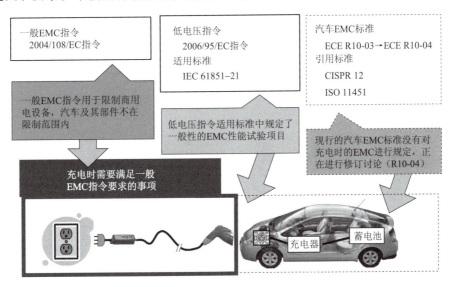

图 10 – 10　搭载充电系统车辆的 EMC 标准对应（EU 实例）

关于本事宜要求内容，将在后面进行介绍。ECE R10 及引用标准 CISPR、ISO 中增加了汽车充电时的 EMC 标准内容。ECE R10 第 4 版的修订计划在 2011 年进行。在 2010 年 8 月提案审议的正式草案标准构成中，以充电系统为例，对电力输出线、通信线路的 CISPR 传递噪声进行规定，并增加了 IEC 61000 – 3 辐射规定、IEC 61000 – 04 抗干扰规定。后续内容将围绕本次研讨的背景与追加试验项目的概要进行说明。

作为汽车 EMC 关系的国际协调标准，ECE R10 除了在欧洲的运用之外，2011 年在日本选择性实施。另外，在印度、韩国、中国台湾也开始着手基于同一标准，进行各自的整车形式认证标准的应用。

在中国，在运用与原来 CISPR 12 及 SAE J551 – 5 同等级电磁辐射的强制标准的基础上，开始研讨在 2012 年以后，把 R10 的试验体系，作为强制标准 GB 进行应用。

ECE R10 作为电动车、HEV 车、充电系统等的新技术，不断推广应用。作为国际的汽车标准，在世界市场中逐渐导入并应用。

10.5.3　充电系统中普通 EMC 指令的应用

汽车的 EMC 体系，像前文中的 ECE R10 一样，电磁辐射在 CISPR，抗干扰在 ISO 进行审议、定义。与此相对，普通 EMC 指令中，除高频率电磁辐射的 CISPR 标准外，全部在 IEC 标准中进行规定。电磁辐射相关内容在 IEC 61000 – 3 系列、抗干扰相关内容在 IEC 61000 – 4 系列中规定。关于与充电相关的车载电子系统,因为与家用电源连接,或利用民用电网,所以要求和普通的家电产品一样,适用普通的 EMC 标准。

汽车用充电系统标准有 IEC 61851-21。本标准为欧洲低电压指令 2006/95/EC 的适用标准。IEC 61851-21 引用了欧洲一般 EMC 指令的 IEC 61000 系列标准(图 10-11)。

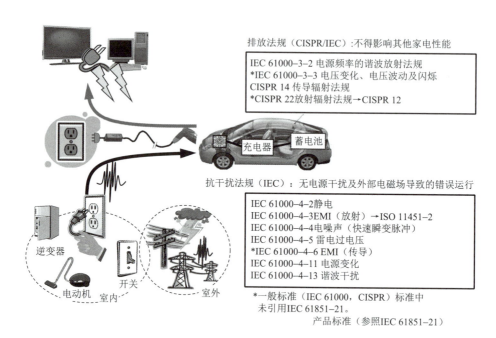

图 10-11 应用于充电系统的 EMC 试验标准

汽车的 EMC 认证用于汽车形式认证,而普通 EMC 指令除用于制定符合性声明(Declaration of Conformity)外,还要求必须标注 CE 标识。

关于汽车的充电系统,目前整车由 R10 的型号认证进行应用管理。另外,以电子部件等级进行的型号认证,必须标注满足 ECE 标准的 E 标识等。

车辆用充电系统中,搭载于车辆的充电单元适用 IEC 61851-21。目前,欧洲法规中,充电系统既是整车 EMC 的型号认证对象,又是一般 EMC 指令、低电压指令的适用对象。特别是对于 EMC,在类似的试验项目中有汽车用与家电用的双重性能试验标准要求。加上标识条件要求,需要满足两种法规要求。为了回避此种状况,在 ECE R10(整车的型号认证标准)中,追加了充电系统的试验要求。以 ECE R10 为基准,整车以及车载用电子部件的试验标准为中心的认证体系被寄予厚望。另外,从整车分离出的充电准则,作为一般 EMC 指令对象,逐步完善了 EMC 的性能管理准则。

下面对适用一般 EMC 指令的技术课题进行说明。从排放性能开发的角度来看,30 MHz 以下电源线叠加的传导噪声管理是以往车载 EMC 标准中未曾规定的新项目。从抗干扰性能的角度来看,IEC 61000-4-4(其他家用电器及继电器产生的噪声)、IEC 61000-4-5(打雷时传导到送电线的噪声向电源线的迂回)为含有新频率成分能量的噪声波形,有必要进行与家电产品等同的过滤处理。

其他的试验项目,因为内容与汽车用 EMC 标准同等,而且车辆用 EMC 标准的许可等级也普遍比较严格,所以重新制定的意义不大(图 10-12、表 10-27)。

10.5.4 ICNIRP 指导方针与低频电磁场限制的动向

EV、HV 经常使用大电流、高电压进行电力控制,偶尔也会有低频电磁场对人体造成影响的报道。

	R10-03 规定项目	
实车	Annex 4	宽频放射电波
	Annex 5	窄频放射电波
	Annex 6	对于电磁放射的车辆免疫性试验方法
部件	Annex 7	部件宽频放射电波
	Annex 8	部件窄频放射电波
	Annex 9	电磁放射的部件免疫性试验
	Annex 10	传导抗干扰&电磁辐射

	R10-04 规定项目	
Annex 4	宽频放射电波	追加充电时的项目遵循频率波段的CISPR
Annex 5	窄频放射电波	限定为充电时以外
Annex 6	对于电磁放射的车辆免疫性试验方法	追加充电时的项目
Annex 7	部件宽频放射电波	CISPR 25→CISPR 12
Annex 8	部件窄频放射电波	遵循频率波段的CISPR
Annex 9	电磁放射的部件免疫性试验	
Annex 10	传导抗干扰&电磁辐射	部分数值变更
Annex 11	汽车在交流电源配线上产生的瞬间电流高频率排放试验方法	
Annex 12	交流电源配线上的电压变化、变动、ON、OFF时的排放试验方法	
Annex 13	交流、直流电源配线上，干扰无线传导频率的排放试验方法	
Annex 14	网络、通信访问上，干扰无线传导频率的排放试验方法	
Annex 15	以沿直流、交流电源配线传导的电力高速过度、突发干扰进行的抗干扰试验方法	
Annex 16	以沿直流、交流电源配线传导的波动进行的抗干扰试验方法	

追加充电规格要求

图 10-12　R10-03 和 R10-04 的比较

表 10-27　ECE R10 第 4 版方案的追加法规项目与标准

R10-04 法规项目		试验方法	版本
Annex 11	汽车在交流电源配线上产生的瞬间电流高频率排放试验方法	IEC 61000-3-2 IEC 6100fl-3-12	
Annex 12	交流电源配线上的电压变化、变动、ON、OFF时的排放试验方法	IEC 61000-3-3 IEC 61000-3-11	
Annex 13	交流、直流电源配线上，干扰无线传导频率的排放试验方法	CISPR 16-2-1 CISPR 16-1-2	
Annex 14	网络、通信访问上，干扰无线传导频率的排放试验方法	CISPR 22	
Annex 15	以沿直流、交流电源配线传导的电力高速过度、突发干扰进行的抗干扰试验方法	IEC 61000-4-4	2005 第 2 版
Annex 16	基于沿直流、交流电源配线传导的波动进行的抗干扰试验方法	IEC 61000-4-5	2005 第 2 版

因 WHO（世界卫生组织）对电力基础设置、交流送电线低频电磁场对人体影响的报道，使得汽车用户对低频电磁场不良影响的关注不断高涨。ICNIRP（国际非电离辐射防护委员会）在 1998 年发布了《限制时变电场、磁场和电磁场（300 GHz 以下）暴露的导则》，作为 WHO 低频电磁场的指导方针。欧洲在 1999 年发布了《关于大众暴露于电磁场限制的 EU 建议》、2004 年发布了《职场性电磁场暴露指令》2004/40/EC。这些都依照于 ICNIRP 指导方针。日本总务部的电波法中，以管理无线设备、无线机器附近的电磁场为目的，电波防护准则中电磁场范围设定为

10 kHz～300 MHz。ICNIRP 的指导方针中尚无关于低频电磁场的法律法规。2007 年，WHO 建议各国政府，以 ICNIRP 等国际性指导方针为依据，完善电磁场防护准则相关法律。在此，ICNIRP 指导方针定位为国际性标准指导方针。从经济学观点考虑，不推荐比该方针更加严厉的限制。目前在世界范围内，ICNIRP 的指导方针都被作为法规，进行应用。

现在，还没有关于汽车的标准试验方法，也没有对型号认证等进行要求。另外，关于此试验方法及极限值，也没有进行统一的国际标准化研讨委员会组织。对于指导方针的适应，目前仅停留于由各汽车厂商自行组织的阶段。

近几年，SAE 等对于本试验方法的调查研讨 WG 已经开始展开活动。今后，日本、欧洲等将有望制定标准的试验方法。

10.6 与电动车辆的静音性相关的问题和对策

10.6.1 前言

作为解决环境以及能源问题的一种手段，混合动力车和电动汽车等车辆的普及广受期待。最近销售数量急速增加，预计今后数量会进一步增加。另外，用户和视力残障者团体提出了新的问题，这些车辆由于结构上的原因声音比较小，行人难于察觉车辆的接近，因此容易造成危险，对此有必要采取相应对策。

根据这种状况，日本国土交通省设置了专门的研讨会，商讨对策的发展方向。受这份报告书的推动影响，在 2010 年 1 月确定了对策的指导方针。另外，在日本以外国家和地区，如美国等也认识到了同样的课题并正进行着研讨。

本节针对电动车辆的静音性相关问题，将对以往的情况、对策必要性与对策内容、对策的发展方针、海外动向以及今后的课题等进行阐述。

10.6.2 经过

在日本，从 2005 年左右开始听到对于电动车辆过于安静而感到不安的呼声。2006 年在国土交通省的交通政策审议会的报告书中，有关于这一问题的研讨。交通安全环境研究所对此进行了基础的调查工作，并在 2007 年 3 月形成了专题报告。

调查结果的概要[19]如下：

• 现阶段，无法从事故实际数据库来确认是否由于车辆过于安静而引起的事故。

• 可以 EV 模式行驶（发动机处于停止状态，仅靠电动机驱动行驶）的混合动力车等，与一般发动机驱动车辆相比较，在车速为 20 km/h 下，车身发出的声响（由车的中心线到侧方 2 m，高 1.2 m 处测量）的差值最大为 20 dB（图 10 - 13）。

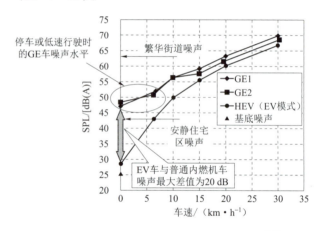

图 10 - 13 混合动力车与汽油车的噪声比较[19]

• 若车速超过 15 km/h，EV 模式行驶的混合动力车和普通汽油车之间，在认知性上并不能看到明显的差异。

• 对样本声音作为对象的认知性以及可接受性调查的结果来看，与汽油发动机车实现同等的认知性的同时，可以得到可接受性较高的样本声音（图 10 - 14）。

如上所述，虽然在这个调查上得到了一些有用的结论，但是关于标准化等问题，还有必要以事故、意见为依据，今后进行更进一步的讨论。在这样的环境背景下，国土交通省的安全基准研讨会上，将本案定为了标准化候补项目，确定 2007 年之后继续进行研讨。

之后，由于混合动力车销售数量的骤增，以

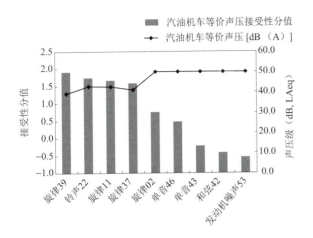

图 10-14　在确保与发动机车相同认知性的前提下的可接受性[19]

及来自视力残障者团体的要求等，国土交通省于 2009 年 7 月召开"关于混合动力车等的静音性对策研讨会"，并在同年 11 月总结了对策方案。以此为基础，在听取公众意见的基础上，总结了"关于混合动力车等的静音性对策（报告）"[20]。根据此报告，国土交通省于 2010 年 1 月制定了"关于混合动力车等的静音性对策的指导方针"[21]。由此，在满足一定条件的情况下，可以在车上随意装备车辆接近报警装置。

另外，从 2007 年左右开始，在日本以外的国家和地区，关于车辆的静音性问题的认识也持续高涨。

美国方面，受视力残障者团体等的要求，NHTSA（National Highway Traffic Safety Administration）和 SAE 正在进行"安静车辆"相关的调查研究。另外，联邦议会提出了相关的法案，预计在 2010 年内提出与"安静车辆"相关的对应方案。

在联合国世界车辆法规协调组织论坛（WP29）上，关于本案主要国家的相关人员进行了信息交换，并以国际范围内的整合为目的，进行了研究探讨。

10.6.3　关于对策

在这里，主要叙述日本以国土交通省所总结的"关于混合动力车等的静音性对策（报告）"为基础的概要内容。

可以 EV 模式行驶的电动车，在低速行驶时由于本身车噪较小，不容易引起行人注意，针对这一问题是否需要采取对策存在两种意见。一是驾驶者如果加以注意则不需要对策，二是作为车身的结构问题，需要提出相应的对策。对于普通发动机汽车，驾驶者不需要通过什么特殊的手段，单靠行驶时的车噪，就可以自然地向行人传递车辆接近的信号，而电动车辆无法做到这点。如何对待这两种截然不同的情况，意见有所分歧。

特别是对于视觉残障者来说，在单独行走的时候，声音信息是必不可少的。在车辆与行人混杂的场所等地，如果周围有低速行驶的不发出声音的车辆，事实上对于此种状况，残障者抱有极大的不安。另外，作为车辆与行人的一种重要的交流手段——声音一旦消失，会由此引起无法进行交流的问题。

基于以上考虑，得出的结论是仍然需要采取某种对策。在各种各样的选项之中，检讨委员会从能否如普通发动机汽车一样，自然地让行人注意到车辆，以及如何利用电动车辆静音性的优点等的观点出发，总结分析出以下六点对策方针。

（一）适用范围

以可以 EV 模式行驶（发动机处于停止状态，只用电动机行驶）的混合动力车及电动车辆为适用对象。

（二）对策所必要的条件

从起步到车速 20 km/h 之间的速度区域及倒车时。

【考量方法】关于（一）、（二），和普通发动机车相比较，可以 EV 模式行驶的混合动力车等，在车速达到 20 km/h 之前，车辆所发出的声音最多低 20 dB。

（三）关于发声的种类及应该满足的声音性质

可预测的汽车行驶状态的声音。

【考量方法】作为多种多样的汽车行驶状态的声音种类，如铃声、旋律、单音、和弦（与发动机相类似的声音等）等作为研究对象，着重考虑以下观点：

● 即使不特别向周围做出告知，也可以自然地察觉车辆的存在、接近及离开等举动。

- 声音不会造成不适感。
- 驾驶者可以连续收听到。
- 考虑应对年龄增长听力会发生变化的特性。

（四）关于发声的方法

系统可以根据车辆的速度自动发出声音，系统 ON 状态为标准状态，也可以装备暂时停止发声的开关。不过不能设定为一直处于发声停止的状态。

【考量方法】从对策的宗旨出发，在必要的场合应当常时发声。但是，在周围没有行人以及在高速公路堵车时等，明确不需要发声的场合，如果装置被设定为不可关闭的系统，则有可能发生故意提高车速，以此来停止发声的问题。

（五）关于音量

设为与普通发动机车相同程度的音量。

【考量方法】与普通发动机车具有相同程度的音量，可以提醒行人注意。为避免对环境噪声的不良影响，在需要发声的速度区域内，应设定噪声小于普通发动机车行驶时的等级水平。

（六）关于对策的普及方案

在对法规内容等进行研讨的基础上，尽可能早期地在新车型上强制实施。另外，在强制实施之前的准备工作中，对于满足一定条件的装置，应使其可以自行装配，以谋求更早普及。

【考量方法】虽然，从对策的宗旨来看需要强制实施，但是在强制实施时，进行社会接受性方面的验证、设定符合技术开发规律的法规值、完善试验方法、修订安全标准等均需要一定的推进时间，所以对策的快速普及存在着困难，对于满足一定条件的装置，应使其可以自行装配。

10.6.4 指导方针

在现行的安全标准中规定，不得装配与警报器容易混淆的产品。事实上，在指导方针中所明示的一定条件下（不得装配警报器以外的发声装置），允许搭载车辆接近警报装置。

下面，将围绕着由日本国土交通省所制定的"关于混合动力车等的静音性对策的指导方针"进行叙述。

应执行对策的对象车辆如下：

"内燃机处于停止状态，且单靠电动机可以行驶的电动混合动力车、电动汽车以及燃料电池车"

（一）车辆接近警报装置的条件

1. 定义

"车辆接近警报装置"是指以使行人感知到车辆的接近为目的，满足以下"2. 工作条件"以及"3. 发声的种类及音量"中所表明的一定条件，装配于车辆的发声装置。

2. 工作条件

（1）发声方法。车辆接近警报装置是指从起步到车速达到 20 km/h 的速度区域内，以及倒车时会自动发声的装置。但是，具有内燃机的车辆，在内燃机工作的时候不需要发声。此外，配有倒车时可发出警报装置的车辆，在倒车时车辆接近警报装置不需要发声。

（2）暂时停止开关。车辆接近警报装置可以设定为暂时停止工作形式（以下称为"暂时停止开关"）。设置暂时停止开关的车辆，应该在某一装置上显示出车辆接近警报装置停止工作的信息。另外，即使通过暂时停止开关控制，将车辆接近警报装置关闭，车辆接近警报装置也不会永远保持在停止状态。另外，暂时停止开关要处于固定位置，便于驾驶者识别及操作。

3. 发声的种类及音量

（1）声音的设定应考虑能够使人意识到是车辆在行驶。基于该原则，以下及类似的声音不适合作为警报声：

① 警笛、门铃、铜铃及旋律声。
② 警报器的声音。
③ 动物、昆虫发出的鸣叫声。
④ 自然中的波浪、风及流水的声音。
⑤ 其他正常情况下无法联想为车辆发出的声音。

（2）根据车辆的速度，声音的音量及音程可自动变化，使人们能够更容易感知车辆的运动。

（3）考虑乘用车及载货车等各自不同的用

途，音量应不超过内燃机车 20 km/h 车速行驶时的声音。

（二）使用中的车辆的早期普及方案

从使用中的车辆的早期普及观点来看，虽然没有完全满足车辆接近警报装置的所有条件，至少满足"（一）3.（1）"及"（3）"的要求的发声装置（限定于：1 次操作，"（一）3.（1）"的声音可以持续 5 s 以上发声，而且位置固定，驾驶者可以简单地识别及操作。）可以作为简易的车辆接近警报装置来装配。具体的音量，要经过更详细的研讨后，另行说明。

（三）指导方针的运作

指导方针要根据技术开发的实际情况等，进行适宜的改正。

10.6.5 车辆接近警报装置的实际情况

2010 年 7 月之前，车辆上还没有标配车辆接近警报装置。下面将对在 2010 年，以指导方针为基准计划在日产聆风上搭载的车辆接近警报装置进行介绍。

（一）车辆接近警报装置的功能

日产聆风上搭载了行驶中对应车速，可以进行声音高低变化的扫描声，以此来表现车的加速、减速等的行驶状态。车辆在起步时，声音的变化也增大，使 EV、HEV 起步时不易被行人察觉的问题得以解决（图 10 - 15）。

- 车速 30 km/h 以下的起步加速时，车辆发出声音。

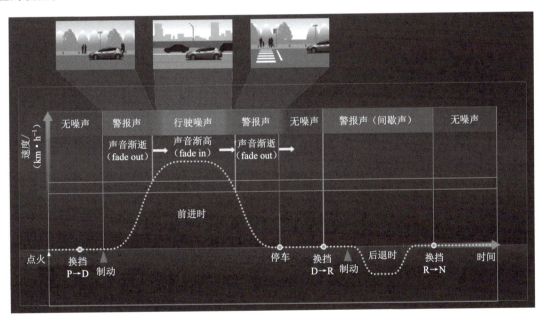

图 10 - 15　车辆接近警报装置的功能[22]

- 车速 30 km/h 以上，车辆行驶声较大的速度范围内，停止发声。
- 减速时，车速达到 25 km/h 以下，车辆行驶声变小后开始发声。
- 车辆后退时，以断续的声音，来进行告知。

（二）车辆接近警报装置的结构

通过控制器内的电脑和合成器，配合车辆的车速、前进及后退制造的声音，由电动机内的扬声器传递出，而且可以通过开关操作来停止发声。

预计今后以指导方针为基准的车辆接近警报装置，将在各公司的车辆中逐渐装配。

10.6.6 日本以外动向

在美国，2003 年视力残障者团体 NFB（National Federation of the Blind）将此问题提出。以此为开端，2007 年 NFB 对车辆最小噪声的法规值做出了提案。同一年，SAE 开始了对车辆最小噪声试验方法的研讨。2008 年，NHTSA 举行了公众会议（Public Meeting），并对行动计划予以总结。以此为基础，NHTSA 在 2009 年对 Phase 1、2010 年对 Phase 2 进行研究。另外，在联邦议会中提出相关法案。预计 2010 年内，关于"静音车辆"会采取一定对策。

另外，联合国世界车辆法规协调组织论坛（WP29）下属的噪声分科会——"静音车辆"工作小组，针对混合动力车等因过于静音而对行人等易造成危险的状况，与主要国家的相关工作者进行了信息交换，并以实现国际性整合为目标进行了研讨。2010 年 7 月的集会中，日本围绕在同年 1 月制定的"关于混合动力车等静音性的对策指导方针"，进行了详细的说明。经过各种各样的意见交换，最后确定了以日本的指导方针为基础，进行对策的研讨。现在正以日本的指导方针为中心进行国际标准的协调工作。

10.6.7 今后的课题

本节中，对电动车静音性的对策——车辆接近警报装置进行了叙述。

在日本国内，2010 年 1 月，由国土交通省发布了对策指导方针，使在车上自行装备车辆接近警报装置变为可能。今后，为了使此装置得以普及，在实现装置实用化的同时，有必要举办体验会等普及促进活动。另外，装备了此装置的车辆投入市场之后，需要在验证对策的有效性、社会的接受性等的同时，进行更进一步的改良。这点在指导方针中，也已经被明文记载。因这种装置的使用尚无前例，所以不排除有发生意外的可能性。

目前对策的采用以自愿为原则，为实现强制性措施的目标，标准化作业是必不可少的。这需要对上述的验证、基于技术开发的法规值设定、试验方法等进行完善，进行定量且具体的研究、探讨。

在日本以外的国家和地区，虽说主要是美国与联合国在进行着探讨研究，但以日本的指导方针为基础，进行世界标准协调是最为理想的（日本立场）。因此，在推行普及活动上，官方与民间需要共同努力。

目前，对策方面除了声音以外尚未发现更加实用的方法。将来，利用 IT、传感器技术可以向行人告知车辆的接近，或者可以开发出向车辆通知行人存在的新技术。

可以期待，通过面向对策的多方面研讨，有助于健全发展、解决电动车辆存在的问题。

10.7 氢燃料电池车的法规、标准

10.7.1 概述

氢燃料电池车相关的标准，针对车辆本身的法规和氢气系统零部件相关的法规，分别制定了不同的标准。关于氢燃料电池车的标准，2005 年 3 月公布并实施了道路运输车辆细则告示附件 100（压缩氢气为燃料的汽车燃料装置技术标准），同时附件 17（碰撞时等防止燃料泄漏技术标准）等也进行了修订。另外，氢气系统零部件相关的标准中，除高压气体安全法以外，还有压缩氢气汽车燃料装置用容器技术标准（JARI S001（2004））及压缩氢气汽车燃料装置用附件技术标准（JARI S002（2004））。上述标准约束对象均为 35 MPa 容器。今后将针对 70 MPa 容器制定可实行的标准。

图 10-16 为氢燃料电池车相关的标准，图 10-17 为国际标准。高压安全内容已在 10.1 节中阐述，油耗试验方法已在 10.2 节中进行阐述。

10.7.2 填充插接器

目前，正式发布实施的汽车用高压氢气填充插接器国际标准有以 35 MPa 为对象的 ISO 17268（2006.6 发布）。此外在欧洲，负责氢气车辆型式认证的欧盟委员会法规（EC）No.79/2009（2010.4 发布）中规定的上限值为 70 MPa。除日本以外，美国汽车标准 SAE J2600（2002.10 发布）中规定值为 35 MPa，SAE TIR（Technical Information Report）J2799（2007.1 发布）中对 70 MPa 规格的形状进行了规定。上述规格标准

中，35 MPa 的形状已经标准化（图 10 - 18 (a)）。关于 70 MPa 规格的形状问题，则有 2 种方案，尚未统一。一种是在 35 MPa 规格的基础上在填充口（车辆）一侧增加密封用 O 形环；另一种是日本提出来的在加注嘴（气站）一侧增加 O 形环（图 10 - 18 (b)）。因此，以 ISO、SAE 为中心，正在对 35 MPa 规格向 70 MPa 规格过渡过程中所产生的形状更改及要求事项统一化等问题进行讨论。目前，日本国内没有相应标准（JIS 等）。

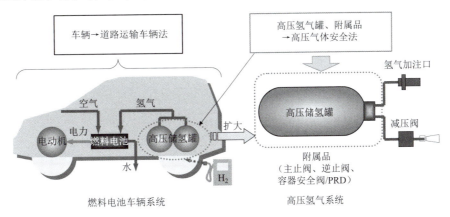

图 10 - 16　燃料电池车与法规、标准的适用关系[23]

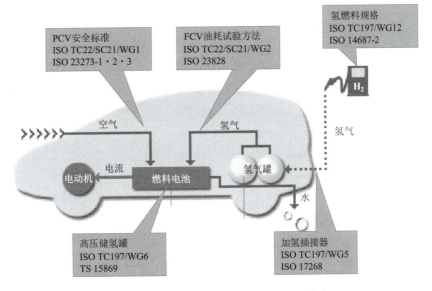

图 10 - 17　氢燃料电池车的标准化项目[24]

10.7.3　氢气填充协议

短时间内高压填充氢气，气体容器温度上升。为了保护高压氢气容器，必须通过法规或者标准对填充氢气的压力以及温度上限进行规定。另外，考虑到汽车的便利性，也需要对短时间内安全地填充一定量氢气所用到的软、硬件进行规定。目前没有相关的国际标准或者国际法规，SAE TIR J2601（2010.3 发布）和 J2799 作为暂行替代标准而被认知、使用。硬件方面的主要规定项目为通信技术。高压氢气容器的温度及压力等车辆一侧的信息通过通信技术从填充口经由加注嘴传送到气站，气站一侧根据具体情况调节填充速度及添加量。

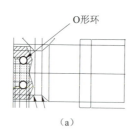

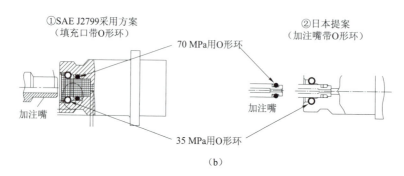

图 10-18 汽车用高压氢气填充口形状

(a) 35 MPa 用填充口形状（填充口处的 O 形环）；(b) 70 MPa 规格形状（讨论中）

① SAE J2799 采用方案；② 日本提案

（填充口带 O 形环）（加注嘴带 O 形环）

SAE J2799 对红外线通信设备进行了规定。另外，SAE J2601 对通信及通信填充时的填充速度、极限压力、软件及控制方面的内容进行了规定。上述标准均为 TIR（暂行标准），以汽车行业为中心正在修订过程中。目前，日本国内没有相应标准（JIS 等）。

10.7.4 氢气燃料标准

由于原来的氢燃料标准 ISO 14687（1999 发布）中规定的杂质上限浓度对搭载 PEM（Proton Exchange Membrane）型燃料电池的氢燃料电池车来说过高，因此在 2008 年 3 月发布了新的燃料电池车用氢燃料标准 ISO TS14687-2。结合对燃料电池、氢气储藏材料、氢气系统气门等的影响，制定了不同杂质成分的上限浓度。表 10-28 为氢燃料标准。现在正在推进正式标准的修订工作，参考难清除的氦的预测最大浓度，对氢气下限浓度进行讨论。

美国汽车标准中有氢燃料标准 SAE TIR J2719（2008.4 发布）。除了部分关于杂质的规定以外，内容与 ISO TS14687-2 基本一样。目前正在进行 ISO 14687-2 的修订和整合工作。目前，日本国内没有相应标准（JIS 等）。

表 10-28 ISO TS14687-2 规定项目、成分及标准值

规定项目、成分	标准值
氢气燃料指数（最小摩尔分数）	99.99%
非氢气成分的最大浓度	
总的气体	100 μmol/mol
水蒸气（H_2O）	5 μmol/mol
总的碳氢化合物	2 μmol/mol
氧气（O_2）	5 μmol/mol
氦气(He)、氮气(N_2)、氩气(Ar)	100 μmol/mol
二氧化碳（CO_2）	2 μmol/mol
一氧化碳（CO）	0.2 μmol/mol
总的硫化物	0.004 μmol/mol
甲醛（HCHO）	0.01 μmol/mol
甲酸（HCOOH）	0.2 μmol/mol
氨（NH_3）	0.1 μmol/mol
总的卤化物	0.05 μmol/mol
最大颗粒尺寸	10 μm
最大颗粒浓度	1 μg/L（在 20 ℃、101.325 kPa）

相关外文缩略语一览表

缩略语	英文全称	中文
49CFR	Code of Federal Regulation Title 49	美国联邦法第49章
AC	Alternating Current	交流
ADN	European Agreement Concerning the International Carriage of Dangerous Goods by Inland waterways	国际内河运输危险货物欧洲协定
ADNR	European Agreement Concerning the International Carriage of Dangerous Goods by Road	国际陆路运输危险货物欧洲协定
CATARC	China Automotive Technology And Research Center	中国汽车技术研究中心
CD	Charge Depleting	电量消耗
CDV	Committee Draft for Vote	委员会投票草案
CE	Conformité Européenne (European Conformity)	欧洲共同体
CEC	China Electricity Council	中国电力企业联合会
CEN	European Committee for Standardization	欧洲标准化委员会
CENELEC	European Committee for Electrotechnical Standardization	欧洲电子技术标准委员会
CISPR	Comité international special des perturbations radioélectriques	国际无线电干扰特别委员会
COP3	the Third Conference of Parties (COP3) to the United Nations Framework Convention Climate Change	联合国气候变化框架公约第三次缔约国会议
CS	Charge Sustaining	电量保持
DC	Direct Current	直流
ECE	Economic Commission for Europe	欧洲经济委员会
ECOSOC	Economic and Social Council	联合国经济和社会理事会
ECU	Electric Control Unit	电子控制单元
ELSA	Informal Group on Electrical Safety	电气安全非正式组织
EMC	Electro-Magnetic Compatibility	电磁兼容性
EV	Electric Vehicle	电动汽车
FMVSS	Federal Motor Vehicle Satety Standard	美国联邦机动车安全标准
GB	Guojia Biaozhun	中国国家标准
GB/T	Guojia Biaozhun TuiJian	中国国家推荐性标准
GHS	Globally Harmonized System	全球协调系统
GRSP	The Working Party on Passive Safety	被动安全性专家工作组
GTR, gtr	Global Technical Regulations	全球技术法规，全球统一标准
HEV	Hybrid Electric Vehicle	混合动力车，混合动力电动汽车
HILS	Hardware in the Loop Simulation	硬件在环仿真
ICAO	International Civil Aviation Organization	国际民用航空组织
ICNIRP	International Commission on Non-Ionizing Radiation Protection	国际非电离辐射防护委员会
IEC	International Electrotechnical Commission	国际电工委员会
IMDG Code	International Maritime Dangerous Goods Code	国际海运危险物规则
IMO	International Maritime Organization	国际海事组织
IS	International Standards	国际标准
ISO	International Organization for Standardization	国际标准化组织
JARI	Japan Automobile Research Institute	日本汽车研究所

续表

JASIC	Japan Automobile Standards Internationalization Center	日本汽车标准国际化中心
JEVA	Japan Electric Vehicle Association	日本电动汽车协会
JEVS	Japan Electric Vehicle Standard	日本电动汽车标准
JIS	Japanese Industrial Standard	日本工业标准
JWG	Joint Working Group	联合工作组
LVD	Low Voltage Directive	低电压指令
NEC Article	National Electric Code Article	美国电气标准
NFB	National Federation of the Blind	全美视觉障碍联合
NHTSA	National Highway Traffic Safety Administration	美国国家公路安全管理局
PEM	Proton Exchange Membrane	质子交换膜
PSN	Proper Shipping Name	正确运输品名
RID	The Regulations concerning the International Carriage of Dangerous Goods by Rail	国际铁路运输危险货物规则
SAE	Society of Automotive Engineers	美国汽车工程师协会
SAC	Standardization Administration of China	中国国家标准化管理委员会
SOC	State of Charge	充电状态
TC	Technical Committee	技术委员会
TDG	Transport of Dangerous Goods	危险货物运输
TI	Technical Instructions	技术指令
TIR	Technical Information Report	技术信息报告
UNECE	United Nations Economic Commission for Europe	联合国欧洲经济委员会
V2G CI	Vehicle to Grid Communication Interlace	车辆到电网的通信接口
WHO	World Health Organization	世界卫生组织
WP29	World Forum for Harmonization of Vehicle Regulations	联合国世界车辆法规协调论坛
ZEV	Zero Emission Vehicle	零排放车辆

参 考 文 献

[1] http://www.arb.ca.gov/msprog/zevprog/background.htm.

[2] 自動車基準認証証国際化研究センター（JASIC）カントリーレポート日本の自動車安全・環境に関する制度2009年度版.

[3] 国土交通省Web資料安全基準検討会基準化検討項目等の現状（2010年9月）.

[4] 富岡秀徳：電気自動車に関する国際標準化の動向と見通し，自動車技術、Vol.62（2008）.

[5] http://www.sae.org/standardsdev/groundvehicle/.gvorgchart.pdf.

[6] 中国国家標準化管理委員会：http://www.sac.gov.cn/より作成.

[7] UNECE Regulation No.101, Uniform provisions concerning the approval of passenger cars powered by an internal combustion engine only. or powered by a hybrid electric power train with regard to the measurement of the emission of carbon dioxide and fuel consumption and/or the measurement of electric energy consumption and electric range, and of categories M1 and N1 vehicles powered by an electric power train only with regard to the measurement of electric energy consumption and electric range.

[8] 「新型自動車の試験方法について」（昭和46年10月20日自車第669号）TRIAS 5-9-2009 軽？中量車燃料消費率試験方法（JCO8モード燃料消費率等試験方法）.

[9] United States Code of Federal Regulations（CFR）Title

40. Protection of Environment.

［10］SAEJ1711: 2010. Recommended Practice for Measuring the Exhaust Emissions and Fuel Economy of Hybrid - Electric Vehicles.

［11］「新型自動車の試験方法について」（昭和46年10月20日自車第669号）TRIAS 5－10－2010 電気自動車JCO8モードー充電走行距離及び交流電力量消費率試験方法.

［12］ISO 8714, Electric road vehicles – Reference energy consumption and range – Test procedures for passenger cars and light commercial vehicles.

［13］Committee of Experts on the Transport of Dangerous Goods and on the Globally Harmonized System of Classification and Labeling of Chemicals.

［14］国連経済社会理事会傘下の危険物輸送専門家委員会、小委員会とUNECE傘下のWorking Party、危険物輸送委員会の関係図.

［15］国土交通省海事局: 危険物の判定、http://www.mlit.go.jp/maritime/safetyenv/danger.html.

［16］国土交通省海事局、http://www.mlit.go.jp/maritime/safetyenv/02.html.

［17］United Nations: Manual of Tests and Criteria, 5threvised edition, section38.3（2009）.

［18］日本海事検定協会安全技術室: NKKK 危険物インフォメーション、IMDG コード第35回改正（Amdt.35-10）の概要（2010.8）.

［19］国土交通省、自動車交通、ハイブリッド車等の静音性に関する対策検討委員会、第一回検討委員会資料4［1］http://www.mlit.go.jp/common/000044181.pdf.

［20］国土交通省、自動車交通、ハイブリッド車等の静音性に関する対策検討委員会、検討委員会の報告書等について、別添1、http://www.mlit.go.jp/common/000057778.pdf.

［21］国土交通省、自動車交通、ハイブリッド車等の静音性に関する対策検討委員会、検討委員会の報告書等について、別添3、http://www.mlit.go.jp/common/000057788.pdf.

［22］日産自動車、ニュース、2010年6月11日、日産自動車、「日産リーフ」の試作車を公開、歩行者に電気自動車（EV）の接近を知らせる車両接近通報装置を搭載、http://www.nissan-global.com/JP/.
NEWS/2010/_STORY/100611-O1-j.html.

［23］UN WP29ECE/WP29/GRSP/HFCV－SGS 第1回会議資料（2007）及びNEDO 水素の有効利用ガイドブック第7章より作成.

［24］NEDO FCV 基盤整備検討会資料.

国际单位制（SI）

SI 制单位（JASO 术语）
- SI 单位
  - SI 基本单位
  - SI 辅助单位
  - SI 导出单位
- SI
- SI 词冠
- 与 SI 单位并用的单位、可以并用的单位以及目前可以并用的单位

SI 基本单位

物理量	单位名称	单位符号
长度	米	m
质量	千克	kg
时间	秒	s
电流强度	安培	A
热力学温度	开	K
物质的量	摩尔	mol
发光强度	坎（德拉）	Cd

SI 辅助单位

物理量	单位名称	单位符号
平面角	弧度	rad
立体角	球面度	sr

SI 导出单位举例

物理量	单位名称	单位符号
面积	平方米	m^2
体积	立方米	m^3
速度	米每秒	m/s
加速度	米每平方秒	m/s^2
波数	每米	m^{-1}
密度	千克每立方米	kg/m^3
电流密度	安每平方米	A/m^2
磁场强度	安每米	A/m
（物质量的）浓度	摩每立方米	mol/m^3
比体积	立方米每千克	m^3/kg
光亮度	坎每平方米	cd/m^2
角速度	弧度每秒	rad/s
角加速度	弧度每平方秒	rad/s^2

用专用名词表示的 SI 导出单位

物理量	专用名词表示的 SI 导出单位		用其他 SI 单位表示	单位表示频率[①]
	单位名称	单位符号	用 SI 基本单位表示	
频率	赫兹	Hz	s^{-1}	
力	牛（顿）	N		$m \cdot kg \cdot s^{-2}$
压力，压强	帕（斯卡）	Pa	N/m^2	$m^{-1} \cdot kg \cdot s^{-2}$
能量，功，热	焦（耳）	J	$N \cdot m$	$m^2 \cdot kg \cdot s^{-2}$
功率，动力，电力	瓦（特）	W	J/s	$m^2 \cdot kg \cdot s^{-3}$
电荷，电量	库（仑）	C		$A \cdot s$
电位，电压	伏（特）	V	W/A	$m^2 \cdot kg \cdot s^{-3} \cdot A^{-1}$
电容	法（拉）	F	C/V	$m^{-2} \cdot kg^{-1} \cdot s^4 \cdot A^2$
电阻	欧（姆）	Ω	V/A	$m^2 \cdot kg \cdot s^{-3} \cdot A^{-2}$
电导	西（门子）	S	A/V	$m^{-2} \cdot kg^{-1} \cdot s^3 \cdot A^2$
磁通量	韦（伯）	Wb	$V \cdot s$	$m^2 \cdot kg \cdot s^{-2} \cdot A^{-1}$
磁通量密度	特（斯拉）	T	Wb/m^2	$kg \cdot s^{-2} \cdot A^{-1}$
电感	亨（利）	H	Wb/A	$m^2 \cdot kg \cdot s^{-2} \cdot A^{-2}$
摄氏温度	摄氏度	℃		K
光通量	流（明）	lm		$cd \cdot sr$
光照度	勒（克斯）	lx	lm/m^2	$m^{-2} \cdot cd \cdot sr$
放射性活度	贝可（勒尔）	Bq		s^{-1}
吸收剂量	戈（瑞）	Gy	J/kg	$m^2 \cdot s^{-2}$
剂量当量	希（沃特）	S	J/kg	$m^2 \cdot s^{-2}$

注："用其他 SI 单位表示"以及"用 SI 基本单位表示"两栏的内容，最好在计算过程以及一直使用的领域使用。

注①：有时为了便于区别同因次的物理量进行特殊组合或使用专用名词。例如，表示频率时用赫兹替代秒的负一次方，表示力矩时用牛·米替代焦耳。

用专用名词表示的 SI 导出单位举例

物理量	专用名词表示的 SI 导出单位		用 SI 基本单位表示
	单位名称	单位符号	
黏度	帕秒	$Pa \cdot s$	$m^{-1} \cdot kg \cdot s^{-1}$
力矩[1)]	牛·米	$N \cdot m$	$m^2 \cdot kg \cdot s^{-2}$
表面张力	牛每米	N/m	$kg \cdot s^{-2}$
热通量密度，辐射照度	瓦每平方米	W/m^2	$kg \cdot s^{-3}$
热容量，熵	焦每开	J/K	$m^2 \cdot kg \cdot s^{-2} \cdot k^{-1}$
比热容量，比熵	焦每千克开	$J/(kg \cdot K)$	$m^2 \cdot s^{-2} \cdot k^{-1}$
比能	焦每千克	J/kg	$m^2 \cdot s^{-2}$
导热系数	瓦每开米	$W/(m \cdot K)$	$m \cdot kg \cdot s^{-3} \cdot k^{-1}$
能量密度	焦每立方米	J/m^3	$m^{-1} \cdot kg \cdot s^{-2}$
电场强度	伏每米	V/m	$m \cdot kg \cdot s^{-3} \cdot A^{-1}$
电量密度	库每立方米	C/m^3	$m^{-3} \cdot s \cdot A$
电位移	库每平方米	C/m^2	$m^{-2} \cdot s \cdot A$
电容率	法每米	F/m	$m^{-3} \cdot kg^{-1} \cdot s^4 \cdot A^2$
磁导率	亨每米	H/m	$m \cdot kg \cdot s^{-2} \cdot A^{-2}$
摩尔能	焦每摩	J/mol	$m^2 \cdot kg \cdot s^{-2} \cdot mol^{-1}$
摩尔熵	焦每摩开	$J/(mol \cdot K)$	$m^2 \cdot kg \cdot s^{-2} \cdot K^{-1} \cdot mol$
照射（X 及 γ 射线）	库每千克	C/kg	$kg^{-1} \cdot s \cdot A$
吸收剂量率	戈每秒	Gy/s	$m^2 \cdot s^{-3}$

注："用 SI 基本单位表示"最好在计算过程或一直以来延续使用的领域使用。

SI 十进词冠

因　　数	单位名称	词冠符号
10^{18}	艾（可萨）	E
10^{15}	拍（它）	P
10^{12}	太（拉）	T
10^{9}	吉（咖）	G
10^{6}	兆	M
10^{3}	千	k
10^{2}	百	h
10	十	da
10^{-1}	分	d
10^{-2}	厘	c
10^{-3}	毫	m
10^{-6}	微	μ
10^{-9}	纳（诺）	n
10^{-12}	皮（可）	p
10^{-15}	飞（母托）	f
10^{-18}	阿（托）	a

用 SI 单位表示和单位符号的使用方法

① 如果单位名称从专用名词导出，则单位符号的首字母为大写，其他为小写。（例：A，Pa，m）

② 如果导出单位由 2 个以上的单位乘积构成，则可以用以下方法书写。（例：N·m，Nm（mN 为米牛顿））

③ 如果导出单位由 1 个单位除以其他多单位的商构成，则需要采用括弧而不应只采用斜线的方式表示两个以上的单位。[例：m/s/s→m/s² 或 m·s^{-2}，J/kg·℃→J/（kg·℃）]

④ 词冠符号应与仅在其后的单位符号形成一体。（例：$1cm^3 = (10^{-2}m)^3 = 10^{-6}m^3$）

⑤ 不应使用合成的词冠。（例：μμF→pF）

⑥ 由两个以上 SI 单位构成的单位如果为整数乘积关系，则词冠只能采用 1 个，但基本单位 kg 作为分母时，作为特例其词冠 k 不计数。

[例：kN·mm→N·m，kJ/g→kJ/kg（特例）]

⑦ SI 单位为 10 的整数倍时，以方便为首，在便于应用的范围内选择（通常在 0.1 到 1 000 之间）。

SI 相关主要术语

术　　语	术语的含义及其特征
SI 化单位	引用于 JASO 的术语，是 SI 单位之间并用单位、可以与 SI 单位并用的单位、目前可以与 SI 单位并用单位的总称
SI	由国际计量大会（CGPM）采用并推荐的一种一贯单位制，由 SI 单位（基本单位、辅助单位、导出单位）和 10 的倍数单位构成；所有的 SI 单位或由基本单位、辅助单位、用专用名词表示的导出单位表示，或由其导出的乘积及商来表示，其系数设定为 1

续表

术	语	术语的含义及其特征
SI 单位	SI 基本单位	为方便起见，可以独立表示层次，并作为SI的基础明确定义的7大单位；其他SI单位可以基本单位和辅助单位的组合单位导出
	SI 辅助单位	属于几何学单位，没有次幂关系的两个单位
	SI 导出单位	利用代数方法（利用乘法和除法的数学符号）将基本单位和辅助单位组合表示的单位。当涉及很多物理量时，以简易表示为目的，采用了专用名称和符号；用该专用名词表示的导出单位和基本单位，也可以表示其他导出单位
SI 词冠		表示SI单位的整数倍时采用的词冠。一般推荐采用10的3倍数的词冠（m，k，M等）

主要单位换算表

领域	物理量	SI	并用且可以并用的单位	传统使用单位	SI 换算系数
空间及时间	平面角	rad	°（度）[2] ′（分）[2] ″（秒）[2]	deg	$\pi/180$ $1.745\ 33 \times 10^{-2}$ $2.908\ 88 \times 10^{-4}$ $4.848\ 14 \times 10^{-6}$
	长度	m	Å[4]	ft in mile	1×10^{-10} 3.048×10^{-1} 2.45×10^{-2} $1.609\ 34 \times 10^{3}$
	面积	m^2	a[4]	yd^2 ft^2 in^2 acre $mile^2$	1×10^{2} $8.361\ 27 \times 10^{-1}$ $9.290\ 30 \times 10^{-2}$ $6.451\ 6 \times 10^{-4}$ $4.046\ 86 \times 10^{3}$ $2.589\ 99 \times 10^{6}$
	体积	cm^3		cc	1
		dm^3	L，l（升）[2]		1
		m^3		gal（UK） gal（US）	$4.546\ 09 \times 10^{-3}$ $3.785\ 41 \times 10^{-3}$
	时间	s	d（天）[2] h（小时）[2] min（分）[2]		8.64×10^{4} 3.6×10^{3} 60
	速度	m/s	km/h	mile/h	0.277 778 0.447 044
	加速度	m/s^2		G	9.806 65

续表

领域	物理量	SI	并用且可以并用的单位	传统使用单位	SI 换算系数
周期现象及关联现象	频率及振幅	Hz		c/s	1
	转速，转数	s^{-1}	r/min, rpm, min^{-1}③		$1.666\,67 \times 10^{-2}$
力学	质量	kg	t（吨）③		10^3
		mg		car（克拉）	200
	扭矩，力矩	N·cm		kgf·cm	9.806 65
		N·m		kgf·m	9.806 65
	密度、浓度	kg/m^3		$kgf·s^2/m^4$	9.806 65
	动量	kg·m/s		kgf·s	9.806 65
	转动惯量	$kg·m^2$		$kgf·m·s^2$	9.806 65
	力	N		kgf	9.806 05
				dyn	1×10^{-5}
	压力	kPa		kgf/cm^2	$9.806\,65 \times 10$
		Pa		kgf/m^2	9.806 65
				mmHg, Torr	$1.333\,22 \times 10^2$
				mmH_2O	9.806 65
		kPa		mH_2O	9.806 65
		Pa	bar③	Atm（气压）	$1.013\,25 \times 10^5$
					1×10^5
	应力①	MPa		kgf/mm^2	9.806 65
		kPa		kgf/cm^2	$9.806\,65 \times 10$
	黏度	mPa·s	cP④		1
		Pa·s	P④		1×10^{-1}
	动黏度	m^2/s	cSt④		1×10^{-6}
		m^2/s	St④		1×10^{-4}
	表面张力	N/cm		kgf/cm	9.806 65
	功、能	J		kgf·m	9.806 65
				erg	1×10^{-7}
	功率、动能	kW		PS	0.735 498 75
		W		kgf·m/s	9.806 65
				$kcal_{IT}/h$	1.163 0
热	温度	K 或 ℃			0 ℃ = 273.15K
	温差	K 或 ℃		deg	1
	导热系数	W/(m·K) 或 W(m·℃)		kcal/(m·h·℃)	1.162 79
				kcal/(s·m·℃)	$4.186\,05 \times 10^3$
				kcal/(s·m·deg)	$4.186\,05 \times 10^3$
	热量	J		cal_{IT}	4.186 8
				cal 计量法	4.186 05
	热通量密度	W/m^2		$kcal/(m^2·h)$	1.162 79
	热容量	kJ/K 或 kJ/℃		kcal/K	4.186 05
	比热容量	kJ/(kg·K) 或 kJ/(kg·℃)		$kcal_{IT}/(kg·℃)$	4.186 8
		J/(kg·℃)		cal/(kg·℃)	4.186 05
	熵	J/K		cal_{IT}/K	4.186 8
	焓	J		cal	4.186 05
	比熵	kJ/(kg·K)		$kcal_{IT}/(kg·K)$	4.186 8

续表

领域	物理量	SI	并用且可以并用的单位	传统使用单位	SI 换算系数
电及磁	电荷，电量	kC	A·h [2]		3.6
	电能	J	W·h [2]		3.6×10^3
	电功率	W		erg/s	1×10^{-7}
	电阻率	Ω·mμ		Ω·cm	1×10^{-8}
	电导率	S/m		Ω/m	1
	电导、电纳、导纳	S		Ω	1
	磁场强度	A/m		Oe	$10^3/4\pi$
	磁通量	Wb		Mx	1×10^{-8}
	磁感应强度	T		Gs	1×10^{-4}
音	声压级		dB [3]		
光及放射	光亮度	cd/m²		sb	1×10^4
	光照度	lx		ph	1×10^4
其他	扭转刚性	N·m/rad		kgf·m/rad	9.806 65
	弹簧系数	N/mm		kgf/mm	9.806 65
	磨损率	cm³(N·m)		cm³/(kgf·m)	0.101 972
	转动惯量	N·m·s²		kgf·m·s²	9.806 65
	冲击值（摆锤式）	J/cm²		kgf·m/cm²	9.806 65
	油耗	g/(MW·s)	g/(kW·h) [2]	g/(PS·h)	0.377 672 7 / 0.277 778
		L/km		gal(UK)/mile / gal(US)/mile	2.824 81 / 2.352 14
	气体常数	J/(kg·K)		kgf·m/(kg·K)	9.806 65
	机械阻抗	N·s/m		kgf·s/m	9.860 65

注：① 表示应力时原则上采用 Pa。N/m² 和 N/mm² 最好在 ISO、IEC 或在计算过程中使用。
② 表示与 SI 单位并用的单位。这些单位在 SI 单位之外，但一直以来广泛使用，而且比较重要，将来也会允许与 SI 单位并用。
③ 表示与 SI 单位并用的单位。这些单位在 SI 单位之外，而且很少与 SI 单位并用，但是在特殊领域使用，因此只限于在特殊领域与 SI 单位并用。
④ 表示当前可以与 SI 单位并用的单位。这些单位在 SI 单位之外，但在某些领域正在使用，因此在做出无须继续使用这些单位的决定之前，可以与 SI 单位并用。这些单位不应在至今没有使用的领域里使用。

SI，CGS 制以及工学单位制的对照表

单位制＼量	长度	质量	时间	温度	加速度	力	应力	压强
SI	m	kg	s	K	m/s²	N	Pa	Pa
CGS 制	cm	g	s	℃	Gal	dyn	dyn/cm²	dyn/cm²
工学单位制	m	kgf·s²/m	s	℃	m/s²	kgf	kgf/m²	kgf/m²

单位制＼量	能量	功率	黏度	动黏度	磁通量	磁感应强度	磁场强度
SI	J	W	Pa·s	m²/s	Wb	T	A/m
CGS 制	erg	erg/s	P	St	Mx	Gs	Oe
工学单位制	kgf·m	kgf·m/s	kgf·s/m²	m²/s	—	—	—